“十二五”普通高等教育本科国家级规划教材

中国古代史史料学

ZHONGGUO GUDAISHI SHILIAOXUE

（第三版修订本）

安作璋 主编

海峡出版发行集团 | 福建人民出版社
THE STRAITS PUBLISHING & DISTRIBUTING GROUP | FUJIAN PEOPLE'S PUBLISHING HOUSE

图书在版编目（CIP）数据

中国古代史史料学/安作璋主编．—修订本．—福州：福建人民出版社，2010.9（2022.1 重印）

ISBN 978-7-211-06184-6

Ⅰ．①中…　Ⅱ．①安…　Ⅲ．①史料学—中国—古代
Ⅳ．①K220.6

中国版本图书馆 CIP 数据核字（2010）第 150644 号

《中国古代史史料学》（第三版修订本）

ZHONGGUO GUDAISHI SHILIAOXUE

主　　编：安作璋

责任编辑：黄须友

出版发行：福建人民出版社　　**电　　话**：0591—87533169（发行部）

网　　址：http：//www.fjpph.com　　**电子邮箱**：fjpph7211@126.com

地　　址：福州市东水路 76 号　　**邮政编码**：350001

经　　销：福建新华发行（集团）有限责任公司

印　　刷：福州万达印刷有限公司

地　　址：福州市闽侯县荆溪镇徐家村 166-1 号厂房

开　　本：730mm×990mm　1/16

印　　张：27.5

插　　页：2

字　　数：480 千字

版　　次：2010 年 9 月第 3 版　　2022 年 1 月第 5 次印刷

印　　数：8001—11000

书　　号：ISBN 978-7-211-06184-6

定　　价：42.00 元

本书如有印装质量问题，影响阅读，请直接向承印厂调换

第三版修订说明

《中国古代史史料学》一书于1994年出版后，不久便引起历史学家的重视与好评，认为“此书具有很高的科学性与系统性，堪称目前我国史学界最为完整、系统和具有体系性的史料学著作。”① 这个评语对我们既是鼓励，也是鞭策。

2007年经教育部审定，此书被列为“普通高等教育‘十一五’国家级规划教材。”本书迄今已是第三版，几经修订，多次重印。为适应教学改革和课程建设不断发展的需要，本次改版，我和原参加本书编写的山东师范大学耿天勤教授、山东大学张富祥教授再做修订，进一步核对书中引文和出处，改正某些失误和错别字，增补有代表性的最新考古资料、文献资料和最新版本情况，对个别节目也作了一些调整，力求使本书更能体现科学性、系统性和新颖性。但由于我们的水平和篇幅所限，虽经多次修订，可能仍有不足或不当之处，敬请读者、专家多加指教，以便今后进一步修改和提高。

在此次修订过程中，福建人民出版社的编辑同志对修订稿进行了细心地审改，并提出具体的修改意见，谨借此机会表示衷心感谢。

安作璋

2010年5月于山东师范大学

① 见《中国史研究动态》1995年第4期所载高敏教授的书评。

第一版前言

《中国古代史史料学》是受国家教委与福建人民出版社委托，为高等学校历史系中国古代史专业编写的一部教材。从1988年开始，历时三年，经过几次改写，才形成现在这样的一部书稿。

目前关于中国史料学的书，已出版多种，其中有古代的，也有近代的；有专题的，也有概论的；而且还有与史料学密切相关的历史文献学、史学史与史学概论等书。可以说是百花齐放，各有千秋。本书尽量吸取众家的研究成果，结合教学工作与培养学生独立科学研究能力的实际需要，力图从体系、结构到内容、方法做一些新的尝试和探索。

全书共分三编。

第一编讲的是史料学理论问题。史料学的理论研究，在史料学的整体研究中，具有指导的作用。从目前实际情况来看，中国史料学的理论建设，还处于初创阶段，史料工作者对有关理论问题的认识还不尽一致，有些问题还有较大的分歧。本编试图对史料的概念、范围、构成和分类以及史料的一般性质和特征；史料学研究的任务、范围和我国史料学发展的历史概况及其规律；史料学和历史科学及其他相关学科的区别和联系以及史料学在史学研究工作中的地位；史料学研究的多方面意义和方法等几个方面的问题，做一些理论上的探讨和说明，这也只是我们的初步认识和理解。希望在马克思列宁主义和毛泽东思想的指导下，通过长期的学术探讨和争鸣，逐步促进史料学理论研究水平的不断提高。

第二编是中国古代史史料介绍。本编将中国古代史的史料，按其体裁和内容性质，分为考古史料，群经史料，诸子史料，纪传体史料，编年体史料，政书体史料，纪事本末体史料，传记史料，科技、宗教和学术史料，地理、方志和谱牒史料，文集史料，笔记和杂史史料，类书、丛书和辑佚书史料，档案史料，国外史料等十五大类，以类相从，分别予以介绍。在介绍某一类史料时，先有一小序，区别不同情况，有的置于章之首，有的置于节之首，也有的章、节开首皆有小序，概括说明此类史料总的情况；然后按史料反映的时代先后分为若干阶段或类别介绍。史料介绍力求简明扼要，除某些史学名著用了较多篇幅外，一般从略，主要说明史料的内容和价值，以及一二种通行的或最新的版本。这样介绍，既可以使读者有重点地了解某一类史料的发展线索和大概情况，又便于读者掌握古代史料的全面情况；既有利于断代史、专门史的研究者对史料的了解，也可以避免通常按断代史、专门史介绍史料时所难以避免的重复。

第三编是关于史料的研究和应用问题。本编将目录学、版本学、校勘学、训诂学、考据学以及历史编纂学等的基本知识引入了史料学，阐明了这些学科在史料学中的地位、作用和运用方法，并结合中国古代史史料学的特点，比较全面、系统地阐述了搜集史料、整理史料和运用史料的方法，在传统史学研究方法的基础上又引入一些新的研究方法。

参加本书编写的有耿天勤和张富祥两位同志。

富祥同志负责编写第一编和第二编的第一、三、五、七、八、十一、十四章。

天勤同志负责编写第二编的第二、四、六、九、十、十二、十三、十五章和第三编。

我对本书的编写提出了一些设想，做了一些章节调整增删和内容、文字的修改工作，并负责全书的定稿。由于我们的水平有限，虽经几次易稿，但仍难免有错误或不当之处，敬请读者、专家批评指正，以便今后再作进一步修改。

本书的编写和出版得到国家教委田珏同志和福建人民出版社的李瑞良、祝阃影等同志的大力支持和帮助，谨在此表示衷心的感谢。

安作璋

1992年春节于济南

目　　录

第一编　史料学引论

第二编　中国古代史史料概要

第三编　中国古代史史料的搜集、整理和研究

第一编　史料学引论

第一章　史　　料

第一节　史料的概念和范围

史料，或称历史资料，是研究和编纂历史所用的材料。“历史”一词，在日常用语中有多重含义，但在史学工作者的术语中主要有两种：一种是指人类社会的实际发展过程，即客观存在的历史；另一种是指人们对社会发展过程的追述，即口传或记录下来的历史。由于前者具有一去不复返的性质，它既不可能重现，也不可能进行复制，因此人类要了解和认识自己的历史，就必须凭借具体的材料加以考察、研究、总结和叙述。这些具体材料的总和即人们通常所说的史料。

广义的史料，应包括人类社会在历史发展过程中所遗留下来的一切痕迹，或简称遗迹。这些遗迹有的是有形的，如遗址、遗物等；有的是无形的，如文化风俗和其他观念形态的东西；还有的是有形和无形相结合的，如以文字、图画等形式保存下来的历史材料。从原则上讲，所有这些遗迹，不管是现存的还是已经不存的，是已经被认知的还是没有被认知的，都可包括在史料的范围之内。不过，从严格意义上讲，只有当这些遗迹进入历史研究和历史编纂的领域，成为被人们使用的有用材料时，才能真正具有史料的价值和意义。这里又有两种特殊的情况值得注意：一是那些在人类社会的既往发展过程中埋没已久，而至今尚未被重新发现并加以利用的遗迹，自然暂时还不能成为史料；二是那些在现实社会中每日每时都在大量发生的现象和相关的事物，有相当一部分（如人们的日常交往活动以及诸如普通的账簿、留言簿之类），暂时还不具备历史研究和历史编纂的价值，它们也还不成其为史料。因此，史料的概念是相对于史学研究来说的，离开了史学研究也就谈不上史料。反过来说，史料的范围要受到一定历史时期史学研究范围的限制，不同历史时期的史学研究，对于史料的范围和构成都有不同的规定和要求。这就决定了史料既是客观的东西，又在一定程度上具有某些主观的色彩：它本身的存在是客观的，人们对它的选择和解释则要受到主观的制约。

显然，史料只是历史上形成的东西。根据现代科学研究，地球上出现人类，距今已有300万年以上的历史。自从有了人，也就有了人类社会；人类社会在漫长的历史发展过程中，留下了无数活动遗迹，这些遗迹相对于人类的认识能力来说既是有限的，又是无限的。我们现在所知的史料，事实上只是人类活动遗迹中的很少一部分，也可说是零碎的、片断的，甚至是微不足道的。这也决定了史料的范围是极其有限的。一般地说，不是有了人类社会就有了史料，而是有了史学（哪怕是萌芽形态的史学或历史叙述）才有了史料。史学伴随社会的发展而发展，史料的范围也伴随史学的发展而扩大。史学研究的范围越广，史料的范围也就越广；史学研究的时代越长，史料的相对年代也就越长。

与人类社会史密切相关联的自然史，也在永远不停止地发展着。自然史研究中的某些史料，有时也会转化为社会史料，例如有关自然灾害的材料，在古代史著中就记载得很多。这是由于人与自然的关系，在社会发展进程中始终存在着，生产活动是人类最基本的实践活动，研究社会史也不能脱离自然史。但自然史料和社会史料是两种不同性质的史料，有着不同的应用范围，史学上所称的史料主要是指社会史料。

第二节　史料的构成和分类

史料的存在形式千差万别，它的构成和分类都是很复杂的。现在史学界通常把史料分为三大类，即实物史料、文字史料和口传史料。它们各有特点，难以互相代替，但可以互相补充。

实物史料，有时候也称为“史迹遗存”，是人类历史活动的直接证据。这种史料一般表现为直观的形式，可以看得见、摸得着，但不是仅指某些物品。它大体上可再分为如下几类：

一是遗址。这是指人类历史活动在某些具体的地址上所保存的遗迹，如居址、村落、作坊、城堡，游牧民族的活动遗迹，以及一些与具体历史事件相关的遗迹如战场遗迹等等。遗址有的埋藏在地下，有的还保存在地面上。恩格斯在研究爱尔兰史时曾说过：“关于爱尔兰人民在英国人入侵以前的状况，除了文献材料，一直保存到今天的古建筑物、教堂、圆塔、防御工事、铭文也向我提供了资料。”[1] 我国各地现在仍然保存着的古城址、古建筑及其他古迹也很多，这些都是我们了解古人社会生活面貌的第一手材料。而远古时代地下遗址的发掘，尤可增强人们对当时社会生活的感性认识，为研究没有文字记载的史前文化提供重要的史料。

二是墓葬。这是一种特殊的人类社会遗迹，其中不但有人的遗体，而且往往保存有较为完整的随葬品，有的还有壁画和古代文献。我国墓葬的起源，根据现有的考古资料，可以一直上推到旧石器时代晚期，山顶洞人已开始有意识地把死人埋入土中。新石器时代出现了集体合葬墓，原始社会末期已盛行单人葬和一男一女的合葬。坟丘式墓葬最早出现在长江以南的东南地区，春秋晚期以后逐渐在中原地区推广，成为中国古代墓葬的主要形制。封建社会的墓葬有严格的等级规定，尤其在统治阶级内部，从帝王陵寝到各级贵族的坟墓，坟丘、墓穴的形状大小，葬具的规格和多少，墓地附属建筑的繁简等都不相同。因此墓葬实际是特定历史时期社会生活的缩影，能够直接或间接地反映当时的社会制度、等级关系、社会经济、意识形态、文化风俗等方面的情况。

三是遗物。这种史料现在通常称为“历史文物”，包含的项目很多，来源也不一样，有的是靠搜集得到的，有的是从地下遗址及墓葬中出土的。如生产工具、生活资料、武器和刑具、货币和度量衡器、印信和符节、宗教活动和祭祀用品、医疗卫生用品、模型雕塑和绘画、各种青铜器物及刻石、砖瓦等，都可成为有史料价值的历史文物。特别是生产工具，马克思曾称之为“劳动手段的遗物”，并强调指出了研究这种遗物对于“判别已经灭亡的经济社会形态”的重要性。[2] 恩格斯在研究日耳曼人的古代历史时，也曾称食物、装饰品、家用器具、车船等生活资料遗物是“一系列更明了的史料”[3]。其他各类历史文物，也往往比有关文献记载具有更高的史料价值，如武器和刑具，就是研究阶级社会历史的更直接的史料。我国是世界上保存历史文物最多的国家之一，尤其古代历史文物品类众多、数量庞大，在古代史的研究上是一个重要的史料系统。

四是人体本身和古代语言。远古人体，有时候变成化石而被保存下来，是研究人类自身起源和进化的难得史料。后来的人类遗体，乃至活的机体，在某些研究领域也有不同程度的史料价值。语言是人们交流思想的工具，它们本身

---

① 《爱尔兰史》，《马克思恩格斯全集》第16卷，555页，北京，人民出版社，1964。

② 《资本论》第1卷，194页，北京，人民出版社，1972。

③ 《论日耳曼人的古代历史》，《马克思恩格斯全集》第19卷，509页，北京，人民出版社，1963。

的演进变化也是考察历史的重要材料。虽然语言由语音材料构成，其本身没有其他历史文物的外观形态，但古代语言在现代语言中的存留，仍可被视为一种“遗物”。恩格斯在《论日耳曼人的古代历史》和《法兰克时代》等文献中，都曾把古代语言中至今保留下来的部分称作“语言遗物”并用为史料。[①] 在这方面，古汉语是很典型的，其中的史料还有待今后进一步发掘。

文字史料，是指用文字记录的形式体现和保存下来的人类活动遗迹。它通常主要指各种书籍（特别是历史书籍）所保存的史料，但也包括各种铭刻及其他非书籍形式的散存文字材料，有时人们为了叙述或使用上的方便，也统称之为文献史料。这一类史料的形成，如果从广义史料的角度来理解，较之实物史料的形成要晚得多，它大致只是近数千年间人类社会文明进化的一种产物，而不是从人类社会开始形成的时候就有的东西。恩格斯在《家庭、私有制和国家的起源》一书中说过，人类“从铁矿的冶炼开始，并由于文字的发明及其应用于文献记录而过渡到文明时代”。因此文字是人类文明的重要标志之一，是伴随文明社会的进步而逐步成熟起来的。我国文字的产生极早，早在六七千年前的仰韶文化陶器刻符中已显示出某些萌芽，现在所知最早的较为成熟的汉字——商代甲骨文，距今也已有三千多年，比铁矿的冶炼要早得多。目前世界上一些文明古国的文献史料遗存都很多，而我国文献史料尤为丰富。仅以旧时被称为“正史”的“二十四史”为例，就有3249卷，字数约达4000万左右；所记述的中国历史，从传说中的黄帝直到明朝灭亡，贯穿起来也长达四千多年，保存了极其丰富的史料。“二十四史”之外，尚有种类繁多、体裁不一的大批史书，它们共同构成我国文献史料的主体。而史书之外，经、子、集诸部群籍的记载，也都可按照不同的情况用为史料。早期的文字史料，如商周甲骨文、金文，秦汉简牍、帛书，以及历代石刻文字等，近世以来也有数量可观的积累。其余如政府的档案和社会团体文件，私人的信札、笔记，宗族的谱牒，各种契约、账簿、章程、函电，以及报章杂志、传单广告等，总之是一切可用为史料的文字记录，我国都有大量的收藏，其中除近代以来特有的资料外，大都在古代就有积聚。另外还有许多外国人关于中国的著述以及流传到国外的中国书籍和材料，也越来越受到史学工作者的重视。这些我们在本书第二编中将分别加以介绍。

口传史料，又称口述史料或口碑史料，主要是指以口头流传为显著特征的史料。它的最常见、最典型的表现形式是神话传说、民间故事和歌谣。但在现

---

① 参见《马克思恩格斯全集》第19卷，509页。

代史料学的意义上，口传史料也包含了一些不同于正式历史记载的回忆录、调查记录甚至文艺作品等。这一类史料的起源，可以一直上溯到人类史前文化的时期。就现在所知，人类最初记忆自己的历史，就主要依靠口传的形式，并且在文字产生以后相当长的历史时期内，口传史料仍是相当重要的史料。我国古代的瞽史，就是专掌口传历史的史官，相传《左传》中就有不少材料出自瞽史左丘明的口传。上古还有结绳记事和刻木记事的传统，实际也是口传历史的一种辅助形式，这样的传统在近世一些后进民族中仍然保存着。后来随着文献史料的增多，口传史料在历史记录中的地位逐渐受到排挤，但它作为文献史料的一种必不可少的补充，仍然受到史学家的重视。宋末元初马端临撰《文献通考》，特别强调“文”和“献”的分别，把典籍所载称为“文”，前人议论称为“献”，便显示了文献史料和口传史料的内在联系和区别。“文献”一词，最早出现于记载孔子言论的《论语》中，反映了我国古代学者重视口传史料的悠久传统。先秦的历史著作《国语》和《战国策》，也都以记录人物言论为主。近世以来，不论在中国、外国，都有名人回忆录出版，甚至还有些是普通人的回忆作品，这在口传史料的搜集、整理和利用方面不失为一条有效的途径。

上述三大类史料，用于史学研究都各有优点和缺点。实物史料的实感性强，用于研究某些具体问题有特殊的价值，把某一类实物联系起来考察，也可对相关史事有较多的认识，但它们大都只能反映当时社会生活的某些侧面或片断，很难形成较为完整的史料系统。口传史料中往往有不见于文字记载的材料，有些很珍贵，但也有一些街谈巷议，以讹传讹，容易混淆是非。与这两种史料相比，文献史料在总体上的主要优点，在于它是经过概括和总结的记录，能够比较明确而全面地反映人类历史活动的内容和过程，并且有很强的连续性和系统性，便于搜集、保存和利用。一般地说，在有文字记录可以凭借的情况下，人们研究历史还必须以文献史料为主，而以实物史料和口传史料为辅；只是在没有文献记载可查或文献记载极少的情况下，才以实物史料或口传史料为主。但文献史料也有它自己的局限性，因为相对于客观存在的历史来说，现存号称繁富的文献史料仍远不足以反映历史的全貌，而且其中还有许多失实的记录。因此不论对于哪一种史料，我们在具体运用时都必须进行科学的分析和鉴别。

另外还有一种史料，主要涉及到各民族现存的社会心理、风俗习惯、文化传统和生活制度等等，有时人们统称之为民俗史料。这一种史料实际带有史迹遗存和口传史料的双重性质，且多可与文献史料相印证，而它的大部分须从实地调查中获得，故对于民族史和文化史的研究具有不可忽视的价值和意义。

史料的分类既是一个理论问题，也是一个实践问题。由于史料的构成异常复杂，人们在实际工作中，对史料的划分不可能只限于上述几个大的类别，而是采用很多不同角度的归纳方法。例如：

按社会性质归类，可分为原始社会史料、奴隶社会史料、封建社会史料等；

按时代先后分类，可分为古代史料、近代史料、现代史料，或先秦史料、秦汉史料直到明清史料、民国史料等；

按学术领域和学科分类，可分为社会科学史料、自然科学史料、哲学史料，以及考古史料、民族史料、文化史料、文献学史料、文艺史料等等；

按史学内部分支学科分类，可分为中国史史料、世界史史料、国别史史料、地区史史料等；

按史料内容分类，可分为政治史料、经济史料、军事史料、宗教史料、科技史料等；

按史料的保管、加工、编辑方式分类，可分为档案史料、原始史料、撰述史料、传抄史料，或综合史料、分类史料、选编史料等；

按史料应用范围归类，可分为基本史料、辅助史料、参考史料等；

按史料传播范围归类，可分为公开资料、内部资料、保密资料等；

按史料文种归类，可分为中文史料、外文史料、少数民族文字史料等；

此外，还可重点以史料来源归类，分为私人撰述、官方文书、社会簿录、考古资料、民俗资料等。

诸如此类的分类方法，在史料工作中都不是孤立的，而是相互联系、相互制约的。只有明确了这一点，并根据需要和可能，按照史料的表现形式和内在特点恰当地进行分类，史料工作才能真正具备顺利进行的基础。同时每一大类之下，还可分出多层位的许多小类，但在史料学的体系上，大的类项和层次不宜分得过多。总的原则应是既能反映出各种史料的性质，又能照顾到收藏和使用上的便利，以便更好地为史学研究服务。

第三节　史料的一般性质和特征

上节谈史料的构成和分类，对于各类史料的性质和特征已多有涉及。这里再从综合考察的角度，对史料的一般性质和特征择要作些说明。

如前所说，史料是人类活动的遗迹，是人类物质活动和精神活动在各种实物、文献或风俗等形态上的反映。由于人类活动是在漫长的时间系列和广阔的空间范围内逐步展开的一个过程，因此史料的遗存和发展也有它自身存在的时间和空间。换言之，任何史料都不是自然物，而是人的创造物，是特定人群在特定生存条件下进行生存发展的文化遗留。因此任何史料都不但带有一定的时代性特点，而且带有与特定文化区域相联系的民族性特点；同时在阶级社会中，许多史料又往往带有一定的阶级性特点。这些在史料学的研究中都必须加以注意。

史料的时代性所反映的，本质上仍是人类社会历史发展的阶段性特征。在社会发展的各个大的历史阶段上，各种史料的遗存显然都不相同；同时在每一阶段的各个具体的历史时期，史料积存的方式和内容也不一样。以原始社会为例，旧石器时代的人类还处在散居游动的状态中，这时的史料主要是远古先民从事采集和渔猎的遗物，其中最有代表性的遗物是粗大的打制石器；而到新石器时代，人类生活开始向定居过渡，随着原始农业和畜牧业的出现，取代打制石器的磨制石器逐渐被广泛采用，制陶、酿酒、纺织等原始手工业也陆续出现，这些都使原始社会的史料构成发生了根本性的变化。迄今在考古学上，对于新、旧石器时代及其具体发展阶段的划分，几乎还只能以现在已出土的当时实物史料的细微差别为依据。进入文明社会以来，各种新型的史料不断增多，尤其是文字史料的产生和发展导致史料形态的巨大变革，而文字史料同样有着非常鲜明的时代特点。如我国商代的甲骨文史料，基本上是统治者占卜的记录，神本文化的色彩非常浓厚；西周铜器铭文中的史料，则大都为歌颂祖先功德的内容，与早期典籍中崇尚德治的西周史料相映照，皆反映出当时贵族政治由神本走向人本的趋势及王官文化的演变。春秋战国朝代，王纲解纽，社会动乱，学术下移，各种类型的历史著作及诸子书中的史料，便一致体现出社会转型期的历史动向和文化风貌。秦汉以来，在大一统的局面下，历史文献的编纂与日俱增，各以纪传、编年、典志、纪事本末等体裁形成庞大的系统，其中的史料仍以历朝原有的记录为基础，保持着各自的时代内容和表述形式。史料随时代变化而变化，充分重视史料的时代性，特别是对不易清理的史料加以审慎的考证，恰当地确定其年代，有助于更好地揭示不同历史时期社会生活的本来面貌。

史料的民族性特点，主要导源于各个民族不同的生产方式和生活方式，其中虽然也包含了某些地理环境差异的因素，但这不是决定性因素。就古代史料的保存形式而言，民族性特征在诸如语言文字、风俗习惯及形形色色的物质载体等方面的表现是很突出的，也最容易识别。例如古代埃及“法老”的陵墓金字塔，不同于中国古代的帝王陵墓，也不同于古代中美洲作为宗教建筑的金字塔，如果把它们作为实物史料来看待，自然不能不首先考虑到它们的民族性内容。古代西亚地区刻写楔形文字的泥版文书，与古代爱琴文明地区粘勒线形文字的泥版文书也有不同，而它们与中国古代的甲骨、金石铭文及竹木简书又形成鲜明的对照。以内容而言，同样是铭刻文字，西亚泥版文书多用以记载法典条文、各种文书及债务契约等，与中国的甲骨文、金文大相径庭；而秦始皇巡游天下时建立的功德碑，又与古巴比伦国王雕刻《汉谟拉比法典》的石柱相去甚远。后世书籍增多，史料的载体形式在文献范围内渐趋一致，但是它的民族性内容仍是自身存在的基础。如果抛弃了史料的民族性内容，也就谈不上它的价值，更谈不上对史料的正确理解和运用。

我国是一个多民族国家，少数民族史料是我国古代史料的一个重要组成部分。这些史料不仅保存于汉文文献中，而且保存于用少数民族文字写成的文献中。如佉卢文、突厥文、回鹘文、焉耆—龟兹文、八思巴文、彝文、纳西文、老傣文、于阗文、察合台文、古藏文、契丹文、蒙古文、西夏文、女真文、满文文献等，在各地都有保存，对研究古代各少数民族的社会、历史、语言、民俗等都有特殊的价值。大抵现存西北、西南地区的少数民族文字史料，以有关宗教史料，特别是佛教史料为多，也有不少字书、公文、账册、历书、医书、占卜书及民族关系文件等史料，还有许多诗歌、故事、戏剧等民族文艺作品。藏文、蒙古文、满文文献中有些是重要的历史著作，另有不少价值很高的档案史料。对少数民族史料的搜集整理和使用，尤其要注意到它的民族性特征。

史料的阶级性问题，是史料工作中必须慎重对待的问题之一。现存的史料，除去有关原始社会的部分外，其余都是阶级社会的产物；而阶级社会中的史料，除了一些有关自然现象的记录外，凡是有关各时代、各民族社会生活的史迹遗存、文字记载和口传史料，几乎无不打上阶级的烙印。特别是阶级社会所特有的文字史料，其表述形式和整体内容总要或多或少地受到特定时代统治阶级思想的影响。中国从孔子开始，即提倡以一字寓褒贬，通过改造旧史以阐明统治阶级的历史观点，并为现实的政治和教化提供借鉴。《隋书·经籍志》的总序说："夫经籍也者，机神之妙旨，圣哲之能事，所以经天地，纬阴阳，正纪纲，弘道德，显仁足以利物，藏用足以独善，学之者将殖焉，不学者将落焉。大业崇之，则成钦明之德；匹夫克念，则有王公之重。其王者之所以树风声，流显号，美教化，移风俗，何莫由乎斯道？故曰：'其为人也，温柔敦厚，《诗》教也；疏通知远，《书》教也；广博易良，《乐》教也；洁静精微，《易》教也；恭俭庄敬，《礼》教也；属辞比事，《春秋》教也。'"又说："夫仁义礼智，所以治国也；方技数术，所以治身也；诸子为经籍之鼓吹，文章乃政化之黼黻，皆为治之具也。”按照这样的原则组织起来的历史资料，自然充满了统治阶级的说教。由此又引起史料的失真问题，例如旧时代史书中对统治者的避讳、隐恶和溢美，对劳动人民反抗斗争的歪曲、丑化和不实的描写，就是普遍存在的弊端。因此对传世文字史料，必须注意其阶级的性质。口传的史料，有时更能反映出社会各阶级、阶层和社会集团在具体历史事件上的政治倾向。阶级社会中的实物史料，如刑具、奢侈品、劳动人民的生活用品等，也往往带有浓厚的阶级色彩。因此对口传史料和实物史料也要注意进行阶级分析。但在史料工作中应防止阶级分析方法的教条化或简单化。一方面，任何特定时代、特定民族的史料，都是既有阶级性的内容，又有非阶级性或人类共性的内容，不能不加分别地以阶级性笼罩一切；另一方面，即使对有阶级性的内容，也要根据具体的环境和条件审视其价值，不能轻易地否定其中合理性的东西。根据通行的历史主义原则，任何社会现象都是在历史上形成的，各有其产生和演变过程，对于史料的定性问题，尤其要用历史的眼光作客观的辩证的分析。

史料的时代性、民族性、阶级性特点，都是史料自身属性的不同侧面，它们互相包容和蕴含，并非截然分开。同时在史料的运用上，不同时代、不同民族的史料有时也是相通的，并非只有单一的用途和性质。例如中国古代史料，有些既可用于断代史的研究，也可用于通史研究；少数民族史料，也都可用于中华民族史的研究。实际上，从哲学的高度讨论史料的一般性质和特征，上述有关内容便都可归结为史料的客观性和主观性的统一问题。史料既是人类活动的既成痕迹，它们的具体存在就是客观的，不管它们采取何种形态或是否真伪，总能不同程度地反映不断处在运动发展过程中的客观历史，尽管这种反映有时是扭曲的、虚幻的或不客观的。但史料同时又有主观性的一面，因为不论何种史料，总要经过人们或多或少、或显或隐的诠释之后，才能真正成为诠释历史的材料，纯粹客观的自然存在之物并不成其为史料。因此人们通常所说的史料，其实是客观和主观的统一体；在某种意义上也可以说，史料的种种具体性质，都是由这一根本特性派生出来的。在史料工作中，应特别注意正确处理主、客观的对立统一关系，过分强调哪一个方面都是不全面的。

史料的客观性与主观性的统一，同时还表现为历时性与现实性的统一问题。史料是历史上形成的东西，有些史料还经过漫长的历史时期，直到近现代才被开发和利用起来，这是史料所固有的历时性。但史料又有着强烈的现实品格，即如原始社会的遗址、遗物，作为“实物”它们是历史的，作为史料它们是现实的，如果完全脱离了现实的需要，史料也就失去了存在的依据。从这点上说，史料既是“死”的东西，又是“活”的东西。白寿彝先生对此曾有精辟的论述。他说："关于史料的性质，一般人多认为，这是写在故纸陈编上的材料。这种看法，是一种过于简单的看法。有不少材料，很明显，一直到现在都是有生命力的。如我国的医药书、我国的农书、我国的传统体育和传统艺术等，就是这样。在这些材料中，有相当一部分是很古老的了，但它们一直到现在还是有生命力的，并且在相当久远的将来也可相信其有一定的生命力。有的史料，好像是死的了，但如适当地跟别的史料联系起来，却未尝不可死而复生。……大抵史料中可作为思想资料的部分，在一定条件下都可以起死回生。问题不在史料是死是活，而在于能否得到适当的运用。当然，史料中也有已死不可复生的东西，还是应该分别看待。至于那种把史料一概视为死东西，总是不正确的。"①

第四节　史料的积存和散佚

史料的积存和散佚，是史料自身运动的基本范畴之一。它受人类历史活动的影响和制约，但有自己的运动规律。

一　史料的积存

广义史料的积存，包含自然遗留和人类自觉地积累两个过程。人类在进入文明社会之前，曾经历数百万年的原始社会生活，那时还没有文字记录历史，所有社会生活的痕迹，除了极少数口传的以外，基本上都处于自然遗留的状态。近世以来人类考古学上的各种新发现，便是这种自然遗留的结果。不过这种自然遗留，并非原始社会特有的现象。就一般而论，历史遗迹之转化为史料，中间总要经过一个长短不等的滞留过程，只要人类还在生存发展并要了解自己的历史，这一过程就不会结束。因此在阶级社会中，史料的自然遗留仍是连续不断的，并且每日每时都在发生。由此可以说明，诸如田间考古、文物搜集和民俗的调查等工作，无论过去、现在或将来，都是必要而有意义的工作。

史料积存的主要途径是人类自觉的积累。这一过程大概可以从远古的传说算起。所谓远古，是指有文字记载以前的遥远的时期。这时期虽然没有系统的口传史料保存下来，但从一些零碎的传说中还是可以看出远古的人们口述历史的踪迹。从现有的材料来看，我国远古的传说主要是关于氏族社会里英雄人物的故事。这些故事大致可分为两大类：一类是对自然进行斗争，并在生产活动

① 白寿彝：《中国史学史》第一册，21—22页，上海，上海人民出版社，1986。

中取得胜利的故事，其中又以有关治水和耕稼的为多。如金天氏的昧和台骀，少昊氏的脩和熙，共工氏的后土，夏后氏的禹等，都是治水的能手；烈山氏的柱，神农氏的炎帝，周的始祖弃等，都是耕稼的英雄。女娲补天和羿射九日的著名传说，也与治水和耕稼有关。另一类是氏族部落间原始战争的故事，其中最著名的是黄帝和炎帝之间的阪泉之战及黄帝和蚩尤之间的涿鹿之战，后来又有夸父、刑天、共工等前赴后继地为炎帝和蚩尤复仇。这些传说，不管在具体事件上的真实性如何，都包含了一些反映当时社会生活的史料内容，可说是人类有意识地积累史料的最古老的形式。世界上的许多民族，都有类似的情况，他们的远古神话传说资料也主要以颂扬英雄人物的方式被保存下来。

文字史料的产生，是史料积存过程中具有深远历史意义的最重大变化，它破天荒地使人类有可能系统地了解自己的历史。马克思在谈到希腊历史时曾指出："希腊人只是从野蛮期的高级阶段才知道自己的历史。"① 这一阶段，约略相当于考古学分期上的青铜器时代和铁器时代早期，时间在距今 5000 至 2500 年之间。我国文字的出现和渐趋成熟大概也在这一时期，现存距今三千多年前的商代甲骨文的记录已是自觉积存的文字史料。商代已有比较丰富的天文历法知识，并制订出了相当准确的阴阳合历，还普遍使用了以数字记年月、以干支记日的方法。这样，用文字按时间顺序表达历史的主要手段都已具备，从而为史料积存开辟了前所未有的新途径。

我国古代文字史料的积存，与史官制度的形成和发展是分不开的。这一制度起源很早，甲骨文中的贞人、作册、史、尹等，就都是神职的史官。周代有大史、小史、内史、外史、左史、右史、南史等，又有守藏室之史（或称柱下史），史官的设置更多。这些史官有多种分工，并不专掌一种职事，但他们共同的任务是起草文件、宣读文件、记录某些活动、保管各种官文书，有时还在宗教活动中担任一些重要职务。尽管官职有不同，但大致都与文字记录有关。西周晚期以后，诸侯国也都设有史官，有些世卿的门下还有私设的史官，史官的职责也渐趋专门化。秦汉的太史令、兰台令史等，都是掌管典籍文书兼记史事的官职，魏晋正式出现了专掌史事的著作郎、著作佐郎等职。北魏设著作局修史，北齐始置史馆，唐初形成系统的史馆修史制度，宋代又发展为复杂严密的馆阁制度。至此，源远流长的史官制度达到了它的高峰。设馆修史，运用国家和社会的力量系统地搜集和编纂史料，是我国古代史料积存的一大特点，也是一个好的传统。

① 马克思：《摩尔根〈古代社会〉一书摘要》，174—175 页，北京，人民出版社，1965。

综合言之，我国古代史料积存的主要途径可归纳为如下几条：

（一）历史书籍的编纂。我国古代史书，大部分属于历史记录和资料编纂的性质。据现代学者的研究，我国史书的最初出现，当不会晚于西周后期。从《史记》所保存的材料来看，除鲁国的纪年较早外，其余诸侯国，如齐、燕、蔡、陈、杞、卫、宋、晋、楚等，都是到周厉王时期或稍后才开始有纪年。周王朝的纪年，也是从厉王起才趋向完备。《墨子·明鬼》篇于西周晚年事，引“周之春秋”“齐之春秋”“宋之春秋”“燕之春秋”以证成己说，所谓“春秋”即那时的编年史的通称。编年史是中国史书最早的编纂形式，但最初的记载都非常简单，有类于后来的事目，从现存《春秋》一书仍可考见其梗概。春秋末年孔子修《春秋》，是我国私人修史的开端；同时各诸侯国的官修史书仍在继续，《古本竹书纪年》即是战国时魏国官修的编年史。战国初年，出现了我国第一部较为系统的编年史《左传》和第一部国别史《国语》；我国第一部历史文献汇编《尚书》，大约也成编于战国时期；再加上纷然杂陈的诸子之书，记录纵横家言论事迹的《战国策》，保存古代礼制资料的《仪礼》和《周礼》，传播地理知识的《山海经》及收录上古神话资料的《楚辞·天问》等，都表明战国时期的多种历史记录已相当可观。西汉前期，司马迁著《史记》，上起黄帝，下迄汉武帝，开创了纪传体史书的盛大规模。此后继作踵出，遂使纪传体史书与编年体史书成为中国史书的两大宗系。魏晋南北朝以后，官、私修史的数量和范围都大大增广，著述体裁也不断创新。中国古代史料，即以这些数量庞大的历史文献为主体。

（二）历史档案的积存。档案不同于史书，是指立卷归档、集中保管以备查考的文卷。这些文卷主要是官方的原始文件，但也有根据特殊需要而归档的非原始性文件；同时非官方的社会团体和组织也有自己的档案。档案经过整理，也可汇集成书，但内容仍是档案，只不过已是公开的档案。我国档案的积存，早在殷商时期已经开始，《尚书》中即有“惟殷先人，有典有册”的记载；近世出土的甲骨文中，也零星地发现有存档的编号，证明甲骨文材料确是当时最重要的王室档案。周代又建立了保管档案的机构，并制订了“凡藏秘书，藏之于匮，必以金缄其表”的妥善保管措施。[①] 秦王朝的档案储存已颇为完整，汉高祖刘邦入咸阳时，“诸将皆争走金帛财物之府分之”，独萧何“先入收秦丞相御史律令图书藏之”，以此“具知天下阨塞，户口多少，强弱之处，民所疾

① 《尚书·周书·金縢序》孔颖达疏引郑注。

苦”。[1] 汉初天下既定，汉高祖“与功臣剖符作誓，丹书铁契，金匮石室，藏之宗庙”[2]，也反映了汉初保存档案的情况。近世出土的大批西汉竹木简牍、缣帛、骨签文书，证明当时各类官府档案的积存数量已大大超过前代。后世保管机构和制度日趋专门和完善，东汉的东观、兰台，魏晋南北朝的秘书内外之阁，唐代的三馆，宋元的架阁库，明代的皇史宬，清代的内阁大库，都是历代王朝集中保管档案的处所。历代所存档案的种类很多，其中既有朝廷发布的诏令、册命、上谕、圣训及政典、法典、条例、编敕、案牍、计籍、记功册、簿记等，也有臣僚和地方守臣等给朝廷的书札奏议。档案编纂成书的也有不少。《尚书》中所收的典、谟、训、诰、誓、命之文，即多是当时的官方文书。后世所出，如宋代宋绶、宋敏求父子及其后人编集的《唐大诏令集》（130卷）和《宋大诏令集》（240卷），大都取自档案文卷的副本，有很多材料为《新唐书》《旧唐书》和《宋史》所不载。北宋苏颂曾编过一部《华戎鲁卫信录》，共229卷，是有关宋辽关系的档案史料汇编，极有史料价值，可惜没有流传下来。宋代对档案史料的编辑很重视，现在还能见到一些当时有关编敕、条法、律令格式、铨选例则、计籍簿记等资料。著名编年史家李焘、李心传、徐梦莘等人的著作中，也保存了许多档案史料。唐宋以来，许多私家奏议之书的编集，如果不是取自私家收藏的奏议底本或自底本抄录的副本，即取自档案文卷。清代的档案，经当时统治者特许，曾编印为《康熙上谕》《十朝圣训》《上谕内阁》《硃批谕旨》等书。其中《硃批谕旨》360卷，收录由雍正亲自硃笔批答的223名地方大臣的奏折，是一部大型档案资料汇编。雍正时还编过《上谕八旗》《上谕旗务议覆》《谕行旗务奏议》各13卷，用满、汉两种文字刊布，也都录自档册。封建时代的档案文卷，都是日后修史的重要依据；但明以前档案因年代久远，原件已不多见，明代原始文卷也仅剩数千件。现存最多的是清代档案，从清军入关以前直到清朝灭亡前后的官方文书都有保存，总计约有900余万件，大都保存在中国第一历史档案馆。民国以来的档案保存也很多，各省、地、市、县档案馆还藏有大量地方历史档案。我国少数民族的公私文件，也是档案史料的重要组成部分，但现存具体数量及存档情况尚有待进一步调查。据了解，仅西藏地区所存原地方政府档案资料就有300万件之多，1978年以来已陆续整理出一部分。

（三）图书搜访与古籍整理。中国史料除史书和档案外，还包含在其他各

① 《史记·萧相国世家》。

② 《汉书·高帝纪下》。

种类型的图书资料中。我国古代图书事业发达，古籍整理有着悠久的传统。历代封建政府出于政治统治的需要，几乎无不重视四部群书的搜访积聚与收藏整理，同时私家藏书之风也很盛，这也为史料积存提供了客观的条件。由中央政府主持的大规模图书搜访和整理，始于西汉成帝时。当时“以书颇散亡，使谒者陈农求遗书于天下”①，又命光禄大夫刘向等系统校理，从而开创了我国历史上大规模校书的先例。这次共整理出图书 3.3 万多卷。东汉光武帝“迁还洛阳，其经牒秘书，载之二千余两（辆）”②，后嗣诸帝又屡次组织硕学名儒在东观校理群书。魏晋南北朝战乱频仍，而各朝政府也都重视图书搜访，梁元帝时挟至江陵的国家藏书仍多达 7 万余卷。隋唐之际，图书积聚达到新的水平，唐毋煚所编《古今书录》著录经过精心校理的图书 3060 部、51852 卷。两宋大规模的图书搜访和整理几乎连续不断，藏书目录编出了一大批，《宋史·艺文志》总录宋代藏书 9819 部、119972 卷。明清统治者为收集整理图书，也投入了大量人力物力。明成祖时编纂的大型类书《永乐大典》，收书七八千种，总计 22877 卷、目录 60 卷，分装为 11095 册；清高宗时编纂的大型丛书《四库全书》，收书 3416 部、79309 卷，此外尚有“存目”6793 部、93551 卷。历代地方藏书和私家藏书，自唐宋以后也日盛一日，特别是宋、明、清诸朝的藏书家和所藏数量之多都是惊人的。明代的天一阁和清代的海源阁、铁琴铜剑楼、皕宋楼、八千卷楼藏书等均扬名四海，对近现代图书馆的收藏有很大影响。中国古籍，包括史书在内，究竟共有多少，现在尚难以作出较为确切的统计。据粗略推算，我国历代所出的图书，截止清代为限，已有 18 万部以上；其中现存者，即使按最保守的估计，也应在 8 万部以上，仍是一个庞大的史料群。若再加上民国以来出版的图书，总数可能在 80 万部以上。

（四）金石资料及近世考古资料的收集。金石考古资料，包括实物资料及其铭文资料的出土，在我国也是很早就已发生的事。先秦文献中，诸如在《左传》《周礼·考工记》及《礼记》的《大学》《祭统》等篇中，已能零星地见到一些相传是商、周铜器铭文的记载，然其辞多与后世所传钟鼎文字不相类。两汉魏晋南北朝时期，古代青铜器物时有出土，而多不为当时人所重视。石刻文字的起源较晚，现在还能看到的最早的石刻文字是东周时期秦国的石鼓文。宋人郑樵在《通志·金石略》的序言中也说过：“三代而上，惟勒鼎彝。秦人始大其制而用石鼓，始皇欲详其文而用丰碑。自秦至今，惟用石刻。”大致自秦

① 《汉书·艺文志序》。

② 《后汉书·儒林传序》。

汉以后，因青铜器物去世久远，知者渐少，故文献中以有关石刻文字的记录为多。司马迁作《史记》，收入了秦始皇巡游天下时颂扬功德的刻辞，将石刻文字正式纳入了史料的范围。魏晋南北朝时石刻的应用更加广泛，北魏郦道元在《水经注》中就收录了数百通很有价值的汉魏碑刻；南朝学者还编出过一些专门集录碑刻文字的书。不过真正由出土古器物的增多，进而以金石并重形成研究的风气，还是在宋代。宋代搜集古器物并从事考订研究的风气很浓厚，出现了一大批金石学者和金石学研究的专著。至清代，金石学研究更盛，为研究西周至战国乃至秦汉以后的历史提供了不少原始资料。近世出土古器物与日俱增，目前已知有铭文的商周古铜器约在一万四千件以上，无铭文的不计其数。石刻资料散存全国各地，如西安、曲阜、洛阳、开封、桂林等都是重要的积存地。近世考古的新发现中，除有相当一批原始社会及夏、商以来的遗址、墓葬外，还有一些有重大价值的文字史料。其中最重要的成果，有河南安阳殷墟的甲骨文，陕西岐山的周原甲骨文，湖北荆门郭店的战国楚简，山西曲沃的侯马盟书，安徽寿县的鄂君启节，湖北云梦睡虎地的秦墓竹简，湖北江陵、山东临沂银雀山、湖南长沙马王堆等地的汉墓竹木简及帛书，内蒙古、新疆、甘肃等地的居延汉简、罗布泊汉简、吐鲁番文书、敦煌文书，以及在边疆地区出土的西夏文献、焉耆—龟兹文献等。这些宝贵的考古资料，在一定程度上有助于改进古代史料的内容构成，也为史学研究提供了新的途径。

二 史料的散佚

中国古代史料既有丰富的积存，又有严重的散佚，特别是文献史料，几千年来散失极多。导致文献散佚的主要原因可举出如下几点：

一是历史上的兵燹和动乱。中国有史以来，发生过无数次大大小小的战争，特别是秦汉以来大的战乱，如西汉末年的“王莽之乱”，东汉末年的“董卓之乱”，晋初的“八王之乱”，南朝的“侯景之乱”，唐中叶的“安史之乱”，北宋末年的“靖康之变”，南宋末年的元兵南侵，明朝末年的清军入关，以及近世以来的八国联军侵华、日本帝国主义侵华等，都曾使我国古代文献遭受巨大的损失。前人有图籍“五厄”“十厄”“十三厄”“十四厄”之说，主要即指这一点。

二是统治阶级的禁毁。中国古代的禁书，自先秦发端，《孟子》中已有“诸侯恶其害己也，而皆去其籍”的记载；《韩非子》中也记载商鞅变法时曾教秦孝公“燔《诗》《书》而明法令”。至秦始皇统一中国，又有大规模“焚书”之举，被称为中国古籍的第一大“厄”。后世每朝都有禁书，只是范围和程度有所不同。尤其明清时期文字狱屡兴，造成了文化史上的一系列冤案，被禁毁的书不计其数。清乾隆时修《四库全书》，将不利于本朝统治的书“一切查办，尽行销毁”，实际也是一次大规模的禁书行动。据统计，仅1774—1788年间，清廷下令禁毁图书即多达24次，共毁书13862部。禁书的实质，是企图阻挠某种思想的传播。对禁书之举还应进行历史的分析，不宜统加否定，但由此却导致了大批史料的散亡。

三是自然消亡。这当中又有多种不同的情况。如统治者虽不禁但也不加提倡的书，质量较差甚至很低劣的书，阿世媚俗之书，士大夫秘藏不示人之书等等，都容易自行消亡。又如科技史料，古代统治者斥为“小道”，一般士大夫也往往重文辞而轻实学，因而散失亦多。魏晋南北朝时期的大批史料书，在《三国志》《后汉书》及唐修《晋书》相继问世后，至今已散亡殆尽。谱牒史料，自五代以来门阀制度瓦解后，也已几乎全部失传。其他可举的例子还有很多。自行消亡之书，有许多无甚史料价值，但也有价值很高的书，应当区别对待。

四是由于保管不善及水、火、虫蛀等原因，导致典籍残缺散佚。历代官府藏书及私家藏书，精心积聚数十年乃至数百年而毁于一旦的情况屡见不鲜。

中国古籍的散亡率是很高的。元初马端临在《文献通考·经籍考》的序言中曾谈到：“《汉志》所载之书，以《隋志》考之，十已亡其六七；以《宋志》考之，隋、唐亦复如是。”实际上，即依前述中国古籍现存情况的粗略估计，历代亡书至少也在图书总数的一半以上。这也为今天整理古籍，搜集和保存史料，提出了迫切而不容忽视的任务和要求。

第二章　史　料　学

第一节　史料工作与史料学

史料是史学的建筑材料，史料工作是史学工作的重要组成部分。前已述及，“历史”的含义有两种：一种是指人类社会的实际发展过程；一种是指人们对社会发展过程的追述，实质是人类对自身历史的重认和重构。从史料到史学，无疑是人类历史认识的一次升华，也是历史表现形式上的一种飞跃；但史料工作作为史学工作的基本前提，在任何时候都不可缺少。由于历史发展是一个流动的过程，历史现象的发生具有一次性，它一旦成为过去，人们便不可能将它拉回来进行直接观察，也不可能利用现有材料照原样加以复制，因此历史研究必须以史料为依据。梁启超曾说：“治玄学者或治神学者或无须资料，因其所致力者在冥想、在直觉、在信仰，不必以客观公认之事实为重也。治科学者——无论其为自然科学、为社会科学，罔不恃客观所能得之资料以为研究对象。”其实这话只是相对而言的，治玄学和神学者也并不能脱离现实的思想史料。因此梁启超又说：“史料为史之组织细胞，史料不具或不确，则无复史之可言。”①

历史研究中的史料工作，有着丰富的具体内容，它通常包括史料的搜集整理、分析鉴别、考订归纳、阐释和利用等步骤；而每一个步骤的完成，都有许多繁重的工作要做，特别是搜集整理的工作，往往占去全部研究工作的大部分时间。一般地说，史学工作所取得的成就的大小，不仅取决于史学工作者的主观条件和各种社会条件，同时也取决于史学工作者所掌握的史料是否有足够的数量及是否准确可靠。我国古代许多有重大成就的史学家，都在这方面下过很大的功夫。如司马迁写《史记》，不仅充分利用了当时他所能看到的所有古书资料和档案史料，而且利用了他从 20 岁起游历各地，通过实地调查而得来的大量考古问故的资料，其中既有可以印证古书记载的实物史料，也有出自遗民隐士、野老田父、墟中百姓、方士祠官的口传史料。司马光和他的助手们编

---

① 梁启超：《中国历史研究法》，40 页，上海，上海古籍出版社，1998。

《资治通鉴》，先在查阅大量文献史料的基础上，集中排比为“丛目”，然后将原始资料甄别去取，写成“长编”，并对疑问材料和异同材料进行认真详尽的考辨，最后才删繁就简，写成全书，他们的史料工作最称谨严和周到。南宋李焘编著本朝史，曾用10个大木橱收储史料，每橱有20个抽屉匣，每匣都有年份编号，凡本年之事，有所闻即归入此匣，这样积累40余年，终于撰成了记录北宋九朝168年历史的编年体巨著《续资治通鉴长编》，他的方法很像今天的卡片制度。我国古代的大部头历史书，基本上都是史料编纂的性质，古代史学家不避繁难，在史料工作中创造了许多很好的经验。近世以来，史学研究方法已与古代不同，但老一辈史学家仍不惮烦琐，潜心整理史料，把史料工作看作研究工作的基础阶段。如郭沫若研究《墨子》时，对吴起发生兴趣，就将《吕氏春秋》中关于吴起的故事抄出；研究《乐记》时，又将《乐记》按刘向《别录》的原有次第加以整理，整个抄录一遍；研究《吕氏春秋》时，接连几天翻来覆去地把全书读了好几遍，又把有关内容分类摘录下来；研究《管子》时，又把《心术》《内业》等篇整个抄了一遍，发现简编错乱，即依《内业》重新整理，归之条贯。[①] 郭沫若的《十批判书》，就是在这样的基础上写成的；他的其他重要历史著作和考古学著作，也都堪称史料工作的典范。

史料工作既是史学工作的基础阶段，同时也贯穿于史学工作的全过程中。史学工作者所掌握史料的数量和质量，不仅会直接影响到史学研究的进度和成绩，有时也会影响到史学研究的方向。特别是一些新史料的发现，往往会为史学工作者提出新的研究课题，指示新的探讨途径，或者促使研究者对旧的课题和途径作出新的调整。例如甲骨文发现以前，人们对殷商史事了解极少；甲骨文出土后，不仅对殷商史事了解多了，而且通过文字学的途径研究古史，获得了许多以前没有过的感性认识。王国维研究古史，提倡以旧史料解释新材料，又以新材料印证旧史料，主要就是从研究甲骨文开始的。他自称这种方法是“二重证据法”，从而为古史研究开辟了一条新途径，使新材料得以发挥应有的作用，旧材料也得到重新的鉴定。他还特别强调新材料的重要性说：“古来新学问之起，大都由于新发现。……有孔子壁中书出，而后有汉以来古文家之学。有赵宋古器出，而后有宋以来古器物、古文字之学。晋时汲冢竹简出土后，同时杜元凯之注《左传》，稍后郭璞之注《山海经》，已用其说。然则中国纸上之学问，有赖于地下之学问者，固不自今日始矣。”[②] 王国维研究甲骨文

① 参见郭沫若：《十批判书》，467—469、476—477页，北京，人民出版社，1954。

② 王国维：《最近二三十年中中国新发现之学问》，《学衡》1925年第45期。

的成就是很突出的，他曾用甲骨文史料证明了《史记》所载的商代先公先王世系大致可靠，但也有一些错误。过去人们认为，距离上古越近的学者，了解上古史料就越多；现在这种观念被打破了，王国维、郭沫若等人从甲骨文中获得的殷商史知识，就比两千多年前的司马迁要多。甲骨学的研究，至今已成为一种专门之学；其他一些重要考古史料的发现，如商周青铜器铭文、侯马盟书、秦汉魏晋简牍、敦煌写卷以及一些罕见的古碑刻等，也都为史学工作提出了新问题，提供了新路子。在新史料的发现改变旧课题方面，临沂银雀山汉墓竹简书《孙膑兵法》的出土是一个显著的例子。长期以来，《孙子兵法》的作者究竟是孙武还是孙膑，学术界一直争论不休，如今两部书并存，问题迎刃而解，已无须再议。近几十年间，战国秦汉间久已失传的简帛古籍频繁出土，不断轰动学术界而引发研究热潮，其中的文化史料和思想史料尤其备受重视；且时有当时的官府简帛档案成批出土，则可直接用以补充和检证古代政治史料。现时的简帛学研究方兴未艾，不仅成为独立的学术部门，事实上也是史料工作的重要组成部分。与此同时，有重要铭文的古铜器也不断有新的发现，关系史事甚多，仍为学者所瞩目的史料来源。

人们在史学工作中，有时也会因材料纷繁复杂而感到难以入手，但更多的情况是因材料不足而感到困难。一些重大的研究课题，如中国古史分期问题、土地制度问题、农民战争问题、汉民族形成问题、资本主义萌芽问题等等，之所以长期得不出较为一致的意见，其中固然有一个在理论上如何认识的问题，而史料的不足也是一个很大的制约因素。人类的历史认识是不断发展的，旧史料的发掘和新史料的发现也应该不断进行。有一些史料，并不是新近才发现的，而是流传已久的，只是过去长时期未被人们注意，故在史学研究中没有发挥应有的作用。如集部书中的史料，过去就利用得很不充分，特别是诗文中的史料，更是很少被人系统地利用过。近世以来，我国学者受西方文化史学的影响，开始注意到这方面的史料。陈寅恪治学，就特别注重“民族文化之史”。他认为我们今天看到的史料，只是当时人类生活所遗留下来的片断，必须立足于当时的历史条件，具有艺术家欣赏古代绘画、雕刻的眼光和精神，才能对历史有真正的理解，不至于有隔阂、肤浅的毛病。他还认为，运用史料，仅止于追寻最早的记录还不够，还应搜集某些有关方面的史料进行研究。为此，他在自己的研究工作中，大量采用了诗文笺证的形式去探讨史事，从而扩大了研究的视野，得到不少新解。他的《〈秦妇吟〉校笺》《元白诗笺证稿》《〈桃花源记〉旁证》《读〈东城父老传〉》《读〈莺莺传〉》及 80 万字的巨著《柳如是别传》等，都是这方面的成功之作。佛藏、道藏中的史料，过去史学工作者能加以利用的也不多，陈垣曾利用这类材料，结合一些宗教碑刻的记载，写出了《明季滇黔佛教考》《清初僧诤记》《南宋初河北新道教考》等自出新意的力作。这些都说明，我国古代的文献史料还有不少未被很好地利用起来，有的甚至还不为人们所熟悉；即使在常见的文献史料中，也还有大量的信息资源可以开发利用。梁启超在70多年前所批评的“专向可疑的史料注意，忘了还有许多许多的真史料，不去整理”，这一倾向直到今天仍有必要注意避免和克服。倘若常见史料发掘得深、利用得好，也可起到与新发现的史料同样的作用。不然的话，难免像陈寅恪所说，会有隔阂、肤浅的毛病，以至于影响到史学工作的实际成绩。

以上略述史料工作的几个侧面，着重指出了史料工作在史学工作中的重要性，进而说明史料学与史料工作的密切关系。概括言之，我国史料学是在各种不同形式和内容的史料日益增多，史料工作日趋繁重复杂的情况下，为适应史学发展的实际需要而逐步产生和发展起来的一门学科。这门学科的建立有着多方面的历史和现实因素，但首要的因素仍是史料工作在史学工作中相对独立的性质。通常所说史料工作是史学工作的一部分，实际包括两重含义：一是指史料工作贯穿史学研究的全过程，无论研究何种问题或处在研究的哪一阶段，都不能脱离史料工作；二是指史料工作本身，也可以成为史学工作的专门领域。我国古代在史料整理方面成绩突出者很多，他们的史学工作事实上也就是史料工作。刘知几曾把史学工作分为“勒成删定”和“书事记言”两大类，章学诚又把史学著作分为“撰述”和“比类”两大类，他们都强调史料整理和史书编纂相辅相成，不可或缺。近世以来，史料汇编与史学著作的区分更为明显，一大批以“史料”为名的书，已构成史书中的一大部类。这在客观上，也使史料工作有可能从史学工作中分化出来，成为一个独立的研究领域。

我国自古以来，史料工作和史学工作一样，有着悠久的传统。前人在这方面已创造了许多很好的经验，需要给予系统的总结，以为今天的借鉴。而现代科学的发展，又使史料工作大大突破了旧有的范围，并且有些专业部门的史料工作，如自然科学史料的整理，甚至已非史学工作所能概括。史学要革新，史料工作也要随之革新，不论从理论上还是实践上看，都有必要对史料及史料工作做专门的研究。

从方法论的角度看，史学研究方法和史料工作方法也是密不可分的。近世讲史学方法的著作，都有关于史料工作的内容，如梁启超的《中国历史研究法》共六章，即专以两章的篇幅谈史料，一章谈史料的功用、性质和分类，一章谈史料的搜集与鉴别。旧时多以为史料工作是技术性的，无关乎“史才”和

“史识”，这是一种很片面的看法。史料工作方法运用得当，完全可以为史学研究开辟新途径，如唐代杜佑、元初马端临由整理古代典章制度史料而创政书体，宋代袁枢由改编《资治通鉴》而创纪事本末体，以及前述王国维、陈寅恪、陈垣等人的研究工作，都是明证。前人讲史学方法的大量内容，皆可择出归之于史料学。

从更宽泛的意义上说，史料本身是在历史运动过程中形成的，也是人类历史发展的一部分。史料有它自己的发展史，如果不了解史料形成和发展的源流，就会连史学研究的起点也搞不清楚。同时史料本身的价值，关系到社会生活的各个方面，史学研究中对具体史料的运用不一定面面俱到，若从史料学的角度加以考察，则可以通过多方面的综合论证，使史料发挥更大的作用。

史学研究中的史料工作范围广泛，形式多样，工作量大。近世以来提出建立一门史料学，也是现代学术分工日趋细致的客观要求。上述各点，都可看作是史料学赖以发生的前提和条件。

第二节　史料学研究的任务和范围

史料学研究的对象是史料和史料工作。关于学科定义，按照目前史学界的一般理解，可作如下表述：史料学是研究史料的源流、价值和利用方法的学科。根据这一定义，史料学研究的基本任务，即是通过对史料的考察、分析、评介和归纳，揭示史料本身的特质及其保存发展的过程和规律，说明各类史料的不同价值和利用方法，以便为史学工作者提供掌握和处理史料的参考门径和手段，从而力求使史学工作建立在更为充实可靠的资料基础之上。显然，史料学是一门实践性很强的学科，其目的是要为史学研究服务。

关于史料学研究的范围，白寿彝先生曾有如下的论述：“史料学，我认为，可以包含理论的部分、历史的部分、分类的部分和实用的部分。理论的部分，主要是研究史料跟史学领域其他部分的关系，史料本身的特点，史料学应当承担的任务。历史的部分，是要研究史料学发展的过程及其规律。如就中国而言，就是要研究中国史料学发展的过程及其规律。分类的部分，是要研究史料的各部分类的方法，目的在增进对各种史料性质的理解并因而便于收藏和检寻。应用部分，如版本、校勘、辑逸、辨伪之类。”① 我们认为，按照这样的四个部分建立中国史料学的学科体系，应该是可行的。不过白先生同时指出：

① 白寿彝：《中国史学史》第一册，20页。

“近年所谓史料学，大致属于第四部分之内容为多。涉及到前三部分的内容者，可说是很少。事实上，在中国史学发展的过程中，关于史料学的这四部分内容也都有相应的发展，不过我们注意得不够，因而有关的研究成果不多。”这是需要进一步加以解决的问题。

史料学的理论，与其他学科的理论有相通之处，实际是人们对本学科的性质、任务、研究对象和目的、内容范围和结构、基本范畴和方法，以及本学科与其他学科的关系、本学科的时代特色和现实意义等一系列相关问题的理性认识。这种理性认识历来都是存在的，但要使之上升为较有系统的理论，使之成为本学科正式成立的独立标志和坚实依据，就需要在实践中不断地进行总结、归纳和概括。从现实情况看，中国史料学的理论建设还是初步的、不成熟的，史料工作者对有关理论问题的认识还不一致，有的问题争议还很大。这需要通过长期的学术研讨和争鸣逐步地加以调整，以促进史料学理论研究水平的提高。与史料学其他部分的研究相比，理论研究具有指导的作用，理论不明，其他部分的研究就会显得零乱。因此在理论研究过程中，应特别强调对本学科整体性的认识，同时在具体的研究课题上，要能够体现出整体性与个别性、针对性的统一，突出本学科的特点，以使理论既源于实践，又高于实践，不致流于图解式的形式化说明。为达到这一目标，适当吸收一些现代科学新学科的理论因素是有必要的。

史料学历史部分的研究，首先要理出一个史料积存和史料学发展的历史线索。我国古代的史料极为丰富，古代学者对史料的搜集整理下过很多功夫，对史料的理性认识也有表现；尽管作为一项专门的学问，史料学在古代还没有形成明晰的系统，但在长期的实践过程中，也可以说已具有一定规模的雏形。因此把有关史料的学问从古代学术中分离出来，单独地考察它的发展线索，不仅是必要的，而且是可能的。从表面上看，史料只是人类活动的遗迹，似乎离现实生活较远，无什么规律可循；但是人们对史料的运用，是直接受到不同历史时期社会条件的深刻影响和制约的，这点我们在上章谈到史料的时代性时已经涉及到。所谓时代性，实质上就是阶段性。既有连续性，又有阶段性，这也就是我们现在可以见到的中国史料学发展过程中有规律性的东西。各阶段史料的构成及各构成部分间的错综关系都不相同，其中必然也有某些规律性的东西，只是由于我们目前对某个阶段的认识清楚一些，对某个阶段的认识差一些，探讨和分析还不够完善、不够平衡，所以对史料学中某些阶段性的规律还不能作出更确切的说明。总之，研究史料学自身发展的历史，忽视对其特点和规律的总结是不对的，也是不利的。

史料的分类，是史料学研究中的重要课题。历来涉及这一课题的著作很多，虽然分类方法不一致，还不能建立起一个为大多数人所公认的较为科学的分类体系，但对有关分类的原理、原则等已提出过许多很好的意见。如白寿彝先生主张："在分类上，一方面要能反映各种史料的性质，又一方面要充分照顾收藏上及使用上的便利。"① 目前史料的分类，从大的方面分为实物史料、文献史料、口传史料几项，在理论上讨论甚为简便，在收藏及使用上则未必便利，而且实物史料与口传史料的内容分量，都无法与文献史料相比。文献史料的分类，现在仍主要采用目录学的方法。传统的四部分类法，仍有可以继续采用的地方，如经部在四部书中占有特殊的地位，是历史上形成的，已有固化为一体的趋势，在新的分类法中仍不妨作为一个单独的部门。但四部分类的体系，总的说来已与中国繁富的史籍不相称，宋代以来已有学者屡次尝试加以变革。如郑樵《通志·艺文略》把经部分化为四大类，子部分化为六大类，再加史类、文类，建立了总共十二大类的庞大分类体系。明清时期的目录书，动辄分至几十类，甚至连明代官修目录也跟从私家目录抛弃了四部分类法，清代后期又逐渐出现了按学科分类的体系。四部书中，宋以来分类变化最大的是子部和集部，但子部书到近世渐趋单纯，有些旧时分量较重的书，如形法、五行、阴阳、占卜之类，已逐渐被淘汰。集部书最为杂乱，如诗集、词集、传奇、小说之类可入文学，有些书实际是论文集、奏议，或同时并存多种内容而带有丛书的性质，包含有很多重要的史料；还有些书，如宋明理学家的别集，实际类似诸子书，章学诚曾谈到这点，清代一些思想家的别集也有同样的性质。为便于使用，集部书急需作分类上的整理。近世以来引进西方的分类方法，建立了许许多多的分类体系，但史料分类是一项繁重的工作，难于短期见效，现实的史料目录实际仍以各种专用目录为主，包括单科目录、馆藏目录、专题目录、专书目录以及个人的专用目录等。综合著录各种史料的分类目录，目前还没有编成较完备的书，这要在各种史料的具体目录都较详尽的情况下才有可能做到。史料索引的工作，现在也急需加强。这些在史料学的研究中都应注意到，可以在现有基础上提出新的史料分类方法或设想；不过史料学还应论述史料分类的重要性及有关原理、原则等，以期做到理论与实践相结合。

史料的应用，是近年史料学研究中谈论最多的部分。同时不仅在史料学专著中，而且在文献学和史学方法论著作中，都有大量的论述。这一方面是由于传统文献学注重版本、校勘、辑佚、辨伪等专门研究工作的影响，另一方面也

① 白寿彝：《中国史学史》第一册，22页。

由于史料学本身鲜明的实践特点所使然。有关的内容今后还要继续研究下去，但须结合现代学术工作中运用史料的新特点加以变通和补充，否则仅守旧有的框架，转相祖述，少有新意，那就很难起到史料学所应该有的某种指导作用。

以上四个部分，是就史料学研究的大体而言的，不一定就能涵盖史料工作的方方面面。具体的研究可以见仁见智，各有侧重，而要在提纲挈领，简而不繁。

第三节　我国史料学的发展

中国古代史料学的萌芽，早在先秦时期业已显露。如上章所述，我国史料的搜集工作，自商、周以来即已渐次展开。至春秋末孔子整理六经，留意于访求和鉴别古史料，热心于编纂古史料，又出于私学授受的需要，反复讲解和评价古史料，这些都对后来的史料工作产生过重大影响。《论语·八佾》篇记孔子的话说："夏礼吾能言之，杞不足征也；殷礼吾能言之，宋不足征也。文献不足故也，足则吾能征之矣。"这里最早明确提出了叙述历史必须依据史料的观点。孟子论《诗》与《春秋》的消长关系，提出"王者之迹息而《诗》亡，《诗》亡然后《春秋》作"，也是从史迹存亡的角度来立论的。事实上，除《春秋》三传以外，战国诸子书中也包含了不少有关史料校勘、分类和考辨等内容。再从历史知识的具体运用来看，孔子自称"述而不作，信而好古"，《易大传》提倡"君子多识前言往行以畜其德"，《礼记·经解》讲求"疏通知远""属辞比事"，《左传》表彰直笔和良史，墨子和孔、孟一样注重"征信"，韩非强调"参验"，荀子重视"解蔽"，《吕氏春秋》极言对传言的审察——这一类著名的论断，尽管宗旨在"明是非，别善恶"，而无不与史料的鉴别相联系。如果要深入发掘的话，先秦学者对史料问题的解说可能还有更多值得注意的内容。

秦汉以后，历史著作日益增多，史料问题也日渐被人重视。司马迁著《史记》，曾屡次谈到他对于史料的处理情况。其《五帝本纪》说："学者多称五帝，尚矣。然《尚书》独载尧以来；而百家言黄帝，其文不雅驯，荐绅先生难言之。孔子所传宰予问《五帝德》及《帝系姓》，儒者或不传。余尝西至空峒，北过涿鹿，东渐于海，南浮江淮矣。至长老皆各往往称黄帝、尧、舜之处，风教固殊焉，总之不离古文者近是。予观《春秋》《国语》，其发明《五帝德》《帝系姓》章矣，顾弟弗深考，其所表见皆不虚。《书》缺有间矣，其轶乃时时见于他说。"这里不仅谈到了远古传说记载的不同及其在儒家内部的传播情况，而且注意到了这些传说在地域上的分布和在不同时代的演变。其《十二诸侯年表序》和《太史公自序》，也以重要篇幅批评了历来文献史料的缺点，并提出了改变这些缺点的办法。因此他要“网罗天下放失旧闻，王迹所兴，原始察终，见盛观衰”，“厥协六经异传，整齐百家杂语”，依据史料集中的新情况，在新时代写出一部可以传世的著作。司马迁之后，班彪、班固父子对既往史料也有系统的评论，《汉书·司马迁传》和《后汉书·班彪传》保存了一些这方面的材料。西汉末年，刘向等人校理皇家藏书，也是一种大规模整理史料的工作，刘向所撰有关书籍叙录大量涉及到史料学的内容。东汉学者王充、马融等人，在史料辨伪方面也有独到的看法。

魏晋南北朝是史料著作急剧增加的时期。文学评论家刘勰在他的名著《文心雕龙》的《史传》篇中，对古代史学作了概括，从传说中的苍颉、沮诵一直说到司马彪、华峤之书，其中有些言论涉及到史料学上的重要问题。如文中说到：“在汉之初，史职为盛。郡国文计，先集太史之府，欲其详悉于体国也。必阅石室，启金匮，抽裂帛，检残竹，欲其博练于稽古也。”其下又说：“然纪传为式，编年缀事，文非泛论，按实而书，岁远则同异难密，事积则起讫易疏，斯固总会之为难也。或有同归一事而数人分功，两记则失于复重，偏举则病于不周，此又诠配之未易也。……若夫追述远代，代远多伪，公羊高云‘传闻异辞’，荀况称‘录远略近’，盖文疑则阙，贵信史也。然俗皆爱奇，莫顾实理，传闻而欲伟其事，录远而欲详其迹，于是弃同即异，穿凿傍说，旧史所无，我书则传，此讹滥之本源，而述远之巨蠹也。至于记编同时，时同多诡，虽定、哀微辞，而世情利害：勋荣之家，虽庸夫而尽饰；迍败之士，虽令德而常嗤。（理欲）吹霜煦露，寒暑笔端，此又同时之枉，可为叹息者也。”作者在这里提出了修史过程中可能遇到的四项困难，除最后一项涉及“世情利害”之外，其余皆为史料的选择处理和组织安排问题，并且严厉地斥责了穿凿附会、滥用史料的不负责任的态度。此外，汉以来重视史料的传统，在地下出土史料的整理方面也得到体现。西晋初年，河南汲县出土《汲冢竹书》，当时学者进行了精心的整理和考证，《晋书·束皙传》详记其事，是古代史料学上的一篇重要文献。

唐代史学评论家刘知几在他的名著《史通》中，对于史料学有更为详细的论述。其《采撰》篇主要议论史料问题，提出撰写历史犹如“珍裘以众腋成温，广厦以群材合构”，必须“征求异说，采摭群言”，广泛搜集史料；使用史料则应“练其得失，明其真伪”，不可“苟出异端，虚益新事”。《杂述》篇把史学杂著分为十类，扩大了史料搜集的范围。《载文》《叙事》等篇还提出史书记载应当因时变化，贱古贵今，详近略远，重经历而轻传闻，以杂史和雅言相印证，尤其要重视地下出土的直接材料，反对以迷信和史实相混淆。其论史家直笔，以为“历考前史，征诸直词，虽古人糟粕，真伪相乱，而披沙拣金，有时获宝”，称赞直笔史家“叙述当时”“务在审实”。论史家必备的条件，有才、学、识“三长”之说，其中“学”一项主要即指掌握丰富的资料。

宋元明清时期的千余年间，中国古代史料的搜集、考订和编纂工作久盛不衰，有关史料学研究的著作和论述层出迭见，难以缕述。其中荦荦可称者，如宋代大史学家司马光编著《资治通鉴》，于笔削定稿之际别为《通鉴考异》一书，开史家著书自注异同之例，在史料学上也堪称是一个创举。两宋之际的郑樵，在《通志》的“二十略”中设立《图谱略》和《金石略》，重视史料的直观性和原始性，也是前史所没有过的。南宋大理学家朱熹一生以复兴“道学”为己任，但他对史料的校勘、考证、辨伪等都有极精到的看法。如他论史料考证，概括为“参伍错综”的原则，并解释说：“错、综自是两事。错者，杂而互之也；综者，条而理之也。参伍、错综，又各自是一事。参伍所以通之，其治之也简而疏；错综所以极之，其治之也繁而密。”① 这实际是对史料排比、会通、比较鉴别与综合条理的高度的哲学概括。宋末元初，马端临撰写《文献通考》，首次在自己的著作中把史料划分为文字史料（“文”）和口传史料（“献”）两大类，是我国古代史料学的一个重大发展。明代的李贽提出“经史一物”“《六经》皆史”，认为经史相为表里；在《焚书》的《童心说》中，又极言“《六经》《语》《孟》，非其史官过为褒崇之词，则其臣子极为赞美之语”，至斥为“道学之口实，假人之渊薮”，表现了完全不同于前人的史料评价观念。清人著作中，论述史料学问题比较集中的是章学诚的《文史通义》。其书首篇即突出论证“《六经》皆史”，以为“古人不著书，古人未尝离事而言理，《六经》皆先王之政典”。为阐明这一观点，他在《报孙渊如书》中又强调说：“愚之所见，以为盈天地间，凡涉著作之林，皆是史学，《六经》特圣人取此六种之史以垂训者耳。子集诸家，其源皆出于史。”他所谓“史”和“史学”，其实都是就史料而言的，取经史而兼包古今一切著作，这就较之前人更加扩大了史料搜集的范围。他还多次谈到官府案牍、金石图谱、私家文集等史料的价值，以为“职官故事、案牍图牒之书，不可轻议”；“三代钟鼎，秦汉石刻，……辨其事，虽庸而不可废”；集部之书浩如烟海，而皆“与史家互出入”，“往往有记传诸体，可裨史事”；即使家乘谱牒，亦“有补

① 《朱文公文集》卷54。

于知人论世之学，不仅区区考一人文集已也”。在编纂学上，章学诚把史籍分为“著述”（或称“撰述”）和“记注”（或称“比类”）两大类，并强调“著述譬之韩信用兵，而比类譬之萧何转饷”，二者相辅为用，缺一不可。同时提出“撰述欲其圆而神，记注欲其方以智”；“智以藏往，神以知来”；“藏往欲其赅备无遗，故体有一定而其德为方；知来欲其抉择去取，故例不拘常而其德为圆”。这一类的议论，在史料学上也有理论性的意义。清代学者对古代史料的搜辑整理，以乾嘉考据学的兴盛为契机，曾经取得巨大的成就。章学诚对乾嘉考据学派的烦琐考证是持批评态度的，但考据学家的言论中，也有许多在史料学上是很好的意见，我们今天研究中国史料学的发展也应给以充分的注意。

不难看出，我国古代学者有关史料问题的论述是很丰富的，有些言论直到现在还很有参考价值。但因时代风尚所限，近代以前还没有人写出一部全面论述史料问题的专书。真正以史料为对象进行专科的研究，大约还只是20世纪以来逐步发生的事。较早在这方面做了一些工作的是梁启超。1921年，梁启超著《中国历史研究法》，虽然也讲历史哲学、史学方法，但更为详尽的还是介绍有关史料学的知识。如他在该书第四章“说史料”中，把史料分为“文字记录以外的史料”和“文字记录的史料”两大类，下属十二个小类，虽然不尽合理，却较前人的分类已完备得多。第五章讲“鉴别史料之法”，提出了辨识伪书、伪材料的著名的十二条公例。这些对推进史料学的研究都是有意义的。后来他在所作《中国近三百年学术史》及《古书真伪及其年代》等书中，对史料辨伪有更系统的总结和归纳。不过梁启超讲史料学，而冠之以“历史研究法”，这还是受了近代西方一些学者所宣传的“史学本是史料学”的理论的影响。西方研究史学方法较早。1889年，德国史学家伯恩海姆（Ernst Bernhein）写过一本《历史研究法教科书》，论述历史学的对象、任务、史学方法、史料考证、历史的综合和编写等，其中有不少精辟的见解，但基本倾向是认为史学研究就是搜集、审查和运用史料的工作。此书在中国印行较晚，陈韬的中文译本直到1937年才由商务印书馆收入《万有文库》，但其观点在中国早就流传。1897年，法国学者朗格诺瓦（Ch. V. Langlois）和瑟诺博司（Ch. Seignobos）曾增删伯恩海姆的书为《史学原论》。胡适《中国哲学史大纲》中“论史料审定及整理之法”的部分，以及受梁启超影响的何炳松所写的《历史研究法》一书，都是主要依据朗、瑟之书的英译本写成的。当时风气如此，中国近代史学既然深受西方文化思想和史学观念的影响，史料学的研究当然也不能例外。后来梁启超对此有所检讨，1926—1927年间他在写《中国历史研究法补编》时曾说："最近几年来时髦的史学，一般所注重的是别择资料，这是自刘知几以来的普通现象，入清而甚盛，至今仍不衰。发现前人的错误而去校正他，自然是很好的工作。但其流弊乃专在琐碎的地方努力，专向可疑的史料注意，忘了还有许多许多的真史料，不去整理。如清代乾嘉学者，对于有错字的书有许多人研究，对于无错字的书无人研究。……还有一种，研究上古史，打笔墨官司。自从唐人刘知几《疑古》《惑经》以后，很少人敢附和。现在可附和他了不得。……我从前著《中国历史研究法》，不免看重了史料的搜辑和别择，以致有许多人跟着往捷径去，我很忏悔。现在讲广中国历史研究法，特别重大规模的做史，就是想挽救已弊的风气之意。这一点，我希望大家明白。"

梁启超所批评的"研究上古史，打笔墨官司"，可能是指以顾颉刚为代表的"古史辨派"。这一学派崛起于20年代，上承郑樵、姚际恒、崔述，近受康有为及"五四"新文化运动疑古风气的影响，试图从古史演变的层次上追寻古史传说的发展脉络，对我国先秦至两汉的古史料几乎都作了分析批判，下了极大的辨伪功夫。汇集于1926—1941年间的七集九大册《古史辨》，即是古史料考辨的巨著。或如顾颉刚自己曾提到的一种说法，他们的书其实是"古书辨"，而不是"古史辨"。[①] 因此"古史辨派"的诸多论述，都有史料学的意义。

实际上，在近现代史料学的研究中，考据学仍占有重要的地位。特别是五四运动以后，由于时代条件的变化，考据学者一面继承乾嘉时代的固有传统，致力于古代文献史料的发掘和利用，一面与新兴的史学及文献学研究互相发明和补充，不断在新的领域内开拓和发展，从而取得了许多远非乾嘉学者所能相比的具体成就。这一时期的考据学，学术界一般称之为"新考据学"，其代表学者要首推王国维、陈寅恪和陈垣。王国维提倡"古史新证"，特别注重以甲骨文、金文史料考求商周古史；陈寅恪以诗史互证，又格外注意到中西文献史料的比较研究；陈垣则尤其重视史料来源，讲究类例，在宗教史料及其他古文献史料的搜集整理和考订研究方面做过大量的工作。他们的考证之学和有关论述，都广泛涉及到史料学上的重要问题。梁启超、胡适、顾颉刚、傅斯年等人的历史考证，也可划入"新考据学"的范围。与他们同时代的许多著名学者，在史料的整理、应用上也都有突出贡献。如吕思勉所撰《先秦史》《秦汉史》，邓之诚所撰《中华二千年史》，钱穆所撰《国史大纲》及有关文化史大著等，都是史料详备的著作，并对史料作过一定的鉴别考订。钱穆早年作《先秦诸子系年》，系统整理诸子史料；晚年又有《朱子新学案》上、中、下三大册，

① 顾颉刚：《古史辩》第三册《自序》，4页，上海，上海古籍出版社，1982。

凡58篇，全面清理和阐释朱熹学术史料，为朱子学的专门研究提供了极大的方便。研究近现代史料学的发展，应充分注意到前辈史家名著中的史料学内容。

马克思主义史学家对史料问题的探讨，自20年代末期以来也逐渐展开。在这方面贡献最大的当首推郭沫若。他从20年代末着手写作《中国古代社会研究》中的有关论文开始，直到40年代中期出版《青铜时代》《十批判书》，十多年间，一直十分注意运用唯物史观对秦汉以前的古史料进行清理和研究。诚如他自己所说："秦、汉以前的材料，差不多被我彻底剿翻了。考古学上的、文献学上的、文字学、音韵学、因明学，就我所能涉猎的范围内，我都作了尽可能的准备和耕耘。"[①] 30年代，郭沫若系统研究甲骨、金石刻辞，完成了数百万字的研究专著和一批有关论文，以其卓越的创新精神和丰硕成果，树起了一座史料学的丰碑。与郭沫若同时代的一些著名的马克思主义史学家，如李大钊、范文澜、翦伯赞、吕振羽、侯外庐等，对马克思主义史料学的开创也都有重大的贡献，他们的史料工作还有待认真地加以研究和总结。

新中国成立以来，我国史料工作取得了前所未有的新成就。仅以史料汇编而言，大规模的资料书已达几十种。如《历代史料笔记丛刊》《中外交通史籍丛刊》《中国古代地理总志丛刊》《中国古代都城资料选刊》《元代史料丛刊》《明史资料丛刊》《明季史料丛编》《清史资料》《清代档案史料丛编》《北京史料丛书》《云南史料丛刊》等等，都是大部头的丛编。尤其《中国近代史料丛刊》更是规模浩大的史料编纂工程。其书正编已出版11种，从《鸦片战争》到《辛亥革命》，共收录文献资料1800余种（包括外文资料160余种）、2700余万字，续编也已陆续出版了几种。《中国近代经济史料丛刊》也可与此相媲美。其余适应于教学和研究工作而编纂的中国通史资料和专题历史资料，也出了一大批。考古史料的汇编，成果也是很突出的。如13卷本的大型《甲骨文合集》《居延汉简甲编》和《居延汉简乙编》《睡虎地秦墓竹简》、各种类型的敦煌资料书、吐鲁番文书等，均为举世所瞩目。

随着史料工作的开展，我国史料学的研究开始向建立专科体系的方向发展。大致在"文革"以前，有关的研究成果还较少；"文革"以后，论文的数量在增加，质量有所提高，史料学的专著到目前为止也已出了好多种。这些专著的编述形式各不相同，既有通代的和断代的，也有概论性质和专题性质的，还有的是专科性质的。通代的史料学，如陈高华、陈智超等人的《中国古代史

① 《沫若文集》卷15，475页，北京，人民出版社，1961。

史料学》，按时代顺序介绍有关史料的基本知识，从商代直到鸦片战争前的清代前期，共分十章，皆为有关专家执笔，搜罗面广，内容丰富，眉目清晰，是目前所见最早而较有系统的中国古代史史料学专著，颇便使用。断代的史料学，如黄永年等人的《唐代史料学》，冯尔康的《清史史料学初稿》，陈恭禄的《中国近代史料概述》，张革非等人的《中国近代史料学稿》，张宪文的《中国现代史史料学》等，编著较多，各有特点，且叙述详细，是适应于断代史的研究而发展起来的。概论性质的书，以谢国桢的《史料学概论》较为简明。其书共八章，分别叙述史部书籍的来源和形成、目录学的发展和流派、周秦以至明清的重要史籍、史料学的邻近学科金石学和地理方志学，以及类书、丛书和校勘、辨伪、辑佚书等，最后还专辟一章介绍史学研究方法和工具书的使用方法。因此书出版较早，故对中国史料学的建设有促进作用。专题性的著作，以荣孟源的《史料和历史科学》较有代表性。其书共分《史料和历史科学》《史料分类》等15个专题，前八个专题侧重于通论和史料的分类、鉴别、考订、校勘等，后七个专题主要阐述史料的编辑问题。还有如吴枫的《隋唐五代史文献集释》、谢国桢的《增订晚明史籍考》、方国瑜的《云南史料目录概说》、黄存勋等人的《档案文献学》等，实际也都可划入史料学著作的范围。上述史料学专著中，有的是以文献解题的形式撰成的。各个专科的领域，从文、史、哲直到农学、医学等领域，类似文献解题的书都有不少，均可不同程度地视为专科史料学的辅助性著作。

简要言之，我国新时期史料学的研究，在继承和发扬前人优良传统的基础上，又有了新的进步，并已形成一定的规模。但到目前为止，还没有建立起一个相对严整的宏观结构体系，内容范围的界定也还缺乏统一性。从实际需要来说，目前史料学著作的多样化并不是坏事，因为只有这种多样化的写作不断积累经验，各个方面的探讨不断深入，才有可能编出体例规整、较为成熟的综合性著作。陈高华、陈智超在《中国古代史史料学》的前言中提到："史料学可大体区别为两类：一类研究搜集、鉴别和运用史料的一般规律和方法，可称为史料学通论；另一类研究某一历史时期或某一史学领域史料的来源、价值和利用，可称为具体的史料学。"① 从发展趋势来看，在最近一个时期内，后一类著作可能还要增加，特别是断代的和专科的史料学著作；但史料学通论的研究也应该加强，不然总是侧重于史料的介绍，史料学的学科体系就缺乏应有的理论基础。

① 陈高华、陈智超等：《中国古代史史料学》，北京，北京出版社，1983。

第三章　史料学和历史科学

第一节　历史学与历史科学

历史学是通过史料研究人类社会历史的学科。它和哲学一样，都是人类文化史上最古老的学科。当原始社会解体、阶级社会形成以后，哲学逐渐从宗教空想中分离出来，成为探讨世界观的学问；历史学则逐渐从神话传说中分离出来，成为探讨人类社会历史的学问。当第一部反映客观历史过程的历史作品出现时，人类也就开始有了自己的历史学。

自古以来，世界各国、各民族都曾出现过许多知名的历史学家，积有丰富的历史著作和各种类型的史料，也有多种多样的史学思想和观点。我国历史学的形成，经历了漫长的渐进过程。先是从半神话、半记忆的传说，进入到阶级社会以后的简单文字记录，如商周甲骨卜辞和钟鼎铭文；然后又将片断的历史记载汇编成典册，如《尚书》等典籍。自孔子修订《春秋》以后，编年记事的史书体裁逐步发展起来；至汉代又出现了司马迁、班固的纪传体通史、断代史，历史记载的范围进一步扩大。魏晋南北朝时期，史书数量大增，体裁多样，内容广泛，因而在图书分类中形成了专门的“史部”，并且出现了“史学”一词，标志着史学在学术文化领域开始成为独立的部门。唐初刘知几撰《史通》，又成为我国第一部史学理论专著，从此我国史学的发展日趋成熟。自先秦以至明清，我国史学波澜壮阔，已尽显泱泱大国之风。

各国历史学的研究成果，都是人类文化遗产的重要组成部分。近世以来，历史学在自然科学的推动下，也逐渐向建立科学的体系过渡。19 世纪以至 20 世纪初，风行欧美的实证史学即曾力图使历史学成为一门科学，从而大大促进了西方史学的独立和成熟。这一流派的史学是建立在经验主义基础之上的，主张历史学也和自然科学一样，必须是严格实证的，第一位的工作便是确立事实。为此，他们格外强调史料的搜集和考证，认为史学的任务即在弄清事实，“如实地说明历史”；历史叙事和编纂也要坚持客观，不偏不倚，排除一切主观的判断和认知。我国史学界受此影响，也曾一度流行“史学即史料学”的看法，强调“有一份材料说一分话”，而不须另外一套抽象与概括的史学功夫。

这样的史学方法，在尊重历史事实、重视史料考证的层面上是有科学性的，但理论上的缺陷也很明显，而今已不为大多数历史学者所认同。从世界观和史学研究的原则与方法的意义上看，马克思主义史家一向认为，在马克思主义产生以前，历史学还远不成其为科学；只有马克思主义的辩证唯物主义和历史唯物主义，才真正奠定了历史学上升为历史科学的基石。毛泽东曾特别就此指出："在很长的历史时期内，大家对于社会的历史只能限于片面的了解，这一方面是由于剥削阶级的偏见经常歪曲社会的历史，另方面，则由于生产规模的狭小，限制了人们的眼界。人们能够对于社会历史的发展作全面的历史的了解，把对于社会的认识变成了科学，这只是到了伴随巨大生产力——大工业而出现近代无产阶级的时候，这就是马克思主义的科学。"①

马克思主义的历史哲学，亦即革命性和科学性相结合的辩证唯物史观，是历史科学形成的首要标志。这一历史哲学的要点是：第一，社会存在决定社会意识；第二，社会历史是物质生产和物质生产者的历史；第三，社会历史是一个统一的有规律的过程。马克思主义的历史哲学是一个严整的体系，除了这三个方面的重大问题外，还包括一系列基本观点在历史研究中的具体运用。列宁在《卡尔·马克思》一文中，曾称赞马克思的《〈政治经济学批判〉序言》"对运用到人类社会和人类社会史的唯物主义的基本原理"作了"周密说明"，并着重指出："发现唯物主义历史观，或更确切地说，彻底发挥唯物主义，即把唯物主义运用于社会现象，就消除了以往的历史理论的两个主要缺点。第一，以往的历史理论，至多是考察了人们历史活动的思想动机，而没有考究产生这些动机的原因，没有摸到社会关系体系发展的客观规律性，没有看出物质生产发展程度是这种关系的根源；第二，过去的历史理论恰恰没有说明人民群众的活动，只有历史唯物主义才第一次使我们能以自然史的精确性去考察群众生活的社会条件以及这些条件的变更。马克思以前的'社会学'和历史学，至多是积累了片断收集来的未加分析的事实，描述历史过程的个别方面。马克思主义则指出了对各种社会经济形态的产生、发展和衰落过程进行全面而周密的研究的途径，因为它考察了一切矛盾趋向的总和，并把这些趋向归结为可以确切判明的社会各阶级的生活和生产条件，排除了人们选择某一'主导'思想或解释这个思想所抱的主观主义和武断态度，揭示了物质生产力的状况是所有一切思想和各种趋向的根源。人们自己创造自己的历史，但人们即人民群众的动机是由什么决定，各种矛盾思想或意向间的冲突由什么引起，一切人类社会中所有

① 《实践论》，《毛泽东选集》第1卷，283—284页，北京，人民出版社，1991。

这些冲突的总和究竟怎样，造成人们全部历史活动基础的客观物质生活生产条件究竟怎样，这些条件的发展规律又是怎样，——马克思对这一切都注意到了，并指出以科学态度研究历史的途径，即把历史当作一个十分复杂并充满矛盾但毕竟是有规律的统一过程来研究的途径。”① 列宁的论述，划清了马克思主义历史科学与以往历史学的界限。

马克思主义历史哲学即历史理论体系的创立，不仅是哲学上的革命，也是社会科学上的革命。它第一次把社会历史研究奠定在科学的基础之上，同时为各门社会科学提供了理论基础和科学的方法论。史料学的研究，一般不对历史理论问题作重点讨论，但对有关研究课题，必须放到唯物史观的大尺度下去衡量，才有可能求得对史料问题的透彻了解，逐步提高史料学研究的科学水平。

第二节　历史科学研究中的史料工作

史料的搜集整理和鉴别考订等工作，在任何历史问题的研究中都是必须要做的，但历史科学研究对此有更高的要求。这里首先要提到的是，有如马克思所说，“研究必须充分地占有材料，分析它的各种发展形式，探寻这些形式的内在联系”②，而反对只就片断的、个别的事实作出结论。恩格斯在评论马克思的《政治经济学批判》时曾指出：“即使只是在一个单独的历史实例上发展唯物主义的观点，也是一项要求多年冷静钻研的科学工作，因为很明显，在这里只说空话是无济于事的，只有靠大量的、批判地审查过的、充分地掌握了的历史资料，才能解决这样的任务。”③ 毛泽东在《改造我们的学习》一文中也曾谈到：“马克思、恩格斯、列宁、斯大林教导我们说：应当从客观存在着的实际事物出发，从其中引出规律，作为我们行动的向导。为此目的，就要像马克思所说的详细地占有材料，加以科学的分析和综合的研究。”又说：“要这样做，就须不凭主观想象，不凭一时的热情，不凭死的书本，而凭客观存在的事实，详细地占有材料，在马克思列宁主义一般原理的指导下，从这些材料中引出正确的结论。”④

一般地说，研究任何问题，都要求尽可能充分地掌握有关资料，并能正确地运用这些资料，历史科学研究尤其要如此。历史科学研究与以往历史学的本

① 《列宁选集》第2卷，586页，北京，人民出版社，1972。

② 《资本论》第二版跋，《马克思恩格斯全集》第23卷，23页，北京，人民出版社，1972。

③ 《马克思恩格斯选集》第2卷，118页，北京，人民出版社，1972。

④ 《毛泽东选集》第3卷，799、801页，北京，人民出版社，1991。

质的不同，在于它不仅要记述历史，反映人类历史活动的具体事实和过程，而且要揭示历史发展的一般规律，并以此作为人们行动的指南，指导人们自觉地去创造历史，以改造旧世界，建设新世界。认识历史规律，也要经过由感性认识到理性认识的两个阶段，规律本身即是人类对自身历史活动的理性认识的一种表现。但历史不同于现实，人们对它的感性认识的获得不能仅靠个人的直接经验，更多地还要靠间接的经验，亦即各种史料中所包含的历史经验。史料引起人们对历史运动表象的感觉和印象，只有史料充分详细而不是零星不全，合乎实际而不是虚假错误，这种感觉和印象才能经过多次的反复，使认识过程产生飞跃，形成为对历史发展规律的理性认识。总之，历史发展规律是在正确理论的指导之下，通过对大量史料的科学分析和综合研究而总结出来的，如果史料不充分、不具体，也就谈不上揭示历史发展的规律。

唯物辩证法是历史科学的方法论基础。按照唯物辩证法的观点，任何事物都不是静止的、孤立的，而是始终处于对立统一的矛盾运动过程中，并和周围其他事物相联系。历史科学研究把社会历史看作统一的有规律的发展过程，这就要求研究任何历史问题，都不但要以一定数量的史料为依据，而且更要充分注意到有关史料的特殊性以及这些史料与其他史料的广泛内在联系。历史事件的表现形式千差万别，历史资料就是历史矛盾运动的记录。历史科学的任务，就是从矛盾的特殊性方面总结出特殊的规律，又从矛盾的普遍性方面总结出一般的规律。普遍性寓于特殊性之中，具体史料之间的内在联系，也就显示出矛盾的普遍性与特殊性之间的联系。马克思主义的经典著作，提供了很多这方面的典范实例。如恩格斯的《家庭、私有制和国家的起源》，作者自述在某种程度上是执行马克思的遗言，为运用历史唯物主义阐述摩尔根的研究成果而作；但书中并没有局限于摩尔根关于印第安人原始社会的例证，而是广泛联系希腊、罗马奴隶社会和日耳曼人封建社会的历史，论证了以私有制为基础的阶级社会是从漫长的原始共产主义社会发展而来的，阶级社会不过是人类社会历史发展总行程中的“一环”或一个“片断”，并终将随着历史的继续发展而归于消灭。列宁曾称这本书“其中每一句话都是可以相信的，每一句话都不是凭空说出，而都是根据大量的历史和政治材料写成的”。并强调指出：“我所以提到这部著作，是因为它在这方面提供了正确观察问题的方法。”①

求真求实，尊重历史实际，是历史科学研究中史料工作的一条重要原则。这条原则的运用，是和求用的原则密切结合在一起的。一方面，使用史料要忠

① 《论国家》，《列宁选集》第4卷，43、44页。

实、准确，必须对史料进行鉴别考订，要根据当时的真实情况，一点一点地把史料核实清楚，把事实的真相反映出来；另一方面，要能通过具体的史料，联系起来进行考察，找出历史发展的规律性，作为解决现实问题的向导和借鉴，如果孤立地为求真而求真，就会走到旧时代考据学的老路上去。但是反过来说，研究历史如果片面地追求为现实服务，看到一点史料，不问它的真伪，就忙于用来说明问题，那也可能作出错误的结论，造成更为有害的结果。正如郭沫若在《古代研究的自我批判》一文中一开头所说："无论作任何研究，材料的鉴别是最必要的基础阶段。材料不够固然大成问题，而材料的真伪或时代性如未规定清楚，那比缺乏材料还要更加危险。因为材料缺乏，顶多得不出结论而已，而材料不正确便会得出错误的结论。这样的结论比没有更要有害。"[①]范文澜在谈到史料的运用时，也曾特别提到两点：一是常用资料的文字解释，如未作过切实的校勘、考据工夫，切勿随便改动原来的文字和词句；二是搜集资料应从大量的、普遍存在的事实下功夫，不要作寻章摘句、玩弄举例游戏的手法。[②] 这些都是老一辈史学家的经验之谈。

历史科学研究中的史料工作，应当自觉接受马克思主义历史理论的指导，要防止仅把史料工作看作技术性工作的错误倾向。事实上，自古以来的史料工作，无不是以一定理论思想作指导的。孔子修《春秋》，主张"微言大义"，就是在史料整理过程中自觉贯彻他的儒学思想的系统实践。司马迁说："夫学者载籍极博，犹考信于六艺。"[③] 反映出自汉武帝以后，儒家取得学术上的正宗地位，儒学思想已成为统治者的支配意识。此后两千余年，儒学思想一直是传统史学的主导思想，史料的积存散佚也深受其影响。如晋代出土的《汲冢竹书》，当时也曾受到学者的重视，只因其中的某些记载与传统经籍不合，遂受到后来一些学者的排斥，导致原本逐渐散亡。旧时代的史料，凡是经过记载的，都或隐或显地渗透着当时人的观点或见解，不论私家纂述还是官修史书，有意无意地误解或歪曲历史的记载随处可见。要使被误解或歪曲了的史料恢复本来面貌，就必须在马克思主义历史理论的指导下重新进行审查和研究。那种埋头于史料丛中，忽视理论建设，以为只要把史料考订准确，就能代替正确理论指导的倾向，不仅是极其有害的，也是不符合史料工作的实际的。进一步说，史料考订本身也有个理论观点问题。旧时代的校雠学，把目录、校勘、版

① 郭沫若：《十批判书》，2页。

② 《范文澜历史论文选集》，213—214页，北京，中国社会科学出版社，1979。

③ 《史记·伯夷列传》。

本、考证、辨伪、辑佚、注释等都包括在内，这是一项事务性和技术性很强的工作。但事务的处理和技术的运用，都要受到一定指导思想的制约。如目录学要“辨章学术，考镜源流”，校勘、辨伪、考证要参伍错综、有理有据，注释要解释文字、史事等，这些都不可能不表现出工作主体的思想和观点。清代乾嘉考据学成就巨大，而往往被视为脱离实际的学问，其实考据学家们可以躲避现实政治问题，却无法逃出封建意识的规范。同样的道理，我们今天考订和研究史料，也会在不同程度上展示我们自己的思想观点。因此我们今天研究史料，要建立科学的史料学，就必须摒弃旧的意识，用马克思主义的历史理论统一我们的思想，指导我们的实践。为此，一方面要突破单纯校雠、考据的模式，不仅要弄清史料本来是什么样子，而且要弄清它为什么会是这个样子；另一方面要通过深入的分析综合，找出史料自身的发展规律，使之上升为理论的认识，以作为我们研究工作的向导。

我国马克思主义史学是20世纪二三十年代以来，在同各种反马克思主义史学流派的斗争中逐步成熟起来的。其中史料问题，在有关社会史问题的论战中也一度成为突出的问题之一。胡适最早对东周以前的中国古史采取怀疑的态度，其唯一的理由即是史料的缺乏。他说：“唐虞夏商的史实，今所根据，止有一部《尚书》，但《尚书》是否可作史料，正难决定。梅赜伪古文，固不用说。即二十八篇之‘真古文’，依我看来，也没有信史的价值。……至于《易经》更不能作上古哲学史料。……（《易经》)乃是一部卜筮之书，全无哲学史料可说。”因此他作《中国哲学史大纲》，便只从老子、孔子说起，又用《诗经》作当时时势的参考资料，“其余一切‘无征不信’的材料，一概阙疑”①。古史辨派的工作，直接受到胡适这一观点的影响。陶希圣作《中国社会之史的分析》，也效法胡适从春秋战国时代开始，并称“现在是古史破坏时期，建设翔实的古史，却必待考证工夫完成以后”。客观地说，中国原始社会的史料缺乏，这是公认的事实，而且不但中国为然，世界其他各民族也是如此。古史辨派的学术在古史料的考证辨伪方面是有贡献的，即使胡适提倡“整理国故”也有史料学上的意义，但他们不愿或者很少以书面史料与实物史料、民俗史料相印证，在许多方面缺乏具体的分析。翦伯赞曾批评说：“中国原始时代的历史，不是完全没有史料，只是史料的不充分。若是对于史料不充分，遂放弃可以作为研究中国古代史的一部分既有的资料，置之不论之列，这不是一个忠实的历史家应有的态度。”又指出：“所谓‘史料缺乏’，所谓‘无信不征’，这都不过

① 胡适：《中国哲学史大纲导言》，上海，商务印书馆，1919。

是历史怀疑主义者用以拒绝研究中国古代史的一种托词。更彻底地说，他们不愿意在中国历史的开端上写上一个他们所不愿意的无阶级的‘原始共产主义社会’。所以一切历史怀疑主义者的中国历史，都是从阶级社会开始，大多数从春秋战国中国封建社会开始。"① 马克思主义史学家对此采取了相反的做法。先是郭沫若写出《中国古代社会研究》一书，不但应用了胡适认为可信的《诗经》中的史料，而且应用了胡适认为"无哲学史料可说"的《易经》、"没有信史价值"的《尚书》及甲骨、金石文字史料。吕振羽则以当时已出土的文物史料为依据，配合民俗学的知识，以之与神话传说相印证，写出了《史前期中国社会研究》一书。此后马克思主义的历史著作即不断增多。不过早期的马克思主义史著，尤其是涉及古史分期问题的史著，在方法论和史料的运用上确也还存在一些问题。如齐思和对于"新史家"曾有这样的评价："他们欲知今日社会是什么阶段，将步入何种阶段。其长处在能由大处着眼，而短处是题目太大，材料太少，有的甚至仅翻弄‘矛盾’、‘崩溃’、‘演变’等名辞，有些八股式的议论，而不用心去搜集材料，所以成绩并不太大。"② 三四十年代，中国马克思主义史学仍处在开创和成长时期，缺点不可避免，但唯物史家已在努力用全新的科学方法审查旧史料。所以翦伯赞说，当胡适等人"应用实验主义考证方法的时候，应用新科学方法来考据的工作，也已由郭沫若等在开始了。而且在史料的考证上，已入于一个新的进步阶段"③。40年代中期，郭沫若写《青铜时代》和《十批判书》，又在对甲骨文、金文作深入研究的同时，花费了很大的工夫和精力从事先秦有关文献的考订和批判。范文澜也曾运用马克思主义对中国经学及其史料进行系统的清算。诸如此类的工作，不仅推动了历史科学研究的进程，而且在相当程度上促进了我国史料工作的科学化。新中国成立以后，马克思主义史学占据主导地位，历史科学研究中的史料工作进一步展开和深入，逐步成为我国史料工作的主流。

第三节　史料学是历史科学的辅助学科

历史科学研究的范围很广，包括很多分支学科和辅助学科。史料学是历史科学的辅助学科之一，新时期的史料学研究必须坚持为历史科学服务的方向。

---

① 翦伯赞：《历史哲学教程》，149、153页，北京，北京大学出版社，1990。

② 齐思和：《中国史学界的展望》，《大中》1946年第一卷第五期。

③ 翦伯赞：《历史哲学教程》，10页。

在史学方法论的领域，导源于西方实证史学的看法，认为历史学就是史料学，这一观点对中国近代史学曾产生很大影响。梁启超曾说："须知近百年来欧美史学之进步，则彼辈能用科学的方法以审查史料，实其发轫也。……我国治史者，惟未尝以科学方法驭史料，故不知而作，非愚即诬之弊，往往而有。"[①] 何炳松著《通史新义》，则据法国史学家瑟诺博司的解释，直称"历史研究法即研究此种史料之方法，目的在于决定此种留有遗迹之古代史实如何"。这实际就是把历史研究看作史料考订。20 世纪二三十年代宣传这一观点最力的是傅斯年。他在《历史语言研究所工作的旨趣》一文中曾说："近代的历史学只是史料学；利用自然科学供给我们的一切工具，整理一切可逢着的史料。"[②] 1930 年前后，他在北京大学的讲义稿《史学方法导论》中又下断语说，"史学的对象是史料"，"史学的工作是整理史料"，"史学便是史料学"。[③] 这些都片面夸大了史料学的意义，显然并不是科学的解释。郭沫若曾指出："研究历史当然要有史料。马克思主张尽可能地占有大量资料，也说明资料对科学研究的重要。占有了史料，就必须辨别它的真假，查考它的年代，去其糟粕，取其精华，这一番检查的功夫，也就是所谓考据。这些工作是不可少的，是应该肯定的。但它毕竟是历史研究的初步阶段。没有史料固然不能研究历史，专搞史料也决不能代替历史学。过去，旧的史学工作者停滞在这初步阶段，就认为很够了，说什么整理史料即历史学，这显然是错误的。"[④]

用史料学代替历史学，不仅会把史料工作引导到错误的路上去，而且最终会把历史认识引向唯心史观。梁启超曾把史料工作比喻为"集团分子之整理"，又把史书组织比喻为"集团实体之把捉"，并说："此一群史迹，合成为一个生命——活的、整个的，治史者须将此'整个而活'的全体相，摄取于吾心目中。然兹事至不易，除分析研究外，盖尚有待直觉也。"[⑤] 在所作《研究文化史的几个重要问题》一文中他又说："我想归纳研究法之在史学界，其效率只到整理史料而止，不能更进一步。然则……我们常说历史是整个的，又作何解呢？……依我看，什有九要从直觉得来，不是什么归纳演绎问题。"[⑥] 胡适也

---

① 梁启超：《中国历史研究法》，99 页。

② 原文载《历史语言研究所集刊》1928 年第一期。

③ 傅斯年：《史学方法导论》，2 页，北京，中国人民大学出版社，2004。

④ 郭沫若：《关于目前历史研究中的几个问题》（1959），《郭沫若全集·历史编》第三卷，483 页，北京，人民出版社，1984。

⑤ 梁启超：《中国历史研究法》，118 页。

⑥ 梁启超：《饮冰室合集·文集之四十》，1—2 页，北京，中华书局，1989。

曾把史学分成两个方面："一方面是科学的，重在史料的搜集与整理；一方面是艺术的，重在史实的叙述与解释。"[①] 又说："历史家须要有两种必不可少的能力：一是精密的功力，一是高远的想象力。没有精密的功力，不能做搜集和评判史料的工夫；没有高远的想象力，不能构造历史的系统。"[②] 他们所谓"直觉""想象力"，显然都是主观的东西，而这也就是他们强调史料考证的依归。

马克思主义的历史科学，强调在丰富确实的史料基础上，进行具体的分析和综合的研究，以揭示历史发展的规律性。这不仅为史学研究指出了明确的方向，而且使史料工作有了可靠的依托。辩证唯物主义和历史唯物主义为史料工作提供了科学的理论指导和方法论，同时对历史的规律性认识进一步促进了史料搜集范围的扩大，许多过去被忽略了的东西得以成为史料，原来被肯定或否定的史料也重新得到符合历史实际的鉴别和解释。事实也证明，史料学只是随着历史科学的不断发展，才逐渐突破单纯史料考订的局限，丰富了自身研究的内容，增加了科学性，而开始成为理论和实践相结合的有系统的学科。史料学研究如果离开了为历史科学服务的方向，就会迷失门径，成为盲目的工作。

把史料学当作历史科学的辅助学科，并不是要取消史料学研究的独立性。史料工作有它自己的特点，史料学研究也应根据这些特点确定具体的内容，不一定每项工作都要直接联系到探求历史发展的规律。即使有些琐碎的史料考证，只要确实有必要，也不妨去做；甚至有些考证看上去暂时没有必要，适当做一下以积累经验或备检用，也没有什么不好。不过在史料工作和史料学研究的整体上，应提倡从大处着眼，切诸实用，力求为历史科学的理论探索和实际研究工作提供新的史料依据，而要尽量避免烦琐的讨论。这里更要反对的是那种认为只要根据有关历史规律的一般原理，就可以任意选用史料，任意判定这种史料或那种史料的价值，而无须考虑史料学专门知识的主观武断态度。历史规律是从对史料加以科学研究的历史中抽象出来的，没有史料和史料工作，一般原理也会变得空洞无物。正如恩格斯所说："原则不是研究的出发点，而是它的最终结果；这些原则不是被应用于自然界和人类历史，而是从它们中抽象出来的；不是自然界和人类去适应原则，而是原则只有在适合于自然界和历史的情况下才是正确的。"[③] 在历史科学的研究工作中，历史理论通常比史料更

---

① 顾颉刚：《古史辨》第二册，338 页。

② 《胡适文存》第二集，2 页，上海，上海亚东图书馆，1929。

③ 《反杜林论》，《马克思恩格斯选集》第 3 卷，74 页。

为重要，但在有的情况下，史料学的研究成果，对于解决具体的历史问题也起着决定性的作用。任何把历史科学和史料学对立起来，或以一方代替或迁就另一方的观点和做法都是错误的、不可取的。

总起来说，在史料学研究中注意摆正它和历史科学研究的关系，发挥它对历史科学的辅助作用，有助于克服史料工作和史学工作中的各种非历史主义倾向。近世西方史学界，既有片面追求史料考证的流派，也有激烈反对实证史学，片面强调一切历史都是思想史的流派。有关理论在20世纪三四十年代都曾被介绍到中国来，并成为中国近代史学的基本理论成分。新中国成立后的一二十年间，我国史学界与西方史学接触较少，改革开放以来翻译和介绍西方史学的著作在增多，这有利于中外史学的比较研究。建设中国新史学，有必要吸收和借鉴各国史学的经验，包括吸收各种非马克思主义史学理论中的合理的部分；但对西方史学中一些曾经被批判过的东西，却不应无分析地一概重新肯定，也不应因为其中的某些非历史主义倾向而忽视我国历来重视史料工作的传统。我国史学的主流，仍是以唯物史观为理论基础的历史科学研究；史料学研究也应坚持以唯物史观为指导，并把它和史料工作的具体实践结合起来，不断提高自身研究的科学水平。特别是在总结以往的史料工作经验时，应防止流于主观主义、形式主义的说教。只有这样，才有可能通过各方面的努力，顺应历史发展的新形势，逐步建立起史料学研究的新体系。

综合上述，科学的史料学及其与旧史料学的主要区别可以归纳如下：

第一，坚持为历史科学服务的方向，强调史料学研究是历史科学研究的一部分，反对以史料或史料工作代替历史科学研究。历史科学研究的基本任务，是在详细地占有史料的基础上，通过科学的分析，揭示历史发展的实际过程和内在规律。史料学研究也应以此为根本的出发点。

第二，自觉贯彻唯物史观，反对旧史料学研究中的各种唯心主义历史观。“物质生活的生产方式制约着整个社会生活、政治生活和精神生活的过程”①，人类社会的历史首先是生产发展史，同时也就是物质资料生产者的历史。因此科学的史料学应注重搜集和研究物质生产和物质生产者的史料，并特别注意纠正和批判旧史料学对生产史料、劳动者史料的忽视和歪曲，强调把有关社会生活、政治生活和精神生活的史料与物质生产的史料密切联系起来进行研究。

第三，科学的史料学认为阶级社会中的文字史料、口传史料和某些实物史料具有一定的阶级性，主张在史料学研究中正确运用阶级分析的方法，这

① 《政治经济学批判》，《马克思恩格斯选集》第2卷，82页。

是它不同于旧史料学的一个鲜明特征。但它同时强调尊重历史事实，实事求是地解释史料，反对任意使用阶级分析的方法对待一切史料或史料的某些方面的简单化倾向。

第四，科学的史料学以唯物辩证法作为自己的方法论基础，要求用全面的、相互联系的、运动的观点考察和分析史料，反对用片面的、孤立的、静止的形而上学方法对待史料。史料学研究方法的多样化，应符合唯物辩证法的基本原则。

第四章　史料学和其他相关学科

第一节　史料学与历史编纂学

史料学和历史科学内部其他分支学科或辅助学科都是相关联的。其中关联最多的历史编纂学、历史文献学及史学史等学科，可称为史料学的姊妹学科，它们在历史研究和历史教学中的地位都非常接近。

历史编纂学讲史书编纂，其研究内容除了历史理论的运用外，便是史料的掌握和处理，以及怎样通过史料组织和再现史实，描述和总结历史发展过程及其特点和规律等问题。我国古代讨论史书编纂的材料很多，不但大量散见于各类史书的序记题跋以及历代学者的作品中，而且在刘知几《史通》、章学诚《文史通义》等史学评论著作中都有专篇，可惜旧时缺乏系统的清理。近世梁启超等人讲历史研究法，始侧重于史迹的论次及各类专史的作法，并结合说明一些史料运用上的方法理论问题，于是逐渐有了历史编纂学之名。史料学和历史编纂学的关系极为密切，而共同关心的问题不外两个方面：一是史料要通过史书编纂得到利用和发挥作用；二是史料的数量、质量、内容和形式等对史书编纂都有着直接的重要的影响。

我们在本编第一章讨论史料的概念时已谈到，从严格意义上说，那些尚未进入历史研究和历史编纂领域的材料，还不能称之为真正的史料。这也就是说，史料只有通过历史研究和历史编纂，集结为一定形式的历史成果，成为传播历史知识的流动载体，才能真正体现出它的史学价值，发挥其应有的作用或更大的作用。特别是实物资料或口传资料，如原始社会的遗址、墓葬，民间流传的风俗习惯等，如果不经过系统的调查、搜集、整理和编纂，写出完整的发掘报告和调查报告，使其转化为文字材料，就几乎不可能被当作史料来使用；至少可以说，在没有经过整理编纂的情况下，这些资料的利用率一定是非常低的，而且很容易重新埋没或散亡。如殷墟甲骨文字，早在19世纪中叶已陆续有所出土，但那时被当作可以医病的“龙骨”在药店里出售，当然毫无史料价值可言；后来有的学者留意于此，开始搜集和收藏，但直到刘鹗、罗振玉、王国维等人的著录和考释著作渐次问世以后，才逐渐受到学术界的普遍重视，成为研究商代历史和汉字起源发展史的第一手史料。近世出土的钟鼎铭文和简牍帛书材料也都是如此。我国早期的历史记录，自西周晚期以后逐渐增多，各诸侯国都有国史，相传孔子修《春秋》，曾得百二十国宝书。但这些资料，后来几乎全部散失，主要原因就在于缺乏系统的编纂整理；只有《春秋》一书，因经孔子及其弟子相继整理和讲解，才辗转流传了下来。又如战国时代的史料汇编《战国策》一书，若不是汉人把它编集起来，其中的大部分史料恐怕今天已经看不到。类似的例子不胜枚举，尤其在印刷术发明以前是这样。这些都说明，史料的流传和历史知识的传播，在很大程度上要依赖于史书的编纂。

我国古代有许多史料，是曾经早已被编纂成书的，后来出于种种原因，原书又散佚了，只是还有部分材料，散见于各种书籍中，特别是类书和总集中，保存这类材料较多。后人多方搜集，把它们重新抄辑成书，以求窥见原书面貌。这项工作称为辑佚，可说是史料的再编纂，有时对保存古代史料的贡献是很大的。如清人从《永乐大典》中辑出的《宋会要》《续资治通鉴长编》《建炎以来系年要录》这几部书，现在已成为研究宋史不可缺少的史料巨著。倘若它们已随《永乐大典》散亡，恐怕研究宋史的资料搜集工作，就不会有现在这样令人较为满意的局面。辑佚工作自汉魏以后即有萌芽，至宋代正式出现了辑佚书，下至清代辑佚大盛，在史料学上也应加以专门的研究。

在各个时代最初形成的文字史料，即通常所说的原始史料或带有原始性较多的史料，尽管其史料价值较高，但多是零散的、片面的、不完全的。一旦它们进入历史编纂过程，获得了分类和综合，也会取得生命力，而在史学工作中发挥更大的作用。如司马迁写《史记》，把反映从远古直到汉武帝时数千年间历史的史料熔于一炉，编纂为一部大型纪传体史书，其整体价值已远非散存的史料可比。司马光著《资治通鉴》，其所用史料有不少原书已经散佚，其保存之功历来受到学者的重视；另有不少尽管还保存在历代正史中，但因经过作者详尽的归纳条理，更能帮助读者了解史实的真相，所以现在也经常被当作史料来引用。有一些类别的专门史料，如档案史料，不仅数量庞大，而且内容异常繁杂，如果不进入综合的编纂过程，更难以显示其利用价值。按照现代系统论的观点，整体价值总是大于各部分价值的总和。西方学术界还有一种结构主义的观点，认为任何结构都具有内在连贯性（即整体性）、转换性和自身调整性。所谓转换性，主要即指结构本身加工新材料的程序和能力。如果把史书也看作一个结构，那么史书编纂就也具有不断加工新史料的能力。因此在研究文献史料的价值时，就应注意将它纳入文献整体的价值体系中去衡量，而避免仅就史料谈史料。

我国历史编纂学，传统上强调“编”和“著”的区别。所谓“编”，主要是指就现成的材料进行适当加工，编辑成书；所谓“著”，则通常是指著作，强调要有创见，有新意，能在不同的层次上成一家之言。这两种工作的性质不同，任务也不一样，一般谈史料学者多注重前者，谈史学者多注重后者。实则中国古代的史书编纂，大都带有很强的史料排比性质，即使有些议论，也往往与史料分离，如正史中的论赞，就大都缀于篇末。这尤其显示出我国古代史料学与历史编纂学的密切关系。现代史书的编撰，资料排比的性质减弱，而归纳演绎的性质大大增强，同时另有史料汇编之书与史书相辅，从而使“编”和“著”都更趋专门化。但仍有一些工作，二者的界限并不那么分明，因此有些史学著作以史料丰富见长，有些史料汇编则以别出心裁显优。史料学的成果和历史编纂学的成果在很多场合都是一脉相通的。

史料是史书的构筑材料。史料对史书的直接影响，突出表现在史书的体裁和体例等组织形式上。我国史书的体例，以编年体起源最早，先秦诸侯国史皆是编年体，现存《春秋》一书即是仅存的一种。此书可说是纯粹单一的编年形式，几乎没有越出编年之外的材料。这是由于早期的历史记录极为简单，还只具有事目的性质，史书的编排也只能采取这样的形式。后来史料增加，编年一体随之发展，不得不突破旧有的框架，乃在编年记事的同时，并将“言行趋舍，各以类书”[①]。荀悦的《汉纪》和袁宏的《后汉纪》都是这样的编年史，下至充分完善编年体的司马光《资治通鉴》，则插叙、带叙、追叙、附叙等不按年月编次的史事就更多。秦汉以后，政治上出现大一统的局面，社会生活内容日益丰富，史料层出不穷，于是出现了像《史记》《汉书》这样的纪传体史书，一则追求“圆而神”，一则追求“方以智”，用以表达广阔的社会风貌和历史事实，并成为后世官修史书占统治地位的模式。伴随封建典制的日趋复杂，档案材料越积越多，到唐代便出现了典制体的通史，此后又出现了记载更详的断代典制史会要。宋代雕版印刷术流行以后，书籍的流通百倍于前，学者苦于典籍浩繁，遽难浏览，于是又创造出纪事本末的史体和纲目体，以求便于阅读和检寻。较早的纪事本末体史书纯为史料汇纂，在实用的史料学上是有意义的。同时各类体裁的史书，在内部组织形式即体例上也不断发生变动。如纪传体史书的志即典制部分，从《史记》的“八书”开始，历代都有变通或新创的例目，郑樵的《通志》乃多至“二十略”，这些都是随着史料内容的变化而灵活立目的。如宋代金石学兴起，金石资料增加，金石学研究的内容也开始进入

① 袁宏：《后汉纪·序》。

纪传体史，所以《通志》中设立了《金石略》。具体的编述之例，如断限、标目和铨次，记时、记地和记人，载言、载文和注释等，尤多关乎史料的内容和取舍。史书体例的确定，虽亦出于作者的编著意图，而最终仍须以所掌握史料的实际情况为基础。史书体裁和体例的变化，受多种社会因素和学术风气的制约和影响，一部史书质量的高下，也不完全取决于它的组织形式，但史料本身对史书编纂的影响是毋庸置疑的。单从技术上说，史书编纂原本就是一种就米下锅、量体裁衣的工作，史书编纂的各个方面都是与此相联系的。

历史编纂学的基本任务，在于总结史书编纂的经验，找出某些规律性的东西以为现实的借鉴，其中也包含了史料工作的内容。史料学的研究，注重史料的源流、价值和利用方法，则须以大量的历史编纂材料为依据。二者各有侧重而互相补充，应随时注意吸取共有层面上的研究成果。

第二节　史料学与历史文献学

文献学也是一门研究范围很广的学科。梁启超曾称“广义的史学，即文献学”[①]，这是不正确的，他大概受了“史学即史料学”观念的影响才这样说。但是综合的文献学，研究各种形式、各个门类的文献及其发展规律，而不限于某一部门的书籍，它所包括的范围确实很广，这是大家公认的。“历史文献”的概念，有时人们也用以统指历史上曾出现过的所有文献，这就包含了各部门文献；不过史学工作者经常限定以史部书为主的文献称历史文献，而不作广义的理解。这样，历史文献学就既是综合文献学的一个分支学科，又是历史科学的一个辅助学科；史料学和历史文献学的关系，也就成为历史科学内部两个辅助学科间的关系。

历史文献学研究的内容，传统上包括目录、版本、校勘、考证、辨伪、辑佚、注释等方面的知识，这些都可成为独立的研究部门，而大致属于文献整理的范畴。近世新提出的历史编纂学，目前在文献学界也有统归历史文献学的趋势，但它的有些研究内容，如对史体、史例的深入讲求等，还不能完全为历史文献学所概括。还有一些专门知识，如金石学、地理方志学、档案学、甲骨学等方面的知识，过去都属于历史文献学研究的范围，现在研究历史文献也仍然要大量涉及到，但这些学科的独立倾向越来越明显，也可以说已逐渐从历史文献学中分化出来。其他门类文献的研究，如民族文献、宗教文献、医药学文

① 梁启超：《中国近三百年学术史》，84页，北京，中国书店，1985。

献、农学文献、科技文献的研究等，也都和历史文献的研究有着密切的联系。

不难看出，史料学和历史文献学的研究领域，在大量的层面上是互相重合的；毋宁说，历史文献学的研究内容，几乎都可概括在史料学的研究范围之内。事实上，现时人们对史料概念的理解，其涵盖面也较文献的概念更广、更宽。特别在专业历史工作者看来，我国汗牛充栋的古代历史文献，其实都不过是经过编纂的史料，它们既是史料的三大部类之一——文字史料的主体，也是全部史料的主体。目前我国史学界对史料和文献两个概念往往混用，即使在专门的文献学著作中，二者混同的现象也屡见不鲜。这是由于谈史料时，可把历史文献都归入史料；谈文献时，也可把这种或那种史料说成是文献（如把金石资料说成金石文献）。因此现在既有“文献史料”的概念，也有“史料文献”的用法。国外一些专门研究文献学的书刊，也经常把文献学转称为资讯学或情报学，如20世纪40年代末创刊的《美国文献》杂志，70年代改称《美国资讯科学协会杂志》。英语中的“资讯”一词（Information），或译“情报”，也有知识、资料的含义，过去就多与“文献”一词（Document）混同。俄语的“文献”一词（Докумнет），指法律、技术等“文件的总和”；德语的“文献”一词（Urkunde），则指某一领域全部资料的总汇。这些都反映了文献学和史料学或资料学的离合关系与一体化倾向。但鉴于现代学术的精细分工和交叉学科、边缘学科增多的特点，史料学和历史文献学仍可作为独立的学科并存，它们有各自的理论体系、发展线索和分类系统，虽然研究内容可以部分地互相包涵、互相吸收，却无须互相代替。尤其因研究主体的学术立场不同，二者探讨问题的立场也就不同。史料学上谈历史文献，侧重于历史文献的史料价值；历史文献学上谈史料，则只是把史料价值作为文献价值的一部分加以观察。也可以说，史料学家重视的是构筑历史的材料，历史文献学家则注重由这些材料构筑起来的史学成果，他们研究探讨的对象、任务、范围和方法都不完全一致。

我国古代学者对于史料问题的探讨，是与历史文献研究密不可分的。从孔子整理“六经”开始，历代学者的史料工作，实际皆依附于文献工作。古代无所谓文献学，而有专事整理研究古文献的校雠学，校雠学实即古典文献学，史料工作即寓于校雠工作中。校雠工作注重实用，现代史料学上应用部分的研究，仍大都借助于文献校雠的传统方法。如研究史料的积存和散佚，要参考藏书史的研究成果；研究史料的搜集著录和分类，要了解目录学的发展源流；研究史料的讹脱衍倒和真伪变化，要懂得校勘学、辨伪学的功用；研究史料的流传和运用，要用到版本学、辑佚学的知识；而一切史料的解说和整理，又都涉及到训诂学、注释学、考证学的基础功夫。这些都说明，传统文献整理的基本手段，在史料学上都大有用武之地，过去史料学研究多偏重于应用部分的内容，不能不说与传统文献学的发展有直接的关系。目录、版本、校勘、辑佚、辨伪之类，从文献学移植到史料学上，应该有所变化，但这要有个过程。目前史料学和历史文献学都还不能说已经建立起完整的科学体系，在研究内容和方法上有些界限尚不分明，因此我们在本书第三编谈史料的应用，仍基本上采用传统文献学的方法。

方志学与档案学的研究，实质上均可视为历史文献学与史料学的旁支。方志是集中地方史料的所在，无论一省一州、一县一镇，所载都较通代、断代的史书更为具体而详细。我国方志数量多，内容丰富，体例完备，仅现存就有8500多种，约占现存古籍的十分之一，是一个很大的数字。其中保存了很多各地历史、地理、物产资源、风土人情、自然灾害等宝贵的资料，是一个亟待大力开发的史料园地。还有一些地方史性质的书，体例与方志有所不同，而也保存了不少同类资料，应与方志同等看待。档案是一种特殊的史料，也是最原始的文字史料，不但与现实生活联系紧密，而且内容既包罗万象又具体而微，在历史资料中最有参考价值。不过近世档案学主要研究明清档案与民国以来的档案，明以前的档案原件因传世极少，已难以形成独立的原始资料系统。在理论和方法上，现时方志学、档案学的研究仍可纳入历史文献学研究的范畴，但在研究目的上更靠近史料学，因此史料学研究在吸取历史文献学的研究成果时，有必要特别注意到方志学、档案学的研究情况。

第三节　史料学与史学史

史料学、历史文献学和史学史，目前在不少高校历史专业是并开的课程，说明这几门学科有相近的性质。作为专门的学术研究，史学史的正式提出是在20世纪20年代，梁启超就曾设想撰写一部中国史学史。不过他后来没有亲自作，而是指导他的学生姚名达开始作，但没有出版。1930年以后，有关中国史学史的专著不断问世，至今已有几十种。史料学的提出，与史学史的提出大略相先后，因此研究史料学，也应注意到它与史学史的关系。

按照马克思主义历史科学的要求，史学史研究史学发展的客观过程及其规律，它的层次要较史料学为高；以研究对象、任务和方法等言之，二者也有显著的不同。但在研究内容上，史料学仍是史学史不可缺少的部分。史学史论述史学本身的发展，其中必然也包含了史料工作的发展；论述史学在发展过程中跟其他学科的关系，也要涉及史学跟史料学及史料学跟其他学科的关系；论述史学的时代特点和社会影响，也须讨论史料的时代特点和史料学成果的社会影响。总之，史料工作既是史学工作的一部分，史料学研究的相当一部分内容，就应包括在史学史研究的范围之内。不过史料学研究的取材范围，相对来说要较史学史更为宽泛。通常史学史主要依据那些在史学发展过程中有代表性的成果进行研究，史料学则要涉及更多的文献史料及文献记载以外的史料。史料学发展上的一些问题，如史料的存佚、著录、真伪、精粗、详细占有和曲解臆度等，史学史研究有时也要涉及到，但一般只作粗略的描述，不像史料学上的专门论述那样具体和细致。史学发展跟其他学科的关系，大量的领域是通过史料来连接的。如考古学、民族学、民俗学等，如果不能为史学研究提供更多的史料，它们也不会在很长的历史时期内成为史学的从属部分；后来虽然独立为不同的学科，仍与史学有着很相近的联系。史学史对这些关系的论述，有不少内容是与史料学互相重叠的。关于史学发展的时代特点，在物质条件上，亦即在史料载体形式和传播工具的进步上，史学史和史料学的研究是一致的；在社会关系和政治形势方面，史学史侧重于以此说明特定时代的史学背景及史学家的主体意识，这在史料的运用上也有具体的反映。大致说来，史料学作为历史科学的一个辅助学科，史学史的论述是不能忽视的，只不过对其研究成果要有所选择，叙述上也要有所侧重。

对于中国史学起源和萌芽时期的情况，目前还只能根据现在所知的史料作些探讨。有关材料最早的是先秦、汉初旧籍中保存的远古传说，但这些传说大都经过后人的加工，仅可用以推测远古先民传述历史的一些踪迹，还远不足以作为具有一定精确性的史学史资料来使用。商周甲骨文、金文的发现和利用，使人们对于早期历史记载的认识有所改观，因为这是实实在在的文字记录，已与传说材料的性质不同；而且较完整的甲骨、金文条目，已包含了时间、地点、人物和历史活动等项目，后来发展起来的历史记事，也还是以这些项目为主。《尚书》中的一些篇章，材料性质与甲骨文、金文接近，同为当时王侯贵族的散篇文书，但记录要较甲骨文、金文连贯而充实得多，反映的历史事实也更重大。此外又有新出土的鄂君启节和侯马盟书等官文书，保存了战国时代珍贵的典制史料。《诗经》不是历史作品，但其中也有一些重要史料，因而讲先秦史学也经常提到。大致《春秋》以前的史学，史学史上的描述基本上是采用史料学的方法，而商周史学各阶段的发展还有许多空白点，有赖于地下新出土的史料去填补。

《春秋》以后的史学，因各时代有代表性的史著不断增多，较易寻出端绪。

但史料学研究的成就，对于丰富史学史的内容仍起着重要的作用。史学史上论述某一部史书，通常除了背景、编撰和史学思想外，史料来源和史料价值是必不可少的两项。这一类内容，历来治历史文献者都有多少不等的讨论，如果能从史料学上加以系统的总结，那么史学史的引用就会感觉方便得多。史家自著异同材料，如司马光的《通鉴考异》，也须从史料学上作深入的探讨，才能充分发挥其效用。以往的史学史专著，如金毓黼的《中国史学史》，主要介绍中国史家和史书，带有浓厚的史部目录学色彩，也可以说是简要的历史文献史，其中引用史料考证的成果较多。近些年新出的中国史学史专书，史学思想的部分突出起来，但有关论述仍应切实以史料研究为依据，力避转相祖述，寻章摘句，轻于立论。研究史学史，不止于征引前人论说，其根本的资料基础还是史料，舍弃史料而治史学史也会误入歧途。此外，史料学研究范围的扩大，也有助于揭示史学发展的多方面联系，完善史学史研究的体系。如民族史学，过去在史学史上很少作专门的叙述，随着民族史料的不断发掘和整理，如今治史学史者已开始注意到少数民族史学问题。地方史、域外史、中外交通史，过去也很少从史学史的角度进行研究，现在随着有关史料的大力讲求，某些空白点也在逐渐设法消除。

史学史上所涉及的史料问题，大致可以包含在史料学研究的历史部分中。反过来看，探讨史料学史，则应参考史学史的研究成果。古代史家有关史学发展的言论，大都可移来作为考察古人史料观念的材料；另有大量关于文献整理的具体言论，涉及史料的分类、编纂、考证等，在史学史上不能详述，在史料学上则须尽力搜求。目前对史料和史料学发展的历史，还缺乏较有系统的专门研讨。作为一种尝试，对战国以前的史料，可以根据考古学的成就加以综合；对秦汉以后的部分，则不妨先就史学史和文献学史上所涉及到的重要学者的史料工作进行初步的总结。这样的工作也很繁难，需要有一定的理论和方法论指导，也要有不惧劳苦的精神和一定的综合能力；而还有一个重要的条件，就是要适当了解和掌握一些有关史学史和文献学史的知识，否则很难下手。在某种程度上也可以说，史料学研究应与文献学、史学史研究结合在一起进行，不然就无法做好。

第四节　史料学与考古学

史料学与社会科学以及自然科学诸学科有着广泛的联系。这种联系的广泛性取决于历史科学的广泛性。马克思和恩格斯说过："我们仅仅知道一门唯一的科学，即历史科学。历史可以从两个方面来考察，可以把它划分为自然史和人类史。但这两方面是密切相连的；只要有人存在，自然史和人类史就彼此相互制约。”[①] 人类史和自然史，除了综合的研究以外，都包括众多的专门史，而每一个专门史都是历史科学与具体科学接壤的领域。换言之，有关天文、地理、人文诸学科，都有自己的发展史，这些专门的学科史都可以成为历史科学的组成部分。这样，史料学也必然地要跟各个学科发生或远或近、或疏或密的联系。其中联系最密者，当首推考古学。

考古学是根据实物资料研究人类社会历史的学科。这门学科的起源和发展，差不多和历史学一样古老。早在原始时代，人们靠刻木和结绳记事，那时所刻之木或所结之绳，便已具有历史文物的性质；如果当时有人试图从前代遗留下来的契刻、绳结中去推求古事，那也就是考古。原始社会晚期，人类在陶器上刻画符号，烧结固定，这也就是后来在青铜器上铸刻长篇文献的滥觞，亦即那时的重要文物；可惜现在已出土者，如仰韶文化和大汶口文化的刻符，还不能得到确切的解释。进入阶级社会以后，历史学跟其他学术逐渐分离，史迹遗存便开始受到史学家的注意。如西方“历史之父”希罗多德的《历史》一书中，就有不少关于旧时文物的记载。中国编《春秋》的孔子，也是博识古代文物的大学者。据《国语·鲁语》记载，春秋晚期，有一只隼落在陈惠公的宫廷里死了，身上还中了一只箭，孔子根据这支石箭头的楛矢，判断出它是从肃慎氏（在今东北）那里飞来的。他说，周武王时规定了各地人民贡献的方物，肃慎氏贡献的就是石镞楛矢，后来周武王把它赐给陈国的先君，就保存在陈国的府库里。有人从府库中找出楛矢，跟鸟身上的一对比，果然是一样的。可见孔子很注意用文物跟记载联系起来说明历史。类似的例子，在先秦著作中还可以找到一些。《世本》的《作篇》记载了几十项上古的发明创造，其中有不少应该有文物依据。不过古代史家所依据的史料，主要还是口头传说和文字材料，自觉地运用实物资料考求古史的观念产生很晚。现代西方所用的“考古学”一词（Archaeology），源于古希腊文的 Archaeo 和 logia，本意是“关于古代的学问”[②]。我国“考古”一词，原先也有根据文献记载考求古事的意思，如记录宋代哲学家朱熹言论的《朱子语类》中，就有“学问不考古，固不得”之类的话。但宋代学者也已开始用“考古”的概念专指以实物资料考求古事，因此宋代金石著作中就有了《考古图》《博古图》等名称。

---

① 《德意志意识形态》，《马克思恩格斯选集》第 1 卷，21 页注。

② 参见白寿彝主编：《史学概论》，255 页，银川，宁夏人民出版社，1983。

我国古代学者对金石、简牍等文物的搜集和考察，早在先秦文献中已有零星的记录，如在《左传》《礼记》等文献中，就保存了一些相传是商周铜器铭文的刻辞，只是与后世所见钟鼎文字不相类。秦汉以后，金石文物出土渐多，这点我们在本编第一章谈史料的积存和散佚时已约略提到。但在很长的时期内，统治者对古器物的搜集整理并不重视。东汉许慎作《说文解字》时，就曾在自述中慨叹“郡国亦往往于山川得鼎彝，其铭即前代之古文”，而“世人大共非訾，以为好奇者也”。其后还有更突出的例子，如梁代刘之遴在荆州为官时，搜集古器达数十种，并曾将其中的4种献给东宫皇太子，而当时在上者亦不以为意。[①] 反之，统治者出于政治原因而销毁古器者则屡见不鲜。如北宋末年宫廷所藏上万件珍贵古铜器，包括许多商周青铜器，北宋灭亡时均被金人掠去，后来在海陵王正隆三年（1158），惧“年深岁久，多为妖变，悉命毁之”[②]。金石学是我国考古学的前身，这一学科形成于宋代，并由私学逐渐上升到官学的地位，下至清代而更趋兴盛。历来有关金石资料的著录、考释和研究著作很多，为我们研究中国古史提供了宝贵的史料，这在史料学上也值得大书特书。

近现代以地下发掘为基础的考古学，在欧洲开始于19世纪60年代，在我国开始于20世纪初。从史料学的角度看，近世考古学的巨大成就，是以往任何时代的文物搜集所不能比拟的。以原始遗迹的考古发掘为例，我国至今已发现的古人类化石和石器时代各阶段的遗址、遗物，出土地点遍布全国，文物种类丰富繁多，已极大地改变了我国古代史料的构成。特别是北京猿人化石和云南元谋猿人化石的发现，把我国历史的史料时代上推到五六十万年和170万年以前，远远超过文字记载的4000年历史。根据这些已发现和尚待进一步填补空白的实物资料，已有可能写出较有系统的我国原始社会史和早期阶级社会史。地下考古史料是实物史料的主要来源，考古学的研究实际也可看作是史料研究与历史研究的一个特殊部门。同时考古发掘还可使一些不见于著录的原始文字记录或久已亡佚的古文献重新面世，对丰富文献史料的内容也有很大帮助。

考古学的成就，不仅扩大了史料学研究的范围和途径，而且有助于改进史料学研究的传统方法。宋代学者已开始注意到以金石资料证经和考史。近世学者以商周以后地下史料的新发现，结合传世文献史料进行研究，更大大丰富了

---

① 《梁书·刘之遴传》。

② 《大金国志》卷14。

人们对中国古史的认识；许多过去有疑问的古史传说和古文献记载，也赖考古学上的新发现得到证实、补充和订正。王国维考商代先公先王，是将甲骨文中所见有关人名挑出来，以与文献记载相对照，用的是统计和比较相结合的综合研究法。也有人仿此从金文中寻找周王的配偶姓氏，发现西周自文王开始，每隔一代即有姜姓王后，以此揭示姬、姜对偶集团的关系模式。[①] 这样的方法，是传统的文献考证不曾使用过的。

地下出土的文字材料，同时也是珍贵的古文字学史料。上古文字重新问世，它们本身就已成为一种特殊的史料形态；特别是某些古汉字，透过字形和字义，仍隐约可见造字之初的社会生活及当时所存在的各种复杂社会关系和阶级关系。如甲骨文、金文中的“兽”“渔”等字，可以展示古人的狩猎、渔猎生活；“匋”“金”等字，可以反映古人的制陶、冶金手工业；“执”“圉”“奚”“妾”“讯”“戮”“刖”“辟”等字，更俨然显现出一幅阶级压迫的真实图景。甲骨文中略可成篇的文字，大都是商王室占卜的片断记录，反映的历史活动很有限；而甲骨文单字所反映的社会情况，却异常丰富而具体。再以前的陶器刻符，如果能破解，或许也会对原始社会史的研究大有裨益。史料学与古文字学的接壤，是一个重要的领域。

考古学所提供的材料也有其局限性。在有文字记载可以参考的情况下，必须结合文献史料进行研究，才能更好地使片断、零碎的实物材料发挥史料的作用。同时，考古材料还必须借助文献学、史料学所提供的各种知识进行整理、研究，使其尽可能地转化为文字史料，以便于利用。文献学、史料学的研究，有时还能为考古学提供借鉴或指示用力方向，如有关新石器时代及夏、商、周文化遗址，以及后世已被埋没的重要建筑、陵墓等遗迹，即可根据现有史料分类和文献记载所提供的线索去寻找。考古学与史料学，以及与它们相关的诸学科，在理论和实践上都是互相促进和支援的，它们的研究成果也越来越多地被各个学科所采用。

第五节　史料学与民族学及其他

民族学是以氏族、部落、部族、民族等共同体为研究对象的学科。它主要采取实地调查的方法，研究各民族的现状及其社会历史发展的规律。如果说在史料学上，对实物史料的研究要依托于考古学的话，那么，对口传和民俗史料

① 刘启益：《西周金文中所见的周王后妃》，《考古与文物》1980年第4期。

的研究则在很大程度上须以民族学为依托。

民族学的资料，在古今中外许多历史著作中都有记载，我国史著中包含的这类资料尤其丰富。但民族学作为一门独立的学科，是从19世纪西方学者对美洲、非洲、大洋洲一些部落的调查研究开始的。美国杰出的民族学家摩尔根（Lewis Henry Morgan，1818—1881）曾长期居住在印第安人的易洛魁人部落中，搜集了大量有关易洛魁人社会制度和生活习俗的珍贵资料，写成了《古代社会》等名著，揭示了“原始共产主义社会的内部组织的典型形式”。马克思和恩格斯运用当时民族学和史学的成果，对从印度到爱尔兰的各个类型的公社做了分析研究，又对摩尔根等人的著作进行了研究，写了《科瓦列夫斯基〈公社土地占有制，其解体的原因、进程和结果〉一书摘要》《摩尔根〈古代社会〉一书摘要》（马克思）和《家庭、私有制和国家的起源》（恩格斯）等著作，奠定了马克思主义民族学的基础。我国民族学的研究起步较晚，“民族学”一词最早出现于1926年，[①] 过去也曾译为“人种学”或“人种志学”。现代民族学的研究与人类学的研究大量交叉，并从中派生出文化人类学及社会人类学等不同的学科。

我国民族学的研究偏重于民族史，其中又以少数民族历史的研究处于优先的地位，新中国成立前后已取得了很大的成就。50年代初，我国政府为了摸清各民族的情况，曾组织学者、专家和少数民族工作者进行少数民族的识别工作，第一次对我国少数民族的历史、语言、社会形态、文化习俗等作了大规模的综合调查，取得了丰富的历史资料。1956年，在综合调查的基础上，确定了我国的51个少数民族（后增至55个）。随后又根据中央指示，在部分省（区）组织了社会历史调查组，到少数民族地区进行全面的社会历史调查，抢救民族地区原始社会形态、奴隶社会形态和农奴制度下的经济、文化、生活习惯、生产力和生产关系等多方面资料，其中包括大量的文献和档案资料，并提出了编写少数民族简史的任务。经过努力，调查组调查搜集了几千万字的传说、民俗史料及近两千万字的文献、档案资料，还摄制了十几部保留着上述三种社会形态的民族科学记录影片。从1958年开始，在国家民族事务委员会的主持下，陆续编撰《中国少数民族简史丛书》《中国少数民族语言简志丛书》和《中国少数民族自治地方概况丛书》。“文革”期间，编撰工作一度停止，1978年又恢复起来，并增加《中国少数民族》和《中国少数民族社会历史调查资料丛刊》两种，总称为“民族问题五种丛书”，至1991年全部完成，累计

---

① 见蔡元培：《说民族学》，《一般》1926年12月号。

出版 403 本，将近 8000 万字，成为全面反映我国各民族情况的大型综合文献。[①] 多年以来，有关民族史的研究专著和资料专辑也出了不少。其中资料方面，如《历代民族传记汇编》《维吾尔族史料简编》《柔然资料辑录》《西藏地方历史资料选辑》《湘西土司辑略》《满文土尔扈特档案译编》《云南回民起义史料》《清代前期苗民起义档案史料》等，都有一定史料价值。同时还整理出版了一些有关少数民族历史的文献史料书，并翻译和介绍了一些国外民族史的研究成果。

用少数民族文字写成的史料，在民族学的研究中具有格外重要的价值。我国的这类史料，如敦煌文书中的藏文史料和现存布达拉宫中的三百余万件原西藏地方政府档案，20 世纪初在新疆出土的"吐火罗文"（焉耆—龟兹文）史料，在内蒙古出土的西夏文史料，散存的回纥文、契丹文史料，以及历来流传的蒙文、女真文、满文、傣文、彝文等史料，一直受到国内外民族史研究工作者的重视。我国少数民族文字史料的蕴藏量极为丰富，史料学上对这类史料的开发和研究还有待进一步加强。

民俗的研究原是民族学的一个组成部分，后来逐渐发展为一门被广泛重视的独立学科。民俗一般包括两大部分：一是一定民族（或一定地域的人们）的风俗习惯，一是一定历史时期的社会风气。社会风气如果遗传下去，就会变成风俗习惯。民俗资料有的见于文字记载，而大量的是不见于文字记载，甚至不见于口传和实物的资料，凡体现民族特点的物质生活（衣、食、住、行等）、社会组织、岁时风俗、习惯及技术、工艺等均属这一类。研究民俗史料，必须考虑到民俗的群体性、地域性、稳定性和可变性所造成的史料特点，同时还要注意到民俗史料与其他社会史料的内在联系。由于社会风俗也是一种意识形态，它必然要与其他的意识形态相互影响和渗透，因而民俗史料的研究与其他意识形态史料的研究内容多有交叉。如社会习俗中的某些礼仪、习俗、信仰与宗教有关，受宗教影响，但又不是严格正规的宗教信仰，只有对有关宗教史料进行仔细的研究之后，才能对相关的民俗史料有更明晰的了解。

宗教史料也是社会史料的大宗，不仅在民族学的研究上，而且在整个社会科学的研究中都占有重要的地位。自 15 世纪后期宗教学建立以来，世界各国陆续出现了一些专门的研究人员和研究机构，宗教史料的发掘和利用大为改观。但在研究的出发点上，仍存在着唯心主义和唯物主义的根本不同。马克思

---

① 2005—2009 年间，"民族问题五种丛书"又修订增补，由民族出版社统一再版，内容已扩至 21 世纪初。

曾指出，“相当长的时期以来，人们一直用迷信来说明历史，而我们现在是用历史来说明迷信”①。我国社会科学界多年来重视以唯物史观为指导研究宗教，宗教史料的整理工作也已逐步展开。如中华书局编辑的《中国佛教典籍选刊》陆续点校出版，其第一辑收书22种，各自单行，其中既有重要的佛教史籍和主要佛教宗派（天台宗、三论宗、唯识宗、华严宗、禅宗）的代表性著作，也有少数与中国佛学渊源关系较深的佛教译著。同时编辑的《道教典籍选刊》，也已出版若干种。港、台出版的各种宗教史料书尤多。《中华大藏经》也由中华书局出版，收录佛教典籍1939种，共万余卷，集历代刊刻《大藏经》之大成。我国宗教史料汗牛充栋，研究、整理和开发这些史料，特别是充分地利用佛藏、道藏中的史料，还是相当艰巨的任务。有条件的史料工作者如果愿意致力于此，将是大有可为的。

假如再把视野放宽一些来考虑，上述民族学、民俗学、宗教学的研究内容，又大都可划入广义文化史学的研究范畴。文化史学是一门研究人类文化现象，并探索其发生、发展的一般规律的学科，它的先河可追溯至18世纪法国启蒙时代，而自19世纪后半期以来，已开始受到世界各国史学家的普遍重视。作为一门新兴的学科，它实际是史学与考古学、文物学、古文献学、语言学、文学、心理学、宗教学、民俗学、民族学、人类学等一系列相关学科密切协作的产物，因而具有很强的综合性。这种综合性的特点，相应地要求史料工作也要不断拓宽搜集的领域，并加强对有关史料的宏观研究。目前我国文化史的研究还有待进一步深入，文化史料的综合整理和研究工作也还存在差距，今后随着现代化建设的发展，史料工作者有必要在这方面作出自己的努力。

这里顺便指出，在文化史料的搜集过程中，历代文艺作品乃是一个不可忽视的史料源。这一方面是由于我国古代学术，文、史二家往往混同，虽然它们从先秦时期起就开始分途，但二者合一的观念从未间断过，因此刘知几的《史通》既是史评又是文评，章学诚的《文史通义》则书名亦并列会通而言之；同时历史文学也源远流长，尤其体现出“文之将史，其流一焉”。另一方面，也由于文化史料的范围极其广泛，传统史籍中所记录的基本上是政治、军事史料，而文化史料则偏少，因此文化史学工作者自然而然地要把注意力转向文艺作品。恩格斯在评论法国文学的现实主义大师巴尔扎克时说过：“他在《人间喜剧》里给我们提供了一部法国‘社会’特别是巴黎‘上流社会’的卓越的现实主义历史，他用编年史的方式几乎逐年地把上升的资产阶级在1816年至

---

① 《论犹太人问题》，《马克思恩格斯全集》第1卷，425页，北京，人民出版社，1956。

1848年这一时期对贵族社会的日甚一日的冲击描写出来，这一贵族社会在1815年以后又重整旗鼓，尽力重新恢复旧日法国生活方式的标准。……在这幅中心图画的四周，他汇集了法国社会的全部历史，我从这里，甚至在经济细节方面（如革命以后动产和不动产的重新分配）所学到的东西，也要比从当时所有职业的历史学家、经济学家和统计学家那里学到的全部东西还要多。”① 当代英国史学家巴勒克拉夫在谈到德国的“历史主义”观点时也指出，历史学家要理解过去，“为什么非要把自己局限在政治事件中不可呢？譬如说，巴尔扎克的小说不也是像布满灰尘的档案一样充分地展示了法国复辟时期的社会状况吗？”② 简单地说，无论何种体裁的文艺作品，都可作为史料书来使用；但文艺作品经过了艺术加工，不同于正规史书对史实的记载，使用时应作特殊的处理。我国老一辈史学家如陈寅恪先生，在利用这部分史料方面已作出了可贵的尝试。不过总的说来，史学界对这部分史料的利用还很不充分。进一步发掘和研讨这部分史料，也是史料工作者应尽的义务。与此相联系的是，对古代艺术作品的史料价值的研究也应加强。

第六节　史料学与自然科学

史料学和社会科学各方面的联系很广泛，本章的叙述不可能面面俱到。而且史料学的研究范围并不局限于社会科学，它和自然科学的一些部门也有不同程度的联系，史料工作者也应给予应有的注意。

我国古代文献史料中有关生产科技的记载，与西方相比并不算少。专门的著作，例如农学著作，《汉书·艺文志》就著录有9家、114篇，可惜都已散佚，唯汉代的《氾胜之书》现在有辑本。我国现存最早的农业专论，是《吕氏春秋》中的《上农》《任地》《辨土》《审时》4篇，论及农业政策和耕作、整地、播种、育苗、农具、农时等知识。现存最早的农学专著，是北魏贾思勰的《齐民要术》，书中不仅论述农业，且论及经济作物的种植和栽培、家禽牲畜的饲养和兽医，以及食品加工、煮胶、笔墨制造等家庭手工业和生产经验。唐宋以后，农学著作代有所作，而以元代王桢的《农书》、明代徐光启的《农政全书》最为有名。医学著作，在我国古代科技书中为大宗，明、清两代编著尤多。数学书的编写，在我国历史上也有悠久的传统，其中一些成果是有世界意

① 《恩格斯致玛·吕克奈斯》，《马克思恩格斯选集》第4卷，462—463页。

② 巴勒克拉夫：《当代史学主要趋势》，13页，上海，上海译文出版社，1987。

义的。还有为数不多的综合性科技著作，如《梦溪笔谈》《畴人传》等，在我国科技史上占有重要的地位。这些都需要认真地加以总结和研究，以便尽可能地集中现有的史料，编写出我们自己的高质量的科学技术史。

我国古代史学著作中也有一些关于生产科技的史料。如天文、历法、水利、河渠等知识，在历代正史的志书中即有较为详细的记录。一些人物传记中，也记载了古人在科技方面的某些独特贡献。不过总的说来，史书中关于生产科技的资料所占比重很小，而且有些记载语焉不详，更有一些科技发明因无记录而失传。无论如何，在全社会重视科学技术的今天，我们应尽量发掘和研究这部分史料，并以具体的研究成果，纠正过去史书中忽视科技记录的缺陷。

现代自然科学的发展，为我们提供了比之前人多得多的科学知识，使我们有可能据以纠正古书中关于科学技术的错误记载，或者增进对记载不详的史料的了解。例如古代史书中有关天文地理、自然灾害的记载大都很简略，其中还夹杂着一些因迷信而被歪曲的事实，通过现代天文学、地理学、地质学、气象学等知识，便可给以补充和订正。古代冶金技术，前人往往看得很神秘，如《荀子·议兵》说“宛钜铁釶（铁矛），惨如蜂虿”，可人们并不知道它究竟有多么锋利。现在考古学界从楚国故地发掘出许多铁器，经过科学鉴定，知道那是经过了多次锻制的渗碳钢制品。这一类的例子很多，证明自然科学的研究成果，可以使不少历来令人费解的古代科技史料恢复它的价值。

自然科学研究还能为人类社会史的研究提供全新的史料。以地质学为例，它在古生物学的配合下，根据岩层年龄测算地球的地质时期，把这一时期分为太古代、元古代、古生代、中生代、新生代；证明地球上最早的生物（原核细胞菌藻类）约出现于33亿年以前，约在25亿年以前开始出现无脊椎动物，后来逐渐向高级动物进化，到新生代的第三纪（约6700万年以前）出现了猿类，第四纪（约200万至300万年以前）出现了人类。这就对近世以前一切有关人类起源的宗教神话作了最好的批驳，并且把沉积了几十亿年的地球岩层也变成了活的史料。考古学上对古人类化石的研究，以及对文化遗址的地层分期，也都涉及古生物学和地质学的知识。即使对有文字记载以来的人类社会史，自然科学的研究也可为史学研究提出新课题。如对近几千年间我国黄河流域和长江流域生态环境变迁的研究，便可为探讨中华文明的起源和发展增加新史料。

自然科学的研究，还可为史料学提供方法上的借鉴和操作手段。如大家所熟悉的，考古所得的许多实物史料，远的像古人类化石，过去根本无法确知其年代，现在靠科学技术手段，利用放射性同位素（如K_{40}、C_{14}等）的衰变规律，便可相当准确地测定其年代；近的像青铜器物，也可用光谱分析等手段，准确地分析其质料。事实上，随着现代学术的日新月异，综合运用多学科方法进行交叉研究已渐成常态，其中自然科学方法对社会科学的浸润也越来越广泛。这也要求人文学者重视提高自身的自然科学素质，开拓视野，不断更新研究方法，深入思考，以求有所创获和发明。相对来说，史料工作包含更多的技术因素，这点就显得更为重要。

从长远观点看，运用电子计算机及其技术处理资料并开展模拟研究，将是史料研究中一个大有发展前景的领域。这项工作在我国已陆续展开，但还多限于文献统计和文献检索。使用电子计算机参与古籍整理研究的工作也在进行尝试，而局限性也还很大，而且应用研究的层次也较低。在一些特殊的领域，这项工作已有所突破。如甲骨文研究中的甲骨缀合，过去靠手工操作，极为费时费力，且缀合者须有深厚的甲骨学修养。从 20 世纪 70 年代初以来，国内外开始尝试用电子计算机缀合甲骨，取得了一定成果。不管怎样，以电子计算机参与史料整理研究的前景是广阔的，这对改进传统史料学的研究方法也是一个促进。可以预料，史料学的研究在今后将从自然科学得到更多的裨益。

第五章　史料学研究的多方面意义及方法

第一节　史料学研究的多方面意义

史料学研究的直接目的，是要为史学研究服务。这可说是史料学研究的实践意义，我们在本编第二章已有论述。但除此之外，史料学研究还有多方面的意义，也是不容忽视的。这里首先要谈到它跟批判地继承祖国历史遗产和史学遗产的关系问题。

毛泽东曾指出：“指导一个伟大的革命运动的政党，如果没有革命理论，没有历史知识，没有对于实际运动的深刻的了解，要取得胜利是不可能的。”又指出，除了学习理论和了解现实外，“学习我们的历史遗产，用马克思主义的方法给以批判的总结，是我们学习的另一任务”①。所谓历史遗产，是指人类历史上不断积累和流传下来的一切物质文化和精神文化成果，它既是一个民族历史发展的标志，也是一个民族生命力和创造力的表现。学习和总结祖国历史遗产，对于现代化建设是一项重要的任务，对于史学工作者来说尤其具有重要的意义。同时因专业工作的特殊需要，史学工作者不仅必须深入研究历史遗产，而且必须认真研究史学遗产。所谓史学遗产，是指人类史学发展的成果，举凡前人在历史观点、史料整理、史书编著、历史文学等各方面的成就，都在史学遗产之列。因此史学遗产是人类历史遗产的一个组成部分。

从史料工作的立场出发研究历史遗产问题，需要引进史料遗产的概念。我们认为，史料遗产也是人类历史遗产的组成部分，但有它自己的特殊性。广义的史料遗产是人类历史活动的一切痕迹，其内容范围与历史遗产最相吻合或接近；而狭义的史料遗产只是其中被用于史学研究的部分，其内容范围又向史学遗产靠拢。因此史料遗产既是历史遗产的特殊表现形态，又是史学遗产的根本存在依据，是二者之间的联系纽带。人们无论是清理历史遗产还是清理史学遗

---

① 《中国共产党在民族战争中的地位》，《毛泽东选集》第2卷，533页，北京，人民出版社，1991。

产，实际也都在清理史料遗产。也就是说，史料遗产的研究和总结既密切地关系着历史遗产研究的整体，也密切地关系着史学遗产研究的整体。史料学研究的学科意义，即由此得到更为广泛的体现。

史料遗产的继承，自有史以来就已开始，其间也有一个从自发阶段逐步过渡到自觉阶段的过程。但在旧时代，究竟应当怎样对待这些遗产的问题并不能得到正确的解决。最常见的是两种极端化的倾向。一种倾向是迷信古人，食古不化。例如把“六经”看作一成不变的“圣典”，以为这几部经书已囊括了中国文化的全部精髓，一般只讲继承，不讲批判，或很少讲批判。清代章学诚虽然大力宣传“六经皆史”，敢于说出这几部经书都是史料，却并没有根本动摇“六经”的“圣典”地位。另一种倾向是任意割断历史，甚至对前代史料采取摧残的措施。例如秦始皇的焚书，清初以编书为名禁毁大批古籍，都是对史料遗产的粗暴践踏。自先秦“诸侯恶其害己也，而皆去其籍”以来，历代统治者销毁历史典籍无数。还有些王朝在建立后，任意毁弃前朝文物，这些都给史料遗产的积存造成了重大的损失。

上述两种错误倾向，现在和今后仍会有所表现。但是马克思主义的科学理论，已为我们提供了解决这一问题的指导方针。毛泽东对此曾有一系列精辟的论述。他说：“我们这个民族有数千年的历史，有它的特点，有它的许多珍贵品。……从孔夫子到孙中山，我们应当给以总结，承继这一份珍贵的遗产。”[①]他强调：“清理古代文化的发展过程，剔除其封建性的糟粕，吸收其民主性的精华，是发展民族新文化提高民族自信心的必要条件；但是决不能无批判地兼收并蓄。必须将古代封建统治阶级的一切腐朽的东西和古代优秀的人民文化即多少带有民主性和革命性的东西区别开来。”他还说过，对于中国古代文化，“既不是一概排斥，也不是盲目搬用，而是批判地接收它，以利于推进中国的新文化”[②]。这些论述，至今仍是我们总结古代文化、进行史学工作和史料工作的基本指导方针。同时史料工作有它自己的特殊性，有时为了专业的需要，也要做些兼收并蓄的工作；而其立足点仍是批判地继承，最终目的是要吸收古代文化遗产的精华，保持和发扬优秀的民族传统，以利于社会主义文化事业的发展。

要批判地继承古代史料遗产，古籍整理是必然要做和必须做好的工作。我

① 《中国共产党在民族战争中的地位》，《毛泽东选集》第2卷，533—534页。

② 见《新民主主义论》及《论联合政府》，《毛泽东选集》第2卷，707—708页、第3卷，1083页。

国古籍整理有悠久的传统，但受时代政治变迁的影响，时起时落，有高潮，有低谷。新中国成立以来，为了建设社会主义新文化，十分重视古籍整理研究。特别是1981年党中央发出“关于整理我国的古籍的指示”后，古籍整理研究再次在全国范围内形成了历史性的新高潮。这项工作本身即是史料工作的一部分，而其兴衰成败、成就的大小与史料的分析鉴别关系极大。过去有大量的重要史料失传，并不完全是出于政治或自然的原因，还有不少是因对其史料价值缺乏足够的认识而造成的。自然科学史料历来被忽视，自不必说；即使是政治史料，也往往有这样的情况。如《宋会要》的材料，清修《四库全书》时从《永乐大典》中辑出那么多的书，唯独对此熟视无睹，甚为可怪；如果不是后来徐松别具慧眼，假借搜集唐诗资料的名义辑录下来，恐怕这些丰富的材料也已失传了。现在的古籍整理，主要是选择一部分价值较高的古籍进行标点、校勘、注释和翻译等工作，以利于它们的流传和使用。这样，对一大批历来不大受重视或被忽视的古籍，就需要重新审查，对其价值作出恰当的评价，不然很可能会因评价标准的偏颇，而导致更多古籍的散亡。史料工作的多样性，处处渗透于古籍整理工作中，古籍整理学者如果不能掌握和运用更多的史料学知识，本身的工作也是难以做得好的。从大处说，史料学和文献学研究体系的建立和完善，乃是古籍整理工作科学化的一个重要保证。近年有的学者提出建立一门中国古籍整理学，这也需要借助于史料学的研究。

认真而不是敷衍地从事史料研究工作，对于每一个史学工作者来说，还有助于培养实事求是的科学态度。史料工作的首要原则之一，就是真实性的原则，在史料面前，任何作伪、歪曲或实用主义的态度都是极为有害的。我国古代的正直学者，历来有着讲求信实的优良学风。清代乾嘉考据学者着力提倡“实事求是”，主张一则“护惜古人之苦心”，一则“订讹规过”，不留情面。梁启超讲《史料之搜集与鉴别》，也强调“求真”二字为“最要之观念，为吾侪所一刻不可忘者”。马克思主义最注重实事求是，并把对具体的问题进行具体的分析看作马克思主义的活的灵魂。我们在史料研究过程中，也要通过长时间默默无闻、艰苦细致的工作，养成严肃认真、求真求精、崇尚实学、反对空疏的学风。当然，这样说并非就是提倡烦琐考证，史料工作也要以简驭繁，务求适用；但因反对烦琐考证而抛弃史料工作的真实性原则，其为害比烦琐考证更大。实际上，史料考证不厌烦琐，过去对所谓“烦琐考证”的许多批评并不恰当。我们一方面要通过史料工作体现实事求是的学术宗旨，同时对史料工作本身也要有实事求是的客观态度。特别是初次接触史料学的青年学者，既不要误以为只有史料考证才是学问，也不要把史料考证看得可有可无。

第二节　史料学研究的方法

史料学和其他学科一样，除吸收一般学术研究的方法外，还应有一套自己的带有独立特点的方法论。但过去对此研究甚少，虽然前人在谈历史研究法时亦涉及于此，但专门的研究著作尚未出现。随着现代科学的发展，人们对整个学术研究方法的重视程度已较以往大为提高。而方法论的研究是与一般理论的研究结合在一起的，它既可作为既往研究过程的终结点，又可作为未来研究过程的出发点。正如国外一位研究控制论的学者所指出的那样："历史的经验告诉我们，当新的完备理论重新说明旧概念、旧内容时，我们的收获总会比单纯重复旧东西更多。旧东西在新概念系统里获得了新内容。新系统对旧东西、业已熟知的东西的解释往往是新发现的开端。"① 这一情况同样适用于史料学。

我国传统史料学的研究，大都借助历史文献研究的方法，注重利用目录、校勘、辨伪、辑佚等专门知识，从事史料的搜集、分类、考据、整理和编辑。这些当然也是十分有益的工作，今后还应继续做下去，并要不断加强；但考据、整理多，研究、论述少，既容易造成重复，也难以揭示史料发展的脉络与因果关系，更无法较为全面地反映研究主体的逻辑思维过程，因而也就不能更好地适应现代史学发展的需要。这就要求史料工作者在自己的工作实践中，不断地顺应现代科学发展的新趋势，对传统的史料学研究方法加以改进。在史料学的研究体系中，方法论的研究也是一个重大的课题；但因过去研究尚少，在此不可能进行系统的讨论，而仅从几个方面略述一些浅显的看法。

一　史料的调查统计

鉴于史料工作的繁重性和复杂性，古史料的调查统计工作将显得越来越重要。近些年来人们已注意到，定量分析的方法不仅在自然科学领域中，而且在社会科学领域中也日益广泛地被采用。例如"经济史学和人口史学已经用令人信服的事实证明计量化方法作为历史分析工具的价值。现在的问题是，在可量

① 克劳斯：《从哲学看控制论》，16页，北京，中国社会科学出版社，1981。

度的定量资料不易得到的领域中，这一工具可在多大程度上加以应用?”[①] 20世纪中叶在西方史学界兴起的计量史学，在研究方法上自有其内在的局限性，但典范的计量史学作品同样表明，作为自然科学基本方法的数学方法也完全适用于历史学。

仅就史料学而言，史料无疑是可以计量的，对一定历史时期的各种史料进行统计分析，可以反映出该时期人类活动在数量上所达到的程度及其变化的轨迹，并由此把握这些活动的性质和变化规律。但问题不止于此，人们甚至可以由此对观念和思想进行量度。譬如说，对于文献史料，“如果我们知道哪些人在阅读哪些书籍，哪些书籍的发行量有多少，那么，我们便把握了舆论的趋势。……还有一种要义分析技术，也就是在一个给定的材料范围内对反复出现的词汇、观念和主题进行有系统的定量研究。……使用这种方法也有可能取得重大的成果”[②]。用统计学方法去衡量“无形之物”和“不可量度之物”（例如口传史料和民俗史料之类），可能所得结果不那么完善，但总比全凭主观臆断要更加令人满意。

我国史料调查和史料统计的工作，过去已取得了一些成果，积累了一定的经验。特别是新中国成立后对少数民族史料的调查和积聚，成就是空前的，经验是丰富的。现存的各方面史料目录也有不少，但与实际需要相比还相差很远。即使对现存古籍的数量，学者们的估计悬殊也很大；至于实物史料、民俗史料，尤其缺乏系统的统计整理和著录。为了改善这种状况，一方面需要尽可能地通过各种方式，有计划、有步骤、有组织地进行多方合作的调查统计工作；另一方面，史料工作者也应注意走出书斋，多做些实地调查的工作，将书本知识与实际知识结合起来，以促进史料学研究的发展。在此基础之上，我们就可望逐步地建立起一套纵向系列数据和横向联系数据，这对加强中国史料的定量研究及定量与定性相结合的研究都会大有助益。

二　史料的分析综合

现代科学的高度分化与高度综合，不可避免地要影响到史料学的研究。中国史料学在学科建设上，目前也正经历着这样一个分化和综合的过程。从现实情况看，中国史料学研究的分化，正朝着建立众多专科史料学的方向发展。就是说，目前史料工作者的工作和努力，已越来越多地倾向于在各自的专业范围

---

① 巴勒克拉夫：《当代史学主要趋势》，130页。

② 巴勒克拉夫：《当代史学主要趋势》，137页。

内，按照史料本身的门类进行单系统的研究。如对考古史料、档案史料、民族史料、宗教史料、科技史料、方志史料、医学史料、军事史料等，都已有大量的研究著作，虽然这些著作有时并不冠以“史料学”的标题。其他如哲学史料、文学史料等，也都是如此。这是纵向的分化。横向的分化，也是一种值得注意的趋势。这一趋势主要表现为断代的史料学研究，是与断代史的研究相配合的，有关专门著作已出版了好多种，并且目前还在增多。

专科和断代的研究，侧重于对各自研究领域具体史料的分析，针对性、实用性较强。而且因这种方法便于组织材料，较易出成果，有利于开拓新领域，填补空白点，还可避免综合性研究中因研究范围过宽而带来的一些问题和弊端，故多为史料工作者所采用。在历史教学中，这种方法也便于学习者分别掌握和钻研，以吸取其有用的部分。但这种研究也有它的局限性，特别是内容、方法上的重复、雷同不可避免。因此在进行专科和断代研究的同时，仍须加强综合性的研究。所谓综合研究，就是把史料作为一个整体来研究。这不仅是一个理论的问题，更是一个实践的问题。为此，不仅要善于把各种史料放到广义中国文化的大背景中去作综合的考察，明确它与时代、社会、民族生活的种种复杂关系，揭示它的内在特点，而且要改进以往史料研究中仅止于介绍、描述的方法，善于综合运用多种专科知识，对史料的内容构成、价值结构、信息功能、流传机制等作出切实的探讨。按照这样的要求，综合性的史料学研究应尽可能地为史学工作者提供掌握和处理史料的一般方法，而不应仅着眼于可为读者提供多少具体的史料。当然，综合研究并不拒绝分析。正如西方一位结构主义学者所说：“结构主义并不取消任何其他方面的研究。正好相反，结构主义的研究趋向于把所有这些研究整合起来，而且整合的方式是和科学思维中任何整合的方式是一样的，即在互反和相互作用的方式上进行整合。”① 进一步说，假如我们把史料系统看作一个庞大的网络结构，并把所有重要史料看作这一网络的交叉点和联系中介，那么中介分析研究就仍是综合研究的出发点，而不是它的对立物。

三　史料的比较研究

历史的比较研究，是史学工作中最常用的方法之一。甚至可以说，几乎任何一个民族、任何一个时代的历史著作中，都包含着某种纵向或横向的历史比较考察。例如法国启蒙思想家伏尔泰的历史巨著《试论从查理大帝到路易十三

① 皮亚杰：《结构主义》，98页，北京，商务印书馆，1984。

时期各民族的习俗、精神和主要历史事件》一书，不仅是近代文化史学的奠基之作，同时也是近代历史比较研究的著作，他在书中既写了欧洲的历史，也写了亚洲各民族的历史，包括中国史、印度史、波斯史及阿拉伯人的历史等在内。到了20世纪，以1900年在荷兰海牙召开的国际比较历史学代表大会为标志，比较史学更作为一个史学流派开始出现。特别是第二次世界大战以后，由于国际间的相互依赖关系日益增长，学术研究越来越多地跨越国家界限，比较史学也随之进入新的发展阶段，至今在西方史学界仍不断出现研究热潮。而且不仅历史学，其他各门社会科学也都在大量地采用比较研究的方法。目前比较文化学在我国仍然受到各方面学者的重视。

比较史学力图通过历史比较，加深、扩大或验证对人类历史发展的认识，其中必然要首先涉及比较研究的理论问题。但是归根到底，历史的比较研究仍须以史料的比较研究为前提。后者当然也可在同一民族的史料中进行。例如对我国各时代、各地区史料的综合比较，可以加深我们对祖国历史发展的阶段性、地区不平衡性的认识，多年来也一直有人在从事这项工作。但在现代史学不断更新的新背景下，更多地做些中外史料的比较研究，以求找到解释社会现象、探讨有关问题的满意答案，就更具有现实性的意义。即如中国科技史的研究，如果仅仅局限于我国现存的史料，实已很难有所作为。英国著名学者李约瑟的多卷本巨著《中国科学技术史》，显然是在将中国科技史料与西方科技史料作了大量比较研究的基础上写成的。他发掘出那么多中国科技史料，处处以现代科学的眼光与西方科技史料作比较，以透视其真正价值之所在，这样既肯定了中国科学技术在众多领域内曾远高于西方的历史事实，又肯定了西方科学技术后来居上的历史地位。相比之下，我们过去对中国许多科技史料的认识还相当肤浅，自然也就无法合理地运用这些史料。社会史的研究也是一样。如上所述，我国史学界过去对一系列重大研究课题的争论，之所以长期得不出较为一致或接近的意见，除了研究者主体意识的差别因素外，对中外社会史料缺乏深刻切实的比较研究，不能不说也是一个重要原因。理论是重要的，但不经过精心细致的史料比较研究，从中引出正确合理的理论依据，有关问题还是不能得到切合实际的解决。我国比较史学的研究今后还会加强，而比较史料学的研究也有可能成为史料学研究的新领域，值得史料工作者留意。

四　史料的多学科研究

现代科学的高度发展，一方面使学术分工日趋精细，学科门类日益增多，许多专门领域已非只有一般训练的某一专业工作者所能涉足；另一方面，也使门类繁多的各学科互相渗透，密切联系，各学科共同的理论、概念和方法已经或正在形成，每一学科必然在整体中协调发展，单一学科的独立发展越来越困难。与这一趋势相适应，多学科研究方法遂被逐渐提上议事日程。如美国一些学者自 20 世纪六七十年代以来，就强调在史学研究中运用这一方法，并为此创办了《多学科史学杂志》。史料学的研究，本身即带有边缘学科、交叉学科、横断学科、综合学科的特性，与之相关或接壤的领域很多，联系很广泛。因此在史料研究中运用多学科方法不仅是可能的，而且是必要的，它有利于史料工作者从更广的角度和更深的层次上，对所研究的史料作尽可能完整的、多方面的认识和理解。因此，我国史料学的研究还应进一步开拓它的研究领域，尽量了解和掌握国内外学者在史学研究中选择、分析和运用史料的新情况，尽量吸收和消化其他学科——诸如考古学、文化学、民族学、语言学、文字学、文学、哲学、艺术等的研究成果，关心其他学科所提出的新问题，不断调整自身的研究内容和结构，以便把相关的多学科知识都综合起来，使其成为建设本学科新体系的有用材料。同时还要加强史料学内部各项专科研究的交流和融汇，多做些交叉研究的工作，以求在互补的基础上完成综合。这样，经过多方面的共同努力，就有可能建立起一个多层次、多侧面、多角度的中国史料学体系，它既包括伸缩性大、容纳性广的综合史料学结构，又包括精确性高、适应性强的专科史料学和断代史料学结构，从而满足各个方面的需要。不过学科综合有相当的难度，我国高层次的综合史料学研究至今还处在摸索阶段，其进展情况还要看今后的工作实践。尽管如此，加强史料学跟其他相关学科的联系，应该是史料工作者共同关心的问题之一。

第二编　中国古代史史料概要

第一章　考古史料

考古史料，也可称为考古文物史料，主要是指地下出土的遗文遗物等用以考求古史的材料。它一般包括两个部分：一是考古文物中所保存的文字材料；二是由考古文物本身所包含的历史价值而确定的实物资料。

由于我国是世界上文明发达最早的国家之一，地下史料的积存异常丰富；而自近世以来，伴随科学研究和考古事业的发展，已经出土和公布的考古史料也已相当可观。限于本书的体例和目前统计手段的困难，我们在本章中还不可能对所有现存考古史料进行较为详尽的描述和分析，因而只拟就其中最引人注目的几项收获——主要是以甲骨、金石、简帛为载体的文字史料，择要加以介绍，同时兼及近世新发现的古文书史料。至于其他考古发现的大量古代陵墓、建筑遗址、遗迹及相关实物等，虽对古史研究具有同等重要的价值和意义，因涉及考古学的专门知识，这里不再作介绍。

第一节　甲骨史料

甲骨史料，传统上主要是指以甲骨为载体的文字史料，即甲骨文史料。因这种文字锲刻或书写在龟甲兽骨上面，故过去又称甲文、契文、龟版文或甲骨刻辞；又因现存甲骨绝大多数都是商王室占卜的遗物，并且最早出土于商殷故都所在的“殷墟”（今河南安阳西北5里的小屯村附近），故又有“贞卜文字”“卜辞”“殷卜辞”“殷墟卜辞”等名称，现在一般统称为“甲骨文”。它是我国目前所知最早的文字史料。

一　甲骨文的搜集、发掘与流传

殷墟甲骨文字，可能在很久以前就已有出土。直到上世纪末，当地农民还不断把犁田时所得较大甲骨当作药材卖给药店，称为“龙骨”。一些药材商也借此牟利，甚至把“龙骨”碾为细粉做成“刀尖药”出售。不过近世以前，在学者的著述中尚未看到有关甲骨出土的记录。直到1899年，在北京为官的山东福山人王懿荣，才偶然发现了这种刻在“龙骨”上的古文字。作为一名精研古铜器铭文的学者，他意识到甲骨文“确在篆籀之前”，从而成为最早认识甲骨文字的人，并相继搜集到甲骨千数百片。同时或稍后的天津王襄、江苏刘鹗（字铁云）等人，也致力于甲骨的搜集。刘鹗所藏甲骨多至5000余片，其中有千余片是王懿荣旧藏。刘鹗之后，对搜集和传播甲骨文贡献最大的学者要推罗振玉。罗氏为浙江上虞人，他一生以清朝遗老自居，长于考古。从20世纪初开始，他就千方百计地搜集甲骨，先是由古董商人手中直接购买，后又派人到河南安阳采掘，并曾亲自到殷墟作实地考察。十多年间，他以私人之力，罗致甲骨达3万片以上，被称为“近世考古学的一位先驱者”。当时搜购甲骨的人尚多，一些外国人对此也极为重视。如美国传教士方法敛、英国传教士库寿龄、德国人威尔茨和卫礼贤等，他们早期收购的甲骨估计不少于5000片。日本人西村博、三井源右卫门等搜购也颇多。特别是在1931年“九一八”事变后，日本帝国主义者利用在华北的特殊地位，大量盗运殷墟文物，所窃甲骨亦以万计。加拿大人明义士是最早在殷墟实地搜访甲骨的外国人，他曾自述所藏甲骨达5万片之多。早期甲骨的来源，主要是小屯村民的私掘。据后来调查，从1899年到1928年的30年间，此类私掘可确定的有9次，总共出土甲骨当在8万片以上。

甲骨文的成批出土，在20世纪20年代末期以后，即主要依靠有组织的科学发掘。从1928年10月到1937年6月间，由前中央研究院出面组织，在董作宾、李济、郭宝钧、梁思永、石璋如等人主持下，先后在安阳小屯村、侯家庄等地进行了15次系统的发掘，共得有字甲骨24918片，其中包括整坑甲骨的惊人发现。这项工作不仅在组织方面较以往有极大进步，而且培养了相当一批优秀的田野考古工作者，为中国后来考古学的发展奠定了基础。抗战全面爆发后，发掘工作陷于停顿。而抗战后期及战后出土的甲骨文，又有相当一部分被运往台湾或流散国外，大陆学者努力搜集而后来见于著录的，约有万余片。新中国成立后，中国科学院考古研究所等单位又先后在殷墟进行了10多次有组织的发掘，复得甲骨5000多片。除殷墟外，在河南郑州及湖北、河北、山东等地的商代遗址中也出土了一些甲骨，但有字者极少。1977年在陕西周原还出土了一批周代甲骨，多达17000余片，已清理出有字卜甲骨近300片，是甲骨学考古的又一重要收获。[①] 近年在周原又有新的发现，而多年来在河南洛阳、山西洪赵、河北邢台、北京昌平及琉璃河等地也陆续出土了一些西周甲骨文。

从 1899 年发现甲骨文至今，已有百余年的历史。据统计，现今世界各地所存甲骨共有 154604 片。其中大陆各单位收藏有 95880 片，私人有 1713 片，台湾有 30204 片，香港有 89 片，合计 127904 片。国外的收藏，日本有 12443 片，加拿大有 7802 片，英国有 3355 片，美国有 1882 片，德国有 715 片，原苏联有 199 片，瑞典有 100 片，瑞士有 99 片，法国有 64 片，新加坡有 28 片，比利时有 7 片，韩国有 6 片，合计 26700 片。甲骨文所使用的单字，目前可知的约在 5000 个左右，已认识的约占三分之一。

二　甲骨文的著录与研究

甲骨文自发现数年后即已见于著录，有关的研究考释工作也陆续展开。据统计，从 20 世纪初年到 80 年代初，已经刊出的各种类型的甲骨著录书约有 100 余种，有关的论著及评论、介绍性文字也将近 1000 种。[②] 近年新增加的数字尚待调查。

近世著录甲骨的第一部书是刘鹗所编《铁云藏龟》。此书初版于 1903 年，所录多为殷高宗武丁时期的材料，价值较高。但因属开创之作，限于当时的认识水平，编排无一定标准，且有 5 片赝品混入。刘氏所藏都是早期的传世甲骨，在他生前大部分没有来得及著录，他死后即渐次流散。后来以这些流散甲骨编录成书的约有 6 种，包括罗振玉的《铁云藏龟之余》、王国维的《戬寿堂所藏殷虚文字》[③]、叶玉森的《铁云藏龟拾遗》、商承祚的《福氏所藏甲骨文字》与《殷契佚存》（后者有少部分为美国人施美士等旧藏）、李旦丘的《铁云藏龟零拾》等。其中《戬寿堂所藏殷虚文字》不仅内容丰富，且有编者考释，为甲骨文著录书附考释之始。后来的著录书大多数都有考释。

罗振玉从 1911 年到 1916 年间，连续出版了《殷虚书契》《殷虚书契菁华》《殷虚书契后编》三书，1933 年又出版了《殷虚书契续编》。四种书共著录甲

① 有关周原甲骨文的发现与整理，可参见徐锡台：《陕西出土周原甲骨文综述》，西安，三秦出版社，1991。

② 参见吴浩坤、潘悠：《中国甲骨学史》，附录二《甲骨著录简表》及附录三《甲骨论著目录》，上海，上海人民出版社，1985。

③ 此书原题“睢宁姬佛陀类次”（姬佛陀为上海英籍犹太人哈同之妻罗迦陵别号），实出王国维之手。

骨 5417 片，取材精审，编辑谨严，印制精美，至今仍是研究甲骨文的重要资料书。同时王襄的《簠室殷契征文》，也是一部早期甲骨的重要著录书。此书所录甲骨按内容分为天象、地望等 12 类，眉目清晰，材料真实，无一赝品，但在分类编排上过于追求内容的一致性，以致有时割裂甲骨卜辞，有损于史料的完整性。此后所出，如董作宾的《新获卜辞写本》、关百益的《殷虚文字存真》、容庚和瞿润缗的《殷契卜辞》等，都是著录早期甲骨较多的书。

20 世纪 30 年代中后期所出的甲骨著录书，以郭沫若的《卜辞通纂》与《殷契粹编》最为有名。前者主要取材于刘鹗、罗振玉、王国维及日本人林泰辅诸氏之书，也有少量未经著录者。编者的目的在于选择传世甲骨之精粹，重新加以排比，并一一加以考释，以便观览。全书分干支、数字、世系、天象、食货、征伐、田游、杂纂八大类解释重要的甲骨文，已初步建立起一个科学的分类体系。后者是精选独家所藏甲骨的著录著作，材料全部取自国内大收藏家刘体智的收藏，内中颇多精品，体例及分类与《卜辞通纂》大体相同。与郭沫若同时的著名学者中，唐兰有《天壤阁甲骨文存》，于省吾有《双剑诊古器物图录》。黄濬编过《邺中片羽》三集，除著录殷代铜器外，收录甲骨也较多。

科学发掘的甲骨文的著录，由董作宾主编，于 20 世纪 40 年代末至 50 年代初，出版了《殷虚文字甲编》和《乙编》。《甲编》著录第一至第九次发掘所得甲骨文字（第十至第十二次没有得到有字甲骨），有图版和考释两大部分。为了表明所录甲骨是科学发掘的产物，在编排上没有按时期或内容分类，而是依照出土的先后次序排列；同时对所有拓片作了编号，每片附有拓本号及发掘时在实物上所编的登记号，便于查检。《乙编》著录第十三至第十五次发掘所得甲骨文字，分上、中、下三辑，编辑体例一如《甲编》，而所录甲骨超过《甲编》两倍，史料价值也远在《甲编》之上。董作宾另有《殷虚文字外编》一书，是对上两编的补充；张秉权有《殷虚文字丙编》，则由《乙编》及编余甲骨缀合重拓而成。1995 年出版的《殷虚文字乙编补遗》又为《乙编》甲骨的继续缀合提供了全面的资料。新中国成立后发掘所得甲骨文，中国社科院考古所编有《小屯南地甲骨》一书，共编为 4612 号，上册为图版、目录及统计表等，下册为释文，出土记录明确，较之“甲”“乙”两编更为完善。

抗战结束后搜集的甲骨文，收入胡厚宣所编《战后宁沪新获甲骨集》《战后京津新获甲骨集》《战后南北所见甲骨录》及《甲骨续存》诸编。其中《京津集》一书分量最重，编排上采取先分期、后分类的方法，共分 4 期，各有 24 类，颇便翻检。其余如李亚农的《殷契摭佚续编》、郭若愚的《殷契拾缀》

二编、陈邦怀的《甲骨文零拾》等，也都含有一些战后新出的甲骨材料。

外国人所得早期甲骨的著录，以出自明义士收藏的《殷虚卜辞》及其《后编》《续编》等搜罗较广。日本学者的著录，以林泰辅的《龟甲兽骨文字》出版较早。出自库寿龄、方法敛收藏的则有《库方二氏所藏甲骨卜辞》《甲骨卜辞七集》《金璋所藏甲骨卜辞》诸书。流散其他各国的甲骨材料，多年来陆续有所刊布，其中，美籍中国学者周鸿翔编著的《美国所藏甲骨录》搜辑较全。加拿大、日本、法国、英国、德国、瑞典、比利时、荷兰等国所藏甲骨，也于近几十年间先后整理为专书公之于世。

目前著录甲骨最多的书是由郭沫若任主编、胡厚宣任总编辑的《甲骨文合集》。这是一部规模空前的大型甲骨文资料汇编，共13巨册，收集了国内外已著录或未著录的甲骨拓片140300多片，并对其中价值较高的5万片作了严密的考释。全书采用分期分类的编辑体例，共分武丁及其以前、祖庚和祖甲、廪辛和康丁、武乙和文丁、帝乙和帝辛五个时期；具体内容又以历史唯物主义为指导，按商代社会历史的实际，分为阶级和国家、社会生产、思想文化、其他四大类，以下又细分为奴隶和平民、奴隶主贵族、官吏、军队刑罚监狱、战争、方域、贡纳、农业、渔猎畜牧、手工业、商业交通、天文历法、气象、建筑、疾病、生育、鬼神崇拜、祭祀、吉凶梦幻、卜法、文字、其他22小类。同时编者对所录甲骨进行了精心的选择和整理，在去伪、去重、缀合、换片等方面都做了大量极其繁重的工作，从而力求使此书成为体大思精的作品。此书可称是甲骨学史上的一座丰碑。近年又有《甲骨文合集补编》一书出版，收录甲骨13000多片。胡厚宣另有《甲骨续存补编》，凡7卷，共录甲骨18836片，也于1996年印行。王宇信、杨升南、聂玉海主编的《甲骨文精萃选读》，初版于1989年，2004年增订为《甲骨文精粹释译》再版，精择甲骨文692片，并附全部选片的释文及译读，最便初学。

甲骨文的研究工作，从宽泛意义上说是与甲骨文的搜集、整理、著录同时进行的，但专门著作的出现大约是在1904年。是年，朴学大师孙诒让根据《铁云藏龟》所提供的材料，撰成《契文举例》2卷、10篇，对甲骨文字作了分类考释。次年又撰《名原》2卷，以甲骨文及金文、石鼓文与《说文》古籀互相比勘，以证古文字形体。这两种书，在甲骨学上都是创例之作。不过在20年代末期以前，研究甲骨文的学者仍以罗振玉、王国维最具代表性，世称“罗王之学”。罗氏有《殷商贞卜文字考》与《殷虚书契考释》二书。前者包括考史、正名、卜法、余说4篇，颇多创获；后者是对前书的增订和改写，厘为8篇，体制已大变。郭沫若曾说：“甲骨自出土后，其搜集、保存、传播之功，罗氏当居第一，而考释之功也深赖罗氏。”① 王国维是近世功力极深的史学大师，他对甲骨文的研究重点不在考释文字，而在以甲骨史料考证古史。1915年他撰成《殷虚卜辞中所见地名考》《三代地理小记》《鬼方昆夷玁狁考》等文，运用甲骨史料考证古方国地理，为历史地理研究及民族史的研究开辟了新路。1916年又撰成《殷礼征文》一卷，考定殷人以日为名“盖专为祭而设”，商世诸王本皆有名，“甲”“乙”等号系后人追称，而“甲”“乙”等上所冠“上”“大”“小”“且”“帝”诸字亦属后世追称，均为前人所不曾道及。1917年，王氏发表了他研究甲骨学的名作《殷卜辞中所见先公先王考》及其《续考》二文，首次“由《卜辞》中把殷代的先公先王剔发了出来，使《史记·殷本纪》和《帝王世纪》等书所传的殷代王统得到了物证，并且改正了它们的讹传”②。这是甲骨学研究上的一个重大突破。王国维的另一篇曾引起轰动的论文《殷周制度论》，也运用了甲骨文中的史料。因此郭沫若又称“殷墟的发现是新史学的开端，王国维的业绩是新史学的开山”③。他的有关重要论著大都收在《观堂集林》中。

从20年代末期以来，甲骨学的研究开始突破旧学的范围，逐渐呈现出繁荣的局面。其中最引人注目的成就，是郭沫若以马克思主义为武器，对甲骨史料进行全面的整理研究和批判，用以揭示中国古代社会的行程和规律。1929年他开始研究甲骨刻辞，1930年在所著《中国古代社会研究》一书中，即收入了《卜辞中之古代社会》一篇，系统地运用甲骨史料探讨殷商历史。1931年，他又完成了《甲骨文字研究》一书的写作，收录考释论文17篇，“通过一些已识、未识的甲骨文字的阐述，来了解殷代的生产方式，生产关系和意识形态”④，实是《中国古代社会研究》的姊妹篇。1933年，他在完成《卜辞通纂》后，又出版了《中国古代铭刻汇考》一书，内收甲骨文研究论文9篇；翌年出版的此书《续编》，又收同类论文3篇。郭沫若研究甲骨文，“志在探讨中国社会之起源，本非拘拘于文字史地之学”⑤，但他对甲骨文字有许多精到的考释。如以戋甲为河亶甲，以羌甲为沃甲，以喙甲为阳甲，解决了罗、王以来争论不休的问题。又由卜辞中月、日的记载，推断殷时疆域已越长江而南；由地名之关系，证明殷王朝的田猎区在今河南沁阳一带；又考证殷车常驾二马，卜雨兼

① 郭沫若：《中国古代社会研究》，213页，北京，人民出版社，1954。

②③ 郭沫若：《古代研究的自我批判》，见《十批判书》，3—4页，北京，东方出版社，1996。

④ 郭沫若：《甲骨文字研究·重印弁言》，《郭沫若全集》考古编第一卷，7页，北京，科学出版社，1982。

⑤ 郭沫若：《郭沫若书简—致容庚》，5页，广州，广东人民出版社，1981。

卜来自四方等，都令人耳目一新。

甲骨文的断代分期问题，是甲骨学研究中的一个重要课题。在这方面，王国维的《殷卜辞中所见先公先王考》已开其端绪，郭沫若在编《卜辞通纂》时也有过系统的设想。1931年，董作宾作《大龟四版考释》，提出以“贞人”确定卜辞时代，又另外拟定了八项区分标准；1933年，董氏又发表《甲骨文研究断代例》，提出以世系、称谓、贞人、坑位、方国、人物、事类、文法、字形、书体十项作为断代标准，并据此把已出土的甲骨文分为武丁及其以前等五个时期，遂成为甲骨文断代分期研究的名著。《甲骨文合集》基本上采用了董氏的分期法。

三四十年代以来，有关甲骨文研究的论著不断增多。唐兰的《古文字学导论》和《殷虚文字记》、于省吾的《甲骨文字释林》、杨树达的《积微居甲文说》等，都是考释甲骨文字的用力之作。陈梦家的《殷虚卜辞综述》、日本学者岛邦男的《殷虚卜辞研究》和《殷虚卜辞综类》，则是通论性的甲骨学巨制。胡厚宣早年参加殷墟的发掘，后来长期从事甲骨文的搜集整理和研究，其《甲骨学商史论丛》四集曾被誉为“这一学科空前的金字塔式的论文集”。近几十年间，甲骨学商史研究欣荣增华，硕果累累。其中综述甲骨学的鸿篇大作，如严一萍的《甲骨》、张秉权的《甲骨文与甲骨学》、王宇信的《甲骨学通论》，都受到学术界的重视。介绍和普及性的著作，又有孟世凯的《殷墟甲骨文简述》、王宇信的《建国以来甲骨文研究》、吴浩坤和潘悠的《中国甲骨学史》、王明阁的《甲骨学初论》、陈炜湛的《甲骨学简论》、马如森的《殷墟甲骨文引论》、萧艾的《甲骨文史话》、范毓周的《甲骨文》等。利用甲骨文史料系统研究商代历史和文化，以及从各方面考释甲骨文及研究甲骨文文字学的工作，都进一步展开和深入，相关论著的数量急剧增长。中国社会科学院有关专家撰有《甲骨学一百年》一书，于1999年由社会科学文献出版社出版，是对甲骨学百年研究成就的系统总结，可以参看。

历来编纂的大型甲骨文字典等工具书，如孙海波的《甲骨文编》、李孝定的《甲骨文字集释》、高明的《古文字类编》、徐中舒主编的《甲骨文字典》、饶宗颐的《甲骨文通检》、姚孝遂和肖丁主编的《殷墟甲骨刻辞摹释总集》与《殷墟甲骨刻辞类纂》、日本学者松丸道雄和高岛谦一合编的《甲骨文字集释综览》、于省吾主编的《甲骨文字诂林》，都综合反映了各个时期考释甲骨文字的成果。其中《甲骨文字集释》与《甲骨文字诂林》二书前后辉映，皆以搜罗宏富见称，后者尤集百年甲骨文字考释成果之大成。《甲骨文字典》则创新体例，“字典”的性质最为鲜明。与此相辅的还有简明的甲骨文词典及虚词词典等出版。

三　甲骨文的史料价值

前已指出，甲骨文基本上是古人占卜的遗物。殷人占卜有一定的程序，其刻写卜辞也有一套固定的格式或体例。通常一条完整的卜辞，要由叙辞（或称述辞、前辞）、命辞、占辞、验辞四个部分组成。叙辞记占卜的时间、地点和占卜者；命辞即命龟之辞，是向龟陈述要贞问的事；占辞是因卜兆而定吉凶；验辞则是日后补刻的记录占卜应验之辞。由卜辞内容可以知道，现存甲骨文绝大多数都是殷王室占卜的记录，主要反映王的愿望和活动，一般称为“王卜辞”；也有少量是反映与王室有密切关系的势力家族情况的，一般称为“非王卜辞”，包括“子卜辞”“妇卜辞”“多子族卜辞”等。显然，由于文明进化和历史条件的限制，这样的材料一般都很简短，且内容狭窄，格式呆板，远没有后来的文献记载那样的系统性和丰富性。但在今天商殷史料极其缺乏的情况下，甲骨文的史料显得异常珍贵。

首先，甲骨文中的记事资料，使人们有可能结合文献记载和其他考古资料，粗略地描述商代社会历史的概貌。如商代职官，卜辞中有卿事，为最高执政官；有太史、太史寮、六史、四史、三史、御史、西史、北史、女史等，或兼史官职事；有臣、多臣、小臣、小耤臣等，为重要臣僚；有多马、多亚、射卫等武官，又有牧、戍、师等边区武官或军事长官；又有犬、多犬、畯、田、男、卜人、多卜等各项专门的官职，其中卜人的地位尤为显要，其最高长官可与卿事并列。军事组织，卜辞中有师、旅的编制，为正规军队；又有三师、王旅、王登旅、右旅、左旅、我旅等名称，并有兵员数量的记载；兵种已有车兵、步卒之分，领兵者则有王、妇、子、侯、伯、牧、马、射、卫等。军事行动，卜辞中记录最多的是商后期对土方、𢀛方的征伐，而武丁时征伐方国多达40多个，偏重西北地区；帝乙和帝辛时不断对今泰沂山区以东及江淮地区用兵，征尸（夷）方之役有长达260余日的。这些都是单靠现存文献记载不能得到的材料。

卜辞中所反映的社会生产部门，以农业为主，畜牧业、手工业亦相当发达。其中求雨、求年、受年，盼望农业好收成的卜辞占的比例最大。当时生产工具可知者有耒、耜及石、骨、蚌器等，其中以石镰、石铲、石刀居多，也有少量青铜农具。生产方式反映最多的是“王大令众人曰劦田”的集体劳动，又有殷王“耤田”之礼。生产技术方面已有相当丰富的施肥知识及垦殖、水利等知识，作物有黍、稷、麦、秫、稻等。狩猎与畜牧品种极多，祭祀用牲有千牛、千羊的记录。手工业已有冶铸、陶瓷、玉石雕刻与镶嵌、纺织、皮革、建筑等行业，分工也有了很大发展，特别是青铜器的铸造技术极高。商业交通方面既有贝币的贮存和流通，又有车马、步辇、舟等交通工具。卜辞中的天文历法及医学资料也甚丰。大量有关日蚀、月蚀、风、云、雷、雨及星象变化的记载，都是难得的科技史料。至于殷历法的研究，则几乎全赖甲骨文的记载。

卜辞本身与宗教、祭祀的关系极为密切。从卜辞的记录中既可看到商殷时代图腾崇拜及祖先崇拜的遗迹，又可了解殷人的多神宗教观念。殷人以日为神，朝夕祭祀，又祭月、星、风、云，特别是对人格化的至上神上帝的信仰非常虔诚。这也反映了殷代政治统治中王权的增长和强化。

总之，目前有关商代历史的研究，如果没有甲骨史料作为依据，几乎不可能有所作为。只有在深入发掘和利用甲骨史料的基础之上，人们才有可能写出较为系统而科学的商史研究专著，并进而对夏代历史和中国远古文化的起源能有更进一步的认识。

其次，甲骨文的史料还可与现存古文献史料相印证，以补正文献史料的依据、不足或错误。王国维以甲骨卜辞考证殷先公先王世系名号的工作，不仅为《史记·殷本纪》的有关记载提供了充实的史料依据，而且间接地证实了《史记》所取资的先秦古籍《世本》的史料价值，同时使《国语》中诸如“玄王（契）勤商，十有四世而兴”“商之飨国，三十一王”等记载得到印证。《尚书》中的有些记载，历来学者不敢贸然确信，有了甲骨文作旁证，也使问题减少了许多。如《尧典》一篇，成书年代较晚，大约是战国时代的作品，而甲骨文于“日之出入有祭，足证《尧典》寅宾出日及寅饯入日之为殷礼”①。《山海经》过去也被一些学者认为是“荒诞不经”之作，然书中屡有关于王亥的记载，证之以卜辞，王国维以为“观其祭日用辛亥，其牲用五牛、三十牛、四十牛乃至三百牛，乃祭礼之最隆重者，必为商之先公先王无疑”②。胡厚宣也曾论证《山海经》所载四方及四方风名源于殷人的祭祀，不但名称与甲骨文相同，而且句法也几乎完全一样③。其他如《易经》载：“高宗伐鬼方，三年克之。”《国语·鲁语》载：“上甲微能率契者，商人报（祭）焉。”都可从甲骨文得到佐证。《竹书纪年》载：“自盘庚迁殷，至纣之灭，二百七十三年，更不徙都。”考之以卜辞和殷墟的发掘，此说最为可信。甚至公认的伪书《孔丛子》，也能据卜辞所录剔发出其中的一些有用的材料。

① 郭沫若：《殷契粹编·序》，北京，科学出版社，1965。

② 王国维：《殷卜辞中所见先公先王考》，《观堂集林》第二册，415页，北京，中华书局，1959。

③ 胡厚宣：《甲骨文四方风名考证》，《甲骨学商史论丛初集》，265—276页，石家庄，河北教育出版社，2002。

甲骨文的史料，还能纠正文献记载中的某些错误。如王国维曾以甲骨断片中的“中宗祖乙牛，吉”六字，与《竹书纪年》中以祖乙为中宗的记载对证，又引卜辞中大甲、祖乙往往并祭而大戊不与的事实，以证《史记·殷本纪》以大戊为中宗之误，并由此驳正了古今《尚书》学家的误说。《尚书》中另有一些含混的记载，虽在卜辞中无直接证据，但通过卜辞间接推断，也可揭发其假象。如《高宗肜日》篇记殷高宗武丁祭祀成汤时，有飞雉登鼎耳鸣叫，大臣祖己以为不祥，乃借机对王进行训诫。这事大概有其原始的史料依据，因为卜辞中有许多肜祭的例子。可是祖己的训诫却令人怀疑，他不但大讲“天监下民”的“天道”，而且以“民”“德”等概念与“天道”对称，又提出了“王司敬民，罔非天胤”的民本观念。郭沫若对此曾指出，卜辞中称帝不称天，帝称为天大约在殷周之际，因为殷人崇拜祖先、上帝甚是虔诚，并无以“天”为至上神的观念。所以西周统治者一面继承天命思想，一面又看到殷人虽虔诚，失掉民心还是要亡国的，故尔才产生了怀疑和动摇，提出了“敬德保民”的思想以为修正。① 这是以卜辞间接证明《尚书》的记载不可全信，因此他推断《高宗肜日》篇可能写定于东周时。有关甲骨文史料可订正古籍舛误的例子很多，这也可反证甲骨文的史料价值之高。但甲骨文的内容终究有限，且学者的解释往往存在许多分歧，因而也不能轻易以甲骨文史料否定古文献中的记载。在以甲骨文与古文献印证的过程中，应力求做到有直接的证据，间接的推断需要有通人的“理证”，初学者一般不宜采用。

此外，甲骨文字本身也是一种重要的形象化的史料。于省吾曾依据甲骨文字的字形，揭示商代统治阶级践踏和刑杀人民的暴行，并把这类暴行归纳为八类：（一）人身的蹂躏：如“尼”字，甲骨文中像一人坐于另一人的脊背之上；（二）捆缚：如“系”字，甲骨文中像用绳索缚人之颈；（三）械具和囹圄：如“执”字（繁体作“執”），甲骨文中像两腕同械之形，“圉”字像被执之人监禁于囹圄之中；（四）肉刑：如“劓”“聝”，甲骨文中像以刀、戈劓鼻、割耳；（五）火刑：如“烄”字，像燃女奴隶于火上以乞雨状；（六）陷人以祭：如“陷”字，甲骨文作“臽”，像陷人于坑坎之中；（七）砍头以祭：如“伐”字，甲骨文中像以戈断人之颈；（八）㪟与乇：“㪟”字指剖腹刳肠，为后世凌迟之刑的起源，“乇”即“磔”字，乃裂其肢体而杀之。② 这一类的材料，在甲骨文中不胜枚举，都是研究商代历史的第一手史料。

---

① 郭沫若：《先秦天道观之进展》，见《青铜时代》。

② 于省吾：《甲骨文字释林·序》，北京，中华书局，1979。

第二节 金石史料

以金、石为载体的文字史料，是我国古代史料的一个重要构成部分。金文指铸刻在青铜器物上的文字，石文多指碑刻。我国是世界上青铜文化发达最早的国家之一，早在商代已有高水平的铜器制作，现存杜岭方鼎、司母戊方鼎、司母辛方鼎等，都是国内外仅见的青铜重器。不过商代的青铜器，有文字的并不多见，而且即使有文字，也大多仅仅铸刻作器者的名字或其他符号以示区别。下至西周，随着青铜器的增多，铜器铭文的篇幅始逐渐加大，现在所知最长的金文篇章已将近500字。因此西周是金文史料保存最集中的时期。石刻的应用较晚，大致到秦时才开始推广，现今所存最早的石刻文字即是秦国的石鼓文和秦始皇颂扬功德的刻石。汉代以后，金文的铸刻日趋减少，渐至绝迹；碑刻的应用则愈来愈广，几乎遍布天下。这些都是金石学赖以发生的前提。

一 历代金石学研究概况

研究金石器物及其刻辞，并进而用以考经证史，这在汉唐已开其端绪。但使之成为专门的学问，还应首先归功于宋人的努力。由于北宋时期古器物不断出现，文人学士竞相搜集考订，遂使金石研究很快形成风气。先是在咸平三年(1000)，乾州献古铜鼎，上有古文21字，朝廷曾命勾中正、杜镐详其文。嘉祐年间，刘敞得先秦彝器数十，铭识奇奥，皆按而读之，因以考知三代制度，并把研究结果撰为《先秦古器图记》一书。随后欧阳修搜集金石拓本达1000卷，一一加以整理，写成跋文数百篇，结集为《集古录跋尾》10卷。这是我国学术史上正式出现金石学专著的开端。元丰年间，画家李公麟又广为收集著录，并作为图状，说其所以，著成《考古图》一书。元祐间吕大临复撰《考古图》10卷，著录当时宫廷和私人所藏古器物248件，每器皆注明名称，摹绘图形、款识，记录大小尺寸、容积、重量，并附铭文考释，对出土地点及收藏之可考者亦加说明。此书体例谨严，是我国现存最早而有系统的古器物图录专著。北宋末年，宋徽宗又敕臣工编成《宣和博古图》30卷，著录当时国家所藏古铜器800余件，遂集一时之大成。两宋之际，赵明诚作《金石录》30卷，著录宋以前彝器、石刻等2000种，并有目录和辨证，为金石学名著。郑樵在《通志》一书中专辟《金石略》一门，有对金石学的理论说明。郑氏另有《石鼓文考》，是专门考证一事一物的开端。南宋洪适的《隶释》《隶续》，专录历代碑刻，具载全文，并有考证，保存了不少重要史料。其他如王俅的《啸堂集古录》、薛尚功的《历代钟鼎彝器款识法帖》、陈思的《宝刻丛编》等，都是著录金石资料的佳作。上述著作现在大都有传本，说明金石学到宋代已基本形成，并为历史文献研究开辟了新领域，丰富了历史资料的宝库。

元明时代，金石资料继续有所搜集和著录，然佳作不多。下至清代，金石之学始进入繁盛时期，不仅著录之书大量增加，而且研究领域更为开阔和深入。著录方面，清初官修的《西清古鉴》《西清续鉴》（甲、乙编）及《宁寿鉴古》等3种4书共96卷，专录官藏古铜器，多达数千件。孙星衍的《寰宇访碑录》12卷，专录实地考察所知存世碑刻，此书在民国年间曾被一补再补，又多出30余卷。吴式芬的《捃古录》20卷，著录商周至元代金石文18000余种。王昶的《金石粹编》160卷尤为巨制，不仅存录原文，且录考订文字。陆增祥的《八琼室金石补正》亦达130卷。研究考释著作及有关彝铭款识学的专书，如钱坫的《十六长乐堂古器款识》、阮元的《积古斋钟鼎彝器款识》、程瑶田的《考工创物小记》、吴大澂的《窸斋集古录》及《权衡度量实验考》、孙诒让的《古籀拾遗》等，不下几十种。清代还出现了专辑历代金石学家传记的著作，如李遇孙的《金石学录》、陆心源的《金石学录补》等，反映出清代金石学研究已拥有一支相当可观的队伍。

近代金石学向考古学转变，罗振玉、王国维等人在这方面都作出了突出的贡献。罗氏所藏古器极多，收集金石拓本也达四五千通，曾先后辑印为《梦郼草堂吉金图》《贞松堂吉金图》《集古遗文三编》《唐风楼碑录》等书。他曾提出将“金石学”正名为“古器物学”，并把古器物学的研究对象分为15类。[①]王国维对宋代金石学有全面的论述[②]，又有《宋代金文著录表》《国朝金文著录表》二书，其单篇的考证文字亦多所发明。郭沫若在金石考古方面尤为巨擘，所著《两周金文辞大系图录考释》《殷周青铜器铭文研究》《金文丛考》《古代铭刻汇考》及其续编、《石鼓文研究》《诅楚文研究》等，都是有广泛影响的专著。其中《两周金文辞大系图录考释》一书，从传世周代铜器中选录有重要史料价值者，以年代和国别为条贯，对两周金文的历史系统与地方分类作了科学的整理，并将青铜器的历史分为滥觞、勃古、开放、新式四大期，开创了一套崭新的青铜器断代法，大大推进了金石考古的科学研究。唐兰、于省吾、郭宝钧、杨树达、陈梦家等人对金石文辞也有精到的著录和研究。容庚编有《宝蕴楼彝器图录》等多种著录书及《殷周青铜器通论》等研究著作；又有

① 详见罗振玉：《云窗漫稿·与友人论古器物学书》。

② 详见王国维：《静安文集续编·宋代之金石学》。

大型金文字书《金文编》及其续编，其中正编收录18000余字，续编收录951字，并附有大量异体、重文字，相当完备。香港出版的《金文诂林》，则是目前所见最大型的金文工具书。

新中国成立以来，考古文物事业又有了新的重大发展。目前收录商周金文资料最全的大型文献是中华书局出版的《殷周金文集成》。全书原版共8开18巨册，经过修订的新版整合为16开8册，分为铭文集、图像集、释文和索引三大部分，对现存殷周金文进行了科学的编辑整理，总计著录传世及新出土的有铭文铜器将近12000件。地方性的铜器铭文也多有著录，如陕西三秦出版社出版的《陕西金文汇编》一书，收录出自陕西的商周金文拓片1200余幅，是地方金石文献整理的新成果。国外的有关著作，如日本梅原末治的《欧美储藏支那古铜器精华·彝器部》、法国伯希和的《中国古代青铜器》、美国出版的《中国铜器图说》等，皆可作研究的参考。此外，历代有关玉石、封泥、印章、钱币、陶器、瓦当等古遗物的著录或研究专书，也属于金石学的范围，这里不再叙述。

二　金文史料举要

金文史料都是片断的记载。它一般是作器者铸刻在器物上的纪念性文字，或者说明作器的原因，或者说明作品的用途，多属“自名（铭）以称扬其先祖之美，而明著之后世者”[①]。但其内容多为关于古代宗法贵族的祭典、训诰、征伐功勋、赏赐策命、盟誓契约等情况的记录，有时还记录需要永久保存的重要文献，因此可借以考见当时的许多历史事实。其中的大部分都有独特的史料价值，是其他类型的史料所不能代替的。

商代垄断文化的贵族阶级，主要以甲骨刻辞为记事手段，于铜器铭文不甚重视，故传世金文较少且短。但也有字数较多者，如商纣王二、四、六祀（年）所铸的邲其三卣，其铭文均较长，其中四祀邲其卣铭文共有42字。铭文记作器者邲其随商王举行祭祀祖先与上帝礼并受到商王赏赐之事，反映了商代祭典与社会生活。另有被称为“易州三勾兵”的三件商代青铜戈，铭文共65字，分列作器者的祖、父、兄辈的名号，也可作为研究商代亲属称谓、日名风俗与宗法制度的第一手资料。商代青铜器铭文中有大量的“族徽”，对研究商代家族制度具有重要的史料价值。日本藏有一件商卣，其铭文凡47字，是目前所知最长的商代单篇铜器铭文。

① 《礼记·祭统》。

西周时期，金文铸刻逐渐代替甲骨刻辞，成为贵族阶级记事的主要方式，铭文内容也日趋多样化。从现存铜器来看，西周初期的金文多与武王灭商的历史事件与当时的政治统治有关。如1976年出土于陕西临潼县的利毁，是现在已发现的西周最早的青铜器。其铭文32字，内容是：周武王在甲子那天早上打败商纣王，夺取了政权，第八天辛未又在阑师这地方赐有司利以金，利于是用来做了他的先人檀公的宝器。这使《尚书·牧誓》篇所载武王灭商的史实得到了重要的物证。大约同时的《大丰毁铭》，共78字，记武王灭商后为其父文王举行祭典时，助祭人对文王、武王的颂扬，可与《利毁铭》互相印证。这一类对周代先祖先王的颂扬，后来不断见于金文中，并且逐渐增加了宗法贵族效法先王、作出表率，以巩固本朝宗法统治的内容。如《﨤尊铭》122字，记周成王五年对其宗小子的一次训诰，其中谈到了武王灭商及武王、成王相继经营洛邑的一些情况，且文中首次出现了“中国”一词，是一篇重要的周初历史文献。《班毁铭》190余字，内容是：周王命令毛伯代替虢城公的官职，努力辅佐王廷，作天下四方表率，又命令他去征伐东国；作器者毛班亦奉命随父出征，“三年静东国”，因铸此器以纪功。此铭大约是西周前期的作品。周共王时的《史墙盘铭》，共284字，分两段，前段追述文、武、成、康、昭、穆诸王的功业，后段记载微氏家族的历史，也是极为珍贵的西周史料。有的铭文还涉及周代的分封制度，如康王时的《宜侯夨毁铭》，便记载了康王改封虞侯夨为宜侯，并赐给器物、土地、山川和人民之事。此铭出土于江苏丹徒，也是研究吴国早期历史的重要史料。

有关周代土地制度的铜器铭文，是金文史料中最值得重视的部分之一。《令鼎铭》记载周王在諆田举行大规模的藉农之礼，《𢦏毁铭》记载周王命作器者𢦏为司土之官，管理藉田。这些都是研究西周藉田制的重要材料。记载周王给主贵族赐田的材料，在金文史料中占的比例很重，如《旟鼎铭》《卯毁铭》《敔毁铭》《𦫵卣铭》《中齋铭》《趞尊铭》《段毁铭》《大毁铭》《𩍐镈铭》《休毁铭》《折觥铭》《永盂铭》《贤毁铭》《不㝨毁铭》《大克鼎铭》等，都有同类的材料。有关土地交易、土地纠纷和诉讼的材料也值得注意。共王时的《卫盉铭》载矩伯庶人取瑾璋于作器人裘卫，定价为贝80朋，付给裘卫田10田；矩伯又取裘卫虎皮二、鹿皮二、𠦪韐二，其价为贝20朋，付给裘卫田3田。裘卫陈述于伯邑父等人，伯邑父乃命三有司（司徒、司马、司空）前去办理，并举行了宴会。《五祀卫鼎铭》又详细记载了裘卫与邦君厉的另一桩土地交易：厉宣布出让土地后，经主管土地的官员证实，并由厉盟誓，三有司及内史等便一起去勘察丈量，将田4田划给裘卫，田契也转给裘卫，并具体规定了所购进之田的四至，然后举行了宴会并赠送礼品，事在共王五年。这两篇铭文是有关西周土地买卖的极重要史料。同类史料又见于《格伯簋铭》《九祀卫鼎铭》《鬲从盨铭》等。《矢人盘铭》则记载了厉王时作器者矢转让土地给贵族散氏的过程。这些都说明，西周中期以后贵族间土地买卖已成风气，由此便发生了大量的土地纠纷。《鬲从鼎铭》记载了鬲从与贵族攸卫牧因买卖土地的地租问题而引起了纠纷，结果以攸卫牧发誓按规定交租告终，事在厉王三十一年。《琱生簋铭》则记载了宣王五年至六年琱生与其父因"仆庸土田"事，与贵族妇氏引起的诉讼，琱生贿赂召伯虎，并交纳了诉讼费，历时一年半始告了结。这些又直接涉及到周代的诉讼制度。

有关周代奴仆和奴隶交易及诉讼制度的最详细记载，大概要推《曶鼎铭》。此铭以约400字篇幅，记载了周王对贵族曶的册命及曶与其他贵族的一场争端：贵族匡的奴仆偷了曶的禾10秭，曶要匡赔20秭，来年不还就加倍赔40秭，匡无奈，只好以田7田、人5夫为抵偿；曶又以一匹马、一束丝，换了贵族限的5个奴仆，限反悔，官司打到法官刑叔那里，结果限败诉。《㑄匜铭》也记载了贵族㑄因与其下属牧牛争夺5个奴仆而发生诉讼的讼词，法官伯杨父谓牧牛犯上，判处他鞭打500下、罚金300锊，并让他发誓不再犯上，又提出了警告。这两篇铭文对研究西周刑法狱讼有重要价值。

直接反映西周封赐庶民的材料，最有名的是康王时的《大盂鼎铭》。此铭291字，记康王二十三年贵族盂受册命时，周王昭告周立国的经验和殷丧国的教训，歌颂了文王、武王的功业，又命令盂效忠周室，赐给盂"邦司四伯，人鬲自驭至于庶人六百五十又九夫"，又赐"臣十又三伯，人鬲千又五十夫"及许多物品。其内容酷似《尚书·酒诰》篇，是研究周初政治与分封制度的极重要史料。金文中这一类的材料很多，在《麦尊铭》《叔德簋铭》《复尊铭》《伯克壶铭》《虢簋铭》《师訇铭》《幾父壶铭》等铭文中都可看到。而《同簋铭》《免簋铭》《师猷簋铭》《逆钟铭》《微䜌鼎铭》等不少铭文中，则大量涉及奴仆管理的具体事宜。另外，宣王时的《罿盨铭》，记宣王告诫臣属记取厉王时奴隶和平民暴动的历史教训。其中讲到厉王的高级官吏平时懈于政事，对民众管束不严，致使国人和奴隶起来驱逐了国君和长官。此铭保存了西周后期极为重要的阶级斗争史料。

周王朝对周边方国部族的战争，在金文中也有大量的反映。如《小盂鼎铭》记载了盂率兵伐鬼方大获全胜，在周庙杀俘献祭、宴饮庆祝的隆重场面。据所载，盂两次出征，共执敌酋3人，获聝5069只，俘敌13081人（此仅为第一次数目，第二次数目因铭文残缺无计），俘马104匹（此为第二次数目）、车 130 余辆、牛 355 头、羊 38 只。这是研究周初对方国战争的难得史料，同时与《大盂鼎铭》相对照，亦可见盂地位之高。《敔毁铭》载敔率军与南淮夷作战，追击敌人于上洛愆谷，到伊水班师，凡斩敌首级 100，俘虏 40 人，夺回了被敌人掳掠的周人 400 名，是反映西周晚期周与南淮夷战争的重要史料。《虢季子白盘铭》《不嬰毁铭》等所载虢季子受命征伐猃狁之事，则是反映周夷王时国力衰弱，荒蛮不服，屡次对北方少数民族发动战争的重要史料。《禹鼎铭》则反映了西周晚期征伐鄂侯御方事。这类铭文往往较长，多可与现存西周文献史料相印证。

春秋中叶齐灵公时的《叔夷钟铭》（《叔夷镈铭》同），是反映当时冶铁业发展的珍贵铭文。文中记述了齐灵公对叔夷的赏赐、封官和训诫，其中有“命女（汝）司辝厘造戜徒四千，为女（汝）敌寮”之语，研究者认为“戜”应是“铁”字的初文或省文，说明齐国当时已有 4000 名工匠的冶铸作坊。

战国时期，铜器铭文已逐渐减少，但仍有价值极高的材料出土。《中山王嚳十四年鼎铭》469 字，仅比现存最长的铭文《毛公鼎铭》（497 字，记周王叮咛毛公厝效忠王室并赐给大量珍贵物品事）少 20 余字。铭文中记载了公元前 316 年燕王哙让位给相国子之，导致内忧外患、国破身死的历史事实，中山王嘱其嗣主接受这一教训，又赞扬了相邦司马赒等人伐燕拓疆及辅佐幼主的功绩。据此还可复原中山王嚳的部分世系，是研究中山国历史的宝贵资料。1957 年和 1960 年在安徽寿县发现的鄂君启节 5 枚，价值尤高。现存舟节 2 枚、车节 3 枚（足数应为每组 5 枚），是战国时代楚怀王六年（公元前 323 年）发给亲族鄂君的符节，为一种青铜制通行凭证。节上有错金铭文，舟节 165 字，车节 150 字，分别规定了鄂君外出的通行路线和车船数目等。其水路自今湖北鄂城始，经由湖北、湖南、江西等地；陆路则经由湖北、湖南、安徽、河南等地。这些启节为研究战国时代商业、交通、历史地理及楚国地区的开发等都提供了难得的资料，已解决了许多久悬未决的疑难问题，并纠正了许多传统的错误说法。

战国晚期以后，铜器铭文已不多见，但新郪虎符、商鞅量、子盉子釜及王莽时期的新嘉量等器物及其铭文，也为研究有关军事制度和度量衡制度提供了精确资料。

三　石刻史料举要

石刻文字较铜器铭文晚起，其数量之大、种类之多、分布之广，都远非铜器铭文可比。大凡天下山川、庙宇、墓地、厅堂，以及一切可纪念之人、之事、之处，往往有石刻传世，并且至今仍在继续增多。尽管其个体价值因人、因事、因地而异，但此类史料作为一个整体的重大价值是不容忽视的。

我国现存最早而著名的石刻文字是秦国的石鼓文。这是用秦始皇统一文字以前的大篆书体（即籀书），刻在10个直径约3尺余、大小相同的鼓形石上面的文字。原物出土于唐代，经唐宋学者的论说歌咏，形诸词赋，遂大显于世，后经历代官方的辗转收藏保护，今存北京故宫博物院。但其文字已严重漫漶残缺，且有一石一字无存。赖近人据历代拓本补释整理，现在尚存501字。原文均为四言诗，内容记载秦国国君游猎时的盛况，故过去又称“猎碣”，而实际是秦国的一次耀武记录。其制作年代，历来说法不一。郭沫若认为石鼓文应是秦伐西戎、送周平王东迁而凯旋时的纪功之作，地在陕西三畤原，当为周平王元年、秦襄公八年，即公元前770年之物，其制作意义，犹如后世神祠佛寺之建立碑碣。说见所著《石鼓文研究》。历来考释研究石鼓文的著作很多，而郭氏此著综合历代研究成果，对石鼓及石鼓文古拓的年代等问题作了翔实的考证分析，持论精辟，推阐无遗，最具代表性。

20世纪六七十年代，考古工作者在陕西侯马陆续发现的一批以玉圭硃写的盟书，世称侯马盟书，受到学术界的普遍重视。侯马为古代文物荟萃之区，自晋景公于公元前585年迁徙于此，地名“新田”，为晋首都垂200年。此盟书写于圭形玉简上面，字数在220个左右，仅有盟辞，而没有记载事件经过及具体年月，故所反映的史实及其年代尚不易确定。郭沫若以为是记公元前386年赵敬侯与赵武公之子赵朔争夺君位，赵朔败逃，其党羽被逐之事；唐兰以为是反映公元前424年赵桓子驱逐赵献子之事；李裕民则以为是反映晋景公灭赵氏、先氏后，与国内赵氏遗族盟誓事。虽尚未论定，而从盟书中可考见当时的盟誓制度及赵国贵族中氏族关系的重要性，不失为研究春秋战国之世晋国政治斗争的重要文物史料。

秦始皇颂扬功德的刻石，在史籍中凡六见，如泰山、琅邪、之罘、碣石等刻辞已收入《史记·秦始皇本纪》，这也是以石刻文字为史料的开端。但全部石刻原物多已失传，惟泰山刻石尚存残片10余字，后人多有重摹。

儒学石经是著名传世石刻的一种。这种石刻文字一方面是出于封建统治阶级宣扬儒学的需要，另一方面也是为了给学者提供定本，故自汉代以来每有摹刻。大规模的摹刻，现在有案可查者，包括汉熹平石经、魏正始石经、唐开成石经、五代蜀石经、北宋石经、南宋石经、清石经7种，现只有唐石经尚存西安，清石经尚存北京，其余均已残缺不全。在文字上，前4种较为重要，并且实际提供了当时各种经书的版本，有其历史文献的价值。罗振玉曾尽力搜集出土残石资料，编录为《汉石经残字集录》等书多种。各地多有散刻儒经，如四川大足北山石刻中有宋代学者范祖禹书写的《孝经》22章，共6碑。

佛教石经，现存规模最大者要推北京房山云居寺的石经。隋末唐初，幽州沙门静琬鉴于北周武帝灭佛的教训，发愿在此刻藏石经，此后历代增刻，一直持续到清康熙三十年（1691）。今已整理出大小经版15000多块，刻佛经1000多部、3400余卷，其中以唐、辽、金时期所刻为最多，是我国极其宝贵的佛教遗物，不仅是研究佛教史、佛教文献的重要资料，而且有些经版还反映了唐代天宝至贞元年间北方一些地区工商业行会的情况。

现存全国各地的碑刻群，以曲阜碑刻与西安碑林为最。曲阜碑刻约有六七千通，除去孔林里面千篇一律的墓碑外，有一定历史价值与艺术价值的也在千通左右。孔庙大成殿前的“十三碑亭”，皆为历代帝王祭孔的丰碑，蔚为壮观；后殿及东庑所保存的汉魏以来碑刻，以及两庑北首的《玉虹楼碑》数百通，价值尤高。其他孔府、周公庙、颜庙、少昊陵、尼山等处，也有不少碑碣。其中汉魏碑约有25通，多是宋以来屡见于著录的名碑。而从大量作为祭孔记录的碑刻中，则可看到封建统治者对孔子的尊崇和对孔子后裔的优礼。元代的《察罕帖木儿祭庙碑》，还记录了元末红巾军进攻山东时的情景；明末的徐鸿儒起义、清代的捻军起义，也在有关碑刻中有反映。曲阜碑刻中还有一些用少数民族文字或以少数民族文字与汉文对照而刻的碑版，记载了不少边疆地区少数民族的情况。如清乾隆年间刻的满、汉文对照的《御制平定金川告成太学碑》和《御制平定准噶尔告成太学碑》，都简要勾画了清政府平定大、小金川和准噶尔叛乱的过程，在歌功颂德的文辞中也有对少数民族历史的回顾，可作为研究清代多民族国家形成过程的参考。

西安碑林是我国目前保存最集中的碑石库。所存碑千数百通，不仅有唐开成石经等系列碑刻，而且荟萃了大量汉魏以来的书法珍品。就其史料价值而言，最引人注目的是唐刻《大秦景教流行中国碑》。此碑唐德宗建中二年（781）立，明天启五年（1625）出土，正书镌刻，碑下和两侧有古叙利亚文题名，记录了东罗马帝国基督教的一支——景教自贞观九年（635）传入中国后，在长安建寺度僧和宣传教义的情况，是宗教史、中西交通史上的珍贵资料。另有宋刻《禹迹图》《华夷图》，是中国最早的石刻地图。除曲阜和西安外，开封、洛阳、泰安、桂林等地也都是碑刻的集中地，所存碑刻也都有数百通乃至上千通。

各地散存的石刻中，有许多史料价值很高。如广西桂林和融水县的宋刻《元祐党籍碑》，是反映北宋末年统治阶级内部斗争的史料；江苏苏州的清刻

《奉各宪永禁机匠叫歇碑记》，是反映 18 世纪中国纺织业，特别是丝织业中资本主义因素增长问题的史料；云南曲靖县的晋刻《爨宝子碑》和陆良县的南朝刻《爨龙颜碑》（合称“二爨”碑）、曲靖县的宋刻《大理国段氏会盟碑》，内蒙古呼伦贝尔盟的北魏刻“鲜卑石室”祝文，西藏拉萨大昭寺的唐刻《唐蕃会盟碑》，黑龙江省特林的明刻《敕修奴尔干永宁寺记》，河北承德普陀宗乘之庙的清刻《土尔扈特全部归顺记》等，都是反映民族或边疆问题的史料；河北正定县的隋刻《龙藏寺碑》，河南开封的明、清刻犹太碑，是反映宗教问题的史料；苏州文庙的《天文图》（上绘 1440 颗星）、《地理图》《平江图》，陕西耀县药王山的《千金宝要碑》《海上方碑》等，是反映古代科技的史料。这些碑刻，历来都被视为宝贵的文物史料。

切实运用石刻史料研究历史，需要进行艰苦细致的实地调查工作，单靠文献转引容易出现差误。大致关中及中原一带多隋唐以后碑刻，汉晋碑刻也有不少；东北地区多辽、金碑刻；西北、西南地区多有关于少数民族史料的碑刻；东南地区则多关于明清以来经济史料的碑刻。更多地搜集、整理和运用这些史料，是史学工作者和学术各界共同的任务。新中国成立以来所出的一些碑刻资料集，如江苏省博物馆编《江苏省明清以来碑刻资料选集》、李华辑《明清以来北京工商会馆碑刻选编》、上海博物馆编《上海碑刻资料选辑》等，都是这方面有意义的工作成果。陕西三秦出版社出版有《药王山石刻》等多种碑刻专集及《陕西石刻文献目录集存》等工具书，也是方便读者，有功于史学的工作。

第三节　简帛史料

我国古代的书写材料，在纸未发明或未普遍流行以前，主要为竹木简牍和丝织的缣帛。《墨子·明鬼篇》说：“书之竹帛，传遗后世”；又说：“一尺之帛，一篇之书。”同书《鲁问篇》也说：“书于竹帛，镂于金石。”可见简帛并用，由来已久。不过竹木简到南北朝时，使用范围已很狭窄，“至南北朝之终而始全废”[①]。缣帛使用的时间还要长些，唐代就仍然流行用织成界道的绢素（即所谓“朱丝栏”“乌丝栏”）以供书写，宋代的皇家藏书也偶有用缣帛写成的；至于以缣帛作画，则至今仍然习见。勿庸赘述，简帛之书在中国古代很长一段时期内，对文化事业的发展曾起过巨大的作用，但由于材料易于朽烂，难

① 王国维：《简牍检署考》。

以保存，因而从前没有寸帛片简靠辗转收藏留传下来。我们现在所看到的简帛，都是近世以来依赖考古发掘所得到的。而这些新获得的材料，像甲骨、金石一样，又大大丰富了学者们的研究内容，并使它们本身成为探讨我国古代历史和文化的一大宝藏。

一　简帛史料的出土和著录

关于竹木简牍的发现和出土，在宋以前曾不断有所记载，其中最有名的是相传汉武帝时（或说汉景帝时）发现的孔子旧居“壁中书”和晋初太康年间出土的“汲冢竹书”。从19世纪末至今，古代竹木简牍陆续在新疆、甘肃、内蒙古、湖南、湖北、河南、河北、山东、安徽、江苏、江西、广西、四川等地成批出土，百余年间已渐积至近三十万枚，遂成为备受重视的新史料。今略举其重要者列表如下：

序号	发现时间	发现人	发现地点	简牍类别	数　　量
1	1899年	〔瑞典〕斯文赫定	新疆塔里木河下游古楼兰遗址	晋木简	120余枚
2	1901年	〔匈牙利〕斯坦因	新疆尼雅河下游古于阗遗址	晋木简	40余枚
			古楼兰遗址	汉木简	19枚
3	1906—1908年	斯坦因	甘肃敦煌西北古长城遗址	汉晋木简	705枚
4	1908—1909年	〔日本〕桔瑞超	古楼兰遗址	晋木简	4枚
5	1913—1916年	斯坦因	甘肃敦煌汉边塞遗址	汉木简	84枚
			甘肃酒泉汉边塞遗址	汉木简	105枚
6	1930—1931年	西北科学考察团	内蒙古额济纳河流域（古居延海）汉边塞遗址	汉木简	10100余枚
7	1930—1934年	黄文弼	新疆罗布泊北岸汉边塞遗址	西汉木简	71枚
8	1944年	西北科学考察团	甘肃敦煌汉边塞遗址	汉木简	43枚
9	1951年		湖南长沙五里牌楚墓	战国竹简	38枚
			长沙徐家湾汉墓	汉木札	未详
10	1953年		湖南长沙仰天湖楚墓	战国竹简	43枚

续表

序号	发现时间	发现人	发现地点	简牍类别	数　量
11	1954 年		湖南长沙杨家湾楚墓	战国竹简	72 枚
12	1955 年		湖北武昌任家湾	魏晋木牍	3 枚
13	1956 年		河南陕县刘家渠汉墓	汉木牍	2 枚
14	1957 年		河南信阳长台关楚墓	战国竹简	229 枚
15	1959 年		甘肃武威磨咀子汉墓	汉竹木简	约 490 枚
16	1959 年		新疆巴楚县脱库孜沙来古城	木简	20 枚
17	1965 年		湖北江陵望山楚墓	战国竹简	273 枚
18	1966—1969 年		新疆吐鲁番阿斯塔纳晋墓	晋木简	1 枚
19	1971 年		甘肃甘谷刘家坪汉墓	汉木简	23 枚
20	1972 年		甘肃武威旱坡滩汉墓	汉木简	78 枚
				汉木牍	14 枚
21	1972 年		湖北云梦西汉墓	汉木方	1 件
22	1972 年		山东临沂银雀山汉墓	汉竹简	4974 枚
23	1972 年		湖南长沙马王堆1 号汉墓	汉竹简	361 枚
24	1973 年		湖北江陵藤店楚墓	战国竹简	24 枚
25	1973 年		湖北江陵凤凰山8、9、10 号汉墓	汉竹简	434 枚
26	1973 年		河北定县八角廊汉墓	汉竹简	约 2500 枚
27	1973 年		江苏海州西汉墓	汉木方	3 件
28	1973—1974 年		内蒙古额济纳河流域汉边塞遗址	汉木简	19637 枚
29	1973 年		湖南长沙马王堆3 号汉墓	汉竹简	617 枚
30	1974 年		江西南昌东湖晋墓	晋木牍	6 枚
31	1975 年		湖北江陵凤凰山 167、168 号汉墓	汉竹简	141 枚
32	1975 年		湖北云梦睡虎地秦墓	秦竹简	1155 枚，另有残片 80 件

续表

序号	发现时间	发现人	发现地点	简牍类别	数　量
33	1976 年		广西贵县罗泊湾汉墓	汉竹简	15 枚
34	1977 年		安徽阜阳双古堆汉墓	汉竹简	约 6000 枚
35	1977 年		甘肃玉门花海汉边塞遗址	汉木简	91 枚
36	1978 年		青海大通上孙家汉墓	汉木简	编为 400 号，绝大多数已残断
37	1978 年		江苏连云港花果山汉墓	汉竹木简牍	13 枚
38	1978 年		湖北随县曾侯乙墓	战国竹简	240 枚
39	1978 年		湖北江陵天星观楚墓	战国竹简	70 枚
40	1979 年		甘肃敦煌马圈湾汉边塞遗址	汉木简	1217 枚
41	1979 年		江苏邗江胡场汉墓	汉竹木简牍	26 枚
42	1979 年		江西南昌阳明路吴墓	吴木牍	23 枚
43	1980 年		四川青川郝家坪秦墓	战国木牍	2 枚
44	1980 年		新疆古楼兰遗址	魏晋木简	63 枚
45	1981 年		甘肃敦煌酥油土汉边塞遗址	汉木简	76 枚
45	1981 年		甘肃武威磨咀子汉墓	汉木简	26 枚
46	1981 年		湖北鄂城水泥厂吴墓	吴木牍	6 枚
47	1981、1989 年		湖北江陵九店楚墓	战国竹简	190 枚
48	1983 年		湖南常德德山夕阳坡楚墓	战国竹简	2 枚
49	1983—1984 年		湖北江陵张家山汉墓	汉竹简	1236 枚
50	1984 年		江苏仪征胥浦汉墓	汉竹木简牍	20 枚
51	1984 年		安徽马鞍山吴墓	吴木牍	17 枚
52	1985 年		甘肃武威旱坡滩晋墓	晋木牍	5 枚
53	1986 年		甘肃天水放马滩秦墓	秦竹木简	460 枚
54	1986 年		湖北江陵岳山岗秦墓	秦木牍	2 枚

续表

序号	发现时间	发现人	发现地点	简牍类别	数　量
55	1986年		甘肃高台常封晋墓	晋木牍	1枚
56	1986—1987年		湖北荆门包山楚墓	战国竹简	279枚
57	1986—1987年		湖北江陵秦家咀楚墓	战国竹简	41枚
58	1986—1988年		甘肃敦煌汉边塞遗址	汉木简	137枚
59	1987年		湖南张家界古人堤遗址	汉竹简	数十枚
60	1988年		湖南慈利楚墓	战国竹简	约4000枚
61	1989年		湖北云梦龙岗秦墓	秦竹简	293枚
62	1989年		甘肃武威旱坡滩汉墓	汉木简	16枚
63	1990年		湖北江陵杨家山秦墓	秦竹简	75枚
64	1990年		湖北沙市关沮秦汉墓	秦汉竹简	约500枚
65	1990年		湖北江陵高台汉墓	汉竹简	4枚
66	1990—1992年		甘肃敦煌汉悬泉驿遗址	汉木简	约20000枚
67	1993年		湖北荆门郭店楚墓	战国竹简	804枚
68	1993年		湖北江陵王家台秦墓	秦竹简	约830枚
69	1993年		湖北沙市周家台秦墓	秦竹简	387枚
70	1993年		江苏连云港尹湾汉墓	汉竹木简牍	168枚
71	1994年		河南新蔡楚墓	战国竹简	约1300枚
72	1996年		湖南长沙走马楼	三国吴竹木简牍	约16—17万枚
73	1999年		湖南沅陵虎溪山汉墓	汉竹简	约1000枚
74	2000年		湖北随州孔家坡汉墓	汉竹木简牍	785枚
75	不详		香港中文大学文物馆藏简	汉竹简及东晋木牍	259枚
76	不详		上海博物馆藏简	战国竹简	1700枚
77	2002年		湖南龙山里耶古城址	秦竹木简牍	30000余枚
78	2003年		湖南郴州苏仙桥	西晋竹木简牍	近1000枚

表中所列可能尚有脱遗，因有些材料还有待公布，而且不断有新发现，但百余年间简牍出土的基本情况已包括在内。

帛书的实物较之竹木简牍更难保存，近世所能见者已不多。20 世纪初，斯坦因曾在敦煌汉代烽燧遗址中发现过几件帛书，但出土时都是碎片，既不能恢复原来的形状，也无从辨识上面的文字。40 年代，在湖南长沙子弹库楚墓中发现一件“楚缯书”，文字、图像保存完整，始为学者所重视。1973 年，在长沙马王堆 3 号汉墓中出土了一批完整的帛书，包括多种古籍，总共约 12 万字，是我们今天所能看到的最完整最丰富的古代帛书。70 年代末，在敦煌马圈汉代烽燧遗址中又出土帛书 1 件；90 年代初，又在敦煌悬泉驿遗址出土帛书 10 件。1995 年，在新疆民丰县尼雅遗址（汉晋时期故精绝国遗址）还出土了前所未见的织锦，其中有带“王侯合昏千秋万岁宜子孙”字样的锦被和带“五星出东方利中国”字样的锦质护膊，也可视为一种特殊的帛书史料。

简帛史料的面世，从一开始就引起了学者们的浓厚兴趣，相关的著录和研究著作也相继出版。竹木简方面，早期斯坦因的三次搜集过程，见于所著《中国沙漠考古记》，其简影著录于法国汉学家沙畹编的《中国西部文书》。罗振玉通过私人关系取得大批影片，与王国维合作整理，于 1914 年汇印了《流沙坠简》一书，并有精到的考释。此外又有日本伏见冲敏的《木简残纸集》、法国马伯乐的《中国古文书》、张凤的《汉晋西陲木简汇编》等书，都汇集了早期的发现成果。罗布泊汉简及敦煌沙碛汉简，又见于黄文弼的《罗布淖尔考古记》与夏鼐的《新获之敦煌汉简》等书。居延汉简，起初由马衡、向达、贺昌群、余逊、劳干等人整理，抗日战争全面爆发后整理工作中辍，后由劳干一人完成，先后于 1943 年和 1944 年石印出版了《居延汉简考释·释文之部》和《居延汉简考释·考证之部》。美国学者贝格曼的《内蒙古额济纳河流域考古报告》，于 50 年代中期出版，公布了当时发掘工作的详情；1957 年，劳干的《居延汉简·图版之部》出版，收录了此前所见居延汉简的全部简影。由中国科学院考古研究所编的《居延汉简甲编》和《居延汉简甲乙编》，先后于 1959 年和 1980 年出版，是对首批居延汉简的系统著录。1994 年，中华书局出版《居延新简—甲渠侯官》上下册，上册为释文，下册为图版，标志着居延汉简的著录和研究进入到新、旧简结合的阶段。1998 年，台北出版了《居延汉简补编》，弥补了以往历次刊布的首批居延汉简之释文和图版均未能核对原简的缺陷。近几十年间新出土的简帛史料，已整理出版的有《长沙仰天湖楚简》《武威汉简》《武威汉代医简》《马王堆汉墓帛书》《睡虎地秦墓竹简》《银雀山汉墓竹简》《包山楚简》《张家山汉墓竹简》《尹湾汉墓简牍》《郭店楚墓竹简》《上海博物馆藏战国楚竹书》《香港中文大学文物馆藏简牍》等，还有不少正在整理出版。日本东京堂出版社于 1977 年出版有 12 巨册《汉简》，搜聚了居延汉简（第1—8册）、武威汉简（第9册）、敦煌楼兰汉简（第10—11册）及马王堆、云梦简帛（第12册），较便检阅。

二　简帛史料的内容和价值

（一）简帛书中的先秦文献史料。载录先秦文献的出土简帛史料，在20世纪70年代有两大宗发现：一是银雀山汉墓竹简，一是马王堆汉墓帛书。

银雀山竹简出自两座汉墓，1号墓出土4942枚，大部分为兵书，包括孙子、孙膑两部《兵法》及《六韬》《尉缭子》等；2号墓出土32枚，为《汉武帝元光元年历谱》。这批竹简兵书的出现，解决了不少久悬不决的问题。如《孙子兵法》，过去一般认为是孙武所作，为我国历史上最早最系统的军事著作，名声极高。但《汉书·艺文志》又有《齐孙子》89篇、图4卷，也称“孙子”，系指孙膑，只是后来失传，《隋书·经籍志》已不见著录。因此从宋代至明清，学者们对孙武、孙膑是否都有兵法传世产生种种怀疑，甚至有人认为《孙子兵法》与《孙膑兵法》原是一书，或孙武本无其人。现于汉墓中同时出现了《孙子兵法》和《孙膑兵法》，这一事实本身就令人信服地从根本上解决了千余年来的悬案。出土的《孙子兵法》，保存了《吴问》《地形二》《黄帝伐赤帝》《程兵》等重要佚文。《孙膑兵法》分上、下两编，共30篇，11000多字，是填补空白的著作，虽因竹简残缺不全，难以窥见原书全貌，仍能从中看出作者对孙武、吴起等人军事思想的继承和发展，其内容还可纠正《史记》的某些错误。《尉缭子》，宋代以来或疑今本非《汉书·艺文志》著录之原书，或疑其为后人仿《孟子》而作。银雀山竹简中有《尉缭子》6篇，也证明它是先秦古籍无疑。对历来极成问题的《六韬》，大致也可以做出同样的结论。

马王堆帛书的种类，比银雀山竹简要多。其重要文献包括：甲本《老子》，后附佚书四种；乙本《老子》，前附《经法》《十大经》《称》《道原》4种；《战国纵横家书》，《春秋事语》，《五星占》，《天文气象杂占》，《导引图》，《五十二病方》，《地形图》，《驻军图》等。其中除最后三四种为汉人制作外，其余都是春秋战国时要籍，对研究春秋战国史和先秦文献都提供了极好的资料。如《老子》一书，又称《道德经》，出土的两种帛书本，甲本字体介于篆、隶之间，不避刘邦讳，证明是西汉以前的写本；乙本为隶书，避刘恒讳，显然是文帝时的写本。这两种本子，距今都已两千多年，是目前所见最古的本子；并且在编排上都是德经在前，道经在后，与传世版本的顺序不同，可借以探求古代道家思想的变化脉络；文字上也有出入，可用以纠正传世版本中的某些错误。文物出版社出版的《马王堆汉墓帛书老子》，附有《老子甲本乙本傅奕本对照表》，便于检阅其间的异同。值得注意的是，甲本《老子》后附的4种佚书中，有一种是反映儒家思孟学派思想的著作，今人庞朴名之为《五行篇》。据庞朴研究，这份失传的儒家经典，给几千年聚讼不已的子思、孟子五行说之谜提供了答案：它既不是前人所说的金木水火土，也不是后儒标榜的仁义礼智信，而是其特有的仁义礼智圣。①

《春秋事语》的书名，是帛书出土整理后加上去的，现存16章，无篇题，每章记一事，彼此不相联属，既不分国，也不论年代先后，以采录言论为主，属于春秋时代“语”一类体裁。书的分量很轻，文章简短，编辑也无体例，看上去像浅学的教书先生所编的初级儿童读本。但书中所涉及的16件史事，自鲁隐公被杀（前712），到韩、赵、魏三家灭智伯（前453），与《左传》记事年代相当，内容多与《春秋》三传、《国语》等无异，也有少数不见于他书者，仍是一部有用的参考书。更值得重视的是《战国纵横家书》。此书最初定名《帛书本战国策》，后来改易今名。全书共27章，325行，11000余字；原无章名，为阅读方便，整理小组在每章释文前加了章名。其内容有11章见于今本《战国策》和《史记》，文字大体相同，另外16章则为佚书。编排上不分国，也不按年代次序，所录以苏秦、苏代、苏厉的言论为主，因此有人曾怀疑它是《汉书·艺文志》中的《苏子》一书，也有人认为它是今本《战国策》的前身。虽然对其源流现在尚不十分清楚，其可补订今本《战国策》及《史记》等书的珍贵的史料价值是不容置疑的。

帛书的另一部书《五星占》，共分9章，约8000字，作于公元前170年左右，是我国现存最早的天文帛书。它保存了公元前370年到前270年间甘氏与石氏天文书的部分内容，末三章还分列了自秦王政元年（前246）到汉文帝三年（前177）70年间木星、土星、金星的位置，并描述了三颗行星在一个会合周期内的运行动态，具有极高的科学价值。占文中还有“张楚”的年号，是反映我国第一次农民大起义的原始材料。与《五星占》性质接近的《天文气象杂占》，是一部从星、彗、云气等占验吉凶的书。它共有约250幅图，图下各种文字，包含着相当丰富的古天文气象资料；特别是其中的29幅彗星图，使此书当之无愧地成为世界上最早的关于彗星形态的著作。

历来在湖北、湖南、河南各地出土的战国楚简中，都保存了一些宝贵的先秦文献史料。例如信阳长台关楚简的第一组，即可能为儒家（或说墨家）的佚书，内容涉及周公的法治思想。荆门包山楚简的卜筮祭祷部分，记录了一组楚

① 庞朴：《马王堆帛书解开了思孟五行说之谜》，《文物》1977年第10期。

先祖的名号，可用以印证古籍所载的楚先祖世系。近年最受重视的是荆门郭店楚简。这批竹简保存完好，经整理分为12类，凡得16篇，共计12072字，其中既有目前所知最早的《老子》文本，又有被认为是儒家思孟学派的作品，为研究先秦思想源流提供了重要线索。上海博物馆藏简，据报道约有80种，也以儒家著作为主，其中讨论较多的是有关早期《诗》学的佚文。现时简帛书籍的研究方兴未艾，且不断有新材料发现和发表，已形成一门国际性的前沿学术。

（二）秦简中的秦代史料。云梦睡虎地出土的竹简，是我国首次发现的秦简。原简藏于一个墓葬之中，墓主名喜，生于秦昭王四十五年（前262），秦始皇时曾任过安陆御史、安陆令史、鄢令史和鄢的狱吏。简书出土后经整理，分为《编年记》《语书》《秦律十八种》《效律》《秦律杂抄》《法律问答》《封诊式》《为吏之道》《日书》两种等10部分，其中《语书》《效律》《封诊式》《日书》乙种4题见于原简，其他诸题均为整理者据内容拟定。

《编年记》是一篇按年代编写的大事记，起于秦昭王元年（前306），终于秦始皇三十年（前217），前后将近100年。原写于53枚竹简上，除明显残缺者外，均按年系事，未尝间断。大致秦庄王三年（前247）以前，所记侧重于秦对六国的战事；秦王政元年（前246）以后，主要记墓主及其家族的情况。全篇字数不多，但有不少地方可订补《史记》，还可纠正过去对秦代史实的一些错误的推测。

《语书》是秦王政二十年（前227）南郡守腾给本郡所属县、道啬夫下达的一篇文告。文告中反复申述要以法为治，以律令约束吏民，这反映出当时秦律已渐臻严密。《为吏之道》规定吏人应当恪守的信条，类似于后世的官箴。《语书》中也有同类文辞。

《日书》两种是卜筮书，但包含了宝贵的历法史料，如把一天分为12时，这是以前没有见过的记录。秦不焚卜筮书，这也是明证。

秦简的其他五部分都是有关法律的文书，也是秦简中最为重要的史料。《秦律十八种》内容最广，包括有关农业生产、国家牛马饲养、粮食储存及保管和发放、货币和财物、关市职务、官府手工业及其生产定额、手工业劳动者的调度、徭役、司空职务、军功爵、官吏任用、官府物资财产的检验、驿传的饭食供给、递送文书、内史职务、廷尉职务、管理少数民族事务的机构属邦职务等的法律。《效律》主要是对县和都官管理的各种物品实行核验的法律规定，包括对度量衡器的检查。《秦律杂抄》的内容杂泛，涉及官吏的任免、吏子弟的选用、从军劳绩的规定、傅籍的规定、军士服役和战场纪律、行戍的规定、对游士的限制、库府的收藏、公车司马射猎失职的惩罚、畜养国家牛羊的考核等等。《法律问答》是以问答的形式对律文及有关问题的解释，有对诉讼程序的说明。《封诊式》共25条，头两条《治狱》和《讯狱》记述治狱人审理案件、验实案情、审讯定罪等的文书程式，其中有不少是法医检验的记录，比宋代宋慈的《洗冤录》要早近1500年。由上述文书可以看出，秦律已带有相当的系统性，从中不仅可以了解秦代法律的沿革变化，了解秦代的阶级结构和阶级关系，而且可以了解当时农牧业、官营手工业的情况。

（三）汉简中的汉代史料。汉简数量庞大，种类繁多，除去抄写先秦文献的部分外，大多属于官方文书簿籍，也有一些吏卒私人的遗物。其中所包含的史料，又以反映边塞状况的为最多。内蒙古额济纳河（弱水）流域，汉称居延泽，唐以后统称居延海，汉自太初三年（前102）后即于此筑障，以遮断匈奴入侵河西之路，其烽燧遗址至今犹存。这里出土的居延汉简，均为当时张掖郡居延都尉和肩水都尉辖区的屯戍文书，内容涉及汉代西北边塞的农业生产、租调赋税、屯田制度、水利建设、行政机构、政策法令、军事组织、防御体系、烽燧制度，以及地理、邮政、交通、民族等情况，堪称我国最大、最古老的档案库存，史学工作者已从中钩稽出许多难得的新史料。如《汉永元兵物簿》的77枚简书，就具体反映了汉代西陲军事驻防的情况；建武初年的《塞山烽火品约》17枚，是居延都尉甲渠、卅井、殄北三塞临敌报警、燔举烽火的条例即联防条约；元康年间的《候史广德坐罪行罚檄》、河平三年的《斥免将军行塞所举燧长》、建武五年的《候长王褒劾状》等，是关于军纪、赏罚的文件。建武三年的《候粟君所责寇恩事》册，是关于甲渠候粟君与客民寇恩诉讼之事的存档，于居延高级官吏的合伙经商、盘剥雇工，居延、河西的经济、交通，以及当时的法律、诉讼、司法程序等，记述都相当详尽。甘露二年的《丞相御史律令》，是汉宣帝时为追查广陵王刘胥集团的阴谋篡权活动而发布全国的一份通缉逆党逃犯的文件，提到的人物很多。建武六年的《甲渠部吏毋作使属国秦胡卢水士民》，可能是上报文件的底稿，内容是申明禁止役使卢水士民的牲畜、劳力，并给予特殊的优待，以利对匈奴作战。诸如此类，可举者甚多。早期发现的敦煌汉简、酒泉汉简、罗布泊汉简，也都是汉代屯戍的遗物，早的写于汉武帝末年，晚的下及东汉末年，它们与居延汉简连缀起来，无异于一部汉代经营西域的简史。这些材料的独特内容，既可用于描述边陲要塞的军事、政治、经济、法律、文化和民族风情，也可用于探索汉代中央集权的政策、法令和典章文物。

墓葬中的汉简，数量及系统性都不及边塞汉简，但其中也不乏价值很高的遗物。前述银雀山竹简中的《汉元光六年历谱》，是研究、校正古历法的重要资料，它比西方著名的《儒略历》早80多年。甘肃武威旱坡滩汉墓出土的92枚简牍，全是关于医疗的记录，比张仲景的《伤寒杂病论》早了一二百年，是我国现在所知最早的内容较完整的医方文献。马王堆1号汉墓中的汉简，是汉轪侯妻辛追随葬物的遣策，记载了随葬的葬具、食物、谷物、菹醢、酒、用器、燕乐器、内具、燕器、明器等，可谓葬主谢世前生活的写照，是反映西汉初期文化生活的史料。墓中又有一简记“竽律”，使人们第一次知道在配合金石之乐的钟律之外，还有与丝竹之乐相配合的竽律，为古代音乐史的研究增添了新的内容。江陵凤凰山10号汉墓出土的简牍，记载了西汉初期的赋税、徭役、供贷、商业等情况，是可贵的经济史料。青海大通县孙家寨115号汉墓出土的简牍，既有关于军事方面的律令文书，又有关于军队的编制、阵法、标帜及与《孙子兵法》相关联的兵书佚文，反映了汉初军队在青海的屯戍情况；马王堆3号汉墓出土的帛书《地形图》《守备图》和《驻军图》，则反映了汉初长沙诸侯国军队守备作战的兵力部署与作战态势。江苏连云港东海县尹湾村出土的简牍，为西汉成帝时东海郡郡府的文书档案，记录完整、系统而细致，对研究汉代的上计制度、吏员制度、武库制度乃至社会风俗、民间文学等尤具有独特的价值。这些都是传世古文献中难以找到的材料。

汉简中除竹木简外，还发现了一种类似骨简的遗物，最初的报道称之为“骨签文书”。从1986年到1987年，考古工作者在西安未央宫3号遗址发掘到这类文书数万片，其数量之多与价值之高足可与居延汉简相比，堪称是中国考古学上又一个重大的突破，只是目前尚未全部整理公布。据初步研究，这批骨签的出土遗址区大约属未央宫高级官僚职能机构官署的所在地，骨签用高级骨料做成，体积小，便于集中穿放，工艺水平高，表面整齐光洁，文字锲刻有力，规格高贵；内容主要为国家“工官”即手工业制造系统的管理文书，涉及兵器、皇家乘舆之物等的制作管理，其中有年号可寻的是汉武帝到汉元帝时的记录，无年号的可以判定是汉武帝以前的记录。这批骨签将为研究西汉经济结构、官僚组织、手工业生产管理方式及许多政治、军事方面的问题提供新的重要史料依据。

第四节　文书卷册史料

本节所述文书卷册史料，其载体与甲骨、金石、竹木简不同。它大多是雕版印刷普遍流行以前手写的纸卷（或帛卷），并且有不少出自地面的石窟或遗址，而非全部出自地下。但就其被发现和被认识的性质来说，实与其他考古史料无异，因此在这里一并介绍。

一 敦煌石室遗书

1900年偶然被发现的敦煌石室遗书，过去曾与殷墟甲骨、汉晋简牍、明清内阁大库档案一起，被称为我国近世所发现的四大类新史料。它的发现和流传，以及伟大的艺术宝库敦煌莫高窟的面世，不仅是学术界的一件大事，也是中国文化史上的一件大事。可惜这批遗书在发现后的10多年间，历经为英国服务的匈牙利人斯坦因、法国人伯希和、俄国人鄂登堡、日本人桔瑞超等的盗购及国内一些人的割裂偷取，已经严重散失，其剩余部分于1910年运交京师图书馆时，已只有8600余件。

遗书流散后，我国学者尽力做了搜集著录的工作。罗振玉从1909年开始，主要据伯希和所赠影片，先后印行了《敦煌石室遗书》《鸣沙石室佚书》《鸣沙石室佚书续编》《鸣沙石室古籍残丛》《敦煌零拾》《敦煌石室碎金》等书。刘半农从巴黎抄回其中的一批语言文字材料，1925年后编印了《敦煌掇琐》上、中、下三辑。30年代初，陈垣重新排比北平图书馆所藏，编成《敦煌劫余录》14秩。许国霖又择经卷中逸文趣话和题名跋记，编为《敦煌石室写经题记》与《敦煌杂录》两辑。商务印书馆1958年出版的王重民《敦煌古籍叙录》5卷，是对敦煌古籍的收藏、版本的叙录及有关题记、论文的汇编；1962年出版的《敦煌遗书总目索引》，又汇录了《北京图书馆藏敦煌遗书简目》《斯坦因劫经录》《伯希和劫经录》《敦煌遗书散录》几种目录。有关敦煌文书资料的集录，可参看中国社会科学院历史研究所编的《敦煌资料第一集》与日本池田温编的《中国古代籍账集录》等书。

敦煌遗书的总数，估计在四五万件。其中以佛教经卷为最多，几占95%；其余传统的经史子集四部之书，也占一定的比重。经部的未改字《古文尚书孔氏传》、未改字《尚书释文》、麋信《春秋穀梁传解释》《论语郑氏注》、陆法言《切韵》，史部的孔衍《春秋后语》、唐西州沙州诸《图经》、慧超《往五天竺国传》，子部的《老子化胡经》《摩尼教经》《景教经》，集部的唐人词曲、诗赋、通俗小说若干种，都是久已失传的佚书，皆为六朝、唐人写本，备受学者珍视。从史料学的角度看，特别值得注意的是遗书的另外部分所保存的户籍、账册、历本、契据、信札、状牒等文书资料，这些资料更多地反映了当时社会经济等方面的情况。如户籍残卷，均详细登记某乡某里每户居民的户主及家庭成员的姓名、年龄、性别、田地数目乃至每块田土的四至，还对每户居民分别注明课户、不课户与现输、不现输等字样，这是有关古代均田和赋役制度研究的重要史料。具体言之，从唐户籍残卷中不仅可以考见有勋田户与一般民户受田数目之悬殊，还可考见唐代户等划分的种种弊病，一些官僚地主往往户等很低，而受田却很多；其中又有不少除户、绝户及逃亡户的记载，可借以考见唐代均田制的混乱和衰落。

敦煌经卷中有一大批藏文写本，对研究藏族历史、宗教和文字价值极高，而过去一般不见于著录。据估计，这批藏文经卷当在4000件以上，但现在调查清理出来的被统称为“河西吐蕃文书”的部分，实际只有9900余页（因两面书写，实有19000余面）。这近万数佛经筴页，以《十万颂般若经》为主，多属吐蕃早期佛教大乘教经典；经文之外，又有400多位写校者的署名及大量批注、祈愿文字，在某种意义上说，这些材料比经文本身有更高的史料价值。经卷中还夹杂十多件吐蕃文字的公私文书，是公元八九世纪吐蕃地方政权统治河西时期的公文副本和书信手稿，其中有赞普牙帐签发的诏令、吐蕃河西职臣的书信等，有较高史料价值。①

二　吐鲁番文书

新疆中部的吐鲁番地区是古高昌国故地。这里气候炎热干燥，最宜于地下文物的保存，不仅金石骨木遗物久埋不变，而且纸写文书也能历经千余年而不朽。因此从本世纪初年以来，外国探险家在劫掠敦煌文物的同时，也不放过这一地区蕴藏的古文物。像斯坦因、伯希和，日本人大谷伯光瑞、桔瑞超，及法国人勒柯克等，都曾涉足此地，掠走大量文书、壁画、碑刻、砖铭及古器物。勒柯克还曾撰写《高昌访古志》一书，书中所收壁画数十幅，罗振玉曾选印为《高昌壁画菁华》。而旧时所谓“斯坦因文书”“大谷文书”“桔瑞超文书”等，其中有不少即出自吐鲁番。

新中国成立后，从50年代到70年代中期，新疆文物考古工作者在吐鲁番阿斯塔那、哈拉和卓两地，先后进行了13次发掘，共清理出晋唐墓葬近400座，获得了大批珍贵文物，其中包括大量汉文文书。据初步统计，这些文书总计2700多件，其中有年号可查者，最早的是西晋泰始九年（273）的遗物，最晚的是唐大历十三年（778）的遗物，前后历时500余年。大致晋、十六国时期100多件，高昌王朝时期700多件，其余为唐代文书，约1700余件。其数

① 参见马世长：《关于敦煌藏经洞的几个问题》、黄文焕：《河西吐蕃文书简述》，《文物》1978年第12期。

量和质量，都远远超出以往所见吐鲁番文书。从1981年到1991年，《吐鲁番出土文书》一书已由文物出版社陆续出版。

新出土文书的形式，为契约（包括租佃、买卖、雇佣、借贷等）、籍账（包括手实、计账、户籍、受田账、欠田账、退田账、差科簿、定户等账等）、官府文书（包括符帖牒状、审理案件的辩辞和录案、授官授勋告身、行旅的过所和公验、收发文簿、收支账历等）、私人信札、经籍写本、随葬礼物疏等类型，内容涉及社会历史与边疆文化的各个方面。从政治上看，吐鲁番地区在汉代就是屯田的中心地区之一，高昌故城汉时称高昌壁，自汉至魏晋皆为戊己校尉驻地。东晋时前凉、前秦、后凉、西凉、北凉等割据政权先后统治过吐鲁番。公元5世纪后，柔然汗在高昌地区建立了阚氏政权，继有张氏、马氏、鞠氏等政权。公元640年，唐朝统一新疆，在高昌设西州。这一段历史，完全为吐鲁番出土的大批文书文物所证实。在经济方面，文书中所见粮食、经济、园艺作物多达十五六种，有关消费品的收入和开支数字都大得惊人：鞠氏高昌王朝的一次入酒账，就记下了“后入酒”973斛；唐天宝十三年（754）的一次马料支出账表明，仅三个月内就支出马料青稞1450石6斗7升；从神龙二年（706）的一次纳粮入仓账看，不到半月时间就入仓926石。商业买卖的规模也很大，鞠氏高昌王朝的一份官市收佣钱账历，记载市场成交的货物，有人一次就买下香料572斤、鍮石30斤，其他金、银、药、丝的交易也动辄数十上百个衡量单位。有一个到长安贩药材的“行人”，一次就领取药价“大练二百三十五匹二丈四尺”。这些都反映了高昌经济的发展状况。土地制度方面，大量的给田、退田、欠田、别田籍、租佃、雇佣等文书，具体记载了吐鲁番实施均田制的情况。赋役制度方面，有关文书说明，鞠氏高昌时期不仅葡萄园纳“租酒”，土田输银钱，而且还按丁纳钱、纳薪、纳租粟，计树纳绢、绵，又有“远马行钱”及不知名目的苛捐杂税；徭役则按亩征发，又分“道役”和“俗役”。与文书同时出土的还有不少庸调麻布和绢，有的以墨书记明了纳布人姓名、数量、布帛性质、纳布时间，并盖有州县印信；有的还有题记，记明这些庸调布绢来自河南、陕西、四川、两湖、江浙一带。这些又是研究唐代前期租庸调制的重要史料。文书证明，高昌租调及户税、地子、杂徭等和内地是一致的。

新出土的吐鲁番文书都以汉文书写，说明在古高昌地区通行汉语文。文书中有大量关于少数民族的记载，也说明他们同汉族居民一样为编户齐民，分到口分田，同时承担交租税、服徭役的义务，有的还被编入军府充当卫士，参加战斗，立功受勋。文书中的许多邮政材料，尤其说明了汉晋以来新疆与内地的密切联系。十六国时期是我国大分裂、大动荡的时代，而正是在这一时期，高昌地区建立了和内地一样的郡县行政机构，文书所反映的民族融合倾向十分明显。其中还有一些西凉文书、北凉文书，以及与大夏（赫连勃勃）、柔然等相关联的文书，反映出各民族及其政权间的相互交往和联系。

吐鲁番文书中还有不少古籍写本。如《毛诗》《论语郑氏注》、隶古定《尚书》的《禹贡》和《甘誓》篇（孔氏传）、缺名旧晋书的《赵王伦传》和《张华传》、公元568年写本有注的《急就章》、隋薛道衡的《典言》等，太半也是失传的古籍。《论语》《孝经》出土最多，反映出汉文化的影响。更为可贵的是，抄本书籍中还发现钤有“西州都督府之印”的《唐律疏议》残片及《针经》、药方、牧医方等，为校订古代律书、医书提供了新材料。佛经、道教符箓残片也多有出土，且随葬衣物疏中的用语多佛、道混杂，说明了当时佛、道两教的相互影响。①

三　“吐火罗语”文书与西夏文书

近世发现的用“吐火罗文”与西夏文字书写的文献与文书，受到中外学者的瞩目。“吐火罗文”发现于新疆库车、焉耆、吐鲁番等地，是一种古老的民族语言文字，用的是印度婆罗米字母斜体，所记录的语言属印欧语系 Centum 支派。有两种方言：甲方言主要流行于焉耆、高昌一带，乙方言限于古龟兹（今库车）地区，旧称“甲种吐火罗语”和“乙种吐火罗语”。目前已刊出或编目的有关文献主要为佛教经卷，也有内容广泛的剧本、诗歌、故事等。长达27幕的《弥勒会见记》剧本，据认为是我国现存最早的剧本。其他字书、公文、账册、医术、占卜资料等，对研究新疆地区历史都有一定参考价值。现存“吐火罗语”文献绝大部分流散国外，德国在1921年和1953年分别出版了《吐火罗语残卷A》和《吐火罗语残卷B》，保存了这方面的原始资料。

西夏文创制于公元11世纪初，记录的是西夏语（古党项羌语），属汉藏语系的藏缅支派，据认为与今四川羌语和敏里雅语类似。文字体式与汉字相仿，有会意、形声、转注等构造法，笔画繁多，共6000余字，曾在西夏境内与汉字同时流行。1910年，俄国人科兹洛夫在我国内蒙古额济纳旗黑城遗址发掘一座古墓，掠去一批西夏文印钞书籍、文书，是近世出土西夏文资料最大的一宗。但这批资料，直到1963年才由原苏联出版了考定书目《西夏文写本和刊本》，共收录文献405种，包括佛教经卷345种，世俗著作60种。其中既有军

① 参见《吐鲁番晋—唐墓葬出土文书概述》，《文物》1977年第3期；《吐鲁番哈剌和卓古墓群发掘简报》，《文物》1978年第8期。

事法典《长观玉镜统》、官典书《西夏官阶封号表》、律令书《天盛年改新定律令》等政治、军事、法律资料，又有《西夏图集》等地理资料，《圣立义海》《西夏诗集》等民俗资料，《论语》《孟子》等汉文古籍写本，以及《文海》等西夏文字史料，可补历来西夏史料之不足。[①]

① 详见吴天墀:《西夏史稿》附录四，成都，四川人民出版社，1980。

第二章　群经史料

所谓群经史料，是指中国古代儒家学派所传授的几部经典著作中的史料，具体地说，就是“十三经”中的史料。

儒家书籍称经，始见于《庄子·天运》：“孔子谓老聃曰：‘丘治《诗》《书》《礼》《乐》《易》《春秋》六经，自以为久矣。’”说明在战国中期已将儒家六部经典合称“六经”了。汉武帝时，采纳董仲舒建议，“罢黜百家，独尊儒术”，只承认孔子的书为“经”，“五经”皆立学官（《乐》已亡佚），称“五经博士”，并把“经”神圣化。

随着封建社会的发展和统治阶级的需要，“经”的范围逐渐扩大，将一些本来不属于“经”的儒家经典逐步升格为“经”。东汉时，增加了《孝经》《论语》，合称“七经”。唐代，先以《易》《诗》《书》《仪礼》《周礼》《礼记》《左传》《公羊传》《穀梁传》合称“九经”，唐文宗时刻石经，又增《论语》《孝经》《尔雅》为“十二经”。宋代，把《孟子》也抬到“经”的高度，于是有了“十三经”。

历代学者对儒家经典作了大量注释。南宋编成《十三经注疏》一书，共416卷。清代学者又以巨大精力，对儒家经典作了新的注解，阮元编《皇清经解》1400卷，王先谦又编《皇清经解续编》1430卷，实难卒读。1998年中华书局又影印了《清人注疏十三经》，可视为精选本。

清代史学家章学诚指出：“六经皆史也。古人不著书，古人未尝离事而言理，六经皆先王之政典也。”① 这是很有道理的，“十三经”并不神秘，它只不过是儒家学派的十三部典籍而已。由于这些著作或编成于先秦，或写成于汉代，当初必有古代史料做依据，可作为研究古代政治、经济、社会思想、文化等的重要史料，经的古传注也保存了一些古代史料。

第一节　“五经”中的史料

儒家原有“六经”，汉代起只传“五经”，即《周易》《尚书》《诗经》《仪

① 《文史通义·易教上》。

礼》《春秋》。

一　《周易》

《周易》，简称《易》，又称《易经》，12篇。本是一部占筮书，后列为儒家经典，成为一部讲哲理的书。它包括经、传两部分。经即《周易古经》，有六十四卦。每卦有卦画、卦名、卦辞、爻辞四部分。构成卦画的基本符号是“—”和“— —”，分别为阳性和阴性，由两个符号连迭三层，得出八组，叫作八卦。八卦相重，成六十四组，即六十四卦。每卦有卦辞，说明卦义；卦辞之后是爻辞，解释爻的意义。历来有伏牺画卦、文王重卦的说法，不可信。卦辞和爻辞，一般认为是西周初年的作品。“传”即《易传》，又称《易大传》，是对“经”的解释，共有七种十篇，即《彖传》上、下，《象传》上、下，《文言》，《系辞》上、下，《说卦》，《序卦》，《杂卦》，合称“十翼”，相传为孔子所作，一般认为非一人一时之作。《彖传》解释六十四卦卦名、卦义和卦辞，写作年代近于战国；《象传》解释六十四卦的卦象、爻象，可能是战国中、晚期的作品；《文言》只解释《乾》《坤》两卦的卦辞和爻辞，写作时代最早为战国晚期；《系辞》是《易经》的通论，写作时代至迟为战国晚期；《说卦》解说八卦所象的事物；《序卦》解说六十四卦的排列顺序；《杂卦》解说六十四卦的卦义，与《说卦》《序卦》三篇，写作年代约在汉初或汉中后期。传的作者往往借助于解经的形式，来阐发自己的政治主张和哲学思想，记载了一些商、周故事和当时的社会情况，是研究商、周史的珍贵史料。它既有神秘主义色彩，又包含辩证法因素，既是唯心主义哲学体系，又表现出一些唯物主义思想观点，是研究先秦思想史的重要资料。

《周易》通行的注本有：魏王弼和晋韩康伯注、唐孔颖达等疏的《周易正义》，唐李鼎祚《周易集解》，宋朱熹《周易本义》，清焦循《易章句》和《易通释》，近人杨树达《周易古义》，李镜池《周易探源》，闻一多《周易义证类纂》等。高亨《周易古经今注》和《周易大传今注》，最便阅读，分别有中华书局1957年本和齐鲁书社1979年本。

二　《尚书》

《尚书》，原名《书》，后亦称《书经》。是我国上古历史文件和部分追述上古史迹著作的汇编。据《史记》《汉书》记载，孔子曾删《书》百篇，经后世学者考证，有些篇写成于孔子之后。它的编定，当在战国。经秦火后，汉初伏生传出28篇，用汉代通行隶书写成，称今文《尚书》。汉武帝时，鲁共王在孔壁中发现的44篇，用古文字写的，称古文《尚书》，后亡佚。晋元帝时，豫章内史梅赜向朝廷献出一部自称是孔安国作传的古文《尚书》58篇，其中包括今文28篇（分成33篇），新增25篇。后经清代阎若璩等学者考证，新增的25篇系伪造，故称伪古文《尚书》。唐孔颖达等《尚书正义》即采用梅本，故《十三经注疏》本乃是混编本。属于今文《尚书》的有：《尧典》（包括《舜典》，但无篇首28字）、《皋陶谟》（包括《益稷》）、《禹贡》《甘誓》《汤誓》《盘庚》（包括上、中、下）、《高宗肜日》《西伯戡黎》《微子》《牧誓》《洪范》《金縢》《大诰》《康诰》《酒诰》《梓材》《召诰》《洛诰》《多士》《无逸》《君奭》《多方》《立政》《顾命》（包括《康王之诰》）、《费誓》《吕刑》《文侯之命》《秦誓》，共28篇。按时代区分，计《虞书》2篇，《夏书》2篇，《商书》5篇，《周书》19篇。记事时间，上起尧舜，下讫春秋中叶的秦穆公，约相当于公元前2000年至公元前600年。

《尚书》重在记言，多是君主训示臣民和近臣告诫君主之辞，只有少数叙事之篇。保存了我国商、周两代，特别是西周初期的不少重要史料，有些内容还涉及到原始社会末期的情况，是研究原始社会和奴隶社会的珍贵文献史料。如《尧典》记尧和舜的事迹，《皋陶谟》记舜、禹、皋陶等人在一次会议上关于治理国家问题的谈话，大体反映了我国原始社会末期的情况；《禹贡》是一篇古代地理著作，详细记载了古代政治制度，九州的划分，山川的方位和脉络，物产分布，土壤性质等，是研究上古地理的资料；《盘庚》三篇完整地记叙了盘庚迁都的经过，说明了迁都的原因以及围绕迁都产生的种种矛盾，是研究商史的宝贵史料；《洪范》是研究古代哲学思想、政治思想的重要文献；周初“八诰”是研究周初社会的宝贵文献。25篇伪作，也有一定史料价值，但需慎重对待。

历代注释《尚书》的著作不胜枚举。除《十三经注疏》本中的《尚书正义》外，清代孙星衍《尚书今古文注疏》采辑汉、魏、隋、唐旧注及清人的研究成果，是一部能够代表清代乾嘉时期《尚书》研究水平的总结性著作，有中华书局1986年标点本。近代，杨筠如《尚书覈诂》、于省吾《尚书新证》、曾运乾《尚书正读》，材料丰富，有新的成就。顾颉刚、刘起釪对《尚书》的校、释、译、论是对《尚书》系统全面的整理。

三　《诗经》

《诗经》，本称《诗》或《诗三百》，是我国最早的一部诗歌总集，汉代尊为经。它是经周王室的乐官约500年的采集编选，由孔子修订而成为定本的。

分风、雅、颂三部分，共305篇。风诗160篇，是地方乐歌，按地区分为周南、召南、邶、鄘、卫、王、郑、齐、魏、唐、秦、陈、郐、曹、豳十五国风。雅分小雅、大雅，共105篇，是王室宫廷和京畿一带的乐歌。颂分周颂、鲁颂、商颂，共40篇，是宗庙祭祀的乐歌。这些作品产生的年代，上自西周初年，下至春秋中叶，即公元前11世纪至公元前6世纪。除极少数是西周作品外，大部分是东周时代的作品。

风诗是《诗经》中的精华，这些诗歌全面深刻地描写了劳动人民被压迫、被剥削的生活处境，表达了劳动人民的愤慨和不平，反映了西周末、东周初频繁的战乱给人民带来的痛苦和灾难。以婚姻恋爱为主题的诗歌表现了妇女在阶级社会中所受到的压迫和她们充满血泪的生活，也有一些诗描写了劳动人民和谐、欢乐、健康、严肃的爱情生活。

大雅为西周贵族作品，反映的多是西周王朝兴起的事迹和西周盛时的农业生产情况，有较高的史料价值。如《生民》歌颂了周的始祖后稷在农业生产上的业绩；《公刘》追叙了周的远祖公刘率族众迁徙与建设国家的史实；《绵》描写了周民族逐渐由穴居进化到室居的过程；《大明》写周王朝的开国史。这些诗对研究周民族的发展史，研究周代农业生产方式和社会制度，价值极高。小雅除贵族作品外，有部分民间歌谣，反映的多是西周末期政治废弛，统治者的昏暴，人民的悲怨，以及东周社会的混乱情况。

颂诗都是贵族的作品，内容主要是歌颂祖先神灵和统治阶级"功德"的，其中有些诗也还有一定的史料价值。总之，《诗经》在一定程度上反映了我国奴隶社会由兴盛时期到逐渐瓦解和封建社会产生的历史面貌，是研究殷周社会的有价值的史料，特别是研究周初社会的宝贵史料。

《诗经》注本很多，通行的有汉毛亨传、郑玄笺、唐孔颖达疏的《毛诗正义》，宋朱熹《诗集传》，清陈奂《诗毛氏传疏》，马瑞辰《毛诗传笺通释》，牟庭《诗切》。现代学者注释《诗经》的，如高亨《诗经今注》，上海古籍出版社1980年出版；袁梅《诗经译注》，齐鲁书社1985年出版。

四 《仪礼》

《仪礼》，原称《礼》，汉朝称《士礼》；对《礼记》而言，又叫《礼经》。是东周以前的古礼仪汇编，相传孔子采集周、鲁各国即将失传的礼仪整理而成。或认为是战国时人所作。汉初高堂生传《礼》17篇，为今文；鲁共王得自孔子旧宅的《礼》56篇，为古文。汉代立于学官的有大戴、小戴和庆氏三家。现存《仪礼》是郑玄所注的 17 篇。即《士冠礼》《士昏礼》《士相见礼》《乡饮酒礼》《乡射礼》《燕礼》《大射礼》《聘礼》《公食大夫礼》《觐礼》《丧服》《士丧礼》《既夕》《士虞礼》《特牲馈食礼》《少牢馈食礼》《有司彻》。《仪礼》反映了周代贵族冠、婚、丧、祭、饮、射、朝、聘各项生活细节，还保存了一些远古礼俗的外壳，其中有些形式是从氏族制时期传袭下来的礼俗，如冠礼就是由远古氏族制时期的成丁礼变化而来的，乡饮酒礼起源于氏族聚落的会食制度，故据此书可了解周鲁各国贵族生活的一些侧面，还可从中窥探远古的史影，是研究先秦社会制度、礼仪风俗的重要资料。

《仪礼》难读，可参阅清张惠言《三礼图》、张尔岐《仪礼郑注句读》、凌廷堪《礼经释例》、胡培翚《仪礼正义》等。最常见的是《仪礼注疏》，汉郑玄注，唐贾公彦疏，有《十三经注疏》本。新有 2004 年 7 月上海古籍出版社出版杨天宇《仪礼译注》。

五　《春秋》

《春秋》，相传是孔子据鲁国史官编的《鲁春秋》删定的，被儒家尊为“经”。它是我国现存最早的编年史，记事始鲁隐公元年（前 722），迄鲁哀公十四年（前 481），共 242 年。内容涉及到这一历史时期的许多大事和诸侯国的历史，以政治活动为主，特别是战争及与之有关的朝聘、会盟等，还记载了日月蚀、星变、地震、山崩、水灾、旱灾、虫灾等自然现象，保存了春秋时期的不少史料。但此书记事简略，只有事目，加之讲究“笔法”，措辞隐晦，没有传注，实难读懂，故有传的产生。今流传下来的，有《左氏传》《公羊传》《穀梁传》三种。经和传本各自单行，后合并在一起，先经后传，《春秋》已没有单行本了。

第二节　“五经”以外的群经史料

一　《周礼》

《周礼》，原名《周官》，亦称《周官经》，刘歆始改名《周礼》。或认为周公所作，或认为刘歆伪造。现代学者一般都认为，《周礼》是战国时的作品，系杂合周与战国制度并寓以儒家政治理想编成的。全书 42 卷，包括《天官冢宰》《地官司徒》《春官宗伯》《夏官司马》《秋官司寇》《冬官司空》（久佚，汉人补以《考工记》）等 6 篇。每篇之内，先列长官，次列副官，再列属官。各官均先叙其官名、爵等、员数，再叙其职掌。作为一部先秦古籍，对研究先秦的政治、经济、文化礼法等制度以及审美习尚、工艺水平等，都有重要史料价值。汉人所补《考工记》是战国时作品，是研究战国时代手工业状况的宝贵资料。

通行注本有汉郑玄注、唐贾公彦疏的《周礼注疏》，见《十三经注疏》本；清孙诒让《周礼正义》，有《四部备要》本。1985 年书目文献出版社有林尹《周礼今注今译》。新有 2007 年 4 月上海古籍出版社杨天宇《周礼译注》。

二 《礼记》

西汉时，《仪礼》被称为《礼经》，有关《礼经》的解释、说明、补充等参考资料，被称为“记”，非一人一时之作。经过长期流传删夷，到东汉中期形成了戴德辑《大戴礼记》85 篇和戴圣辑《小戴礼记》49 篇。东汉末郑玄注“三礼”用《小戴礼记》，唐孔颖达等作疏，即今《十三经注疏》中的《礼记正义》。

《礼记》是中国古代各种有关礼仪文章的汇编，内容丰富，包含着不少有关先秦社会制度、礼仪风尚和丰富的儒家思想史料，是研究中国古代社会情况、儒家学说和文物制度的一部重要著作，特别是研究战国、秦、汉时期儒家思想的必读书。如《王制》是儒家对国家、社会制度的设想；《礼运》提到“天下为公”的“大同”思想，反映了对美好社会的向往；《学记》阐述了儒家的教育理论；《大学》《中庸》论述儒家的人世哲学。

阅读《礼记》，可参阅宋代卫湜《礼记集说》、清杭世骏《续卫氏礼记集说》、朱彬《礼记训纂》、孙希旦《礼记集解》。《礼记集解》有《丛书集成》本。近有 1997 年上海古籍出版社杨天宇《礼记译注》、2001 年中华书局王文锦《礼记译解》。

三 《左传》

《左传》，即《春秋左氏传》的简称，原称《左氏春秋》，30 卷。相传作者是左丘明。后世学者认为此书在战国初编定，非一时一人之作。本是一部独立的史书，晋杜预以之与《春秋》相配并作注，唐孔颖达作疏，称《春秋左传正义》，即今《十三经注疏》本。它首列《春秋》经文，然后编年记事，始鲁隐公元年，与《春秋》同，迄鲁哀公二十七年（前 468）。它详细地具体地记述了周王朝及诸侯国之间的重大历史事件，保存了政治、经济、军事、文化、外交各方面的丰富资料，还在人物的对话中，集录了很多春秋以前的历史事实和传说。记事以鲁襄公、昭公之世为详，就国别而论，以晋、楚为详，鲁、郑次之，宋、卫、周、齐又次之。是研究春秋史的必读书，也是研究先秦史的重要文献史料。

清人注本，有洪亮吉《春秋左传诂》、沈钦韩《春秋左传补注》、惠栋《左传补注》、李贻德《春秋贾服古注辑述》、刘文淇《春秋左氏传旧注疏证》等。另有1977年上海人民出版社《春秋左传集解》标点本。现代学者杨伯峻《春秋左传注》广收古今中外学者研究成果及考古资料，加以己见，反映了当代《左传》研究的水平，中华书局1981年出版，最便参考。

四 《公羊传》

《公羊传》为《春秋公羊传》的简称，或称《公羊春秋》。28卷。旧题战国齐人公羊高著，实是公羊高口述，至汉初由其玄孙公羊寿及弟子胡毋子都集录成书。以问答体逐层阐述《春秋》经的“微言大义”，反映了秦汉间儒家的社会理论，具有鲜明的“天人合一”色彩，是研究秦汉之际政治史、思想史的重要资料。《公羊传》对《春秋》记载的大事逐一说明其内容，并与《左传》所记互有异同，可互相补充，也是研究春秋史的重要史料。公羊学在汉代大兴，董仲舒发挥其说，汉武帝采纳他的建议，独尊儒术，对中国政治史、学术思想史影响极大。

阅读《公羊传》的参考书，有汉何休注、唐徐彦疏的《春秋公羊传注疏》，清孔广森《春秋公羊通义》，刘逢禄《公羊何氏释例》《公羊何氏解诂笺》，凌曙《公羊问答》，陈立《春秋公羊义疏》等。《春秋公羊义疏》有《四部备要》本。新有2000年辽宁教育出版社顾馨点校本，2008年上海古籍出版社译注本。

五 《穀梁传》

《穀梁传》为《春秋穀梁传》的简称，旧题穀梁赤（“赤”亦作“寘”“俶”“喜”等）撰。20卷。最早传授者当是穀梁赤，其后学者整理成书，成书时间和《公羊传》差不多同时，或稍后。体裁与《公羊传》相近，以问答体逐层阐明《春秋》的“微言大义”，史事较少，但与《左传》记事互有异同，也是研究春秋史的重要史料，并与《公羊传》同为研究战国、秦、汉间儒家思想的资料。《穀梁传》由于汉宣帝提倡，始兴盛，立于学官。

晋范宁注、唐杨士勋疏的《春秋穀梁传注疏》，清钟文烝《穀梁补注》，可参考。《穀梁补注》有《四部备要》本。新有1997年辽宁教育出版社顾馨、徐明校点本，2004 年上海古籍出版社译注本。

六 《论语》

《论语》，由孔子弟子及其后学辑录。20 篇。每篇若干章，每章若干句，不相连属，取每篇首章二三字为篇名。成书年代在战国初。内容是孔子及其弟子的语录，主要是孔子的语录。《论语》内容丰富，所辑录的孔子言论，反映了孔子的伦理思想、政治思想、教育思想和天道观等，是研究孔子思想、儒家学说以及中国古代社会史、思想史、文化史、教育史的可靠史料。《论语》是儒家学派的重要经典之一，从东汉起即被列入儒家“七经”之列，南宋朱熹又列入《四书》，加以集注，为两千年来士人所必读，在中国思想文化领域产生了广泛而深远的影响。

曹魏何晏注、宋邢昺疏的《论语注疏》，清刘宝楠《论语正义》、近人程树德《论语集解》、杨树达《论语疏证》、今人杨伯竣《论语译注》，均为主要参考书。《论语译注》有中华书局 1958 年印本。

七 《孝经》

《孝经》，或说作于曾参，或说作于孔子，当是孔子再传弟子之后儒者所作，约成书于战国中期。18 章。是儒家专讲孝道的书，史料很少。它被历代封建统治者所重视，用来劝“孝”，由“孝”而劝“忠”，在封建社会里影响很深，对研究儒家思想、研究封建社会的上层建筑有一定价值。

注本有唐玄宗李隆基注、宋邢昺疏的《孝经注疏》，收入《十三经注疏》。

八 《尔雅》

《尔雅》，作者有周公、孔子、孔子弟子、汉儒等诸说，皆不可信，非一人一时之作，成书时间当在战国，汉初又有增补。是我国古代的一部训诂书，是杂采几代诸家训诂材料逐步编成的，共 19 篇。此书保存了大量秦汉以前的语汇并加以解释，是考证词义和古代名词的重要资料，对阅读古籍有很大帮助，从中也可了解一些古代的社会生活、天文、地理、生物的情况，有很高的文献资料价值。

晋郭璞注、宋邢昺疏的《尔雅注疏》，保存了不少古代文献资料。清邵晋涵《尔雅正义》、郝懿行《尔雅义疏》为较好注本。今人徐朝华的《尔雅今注》，简明扼要，最便阅读，1987 年南开大学出版社出版。

九　《孟子》

《孟子》，孟轲及其弟子万章等辑。共 7 篇。东汉赵岐作注，篇分上、下，成为 14 篇。是记述孟轲言行及与时人、弟子互相问答的书，体裁似《论语》。《孟子》一书集中反映了他的“性善”论和“仁政”“省刑”“薄赋”等政治主张，是研究孟子思想的可靠史料。朱熹将《论语》《孟子》《大学》《中庸》编为《四书集注》，成为士人必读书，此书在中国文化史上影响不亚于《论语》，是研究古代思想史、文化史的重要文献史料。书中关于战国史事的记载，可与《战国策》《史记》相参证。

《十三经注疏》中的《孟子注疏》为汉赵岐注、宋孙奭疏。清焦循《孟子正义》最著名。今人杨伯峻《孟子译注》，有中华书局 1962 年印本，便于初学。

第三章　诸子史料

"诸子"之名，起于先秦。《周礼·夏官》有"诸子"一职，相传为司马属官。春秋战国时期，学术上"百家争鸣"，形成了各个学派，这些学派的领袖人物被称为"子"，他们的著作即被称为"子书"。后世大凡记录一家之言的著作，往往都概称为"某子"或"某子之书"。

古籍著录书中出现"诸子"的名目，始于西汉末年刘歆编的《七略》。《汉书·艺文志》继承《七略》的分类体系，也设有《诸子略》一门，将所收之书分为儒家、道家、阴阳家、法家、名家、墨家、纵横家、杂家、农家、小说家等十个流派，实列有189家，累计4324篇。后来随着典籍的增多和目录学的发达，子书的范围越来越广，成为古籍分类的一大部类。宋代高似孙的《子略》著录先秦诸子37家。清修《四库全书总目》的子部著录书多达2981部（包括存目、附录），其中有卷数可计者共59730卷。清末崇文书局汇刊的《百子全书》，选择了历代儒家、兵家、法家、农家、术数、杂家、小说家、道家的著作100种。近人陈仲凡的《诸子书目》，也收入了周秦以至元明各代诸子144家。抗日战争前世界书局出版的《诸子集成》，新中国成立后中华书局曾几次据原纸型挖改重印，现共汇集先秦至汉魏六朝诸子著作26家的注本或校本28种，是目前常用的诸子资料书。

从著录情况可以看出，诸子史料的内容极其宽泛。不过近现代以来对"诸子"的理解，大多侧重于有关哲学史或思想史方面的私家著作，而不再将传统上一并列入子部的医学、天算、宗教经典及类书等都包括在内；有些过去称之为"小说"的著作，如《诸子集成》中的《世说新语》等书，现在一般列入杂史，也不再列入子书。因此本章所述，即侧重于古代哲学和政治思想史料。其中先秦部分，大致按传统的划分，分别介绍各学派的传世代表作品，唯儒家代表作《论语》《孟子》，传统上一般归之于经，我们也放到"群经史料"一章介绍，这里不再重出；秦以后、唐以前的部分，则以政论之书为主，同时兼及部分儒学及杂纂之书；至于宋以后的部分，则仅选择几位宋明理学大家的代表著作及一些反理学的代表作品加以介绍，其余均不再涉及。

第一节　先秦诸子史料

一　《荀子》

《荀子》一书，一般和《论语》《孟子》一起，被视为先秦儒家思想的代表作。作者荀况（约前313—前238），又称荀卿，赵国人。其书20卷，共32篇，系后人整理而成，但大多数篇章出自荀况之手，是研究荀况思想的直接依据。作者推崇孔子，但对儒学多有变通，其政治思想的中心内容是“隆礼”和“重法”。即一方面把“礼”看成是“治国之本”，“人道之极”，并以之确定社会等级和统治阶级物质分配的“度量分界”；另一方面又认为“礼”“法”相辅为用，“礼”以节制统治者，“法”以裁制“众庶百姓”。在自然观方面，他提出了“明于天人之分”的光辉命题，主张天道自然、“天行有常”“天人相分”“制天命而用之”。在认识论方面，提出了“天命簿类”“心有征知”的认识路线，主张通过感官和思维对客观事物进行分析、辨别和验证，从而形成概念和判断；又提出了“解蔽”的认识方法，以避免片面性和主观性；并提倡“学至于行而止”的知行观和“制名以指实”的逻辑思想。在历史观方面，他强调“人之性恶”与“化性起伪”（“性”指天赋，“伪”指人为），提出了“明分使群”的社会起源说，主张以确定的上下职分和等级差别来组织社会，又主张厚今薄古，“法后王，一制度”。他的思想对后世有重大影响，书中的史料不仅对研究儒家，而且对研究法家的思想理论，都有很高的价值。《诸子集成》收有清人王先谦《荀子集解》一书，材料较为丰富。

二　《墨子》

儒、墨在先秦并称“显学”。《墨子》的作者墨翟（约前476—前390），鲁国人（或说宋国人）。相传他早年曾受孔子的儒学教育，后来反对儒家的政治主张，自己创立了带有宗教色彩的禁欲主义团体墨家学派。他死后，墨家学派分裂为三。《墨子》一书即是其弟子根据其言论记录而成。此书现存15卷、53篇，从卷二至卷九在同一标题下皆分上、中、下三篇，为三派不同的记录。墨子在政治上和人际关系上主张“尚贤”“尚同”“非攻”“兼爱”“交相利”；在经济上提倡“重力”（“赖其力者生，不赖其力者不生”）、“强本”（“强必富，不强必贫”）、“节用”“节葬”“非乐”；而在天人关系上则一方面提倡“非命”（否定“命定论”），一方面又崇尚“天志”“明鬼”（承认“天”为主宰及“鬼神”的存在)。值得注意的是,《墨子》书中有着丰富的军事学、机械学、算学、光学、生理学等自然科学史料,又有“三表法”等宝贵的逻辑学史料。书中称引古书也很多,保存了一些上古文献史料。《诸子集成》收有清人孙诒让《墨人闲诂》15卷,外附4卷,是整理研究《墨子》的名作;1972年银雀山汉墓出土有竹简抄本。

墨家著作流传下来的很少,现存《晏子春秋》8卷,有的学者认为也是墨子学派中的齐人托名晏婴而作。书中记载晏婴相齐时的行事和言论,保存了一些齐国的史料。银雀山汉墓竹简中亦有此书的汉初节抄本,其中所宣扬的“兼爱”“节葬”诸说与《墨子》相合,然有时亦袭老庄语。《诸子集成》收有近人张纯一的《晏子春秋校注》。

三 《老子》和《庄子》

《老子》,又名《道德经》,相传著者为老聃,姓李、名耳、字聃,楚国苦县人,大约与孔子同时。其书五千言,分上、下两篇,共81章,是用韵文写成的哲理诗,为道家主要经典。书中展示了以“道”为最高实体的宇宙观,强调“道”生万物、“道法自然”,包含着极其丰富的辩证法思想。在历史观上,则完全抛弃了“天”和“先王”的形式,否定以人为的努力改善社会状况,推动社会发展,而认为人类文明是罪恶的根源,倡导“复归于朴”,回到氏族社会的状态中去。传世之本以晋王弼注2卷本最为有名;1973年长沙马王堆出土的两部帛书《老子》,皆《德经》在前,《道经》在后,与传世本顺序不同。

庄子名周(约前369—前286),宋国蒙人。《汉书·艺文志》著录《庄子》52篇,现存33篇系晋人郭象所编,计内篇7、外篇15、杂篇11,实为庄周学派的一部丛书。庄周本人的思想主要反映在内篇中。他继承了老子关于“道”的思想,又发挥为“物物者非物”的以精神本体为第一性的天道观,在认识论上有着严重的相对主义,对现实人生则宣扬“知其不可奈何而安之若命”的宿命论。在历史观上,他对人格神的否定比老子更彻底,主张“绝圣弃智”,毁弃文明,回到原始的人畜不分的混沌世界中去。但他对仁义礼法的批判,对当时统治阶级的贪暴残忍和社会阴暗面的揭露,也包含了一些战国时代的政治史料,他对“人性”的提倡和充满哲理的处世智慧,对后世有一定的影响。《诸子集成》收有清人王先谦的《庄子集解》与郭庆藩的《庄子集释》。

《文子》2卷,相传为老子弟子文子所作,也是一种道家文献。书中的内容基本上是阐述老子的道原、无为、自然、微明等思想,也和《老子》一样大讲君人南面之术,但也有不少儒家和法家的言论。1973年河北定县汉墓出土竹简中有《文子》一书，借以校对，可知今本多经后人窜改。

四　《管子》《商君书》和《韩非子》

《管子》一书，相传作者是春秋时期齐相管仲（？—前645），然自晋代已有人怀疑其“半非管仲所作”，宋人更明确指出“《管子》非一人之笔，亦非一时之书”。近现代学者大都认为此书编成于战国时代，但也不完全是战国时人的著作，其中还有少量汉人加入的部分。原书在西汉末年由刘向校定为86篇，唐以前亡去10篇，现存76篇。错字错简颇多，虽屡经后人整理，仍有不可通读之处。《诸子集成》收有清人戴望的《管子校正》，厘为24卷；今人郭沫若主编有《管子集校》。

《汉书·艺文志》将《管子》列入道家，《隋书·经籍志》以后皆列入法家。实际其内容十分庞杂，既有大量法家的言论，也有不少儒、道、兵、农、纵横、阴阳各家的言论。书中记载了管仲相齐的许多改革措施，如在政治上分国为15个士农乡和6个工商乡，分鄙野为5属，设置各级官吏进行管理，并以士农乡的乡里组织为军事编制，又设立士经三次审选可为“上卿之赞（辅助）”的人才选拔制度；在经济上主张按土地好坏分等征税，适当征发役力，禁止掠夺家畜，用官府力量发展盐铁业，铸造和管理货币，调剂物价等。这些都可从有关篇章中找到具体的史料。尤其书中所包含的经济思想甚为丰富，诸如财富和劳动观念、分工和分配观念、节俭与“侈靡”相统一的消费观念、商品流通领域的轻重理论、货币学说、市场贸易对策、价格政策、财经措施、国家对经济生活的干预等等，都有不同程度的论述。同时作者还重视物质生产对政治、伦理和意识形态的影响，提出“治国之道，必先富民”，“田畴垦而国邑实，朝廷闲而官府治，公法行而私曲止，仓廪实而囹圄空”，又提出“治民有常道，生财有常法”，“仓廪实而知礼节，衣食足而知荣辱”；论兵也强调“为兵之数，存乎聚财而财无敌，存乎论工而工无敌，存乎制器而器无敌”，把经济力量作为战争胜负的决定性因素。在哲学上，有关篇章也表现出明显的唯物主义倾向，认为“道”即“精气”，宇宙万物都由“精气”产生，人的意识起源和人们的精神活动也都是“气”的运化。总之，《管子》是反映齐国文化传统的一部综合性的著作，可能是稷下学派的一部论文集，对研究战国以前的历史具有相当高的史料价值，其中有不少材料还有待进一步发掘和利用。

早期法家著作中，战国初年李悝（约前455—前395）的《法经》是值得重视的一种。这是我国第一部较为完整的法典，系作者汇集当时各国的法律编成，也是作者为魏文侯相时主持变法的法律依据。可惜原书已失传，唯清人黄奭曾辑出残本。

流传较早，现在保存又比较完整的法家著作是《商君书》。此书记述我国古代著名政治改革家商鞅（约前390—前338）的言行，大约是战国末期秦国法家托名商鞅所作。《汉书·艺文志》有《商君》29篇，今只存24篇，大部分讲法治、农战、军功、君权、兵法等政治军事问题，少部分讲户籍、抑商、废学等事，实是秦国自商鞅变法后长期实行法治的经验总结。商鞅的政治思想是进步的，他主张“治世不一道，便国不法古”，“三代不同礼而王，五伯不同法而霸”，对神意天志一概不提。又曾把古史分为“昊英之世”，“神农之世”“黄帝之世”，或“上世”“中世”“下世”，表现出进化的历史观。书中的材料大部分可作为研究商鞅思想和事迹的参考，司马迁《史记·商君列传》即主要据此书写成。《诸子集成》收有清人严可均校本。

法家集大成的著作是《韩非子》。作者韩非（约前280—前233），出身韩国贵族，曾与秦相李斯同师事荀子，后出使秦国被害。其书现存55篇，保存完整，绝大多数都出自作者手笔，只有个别篇章有后人的搀入。内容几乎全是讲刑名法术的。韩非综合商鞅的“法”治，申不害的“术”治，慎到的“势”治，创立了“法、术、势”三者合一的政治学说和封建君主统治术，对后世影响很大。书中保存了大量春秋战国以前的历史传说和故事，特别是《五蠹》篇对“上古”“中古”“近古”的历史有系统的描述，提出“上古竞于道德，中古逐于智谋，当今争于气力”，“世异则事异，事异则备变”，“圣人”治世“不期修古，不法常可，论世之事，因为之备”，若“以先王之政，治当世之民”，无异于“守株待兔”，等等，这些大大发展了商鞅等前期法家的进步社会历史观。在哲学上，则提出了“道理相应”的自然观，主张“缘道理以从事”，注重对事实的“参验”，“循名实而定是非，因参验而审言辞”，又有对“矛盾之说”和朴素辩证法的系统讲解。书中对先秦学术的分析也值得重视，如《显学》篇指出“孔墨之后，儒分为八，墨离为三，取舍相反不同”，揭示了儒墨两大学派的变化趋势。此书不仅对研究后期法家思想，而且对研究古史、古文献都有重要价值。《诸子集成》收有清人王先慎《韩非子集解》20卷，搜辑较全。

五　《孙子兵法》等兵书

中国兵书成熟极早，《孙子兵法》为世界公认的现存最古老的军事理论著作。作者孙武，字长卿，春秋时齐国人，曾为吴将，率吴军攻破楚国。是书对军事与政治的关系、决定战争胜负的基本因素、将帅的地位和作用、治军的方法和措施，以及作战方针、作战形式、作战的指导原则等都有论述。传世之本均著录为13篇，银雀山汉墓出土的竹简有其残本，为现在所能看到的最早版本，但现存最全的本子是南宋宁宗时所刻《十一家注孙子》3卷。《诸子集成》收有清人孙星衍、吴人骥同校的《孙子十家注》13卷，末附《十家注遗说》1卷。

《孙子兵法》之后，先秦重要兵书尚有以下几部：

《吴起兵法》，相传战国初期吴起（？—前381）所著。起为卫国左氏人，善用兵，初为鲁将，继为魏将，后遭陷害奔楚，辅佐楚悼王实行变法，变法失败被杀害。《汉书·艺文志》著录《吴起》48篇，今仅存《图国》《料敌》《治兵》《论将》《应变》《励士》6篇，对战争理论、军队建设、作战指导等多所阐发，继承和发展了《孙子》的思想，世以“孙吴”并称。《诸子集成》收有清人孙星衍校本。

《司马法》　又称《司马穰苴兵法》，相传为春秋时期齐国司马穰苴（即田穰苴）撰。《汉书·艺文志》著录《军礼司马法》155篇；《隋书·经籍志》著录《司马法》3卷，今仅存1卷5篇。它强调经国治军要讲究礼、仁、信、义、勇、智“六德”，而“以仁为本”，“以礼为固”；作战则要掌握“顺天”“阜财”“怿众”“利地”“右兵”等“五愿”，其中有关于夏、商、周戎车、兵器、旗鼓、徽章、赏罚、警戒等方面变化发展的叙述，可借以考见三代军事制度。后世兵家多引用此书。有《四部丛刊》本。

《孙膑兵法》，古称《齐孙子》。作者孙膑乃孙武后人，曾为齐国军师，大约与商鞅、孟子等人同时。《汉书·艺文志》著录《齐孙子》89篇，而久已失传，后人因疑与《孙子》为一书，直到银雀山汉墓同时出土两书残简，疑案始结。今汉简残本经过整理、注释，分为上、下两编，各15篇，上编辑录孙膑的有关事迹和言论，下编是否完全属于孙膑的论著尚难确定。从上编各篇看，其书应是孙膑及其弟子所著。它直接继承了《孙子兵法》等书的军事思想，总结了战国中期及其以前的战争经验，在战争观、作战指导、军队建设等方面都提出了若干有价值的观点和原则；但杂有五行相克之说和一些迷信观念，反映出齐国阴阳家的影响。

《尉僚子》，《汉书·艺文志》著录同名书有两种：一为29篇，在杂家类，撰人不详；一为31篇，在兵家类，或说为战国中期曾与梁惠王论兵的尉缭撰。后来隋唐诸志所录只有杂家《尉缭子》，而不入兵家，但魏征《群书治要》所辑存的4篇仍是兵家言论，与《汉书·艺文志》31篇本相符。此书真伪问题以往争论较多，至银雀山汉墓出土其残简6篇后，始确定是汉以前流行的战国时军事著作。书中围绕“刑德可以百胜”的提法，广泛论述了用兵取胜之道，强调农战和强兵，注重谋略和军纪，具有朴素的唯物和辩证思想，大致反映了战国时期的兵战情况。

《六韬》　旧题“周文王师姜望撰”，实际成书约在战国晚期至秦汉之际。银雀山汉墓出土竹书中也有此书残简，证明它同样是一部汉以前古籍。其书分文、武、龙、虎、豹、犬“六韬”，重视在政治上战胜敌人，认为用兵的目的在“除民之害”，提出“上战无与战”；对其他军事问题也各有论述，而侧重于军队训练及作战指挥机构的编制等问题。

六　《公孙龙子》和《尹文子》

公孙龙字子秉，战国末年赵国人（一说魏人），为先秦名家的著名代表。《公孙龙子》，《汉书・艺文志》著录14篇，今仅存《迹府》《白马》《指物》《通变》《坚白》《名实》6篇，有涵芬楼影印《道藏》3卷本。《四库提要》谓“其书大旨疾名器乖实，乃假指物以混是非，借白马而齐物我，冀时君有悟而正名实”，是战国重要学术思想史料。

《尹文子》，《汉书・艺文志》亦列入名家，1篇，颜师古注引刘向说谓作者为稷下学者。《四库提要》称“其书本名家者流，大旨指陈治道，欲自处于虚静，而万事万物则一一综核其实，故其言出入于黄、老、申、韩之间”，又引周氏《涉笔》谓其“自道以至名，自名以至法”。前人亦多疑其伪，而梁启超以为是先秦古籍，“毫无可疑”。《诸子集成》收有清人钱熙祚校本，分《大道上》《大道下》两篇。

七　《吕氏春秋》

《吕氏春秋》，又名《吕览》或《吕子》，是战国末年秦相国吕不韦（？—前235）组织门下客集体编述的一部百科全书式的巨著。全书分为12纪、8览、6论，总为26卷；每纪、览、论又各分为5、8、6篇，故总计有160篇。每篇一题，体例整齐，保存也很完整；唯古本可能原以览、论、纪为序，今本则以纪为首，且《有始览》缺去1篇，而以《序意》（原书自序）1篇凑足古本之数。《诸子集成》收有清毕沅校正的汉高诱注本。

历来著录之书都将此书列入杂家。《汉书・艺文志》说：“杂家者流，盖出于议官。兼儒、墨，合名、法，知国体之有此，见王治之无不贯，此其所长也。及荡者为之，则漫羡而无所归心。”这里指出了杂家之书内容宽泛而又不易掌握的特点。《四库提要》说：“不韦固小人，而是书较诸子之言独为醇正。大抵以儒为主，而参以道家、墨家，故多引六籍之文与孔子、曾子之言。其他如论音则引《乐记》，论铸剑则引《考工记》，虽不著篇名，而其文可案。所引庄、列之言，皆不取其放诞恣肆者；墨翟之言，不取其非儒、明鬼者；而纵横之术、刑名之说，一无及焉。其持论颇为不苟，论者鄙其为人，因不甚重其书，非公论也。”这在学术上是公正的评述，但对吕不韦的评价尚有失客观。全书的政治思想体系仍基于儒家的“王道”学说，而在君主为政的层面上偏重于道家的“无为而治”，并提倡礼法相辅，而不赞成后期法家所主张的严酷法治。总起来说，《吕氏春秋》主要是一部战国末年的政治论文集，同时也广泛涉及经济、军事、文化等方面的内容，特别是保存了很多古典文化史料，是一部很珍贵的古籍。如《恃君览》中记载：“昔太古尝无君矣，其民聚生群处，知母不知父，无亲戚兄弟夫妻男女之别，无上下长幼之道，无进退揖让之礼，无衣服履带宫室畜积之便，无器械舟车城郭险阻之备。”这是对人类原始社会生活状态的形象描述。其他篇章也几乎都有历史传说与故事的引证。书中有《大乐》等8篇，专讲古代音乐的制作及乐律、乐理等，存录了相当系统的上古音乐史料，另有《上农》《任地》《辩土》《审时》4篇，则是专讲农业生产的文献资料，从中不仅可以探讨先秦农家学派的思想，而且可以考见当时农业生产的具体知识和经验。是书保存先秦诸子百家散佚史料很多，近人李峻之曾从中辑出20多家的言论事迹，编为《吕氏春秋中古书辑佚》一书，可作为研究先秦诸子的参考。

传世诸子书中，另有一些书，如《关尹子》《列子》《黔娄子》《公子牟子》《杨子》《尸子》《公孙尼子》《景子》《慎子》《鬻子》《田子》《广成子》《邓析子》《鹖冠子》《亢仓子》《田俅子》《随巢子》《鬼谷子》《孔丛子》《孔子家语》及众多孔门弟子之书、《子华子》《子思子》《计倪子》等，皆托名先秦学者，一般认为多出于后人的伪托。但其中有些材料，往往非后人所能杜撰，其真实性究竟如何，还有待今后可能出现的地下发掘史料的证明。

第二节　汉唐之际诸子史料

秦王朝统一中国后，随着中央集权制度的建立，统治阶级在意识形态领域的控制也迅速强化；特别是统治者曾采取严厉措施镇压心怀不满的知识分子，又在全国范围内焚禁诗、书、百家语，从而宣告了战国时代学术上“百家争鸣”局面的结束。因此秦汉以后所谓“子书”，虽时有杂取各家之书出现，而流派的分野已不像先秦那样明显，影响也远没有先秦诸子那样大。本节仅选择汉唐之际（主要是汉代）部分子书性质的私家著作，略以时代顺序简要介绍，而不再分类合并。

一 《新语》《新书》和《淮南子》

《新语》，今本12篇，西汉陆贾（？—约前170）撰。据《史记·郦生陆贾列传》载：汉高祖刘邦初定天下，“陆生时时前说称《诗》《书》，高帝骂之曰：‘乃公居马上而得之，安事《诗》《书》?’陆生曰：‘居马上得之，宁可以马上治之乎？……’高帝不怿而有惭色，乃谓陆生曰：‘试为我著秦所以失天下，吾所以得之者何，及古成败之国。’陆生乃粗述存亡之征，凡著十二篇。”有的学者认为今本《新语》已非陆贾原作。但今书要旨仍在讨论治国之术，亦有对秦亡教训的总结，强调“无为而治”、政令统一、重用贤人、慎微辨惑、崇尚仁德，虽儒、道并包，而多述黄老思想，反映出汉初政治思想的理论特点。《诸子集成》收有明弘治刊本；清人宋翔凤亦有校本，校勘较精。《新编诸子集成》中王利器的《新语校证》，是目前最好的注本。

《新书》，又称《贾子》，西汉贾谊（前200—前168）撰。今本10卷、58篇，与《汉书·艺文志》合，但两篇有录无书，实存56篇。《四库提要》谓“其书不全真，亦不全伪”。作者为汉初著名政论家、思想家，曾多次上疏总结秦亡的教训，批评时政，建议削弱诸侯王势力，巩固中央集权；主张重农抑商及抗击匈奴。此书所收即以他的政论为主，包括有名的《治安策》《过秦论》《大政》等，又有一些政治、哲学方面的短文，所述多为当时重大社会问题。其思想则远继荀、韩，兼取儒、道，而主要代表秦汉之际注意“当今之务”的新法家。1976年上海人民出版社出版的《贾谊集》收有此书。

《淮南子》，又称《淮南鸿烈》，西汉文、景时期淮南王刘安（前179—前122）组织门客所撰。《汉书·艺文志》著录《淮南内》21篇、《淮南外》33篇，今唯存《内篇》21篇。颜师古注谓“《内篇》论道，《外篇》杂说”；高诱序则说：“其旨近老子，淡泊无为，蹈虚守静，出入经道。言其大也，则焘天载地；说其细也，则沦于无垠。及古今治乱，存亡祸福，世间诡异瑰奇之事，其义也著，其文也富，物事之类，无所不载。然其大较归之于道，号曰《鸿烈》。鸿，大也，烈，明也，以为大明道之言也。故夫学者不论《淮南》，则不知大道之深也。是以先贤通儒述作之士，莫不援采以验经传。”其《要略》篇自称作书宗旨在“观天地之象，通古今之事，权事而立制，度形而施宜”，也表现出此书的综合性特征，可说是一部主要以道家思想总结先秦诸子学说的著作，而从中亦可了解汉代前期分封势力的政治活动和思想特点。《诸子集成》收有东汉高诱注本。还可参考近人刘文典《淮南鸿烈集解》和《三余札记》。

二　《春秋繁露》和《盐铁论》

《春秋繁露》，今本 17 卷，82 篇，西汉董仲舒（前 179—前 104）撰。作者是西汉新儒家思潮的集大成者和两汉中央集权专制统治思想的奠基人，他继承和发展了先秦儒、墨显学的“天命”“天志”思想，又使之与已被秦汉方士神秘化了的阴阳五行学说结合起来，并充分利用当时天文、历数、物候等自然科学的新成果，依傍《春秋》公羊学的类比方法加以主观附会，从而构造出一整套以“天人感应”的神学目的论为中心的唯心主义体系。董仲舒在政治上反对诸侯王割据，主张全国政权都应“一统于天子”，还主张革除当时的一些弊政，这在当时对缓和阶级矛盾，巩固中央集权和维护大一统的局面有一定的积极意义。此书即是他阐发上述思想的代表作。《汉书》本传说他有经学著作及上疏、条教等 123 篇，“而说《春秋》事得失，《闻举》《玉杯》《蕃露》《清明》《竹林》之属，复数十篇，十余万言”。今《玉杯》《竹林》皆已并入《春秋繁露》，当系后人整理。清人凌曙有《春秋繁露注》，其后苏舆的《春秋繁露义证》对凌注又有所补正。中华书局 1975 年出版有点校本。

《盐铁论》10 卷，60 篇，西汉桓宽（昭宣时人）撰。本书系作者根据汉昭帝始元六年（前 81）所召开的盐铁会议的记录推衍和增广而成，详细记载了当时以郡国所举贤良、文学为一方，御史大夫桑弘羊为另一方，围绕汉武帝时所实行的盐铁官营、酒类专卖、平准均输等政策而展开的一场大辩论，并附以会议后的情况，因此经济史料特别丰富。但其内容不仅涉及盐铁等工商业政策，而且广泛涉及农业经济政策及政治、军事、思想文化等领域的问题；又因大部分材料为会议记录，所以最能体现辩论者的施政主张和治国思想。《诸子集成》收有清人重刻明弘治刊本，并附有张敦仁《考证》及顾广圻《考证后序》；今人郭沫若有《盐铁论读本》，王利器有《盐铁论校注》。

三　《新序》《说苑》和《扬子法言》《太玄经》

《新序》和《说苑》二书，皆西汉刘向（约前 77—前 6）撰。刘向为著名文献学家，著述甚丰。《汉书》本传称其“采传记行事，著《新序》《说苑》，凡五十篇奏之，以助观览”，计前书 30 篇，后书 20 篇。今本前书仅剩 10 篇，后书尚存原篇数，均为宋代学者曾巩缀辑校正。高似孙在《子略》中说：“先秦古籍，甫脱烬劫，一入向手，采擷不遗。至其正纪纲，迪教化，辨邪正，黜异端，以为汉规鉴者，尽在此书。兹《说苑》《新序》之旨也。”可见原先保存了相当多的先秦诸子及史书资料，今本仍可补充先秦史料之不足。有《四部丛刊》本。

《扬子法言》和《太玄经》，皆西汉扬雄（前153—18）撰。《法言》13篇，系作者问答材料的集录，盖有感于战国诸子诋毁孔子学说、司马迁作《史记》又是非标准不尽与孔子相同而作，体裁仿效《论语》，基本思想倾向是尊崇孔子，信奉儒家。《太玄经》今本10篇，系模仿《周易》而作，反对神怪天命，而依天文历数，自建“太玄”体系，具有一定的唯物主义无神论倾向。《诸子集成》收有晋李轨《扬子法言》注本，并附清人《音义》1篇；《四部丛刊》收有晋范望《太玄经》注本。清人汪荣宝的《法言疏证》（一作《法言义疏》）注解较详。

四　《新论》《论衡》和《白虎通义》

《新论》，东汉桓谭（约前23—50）撰。《后汉书》本传称其“著书言当世行事二十九篇，号曰《新论》，上书献之”，世以为善。他坚决反对谶纬迷信，在宣传唯物主义形神观方面有重要贡献，以至晚年被提倡谶纬的光武帝刘秀斥为“非圣无法”而受到迫害。王充在《论衡·超奇》篇中赞扬其书：“论世间事，辩照然否，虚妄之言，伪饰之辞，莫不证定。彼子长（司马迁）、子云（扬雄）说论之徒，君山（桓谭）为甲。”评价很高。原书已佚，《四部备要》收有清人孙冯翼辑本，然《弘明集》卷5所引《新论·形神》篇没有辑入，是重要缺漏。

《论衡》，东汉王充（27—96）撰。今本85篇，一篇有录无书，实存84篇。作者是东汉初年最富于战斗精神的唯物主义无神论思想家，一生以批判谶纬神学与“天人感应”学说为己任，虽自称其思想是“依道家”而立论，实际对先秦各家学说都有批判和吸收，尤其是书中把攻击的矛头直接指向自董仲舒以来被神化了的孔孟学说，在当时有振聋发聩的社会效果。他在哲学上的最大贡献，是自觉继承司马迁、扬雄、桓谭的唯物主义路线，把先秦以来“元气自然”的唯物主义宇宙观创造性地推向一个高峰，并提出了“疾虚妄”“重效验”的唯物主义认识论；在历史观方面，他既坚持“汉盛于周”的进化论，又有“百代同道”的循环论。其著作在我国古代思想史料中占有重要地位。《诸子集成》收有元至元覆宋本。近人黄晖的《论衡校释》、刘盼遂的《论衡集释》均可参考。

《白虎通义》，又名《白虎通德论》，或省称《白虎通》，4卷，东汉班固（32—92）等人整理。汉章帝建初四年（79），统治阶级为加强思想统治，统一对儒家经典的解释，仿西汉宣帝甘露年间召开石渠阁会议之例，于白虎观集天下名儒，讨论五经异同，章帝亲临裁决。此书即当时会议记录的结集。其中大量引证“谶”“纬”，又系统发挥董仲舒的思想，形成一套法典化的神学体系；并且特别热衷于宣扬三纲六纪、三从四德等封建伦理教条，又有繁琐荒诞的有关“三统”“三正”的历史循环论的解说。是研究东汉前期封建专制主义思想的基本史料。《四部丛刊》收有《白虎通德论》10 卷本。清卢文弨校本最佳（见《抱经堂丛书》），陈立《白虎通义疏证》（见《皇清经解续编》）注释较好，可以利用。

五　《潜夫论》等几种东汉政论书

《潜夫论》，今本 10 卷，36 篇，东汉王符（生卒年不详）撰。此书为作者针对东汉末年的腐败政治而作，因是隐居著书，“以讥当时失得，不欲章显其名，故号曰《潜夫论》”。所收大多为讨论治国安民之术的政论文章，少数涉及哲学问题，对当时社会弊端有深刻的揭露，较多地表达了作者的民本思想。中华书局 1979 年出版有清人汪继培笺、今人彭铎校正的《潜夫论笺》。

《政论》，东汉崔寔（？—170）撰。《后汉书》本传载：“（寔）明于政体，吏才有余，论当世便事数十条，名曰《政论》，指切时要，言辩而确，当世称之。”仲长统曾说“凡为人主，宜写一通置之坐侧”；范晔亦云“寔之《政论》，言当世理乱，虽晁错之徒不能过”。其言大要在提倡“重赏深罚”，“明著法术”，以为“治乱之药石”，从而“弃苟全之风，蹈稽古之踪”，“复思中兴之救”。原书已佚，清人马国翰、王仁俊均有辑本，收入《玉函山房辑佚书》及其续编。

《申鉴》，东汉荀悦（147—209）撰。《后汉书》本传载其“志在献替，而谋无所用，乃作《申鉴》五篇”，“其所论辩，通见政体”，大略谓“仁义”为“道之本”，而期统治者“达道义”，“章法式”，“通古今”，“著功勋”，“表贤能”，“拨乱反正，统武兴文”。明人王鏊序其书，谓“其论政体，无贾谊之经制而近于醇，无刘向之愤激而长于讽；其《杂言》等篇，颇似扬雄《法言》”。《诸子集成》收有明正德间刊本。

《中论》，汉魏之际徐干（170—217）撰。干为“建安七子”之一，此书颇受当时作家推重。今本 20 篇，厘为 2 卷，《四库提要》谓其“大都阐发义理，原本经训，而归之于圣贤之道，故前史皆列之儒家”。自清以来刊本颇多，《四部丛刊》亦收入此书。

《昌言》，东汉仲长统（180—220）撰。《后汉书》本传称其“每论说古今及时俗行事，恒发愤叹息，因著论名曰《昌言》，凡三十四篇，十余万言”。内容多揭露汉末乱政苛法，主张变更时制，惩治宦官。原书已佚，部分篇章尚保存于《后汉书》及《群书治要》中，《玉函山房辑佚书》及其续编收有清人马国翰所辑 2 卷本及王仁俊所辑 1 卷本。

六 《傅子》和《颜氏家训》

《傅子》，晋初傅玄（217—278）撰。《晋书》本传称其“撰论经国九流及三史故事，评断得失，各为区例，名为《傅子》，为内外篇，凡有四部六录，合百四十首，数十万言，并文集百余卷行于世”，为时人所重，可知原书篇幅颇巨。然其书自唐宋时已渐次散佚，清初四库馆臣由《永乐大典》辑出 12 篇总为 1 卷，又自他书辑出 40 余条附录于卷末，清人又有多种私家辑本。《四库提要》谓所论“皆关切治道，阐启儒风，精意名言，往往而在，以视《论衡》《昌言》，皆当逊之。”虽评价过高，而于魏晋之际玄学之风渐盛之时，亦可借以考见儒学的演变，保存了一些值得重视的儒家思想史料。刊本颇多，《丛书集成初编》收有严可均辑、孙星衍重辑 5 卷本。

《颜氏家训》，北齐颜之推（约 531—约 590）撰。凡 20 篇，为历代礼教训诫之书的代表作。作者才学博赡，其作书宗旨虽在以儒学标准“述立身治家之法，辨正时俗之谬”，而所述内容涉猎颇广，不仅记录了不少前代经史诸子故事及当代遗闻轶事，而且兼论书画音训、文学艺术，并有评论佛事、穷理尽性的文字，因此《四库全书》列入杂家。而宋沈揆跋其书谓“其归要不悖六经，而旁贯百氏，至辨析援证，咸有根据”。用今天的观点来看，书中所包含的文化史料尤值得重视。如《治家》篇说：“江东妇女，略无交游，其婚姻之家，或十数年间未相识者，惟以信命赠遗致殷勤焉。邺下风俗，专以妇持门户，争讼曲直，造请逢迎，车乘填街衢，绮罗盈府寺，代子求官，为夫诉屈，此乃恒、代之遗风乎？南间贫素，皆事外饰，车乘衣服，必贵整齐；家人妻子，不免饥寒。河北人事，多由内政，绮罗金翠，不可废缺，羸马顇奴，仅充而已；倡和之礼，或尔汝之。”这是很可宝贵的民俗学资料。《诸子集成》收有南宋淳熙间刊本，并附录沈揆考证 23 条。

七 《中说》和《伸蒙子》

《中说》，今本 10 篇，篇为 1 卷。旧题隋王通（？—617）撰。通字仲淹，号文中子，为唐初著名诗人王勃祖父。据《旧唐书·王勃传》载，该书“依《孔子家语》、杨雄《法言》例，为客主对答之说，号曰《中说》，皆为儒士所称”。然其书唐初不传，中唐始出，且内容驳杂，牴牾百出，故宋代学者多以为“文中子”实无其人，洪迈至谓其书必出阮逸伪造。唯陈亮《类次文中子引》一文考其本末，以为《中说》实王通弟子及其后人相继纂辑其生前言论而成，且后来又有窜乱[①]。书中保存了一些隋唐之际儒家思想的重要资料。宋初道学先驱石介宣扬儒家“道统”，对文中子甚是推崇，称他是孟子之后唯一能继承“道统”的人。唐代儒学几为官方所垄断，有名的儒家著作极少，从《中说》的流传亦可考求唐宋儒学的变化。版本甚多，《四部丛刊》收有此书。

《伸蒙子》3卷，唐林慎思（懿宗时人）撰。上、中卷设为问答，下卷自抒己说，《四库提要》谓其大抵“持论醇正”，亦可备作研究唐代儒学的参考。有《丛书集成初编》本。

第三节　宋明理学诸子史料

儒学到宋代，伴随社会经济政治矛盾的发展和自然科学的进步，逐渐融合佛道哲理，产生出一种具有思辩特点的新形式——理学。它在产生的前期曾酝酿过各种不同的思辩系统，而到南宋朱熹建立起一个庞大的客观唯心主义体系后，理学便成为中国封建社会后期占统治地位的思想。从北宋到明末，这方面的著作极多，其中有相当一部分属于解经的作品；但有些自立己说的著作，事实上并不完全依附于解经一途，就其性质而言，实与前世诸子无异，传统上也多划入子部儒家类。因此在这里选择其中最有代表性的几种（有的是文集形式），约略介绍如下。

一　《通书》

北宋周敦颐（1017—1073）撰。原名《易通》，南宋时已以《通书》之名流传。周氏字茂叔，道州营道（今湖南道县）人，晚年讲学于庐山濂溪，人称濂溪先生，其学亦被称为“濂学”。南宋理学家已推崇他为理学开山，后人又称之为“道学宗主”。然其理学著作流传很少，现存者只有此书和另一幅从道教图录中改装过来的《太极图》及200余字的《太极图说》。此书40章，总共只有2601字，平均每章60余字，最短的22字，最长的189字，实际只是一些论点和论纲，并未有系统、具体的理论阐发。大致书中所展示的宇宙观，是以阴阳二气与水火木金土五行为万物发生的根源，而五行即等于阴阳，阴阳即

---

① 见邓广铭点校：《陈亮集》（修订本），卷23，北京，中华书局，1987。同卷中又有《书类次文中子后》及《书文中子附录后》二文。

等于“太极”，万事万物都从阴阳“太极”产生，这里有唯物的成分；但他进一步的推断，又把由“太极”所产生的变化归结于“寂然不动”的“诚”，认为“诚”是最高的德性，是宇宙的中心，这又陷入了唯心主义。书中的道德观中心仍是“诚”，提出“诚”为“圣人之本”，按照宇宙和人心本然，不加矫饰，杜绝人为，即是“诚”；又以“文辞”为“艺”，“道德”为实；又论礼乐先后，先礼而后乐，“礼”即是调理之“理”，“乐”即是和乐之“和”。书中的政治观中心思想是“顺化”，即“圣德修而万民化”；又论述“天下之众，本在一人”，为封建专制主义的强化制造理论根据。《太极图》及《太极图说》提出“无极而太极”的本体论，“物则不通，神妙万物”的动静观，“主静立人极”的伦理观，大要与《通书》的论述相表里。《四部备要》收有《周子通书》1 卷，《西京清麓丛书正编》则有《周子全书》4 卷，其他有关刊本尚多。

二　《皇极经世书》

北宋邵雍（1011—1077）撰。雍字尧夫，共城（今河南宓县）人，自号安乐先生，谥康节。此书凡 12 卷，在宋代理学家的著作中是一部特别的书。它没有采取宋明理学家们通常所采取的注疏或语录的形式，而是发挥《周易》的“太极”“动静”“阴阳”之理和孟子的“万物皆备于我”的主观唯心主义思想，又吸取道教的“图书先天象数之学”和佛教的“止观”之说，建立了一套“包括宇宙，始终今古”的庞大象数学体系。这一体系看似荒诞，实际却包含了相当别致的宇宙起源论、自然观、历史观及社会政治理论等，其主观目的是要总结自“三皇”以来至大至正之“极至”，而用以经理人世。为此，他运用“元”“会”“运”“世”的概念，牵强附会地为自然和人类从盛到衰的历史循环编制了一套详细的年谱和规律。从积极方面看，他承认自然界和人类社会是一个变化的过程，并试图找出一种反映这种变化的模式，这点是可贵的；而且他的推论方法，在一定程度上也反映了宋代天文学、历学、数学的发达。问题在于他的丰富的数学历法知识被先验的神秘形式所埋没，他的先天象数学归根结蒂是推本于“神”的。他还以“皇帝王霸”来划分人类历史的发展阶段，推崇三皇、五帝之世的“道化”“德教”，批评后世的“尚政”“尚争”，表现出一种历史退化论的观念。书中还大量涉及“太极”“道”“性”“理”“心”“环中”等概念，相关的论述都可作为研究早期理学的史料。《四库全书》收有《皇极经世书》12 卷，并有清人王植的《皇极经世书解》14 卷；明人徐必达编有《邵子全书》，大致已收录了邵雍的全部著作。

三　《正蒙》

北宋张载（1020—1077）撰。今本系其门人苏昞依《论语》《孟子》体例编定，共17篇。作者字子厚，长安（今西安）人，居郿县横渠镇，人称横渠先生。其学被称为“关学”，是北宋道学的主要创始人和奠基者之一。但他的哲学倾向却与当时一般道学的唯心主义有所不同。他治学强调“致用”，又株守儒学，躬行礼教，自称其书“大要发端示人”，“殆与前圣合”。书中对玄学、佛教世界观有大量的揭露和批判，并在此基础上提出了他“虚空即气”的唯物主义自然观，认为世界的本源是“气”，世界统一于“气”，无形的“太虚”和有形的万物只是同一物质实体——“气”的两种存在形态。又由此出发，引申出他对“天道神化”的唯物主义解释，以为“神化”也就是“气化”，并非在阴阳二气的运动变化之外别有所谓“神”的干预。他谈“理”，也强调“理不在人”而“在物”，“物无孤立之理”，任何事物在空间和时间上都处于一定的依存关系之中。又提出“一物两体”，“一故神，两故化”，“性其总，两也”，明确地讲出了对立统一的道理。在认识论上，他强调“内外之合”，即主观与客观的统一；但又强调“合内外于耳目之外”，以“周知万物”，“尽物穷理”，“穷神知化，与天为一”，并认为这种境界的达到要依赖于道德修养，反映出他的唯物主义认识论并不彻底。《正蒙》的论述中吸取了不少中国古代天文、地理、历算、生物等方面的自然科学成果，这是他能够创立“气化说”唯物主义体系的知识基础；而在道德论和认识论方面，他也和其他理学家一样，力图贯通天人，从本体论中寻求封建道德合理性的理论依据，所谓“理一分殊”，就是把封建伦理道德与宇宙本体的“气”联系起来的一种思辨方法。张载还有一部书叫《西铭》，据程颐说是“推理以存义，扩前圣所未发，与孟子性善养气之论同功”，最能体现“理一而分殊”的思想。[①] 实际上此书的要害在于主张强化宗法制度，要求人们对封建统治要“勇于从而顺令”，乃至“无所逃而待烹”。这也是旧时代哲学家们的一般政治立场。张载一生著述甚多，然大都已经散佚，明末沈自彰所编《张子全书》，仅仅有《西铭》《东铭》《正蒙》《经学理窟》《易说》诸篇及明人编著的《张子抄释》中的《语录抄》《文集抄》。《四部备要》收有此书。中华书局1978年出版了收录张载遗著的《张载集》。

① 《河南程氏文集》卷9。

四 《河南二程全书》

此书为辑录北宋理学家程颢（1032—1085）、程颐（1033—1107）言论著作的汇编，计有：杨时编辑的《二程粹言》2卷，朱熹编辑的《二程遗书》（即清人所编《二程语录》原本）25卷，《二程外书》12卷，程颢的《明道文集》5卷，程颐的《伊川文集》8卷，《伊川易传》4卷，《程氏经说》8卷。程颢字伯淳，后人称明道先生；程颐字正叔，后人称伊川先生。二人是亲兄弟，少时同学于周敦颐，故后世并称“二程”。虽然在哲学观点上，大程倾向于主观唯心主义，小程倾向于客观唯心主义，他们的思想却基本一致。又由于他们长期在洛阳讲学，他们的学派也称为“洛学”，并被认为是代表一个时代主要思潮的典型的理学形态。其所以典型，在于他们将周敦颐、邵雍等人用以归结所谓世界本体即“太极”的“诚”“心”或“道”，复归之于“理”“义理”或“天理”，从而以“理”作为最基本的哲学范畴，初步建立起一套较为完整的理学体系，为封建社会后期的官方哲学——程朱理学奠定了基础。在他们看来，张载的气化说虽有其依据，却不可上升为气本论，因为“气”有生有灭，聚散不定，不是永恒的绝对体，只有“理”才是真实存在的唯一本体。因此他们强调“天下只有一个理”，“理者，实也，本也”，“有理而后有象”，“有理则有气”。并为此提出了“格物致知”的具体途径，要求人们恪守父慈子孝之类的封建伦理教条，“存天理，去人欲”，实行一种类似僧侣主义的自我修养方法。此外，二程理学还具有浓厚的形而上学思辨色彩，也掺杂一些辩证法的因素，较之周、邵等人的论述更为精致。上述各点，散见于《二程全书》中，其中又以《粹言》《遗书》《易传》诸篇保存较多。诸书皆有单行本，《四部备要》收有《二程全书》。1981年中华书局出版了点校本，分上、下册，改名《二程集》，收入《理学丛书》。

五 《朱子语类》

《朱子语类》，或称《朱子语类大全》，为南宋著名理学家朱熹（1130—1200）讲学问答的言论集。熹字元晦，一字仲晦，晚年自号晦庵，又号晦翁，别称紫阳，死后追谥“文”。他是中国封建社会后期学问最广博、影响最深远的学者和思想家，一生以著述、讲学为主，对经、史、文学、文献学乃至天文历算、乐律、自然科学都进行过广泛的研究，在许多领域都卓有建树。尤其在哲学史上，他早年受业于李侗，得程颢、程颐之传，后来又兼采周敦颐、张载等人的学说，集北宋以来理学之大成，建立了一个庞大的客观唯心主义思想体系，影响后世学术思想达六七百年之久，至今余波未已。因生于福建，他所创立的学派被称为“闽学”。著作极多，主要有《四书章句集注》《伊洛渊源录》《八朝名臣言行录》《资治通鉴纲目》《楚辞集注》《诗集传》《韩文考异》及后人编纂的《朱子语类》《朱文公文集》（合续集、别集共121卷）等。其理学言论分见于各书，而以《朱子语类》保存最多，最具体，后人引用亦多。朱熹身后，他的弟子门人及当世学者，曾将他的讲学言论编辑为多种《语录》。南宋末年，黎靖德以诸本互有出入，且翻刻不一，错讹颇多，乃综合编录，删除重复，分26门，辑为是书，共140卷。今有中华书局1986年出版的《理学丛书》点校本。

宋代理学家的本体论，在周、张、二程那里已存在理一元论与气一元论的对立。朱熹的本体观，表面上动摇于两者之间，但在本质上，他仍然强调“理是本”“理为主”，把“理”当作最高的哲学范畴。他承认“二气五行”是客观存在，而认为“二气之实，又本一理之极”，“二气五行”只是由“理”派生出来的，“理”是本，“气”是末。他曾明确指出：“以本体言之，则有是理然后有是气。而理之所以行，又必因气以为质也。”“未有天地之先，毕竟也只是理”，“有此理，便有此天地”。此为朱熹本体论的总括。他的理学论述含有丰富的辩证法，同时在认识论上，把“格物致知”发挥到极致。和其他理学家一样，朱熹理学的支柱也是封建伦理观念，要人们“革尽人欲”，“复尽天理”，“道心为主，人心所命”。在历史观上，他认为三代以上行的是王道，三代以下行的是霸道，三代以上讲义，三代以下讲利，把历史割裂为三代以上和三代以下两截，把人类划分为圣、凡两类，把封建等级制度看成是先验的，都表现出一种复古的观点。正是他把传统儒学伦理政治思想的高度哲学化，才使程朱理学成为南宋以后封建社会的正宗统治思想。

六 《象山先生全集》

南宋陆九渊（1139—1193）撰。共36卷，包括本集28卷、外集4卷，附语录4卷，系后人整理而成。九渊字子静，江西金溪人，曾讲学于应天山（后改称象山），人称象山先生，为宋明理学流派“心学”的开创者。他的理学思想的最大特点，是化气为理，容理于心，提出“心即理”的论断，把朱熹以“理”为本的客观唯心主义发展到以“心”为本的主观唯心主义。他说过一句很有名的话：“宇宙便是吾心，吾心即是宇宙。”是典型的“天人合一”论。他的心学方法亦不同于程、朱的“格物致知”。他提倡“切己自反”“发明本心”

的“简易功夫”，认为但事内省，“不必他求”，常思“改过迁善”，便能得到知识和道理。他为这套方法所规定的目标则是“明理”“立心”“做人”。陆九渊的心学思想，不仅具有主观唯心主义的一般特色，而且具有中国儒家思想和宋代理学思想的个性特色。《四部丛刊》《四部备要》均收有其书。

七　《王文成全书》

明王守仁（1472—1528）撰。共38卷，包括《传习录》3卷为语录，《文录》5卷为杂著，《别录》10卷为奏疏公移之类，《外集》7卷为诗及杂文，《续编》6卷则搜辑《文录》所遗。另附《年谱》5卷、《世德记》2卷，皆王氏门人所编。王氏字伯安，浙江余姚人，因创办阳明书院，世称阳明先生。他是我国古代主观唯心主义哲学的集大成者，在明代中叶曾发生广泛的影响，反映其哲学思想的主要著作是《传习录》。他总结封建统治者思想统治的经验，继承孟子的“良知”说和陆九渊“心即理”的思想，吸取佛教禅宗“以心法起灭天地”的观念，批判和补救朱熹“理学”的偏弊，把主观唯心主义提升到一个新的高度，并进行了相当系统的哲学论证。对于精神本体与客观事物、主观思维的关系，他的著名论点是“心外无物”“心外无理”，“意之所在便是物”，“心之条理”便是“理”，一切取决于人心的营运变化。对于认知关系，他把《大学》的“致知”和孟子的“良知”结合起来，提出“致良知”的主观唯心主义认识论，并自称“平生讲学，只是‘致良知’三字”。对于知行关系，则提出“知是行之始，行是知之成”，“一念发动处便即是行”。王阳明的心学是宋明理学逻辑发展的终点，虽在兴盛之际补偏救弊，赋予僵化的程朱理学一些活力，而其末流百弊丛生，给封建政治带来了极其消极的影响，终于走向它的反面，为明清之际启蒙思潮的兴起准备了理论条件。《四部丛刊》《四部备要》均收有此书。《国粹丛书》第一集有《传习录》单行本。

第四节　宋明以来反理学思想史料

宋、明是理学唯心主义发展成熟的时期，也是反理学的唯物主义思潮高涨的时期。北宋中叶，王安石致力于政治改革，著《三经新义》为变法寻求理论依据，由此开创“新学”。南宋前期，陈亮、叶适等人发挥新学的宗旨，创立了反对程、朱客观唯心主义的永康、永嘉“事功学派”，在当时思想界曾引起广泛的反响。下至明清之际，自隆庆、万历以至乾隆、嘉庆年间，批判理学、“破块启蒙”的思潮逐渐兴起和高涨，产生了一大批具有鲜明的唯物主义倾向的启蒙思想家，其中以李贽、黄宗羲、顾炎武、王夫之、颜元、戴震等人为杰出代表。他们反对封建专制主义和封建蒙昧主义，反对“空谈性理”，提倡“经世致用”，并注意从当时自然科学的成果中吸取思想营养，增强唯物主义的战斗力，从而使中国古代朴素的唯物辩证思想上升到新的理论高度。有关的史料，大部分都保存在上述学者的文集及经学、史学著作与少数科学著作中。

一　《陈亮集》

陈亮（1143—1194）的著作多佚，今人邓广铭搜辑订补，编为《陈亮集》39卷，为目前集录陈亮传世文字最全的辑本。陈亮在政治上，是一位著名的抗战派，坚持主张抗金雪耻、恢复中原，因此他的哲学思想也以“实事实功”为根本原则。他曾围绕“王霸义利”问题，与理学巨子朱熹展开过激烈的争论，认为从三代到汉唐，天地决非“架漏过时”，人心亦不是“牵补度日”，连“天地鬼神亦不肯受此架漏”，针锋相对地批判了朱熹重义轻利、尊王贱霸、厚古薄今的历史观。又指责“今世之儒士自以为得‘正心诚意’之学者，皆风痹不知痛痒之人”，“知议论之当正而不知事功之为何物”，强调“功到成处，便是有德；事到济处，便是有理”。为此，他提出了“盈宇宙者无非物，日用之间无非事”的唯物主义世界观，以反对朱熹“宇宙之间，一理而已”的命题，并把“穷天地之运，极古今之变”，“明于事物之故”，作为探求和认识客观世界的任务和途径。《陈亮集》中还多有兵学方面的论述，可用于研究陈亮的军事思想。1987年中华书局出版有点校本。

二　《习学记言》

《习学记言》，又称《习学记言序目》，南宋叶适（1150—1223）撰，50卷。叶适是事功学派中与陈亮齐名的思想家。所著除本书外，尚有《水心文集》及别集。他和陈亮一样，反对“尽遗万事而特言道”，主张“物之所在，道则在焉”，又谓“极非有物”，不承认客观世界有所谓“太极”“无极”之类的精神本体。他还提出“道原于一而成于两”，任何事物都包含着矛盾的两个方面，而“中庸之道”即在“济物之两而明道于一”，显示了由对立中把握统一的辩证思想的倾向。《习学记言》对经史子集之学都有论述，“自孔子之外，古今百家，随其浅深，咸有遗论，无得免者”[①]，表达了作者重事功、反理学

---

① 陈振孙：《直斋书录解题》卷10。

的基本思想和主张，是研究叶适思想的主要资料。中华书局 1977 年出版有点校本。

三 《焚书》和《续焚书》

明李贽（1527—1602）撰。李贽著述甚多，《焚书》6 卷、《续焚书》5 卷，收录他的书札、杂述、读史短文及诗作等，是展示其反理学思想的主要作品。另有《藏书》68 卷、《续藏书》27 卷，则是以其反理学思想进行历史批判和现实批判的史学著作。李贽一生以“异端”自居，是明代最具有战斗性格的思想家，《焚书》《续焚书》中即大半是“忿激语”。他对文化专制局面下的假道学进行了大胆的揭露和猛烈的抨击，并把批判的矛头指向儒家经典，提出“是非无定质、无定论”，反对“以孔子之是非为是非”。又倡导“童心即真心”的个性自觉，用个性解放思想反对封建名教的束缚，反对封建等级制度，认为“尧舜与途人一，圣人与凡人一”，“庶人非下，王侯非高”，并主张破除男尊女卑的偏见。又强调“穿衣吃饭即是人伦物理”，崇尚“治生产业”的现实功利，提出了反映当时新兴市民阶层愿望的“无私则无心”的私产要求。正如《焚书》《续焚书》书名所示，其书历遭封建统治者的查禁焚毁，但仍流传不辍。今有中华书局 1959—1961 年排印本、1975 年合编本。

四 《明夷待访录》

清黄宗羲（1610—1695）撰，1 卷。黄宗羲是明末清初著名学者，与顾炎武、王夫之并称当时三大思想家；又留意于当代文献与乡邦掌故，开清代浙东史学之先河。学识渊博，著作极丰，《明夷待访录》是集中反映他政治思想与历史哲学的一种。书中猛烈抨击封建君主专制制度，力陈君主专制“为天下之大害”，并用具体事实揭露和论证了“天下之人，怨恶其君，视之如寇仇，名之为独夫”的历史和现实根源；同时揭露了“天下之法”与“一家之法”的矛盾，公开指出维护等级特权的封建法权是“非法之法”；又提出了“天下为主，君为客”的政治原则，强调君臣关系是师友关系而不是主仆关系，“君与臣共曳木之人”，君主也应是“勤劳必千万于天下之人”的老百姓公仆。为实现上述原则，作者又总结历史，批判现实，设计未来，提出了新的改革方案，如：限制君权，把“学校”办成类似议会的机构，“必使治天下之具皆出于学校”；计口授田，工商皆本，改变土地过分集中的状况；废除科举，发展历算、乐律、测望、占候、火器、水利之类“绝学”等。全书篇幅虽小，却深刻反映了在早期市民运动影响下地主阶级改革派的政治、经济、文化主张，曾被近代资产阶级革命派当作“宣传民主主义的工具”，称为17世纪的“中国民权宣言”。历来版本颇多，今有北京古籍出版社1955年排印本。

黄宗羲以及与他同时的顾炎武，都是对宋明理学进行理论批判与历史总结的大师，他们的哲学思想和学术史观充分表现在所著《明儒学案》《日知录》等名著中。我们在本书的有关部分已对此略作介绍，这里不再复述。

五 《读通鉴论》

清王夫之（1619—1692）撰，30卷，附叙论4篇。本书是王夫之晚年所作著名史学评论专书。作者根据《资治通鉴》所载史事，阐释历代法制沿革，主张因时立制，反对“泥古过高而非薄方今”；评论历代政治的利弊得失，反对用“刑名威力之术”，主张“严以吏治，宽以养民”；又以反清立场，强调“华夷之辨”，对后来思想界有重大影响。尤其值得注意的是，书中包含了丰富的历史哲学资料。王夫之运用唯物主义自然观和朴素的辩证法思想观察和解释社会历史现象，对传统史观和各种史学旧说进行了系统的检讨和批判，认为在历史发展过程中，人的动机不起决定作用，只有历史发展自身的“趋势”“机势”才是不可抗拒的；同时历史发展有其内在的“理”即规律性。他以此观察中国社会的进化，以为上古时代在伏羲以前，人还无异于禽兽；黄帝以前如同“夷狄”，与禽兽相差无几；夏商周三代“国小而君多”，殷末周初为文明史的开端，战国为“古今一大变革之会”；秦汉“天下统一于王”，“风教日趋画一”；至唐代则制度大备，非三代可比。表达了作者系统的进化论观点。他还认为夷、夏之间有文化转移现象，华夏地区若不努力，“他日者必且陵蔑以至于无文，而人之返乎轩辕以前，蔑不夷矣”。这些都闪耀着启蒙时代早期民主思想的光华。与本书性质相同者尚有《宋论》15卷，今均有中华书局点校本。

王夫之是明清之际与黄宗羲、顾炎武齐名的大思想家，是批判宋明理学思潮中卓越的哲学代表。他一生著作一百多种，其哲学思想博大精深，不仅显示了古代朴素唯物辩证法理论体系的成熟，而且标志着宋明理学的终结。

六 《四存编》和《孟子字义疏证》

《四存编》，清颜元（1635—1704）撰，分《存性》《存学》《存治》《存人》四编，共11卷。其哲学思想主要表现在《存性》《存学》两编中。颜元在学术上提倡“实学”，注重“习行”“习动”，反对脱离实际的“冥想”和读死书，具有唯物主义经验论的倾向，是由否定宋明理学走向经验科学的一个重要过渡人物。所著尚有《四书正误》《朱子语类评》《习斋记余》及其弟子所编《颜习斋先生言行录》等，均可与本书参看。本书有北京古籍出版社 1957、1975 年版本。

《孟子字义疏证》，清戴震（1723—1777）撰，3 卷。戴震不仅是乾嘉考据学派中皖派的代表人物，在哲学和自然科学方面也有重要的建树。此书虽仅 3 卷，而自述称："仆生平著述最大者，为《孟子字义疏证》一书，此正人心之要。今人无论正邪，尽以'意见'误名之曰'理'而祸斯民，故《疏证》不得不做。"书中改善孟子的"性善"说，提出"理存乎欲"，猛烈抨击宋明理学"以理杀人"，所谓"存天理，灭人欲"的"理欲之辨"，"适成忍而残杀之具"。又指斥道学家们的神学说教"故以'无欲'成其私"，是为了满足他们最大的私欲。这一鲜明体现某些市民意识的社会观点，以"气化即道"的唯物主义自然观为其理论基础。他针对程朱理学"理先气后""理在事上"的客观唯心论，严格区分"道"与"理"，认为"道"以阴阳五行为"实体"，"理"为"察之而几微必区以别之名"，"道主统，理主分"，"道"指自然界和人事的根本规律，"理"则指具体事物的本质属性。在认识论上，他又强调重"心知"，主张"神明照物"，"剖析至微"。戴震的哲学，具有明显的唯物主义唯理论的倾向，与颜元的唯物主义经验论，同为中世纪哲学向近代形而上学的机械唯物主义过渡的标志。中华书局 1961 年出版有《孟子字义疏证》。戴氏所著《原善》《绪言》《孟子私淑录》等可与此书相参看。

第四章　纪传体史料

纪传体史料，是指古代史家用纪传体写成的史籍中保存的史料。纪传体是我国古代史书的主要体裁之一，始创于司马迁的《史记》，包括本纪、书、表、世家、列传五种体例。班固《汉书》取消世家，改书为志。《晋书》又增载记。其余纪传体史书，或无表，或表、志俱无，但均有纪、传。纪传体是以人物为中心记载史事，纪是全书的纲，按皇帝在位的时间编年记事；传是皇帝之外的各种人物的传记；表以表格形式谱列大事；志记载各种典章制度和文化。各体互相配合，相辅相成，用不同的编撰方法，从不同的角度，展现一代或数代的兴亡史。

历代仿照《史记》《汉书》的体例编撰的史书，经皇帝钦定或官方批准的，被称为“正史”。“正史”的名称，最早见于南朝阮孝绪的《正史削繁》，《隋书·经籍志》最早列为史部类目，后世沿用。“正史”的形成，经历了相当长的时间。两晋南北朝时期有“三史”“四史”之说，唐代有“十三史”之称，宋代有“十七史”之称，明代有“二十一史”之称，清乾隆朝有“二十二史”之称。后由乾隆皇帝“宸断”的正史有从《史记》到《明史》的 24 部，通称“二十四史”。民国总统徐世昌曾下令《新元史》为正史，故有“二十五史”之称。《清史稿》也有“正史”的性质，故有合称“二十六史”的。

“二十四史”共 3249 卷，加《新元史》有 3506 卷，加《清史稿》有 4022 卷。主要为官修，史料主要来自前朝的实录、国史、典章、档案等。它古今贯通，记述了从传说中的黄帝到清宣统三年（1911）近 5000 年的历史。内容极为广博，有各代各方面的重要人物事迹、典章制度、农民反抗地主阶级的斗争、汉族与少数民族的关系、中国与外国的关系等，是研究中国古代史的系统珍贵的史料。但正史也有很多糟粕，如宣扬君权神授、迷信神怪、封建伦理、诬蔑农民起义等，应批判地使用。

刊印全套“二十四史”的，有清乾隆年间的武英殿本，清末金陵、淮南、浙江、江苏、湖北五书局的“局本”，商务印书馆影印的“百衲本”，中华书局的点校本。成套出版“二十五史”的有开明书店石印本，1986 年又有上海古籍出版社、上海书店影印本，但这套书有《清史稿》，而无《新元史》。

还有一些未列入“正史”的纪传体史籍，有的被列入“别史”。它们分别记载某一时期的历史，也是研究中国古代史的重要史料。

第一节　正史史料（上）

《史记》《汉书》《后汉书》《三国志》等前四史是研究先秦、秦汉、三国史的史料。

一　《史记》

《史记》，西汉司马迁（前145—前90?）撰。130卷。记载了从传说中的黄帝到汉武帝太初年间约3000年的历史。包括本纪12篇，表10篇，书8篇，世家30篇，列传70篇。

本纪，以帝王或最高当权者在位的时间编年，记载其在位时的大事。《五帝本纪》记传说中的黄帝、颛顼、帝喾、唐尧、虞舜的事迹；《夏本纪》《殷本纪》《周本纪》记夏、商、周三代的世系和大事；《秦本纪》《秦始皇本纪》记秦的兴起、灭六国的过程、统一后的措施、灭亡的过程；《项羽本纪》《高祖本纪》《吕太后本纪》和《孝文本纪》记项羽、刘邦起义反秦、楚汉战争和汉初大事。《孝景本纪》疏略，可能已非原作；《孝武本纪》与《封禅书》内容略同，为褚少孙补作。

表，按时间谱列重要历史人物和事件，有世表、年表、月表三种。《三代世表》《十二诸侯年表》《六国年表》记夏、商、周三代及西周时诸侯直至春秋、战国时的重大历史事件。以下七表主要谱列秦、汉史事。表的内容可与它处记载相印证，并有补充作用，而且一目了然。

书，分专题系统记载经济、政治、文化等制度以及自然界的现象。如《天官书》保存了我国古代天文方面的一些珍贵史料；《平准书》是研究汉武帝以前经济史的重要史料。

世家，记载诸侯王世系以及有特殊功勋的人物事迹。《吴太伯世家》以下16篇记周代各主要诸侯的世系及大事。《孔子世家》和《陈涉世家》是两个例外，分别为研究孔子及其弟子的史料和秦末农民战争的史料。其他世家是研究汉初分封的王、侯及有特殊功勋的人物的专门史料，也是研究汉初历史的史料。

列传，记各时期将相大臣及各阶层代表人物的事迹。在一些重要人物传记中，尤其是秦汉时期活跃在政治、经济、军事、文化等领域的代表人物，也保存了一些与当代重大历史事件和典章制度有关的资料。每一篇类传都反映历史的一个侧面，如《儒林列传》集中记载儒家代表人物的学术活动和“五经”的传授过程；《游侠列传》记载了一些侠义之士，可看出这一势力在当时社会上的地位及影响；《货殖列传》保留了一些有关各地物产、农业经济、手工业和商业的史料。《匈奴列传》《大宛列传》等有关少数民族和邻国的传记，是研究民族史和中外关系史的重要史料。《太史公自序》是研究司马迁生平和《史记》编写的一篇原始资料。

《史记》史料的来源，有当时流传的大量典籍、宫廷中的档案材料和司马迁采访的材料。司马迁对这些材料进行认真的分析和选择。他敢于直书，以当代人写当代事，不怕触犯最高统治者，所以内容真实可靠。史料价值很高。

《史记》流传下来的旧注，有南朝宋裴骃《史记集解》、唐司马贞《史记索隐》和张守节《史记正义》，今中华书局标点本附正文之后。清梁玉绳《史记志疑》、今人陈直《史记新证》、日本人泷川资言《史记会注考证》可资参考。

二　《汉书》

《汉书》，东汉班固（32—92）撰。120 卷。记载了从汉高祖元年到王莽地皇四年（前 206—23）共 230 年的历史。包括帝纪 12 篇，表 8 篇，志 10 篇，传 70 篇。

《汉书》武帝中期以前的部分，基本移用《史记》的材料，但有取舍、有增补，如增立《惠帝纪》，在《武帝纪》和其他帝纪中多载诏令；为张骞、李陵立专传，增吴芮、赵隐王如意、景十三王、苏武等人传记，并在传中多载奏疏。武帝以后的部分，仍以多载诏令和奏疏为特色，《循吏传》《酷吏传》《游侠传》《佞幸传》等类传中补进了汉中期以后的一些人物，《匈奴传》《西南夷两粤朝鲜传》《西域传》等少数民族和邻国的传记也增加了较多资料，为研究西汉史提供了详备的史料。

表的部分，以《百官公卿表》最有价值，上卷概述先秦各代设官分职的变迁，而详记秦汉官制的情况，下卷分为 14 级、34 官格的表，记汉代公卿大臣的升降迁免，是研究秦汉官制史的重要史料。

志在《史记》“八书”的基础上增补大量史料。如《食货志》是经济专篇，重点记土地制度和赋役制度，是研究封建生产关系的史料。新增《刑法志》《地理志》《艺文志》《五行志》，为研究法律史、历史地理、学术史、思想史提供了史料。

今中华书局点校本正文之后附唐颜师古注，便于阅读。清末王先谦《汉书补注》，近人杨树达《汉书管窥》，今人陈直《汉书新证》，均可参考。

三 《后汉书》

《后汉书》，帝纪10卷、列传80卷，南朝宋范晔（398—445）撰；志30卷，晋司马彪撰，南朝梁刘昭补入。共120卷。记载了东汉光武帝建武元年至汉献帝建安二十五年（25—220）共195年的历史，是研究东汉史的基本史料。

帝纪新立《皇后纪》，反映了东汉幼帝在位、皇后临朝听政的现实，集中保存了诸帝皇后和外戚的史料。人物多以类相从列入类传，新创立的有《党锢》《宦者》《文苑》《独行》《方术》《逸民》《列女》等类传，集中反映了东汉一代的社会风尚和特有的历史现象，如《党锢》《宦者》二列传反映了东汉宦官、外戚更迭执政、残害人民、迫害士人的情况。人物传记多载其奏疏和文章，如《崔寔传》载其《政论》，《王符传》载其《潜夫论》中的5篇，《仲长统传》载其《昌言》中的3篇，《荀悦传》载其《申鉴》大略，皆为有关时政的原始文献。少数民族和邻国的传记，是研究东汉时期少数民族社会状况及中外关系的史料。

志的部分，《律历志》反映了东汉历法达到的科学水平；《礼仪志》反映了东汉礼仪制度和社会风俗；《百官志》为新创，是研究东汉官制的史料；《舆服志》是研究东汉车制和服制的资料。

范晔《后汉书》的写作，主要依据东汉官修的《东观汉记》，并参考了诸家后汉书，由于诸后汉书多亡佚，故此书史料更为珍贵。

《后汉书》最早的注，有梁刘昭对志的注，唐章怀太子李贤对纪、传的注，今附中华书局点校本正文之后。清惠栋《后汉书补注》、王先谦《后汉书集解》为重要参考书。

四 《三国志》

《三国志》，晋陈寿（233—297）撰。65卷。包括《魏书》30卷，《蜀书》15卷，《吴书》20卷。记从东汉末黄巾起义至吴灭亡（184—280）近100年的历史，是研究三国史的基本史料。

《魏书》有纪、传。帝纪记三国时期的历史大事，是全书的纲。《蜀书》和《吴书》只有传，但皇帝的传记述方法同帝纪。三书各自独立，但又浑然一体。《三国志》主要依据了魏鱼豢《魏略》、晋王沈《魏书》、吴韦昭《吴书》、蜀王崇《蜀书》、蜀谯周《蜀本纪》等，还有陈寿自己搜集的史料，并进行了考订。不仅为当时政治、军事等方面的重要人物立传，还注意到为学术思想、文化艺术、医卜星算等方面有影响的人物立传，关系到不少特殊的社会历史问题，有较高的史料价值。如《魏书·张鲁传》《蜀书·刘焉传》保存了五斗米道的原始材料；《魏书·华佗传》记述名医华佗高超的医术，反映了当时我国的医学水平；《魏书·张燕传》保存黄巾起义后张牛角继续斗争的史实；《魏书·东夷传》保存了有关日本的最古记载，还有夫余、高句丽、挹娄等国的史料。

《三国志》较简略，南朝宋裴松之（372—451）为之作注，重点是史实的增补和考订，征引之书达200余种，弥补了《三国志》过于简略的缺陷，所补大量史料价值很高，今附入中华书局点校本正文之后。近人卢弼《三国志集解》，资料丰富，有中华书局1982年影印本，可参阅。清人大量补表、补志亦可参考。

第二节　正史史料（中）

有关两晋南北朝历史的正史史料有以下几种。

一　《晋书》

《晋书》，唐房玄龄（579—648）等奉敕撰。130卷，包括帝纪10卷，志20卷，列传70卷，载记30卷。记西晋武帝泰始元年至东晋恭帝元熙二年（265—420）共156年的两晋史。主要依据南朝齐臧荣绪《晋书》，兼采各家晋史及有关杂著撰成，是研究晋史的基本史料。

《晋书》有志10篇，均追述到东汉末。《天文志》《律历志》出自天文历算学家李淳风之手，撰述精确得体，达到一定的科学水平；《食货志》追述了东汉、三国时期的经济情况，可补《后汉书》《三国志》的不足，关于曹魏屯田、兴修水利、发展农业、经营西北，及晋朝占田制的记载，都是难得的史料；《刑法志》涉及到秦、汉、三国法制，有关刑律的记载，是研究法制史的资料；《舆服志》和《礼志》《乐志》反映了魏晋南北朝时期统治阶级崇尚礼仪服饰的风气。

在人物传记中注意收入其奏疏、论文等，如《刘毅传》载《论九品中正有八损疏》，《裴頠传》载《崇有论》，《刘寔传》载《崇让论》，《江统传》载《徙戎论》，《陆机传》载《辨亡论》，《鲁褒传》载《钱神论》等，提供了珍贵的史料。“载记”专载十六国割据政权中除前凉、西凉之外的十四国的所谓“僭伪”人物，是研究东晋时期北方社会状况和少数民族的重要资料。

《晋书》的注释，有唐何超《音义》，今附中华书局点校本正文之后。清吴士鉴《晋书斠注》有集注性质，是重要参考书。

二 《宋书》

《宋书》，南朝沈约（441—513）撰。100卷，包括帝纪10卷，志30卷，列传60卷。记宋武帝永初元年至顺帝升明三年（420—479）刘宋60年的历史。据徐爰《宋书》删补而成，是研究刘宋史的基本史料。

《宋书》的志上溯三代，尤详于魏、晋，保存了许多典章制度史料。《律志》《历志》是据当时天文学家何承天著作写成的，详载杨伟《景初历》、何承天《元嘉历》、祖冲之《大明历》全文，反映了当时历法的成就；《州郡志》是据《太康地理志》及何承天、徐爰旧本补写，除地理沿革和户口统计之外，还记录了侨州郡县的分布情况，是研究晋宋之际南方地理沿革的资料，胜于《晋书·地理志》。

《宋书》于纪、传中多载诏策和时人奏议、书札、文章，如《武帝纪》载《禁淫祠诏》，《何承天传》载《谏北伐表》，《谢灵运传》载《劝伐河北疏》，《顾觊之传》载《定命论》等，都是反映当时史实的重要文献，是研究刘宋政治、经济的重要史料。其余类传也为研究有关问题提供了史料。

三 《南齐书》

《南齐书》，南朝萧子显（489—537）撰。原60卷，《自序》1卷佚，今存59卷，包括本纪8卷，志11卷，列传40卷。记上起齐高帝建元元年至齐和帝中兴二年（479—502）南齐24年的历史。据檀超、江淹的书稿和沈约、吴均等人的著述写成，是研究萧齐史的基本史料。

志8篇，保存了一些精粹材料。如《百官志》，可据以了解当时比较复杂的官职设置及变迁情况。又如《州郡志》对当时郡县设置记述颇详。

《南齐书》对有关统治阶级的倾轧残杀，统治者对人民的残酷压榨，农民起义等均有记述。如萧鸾杀郁林王、海陵王事，东昏侯被废事，记述近实；《竟陵王萧子良传》所言追逋租、征赋役、兴水利、开垦田等事，是重要经济史料；《沈文季传》记唐寓之起义事，反映了当时的阶级斗争。《祖冲之传》记其上《大明历》表及造指南车、千里船、水碓磨等，保存了重要的科技史料，反映了当时的科学水平。

四 《梁书》和《陈书》

《梁书》和《陈书》，唐姚思廉（约557—637）撰。据其父姚察遗稿，兼采梁谢昊诸家梁史和顾野王所修陈史等史料修成。魏征撰论赞。

《梁书》56卷，包括本纪6卷，列传50卷。记梁武帝天监元年至敬帝太平二年（502—557）梁朝56年的历史，是现存有关梁史较原始的记载。《武帝纪》较详细地记载了南齐末的大事和梁武帝在位48年的史事，如中后期阐扬佛教、侯景之乱诸大事。有的类传价值较高，如《儒林传》载杰出唯物主义者范缜事迹，收载其《神灭论》全文，是研究思想史的重要文献。从沈约、江淹、裴子野、刘昭、萧子显、吴均等人传记中，可了解当时史学发展的情况；从《陶宏景传》中可了解当时医学发展的水平；从《贺琛传》《侯景传》中可了解梁统治者的腐败和给人民带来的灾难。

《陈书》36卷，包括本纪6卷，列传30卷。记载陈武帝永定元年至陈后主祯明三年（557—589）陈朝33年的历史。本纪详记文诰诏策，对于佛教的盛行也有较客观记述。列传多记皇族事迹。对梁、陈之际社会上出现的土豪的记载值得重视。对王侯官僚的贪婪残暴也有一定揭露。史论对陈朝灭亡的原因进行了多方面探讨。

五　《魏书》

《魏书》，又名《北魏书》，北齐魏收（约506—572）撰。130卷，包括帝纪14卷，列传96卷，志20卷。记北魏道武帝登国元年至东魏孝静帝武定八年（386—550）约165年的历史。据前人已撰成的魏史及收集的各种史料撰成，由于诸家北魏史亡佚，故本书为研究北魏史的基本史料。

帝纪部分首列《序纪》一篇，追述北魏建国前鲜卑拓跋部落先世二十八君长的传说事迹，可大略窥见拓跋氏的源流。其他帝纪记北魏14帝在位时的大事，材料比较丰富，尤以拓跋珪、拓跋焘、元宏三篇最详细，可系统了解孝文帝元宏迁都洛阳后所实行的各项改革措施。

志的内容也比较丰富，价值较高。如《食货志》对北魏社会经济情况记载较详，关于北魏均田制的记载尤属珍贵，是研究我国均田租赋制度的重要史料；《官氏志》先重点记官，然后记氏，叙述了门阀势力的情况，是研究北魏社会制度的重要史料；首创的《释老志》记载了有关佛教、道教的源流和北朝的宗教活动情况，至为详细，是研究宗教史的史料；《天象志》《灵征志》记载了丰富的科技、文化资料。

列传保存了许多重要史实，如六镇人民大起义和河北流民起义，以及一些小规模的地方人民起义，在《元天穆传》《元子雍传》《尔朱荣传》等篇中，都有概括的记载；《李安世传》关于均田的奏疏，是研究北魏均田制的史料；关于十六国史迹的记载，可与《晋书·载记》相参照。

六 《北齐书》

《北齐书》，原名《齐书》，唐李百药（565—648）奉敕撰。据其父李德林旧稿，又参考北齐崔子发、隋王劭等人所撰齐史写成。50卷，包括帝纪8卷，列传42卷。记孝静帝天平元年东魏建立，中经武定八年齐代东魏，至北齐幼主高恒承光元年（534—577），包括东魏、北齐两朝44年的历史，是研究北齐史的基本史料。

帝纪补充了北魏晚期的一些史实，记叙了北齐建国的过程。列传材料较为丰富，有关綦毋怀文及其炼钢法，数学家信都芳、天文学家张子信的事迹的记述，是重要的科技史料。

今本已非原貌，是后人据《北史》和《高氏小史》补足，不过，尚保存了基本史料。

七 《北周书》

《北周书》，唐令狐德棻（583—666）等奉敕撰。主要取材于柳虬撰的北周起居注和隋牛弘《周史》，旁及其他资料。50卷，包括帝纪8卷，列传42卷。记西魏文帝大统元年西魏建立，中经西魏恭帝四年北周代西魏，至北周静帝大定元年隋灭周（535—581），包括西魏、北周共47年的历史，是研究北朝西魏、北周史的基本史料。

《文帝本纪》载宇文泰的发迹及在西魏当权时的重大史事，可补《魏书》之缺。《武帝本纪》记宇文邕在位期间政治修明、东灭北齐、统一北朝、国势强盛的情况。列传材料丰富，保留了很多西魏、北周政治、军事、经济、文化方面的重要史料。如《卢辩传》详载北周有关官制改革情况；赵贵等人合传后载府兵制及大将军名单，是研究府兵制的重要史料；《苏绰传》记有六条诏书及《大诰》全篇，是重要史料。此外，在宇文盛、李迁哲等传中最早出现了“庄田”的记载，在于寔、杨绍、侯植等传中有当时奴婢、部曲和杂户社会地位的记述等，都有重要史料价值。《异域传》中可看出唐代前国内外商业、交通的部分情况。《萧詧列传》记后梁史事，保存了有关后梁的一些重要史料。

八 《隋书》

《隋书》，唐魏征（580—643）等奉敕撰纪、传55卷，长孙无忌（？—659）等奉敕撰志30卷，共85卷。记隋文帝开皇元年至隋恭帝义宁二年（581—618）隋朝38年的历史。主要参考隋王胄《开皇起居注》《大业起居注》

和隋秘书监王劭《隋书》及其他史料修成，是研究隋朝史的基本史料。

唐初统治者十分重视从隋朝灭亡中吸取教训，“以隋为鉴”是修《隋书》的基本出发点。在《炀帝纪》中基本据事直书，记述了隋炀帝远征异国、大兴土木和荒淫残暴的生活，记载了大量隋末农民起义的史实。列传资料比较丰富，如《张胄玄传》记天文推算，《临孝恭传》记《欹器图》《地动铜仪经》，《陈稜传》记台湾社会状况及与大陆往来，都是珍贵史料。《李密传》记述了隋末农民起义的大量史实，是研究隋末农民战争的重要史料。魏征撰写的史论，评论国家兴亡和人物得失，反映了魏征的政治思想和历史观点。

《隋书》十志原是为唐修“五代史”撰的志，故原称《五代史志》，后附《隋书》之后。它记述梁、陈、北齐、北周、隋的典章制度，兼及整个南北朝时期，并上溯汉魏，尤详于隋，材料十分丰富。如《食货志》系统地记录了南北朝后期到隋的经济情况，如均田制、租庸调制，还记载了东晋以来品官荫客制、课役制、币制等经济制度，是研究隋代经济史的重要史料；《刑法志》记载了南北朝的法律制度、律书的编定和执行情况，所记载的《隋律》是我国现存最早的一部古代法典，是研究古代法制史的重要资料；《百官志》总结了南北朝和隋代的官制，可窥见唐代官制的渊源；《地理志》以隋大业五年（609）的版图为准，记载了全国的郡县在南北朝的建置沿革、风土人情以及户口、河渠、水流、山谷等，是研究历史地理的史料；《天文志》《律历志》出于唐初天文学家李淳风之手，记载了南北朝到隋天文、历法、数学方面的成就；《音乐志》记各地及国内外乐舞艺术交流等，很有价值；《经籍志》总结了汉、隋间学术源流和书籍存亡，首创经、史、子、集四部分类法，是研究目录学史、学术史的重要史料。

九　《南史》和《北史》

《南史》和《北史》，唐李延寿撰。借助其父李大师遗稿，取材于南北朝“八书”及诸家杂史编缀而成。

《南史》80卷，包括本纪10卷，列传70卷。记南朝宋武帝永初元年至陈后主祯明三年（420—589）共170年的历史。作者对南朝四史予以删补，即删去旧史诏、表、奏、疏和文章，或以数语做概括说明，补旧史讳饰漏略的史实，以家系为线索，形成家传。删补情况可参考赵翼《廿二史札记》卷10有关《南史》诸条。所补史料，多有价值，如《萧宏传》增梁武帝阅宏武库事，以见梁武帝纵容贵戚；《侯景传》增百姓流亡情况，可了解梁末动乱给人民带来的灾难。关于晋文帝被杀，宋文帝之死，齐顺帝逊位，沈攸之、袁灿反梁武帝，刘师知杀梁敬帝等事，较旧史为实。新增王琳、张彪、茹法亮、吕文显、巴陵王子伦诸传，均有史料价值。

《北史》100卷，包括本纪12卷，列传88卷。记北朝北魏道武帝登国元年至隋恭帝义宁二年（386—618）共233年的历史。作者对北朝诸史进行删削增补，删《魏书》最多，《北齐书》《周书》次之，《隋书》最少，可参阅清赵翼《陔余丛考》卷8、卷9有关《北史》诸条。在《魏本纪》中增西魏三帝纪，还增皇后及梁览、雷绍、毛遐、乙弗朗、魏长贤、魏季景、房漠、唐永、孟信、郭遵、李顺兴等传，材料大约出自魏澹《魏书》（已佚），尤为宝贵。所记高彦归死于饮鸩等事较《南齐书》为实。所增北齐史事，很多是有意义的轶事，如记录高乾、高昂之劫女杀婢事，可以暴露出大姓的丑恶。在李弼等传的“论曰”中，详细记述了北周的军事制度。可补魏、齐、周三史缺佚。对《隋书》亦非照抄，如《苏威传》详记隋统一后江南的反隋暴动，为《隋书》所无。

总之，作者在删削原书的同时，增补了许多有价值的史实，从而使《南史》《北史》具有新的史料价值。研究南北朝历史，应将二史与“八书”相互参读。

第三节　正史史料（下）

有关唐、五代、宋、辽、金、元、明、清各代历史的正史史料有以下几种。

一　《旧唐书》

《旧唐书》，原名《唐书》，五代后晋官修，题刘昫（888—947）撰，实出于张昭远、贾纬等人之手。主要依据当时得到的唐代实录、国史及搜集的其他史料写成。200卷，包括本纪20卷，志30卷，列传150卷。记载了唐高祖武德元年至唐哀帝天祐四年（618—907）唐代290年的历史。

本纪记载了唐代21个皇帝的事迹，其中包括《则天皇后纪》。穆宗长庆以前，多据实录、国史；长庆以后，据搜集史料。本纪保存大量原始资料，如《懿宗本纪》《僖宗本纪》中有关庞勋起义和黄巢起义的记载，很有价值。

志有11目，记载了唐代的典章制度。如《职官志》本《唐六典》，主要记载了永泰二年（766）官品、有关职官制度的沿革；《刑法志》记载了《唐律》的制定、修改以及刑律的主要内容；《食货志》对唐代的土地制度、赋税制度、货币制度及米盐铁茶的管理、常平仓的设置等记载较详，保存了大量唐代经济史资料；《历志》和《天文志》多据李淳风和僧一行的旧著，保存其《麟德历》和《大衍历》，是重要的历法资料；《地理志》记录了全国边防、镇戍的分布和兵马人数，并以天宝十一年（752）疆域为准，分道叙述了各地州县设置和户口等情况；《经籍志》以开元之盛为准，记录了四部存书的情况，序言还扼要谈到了安史之乱后直至后梁迁洛期间国家书籍的残损情况。

列传记载了唐代重要历史人物1000多人的事迹，保存了珍贵史料。有记载隋末农民起义的李密、窦建德等人的传记，有记载唐代政治家、军事家房玄龄、杜如晦、李勣、魏征、姚崇、杨炎、郭子仪、陆贽、李德裕等人的传记，有记载唐代著名经学家、文学家、天文家、医学家、佛学家如孔颖达、韩愈、柳宗元、李白、杜甫、僧一行、孙思邈、玄奘等人的传记，有记载唐末农民起义领袖黄巢的传记。关于少数民族历史的记载和唐朝与邻国关系的记载，是研究少数民族史和中外关系史的重要史料。

二　《新唐书》

《新唐书》，北宋欧阳修（1007—1072）、宋祁（998—1061）等奉敕撰。本纪10卷、志50卷、表15卷，欧阳修主撰；列传150卷，宋祁主撰。共225卷。主要依据《旧唐书》以及新发现的唐代史料修成。

本纪部分删去旧书十分之七，但也增加了部分史料。恢复立表，如《方镇表》可了解唐方镇势力的消长。新增《仪卫》《选举》《兵》三志，其中《选举志》主要依据《通典》所记有关选举的内容改写而成，记述了唐代官吏的来源、学校科举和官吏铨选、考核方面的资料；《兵志》记载了唐代的军事制度。此外，《地理》《食货》《艺文》三志详于旧书。《地理志》以天宝时户口为据，州郡建置以天祐为主，各道疆域以开元十五道为正，除记载地方设置沿革和户口外，更详载水利兴修，地方特产，并附记少数民族地区的建置沿革和通往少数民族地区及海外的交通路线；《食货志》除记载均田、租庸调法外，补充唐中、后期之事；《艺文志》增收开元以后很多图书。

列传部分删除旧书61传，增入331传，主要是晚唐时期的人物。后期史事也增加很多，如《黄巢传》增五分之二。新增《公主》《卓行》《藩镇》《蕃将》《奸臣》《逆臣》6种类传，客观地反映了当时的历史情况。唐朝前期之事也有增加，如《李勣传》记其在立武后之争时的态度，《房玄龄传》记他关于创业与守成难易之对，《魏征传》记其《十渐不克终疏》，《韦弘机传》记修李弘陵墓役夫的反抗等，都是新增的材料。新、旧《唐书》各有所长，不可偏废，皆为研究唐史的宝贵史料。

三 《旧五代史》

《旧五代史》，原名《梁唐晋汉周书》，简称《五代史》，北宋薛居正（912—981）奉敕撰。主要依据范质《五代通录》以及五代各朝实录修成。今本已非原书，是清修《四库全书》时邵晋涵从《永乐大典》中辑出的；重编后有《梁书》24卷，《唐书》50卷，《晋书》24卷，《汉书》11卷，《周书》22卷，《世袭列传》2卷，《僭伪列传》3卷，《外国列传》2卷，志12卷，共150卷。记梁太祖开平元年至周恭帝显德七年（907—960）五代54年的历史。五书各有纪、传，《世袭列传》记李茂贞、高万兴、韩逊、高季兴、马殷、钱镠等虽未称帝，但自传子孙、实为独立政权的统治者；《僭伪列传》记杨行密（吴）、李昪（南唐）、王审知（闽）、刘隐（南汉）、刘崇（北汉）、王建（前蜀）、孟知祥（后蜀）等不用中原正朔而称帝的人物；《外国列传》记契丹、吐蕃、回鹘、高丽等12国之事。

各书本纪采用《旧唐书》本纪写法，保存了大量原始史料，列传中对五代时期战乱频仍、统治者的残暴、人民的灾难多有反映。如《梁书·太祖纪》记朱全忠决滑州黄河堤阻李克用军，致使五代时黄河决口9次；《唐书·明帝纪》记房知温屠杀魏州军士三千余家，漳水为之变色；《晋书·赵在礼传》记其在宋州时人民反对征收拔钉钱、捋须钱；《汉书·宏肇传》记在京城有腰斩、断舌、决口、劏筋、折足等刑；《僭伪列传》记杨行密、孙儒在扬州，刘守光在沧州，皆以人肉做军粮。如此等等，为我们提供了研究五代史的重要史料。

志有10目，记述了五代各项制度的兴革变迁。五代制度多沿用唐代旧法，故十志重在记其变异，提供了研究五代制度的史料。

四 《新五代史》

《新五代史》，原名《五代史记》，北宋欧阳修撰。主要依据《旧五代史》及宋人有关五代十国的史料杂著。74卷，包括本纪12卷，列传45卷，考3卷，世家年谱11卷，附录3卷。采用通史体例，将各朝本纪为一编，按朝代先后顺序排列；把旧史的《后妃》《宗室》等列传合并，称《家人列传》，亦按时代顺序排列；把各朝的大臣分别编成《梁臣列传》《唐臣列传》等；把历官数朝的人物编入《杂传》；其余为《死节》《死事》《一行》等类传；记少数民族的传记为《附录》；还有《司天》《职方》二考，相当于天文、地理二志；以“世家”记十国史事。

《新五代史》增加了一些新的内容，如在本纪中新增边疆各族与五代的贡使关系；赵在礼、孔谦、史建瑭、王晏球、安重诲、苏逢吉等传，记事均比薛史为多；记十国事亦比薛史丰富；对少数民族的记载也较详细。但欧阳修刻意仿效孔子修《春秋》的笔法，专务褒贬，忽视事实，删去旧史大量诏令之类原始史料，影响了它的史料价值。新、旧《五代史》可互相补充，不可偏废。

五　《宋史》

《宋史》，元脱脱（1314—1355）等奉敕撰。496卷，包括本纪47卷，志162卷，表32卷，列传255卷。记载了宋太祖建隆元年至赵昺祥兴二年（960—1279）宋代320年的历史。主要依据宋代完备的实录、国史修成，是研究宋史的基本史料。

《宋史》本纪记载了宋代大事，列传分22类，记2800余人，据宋代社会特征，创立《道学列传》，记道学代表人物周敦颐、程颢、程颐、邵雍、张载、朱熹等，是研究思想史的史料；《忠义列传》《孝义列传》等类传，表彰符合封建纲常礼教的人物，反映了时代特点；对五代十国降宋人物也有详细的记述。志的篇幅很大，每志有序，叙其源流，对宋代政治、经济、军事、文化、典章详细记述，保存了大量史料。如《食货志》分门别类地叙述了宋代的农业、盐业、茶业、手工业等经济概况和货币制度、赋役制度，是研究宋代经济史的史料；《选举志》《职官志》系统记载了宋朝官僚考课制度和官僚机构的组织情况，是研究宋代官制的史料；《兵志》分述了宋朝军队种类和招募、拣选、廪给、训练、迁补、屯戍、器甲等制度，是研究宋代兵制的史料。

《宋史》详于北宋而略于南宋，特别是理宗、度宗以后史事多缺。对史料缺乏剪裁，叙事繁冗，有不少前后矛盾、重复之处。明清以来不少学者或新撰，或纠谬，或补缺，如明柯维骐《宋史新编》、王洙《宋史质》、清陈黄中《宋史稿》、陆心源《宋史翼》等，但未能代替原书。

六　《辽史》

《辽史》，元脱脱等奉敕撰。116卷，包括本纪30卷，志32卷，表8卷，列传45卷，国语解1卷。记唐昭宗天复元年辽太祖耶律阿保机做契丹部落“夷离堇”至辽天祚帝保大五年宋、金联合灭辽（901—1125），共225年的历史。依据辽耶律俨所修国史和金代陈大任所修《辽史》及其他资料编成，是今存唯一的一部系统完整的记载辽史的史书。

本纪记事较充实，记载了辽代大事，如《太祖本纪》记述了契丹族的兴起，耶律阿保机建立辽政权及战功，是研究辽代早期历史的资料；《圣宗本纪》详细记载了辽、宋之间多年的征战、和谈，是研究辽、宋关系史的资料；《天祚帝纪》记述了辽被金灭的过程，还简叙了耶律大石率族众西征在中亚建立西辽的始末，是较罕见的珍贵史料。志记载了辽代的制度，反映了契丹部落和国家的特色。如《营卫志》记述了辽政权营卫、行营概况和部落建置、分布，《兵卫志》记述辽的军事组织情况。二志是研究辽政治、军事制度的史料。此外，《地理志》记述辽的地理建置，《百官志》记辽政权南北统治机构，《礼志》提供了契丹部落风俗习惯方面的资料，《食货志》保存了辽代赋税状况的一些史料。新创《游幸》《部族》《属国》三表，对纪、传有补充作用，提供了有关史料。列传中有《外记》1卷，记高丽、西夏二国事，保存了一些研究契丹以外各族历史以及中外关系史的资料。《国语解》注释契丹语，为阅读提供了方便。《辽史》较简略，重复、错误、自相矛盾之处较多。涉宋之事，当参阅《宋史》。

七 《金史》

《金史》，元脱脱等奉敕撰。135卷，包括本纪19卷，志39卷，表4卷，列传73卷。记金太祖收国元年至金哀宗天兴三年（1115—1234）共120年金朝的历史。据金朝实录、国史及刘祁《归潜志》、元好问《壬辰杂编》《中州集》等私人著作撰成，是研究金史的基本史料。

本纪部分首列《世纪》以追述金太祖阿骨打以前十代的事迹，提供了女真族先世的史料；《太祖本纪》记金太祖阿骨打统一女真各部、置猛安谋克之制、建立金朝奴隶制国家、颁行女真文字、战胜辽朝等史实；《太宗本纪》记金继续对辽、宋的战争，擒天祚帝，灭北宋，掳徽、钦二帝并南下进攻南宋等事迹；《世宗本纪》《章宗本纪》记金向封建化的过渡，封建剥削的加强和农民起义，民族间的融合和斗争，金宋和金蒙战争，章宗时黄河决口、土地兼并、经济衰落等。

志篇幅较多，系统而详备，能表现金国的社会特征。如《食货志》详记女真贵族在中原实行猛安、谋克屯田的情况，钞法的混乱；《兵志》记创设猛安、谋克、禁军、乣军的军事制度；《选举志》记取士及官吏选任的特定标准；《百官志》记设官分职及钱物俸给的特殊规定；《河渠志》记我国北方水运交通与修治黄河等事。这些志反映了金朝的政治、经济概况，有一定史料价值。新创《交聘表》，是研究金与宋、西夏、高丽等国关系的工具。

列传对金统治者的残暴荒淫、相互倾轧，多有反映；对金与宋、辽的关系记载较充分；金章宗以后的列传，记载翔实，保存了较多的金后期史料。《金史》是研究女真族历史的较完整的史料。也有编次失当、人名错讹等问题。由于元修三史，各自独立成书，所据史料不同，史官记事往往为本政权回护，故造成同一事件记载歧异。研究这一时期历史，应同时参阅三史，并应参阅其他有关著作。

八　《元史》

《元史》，明宋濂（1310—1381）等奉敕撰。明初两次修元史，主要依据元十三朝实录和《元经世大典》，顺帝一朝无实录，是采集的史料。210 卷，包括本纪 47 卷，志 58 卷，表 8 卷，列传 97 卷。记上起元太祖铁木真称成吉思汗至元顺帝至正二十八年（1206—1368）共 165 年的历史。

本纪保存了大量原始史料，以《世祖本纪》《顺帝本纪》为最详，史料价值较高。志也保存大量珍贵史料，如《天文志》总结了以前各种历法，奠定了 365・2425 天为一年的新历法基础；《地理志》有条理地记述了南北运河、沟渠、堤堰、海塘、黄河等水利情况；《食货志》记述了元代的经济情况，反映了人民的生活状况。为研究元朝的典章制度提供了详细、具体的史料，由于《经世大典》《元大一统志》已散佚，这些史料更加珍贵。列传材料也较丰富，反映了元代的社会特点。《元史》材料收集不全，成书仓促，缺略错误较多，如本纪对蒙古前四汗记述简略；对蒙古源流、西征事迹，语焉不详。列传部分，矛盾、重复、疏漏、史实错误尤多。可参阅顾炎武《日知录》、范文澜《正史考略》。

清代学者利用新史料改编、重编《元史》的著作很多。如邵远平《元史类编》、魏源《元史新编》、洪钧《元史译文证补》等，都补充了较多的史料，并开始利用外文资料考证元史。清末以来，集前人研究成果，参用西方有关资料，写成专书数种，以柯劭忞《新元史》影响最大。

九　《新元史》

《新元史》，民初柯劭忞（1848—1933）撰。257 卷，包括本纪 26 卷、表 7 卷、志 70 卷，列传 154 卷。记载自元太祖初立至元顺帝子昭宗八年（1206—1378）元朝 173 年的历史。

柯劭忞以《元史》为底本，参以有关元史的著作以及译出的《元朝秘史》《圣武亲征录》和波斯人拉施特的《蒙古全史》、法国人多桑的《蒙古史》等书，斟酌损益，补充订正，撰成此书。

《新元史》本纪增《序纪》一篇，记述成吉思汗先世的历史传说，据《元朝秘史》写成。又改《顺帝纪》为《惠帝纪》，增补《昭宗纪》。志分旧史《礼乐志》为《礼志》和《乐志》，合《祭祀》《舆服》二志为《舆服志》。表则合《宗室世系》和《诸王》二表为《宗室世系表》，删《后妃》《公主》二表，增《氏族表》《行省宰相表》。列传则删去《奸臣》《叛臣》《逆臣》三传，新增《文苑传》《韩林儿等传》。

《新元史》补充了许多史料。关于太祖、太宗、定宗、宪宗经营西域以及三大汗国盛衰兴亡的情况，较旧史为详。据各家改编《元史》的材料及明、清以来野史杂记，新增很多人物传记，如《隐逸传》的郑思肖、谢翱、唐珏、王炎午、袭开、汪元量等；《列女传》的徐君宝妻、谭节妇赵氏、刘同祖妻林氏等；立了韩林儿、张士诚、徐寿辉、陈友谅、明玉珍、方国珍等传，以记述元末农民起义的史实；补立了《元史》该立未立的博尔忽、赤老温、哲别、和礼霍孙等重要将相大臣的传记。《百官志》《刑法志》《食货志》《兵志》等，也补入了不少重要史料。

《新元史》还纠正了《元史》的不少错误，如同名异人、一人两传、编次失序等情况，都得到纠正。

《新元史》对明、清以来关于元史的研究成果进行了综合性整理，写成一部系统的专书，很多地方超过旧史，但仍存在不少问题。如缺《艺文志》；对有关史料仍有失于考订，重复立传仍未能免，如《儒林传》中的敬瑛与《隐逸传》中的杜瑛实为一人；内容仍有疏漏，如《释老传》未能详叙也里可温、回回等教的事迹，对勃莱奴喀皮尼、鲁卜里克、孟德高奴维、马可波罗等人亦未补记，旧史有传的任速哥、胡长孺、靳昺等反而漏载。研究元史，新、旧二史应互相参读。

十　《明史》

《明史》，清张廷玉（1672—1755）等奉敕撰。332 卷，包括本纪 24 卷、志 75 卷、表 13 卷、列传 220 卷。记明太祖洪武元年至明思宗崇祯十七年（1368—1644）明王朝 277 年的历史。多取材于《明实录》、明代档案以及文集、奏议、图经、志书、私史、邸报等著述和材料，编撰者多是当时著名学者，又由于著名史学家万斯同的整理、考订和审定，故有较高史料价值。

本纪载明太祖至明毅宗 16 位帝王在位时的大事，简明扼要。首卷《太祖本纪》追述朱元璋参加元末农民起义的史事，保存了一些有关的史料。

《明史》的志有 15 目。《历志》既记叙郭守敬之法，又兼书徐光启的历书，还增设图表以明历数的方法，比较清楚地记录了当时历数发展的情况。《食货志》包括户口、田制、赋役、漕运、俸饷、会计等方面的内容，比较全面地记载了明朝的各项经济制度。《刑法志》对“厂卫”的作用有详细介绍，可知明朝特务统治的残酷。此外，《职官志》能体现明朝中央集权制的加强，《兵志》能说明明朝边防设施与军备的改进等。

表有5目，《七卿年表》为新创。七卿，指六部尚书及都察院都御史。此表反映了明代官制的特点。

列传多为合传，并用同事附传。如卷188《刘菃传》附10余人，皆劾刘瑾者。类传新创《阉党列传》《流贼列传》《土司列传》三目。《阉党列传》专叙宦官的党羽，揭露了明代阉宦横行、政治黑暗的社会现实；《流贼列传》主要记载明末农民起义领袖李自成、张献忠的事迹，是研究明末农民战争的史料；《土司列传》记分布在湖广、四川、云南、贵州、广西等地区的少数民族活动情况，涉及到他们的反抗斗争，是研究少数民族史的资料。

《明史》取材丰富，记述详细，反映了明代的社会现实，但对清入关前建州三卫事全不记载，对南明史事语焉不详，对抗清志士事迹寥寥数语，极力宣扬封建纲常名教，对明代经济、科技记述简略，对中外关系记述欠详，可参阅《明实录》、谈迁《国榷》以及王世贞《弇山堂集》、全祖望《鲒埼亭集》。关于南明史事，可参阅徐鼒《小腆纪年》《小腆纪传》、查继佐《罪惟录》、温睿临《南疆逸史》等。

十一　《清史稿》

《清史稿》，民初赵尔巽（1844—1927）主修。529卷，包括本纪25卷，志135卷，表53卷，列传316卷。记清太祖努尔哈赤在赫图阿拉建国称帝至宣统三年（1616—1911）清朝296年的历史。

本纪依据《清实录》《东华录》和《宣统政纪》写成。《太祖本纪》《太宗本纪》记入关前满州的历史，包括努尔哈赤的兴起，后金的建立以及改后金为清和清军入关等大事。志依据《大清会典》《大清会典事例》《清文献通考》、刘锦藻《清续文献通考》修成。根据清末时代特点，创立《交通志》《邦交志》，前者记铁路、轮船、电报、邮政等，后者记清朝与俄罗斯、英吉利、法兰西、美利坚、德意志、日本等国关系。《时宪志》反映了清代引进西洋历法后的变化；《地理志》记清代疆域概况及沿革；《兵志》新增清末水师及海军建置的内容；《选举志》增《新选举》一篇，亦能反映时代新情况。表较多，创立《诸臣封爵世表》《大学士年表》《军机大臣年表》《部院大臣表》《疆臣年表》《藩部世表》等，不同程度地反映了清王朝官制的某些特点，切于实用。列传据《清史列传》《耆献类征》《碑传集》《续碑传集》及各家文集等书写成，为3000多人物立传，内容丰富，保存了大量资料。如《阿哈出传》有女真三卫与明朝关系的材料；《张煌言》《郑成功》《李定国》等传有清初人民抗清斗争的史料；《洪秀全传》有关于太平天国的史料；《畴人传》有研究科技史的史料。

《清史稿》对有关清代的大量史料进行了初步整理，基本反映了清代重要史事，为研究清史提供了方便。但参与修史者多为清朝遗老，他们站在清朝统治者的立场叙述清朝的历史，书中贯穿着反对民主革命、颂扬清朝的封建正统思想，加之仓促成书，未做统一审订，致使前后矛盾，繁简失当，年月、事实、人名、地名的差错、遗漏、颠倒等现象非常严重。总之，它不是一部好的史料书籍，但它是目前唯一的纪传体清代通史，能提供大量清史资料。所引资料今皆有，可参阅。

第四节　正史之外的纪传体史料

纪传体史书，除列入“正史”的以外，还有相当的数量，目录书多列入“别史”，今选其中重要的并按其内容所记时代先后顺序略加说明。

《东观汉记》，东汉历代史官班固、陈宗、刘珍、李尤、伏无忌、边韶、崔寔、马日磾等人撰。著述于东观，故名。《隋书·经籍志》著录为143卷，后散失，清修《四库全书》时，馆臣从《永乐大典》中辑出部分佚文，分为帝纪3卷，年表1卷，志1卷，列传17卷，载记1卷，佚文1卷，共24卷。今存范晔《后汉书》是以此书为基础写成的。

《东观汉记》具有国史性质，有神化刘汉政权、歌颂皇帝功德、贬斥与汉争天下的群雄等问题，但它也保存了范晔《后汉书》所没有的史料，如在《帝纪·世祖光武皇帝纪》中，记载有南阳府掾史张顺曾参预起义之谋，又有王常赞助昆阳之策等许多材料。也有些记载比范书详细，如章帝时下诏增修群祀、杜林之议郊祀以及东平王苍之议庙舞等，都是当时大典。作为研究东汉史的原始史料，残存部分仍有一定价值。有《四部备要》《丛书集成》等本。1987年中州古籍出版社出版的吴树平《东观汉记校注》可以参考。

《续后汉书》，有三种：一为南宋萧常撰，47卷；一为元郝经（1223—1275）撰，90卷；一为明吴尚俭撰，60卷。三书皆以纪传体记三国事，而改尊蜀汉为正统。萧书以吴、魏入载记，材料取自《三国志》及裴注，建安以前据范晔《后汉书》；吴书仅就《三国志》原文整理，正其舛讹，补其缺略，体例有类文钞。二书价值不高。郝书有帝纪 2 卷、年表 1 卷、录 8 卷、列传 79 卷。为蜀汉皇帝立本纪，为魏、吴皇帝立列传，三国之臣，以国为别，又立儒学、文艺、行人、义士等类传，作《道术》《历象》《疆理》《职官》等八录。内容取自《三国志》，参核裴注及《通鉴》予以刊定。八录有一定价值，可与《三国志》对读。原书明以后佚，今本是清人从《永乐大典》辑出的，有残缺。萧、郝二书有《丛书集成》本，吴书仅有旧写定本，未刊。

《十六国春秋》，北魏崔鸿（约 471—525?）撰。100 卷，另序例 1 卷，年表 1 卷。是纪传体晋代北方十六国史。各国自为篇卷，称“录”，另载其国主，称“传”。并有序赞。当时有 30 余家十六国史，崔鸿广为搜集，撰成一部系统的史书，取材丰富，史料价值较高，唐修《晋书》三十载记时，主要取材于此书。

崔鸿原书宋代已佚，今流行有三种本子：一为明嘉靖间《汉魏丛书》所刊 16 卷本，十六国各为一录，仅记各国主 58 人，与《晋书》大同小异；二为明万历间屠乔孙、项琳辑百卷本，大抵从《晋书》《北史》《魏书》《册府元龟》《艺文类聚》《太平御览》等书中辑录有关十六国事迹编成，材料丰富，然欠考证；三为清人汤球辑《十六国春秋辑补》100 卷，以 16 卷本为底本，以《晋书》及各种类书有关史料补足，所辑材料求其信而有征，并对原书进行考证，是研究十六国史的重要参考书。有 1958 年商务印书馆排印本、2000 年齐鲁书社《二十五别史》本。

《西魏书》，清谢启昆（1737—1802）撰。24 卷。是一部纪传体西魏史，包括帝纪 1 卷、表 3 卷、考 6 卷、列传 13 卷、载记 1 卷。记事帝纪始于孝武即位，列传断自孝武入关，皆终于宇文氏受禅。作者搜集正史、传记、类书、方志、金石中有关西魏的史料数千卷，对西魏的史事、人物都有详细的介绍，为研究西魏史的有价值的史料。有《文学丛书》本。

《九国志》，北宋路振（957—1014）撰。《宋史·艺文志》著录为 51 卷。本书实为纪传体的五代时期十国史，久佚，清人从《永乐大典》中辑出旧文，编为 12 卷，包括吴臣传 3 卷，余九国臣传各 1 卷，共 136 篇。卷首另编世家之目。列传诸篇所记，较现存其他文献稍有异同，而颇与碑志资料相合，保存了一些新、旧《五代史》所没有的史料，可补十六国史事之不足，可订正史之讹。有《守山阁丛书》本、1995 年江苏广陵古籍刻印社影印本。

《南唐书》有两种：一为北宋马令撰，30 卷；一为南宋陆游（1125—1210）撰，18 卷。

马书有书5卷、列传24卷，谱1卷。仿《三国志》例，称南唐国君为先主、嗣主、后主。列传中《女宪传》记后妃公主，附以烈女；《灭国传》记闽王氏、楚马殷事。另有《建国谱》，实即地理志，仅记军州，不记县名和户口数。本书是马令据其祖马元康所搜集的南唐旧史遗文及朝野闻见资料编写，记事较详，其中所记南唐所灭闽、楚二国列传，可补闽、楚史事之缺，但内容颇多缺略，且有怪诞无稽之说。

陆书有本纪3卷、列传15卷。用《史记》为项羽立本纪例，对南唐三主无论帝号有无，均入本纪。后妃、诸王之传则移置诸臣传后。较马书多28篇，于刘仁赡、江文蔚、景遂、刁彦能、徐锴、申屠令坚、廖居素、李邹延、段处常、赵仁泽，张雄、乔匡舜、张义方、欧阳广、高远、陈褒等人事迹均有所考订与增补。对马书杂芜荒诞者多所删除。清代周在浚有《南唐书注》，资料较丰。近人刘承干有《南唐书补注》，以陆书为主，将马书分别入注，成为《南唐书》资料汇编，可供参考。二书有《四部丛刊》本、1998年天津古籍出版社《十国春秋》本。

《续唐书》，清陈鳣（1753—1817）撰。70卷，包括帝纪7卷、表4卷、志10卷、世家13卷、列传36卷。以后唐、南唐承唐启宋，宜为正统，故入帝纪，余13国主入世家。诸志专记后晋、南唐制度。取材较充实，集合较多散见资料。有《史学丛书》《丛书集成初编》本。

《十国春秋》，清吴任臣（？—1689）撰。114卷，附录2卷，包括帝纪、世家、列传、表。于传文之下对史料多有订正。所立《十国纪元》《世系》《地理》《藩镇》《百官》5表，考订尤精，有拾散缀零之功。有1983年中华书局点校本。

《南汉书》，清梁廷楠（1796—1861）撰。18卷，附考异18卷，包括本纪6卷，列传12卷，记五代十国时期割据于岭南的南汉政权55年的兴亡史。《考异》引用有关古籍近百种，对所载南汉史料，详加考证，也是重要史料。有1981年广东人民出版社标点本。

《通志》，南宋郑樵（1103—1162）撰。200卷，包括本纪18卷、世家3卷、列传115卷、载记8卷、年谱4卷、略52卷。所记时间断限，本纪从三皇到隋，列传从周到隋，略从远古到唐，是继《史记》之后一部纪传体通史名著。

纪传部分将各类人物按朝代先后排列，一律采用分传，使人物所属朝代明确，史迹突出。对正史的类传也进行了整理，如将忠义、孝义、节义、诚节等传，统称为“忠义传”，并增梁之张嵊、江子一、沈峻、韦粲及陈之鲁广达等人的传。对文苑、隐逸、孝友、循吏、艺术等传，也有类似的整理。

《通志》对史事有所补正，如《三皇纪》，《五帝纪》，与《史记》全异，是重编的；《三王纪》也是据《史记》重加改编的；根据新材料补充正史的缺漏，新立100多人的传，卷89至卷92春秋时周、鲁、齐、楚的大部分传文，据正史之外史籍的材料补写。前人以为《通志》纪传部分的材料不足取，是片面的观点。

《通志》中的谱，相当于正史中的表。自春秋之前，称世，谓之世谱；春秋之后，称年，谓之年谱。郑樵十分强调图谱的作用，对谱的编写煞费苦心，在《三国志》《南齐书》《北齐书》《梁书》《陈书》《周书》等无表的情况下，补正各朝谱系，使历朝纪年有序，世系不乱，有参考价值。

《通志》一书的精华在“二十略”，这部分与《通典》《文献通考》的编纂形式相同，内容为典章制度史，故将三种不同体裁的著作合称“三通”，根据约定俗成的先例，也考虑到这部分史料的特殊性，将其放到第六章政书体史料中介绍。

《东都事略》，南宋王称（旧作偁）撰。采辑北宋五朝史传（指太祖、太宗、真宗、仁宗、英宗）和四朝实录附传（指神宗、哲宗、徽宗、钦宗）、旁及野史杂记，撰成此书。130卷，包括本纪12卷、世家5卷、列传105卷、附录8卷。这是一部私人编写的纪传体北宋史，记北宋九朝史事，起宋太祖建隆元年，迄于宋钦宗靖康二年（960—1127）。世家记皇后、皇子，附录记辽、金、西夏、西番、交趾等国。成书早于《宋史》，有些资料是《宋史》没有的，如列传中有11人《宋史》无传，对研究北宋史有一定价值。有五峰阁、扬州书局等本。新有2000年齐鲁书社点校本。

《隆平集》，北宋曾巩（1019—1083）撰，或疑他人作。20卷。前3卷记宋太祖至宋英宗五朝106年史事，卷4以下为列传，分宰臣、参知政事、枢密等11类，立传311人。所载章疏有《宋史》不备者，有重要史料价值。有康熙四十七年（1708）刻本、1967年台北文海出版社《宋史资料萃编》本。

《契丹国志》，旧题南宋叶隆礼撰，近人余嘉锡考证作者出于宋、元间人伪托。27卷，包括帝纪12卷，列传7卷，晋降表、宋辽誓书、议书1卷，南北朝及诸国馈贡礼物数1卷，地理1卷，族姓、风俗、制度1卷，行程录及诸杂记4卷。是研究辽史较原始的资料，元修《辽史》曾从中取材。如卷23叙契丹族原始，国土风俗，部落并合，兵马、建官、宫室、衣服、科试和渔猎之令，卷27《岁时杂记》所载，均可补正史之缺。有扫叶山房《四朝别史》本，

1985年上海古籍出版社标点本。

《大金国志》，题淮西归正人宇文懋昭撰，并载有宋理宗端平元年（1234）进书表。据此，作者应是一个从金朝统治地区投奔到南宋的人在金亡那一年写成的。全书40卷，包括帝纪26卷，开国功臣传1卷，文学翰苑传2卷，录2卷，杂录册文1卷，天文、地理、杂载风俗制度7卷，许亢宗奉使行程录1卷。记金太祖至金哀宗九主117年的事迹，是元修《金史》之外唯一的一部系统的金史。资料多得自传闻，并撮抄旧载，与《金史》以国史为资料来源不同，并成书于《金史》之前，保存了许多珍贵史料，或可与他书相印证，或可补他书之不足。书中记时、称谓、叙事、记述也有舛误，内容有不尽可信之处。有扫叶山房《四朝别史》本，1986年中华书局标点本。

《元史类编》，一名《续宏简录》，清邵远平撰。其祖邵经邦曾撰《宏简录》254卷，记唐、宋、辽、金史事，邵远平续其祖之书以记元代史事。42卷，包括纪10卷，传32卷。本纪部分将太祖、太宗、定宗、宪宗四朝入“世纪”，世祖以下诸帝称“天王”。有宰辅、功臣、侍从、台谏、直谏、庶官、皇后、公主、系属、儒学、文翰、旌德、杂行、附载诸传。凡天文、地理、历律、制度及诏令都编年入本纪，诸臣奏章入列传。全书是以《元史》为基础改编而成的，但也注意到利用《经世大典》《元典章》《元文类》及文集等其他史料，补写了一些人物传记，如补入赵天麟、郑介夫、熊禾等儒林、文苑、忠义及宋之降将、元末群雄诸科人物。还在正文下加小注，对若干史实有所考订。有南沙席氏《扫叶山房》本。新有1996年上海古籍出版社精装本。

《元史新编》，清魏源（1794—1857）撰。95卷，包括本纪14卷，列传42卷、表7卷、志32卷。在史料方面，除依据正史外，旁搜《元朝秘史》《蒙古源流》《皇元世祖亲征录》《元典章》《元文类》及元人文集、明清有关著述百余种，针对旧史疏陋和繁冗的缺点，补其所必补，删其所当删，对旧史护短和相互歧异之处多所补正。还以元代有关的各种记载和《海国图志》中所载英夷印度之事，来考订元代西北地理。对先元四朝史迹和治河，钞法及西北边防舆地沿革多有补充和订正，价值较高。但系未完稿，所据外国史料也有局限。有清光绪三十一年（1905）邵阳魏氏刻本。

《蒙兀儿史记》，清末屠寄（1856—1921）撰。160卷，包括本纪18卷，列传129卷、表12卷、志1卷，存目14卷。利用《蒙古秘史》《蒙古源流》等中文史料和拉施德丁《史集》、多桑《蒙古史》等中外史料，对《元史》多有补正，特别是对察合台汗国、伊利汗国、钦察汗国的宗室世系、舆地等补正尤多，对蒙古初兴用兵及东道诸分地的记述详于以前各书，对西北、东北地理和中外交通考证尤精。在史料上超出《元史新编》，但对西方史料缺乏选择。初刊于民国二十三年（1934）。有1962年中华书局重印本。

《吾学编》，明郑晓（1489—1566）撰。69卷。分记、传、表、述、考，为明人私修国史代表作之一，记洪武至嘉靖各朝事，材料丰富，如《四夷考》收国名、地名90多个，对研究明中叶的边疆史地、中外交通和历史地理，很有价值。有明隆庆元年刊本、万历二十七年（1599）重刊本。

《名山藏》，明何乔远撰。100卷。有《典谟记》《坤则记》《开圣记》等37记，实包括纪、志、传等内容，记明太祖至穆宗200余年史事，多取材于当时野史，保存了不少稀有的明史资料。如《货殖记》是研究明代经济史的重要史料，《王享记》对研究民族史和中外关系史价值较高。有崇祯十三年（1640）刊本。新有江苏广陵古籍刻印社1993年刻本。

《罪惟录》，明末清初查继佐（1601—1676）撰。102卷，包括帝纪22卷、志34卷、列传46卷。帝纪始太祖迄安宗（弘光帝），附记南明诸王；志也比较详细，有《土田志》《贡赋志》《屯田志》等，《直阁》《锦衣》《宗藩》《九边》等志的创立，反映了明代政治、经济制度的特点。传以性质分，如《翼运王国列传》即明初开国封王者之传。所载明末、晚明史料，较他书为详，是研究明史的重要史料。有《四部丛刊》本。上海古籍出版社1996年出版精装本。

《明书》，明末清初傅维麟（？—1666）撰。171卷，包括本纪19卷、宫闱纪2卷、表16卷、志48卷、记5卷、世家3卷、列传76卷、叙传2卷。是一部私撰的纪传体明史，始元文宗天历元年（1328），终明崇祯十七年（1644）。较《明史》多《圣贤世裔表》《学士祭酒表》《卿贰年表》《制科取士表》等表和《土田志》《赋役志》《戎马志》《纶涣志》等志。记典章制度较《明史》为详，间有多出的史料。有《畿辅丛书》本。

《南疆逸史》，清温睿临撰。56卷，包括纪略4卷、列传52卷。全书以南明年号纪年，记南明三朝史事。纪略记弘光、隆武、永历三朝和监国鲁王事迹；列传始于史可法，终于马吉翔，有守土、死事，隐遯、逸士、义士、宗藩、武臣、逆臣、奸佞等类传，记南明史事详备，保存了许多南明抗清斗争的史料。有1959年中华书局排印本、2002年上海古籍出版社《续修四库全书》本。

《小腆纪传》，清徐鼒（1810—1862）撰。65卷，包括纪7卷，列传58卷。记李自成攻占北京至清占领台湾（1644—1683）间南明人物520余人。与作者的《小腆纪年附考》经纬交织，共为南明史中一组较完备的史料。有

1958年中华书局标点本。

《永历实录》，明末清初王夫之（1619—1692）撰。26卷，今存25卷，包括本纪1卷、列传25卷（缺卷16），记叙了永历16年间政治、军事史，为南明史的研究提供了宝贵史料。其死节、佞幸、宦者、叛臣各传，尤他书所未详。收入《船山遗书》。有1982年岳麓书社校注本。

第五章　编年体史料

编年体是按年月日的顺序记载历史的史书体裁，也是我国古代起源最早、应用很广的一种史学表述形式。

本章所述，主要介绍现存历代编纂成书的重要编年体史料，包括明清实录。早期编年史的代表作《春秋》和《左传》，因传统上划归经部，故本书也放到《群经史料》一章中介绍，此处不再重出。

第一节　《汉纪》与《后汉纪》的史料

一　《汉纪》

此书30卷，东汉末年荀悦（148—209）撰。汉献帝以班固《汉书》文繁难省，遂命荀悦用编年体加以删改。建安三年（198）始撰，五年告成，名为《汉纪》。

是书记西汉一代200余年史事，为我国现存第一部编年体的断代史。它以帝纪为主，将《汉书》各传及表、志之文按年月次序，分别编入。但在编纂上强调“通连体要”，不仅按年、时、月、日记述重大史事和人物，而且顺便将无年月可考或不便分散的同类及有关史事加以介绍，从而扩大了编年史的记叙范围，增强了记事的条理性。全书字数不到20万，大减于《汉书》，而有关的政治、经济、军事、文化及民族关系等方面的大事，都已述及，简明扼要，省约易习，可作为初学汉史的读本。取材虽多本《汉书》，而间有其他资料录入，可补《汉书》之阙。作者注重史论的撰写，书中有30多则“荀悦曰”，皆因事发论，多涉及为政得失，有较高的史料价值。而立论直书作者之名，也成为后世编年体史论的一个通例。

对于《汉纪》中的史论，前人颇多褒词，称其“论辩多美”，“垂训无穷”，长于“义理”。其实对《汉纪》所反映的历史观点，必须结合作者对史料的剪裁取舍进行分析。书中的“荀悦曰”，有些是对《申鉴》思想的照搬、修补和深化，有些则不是。从总体上看，贯穿于《汉纪》全书的正宗儒学思想，较之《汉书》有过之而无不及，这与《申鉴》中所展示的唯物主义倾向有所不同。

其突出特点，一是着意宣扬神意史观，一是公开提倡鉴戒史学。两个方面各有利弊，不可一概而论。

关于前者。首先，《汉纪》载西汉232年间灾祥怪异之事极多。它节抄《汉书》，史料剪裁自然以删略为主，但作者于有关灾祥怪异之事却全部录出，甚至还有录自《汉书》之外者。灾异之中，又以记“灾”较简，记“异”特详，而且常附以天人感应的解说。据统计，全书记灾祥怪异、阴德报应、相命、望气、卜筮之灵的文字有将近400处，字数超过两万，占去全书的九分之一。《汉纪》内容中的糟粕、文字上的繁杂，主要在此。其次，荀悦发挥以往的神意史观，提出了一种“天人三势说”。他认为：“夫事物之性，有自然而成者，有待人事而成、失人事而不成者，有虽加人事终不可成者，是谓三势。凡此三势，物无不然。”又说：“推此以及天道，则亦如之”；“灾祥之应，无所谬矣”，“虽日遇祸福，亦在其中矣”（卷6）。这些说法，浸透了严重的宿命论。再次，它继承《汉书》，宣扬“圣汉统天”。卷一开宗明义，用将近500字，详细阐述了刘向父子的五德相生说，说明汉绍尧运。卷30末尾，又用1400余字，载班彪对隗嚣的说辞及其《王命论》，反复论证“神器有命”。这一前一后，首尾呼应，意在为汉室补天，是对当时“汉祚将尽”，割据势力“竟希神器”的一种反拨。《汉纪》全书皆用汉年号，而不用秦朝和新莽的年号，反映的也是儒家强调“正闰”之分的正统观念。

关于后者。荀悦明确宣称，《汉纪》的写作是要“综往昭来”，通过论载西汉一朝“明主贤臣，规模法则，得失之轨”，让统治者“有鉴于此”，从而“惩恶劝善，奖成而惧败”，以为“有国之常训”（《目录》及序）。卷一正文论写书宗旨说：“夫立典有五志焉：一曰达道义，二曰彰法式，三曰通古今，四曰著功勋，五曰表贤能。于是天人之际，事物之宜，粲然显著，罔不能备矣。”所谓“五志”，也就是他编书的5项原则。又说到他记载内容的16个方面：“凡《汉纪》，有法式焉，有监戒焉，有废乱焉，有持平焉，有兵略焉，有政化焉，有休祥焉，有灾异焉，有华夏之事焉，有四夷之事焉，有常道焉，有权变焉，有策谋焉，有诡说焉，有术艺焉，有文章焉。斯皆明主贤臣命世之业，群臣之盛勋，髦俊之遗事。”为了贯彻鉴戒史观，荀悦把阐述的重点放在“极为治之体，尽君臣之义”上。他把君臣分为6种类型，强调“同善则治，同恶则乱，杂则文争”，因而具体记载往往“扬主阙而颂忠臣，贱取容而贵直节”，这与《汉书》所宣扬的忠君思想有不同之处。如成帝时的佞臣张放，平日经常陪伴成帝“微服出行”，“斗鸡走马”，及成帝死，他竟也“思慕哭泣而卒”。荀悦对此评论说：“放非不爱上，忠不存焉。故爱而不忠，仁之贼也!”（卷4）简短的十几个字，在“忠”“佞”之间划了一道分明的界线。卷8《孝文皇帝纪下》于文帝十三年“六月，诏除民田租”后，有一段约1400字的“荀悦曰”，尤其耐人寻味。其中说到：“古者什一而税，以为天下之中正也。今汉氏或百一而税，可谓鲜矣。然豪富强人，占田逾侈，输其赋太半。官收百一之税，民输太半之赋，官家之惠优于三代，豪强之暴酷于亡秦，是上惠不通，威福分于豪强也。今不正其本，而务除租税，适足以资豪强。”汉朝田租很轻，最初什五税一，很快减到三十税一，后来又曾百而税一，还时常有豁免天下田租之诏。历来史家对此津津乐道，而荀悦一针见血地指出，这不过是皇家地主同豪强地主共分“威福”，变换手段盘剥农民。因此《汉书》大书特书的西汉一朝25次减免田租，《汉纪》连一半也没有记到。他还反对固守祖宗法典，主张“古今异制，损益随时”，以“应变济时”。《汉纪》中的“荀悦曰”，有的是结构严谨而行文优美的说理文字；有的则直抒胸臆，寓理于情，议论风发，一唱三叹；有的则娓娓缕述西汉典章或学术的发展脉络。这些不单是史论，而且也是我们现在研究西汉史的很好的史料。只是有的地方议论过长，30多则“荀悦曰”合起来有一万多字，再加上其他议论，总共要超过全书文字的十分之一，未免比例失调。此书现在常用的本子是《四部丛刊》本。

二　《后汉纪》

此书亦30卷，东晋袁宏（328—376）撰。据袁氏自序，此书的撰写凡历时8年，搜集有关资料达数百卷，并采取了当时新出的张璠《后汉纪》的资料，因而史料价值较高，有的史料还略详于范晔的《后汉书》。全书记东汉一代史事，起于公元25年刘秀称帝（实际记述起自公元17年吕母起义），终于220年曹丕废献帝灭汉。其体例虽仿荀悦《汉纪》，然“抉择去取，自出鉴裁”，较之荀悦主要就班固之书剪裁联络又增加了一些难度。其记事更多地采用了类叙法，常在叙述某人某事时，连带写出许多同一类型的人和事，因此“比诸家号为精密”。范晔《后汉书》出后，“世言汉中兴史者，唯袁、范二家而已”[①]。一为纪传，一为编年，流传至今，已成为研究后汉史的最基本史料。

《后汉纪》所反映的史学思想非常鲜明。从整体上说，袁宏的史学思想仍是封建正统思想，但他的价值标准又与汉人有所不同。魏晋南北朝时期，封建士大夫的荣辱得失观有一个最基本的标准，就是看人们的活动是否符合所谓“名教”，亦即是否有益于“风化”。而当时史家谈“名教”，谈得最具体的要数

① 《史通·古今正史》。

袁宏，其史学思想的中心内容即通古今，阐“名教”。他在《后汉纪》的序文中说：“夫史传之兴，所以通古今而笃名教也。丘明之作，所以斟酌抑扬，寄其高怀。末史区区，注疏而矣，其所称美，止于事义，疏外之意，没而不传，其遗风余趣，蔑如也。”这是批评杜预的《春秋左氏经传集解》止于事义的注解，而没有把《左传》的精神要义发挥出来。他进而批评司马迁、班固、荀悦等人说：“史迁剖判六家（指《六家要指》），建立十书，非徒记事而已，信足以扶明义教，网罗治体，然未尽之。班固源流周赡，近乎通人之作，然固藉史迁，无所甄明。荀悦才知经纶，足为嘉史，所述当世，大得治功已矣，然名教之本，帝王高义，韫而未叙。”最后他又慨叹“今之史书，或非古人之心，恐千载而外，所诬者多，所以怅怏踌躇，操笔恨然者也”，对当世史书也不满意。因此他要自己写一部书来阐发“名教之本，帝王高义”，“因前代遗事，略举义教所归，庶以弘敷王道”。这是他修史的根本目的。

袁宏所谓“名教”，大要归于“君臣、父子，名教之本”，表述的仍是儒家纲常伦理的精髓。但袁宏更重视父子关系，他把父子关系看作君臣关系之本，提出“尊卑莫大于父子，故君臣象兹以成器”（卷 26）。他评论人物，也以父子、君臣礼义作为主要的尺度，如指责班固虽有史才，而无骨气；又不像司马迁那样，把著述的功劳都归到自己父亲身上，这就是“伤名教”（卷 13）。这又体现了门阀士族地主的最高道德准则，表达了门阀士族维持森严等级制度的政治要求。袁宏的论说，在许多地方都是把儒家“名教”结合魏晋玄学来发挥的，故当时人已谓《后汉纪》中“多玄言”，后来刘知几也批评他“多饰玄言”。实际上，六朝士大夫虽号称旷达，而“笃孝义”“严家讳”“尚自然”，与儒家的重伦理、崇“名教”未尝不相通。《后汉纪》卷 26 在“君臣、父子，名教之本也”的论述之下接着说：“然则名教之作，何为者也？盖准天地之性，求自然之理，拟议以制其名，因循以弘其教，辨物成器，以通天下之务者也。……未有违失天地之性而可以序定人伦，失乎自然之理而可以彰明治体者也。末学肤浅，不达名教之本，牵于事用，以惑自然之性。……违自然之本，灭自然之性，岂不哀哉！”卷 23 又说：“言善教者，非贵其无害也，贵性理不伤，性命咸遂也。故治之兴，所以道通群心，在乎万物之先也。古人知其如此，故作为名教，平章天下。”作者的中心意思，是“名教”要求自然之真，而不要“矫性违真，以循一时之好”。为此他对东汉党锢之祸中的一些著名人物，如李膺、范滂等颇多微词，认为他们“定臧否，穷是非”，触万乘，陵卿相，使天下之人自置于必死之地，都是不高明的做法，而范晔在《后汉书》中对这些人物都是极力称颂的。这也显示了魏晋南北朝史学家中“豪士派”与

“隐逸派”的某种不同的思想格调。

总的说来，袁宏是一个封建正统史家，他讲究“通古今而笃名教”，修史注重评论，不是仅仅不加选择地编一堆史料，而是结合具体的史料，把儒家“名教”观念上升到历史哲学的高度作系统的阐述，这对后世封建史学还是有相当的影响。《后汉纪》所以能够流传下来，这也是一个重要的因素。而我们今天阅读和使用《后汉纪》，更有必要充分注意到书中所包含的思想史料。《四部丛刊》收有此书。周天游《后汉纪校注》可以参考。

袁书之外，魏晋南北朝时期撰写的编年体史书，尚有陆机、干宝、曹嘉之、邓粲、刘谦之、裴松之、王韶之、徐广诸家《晋纪》，郭季产《续晋纪》，习凿齿《汉晋春秋》，孙盛、庾翼二家《晋阳秋》，檀道鸾《续晋阳秋》，萧子显《晋史草》，裴子野《宋略》，吴均《齐春秋》，何元之《梁典》等，均较为有名，隋王劭的《齐志》也是同类的书。这些书唐时大多尚存，后来均佚，清人大多有辑本，可从中查检一些零星的史料。

第二节　《资治通鉴》与宋代编年史料

编年体史书的编撰，自唐初官修正史成为制度以后，即相对受到冷落。但自中唐以后，随着史学领域“通变”思想的兴起，编年体通史的撰述也开始受到学者的注意。较早在这方面作出尝试的是唐宪宗时人马总（？—823），他曾写成《通历》（后人又名《通纪》）10卷，“撰纂太古十七氏，中古五帝三王，又删取秦、汉、三国、晋、十六国、宋、齐、梁、陈、元魏、北齐、后周、隋世纪兴灭，粗述其君贤否；取虞世南《略论》分系于末，以见义焉”[①]。虽属史钞的性质，而有编年体通史的义例。五代时荆南孙光宪又接马总之书撰成《续通历》10卷，保存了不少安史之乱、黄巢起义等重要史料，但因多记五代十国事，北宋初被统治者焚毁。今《宛委别藏》收有《通历》一书，正、续总合为20卷，缺卷1至卷3、卷16至卷20诸卷。唐宣宗时，姚康复还编过一部《统史》，多达300卷，记上古至隋末帝王善政美事，后来亦失传。据《玉海》记载，司马光之前编年史称“通”者，尚有李仁实、徐整诸家；北宋贾昌朝也曾编过一部80卷的《通纪》，今都不传。宋神宗时，章衡编成一部10余卷的《编年通载》，列举历代年号，贯以甲子，上起帝尧，下迄宋治平四年（1067），共3400年，凡有关存亡治乱的重要史事，均按年编录，颇为简要，熙宁七年

① 晁公武：《郡斋读书志》。

(1074)表进于朝，比《资治通鉴》的成书还要早10年。此书现存宋刻残本4卷，收入《四部丛刊三编》。这些都说明，从中唐到宋初，纂修编年体通史已成为一种普遍的风气，只是因条件所限，还没有人能够完成一部足以流传后世的巨著。这一任务，直到北宋中叶，才历史地落到了大历史学家、《资治通鉴》的主编者司马光的肩上。

一　《资治通鉴》

司马光(1019—1086)是我国古代著名的历史学家，也是北宋中叶的一位重要的政治家。他自幼酷爱史学，早在年轻时就有志于编一部简明扼要的编年体通史。至迟在他35岁前后(嘉祐年间)，他已着手准备修史。为此他先编了一部断限与后来《通鉴》相同的大事年表《历年图》5卷，于治平元年(1064)进呈英宗。接着又仿《左传》体例，写成《通志》8卷(起周威烈王二十三年，止秦二世三年)，于治平三年(1066)再次进呈。这实际是《通鉴》最初的样本。英宗看过后甚为赏识，遂于是年四月命他置局"编次历代君臣事迹"。第二年神宗即位，名其书为《资治通鉴》，并亲作序文，这是其书定名之始。此后因变法之争，他在政治上被排斥，居洛阳15年，以书局自随，直到元丰七年(1084)书成，距初修已达19年之久。

《资治通鉴》是一部集体完成的书。作为司马光助手的刘恕(1032—1078)、刘攽(1023—1088)、范祖禹(1041—1098)三人，都是当时出色的历史学家。编纂的程序是先编写丛目、长编，然后定稿。丛目为资料结集，或说是长编的提纲，做法是以一书为主，标出事目，按时间顺序调整排列，然后遍采史籍，逐一增补事目，并附注资料出处。长编是《通鉴》草稿，系据事目错综铨次，修饰文字，原则是宁繁勿简，写法是正文用大字，异说(即考异)用小字。这项工作由三位助手完成，大致刘攽负责汉史长编，刘恕负责魏晋至隋部分，范祖禹负责唐史部分；后来刘恕转五代，刘攽接替了他隋以前部分的一些续编工作，五代部分因刘恕去世，而由范祖禹最后完成。全书的定稿，则"是非予夺，一出君实笔削"。司马光为此付出了巨大的精力，如《唐纪》，长编原长达六七百卷，司马光用三四年时间反复删削锤炼，最后定稿为81卷。当时《通鉴》所采书，据后人考证，多达300种以上，但这只是主要就《通鉴考异》所引而作的统计，实际用书当远不止此数。

《通鉴》全书正文294卷，另有《通鉴目录》及《通鉴考异》各30卷，合计354卷，约200余万字。全书体例谨严，内容翔实，文字简洁，是一部规模空前的编年体通史巨著。所载上起周烈王二十三年(前403)，下迄后周世宗显德六年（959），总共 1362 年。在史料的总体处理上，有如下几点较为突出：第一，史料的选择侧重于政治史料，主要用以记述历代治乱兴衰与中原各王朝重大政治事件的发生和发展，同时论及有关国计民生和社会变迁的史事，而经济史料和文化史料相对来说显得贫乏而分散。全书主要是一部政治史。第二，史料的剪裁略古详今。从篇幅上看，《周纪》记 148 年事，用 5 卷，平均每卷约 30 年；《秦纪》49 年、3 卷，每卷约 16 年；两汉以后逐渐加详：汉魏 469 年、70 卷，每卷不足 7 年；晋到隋 353 年、106 卷，唐、五代 343 年、110 卷，每卷仅约 3 年；其中五代 53 年、29 卷，每卷仅一二年。具体材料一般是乱世多，治世少。第三，史料的鉴别有严格的考证。司马光认为，传世之言未必可以“据以为实”，“其实录、正史未必皆可据，杂史、小说未必皆无凭，在高鉴择之”。因此他对史料的真伪虚实，无不严加考辨，往往一处记载用好几处素材写成，以求“证据分明，情理近乎得实”。他把考辨的成果集中起来，编成《通鉴考异》一书，与《通鉴》并行，开创了史家自注其书的新体例，为后来史家所沿用。第四，史料的编排不是一成不变地局限于编年体例，而是广泛吸收纪传体史书写人物传记的经验，充分运用了追叙及并叙的方法，以弥补编年体的短处，增强史料的完整性，扩大记事的范围。第五，自编目录，以便使用者易于检寻，也是一种周到的做法。作者还曾作《通鉴举要历》80 卷，以折中原书的浩大与目录的简略，但流传未广。

对《通鉴》的史料，须结合司马光的史学思想和历史观进行分析。司马光曾反复申明，他著此书的宗旨是“止欲叙国家之兴衰，著生民之休戚”，他的全部史学思想和历史观可说都包含在这一著述宗旨中。其具体表现约有如下诸端：第一，鲜明的取鉴思想。为使封建统治者鉴古察今，区别善恶是非，完善封建统治，司马光在《通鉴》中以大量篇幅记叙了历代农民战争，特别是秦末、汉末、隋末、唐末几次大规模的农民战争。例如对黄巢起义，就用 5 卷的篇幅，详细记载了起义的前后经过、浩大声势、严明纪律及其成功之处与失败的原因，这远比两《唐书》的记载（各用 3000 字及 7000 字）要生动、完备得多。对一些小规模的农民起义，甚至数十人、十几人的反抗活动，乃至起义未遂事件，他也不疏漏，而重点在揭露民不聊生的社会现实和统治者“不恤民”的政治后果。书中对历代上层政治活动的描写，对所谓“仁、明、武”的帝王与清明宰相、谏争大臣的赞扬，对昏君庸主、奸佞贼臣和贪官污吏的揭发批判，都是与对农民起义的描述相呼应的。全书原则上不记符瑞、图谶、占卜、神怪诸事，也是因为这类材料“强附时事”，无益于取鉴。他对前人争论不休的“正统”论及“闰位”说，也直截了当地指出：“此皆私己之偏辞，非大通之公论。”但书中无蜀、吴、后魏、北齐、北周及十国诸纪，仍说明他没有完全摆脱“正统”历史观。第二，传统的礼教观念。司马光的历史观虽然表现出某些“非正统”思想，但在宣扬儒家纲常礼教方面仍反映出他的正统观念。他主张历史著述必须在儒家思想指导下进行，强调“史者，儒之一端”，认为“孝慈仁义、忠信礼乐”等封建道德，都是“自生民以来谈之至今”的百世不易之道，是修身、齐家、治国、平天下的根本大法。《通鉴》通篇所载，无不以是否合于礼乐教化为尺度，尤其尊孔读经的故事、守礼失礼的事迹随处可见。书中有200余条征引前人论说和以“臣光曰”标出的史论，绝大部分都是从各个角度阐述礼乐教化观念的文字，其中不乏平正之论，但儒学气味非常浓厚，迂腐之说也不难找到。第三，突出的英雄史观。出于“御览”的需要，司马光在书中用不少材料论证了贤君明主对治乱兴衰的主导作用。他说：“天生烝民，其势不能自治，必相与戴君以治之。”又说：“国之治乱，尽在人君”；“天下安危治乱不在于他，在于人主方寸之治而已矣”。这里把封建帝王的修身明性看作政治的根本，反映的是宋代道学家的观念。第四，保守的政治思想。司马光反对王安石变法，因此书中有些结合具体材料的议论是针对变法而发的。如他称赞汉初曹参“自谓不及萧何，一遵其法，无所变更，汉业以成”；评论东汉末“三互法”，又引春秋叔向“国将亡，必多制”的话，认为“明王之政，谨择忠贤而任之”，“法制不烦而天下大治”，若“禁令益多，防闲益密，有功者以阂文不赏，为奸者以巧法免诛”，则“上下劳扰，而天下大乱”，还明确指出，“以今视之，岂不适足为笑而深可为戒哉”！这显然是在借古讽今，以攻击新法。因此阅读和使用《资治通鉴》，应对此类材料进行认真的分析。

《通鉴》问世以后，学者的注释之作屡出。如史炤的《通鉴释文》、王应麟的《通鉴地理通释》等都很有名，有助于对《通鉴》原书的理解。宋末元初胡三省的《通鉴音注》尤为著名，涉及范围很广，不仅提供了一些有用资料，还在不少地方通过注文抒发了自己的爱国热忱。近人陈垣撰《通鉴胡注表微》20篇，对胡注作了充分的阐述和发挥。明人严衍还曾作《通鉴补》一书，举出了《通鉴》中存在的一些问题，多言之成理。《通鉴》目前最便于使用的本子，是新中国成立后出版的点校本（中华书局1956年版）。上海古籍出版社1986年又出版了两大册缩印本（据世界书局1935年版缩印），以应急需。

司马光为修《通鉴》所作的《历年图》，曾与随后所作《百官公卿表大事记》（起北宋建隆元年，迄治平四年，即960—1067年）粘结在一起，又纂集周威烈王二十三年以前至伏羲事，总为《稽古录》一书，计20卷，于元祐元年（1086）奏上。所载于周共和元年（前841）以前但述梗概，此后始为编年，每年略举大事，可与《通鉴》对照参看。《四部丛刊》收有此书，近年又有中国友谊出版社及北京师范大学出版社出版的两种点校本。

二　宋代编年史料

宋人所撰通史性质的编年史，现存者还有两部，都是南宋时作品，一为胡宏的《皇王大纪》，一为吕祖谦的《大事记》。胡氏书80卷，记事上起盘古，下迄周末，分《三皇纪》《五帝纪》《三王纪》，粗述三代以前历史，编年史中托始盘古者起于此书；但自盘古至帝喾年代不可考，仅粗存名号事迹，自唐尧甲辰起始为编年。吕氏书12卷，附《通释》3卷，《解题》12卷，共27卷，记事上起周敬王三十九年（前481）以接《春秋》，下迄汉武帝征和三年（前90），原拟写到五代，因病未成；所引史实皆载出典，对于历代事迹先后、地理沿革、职官废置多所考订，可补《通鉴》所未及。明人王祎有《大事记续编》77卷，续此书至周显德六年。诸书皆见于《四库全书》。

《资治通鉴》的出现，以其宏大的体制、严谨的义例、翔实的内容、优美的文字，使编年体史的地位大为改观。在它的影响下，宋代形成了一个撰写编年史的高潮，并主要用以记录当代史，为后世留下了丰富的宋代史料。其中最重要的是《续资治通鉴长编》《建炎以来系年要录》《三朝北盟会编》三书。

《续资治通鉴长编》，今本520卷，南宋李焘（1115—1184）撰。李焘一生著述宏富，合计不下数千卷，尤精熟当代典故，对整理当代史料功绩卓著。《长编》一书是他积40年之力精心结撰的北宋九朝编年史。原书正文980卷，另有《目录》5卷，《举要》68卷，《换修事目》10卷，总共1063卷，分4次进呈朝廷。因篇幅过大，元以来罕有传本，今本系清初四库馆臣由《永乐大典》中辑出，已残缺英宗、神宗、哲宗诸朝的部分卷帙及徽、钦两朝的全卷。其编纂体例一依《通鉴》，只是因不敢自比司马光之书，故谦称《长编》。实际全书义例谨严，与资料结集性质的长编迥乎不同。据周密《癸辛杂识》记载："焘为《长编》，以木橱十枚，每橱抽替匣二十枚，每替以甲子志之，凡本年之事，有所闻必归此匣，分日月先后次第之，井然有条。"可见其用力之勤与方法之严密。作者死后，宋孝宗还十分惋惜地说："朕尝许焘大书'续资治通鉴长编'七字，且用神宗赐司马光故事为序冠篇，不谓其止此。"又可见其书深为时人所重。全书载录宁繁勿略，主要取材于实录、国史，同时旁征博引，自经史子集至笔记小说、家乘志状，无不网罗参据。据不完全统计，今本《长编》所引书籍，有书名可考者约400种，其中大部分已经失传。对史料的处理，作者继承司马光"考异"的传统，许多条文都注有材料出处，"若旧本有误处，及有合添处，仍录出为考异；不然则从旧，更勿增改”。今本《长编》的注文，大约有 12000 余条、70 余万字，都带有考异的性质，是全书不可分割的重要组成部分，不可忽视。作者强调据实修史，反对以私意变乱史实，态度非常严肃认真。如赵匡胤“杯酒释兵权”，实录、国史出于诸多忌讳，皆略而不书，《长编》则据私家著作追述其事。对王安石变法，作者所持的态度和当时一般学者一样，从根本上并不赞成，但并不因此就忽略事实；书中对王安石《熙宁奏对日录》及变法派人物的记载有大量征引，我们现在研究王安石变法主要就依据这些史料。总之，历来史家记录北宋史事之详，无人能出其右，研究宋史者必备此书。今有中华书局出版的标点本，颇便初学。上海古籍出版社 1986 年影印出版了清末刊刻的浙江书局本，精装缩订为 4 大册；又附有清人黄以周等所编《续资治通鉴长编拾补》1 册，系摭取《长编纪事本末》的材料按年月编排，又以《续宋编年资治通鉴》等书的材料作为附注，以补今本《长编》缺卷。此本是为适应急需而出版的，而使用颇为方便，受到研究者的欢迎。

《建炎以来系年要录》，200 卷，南宋李心传（1166—1243）撰。李心传一生亦以整理当代史料为务，著述多达千余卷。此书亦仿《资治通鉴》之例，详记宋高宗一朝自建炎元年到绍兴三十二年间（1127—1162）事，与李焘《长编》相衔接。取材以国史、日历为主，而参之以稗官野史、诸家杂记，内容丰富，编纂得法，与《长编》同为史家所推重，而史料之详细与考校之精审又胜于《长编》。《四库提要》谓其“文虽繁而不病其冗，论虽歧而不病其杂，在宋人诸野史中，最足以资考证”。据今人考证，心传原作似应包括孝宗、光宗、宁宗诸朝要录，因均无传本，究竟是否已成书不得而知，故今只名《建炎以来系年要录》。原书宋末有刊本，但流传极少，今本亦系清初四库馆臣由《永乐大典》中辑出，稍有窜改，而大致保存了原貌。有《丛书集成初编》本及中华书局 1956、1988 年排印断句本。

《三朝北盟会编》，250 卷，南宋徐梦莘（1124—1205）撰。《宋史》本传称其“恬于荣进，每念生于靖康之乱，四岁而江西阻讧，母襁负亡去，得免。思究见颠末，乃网罗旧闻，会萃同异，为《三朝北盟会编》”。此书专记宋徽宗、钦宗、高宗三朝宋金交涉史事，起政和七年（1117）宋、金“海上之盟”，迄绍兴三十二年（1162）完颜亮南侵败盟。共分 3 帙：《政宣上帙》25 卷载徽宗时事，《靖康中帙》75 卷载钦宗时事，《炎兴下帙》150 卷载高宗时事。凡宋金媾和、用兵之举，悉按年月日诠次本末，前后相贯，无所隔断；惟中帙之末附“诸家杂记”5 卷，以保存无年月可系的材料。取材极富，凡诏、敕、制、诰、书、疏、奏议、纪传、行实、碑志、文集、杂著，事涉北盟者无不收录。

据《四库提要》统计，所引史料书102种，杂考和私家著作84种，金国诸录10种，共196种，尚不包括文集在内。所述每事先列提纲，然后详记其事于下；引书皆直录原文，不加删改，故保存了大量原始资料。不过这样做也有弊端，如秦桧当政时官修的史料书，对史实有严重的歪曲，其中有不少是美化秦桧和诬陷岳飞的文字，《会编》照录原文，不免以误传误。即如金废宋帝后秦桧向金帅所上乞立赵氏状，《大金吊伐录》具载其原文，短而且丑，适足为秦桧卖国的罪证，而在《会编》卷80却变成了一篇冠冕堂皇的大文章，显然是经过秦桧之流窜改的材料。这是《会编》的一个缺点。不过在总体上，是书仍是一部研究宋金关系史的重要史料书。此书《四库全书》收入纪事本末类。清代有两种刻本，校勘不精，新的整理本尚未完成。梦莘又有《北盟集补》50卷，已失传。

除上述三书外，传世宋代编年史料书可称者尚有如下几部：

《宋九朝编年备要》，又名《皇朝编年备要》，30卷，南宋陈均撰。记北宋九朝事，大书分注，略仿朱熹《通鉴纲目》体例，据事直书，不加褒贬。材料取自日历、实录及李焘《长编》等书，又参以司马光《稽古录》、徐度《国纪》、熊克《九朝通略》等十数家之书，博考互订，颇便寻阅。有《四库全书》本。

《皇宋十朝纲要》，李焘幼子李埴撰，25卷，记北宋九朝及南宋高宗朝事。每朝卷首列举年号及宰相、参政、枢密使及副使、使相、三司使、御史中丞等姓名，载科举之年取士数与州府废置，然后按年代顺序记朝政大事。采摭虽略，亦间有《长编》《要录》等书所未收者。有《六经勘丛书初集》本。

《靖康要录》，南宋汪藻撰，16卷。记北宋末年事，起钦宗即位前，迄靖康二年（1127）五月一日高宗即位。按日系事，广采诏诰、案牍，于宋金和战事编载较详，可补李焘《长编》阙佚，下接李心传《要录》。有《丛书集成初编》本。

《中兴小纪》，南宋熊克撰，40卷。原名《中兴小历》，清人避乾隆帝弘历讳改名《中兴小纪》。记南宋高宗朝事，取材广泛，颇具条理，但失误较多，可与《要录》参看。有《丛书集成初编》本，福建人民出版社1985年版标点本。

《皇宋中兴两朝圣政》，南宋官修，旧题留正等人撰。实为原编《高宗圣政》《孝宗圣政》二书的节录，旧存64卷，今本佚去第30—45卷。虽分门载录，而实际是高、孝两朝的编年史。计分兴复、任相、君道、治道、皇亲、官职、人才、礼乐、儒学、民政、兵事、财用、伎术道释、边事、灾祥等15门，于南宋前期朝政制度、宋金战争、社会经济记述颇详，史料价值较高。有《宛委别藏》本，书名上冠以"增入名儒讲义"诸字，知系后人传抄。台湾出版的

《宋史资料萃编》第一辑影印有传世抄本。记高、孝两朝事者又有《中兴两朝编年纲目》钞本18卷，亦不知何人所撰。

《续宋编年资治通鉴》，南宋刘时举撰，15卷。记南宋高、孝、光、宁四朝事，起建炎元年（1127），迄嘉定十七年（1224）。文辞简约，条理明晰，而于时政得失、国势安危颇为详悉。书中所附议论乃元时刊版者增入，已非其旧。有《丛书集成初编》本。

《两朝纲目备要》，今本16卷，清初四库馆臣辑自《永乐大典》，作者不详，当为南宋末年人。记南宋光、宁两朝事，叙次简明，颇似《续宋编年资治通鉴》，而史料亦间有他书未载或可以互勘者。有《四库全书珍本初集》本。

《宋季三朝政要》，今本5卷，不著撰人，似宋末元初作品。记宋理宗、度宗、恭帝三朝事，文字甚简略，且或得自传闻，偶有舛误。但南宋末年史料今极缺乏，此书能存概要，亦属难得。末附录陈仲微《广卫二王本末》1卷，记帝昰、帝昺及文天祥、陆秀夫、张世杰等抗元事迹，系作者随二王入广，据亲身经历逐日记录而成，史料价值较高。有《丛书集成初编》本。

《宋史全文续资治通鉴长编》，简称《宋史全文》，36卷，记宋太祖至理宗十四朝事；末附《宋季朝事实》2卷，记度宗至广王事。不著撰人。核其内容，实系宋元间人节抄李焘《长编》、留正《中兴圣政草》、刘时举《续宋编年资治通鉴》及无名氏《两朝纲目备要》《宋季三朝政要》等书凑合而成，颇无义例；末附两卷则为编录者缀辑。但此编为较早记载两宋全史的书籍，且杂有宋人对一些史实的评论文字，可供研究宋史者检阅。《四库全书》及《宋史资料萃编》均收有此书。

宋人撰写的编年断代史，除记录本朝史的以外，偶有记录前朝史的。如南宋王益之的《西汉年纪》30卷，取《史记》《汉书》及《楚汉春秋》《说苑》等书的资料，广征博引，以《通鉴》凡例裁成之，又订正史传牴牾为《考异》10卷，诠次诸儒议论为《鉴论》若干卷，亦可供参考。原书久佚，今本亦系清初四库馆臣由《永乐大典》中辑出，已无《鉴论》，而《考异》散附各条之下，缺王莽居摄以后事。有《丛书集成初编》本。

第三节　《续资治通鉴》与明清编年史料

一　《续资治通鉴》

《资治通鉴》自定稿以后，因其断限有约束，续作之书就不断出现。还在司马光谢世前，参加《通鉴》编写的刘恕即因全书阙前略后，首尾不备，欲采周威烈王以前事为《前纪》，宋兴以来事为《后纪》。后病废在家，仅成《前纪》，又度《后纪》难成，遂改名《外纪》，起包牺，终周威烈王二十三年，以与《通鉴》相衔接。计有《包牺以来纪》1卷，《夏纪》《商纪》共1卷，《周纪》8卷，总为10卷。宋末金履祥又以刘恕之书不本于经，而信百家之说，不足以传信，遂用邵雍《皇极经世书》、胡宏《皇王大纪》之例，损益折衷，一以《尚书》为主，下及《诗》《礼》《春秋》，旁采旧史诸子，表年系事，复加训释，断自唐尧，下接《通鉴》，撰成《通鉴前编》一书。这是续前的著作。续前兼续后的，有明初陈桱所编《通鉴续编》。此书共24卷，首述盘古到高辛氏事，以补金履祥书所未备，为第一卷；次采契丹在唐及五代时事，记其得国之故，为第二卷；其余22卷皆为宋事，起自太祖，迄于昰、昺二帝。自朱熹《通鉴纲目》后，继作《通鉴》者实始于陈桱。稍后胡粹中撰《元史续编》16卷，起元世祖至元十三年（1276），终顺帝至正二十八年（1368），编年系月，大书分注，有所论断，亦随事缀载，虽全仿《通鉴纲目》之例，意在补明初官修《元史》之阙，而实欲续陈桱之书，故名《续编》。此后商辂又以陈、胡二书为蓝本，撰成《宋元通鉴纲目》27卷，以补宋元史事。至嘉靖、万历间，则有王宗沐、薛应旂各自所撰两部《宋元资治通鉴》出现。王氏书64卷，用《通鉴》义例记宋元两代事，取材贫乏，不为学人所重。薛氏书157卷，体例仿《通鉴》，而以商辂《纲目续编》为底本，稍摭他书附益之，内容简略，辽、金二史削而不书，宋、元二史表志亦未参考，所记元朝事尤为疏漏，唯于道学宗派，颇能采诸家文集，多出正史之外。下及清初，徐乾学鉴于宋元以来续补《通鉴》诸家例多疏舛，于是利用诏修《大清一统志》之机，与著名学者万斯同、阎若璩、胡渭等人，共同编成《资治通鉴后编》184卷。此书全仿《通鉴》体例，有考异以明史事去取，又采前人议论附于史事之下，自出议论则标“乾学曰”以示区别。记事起宋太祖建隆元年（960），迄元顺帝至正二十七年（1367），中间所记南宋末年史事，则以端宗、帝昺继恭帝之后系年记号，可正《宋史》之失。作者编书时曾见到李焘《长编》残本，但李心传《要录》、熊克《中兴小历》等书当时尚未辑出，因此所编虽远胜王、薛之书，而取材仍不够广。唯阎、胡等人长于地理，故书中有关舆地之事较为精审。此外，清初官修的《通鉴辑览》116卷，起自上古，迄于明末，也是一部编年体通史，叙述简明，较便初学。

续补《资治通鉴》最有名的著作，是清人毕沅（1730—1797）所撰《续资治通鉴》220卷。当时知名学者如严长明、程晋芳、邵晋涵、洪亮吉、孙星衍、章学诚等皆受知列其门下，《续资治通鉴》实出众人之手。全书积20年之力写成，曾四易其稿，大致以徐乾学《通鉴后编》为基础，参以李焘、李心传等人之书修订而成。断限大致如徐乾学书，唯下限较徐书多出3年，止于元至正三十年（1370）。其突出特点，一是综合概括宋、元时期主要史实，叙述有条不紊，文笔可观，材料丰富，参阅著作110余种，大大超过前此编年诸家；二是改变了以往编年之书详于宋而略于辽、金、元之弊，于诸朝史事一视同仁，保存了不少少数民族史料；三是据事直书，对史实不加评论，而对史料则有细致的考异，附注本文之下。此书一出，深为时人所重，几乎成为学者案头必备之书。但作者生当清代，出于种种避讳，于明代史事阙而不修；纪年学《通鉴》，用岁阳、岁名；辽、金、元人名、地名用清初统治者改译之名，虽附注旧名，而时有遗漏，使用很不方便；同时叙事多录旧史原文，未能熔铸一体。这些都是美中不足之处。原书曾经邵晋涵最后审定，而订正之本未及刊行；毕沅生前亦仅刻成103卷，嘉庆间冯集梧收拾书稿，续刻117卷，始成全书。现在通行的本子是《四部备要》本和中华书局出版的12册标点本（1986年5月5次印）。

二　明清编年史料

断代的编年史料书，记录明代史事的主要有《国榷》《明纪》《明通鉴》及《明季北略》《明季南略》《小腆纪年附考》等书。因《明季北略》《明季南略》二种带有杂史的性质，故本书已于杂史部分稍作介绍，这里权且从略。

《国榷》，108卷，又卷首4卷，明末清初谈迁撰。前4卷记明代世系、地理、封爵、职官等；正文记事很详，近乎长编的性质，大致以实录为本，参阅有关明代史书100余种撰成。曾六易其稿，历时35年始完工。作者遍考群籍，广征博采，但不盲目轻信，凡实录与诸史所记失实之处，均作精心考校，以增强史料的可靠性。明亡后又大量收集明代邸报、政府公文、方志及前朝官吏、遗民口述，进一步充实和订正。尤其万历以后明与后金史实，为他书所不及，史料价值较高；记崇祯朝的15卷，可补实录之阙。作者对实录中避而不谈的一些重要史实，如朱元璋晚年对功臣的杀戮，建文朝的史事，满洲先世建州女真的史事等，都敢于直书，并附有许多评论文字。缺点是每事记叙过简，脱稿后又未仔细复审，前后内容失于照应，同一事件先后叙述不一，甚至张冠李戴，画蛇添足，且于灾异祥瑞记叙过繁。今有北京古籍出版社1958年排印断句本，共6册。

《明纪》，60卷，清嘉庆、道光间陈鹤撰。是书仿李焘《长编》体例，博采《明史》《明史稿》及诸家传记之书而成，上起元至正十一年（1351），下及明末福、唐、桂三王。前52卷为作者手辑，后8卷为其孙陈克家补撰。叙述扼要，而失于简略，可供初学。有《四部备要》本。

《明通鉴》，90卷，又《前编》4卷、《附编》6卷，总100卷，清道光、咸丰间夏燮撰。此书意在接补《通鉴》《续通鉴》，史料以《明实录》《明史》《通鉴纲目三编》为主，而参以《明会典》《一统志》及数百种稗官野史。于明代朝政纪纲、礼乐刑政、天文历法、河道漕运、营兵练饷、折色加赋等记载颇详，对明末抗清义士亦多有表彰。正文之下亦有考异附注，纠正了《明史》的不少错误，并存了大量史料。此书受到后人重视。中华书局1959年出版了标点本，共4册。

《小腆纪年附考》，20卷，清道光、咸丰间徐鼒撰，是一部专记南明史的编年史料书，起崇祯十七年（1644），迄永历三十七年（康熙二十二年，1683）。作者参考南明史书达62种，又搜集方志及各家诗文集中的有关资料作为补充，不限于一时一地，对传闻互异的资料都写成考异附注正文之下，现存南明史著中保存史料之多首推此书。作者还对南明史事有许多评论，表达了他对明朝亡国的感慨。书中对李自成攻克北京事记述颇详，约占全书的五分之一，而于永历及台湾郑成功事记载较少。有中华书局1958年出版的标点本。作者另有《小腆纪传》65卷、补遗5卷，与此书为姊妹篇。

此外，记载明代历史的编年之书，题名《大政记》的有好几种。如雷礼等人的《明大政记》25卷，郑晓的《大政记》10卷（见所著《吾学编》），朱国桢的《皇明大政记》36卷（见所著《皇明史概》；书中又有《皇明大事记》50卷，《皇明大训记》16卷），谭希思的《明大政纂要》60卷等，虽繁简详略多有未当，亦可供检阅之用。黄光昇的《昭代典则》28卷，陈建的《皇明通纪》30卷，张嘉和的《通纪直解》16卷，钟惺的《通纪集略》5卷，涂山的《明政统宗》30卷等，也是通记明代史事的书。吴朴的《龙飞纪略》8卷，宋濂的《洪武圣政记》2卷等，保存了一些有关明太祖朱元璋的事迹材料。张铨的《国史纪闻》12卷，也有一些元末明初至明武宗时的遗闻旧事。支大纶有《世穆两朝编年史》6卷。其余记载一朝史事的尚多。清人朱璘还撰有一部《明纪全载》，以16卷篇幅记明代全史，也是一部简明的断代编年史。此书曾在清初与所撰《纲鉴辑略》40卷合刻为《历朝通鉴辑略》，共56卷，属编年体通史；后来多单行，故又名《通鉴明纪全载辑略》或《明纪纲鉴补》。

清初有几部记述明末农民战争史的专书，历来受到学者的重视：一是吴伟业的《倭寇纪略》（又称《鹿樵纪闻》）12卷、《补遗》3卷，一是彭贻孙的

《平寇志》12卷，一是戴笠、吴殳合编的《怀陵流寇始终录》（又称《寇事编年》）18卷、附录2卷。吴书分篇记载，各以三字标题，体例略如纪事本末；彭、戴之书则均编年记载。其中彭书从天启七年（1627）至崇祯十七年（即顺治元年，1644）逐年详述，下至顺治十八年（1661）则略述梗概；戴书正文纪事上下限与彭书详述部分相同，1645年以后事则编为《甲申剩事》1卷为附录，又别附《李自成传》1卷。二书取材均甚富，多据明末邸报、奏章及私家记录，虽对农民军极尽诬蔑歪曲之能事，而痛心于明末文武官僚的腐败，尚能反映当时实际。前者有1931年北平图书馆排印本，后者有1947年《玄览堂丛书续集》影印本。

有关清史的编年史料，主要为官修的实录，其他独立成书的很少。清初官修的《皇清开国方略》32卷，记述清朝入关以前开国事实，大纲略存，可以参看，但于本朝前期历史多所讳饰。鸦片战争后，祁韵士编过一部《皇朝藩部要略》，以编年体裁记述蒙古各部及回部、西藏的封袭、建置等事，是研究边疆历史地理的较早的书。此书详于史实而略于方域，后来张穆的《蒙古游牧记》对此有所弥补。杨毓秀的《平回志》8卷，编年记载清同治、光绪间陕甘、新疆回民起义事，于清军镇压方略及回民与捻军、回民与汉民关系等均有叙述。

第四节　明清实录史料

实录是一种按年月日编排史料而兼载人物传记的史体，属于最基本的编年体书籍。由于它所依据的基础史料是起居注、时政记和日历，因而在性质上实是一朝史料之总汇。就现在所知者统计，历代所修实录总共有120部左右，而至今大部分已经散佚，只有明清实录因时代较晚，保存尚完整。

明朝的实录，从明太祖朱元璋至明熹宗朱由校都有纂修，共成书3000余卷，计有：《太祖实录》257卷，《太宗实录》274卷，《仁宗实录》10卷，《宣宗实录》115卷，《英宗实录》361卷，《宪宗实录》293卷，《孝宗实录》224卷，《武宗实录》197卷，《世宗实录》566卷，《穆宗实录》70卷，《神宗实录》596卷，《光宗实录》8卷，《熹宗实录》87卷（今存74卷）。另有《睿宗实录》（即世宗之父兴献王实录）50卷。建文一朝事实附于《太祖实录》中，景泰一朝事实附于《英宗实录》中；思宗一朝实录原缺，后人辑补为《崇祯实录》17卷。其中《太祖实录》原修于建文时，明成祖朱棣篡位后于永乐间两次重修，现在所存的是最后修订本；《光宗实录》因阉党与东林党的斗争，也曾被修改。二书均多失实之处。

明代纂修实录，有一套严格的程序，收集资料亦极广泛，不仅中外官署由礼部责成采辑先朝事迹，而且派出专人到地方各级政府搜访章疏奏牍，抄存邸报、人物传记、先朝遗事等材料，然后由史官汇总编次，副总裁删削，内阁大臣总裁润色。因此实录的内容异常繁重，史料亦极其丰富，举凡一朝各项政治设施、军事行动、经济措施、民族关系、自然灾害、社会情况，以及帝王婚丧、四时祭祀、营造建筑等事，都有记录，朝廷诏旨令旨、百司案牍以至大臣生平等也有选载。研究一朝历史，实录是最基本的史料书。但官修史书的通病，明朝实录也不能避免。明代史家王世贞在《史乘考误》中就说过："国史之失职，未有甚于我朝者也！故事，有不讳（即先朝皇帝去世）始命内阁翰林臣纂修实录，六科取故奏、部院咨陈牍而已，其于左右史记言动阙如也。是故无所考而不得书，国忸衮阙则有避而不敢书；而其甚者，当笔之士或有私好恶焉，则有所考、无所避而不欲书，即书，故无当也。"这是说有关帝王活动的记录本来就残阙不全，而秉笔史臣又或者避而不敢书，或者私而不欲书。这种"书美而不书刺，书利而不书弊，书朝而不书野，书显而不书微"的情况，不仅在一再改修的《太祖实录》中严重存在，在其他实录中也不同程度地存在，因此利用实录的史料，必须慎加鉴别。

明代历朝实录修成后，均誊录正副两本，正本存于宫内，副本存于内阁（文渊阁），底稿则由史官会同司礼监官于太液池旁椒园焚毁。嘉靖间建皇史宬后，正本移存于此。万历间因修"国史"，有缩小版式之命，并提供史官参考，遂全部重抄一遍，一些大官僚乘机私抄，始有各种手抄本流传民间。现北京图书馆藏有当时副本，仅缺天启四年的 12 卷及七年六月的 1 卷，为目前最完善的本子。现在通用的本子，则是 1940 年根据江苏国学图书馆藏传抄本影印之本，包括《崇祯实录》在内，共 2925 卷，分装 500 册，错字很多。1961—1962 年，台湾中央研究院历史语言研究所以北京图书馆藏本显微胶卷，影印了经过校勘的新本子，计正文 133 册，校勘记 29 册，附录 21 册。

清朝实录的纂修，早在清入关以前就已开始，截止清末未尝中辍。现在见到的有 12 部，共 4300 余卷，包括：《满洲实录》8 册（不分卷），《太祖实录》10 卷，《太宗实录》65 卷，《世祖实录》144 卷，《圣祖实录》300 卷，《世宗实录》159 卷，《高宗实录》1500 卷，《仁宗实录》374 卷，《宣宗实录》476 卷，《文宗实录》356 卷，《穆宗实录》374 卷，《德宗实录》597 卷。自《太祖实录》以下，每种另有序例、目录、进表 2 至 5 卷不等。大致前几朝所修较为粗略，后来所修则极其详细；其中《太祖实录》曾经三四次改修，《太宗实录》

《世祖实录》也有重修和校订本。

清代实录的纂修程序略同于前朝，而取材的范围又广泛得多。统治者有关实录内容的具体规定多达100多项，包括朝廷大典、帝王巡幸、御制诏敕、政纪朝纲、百官除授、大臣政绩、刑法律令、军政方略、兵役征伐、封疆建置、钱粮财富、人丁户口、外交封贡、少数民族事务、赏罚封赠、吏制科举、祭祀典礼、天文历法、灾变祥瑞、文化典籍等众多的方面，几乎一切有关国体政事、条例更革者无不涉及。材料既丰，曲笔亦多，隐恶扬善之弊，大体与明实录相近。按照清廷的规定，每种实录修成后，均以满、蒙、汉3种文字各抄成5套，用红绫或黄绫为面，有大小两种文本，分贮于乾清宫内廷、皇史宬、内阁和盛京崇谟阁。其中内阁实录库贮两套，一套专供皇帝调阅。盛京崇谟阁则专贮满、汉文本，无蒙文本。这些实录抄本，现在都收存于中国第一历史档案馆和辽宁省档案馆；在第一历史档案馆随同贮藏的还有《历朝实录》稿本，与定本内容有出入，有其独特的参考价值。清实录的印行，则始于1930年原辽宁省通志馆委托辽宁大学影印的《满洲实录》。此书最早为天聪九年（1635）修成的《太祖实录图》，从满洲发祥的神话传说，一直记到太祖努尔哈赤一生的战绩，共绘图87帧，配以满、汉、蒙3种文字的说明，形式上与后来所修实录很不相同。乾隆四十六年（1781），清高宗“命依式图绘”，改题《满洲实录》，一贮宫内上书房，一送盛京崇谟阁，影印本即据后者。1933年，伪满洲国又托日本人代为影印崇谟阁所藏历朝《实录》。至1936年底完成，连同卷首总目及《宣统政纪》在内，总共装订为121帙，1220册。1964年，台湾华文书局又据原影印本重印，精装95册出版。近年中华书局又陆续出版全套《清实录》，由中国书店统一发行。

明、清实录卷帙浩繁，材料分散，检阅有一定困难，为方便使用，建国后一些学者已陆续分类汇辑了一批专题性史料书。如云南人民出版社1959年出版的《〈明实录〉有关云南历史资料摘抄》、南开大学历史系1958年编辑的《〈清实录〉经济史料辑要》、内蒙古少数民族社会历史调查组和中科院民族研究所1962年编辑的《〈清实录〉达斡尔、鄂温克、鄂伦春、赫哲史料摘抄》，以及中科院地理研究所编辑的《〈清实录〉中俄关系史料》、新疆民族研究所编辑出版的《〈清实录〉新疆资料辑录》、中科院民族研究所与贵州民族研究所编辑的《〈清实录〉贵州资料辑要》等，都为史学工作者进行专题研究和地方史、民族史的研究提供了一定便利。

清人对当代实录资料的摘抄和简编，现在尚有几种以“东华录”为名，而体例一仿实录的书传世。[①] 一为乾隆三十年（1765）蒋良骐所编《东华录》32卷，一为王先谦、潘福颐所编《十一朝东华录》624卷，另有朱寿朋编的《光绪朝东华录》220卷。蒋编之《东华录》所载起开国以前，截止于雍正朝，所据实录为乾隆间最后考定以前的旧本，又有从实录之外辑录的资料，且对史料有考订，因此受到后人重视。《十一朝东华录》系王先谦以他本人先后所辑道光以前《九朝东华录》与同治间事，与潘福颐所辑咸丰间事合成，成书也在光绪朝改修历朝"实录"之前。而所辑谕旨取自《圣训》《方略》，以稽合《本纪》《实录》；制度沿革据《会典》；军务奏折录自《方略》；又兼载御制诗文，旁稽《大臣列传》；年经月纬，搜罗颇广，多有实录缺载的资料。朱寿朋《光绪朝东华录》成书于《德宗实录》编成之前，主要取材于邸报、京报及其他一些报纸，多载奏章全文，可与后来成书的《德宗实录》互相补充。《十一朝东华录》有光绪间木刻及铅印本，《光绪朝东华录》、蒋良骐《东华录》分别有中华书局1958、1980年排印断句本和点校本。

---

① 清史馆设于东华门内，后来外传的有关实录等资料即多由史馆抄出，故名"东华录"。

第六章　政书体史料

政书是记述历代王朝政治、经济、文化等典章制度的著作，比较集中地系统地提供了有关典章制度的资料。这类史料的特点是分门别类、叙述沿革、系统完整、便于检阅。特别是政书体通史，贯通各史之志，便于研究典章制度的发展史。其他典制史料，与纪传体中的志互有详略，可互相参证。

政书有通史的和断代的。《通典》是我国第一部记述历代典章制度沿革的通史，《通志》“二十略”和《文献通考》仿《通典》体例撰成，合称“三通”。宋代，宋白撰《续通典》、魏了翁撰《国朝通典》，均佚。明代王圻撰《续文献通考》254 卷，资料丰富，但体例混杂。清乾隆年间撰“续三通”和“清三通”6 部大书，与上述“三通”合称“九通”。民国初刘锦藻撰《清朝续文献通考》，合称“十通”。通行的版本是 1935 年至 1937 年上海商务印书馆“十通”合刊本，附有《十通索引》。1982、1986 年中华书局重印。

除政书体通史外，还有分类记载某一时期或某一朝典章制度的专书，称“会要”。唐德宗时，苏冕撰《会要》40 卷，载唐高祖至唐德宗九朝制度；唐宣宗时又诏杨绍复等撰《续会要》40 卷，续至宣宗大中六年（852）。宋初王溥续至唐末，成《唐会要》100 卷，为今存最早会要。宋代设会要所撰本朝会要，可考者有 10 种，2200 余卷，并有私撰本朝和前代的会要。明清两代除官修会要外还撰有会典，特别是私人补撰了历朝的会要，成为一套系统的史书。

还有专门记载某类典章制度的专书以及典制文献汇编，如记礼乐制度的称“仪注”，记官制的称“职官”，记律令章程的称“旧事”或“故事”，记刑制的称“刑法”，目录书中没有固定名称，今略以类别，予以介绍。

第一节　“三通”及其续编

一　“三通”

《通典》，唐杜佑（735—812）撰。200 卷。在刘秩《政典》的基础上，加以扩充，博采经史及汉魏六朝人士重要议论，并参考《大唐开元礼》撰成。分为《食货》《选举》《职官》《礼》《乐》《兵》《刑》《州郡》《边防》9 典，下分若干子目。以朝代为序著录有关制度的历代大事记、奏疏、诏令等，叙述各项制度的沿革变迁，还编入前人议论以及自己的看法。记事上起黄帝，下迄唐玄宗天宝末年（也有涉及到肃宗、代宗、德宗时期的内容）。《食货典》述田制、赋役制度、户口盛衰、货币流通和各种杂税；《选举典》述选举士官、爵位制度及考核官吏治绩的政令；《职官典》叙述官制源流沿革；《礼典》叙述历代有关吉、嘉、宾、军、凶五礼的情况；《乐典》叙述乐制的概略；《兵典》叙述兵略、兵法；《刑典》叙述刑法制度；《州郡典》叙述历代舆地沿革；《边防典》叙述历代四境少数民族邦国的情况。各典之下又分子目。每一制度皆贯通古今，溯源明流，并录入当时统治阶级代表人物的议论，按时间先后排列，极便查阅。全书对历代的政治制度、经济制度详加记载，而对唐代的制度记述尤其详尽，保存大量原始资料，是研究唐天宝以前典章制度的重要典籍，且成书于《旧唐书》《唐会要》之前，所引史书，版本较早，所引文集、奏疏，多已亡佚，可以说是有关唐史的第一手史料，也为辑佚和校勘提供了依据。

《通志略》，南宋郑樵撰。52卷。是《通志》的一部分，共20篇，称“二十略”。把历代的典章制度、学术文化加以分类，探索其演变过程。有的只是就正史抄录整理，另一类关于学术文化的内容，为前史所无或较少论及，郑樵细致分类，详加论述，别开生面，实属珍贵。其中，《六书》《七音》二略能启示后人研究文字学、音韵学的门径；《艺文略》突破传统的四部分类法，分图书为12类、100家、432种，建立了比较完善的三级分类法，是目录学上一大进步；《校雠略》指出目录学的主要任务是辨别和分清学术源流，并提出图书分类的原则、编辑目录的方法以及搜访图书的具体办法；《图谱略》论证了图表与书籍的相互关系，记载了存世的和亡佚的各种图谱：《金石略》强调金石文物的作用。郑樵把文化形态的具体考察放在重要地位，注意文物材料在社会历史研究中的作用，拓宽了历史研究的领域，扩大了历史研究的范围。此外，《氏族》《都邑》《昆虫草木》三略，把刘知几提出的修此三志的主张付诸实践，并有独到见解。《氏族略》是记述姓氏来源的氏族谱系之学，区分姓氏来源有32类；《都邑略》记述上古至隋历代建都的地点、位置、形胜、选择该处建都的原因、得失以及各个域外国家的地理位置；《昆虫草木略》记录了各种动植物的名称、形态、生长特点及医药用途等等。

二十略取材广泛，分类详细，它从组成社会的基本单位叙述起，进而讨论人群的交往工具，生存环境，伦理宗教，政权组成，以及文化形态等等，较《通典》更能完整地反映封建社会的横断面，也照顾到纵剖面，对研究中国古代典章制度史、学术文化史很有参考价值。但二十略内容并不充实，考证亦有舛误，特别是对宋代典制不敢论及，影响了它的价值。有 1990 年上海古籍出版社影印本。

《文献通考》，宋末元初马端临（1254—1323?）撰。348 卷。共分 24 考，其中 19 考是据《通典》而作的，但分类更细，并对唐天宝以前的予以补充，天宝以后的予以续补。如《田赋》《钱币》《户口》《职役》《征榷》《市籴》《土贡》《国用》八考是从《食货典》析出；《选举》《学校》二考是从《选举典》析出；《郊社》《宗庙》《王礼》三考是从《礼典》析出；《舆地考》是《州郡典》的改称；《四裔考》是《边防典》的改称；《职官》《乐》《兵》《刑》四考与《通典》有关内容相当。其余五考为新立门类：《经籍考》录历代各种书目，并有解题；《帝系考》叙历代帝王姓氏出处及统治时期；《封建考》叙历代封爵建国事略；《象纬考》叙历代天象情况；《物异考》叙历代各项事物灾异变化。每考之前有小序，下分若干子目，内容按时代先后排列，从上古至宋宁宗嘉定末（1224）。

《文献通考》凡顶格写的，是叙事部分，所谓“文”，内容本之经史，参之历代会要、百家传记之书，对所取材料进行了鉴别；凡低一格排行的，是论事部分，所谓“献”，内容取当时臣僚奏疏、近代诸儒评论、名流燕谈、稗官记录；凡低二格排行的，是作者的议论，多有经过审慎思虑的精当结论和真知灼见。

《文献通考》材料比《通典》详备，内容比《通典》丰富，它包括了宋宁宗以前历代政治、经济、军事、外交、文化各方面的情况，是研究历代典章制度沿革的重要典籍。书中载宋代制度特详，且依据的是已经失传的宋代国史和现已残缺的会要，对研究宋史有很高的史料价值。书中所引宋人议论及著作，有的已失传。作者的按语，也包含有不少值得重视的史料。当然，书中史料亦有疏漏，如《田赋考》载唐代租庸调法，漏掉了唐玄宗开元十六年后其法屡变的情况。

二　“续三通”

《续通典》，清乾隆时嵇璜（? —1794）等奉敕编纂。150 卷。记唐末、宋、辽、金、元、明六朝典章制度沿革，上接杜佑《通典》，记事始唐肃宗至德元年（756），终明崇祯十七年（1644）。体例与《通典》同，惟子目多有改并。材料来源比较丰富，引用书除各代正史外，历代名贤的有关议论，亦仿《通典》之例择要收入。

本书记述了 880 年的典章制度，对其源流得失，叙述颇有条理。其中，唐代旧籍多亡，故记述简单；五代文献损失颇多，编者尽可能旁搜图籍以求其详；宋、金、元、明材料丰富，尤以对明朝制度记述最详，有参考价值。但本书是乾隆帝文治武功的产物，内容和《续文献通考》多有重复。

《续通志》，清乾隆时嵇璜等奉敕编纂。640 卷。上接《通志》，纪、传部分迄于元末，为正史的改编，价值不大。略 100 卷，终于明末，门类与《通志》相同，内容略有增加，如《艺文略》增补撰者爵里；《金石略》于撰人姓氏、建立年代、现存地点均详加记载；《昆虫草木略》对《通志》有增补和订正。子目更细致合理，如《图谱略》只分记有、记无二篇，每篇又分为经学、史乘、天文、地理、政典、学术、艺事、物类 8 门。惟内容与《续通典》《续文献通考》多有重复。

《续文献通考》，清乾隆时纪昀、陆锡熊奉敕编纂。250 卷。上接《文献通考》，下迄明末。门类以《文献通考》为基础，多《群祀考》《群庙考》，共 26 考。基本上是利用明王圻《续文献通考》加以改编，但超出王书史料颇多，对《文献通考》未详者也有所补正，为清编"续三通"中的佳作，资料丰富，是研究宋末、辽、金、元、明各代社会经济、政治制度的重要参考书。不足之处是对王圻书有删削失宜和误改之处。

三　"清三通"

《清朝通典》，原名《皇朝通典》，清乾隆时三通馆奉敕编修。100 卷。是《续通典》的续编，上与《续通典》相接，记事起清太祖天命元年（1616），止乾隆五十年（1785）。体例与《续通典》同，分为九典，只是从清代的实际出发，子目略有更改，如《食货典》中的《榷酤》《算缗》，《礼典》中的《封禅》，清朝统治者认为是前朝弊法，没有推行，故一律删去；《兵典》中首述八旗军事制度；《州郡典》分省排列，只转述《大清一统志》的内容，不叙历代沿革。

此书资料丰富，内容较充实，是研究清代从开国到乾隆中期典章制度的重要参考书。但本书的各项资料多系转抄《清文献通考》，二书重复甚多。

《清朝通志》，原名《皇朝通志》，清乾隆时官修。126 卷。无本纪、列传、年谱，以其俱存于实录、国史列传及宗室王公功绩表传诸书，馆臣不敢更加撰述，故只续《续通志》之二十略。诸略名目与《通志》《续通志》同，但细目根据实际情况作了删简或增补。删简的，如《都邑略》仅载清统治地区；《谥略》只分尊谥与赐谥；《金石略》只收御定诸帖及奉敕石刻。增补的，如《天文略》细述历数、仪象，比《通志》全面；《地理略》备载各地河流，比《通志》详细。此外，《六书略》记有满、蒙、回等多种文字，《七音略》以汉、满、梵音翻切配合十二谱，较有特色。惟《艺文略》《校雠略》《图谱略》，大都录自《四库全书》，其他有关典章之略多抄录《清朝文献通考》。本书内容，上起清太祖天命元年（1616），下至乾隆五十年（1785）。各略内容比较丰富，对研究清前期的政治、经济、文化有一定参考价值。

《清朝文献通考》，原称《皇朝文献通考》，清乾隆时三通馆奉敕编修。300卷。原为《续文献通考》的一部分，后单独成书。记事起清开国（1616），终乾隆五十年（1785）。体例与《续文献通考》同，共26考，但子目有一些增删，如《田赋考》增《八旗田制》；《钱币考》增《银色银值》及《回部普儿》；《户口考》增《八旗壮丁》；《土贡考》增《外藩》；《学校考》增《八旗官学》；《宗庙考》增《崇奉圣容之礼》；《封建考》增《蒙古王公》。这些都是根据清代制度增入的，为研究清代前期的社会制度提供了很有价值的史料。凡清代制度没有的，即删除其目，如《市籴考》删《均输》《和买》《和籴》；《选举考》删《童子科》；《兵考》删《车战》等。

在“清三通”中，《清朝文献通考》成书在前，取材多据档案、国史、实录、起居注、官修诸书、省修通志及私人文集等，清代前、中期主要行政典制和社会经济制度资料大致完备，参考价值略等于《清会典》。《清朝通典》《清朝通志》二书材料多抄自本书，故多重复。

四 《清朝续文献通考》

《清朝续文献通考》，原名《皇朝续文献通考》，清末民初刘锦藻（1854—1929）撰。400卷。是以个人之力撰成的《清朝文献通考》的续编，上起乾隆五十一年（1786），下至宣统三年（1911）清朝灭亡，记清后七朝126年典制沿革。体例除依照《清朝文献通考》所有26考之外，又增《外交》《邮传》《实业》和《宪政》4考，共30考，下列136个子目，其中不少为以前所无，如《征榷考》增《厘金》《洋药》；《国用考》增《银行》《海运》；《选举考》增《赀选》；《学校考》增《书院》《图书》《学堂》；《王礼考》增《归政》《训政》《亲政》《典学》；《兵考》增《长江水师》《海陆军》《船政》等，都是与清后期经济、政治、军事、文化有密切关系的。

本书材料丰富，系统完整，是研究清代后期典章制度的重要参考书。如《邮传》《实业》二考记载了我国民族工业、航运、铁路、矿山等兴办的过程；《宪政考》叙述了清末改良派的各种活动以及他们在当时政治上所起的作用；《外交考》《四裔考》说明清与外国的关系，华工在海外受压迫的情况，都是很珍贵的资料，为《清史稿》所不及。又如《经籍考》为《四库全书总目》以后清代目录学的重要著作，所著录者，除书名、卷数、作者姓名之外，更略记作者的生平和编撰经过等；在《子部·杂家类》中，详列清代所刻丛书100余种的子目，无异于一部丛书子目的汇编，都有参考价值。

第二节　会要、会典史料

一　春秋以来至南朝会要

《春秋会要》，原名《春秋三传汇要》，清姚彦渠撰。4卷。分为《列国世系》《吉礼》《凶礼》《军礼》《宴礼》《嘉礼》，取材以《春秋》及“三传”为主，总98事。对于研究春秋制度有查阅之便。有1955年中华书局标点本。

《七国考》，明末清初董说（1620—1686）撰。14卷。分《职官》《食货》《都邑》《宫室》《国名》等14门，广辑战国时秦、齐、楚、赵、韩、魏、燕七国的典章制度，材料多出自《战国策》《史记》和先秦诸子以及杂史，多注明出处，有查阅战国典制之便。史料偶有错误，取材于小说、寓言，亦欠妥。有1956年中华书局点校本。

《秦会要》，清孙楷（1870—1907）撰。26卷。据《左传》《战国策》《史记》《汉书》《后汉书》以及先秦诸子、杂记、类书等40余种书所载秦典章制度资料撰成，分《世系》《礼》《乐》等14门，下分301目。近人徐复撰《秦会要辑补》，补7目，订正讹误颇多。有1959年中华书局标点本。

《西汉会要》，南宋徐天麟撰。70卷。取《史记》《汉书》中所载西汉典章制度史料，分为《帝系》《礼》《乐》等15门，376事（《四库全书总目》误作367）。尤以《职官》《食货》《兵》为详。本书诠次精审，经纬明晰，对研究西汉典章制度及其演变，有较高的价值。惟仅据二史，取材范围不广。有1976年上海古籍出版社标点本。

《东汉会要》，徐天麟撰。40卷。亦分15门，与《西汉会要》相比，去《学校》《运历》《祥异》，增《文学》《历数》《封建》，计384事。取材多据范晔《后汉书》，兼及《东观汉记》、华峤《后汉书》、司马彪《续汉书》、袁宏《后汉纪》、杜佑《通典》，以及《汉官仪》《汉杂事》《汉旧仪》诸书。取材范围较广，资料较详备，优于《西汉会要》。对司马彪《续汉书》没有的食货、兵、刑、学校、选举等记述详细。有1978年上海古籍出版社点校本。

《三国会要》，清杨晨（1845—1922）撰。22卷。分《帝系》《历法》《天文》等15门，84目，博采《三国志》及裴注，兼及汉魏六朝诸史、《资治通鉴》《通典》等书155种，将三国有关典章制度史料分类编纂，并有考证，为研究三国典章制度提供了方便。有1956年中华书局点校本。

《晋会要》，清朱铭盘（1852—1893）撰。80卷。分《帝系》《礼》《乐》《舆服》等15门，记晋代朝章典制、经济文化、职官设置、户籍赋税、兵制刑律、州郡城郭等事详备。材料以《晋书》为主，兼取《三国志》《宋书》《隋书》《册府元龟》《资治通鉴》《文献通考》诸书，对研究晋代典制有参考价值。北京图书馆藏有稿本。

《南朝宋齐梁陈会要》　清朱铭盘撰。稿本藏北京图书馆，1984年始由上海古籍出版社分四书点校出版。取材于南朝四史及《南史》《隋书》等，分类辑成。四书体例相同，均分为《帝系》《吉礼》《凶礼》等20门（惟《陈会要》少《蕃夷》1门），下分若干子目，分记南朝宋、齐、梁、陈典章制度沿革，对研究南朝170年间的政治、经济、军事、法律、文化等制度，有较高的参考价值。

二　唐、五代会要

《唐会要》，宋王溥（922—982）撰。100卷。在唐苏冕《会要》、杨绍复等《续会要》二书基础上续纂至唐末而成，大体分帝系、礼、乐、学校、宗教、选举、职官、刑法、食货、舆服、历数、灾异、四裔13类，514目，详细记述了唐代典章制度的沿革变迁，主要部分成于唐代中晚期，故保存唐代史料丰富，多是两《唐书》没有的，特别是唐天宝以后典制以本书所载最为早出，可视为《通典》的续编，史料价值尤高。如关于水利问题，有《疏凿利人》和《硙碾》等专篇记述，是重要资料；又如《修撰》一目，详细列举了唐宣宗以前唐代官修各书以及已奏于朝的私修各书的撰写过程；《史馆》子目下，记载了唐代史馆组织及修史的情况、征集材料的办法，都是珍贵的史料。关于唐初世族升降、唐役使民工兴建诸宫、京城诸军、府兵、养马、都护和都督府的设置、佛道二教及修建寺院役民耗财以及谥法等记载，足补史志之缺。通行本为商务印书馆的《国学丛书》本，1955年中华书局重印。1991年上海古籍出版社出版标点本。

《五代会要》，宋王溥撰。30卷。据五代历朝实录，参以旧史，将后梁、后唐、后晋、后汉、后周50年间典章制度，分类撰次，以成此书。体例与《唐会要》大致相同，始《帝号》，终《杂录》，分279目。成书早于《新五代史》和《旧五代史》，且《旧五代史》仅存辑本，《新五代史》只有《司天》

《职方》二考，不少重要制度略而不详或删除不载，而本书以丰富的史料对一些重要史实进行补充，系统地记述了这一时期典章制度沿革，是研究五代史的重要资料。如从五代时各朝皇帝的实录中引录的许多奏章和诏令等，就有很高的史料价值。又如卷8《经籍》所记后唐长兴三年（932）据石经文字刻九经印版，至后周广顺三年（953）全部刻成的史实，是我国正式刻印经书的最早记录；卷25、卷26《租税》《团貌》《逃户》和《盐铁》等目，详细开列了后唐以来各朝统治者对广大人民加重剥削的事实，足以补《新五代史》和《旧五代史》之缺。有1978年上海古籍出版社点校本。

三　宋、元会要

《宋会要辑稿》，清徐松（1781—1848）辑自《永乐大典》。366卷。辑本虽非原来面目，但是现存宋代史料中最原始、最丰富、最集中的一部，史料价值很高。

本书分《帝系》《后妃》《乐》《礼》《舆服》《仪制》《瑞异》《运历》《崇儒》《职官》《选举》《食货》《刑法》《兵》《方域》《蕃夷》《道释》17类，每类又分若干子目。同一问题的材料，按时间顺序排列。内容不仅有典章制度，还包括皇帝的诏令、政府的规定、臣僚的奏章、地方的报告等，许多资料为《宋史》所无。有些史料，仅见于本书，或他书简略而本书详备。如《食货》部分的篇幅远远超过《文献通考》的有关部分和《宋史·食货志》，集中保存了宋代经济方面异常丰富的史料，有关田制、田赋、水利、户口、矿冶、茶法、农业生产技术及采矿技术等，记载尤详。又如《职官》部分篇幅占全书的四分之一，不但是研究宋代政权机构、政治制度的重要史料，也是研究宋代经济、文化等方面的重要史料，其中的《市舶司》一门是研究宋代对外贸易情况的最重要史料，《秘书省》一门是研究宋代官修国史情况的重要史料。此外，《刑法》类是研究宋代法制史和阶级斗争的重要史料；《兵》类是研究宋代军事制度的重要史料，《方域》类记述了有关地理、交通、治河等方面的史料；《蕃夷》类记述了有关民族关系及对外关系的重要史料。其他门类也有大量有关宋史的资料。有1957年中华书局缩印本。

《宋朝事实》，南宋李攸撰。原60卷，今本20卷辑自《永乐大典》，依原书眉目分类编次，缺《爵邑》一门。记北宋一代典章制度，颇为详赅，有较高史料价值。由于未经整理，尚存在重复、脱漏等问题。有1955年中华书局排印本。

《建炎以来朝野杂记》，南宋李心传撰。40卷。分甲、乙两集，各20卷。

甲集分《上德》《郊庙》《典礼》《制作》《朝事》《时事》《故事》《杂事》《官制》《取士》《财赋》《兵马》《边防》13门，605事。乙集少《郊庙》一门，多出《边事》一门，亦为13门。取材多据官修史籍和档案副本，旁及时人议论，专载南宋高宗、孝宗、光宗、宁宗四朝的典章制度，始建炎元年（1127），迄嘉定十七年（1224）。对四朝礼乐、刑政、职官、科举、兵农、食货的源流、因革和得失，记载详细，很多内容不见于《文献通考》及《宋史》诸志，是南宋野史中最详细的一部史料书。书中所列有关经济财政的各项统计数字及分析，史料价值很高，如据甲集卷14《财赋一》记载可知：东南岁入之数，上供钱200万缗，这是正赋。经制钱660余万缗，总制钱780余万缗，月桩钱400余万缗，这些是增赋；加上茶盐酒算、坑冶、榷货、籴本、和买的收入，又有4490余万缗。这些数字说明，南宋淳熙末岁入增至6530余万，已超过北宋岁入最高额，南宋人民赋税负担很重。又如《景祐庆历绍兴盐酒税绢数》《总论国朝盐筴》及《蜀盐》等方面的一些统计数字，都是很宝贵的史料。但书中偶有道听途说的内容，不免失实。有《丛书集成初编》本。中华书局2000年7月出版徐规点校本。

《元经世大典》，原称《皇朝经世大典》，简称《经世大典》。元文宗敕编。880卷，另有《目录》12卷，《公牍》《纂修通义》各1卷。分《帝号》《帝训》《帝制》《帝系》《治典》《赋典》《礼典》《政典》《宪典》《工典》10类，类下又分若干子目。包括职官、赋役、礼仪、宗教、军事、刑法、造作等各方面的制度，明修《元史》各志主要利用了本书的史料，然本书明中叶以后散失。现《元文类》卷40至卷42有《经世大典・序录》，其中《政典》部分收录《征伐》《招捕》等目部分内容，涉及元朝的统一、民族关系、对外关系和元代各族人民的反抗斗争。现《永乐大典》残本中也保存了本书的部分内容，有《政典・驿传》类的《站赤》《赋典・漕运》类的《海运》。《广仓学窘丛书》所收清徐松、文廷式辑《大元马政记》《大元仓库记》《大元毡罽工物记》《元代画塑记》《元高丽记事》等5篇，分别出自《政典・马政》《宪典・仓库》《工典・毡罽》《工典・画塑》《政典・征伐・高丽》等类。还有《大元官制杂记》系杂抄《治典》有关内容而成。上述残存部分，对研究有关问题仍有很高的史料价值。有《艺风钞书》本。

四　明、清会要、会典

《明会要》，清龙文彬（1821—1893）撰。80卷。仿徐天麟《西汉会要》体例，分《帝系》《礼》《乐》《舆服》《学校》《运历》《职官》《选举》《民政》

《食货》《兵》《刑》《祥异》《方域》《外蕃》15 门，子目 498。征引的书籍有 200 余种，一般注明出处。本书辑录了明代有关典章制度的丰富资料，可补《明史》之不足，但所引之书今多存，一般只作查检工具使用。有 1956 年中华书局标点本。

《明会典》，原称《大明会典》，明代官修。初修于弘治，嘉靖时续修，万历时重修。通指万历重修本。228 卷。体例仿《唐六典》《元典章》，以六部为纲，统载明初至万历年间行政机构职掌、沿革、掌故、事例以及冠服、仪礼等，尤重对各部门章程、法令、典礼的记载。内容相当丰富，对明代典章制度记述详备，多为原始资料，为《明史》诸志所未详。诸官职目下所列如田土、户口、驻军、粮饷等统计数字，是研究明史的重要参考资料。有《万有文库》本、1939 年南京图书馆传抄本。1989 年 10 月中华书局据《万有文库》本缩印。

《清会典》，原名《钦定大清会典》，或称《大清会典》。清康熙时初修，雍正、乾隆、嘉庆、光绪各朝迭加改纂。通指光绪重修本。昆冈等奉敕撰。100 卷。又撰《事例》1220 卷，《图》270 卷。以职官为纲，据实录、国史及内廷有关资料，分述清崇德元年至光绪二十二年（1636—1896）间宗人府、内阁、军机处、六部、理藩院、都察院、各寺监、八旗都统、内务府、神机营、总理各国事务衙门诸部门以及垂帘听政、亲政礼制等事。于各机构均详其编制、职掌、因革、掌故等项。资料按年代排列。网罗广泛，内容丰富，是研究清代行政组织、政治法规和典章制度的重要资料。有《万有文库》二集影印本。中华书局 1991 年 1 月据光绪二十五年（1899）石印本影印。

《八旗通志》，亦称《八旗通志初集》。清代官修，成书于乾隆四年（1739）。250 卷。以八旗兵制为经，以八旗法令、职官、人物为纬，由志、表、列传组成。志有《旗分志》《土田志》《营建志》《兵志》《职官志》《学校志》《典礼志》《艺文志》8 篇，74 卷。表有《封爵世表》《世职表》《八旗大臣年表》《宗人府年表》《内阁大臣年表》《部落大臣年表》《直省大臣年表》《选举表》等 8 篇，54 卷。列传有《宗室王公列传》《名臣列传》《勋臣传》《忠烈传》《循吏传》《儒林传》《孝义传》《烈女传》8 篇，122 卷。本书取材广泛，内容丰富，所采八旗档案及地方文书，今多散佚，故书中史料弥足珍贵，对研究八旗制度史乃至清史，有极为重要的价值。有清武英殿初刊本，1985 年东北师范大学出版社出版点校本。

第三节　其他政书史料

一　职官、刑法类

《汉官六种》，清孙星衍（1753—1818）校集。10卷。包括有关汉代官制及礼仪制度的书籍6种：1.《汉官》1卷，作者失考，或言东汉王隆撰；2.《汉官解诂》1卷，东汉王隆撰，胡广注；3.《汉旧仪》（一名《汉官旧仪》）2卷，东汉卫宏撰，另孙星衍辑《汉旧仪补遗》2卷；4.《汉官仪》2卷，东汉应劭撰；5.《汉官典职仪式选用》1卷（省称《汉官典仪》《汉官典职》《汉官典职仪》），东汉蔡质撰；6.《汉仪》1卷，吴丁孚撰。其中，《汉旧仪》主要记西汉职官制度，兼述其他杂事，包括皇帝起居、官制、名号职掌、中宫及太子制度、二等爵等；《汉官仪》记载汉官名称、职掌、俸秩、玺绶制度及其他故事。其他各书专记汉官制，虽非完篇，但所记内容仍可帮助我们了解两汉各级官僚机构、分官设置的具体情况和每一官职的员数、职权、沿革、俸禄等。有中华书局出版的孙星衍等辑周天游点校本。

《唐六典》，亦称《大唐六典》，旧题唐玄宗御撰，李林甫奉敕注。实际上由张说、萧嵩、张九龄、李林甫先后负责，由徐坚、毋煚、徐钦、韦述等10余人执笔修成。30卷。是一部唐代官修的主要记唐代前期官制的书。编排次第是从中央的三师三公开始，然后叙三省六部，再叙秘书、殿中、内侍等省及内官、宫官到御史台，接着是九寺、五监，这是中央文职机构。武职诸卫中，先叙府兵十二卫，再叙不领府兵的监门、千牛二卫，最后记羽林军。关于太子所属的东宫官，记述颇详，有3卷。诸王府及公主邑司共1卷。最后记地方官制，有三府、都督、州县、都护等目。正文载其职司、官佐、品秩及章程、令式，注文说明职官沿革及细则。本书参考了不少现已散佚的典籍，还收录了若干唐代诏令，保存了不少重要社会资料，可作为研究唐代政治史、经济史的资料。有清扫叶山房本、广雅书局本。中华书局1992年出版陈仲夫点校本。

《唐律疏议》，原名《律疏》，亦作《唐律疏义》，唐长孙无忌等奉敕撰。30卷。是《永徽律》律文的注解，也是一部对罪犯的惩罚原则与量刑标准的法律条文汇编。分名例、卫禁、职制、户婚、厩库、擅兴、贼盗、斗讼、诈伪、杂律、捕亡、断狱12篇，502条。律文附以疏文，引用律、令、格、式及其他文献解释律文，或设问作答，以辨疑义。疏文具有同样的法律效力。唐律基本属于刑法典，也有民法和诉讼法方面的内容，据此书可考知当时的某些制度和社会情况。书中保存了大量唐代政治、经济史料，对研究唐代阶级、等级关系、官制、兵制、田制、赋役等问题，很有价值，是研究中国法制史的重要文献。有《国学丛书》本、1983 年中华书局点校本。

《职官分纪》，北宋孙逢吉撰。50 卷。分门别类介绍前代至宋朝的官职，其中自宋初至宋哲宗时的记述为本书精华，可补《宋史·职官志》之缺失，是研究宋代官制的重要史料。有《四库珍本》本、1992 年上海古籍出版社影印《四库》本。

《吏部条法》，宋宁宗嘉定时编《吏部条法总类》50 卷，今存《吏部条法》残本 9 卷，为宋理宗时重修，包括差注门、奏辟门、考任门、荐举门、关升门、磨勘门，保存了宋代官制史料，特别是铨选制度的史料，尤为珍贵。见《永乐大典》卷 14620—14629（缺 14623）。

《宋刑统》，一作《重详定刑统》，简称《刑统》，宋初窦仪等撰。30 卷。以《唐律疏议》为底本，增中唐至宋初律令编成。颁行于建隆四年（963）。其部分法律条文，虽已不适用于宋代社会，但作为一部系统的成文法，既是研究宋代法制的史料，也对研究法制史具有重要价值。有 1984 年中华书局点校本、1999 年法律出版社点校本。

《庆元条法事类》，南宋谢深甫主编。原书 80 卷，今存 36 卷。是宋朝法律条文汇编，价值很高。有燕京大学图书馆藏版刊本。1990 年中国书店影印《海王边古籍丛刊》本。

《宪台通纪》《宪台通纪续集》，元代官修。是有关御史台的制度汇编，对研究元代官制有重要参考价值。前者现存于《永乐大典》卷 2608，后者存于卷 2609。有 2002 年浙江古籍出版社点校本。

《南台备要》，元刘孟琛撰。元代南御史台的制度汇编。元代除中央设御史台外，还分设江南、陕西御史台。南台最后设在集庆（今南京）。编成于《宪台通纪续集》之后，是研究元代官制的重要文献，也有研究元末社会矛盾的史料。现存于《永乐大典》卷 2601—2611。有 1996 年齐鲁书社《四库全书存目丛书》本。

《大诰》《大诰续编》《大诰三编》，明太祖朱元璋洪武十八年发布的刑法条例汇编。是研究明初政治、法律、典章制度的重要文献史料。北京图书馆藏有明抄本和明刻本。

《皇明条法事类纂》，原题戴金编次。50 卷。后面有增补的附录。收录天顺八年至弘治九年有关法律的大量案例，分为五刑、名例、吏部、户部、礼部、兵部、刑部、工部 8 类。是研究明朝中期法律和社会问题的珍贵原始史料。原抄本藏于日本东京大学附属图书馆，1966 年日本古典研究会影印出版。

二　仪礼类

《大唐开元礼》，原名《开元礼》，唐开元间官修。150卷。包括吉、宾、军、嘉、凶五礼，系226目，所记唐代礼仪制度为新、旧《唐书》所本，并更详细，是研究唐代礼法的重要史料。有《石经馆丛书》本。另有民族出版社2002年12月影印本。

《大金集礼》，金礼部尚书张玮等撰。40卷。记载金初至世宗完颜雍大定二十七年（1187）以前朝中典章、礼仪和掌故。分为《尊号》《册谥》《祠祀》《朝会》《燕飨》《仪仗》《舆服》等门，分类排纂。对各项典章制度记载颇为详备，元修《金史》的《礼志》《仪卫志》《舆服志》等，均以本书为蓝本，但《金史》上述诸志引文颇有脱漏、讹误，本书可纠正诸志中的错载和脱漏，是研究金朝制度的基本史料之一，正如《四库提要》所说："数金源之掌故者，此为总汇矣。"有清末广雅书局本。另有商务印书馆平装本。

《明集礼》，明洪武三年（1370）徐一夔等奉敕撰。原本50卷，嘉靖中重修增为53卷。以吉、嘉、宾、军、凶五礼为纲，分26子目，而别出冠服、车辂、仪仗、卤簿、字学、钟律、雅乐、俗乐，各自为类。是研究明代礼制的史料。有《四库全书》本。

《大清通礼》，50卷。清乾隆时敕撰，先记载朝庙大典及颁布重要诏书的仪式，然后依次叙述吉、嘉、宾、军、凶五礼。本书只说明当时实行的礼仪，《大清会典则例》说明礼仪的变化，二书可互相补充。道光四年（1824），礼部尚书穆克登额等辑成《续纂大清通礼》，扩为54卷。有《钦定四库全书荟要》本。

三　典制文献

《元典章》，本名《大元圣政国朝典章》，元英宗时官修。前集60卷，附新集不分卷。前集收录自元世祖即位至元英宗即位为止的各项敕旨条令和有关条例，分《诏令》《圣政》《朝纲》等10类，分列327目。新集体例略同，分8类，39目，又列子目94，续载英宗至治年间。所载多为原始资料，且多为《元史》所无，为研究元中期以前的政治、经济、法律、风俗等提供了丰富的有价值的史料。通行的沈家本错误较多，陈垣据故宫发现的元刻本进行校勘，成《元典章校补》一书，有1957年中华书局本。1976年台湾故宫博物院影印元刻本较好。

《通制条格》，元仁宗、英宗时命廷臣类集编纂元历朝条画体例，最后由拜住等审订，定名为《大元通制》，颁行天下，包括《制诏》《条格》《断例》三部分。现仅存第二部分残本，故称《通制条格》。原 30 卷，现存 22 卷。缺卷 1、卷 10 至卷 12、卷 23 至卷 26。现存卷 2 至卷 9 包括《户令》《学令》《选举》《军防》《仪制》《衣服》；卷 13 至卷 22 包括《禄令》《仓库》《厩牧》《田令》《赋役》《关市》《捕亡》《赏令》《医药》《假字》；卷 27 至卷 30 包括《杂令》《僧道》《营缮》。本书是元代法规汇编，和《元典章》一样，是研究元代历史，特别是研究元行政法规和典章制度的原始资料。有 1930 年北平图书馆影印本。浙江古籍出版社 1986 年有《元代史料丛刊》本，日本冈本敬二有《通制条格研究译注》3 册，可参考。

《元秘书监志》，或称《秘书监志》，一名《秘书志》，元王士点、商企翁撰。11 卷。分为《职制》《禄秩》《印章》《廨宇》《公移》《公监》《什物》《纸札》《食本》《公使》《守兵》《工匠》《杂录》《纂修》《秘书库》《司天监》《兴文署》《进贺》《题名》19 门，汇集有关秘书监的建置沿革、典章故实等资料，对研究元代科学文化很有价值。有《四库全书》本、1976 年台北伟文图书出版社影印本。

《皇明世法录》，明陈仁锡（1581—1636）撰。92 卷。记载明太祖洪武年间至明神宗万历年间的朝章典故，分为《维皇建极》《悬象设教》《法祖垂宪》《裕国恤民》《制兵敕法》《浚河利漕》《冲边严备》《沿海置防》《奖顺伐畔》《崇文拔武》等 10 目，下各分 50 子目。取材于《大明会典》等为主的政书，搜罗丰富，先于《明史》成书，是研究明代典章制度的重要资料。有明崇祯间刻本。

《明朝典汇》，原称《国朝典汇》，明徐学聚撰。200 卷。记载明太祖至明穆宗 200 余年间朝廷内外典章故实。卷 1 至卷 33 称《朝政大端》，记与时政攸关之事；卷 34 以下按六部分系 200 子目，分类辑录事实。取材多据各朝实录，兼及稗史。其中，《朝政大端》《户部》《兵部》《工部》等部分百余卷，汇集了不少有关政治、经济、军政、军事等方面的资料，是一部重要的典制文献。有明天启间刻本、1993 年北京大学《明清史料丛书》本。

《六典通考》，清末阎镇珩撰。200 卷。按《周礼》六官职掌分目，记西周至明末典章制度建置沿革。有《设官》《爵命》《禄制》《宫政》《邦计》《膳饮》《奄寺》《医政》《民政》《教典》《宾兴》《委积》《荒政》《市政》《礼制》《乐制》《礼器》《司天》《建国》《兵制》《军礼》《王政》《职方》《刑典》《宾礼》《都邑》《工政》《沟洫》等 28 考，分属天、地、春、夏、秋、冬六官。本书汇集历代典志书的资料，分门编排，可省却遍阅群书的麻烦。如《职方考》从周的职方，叙到明的十三布政使司，使人们对于几千年的地理沿革，一阅即知其大概。于叙述事实之后，兼有考证、论评，亦有可采之处。唯取材欠广，引文不注出处，不便征引。有光绪二十九年（1903）阎氏家刻本。

《养吉斋丛录》，清吴振棫撰。36卷，包括《丛录》26卷，《余录》10卷。以事类为次，记述清同治以前八旗、内阁、六曹、行省、武备、科举诸制度以及宫殿、苑囿、巡狩等事。内容主要抄录群书，偶有传闻则附考证，是研究清朝制度较为完整、可靠的史料。其中所记载的清初圈占民地数和理藩院公文处理、满汉分缺诸制，雍正间任官不尽遵旧制之事，嘉庆间白莲教首领及镇压部队名单以及清宫春联、进贡物品、状元谢表格式等掌故，多为《清史稿》《会典》《方略》所未详，或有出入。缺点是所引史料不注明出处。有1983年北京古籍出版社出版鲍正鹄点校本。

四　诏令类

《两汉诏令》，包括《西汉诏令》《东汉诏令》，共23卷。其中，《西汉诏令》，北宋林虙编。12卷。收西汉诏令401篇，据《史记》《汉书》录出，后由程俱按世次逐年排纂为诸帝各1卷。《东汉诏令》，南宋楼昉编。11卷。收东汉诏令248篇，据《后汉书》录出，体例如《西汉诏令》。二书本各单行，后人合为一编。此书将两汉诏令集中起来，经排比编纂，颇为条理，可省却翻检之劳。有宋、元刊本，明监本，清《四库全书》本。

《文馆词林》，唐许敬宗（592—672）主编。原书1000卷，今存4卷。收集汉魏至唐的诏令编辑而成，有不见于他书的史料。有民国间影印旧抄本。

《唐大诏令集》，北宋宋敏求（1019—1079）撰。据其父宋绶纂辑之稿整理而成。130卷。今缺卷14至卷24、卷87至卷98。是唐代各朝皇帝所发布的诏令汇编，资料丰富，是研究唐史的原始资料。《政事》门的诏敕史料价值尤其高。此外，卷2至卷5《即位敕》《改元敕》，卷9至卷10《册尊号敕》，卷68至卷72《南郊敕》，卷79《巡幸》，卷82《刑法》，卷83至卷86《恩宥》等也保存较多唐代社会史料，值得重视。有1959年商务印书馆排印本、1962年中华书局断句本。

《宋大诏令集》，原称《皇朝大诏令》或《本朝大诏令》，南宋绍兴年间宋绶后人（佚名）编辑。原240卷，现存196卷，缺卷71至卷93、卷106至卷115、卷167至卷177。分为《帝统》《太皇太后》《皇太后》《皇太妃》《皇后》《妃嫔》《皇太子》《皇子》《皇王》《皇女》《宗室》《宰相》《将帅》《军职》《武臣》《典礼》《政事》17门，收宋太祖至宋徽宗历朝颁布的诏令3800余篇。多取材于北宋各朝官私所修政书及有关档案，《政事》一门篇幅占全书五分之三，多有《宋史》未载内容。本书是研究北宋政治、经济、文化、教育、军事等历史的原始资料，可订正史书记载的错误并补充其遗漏。元、明以来渐有缺佚。1962 年中华书局根据北京图书馆及北京大学图书馆所藏抄本校订排印出版。

五　奏议类

《历代名臣奏议》，明黄淮（1367—1449）、杨士奇（1365—1444）等奉敕编。350 卷。分为《君德》《圣学》《孝宗》《敬天》《郊庙》《治道》《法祖》《储嗣》《内治》《宗室》等共 64 门，收商、周迄元历代奏议。《四库全书总目提要》卷 55 说："自汉以后，收罗大备，凡历代典制沿革之由，政治得失之故，实可与《通鉴》、'三通'互相考证。"南宋迄元诸篇，多为史书失载，很有参考价值。如元世祖至元末年东平布衣赵天麟上《太平金镜策》，前后达 30 多篇，元成宗大德七年（1303）郑介夫上《太平策》等，均涉及元代社会生活和经济生活的各个方面，内容广泛，关于投下、驱口、匠户、钞法、盐法、军站、田制等论述，对了解元代各种制度，提供了直接史料。有明经厂本，《四库全书》本。另有 1989 年上海古籍出版社影印明永乐十四年刊本。

《国朝诸臣奏议》，南宋赵汝愚（1140—1196）撰。150 卷。编录北宋及南宋初臣僚奏议，分 12 门，114 目。内容与《历代名臣奏议》的北宋部分有重复，但可互为补充，是研究北宋史的原始文献史料。有 1970 年台湾文海出版社影印宋版本、1999 年上海古籍出版社点校本。

《皇清奏议》，一名《皇清名臣奏议》，清琴川居士辑。68 卷。收顺治元年至乾隆六十年内外臣工奏议 580 余篇，内容丰富，涉及政治、军事、经济、文化、制度，是清代前期重要史料。有光绪年间印本。

第七章　纪事本末体史料

纪事本末是一种以历史事件为主，而不以时间或人物为主的史书体裁。它一般是每一历史事件独立成篇，各篇又按年月日的顺序编写，能够完整地叙述历史事件的全过程，可补编年体与纪传体的不足。作为一种记事方法，这一体裁早在先秦史书中已可找到其萌芽，但史学界一般仍以宋代袁枢编撰的《通鉴纪事本末》为创始之作。此后本末之书逐渐增多，清初《四库全书》所收（包括存目在内）已有26部、1273卷，20世纪30年代编纂的《续四库全书》所收更多达106部（不包括《四库全书》已著录者），内容和范围都已较初创时大大增广。

如果粗略地划分，宋以来所编常见的纪事本末体史书可分为三组：一是通代的纪事本末，包括《通鉴纪事本末》与几部记录先秦古史的作品；二是断代的纪事本末，包括一系列记录宋、辽、夏、金、元、明、清诸朝史事的作品；三是专题的纪事本末，这一组最多，包括记录某一地区史或某一重大历史事件等的专门作品在内，多可列入杂史的范畴。前两组大体可说是纪事本末的正体，后一组则属纪事本末的别体。

第一节　通代的纪事本末史料

一　《通鉴纪事本末》及其续书

《通鉴纪事本末》，42卷，南宋袁枢（1130—1205）撰，是本末体史书的创始性代表作。此书以《资治通鉴》为蓝本，区别事目，分类编纂。《四库提要》曾称其“包括数千年事迹，经纬明晰，节目详具，前后始末，一览了然，遂使纪传、编年贯通为一，实前古之所未见”。

全书因事立目，自为标题，共列239个正目，69个附题，始于三家分晋，终于周世宗征淮南。各目大体按《通鉴》所载顺序编排，文字亦照录原文，不加改动，因此史料分布情况也与《通鉴》约略相当。计有：先秦及秦1卷、3目，两汉7卷、43目，魏晋南北朝17卷、102目、28附题，隋唐14卷、69目、33附题，五代4卷、22目、8附题。大抵秦以前立目偏少，汉唐“治世”的立目不足立目总数的一半，魏晋南北朝及五代“乱世”的立目则超过一半，与《通鉴》重视“乱世”历史的情况相符。其正目内容，据粗略统计，记载王朝兴衰更替及割据用兵、农民起义的材料约有134目，仅此一项即占正目总数的56%强；其余则记载王朝政治、奸宦外戚专权、嬖幸用事及统治者荒淫腐败的材料23目，记载统治阶级内部矛盾和斗争的材料45目，两项合计超过正目总数的28%；记载汉族与异族关系的材料34目，也占正目总数的14%强。上述几项总计236目，另外的3目则有两目涉及封建经济（唐《奸臣聚敛》《两税之弊》），一目记自然灾害（汉《河决之患》）。由此可以很清楚地看出，《通鉴纪事本末》保持了《通鉴》主要作为一部政治史的特点，只是把头绪繁多的历史过程简化，而改编为人们喜欢阅读的故事化的治乱兴亡史，同时也为学者查找史料带来了很大便利。但所载史料本身，并未超出《通鉴》原书。因此在引用书中的史料时，须查对《通鉴》原书，以免误用。此书有《四部丛刊》本，系据宋刻大字本影印，为现在通行的最佳版本。中华书局1955年出版有排印本，共分8册；1964年及1979年又出版、重版点校本，全12册。

接《通鉴纪事本末》通记五代以后历代史事的本末体史书，目前仅见清人李铭汉所编《续通鉴纪事本末》一种。此书110卷，每卷1目，采毕沅《续资治通鉴》的材料编排而成，起宋太祖代周，终于明玉珍据蜀，于辽、夏、金诸朝的材料有所补充。原书在作者生前没有完成，元代部分的21卷系由其子李于锴整理续补。过去仅有光绪三十二年（1906）李氏家刻本，流传较少，1957年古籍出版社重新出版，仍用原版线装，共25册。此外，民国年间刘声木编有《御批通鉴辑览五季纪事本末》21卷，主要取材于《通览辑览》，通记五代史事，可与《通鉴纪事本末》的有关部分对照参看。有《直介堂丛刊续编》本。

二 古史纪事本末

通记先秦古史的本末体著作，发端于南宋章冲的《春秋左氏传事类始末》。冲字茂深，约与袁枢同时，熟谙《左传》而“病其不属”，故变经义为史裁，抄录《左传》之文而成是书。全书正文共5卷，均以《左传》十二公纪年为时序，撮取所记加以分类标题，计有357目，有一年之下1目者，有一年之下多达7目者，只有少数年份的史事未录。大抵《左传》原文叙事稍详者即有一目，有如简单的提要，虽“掇其英精，会其离析，各备其事之本末”，于明瞭《左传》史实不无帮助，而立目过于细碎，与袁书旨趣不同。书后又有附录1卷，专记春秋灾异。原书初刊于宋孝宗淳熙十二年（1185），今有《四库全书》本。

继章书之后而以本末体治先秦古史的学者，要首推清初马骕（1621—1673）。骕一生博学好古，尤致力于《左氏春秋》。他先编成《左传事纬》12卷、附录8卷，正文以本末体综合《左传》事实，共分108篇，每篇都有论断，附录则分载图表及诸种杂纂文字。后又用5年时间，以本末体为主，兼取编年、纪传诸体之长，汇拢旧史之文，编成一部多达160卷的名著《绎史》，通记上古至秦末史事。其书首为世系图、年表，不入卷数。正文则分《太古》10卷，《三代》20卷，《春秋》70卷，《战国》50卷，每卷1目，各立标题，详其始末。事迹皆博引古籍，排比先后，各冠所引原书之名。相类之事则随文附注，或有异同讹舛及依托附会者，并于条下疏通辨证。又有《别录》10卷，一为《天官》，二为《律吕通考》，三为《月令》，四为《洪范五行传》，五为《地理志》，六为《诗谱》，七为《食货志》，八为《考工记》，九为《名物训诂》，十为《古今人表》；前9卷亦荟萃诸书之文，以当正史的志书，后1卷则全仍《汉书》之旧。书出后，时人评价很高，以为“卓然特创，自为一家之体”，顾炎武亦誉之为“必传之作”。但从全书来看，马氏之作虽仿本末之体，而所载颇杂，且主要内容均用旧史原文，与正规的本末体史书排比年月、熔铸成篇者有所不同，故只名“绎史”，而不标“本末”之名。大抵春秋以前取材未免芜杂，春秋以后较为精审，而汇集古史资料之功不可没。《四库全书》列入纪事本末类。

马氏之后，清人高士奇（1645—1704）又编有《左传纪事本末》53卷。其书注重史法，记事不以时序，而用国别，按周、鲁、齐、晋、宋、卫、郑、楚、吴、秦列国顺序排列，取《左传》之文以类相从，但书大事，不计细碎。篇末又各附议论，强调尊王室、重宗国、崇霸统、黜僭伪，欲以“阐微言而大放厥旨”，而“为续《春秋》者法”。同时广参先秦两汉有关典籍，博取各种史料，以“补逸”“考异”“辨误”“考证”“发明”等形式，附载于各条史事之后，对史实作了补充、考订和阐述，并自撰《凡例》作了明确规定，为此前本末体史书所未有。因而此书虽以章氏《事类始末》为基础，实已变通体例，成为一部研究性的专书。今有杨伯峻点校的新本通行，中华书局1979年出版，共3册。

第二节　断代的纪事本末史料

纪事本末体史料书，以记录断代史事者为大宗。常见的有：

《续资治通鉴长编纪事本末》，又名《皇宋通鉴长编纪事本末》，南宋杨仲良撰。原书 150 卷，今卷 5 至 8、卷 114 至 119 诸卷均有残阙，标题尚存目录中。此书取李焘《长编》之文，分门别类编成，计太祖 7 卷，太宗 7 卷，真宗 14 卷，仁宗 24 卷，英宗 4 卷，神宗 34 卷，哲宗 26 卷，徽宗 28 卷，钦宗 6 卷。卷中各有事目，一部分事目更分子目，或有附目，北宋一代重要史实已略备于是。书中所附考订之语系《长编》考异原文，非杨氏所加；有些具体日期也与《长编》原文不合，使用时须互相检照。其史料价值最为可贵之处，在于它保存了《长编》已经佚失的徽、钦两朝诸卷的部分资料，清人所作《长编拾补》即主要依据此书。有《宛委别藏》、广雅书局等刊本，后者对所载时间与《长编》不同处有校对，便于参考。

《宋史纪事本末》《元史纪事本末》，二书均明末陈邦瞻（？—1623）撰。邦瞻熟于宋元史事，此二书即其主要代表作。初刊本《宋史纪事本末》28 卷、《元史纪事本末》6 卷，后人改以篇目为卷，故今前者 109 卷，后者 27 卷。

明人治宋史，最注重为明王朝争“正统”，即所谓“欲以明继宋”。尤其在“土木之变”后，因民族矛盾加剧，一部分学者对宋、辽、金三史分修的义例深致不满，因此有王洙、柯维骐、王惟俭等人的纪传体改编之作相继出现。万历年间，冯琦、沈越二人试图用本末体改写《宋史》，而没有完稿，后来陈氏即据冯、沈遗稿，历时一年完成了《宋史纪事本末》。全书起宋太祖代周，迄文天祥、谢枋得之死，共分 109 目，记两宋 300 余年历史；实际其中仅 89 目纯为宋事，另 20 目则兼及辽、金、元史事。取材主要据宋、辽、金诸史，同时参考了《宋元资治通鉴》与《续通鉴纲目》等书，是第一部主要由纪传体正史改编的本末体史著。内容涉及颇广，除军事、政治事件外，于治河、茶盐、学术思想等均有专题论述。全书编纂得体，条理分明，《四库提要》谓其“因仍《宋史》之旧，舛讹疏漏、未及订正者亦所不免，然于记载冗杂之内，实有披榛得路之功，读《通鉴》者不可无袁枢之书，读《宋史》者亦不可无此一编”，应是恰当的评价。

《元史纪事本末》27 目，主要由陈邦瞻撰写，惟《律令之定》一篇为臧懋循补辑。其取材大致不出明修《元史》与《续通鉴纲目》范围，较《宋史纪事本末》为简略。所记侧重于有关元王朝成败的事件与制度，尤详于历法、科举、学校、漕运、河渠等事，与《元史》诸志的详细相一致；对与明代有关的问题也有简要介绍。但作者为表达“正统”观念，将元军灭宋之前的史实属宋，明军灭元的史实属明，以致元王朝早期和晚期的事迹不完整，并连带《宋史纪事本末》亦失于断限，史实考证及史料处理都不如前者。然撮举元史大概，仍是一部较好的入门书。中华书局出版有二书的 1955 年版排印断句本与

1977、1979年版点校本。

《辽史纪事本末》《金史纪事本末》，二书均为清末李有棠（1837—1905）撰。前者40卷，后者52卷，皆每卷1目，又各有卷首、卷末2卷。有棠周览历代纪事本末，深憾辽、金二代中缺，而《宋史纪事本末》虽兼述辽、金，仍以宋为正，史事的采择失于偏颇，乃广征宋元史籍及说部、碑传、文集等，撰成了这两部书。二书均分正文与考异两大部分，正文略依正史，考异则以小字夹注正文之中，于人名、舆地、职官、年代等多所考订，颇见功力。但作者治史务求“大全”，事无巨细概加考辨，又崇尚转述，以致考异文字占了全书的大半。据其卷末所录引用书目，《辽史纪事本末》引书达710种，《金史纪事本末》引书也达510余种，虽著作形式有同补注，而于辽、金史料的整理不为无益，故欲治辽、金史者应重视其注文。只是所记以辽、金二朝政治兴衰为主，社会经济与民族习俗、制度等很少涉及。1980年中华书局有点校本出版。

清人谭宗浚也曾撰有《辽史纪事本末》一书，稿成未刊而亡佚，现仅存论16篇，汇为《辽史纪事本末诸论》，于辽代治乱兴衰、政事得失之故多有论述，亦可作治辽史的参考。

《西夏纪事本末》，36卷，又卷首2卷，清张鉴（1768—1850）撰。鉴精于考据，此书是他鉴于西夏史料的残缺，而网罗旧闻、究其原委编纂而成的，参考宋元史籍数十种，共分30目，初步将西夏历史理出了一个头绪。在本末体史书中，此书因无专书可据，是较难做的一种，而作者叙述清楚，义例详密，评论亦近于事实，有功于西夏史的研究，惟史料不够丰富。卷首使用了表、志、图，录有作者自编的宋、夏、辽、金、元纪年对照表，《范文正公集》附录的《西夏堡寨》及《陕西五路地形图》和《西夏地形图》（今本范集已无此诸图），马端临的《地理志》和《历代疆理节略》，陕西、山西两省的《职方表》，是对本末体的变通。有清光绪十年（1884）刊本及《历朝纪事本末》排印、石印本等。

《明史纪事本末》，清初谷应泰（1620—1690）撰。此书系他在顺治年间任提督浙江学政佥事时，延揽当时学者张岱、陆圻、徐倬等人共同撰成。共80卷，每卷1目，篇后附有论赞；起元至正十二年（1352）朱元璋起兵，迄崇祯十七年（1644）李自成攻克北京。此书与前此本末体史书的最大不同之处，在于它的史料整体不是脱胎于某一部史书，而是杂采众多明代野史编成。其成书较官修《明史》早80多年，当时并无现成的书可据，因此不少材料出于《明史》之外，史料价值很高。如对明代的农民起义，从前期的山东唐赛儿、浙闽矿工、郧阳流民起义，中期的河北、蜀中、江西起义，直到明末的全国大起义，都有集中的记述；其他如宦官阉党专权、沿海“倭乱”、矿税为害、修治运河等事，叙述也颇为详尽。记东林党人活动的部分，内容与现存清初蒋平阶撰《东林始末》相同。书成之后，曾受人指控而被清廷审查，虽幸免于禁毁，却因此而改版。后来所传旧抄《明史纪事本末补遗》6卷，包括《辽左兵端》《熊王功罪》《插汉寇边》《毛帅东江》《锦宁战守》《东兵入口》6篇，一般认为即是原书改版时因涉嫌而别出的部分。清初彭贻孙又有《明朝纪事本末补编》5卷，包括《秘书告成》《科举开设》《西人封贡》《西南群蛮》《宦官贤奸》5篇，是对谷书的补充。中华书局1977年出版的《明史纪事本末》点校本，并收有《补遗》及《补编》。除此之外，清末倪在田尚辑有《续明史纪事本末》18卷，记南明史事，始《南都兵事》，终《自成遗乱》，因所记已入清史阶段，新出点校本未收，传世者有1903年育英学社铅印本。

《清史纪事本末》，近人黄寿鸿撰，凡80卷，每卷1目，记载从满族兴起到清亡的史事。因成书较早，主要取材于《东华录》，《清实录》及清史馆所撰列传等资料都未曾利用。但叙述尚清晰，且作者观点受辛亥革命的影响，对太平天国革命不视为叛乱，于清末的伪立宪亦有揭露，在这点上要大大优于后来成书的《清史稿》。惟书中兼采传说的一些资料有不少差误。上海文明书局1915年出版。

汇辑上节及本节所述纪事本末诸史的丛书主要有3种：一是清同治年间江西书局刊行的《纪事本末五种》，收有《左传》《通鉴》《宋史》《元史》《明史》诸本末；一是清光绪间广雅书局刊行的《纪事本末汇刻》，收有上述5种及《通鉴长编》《辽史》《金史》诸本末；一是光绪间先由上海书业公所排印，后又由上海慎记书庄石印，宣统间又由上海文盛书局增辑石印的《历朝纪事本末》，所收较《汇刻》多出《西夏》《三藩》（见下节）二本末，而抽出《通鉴长编纪事本来》。

第三节　专题的纪事本末史料

《蜀鉴》，南宋郭居仁（？—1236?）撰，10卷。此书材料主要取自史传，上起秦取南郑，下迄宋平孟昶，1200年间蜀事萃于一编，具有地方通史的性质。每事各标总题，如袁枢《通鉴纪事本末》之例；每条有纲有目有论，又如朱熹《通鉴纲目》之例，而目末附以考证，则较《通鉴纲目》为详。所记皆战守胜败之迹，于军事得失、地形险易、古人用兵之道、今人擘画之宜尤为致意，不少历史、地理材料出于《晋书》《十六国春秋》等史著之外。作者论南宋边境形势，认为蜀地可以北取中原，主张捍拒秦陇，振控巴渝，而于其他边徼之事多所从略，大旨在激励当时恢复之志气。末两卷记述西南地区少数民族历史，虽不无牴牾，亦有可取。《丛书集成初编》收有此书。

《鸿猷录》，明高岱撰，16卷。此书作于嘉靖三十六年（1557），以纪事本末体记明初至明中叶事，起元至正十三年（1353）朱元璋参加郭子兴部为亲兵，迄嘉靖三十一年（1552）宣布仇鸾罪恶，凡60事，每事以四字标题（首为《龙飞淮甸》，末为《追戮仇鸾》）。计有：记明太祖削平群雄、北伐中原、攻取元都、封赏功臣等22事；记明成祖靖难之役、五次北伐共9事；其余则记统治阶级内部斗争、民族斗争及对农民、流民、边兵起义的镇压等。事皆有关用兵，本意在颂扬朝廷武功，故每事之末都附有较长史论，总结军政得失。作者以当代人记当代事，且嘉靖末年事距编书时仅相隔数年，所载史料当较为可信。而自序中说："历代实录，秘不可见，惟是诸臣传志书疏，参质考订，稍得要领。暇日论次，录而成帙。"则所记当更有出于实录之外者。《丛书集成初编》收有此书。

《三藩纪事本末》，清杨陆荣撰。成书于康熙五十六年（1717），凡4卷，22目。作者用清朝纪年记南明福王、唐王、桂王事，诸如《三藩僭号》《郑成功之乱》等，标题的确立已是抑明扬清，内容则对清廷更多谀词，且史实时有错误，故不足以称信史。然在清廷文化专制的高压下，著书亦非易事，此书为南明史料中较早的一种，有些材料仍可参考。《丛书集成初编》收有此书，中华书局1985年出版有点校本。

《圣武记》，清魏源（1794—1856）撰。魏源为近代早期著名经学家、史地学家、思想家，与龚自珍齐名，时称"龚魏"。此书是他在鸦片战争后有感于时局的激愤之作。其自序说："晚侨江淮，海警沓至，忾然触其中之所积，乃尽发其椟藏，排比经纬，驰骋往复。先出其专涉兵事及尝所论议若干篇，为十四卷，统四十余万言，告成于海夷就款江宁之月。"所谓"就款江宁之月"，即清廷丧权辱国的《南京条约》签订之时（1842年8月）。全书依纪事本末体编辑，分《开创》《藩镇》《外藩》《土司、苗傜、回民》《海寇、民变、兵变》《教匪》《武事余纪》7个部分，卷内又各立篇目。前6个部分为叙事，历述清初建国、平定三藩、勘定回疆和金川、镇压各族农民起义及处理蒙古、西藏等问题与外交活动的史实，兼述历次用兵成败之道与各项军事制度，提纲挈领，条缕分明。《武事余纪》4卷则为作者议论，于练兵之方、整军之策、筹饷之法、应敌御夷之略等论述均详。作者的本意，是借对康、乾"盛世"武功的叙述来激发社会，但书中率先提出"以夷制夷""以夷攻夷""以彼长技御彼长技”“尽转外国之长技为中国之长技”，深为时人重视，不仅在中国近代史上有深远的影响，而且影响到当时日本思想界和史学界。原书曾经作者两次修订，1878年申报馆排印时增入魏氏专记鸦片战争的遗著《道光洋艘征抚记》，是为今本。《四部备要》收有此书，中华书局1984年出版点校本。其后张殿著有《十一朝圣武记》，是师仿魏氏辑补同类资料的书。

《滇考》，清冯甦撰，2卷。以本末体记云南地方史，上起战国庄跻王滇，下迄清初平定云南，广搜诸史、方志、笔记小说史料汇辑而成，颇有参考价值。《四库全书》收入本末类。

《平定三逆方略》，清初勒德洪撰。60卷，记平吴三桂、尚之信、耿精忠事，《四库全书》列入史部纪事本末类。钱名世又有《四藩始末》4卷。清代所编此类书甚多，现择部分简录如下：

《亲征平定朔漠方略》，温达等撰，48卷，记平噶尔丹事。

《平定金川方略》，来保等撰，32卷，记平金川沙罗奔事。

《平定准噶尔方略》，傅恒等撰，172卷，记平准噶尔部事。

《平定两金川方略》，阿桂等撰，152卷，记平大小金川索诺木僧格桑事。

《台湾纪略》，乾隆敕撰，70卷，记灭郑氏事。

《平台纪略》，蓝元鼎撰，1卷，记平朱一贵起义事。

《临清纪略》，于敏中撰，16卷，记平山东王伦起义事。

《兰州纪略》，乾隆敕撰，20卷，记平回族马明心起义事。

《石峰堡纪略》，乾隆敕撰，20卷，记平回民两次起义事。

《平苗纪略》，鄂辉等撰，52卷，记平苗族起义事。

《剿平三省邪匪略》，庆桂等撰，409卷，记平白莲教起义事。

《平定教匪纪略》，托津等撰，42卷，记平林清、李文成起义事。

《平定回疆方略》，曹振镛等撰，80卷，记平回族张格尔起义事。

《剿平捻匪方略》，奕䜣等撰，420卷，记平捻军起义事。奕氏领衔撰者又有《平定陕甘新疆回匪方略》320卷、《平定云南回匪方略》50卷、《平定贵州苗匪纪略》40卷及记镇压太平天国起义事的《剿平粤匪方略》420卷等。

《平捻纪略》，李鹤年撰，1卷，记平捻军事。以亲身经历叙捻军兴亡，颇简明可信。

《平定关陇纪略》，易孔昭、胡孚骏、刘然亮编，13卷，记左宗棠镇压西北回民起义及捻军事。

《平桂纪略》，广西官修，4卷，记清军在广西地区镇压太平军事。

《平浙纪略》，秦湘业、陈钟英撰，16卷，记左宗棠等镇压太平军事。

《嘉应平寇纪略》，谢国珍撰，1卷，记镇压太平军事。

《吴中平寇记》，钱勗撰，8卷，记李鸿章指挥淮军在江苏与太平军作战事。

《平定瑶匪纪略》，周义亭撰，2卷，记镇压湖南、两广瑶民起义事。

《平原拳匪纪略》，蒋楷撰，1卷，记山东平原等县义和团活动始末与清政府镇压事宜，有对朱红灯、本明和尚起义的叙述。

上述史料，均是站在清王朝官方的立场上所作的记述，使用时必须加以批判地选择。

鸦片战争后所出本末体史书，如官修的《筹办夷务始末》，罗惇曧所撰《中日兵事本末》《中法兵事本末》《中英滇案交涉本末》《中俄伊犁交涉始末》，美国人林乐知与蔡尔康合编的《中东战事本末》等，也可作研究清史的参考。

第八章　传记史料

在历史学上，传记是一种以记录人物生平言论事迹及相关史实为主的著述体裁。这一体裁的作品，传统上往往分为“史传”和“杂传”两大部分。所谓“史传”，多指正史中的列传，这一类的记载在司马迁撰《史记》时已经成熟，后世代有撰作，在正史中占的分量最重。所谓“杂传”，则多指正史列传以外的传记作品，包括各种单行的人物传记或传记集，文集中的家传、别传、行状、墓志碑铭，方志中的人物传，以及其他名目众多的人物传记资料等。在历代重要目录书中，“杂传”的名目最早出现于阮孝绪《七录》，《隋书·经籍志》及《旧唐书·经籍志》均沿用其名；《新唐书·艺文志》称“杂传记”；至北宋《崇文总目》始去“杂”字，直称“传记”，元明以来相沿不改，只有个别私家目录有时仍称“杂传”。

中国古代传记作品的数量很大，分类亦甚为繁杂。清修《四库全书总目》的《史部·传记类》将所收之书分为圣贤、名人、总录、杂录、别录五部分，包括存目在内共有460部、4300余卷。《中国丛书综录》的《子目·史部·传记类》则分通录之属、专录之属、杂录之属三大部分，其中通录又分历代、郡邑、域外、家乘、姓名（姓、同姓名、名、别号）、人表六部分；专录又分仕宦、学林、文苑、名医、艺术（书画、印人、音乐、伶人）、列女、隐逸、孝友、杂传、释道十部分；杂录又分日记、琐记两部分，总共著录传记之书约两千部。对于这样多的史料原书，要做明细分类的系统介绍是困难的，这里仅以举例的形式，选择部分史料价值较高的各类传记总录略叙其梗概，同时对各种形式的个人专传及相关问题作些说明。

第一节　历代或断代的传记总录

《春秋列国诸臣传》，北宋王当撰。原本51卷，今本30卷。此书所传凡191人，各以赞附于后，陈振孙《直斋书录解题》称其“议论纯正，文词简古，于经义多所发明”。《宋史·儒林传》本传则称其“博览古今，所取惟王佐大略”。今考是书，实取《左传》所载列国诸臣事迹类次而成，又取《国语》《史记》等书补其缺略，故材料较为赅备，可作研究先秦人物及《左传》本书的参考。有《四库全书》本。

《宋名臣言行录》，此书共分前集（又称《五朝名臣言行录》）、后集（又称《三朝名臣言行录》）、续集（又称《皇朝名臣言行续录》）、别集（又称《四朝名臣言行录》）、外集（又称《皇朝道学名臣言行外录》）5 部分。其中前集 10 卷、后集 14 卷系南宋理学大师朱熹撰辑，续集 8 卷、别集 26 卷、外集 17 卷则为稍后李幼武所补辑，总为 75 卷。关于此书的编纂缘起，朱熹在自序中说："读近代文集及记事之书，观其所载，国朝名臣言行多有补于世教者。然以其散出而无统也，既莫究其始终表里之全，而又汩于虚浮怪诞之说，予常病之。于是掇取其要，聚为此录。"可见他编录此书是要倡理学之言以"有补于世教"，但却为后世留下了一部重要的传记资料书。全书取材多据碑传行状、笔记杂录，合 5 集在内总共著录了自宋太祖至宋宁宗间 229 人事迹言行，皆为当时名臣，故《四库提要》称"有宋一代嘉言懿行，略具于斯"，是研究宋史的基本史料书之一。在编排方法上，所收人物大致按生平排列，先以简要文字叙述其字号、里贯、时代、官职、谥号等，然后录其主要言行事迹。所录每条各自提行，眉目清晰，下注资料出处，并附其他有关资料作为补充，极便使用。书以"名臣"标题，立意在褒，但所据史料原有褒有贬，且编者选材总有自身的倾向性，因此对王安石及参与新法的吕惠卿等人多有贬词。诸集均见于《四库全书》，《四部丛刊》收有其前集、后集，新中国成立后商务印书馆出版有排印本。明人尹直也曾编有《南宋名臣言行录》16 卷，意在续朱、李之书，但仅就《宋史》列传节撮，徒烦笔墨，无补于考证。

《名臣碑传琬琰集》，南宋杜大珪编，107 卷。分上、中、下三编，辑录宋代建隆至绍兴间名臣碑状别传编成。大致上编 27 卷录神道碑，中编 55 卷录志铭、行状，下编 25 卷则以别传为多，其中有宋代官修实录中的附传 27 篇。全书总共收录碑传之文 254 篇，有不少篇章不见于他书。其史料特点有三：一是各种人物兼收，不拘于所谓"名臣"之例，如丁谓、王钦若、吕惠卿、章惇、曾布等人，传统上谓之"奸邪"，不预于"名臣"，而书中对他们的碑传一并收入，有助于保存更多的史料；二是所录均为全篇材料，与《宋名臣言行录》择要录取者不同，从而大大加强了史料的完整性；三是出于碑传之文的局限性，所收材料均为褒辞，或是传主子孙颂扬其祖，或是门生故吏尊崇其师，古人所谓"谀枯骨，谒金言"者即指此。但有关传主生平履历的材料一般较史传更为真实、详细，可补正史之不及，可佐史学之考证，其史料价值仍不可忽视。此书版本较少，目前仅见于《四库全书》及其影印本；通行者又有民国时期燕京大学选印的《琬琰集删存》6 册。

《宋人轶事汇编》，近人丁传靖辑。凡 20 卷、136 篇，记两宋 612 人遗闻轶事，材料丰富，其中如欧阳修、苏轼、黄庭坚、岳飞等人篇幅都甚多。主要取材于宋元明清笔记，引书达 500 余种，编辑体例略如《宋名臣言行录》，一一注明出处，间有编者对史实的考证。书末附人名、书名索引，极便查检。商务印书馆初版于 1935 年，为断句本，1958 年重印，计分上、中、下 3 册。中华书局 1981 年出版点校本，分为上、下册。

《元朝名臣事略》，元苏天爵（1294—1352）撰，15 卷。此书成于元文宗时，所记元代名臣自国初至延祐之际共 47 人，所引资料大抵据诸家文集墓志碑铭及行状家传，其他杂记之书有可征信者亦间或采掇。编辑体例亦略仿《宋名臣言行录》与《名臣碑传琬琰集》，但又有所变通，故亦虽注明出处，而不尽录全篇，较详于传主事迹本末。元代有不少重要碑传早已散佚，赖此书得以部分保存。《丛书集成初编》收有此书。1962 年中华书局出版了 3 卷线装本。

《史传三编》，今本 56 卷，计《名儒传》8 卷，《名臣传》35 卷、续编 5 卷，《循吏传》8 卷。旧题清朱轼（1665—1736）撰，实则《名儒传》为李清植撰，《名臣传》为张江、蓝鼎元、李钟侨撰，《循吏传》为张福昶撰，又与蔡世远共同商榷，朱轼裁定其义例而已。书成于雍正六年（1728），当时《明史》尚未成书，故所录止于元代。其中《名儒传》上起汉田何、伏生、申公诸人，各种学术流派并存，绝无门户之见；《名臣传》两编列 219 人，去取颇为谨慎；《循吏传》列 121 人，体例谨严，而不够赅备。后人曾将三编分别刊行，而冠以“历代”二字。有《四库全书》及光绪二十一年（1895）江苏书局所刊《高安三传合编》本。

《明名臣琬琰录》，明徐纮编。计前录 24 卷，续录 22 卷，总 46 卷。仿宋杜大珪《名臣碑传琬琰集》体例，辑明洪武至弘治 9 朝诸臣事迹，前录载 117 人，续录载 95 人，资料主要来源于墓志碑铭及方志、言行录等。《四库提要》评论说：“明自成、宏（弘）以前，风会淳厚，士大夫之秉笔者，类多质直不支，无缘饰夸大之词，尚属可以取信。且其中如郁新、吴寿昌等凡数十人，皆史传所不详，考献征文，亦足以资证据，固非小说家言掇拾传闻、构虚无据者可比也。”今有《四库全书》及《常州先哲遗书后编》等本。

《今献备遗》，明项笃寿撰，42 卷。此书系据袁帙所著稍加增损，编采明代名臣事迹而为列传，起洪武，迄弘治，计 204 人。虽作者谦称“备遗”，不以作史自任，而全书叙述详赡，颇得史法，凡年月先后，事迹异同，皆可为博考参稽之助。见《四库全书》。

《国朝献征录》，明焦竑（1540—1620）撰，120 卷。此书博采明洪武至嘉靖间名人事迹，按宗室、戚畹、勋爵、内阁、六卿以下各官分类标目，依次编排，无官职者则按孝子、义人、儒林、艺苑等目分类汇编。大多数传记都注明资料来源，内容丰富，查找方便，是研究明史的重要参考书。但叙述芜杂，不尽可据。有《中国史学丛书》1965年版本及近年影印本通行。

“国史馆列传”，此为清代国史馆原存列传资料的总称，至今尚无刊本。据清廷规定，官修实录均沿袭前代旧制，附载诸臣勋绩履历官阶，及乾隆中开国史馆，则凡京官副都御史以上、外官督抚与提督以上、旗员副都统以上，都付国史馆立传；此外又有“儒林”“列女”等专传。这些丰富的史料原存，过去已有所利用，如民国时期流传甚广的《满汉名臣传》（记清开国至乾隆朝人物）和《国史列传》（补乾、嘉朝人物），实际都是国史馆旧稿的汇编；《清史稿》的列传也多据这部分资料撰成。全部“国史馆列传”尚有待进一步搜集整理。

《国朝耆献类征初编》，清李桓（1827—1891）辑，720卷，附《国朝贤媛类征初编》12卷。此书博采清天命元年（1616）至道光三十年（1850）间列朝人物传志编成，分宰辅、卿贰、词臣、谏臣、郎署、疆臣、监司、守令、僚佐、将帅、材武、忠义、孝友、儒行、经学、文艺、卓行、隐逸、方技19类，又以《钦定宗室王公功绩表传》《钦定外藩蒙古回部王公表传》及续修各表传冠首，并附有《述意》《总目》《通检》《满汉同姓名录》等。选材以“国史馆列传”为先，次及各家碑传之文及诸家丛钞，引书达数百种，凡有事迹可传者均予录入，堪称集清代中期以前人物传记之大成。原书始编于同治六年（1867），定本于光绪九年（1883），次年刊行。

《国朝先正事略》，清李元度（1821—1887）撰，60卷。分名臣、名儒、经学、文苑、遗逸、循良、孝义7门，集清开国至咸丰间500人传记，又有附见者608人。据编者自述，此书材料全取自私家文集、方志及说部之书，而以“国史馆列传”做了参订，内容甚富。但立传限于“先正”，如琦善、奕经等人则贬弃不取。书成于同治五年（1866），有同治间刊本及《四部备要》本。后有人将朱孔彰所撰《咸丰以来功臣别传》及《中兴将帅别传》各30卷合编为《国朝先正事略续编》，随原书附录刊行。

《碑传集》，清钱仪吉（1783—1850）编，164卷。仿宋杜大珪《名臣碑传琬琰集》及明焦竑《国朝献征录》辑成，始于清天命纪元，迄于嘉庆朝，分宗室、功臣、宰辅、部院大臣、内阁九卿、翰詹、科道、曹司、督抚、河臣、监司、守令、校官、佐贰杂职、武臣、忠节、逸民、理学、经学、文学、孝友、义行、方术、藩臣、列女25类，统列2000余人。材料多取自文集、方志，引书达560余种，大致先录碑传之文，旁及方志杂传，各以其时、其爵、其事次第排比，包括了清代前期的重要人物。有光绪间江苏书局刊本。此后缪荃孙编有《续碑传集》86卷，载道光至光绪间人物1107人；闵尔昌编有《碑传集补》60卷，补清初至民国间人物786人。二书体例均本于钱书，惟类目稍有增减。上海书店1988年出版有《清碑传合集》影印本5大册。

《国朝名臣言行录》，清末董寿辑，30卷。录清初至光绪朝名臣言行，共230余人，多据钱仪吉《碑传集》及诸家专集。清初人物较简略，道光以后较详，政学兼收，并有洋务外交人物的言行辑入。有光绪间上海顺成书局石印本。清人所编同名书又有王炳燮的16卷本，见光绪中所刊《津河广仁堂所刻书》。

《清史列传》，此书为汇录清人传记资料的大书，共80册，1928年中华书局编辑出版。总共收集了清代1700余人的传记，乾隆以前各传均据《满汉名臣传》，其后各传则源于清国史馆编写的《大臣列传》，实际是“国史馆列传”的选编本，史料价值超过《清史稿》。台湾1983年重印本缩订为10册。

《清代七百名人传》，近人蔡冠洛编。共分政治、军事、实业、学术、艺术、革命6编，每编之下又细分各类。末附清代大事年表，清代各朝名人分配表，清代名人地域分配表，清代名人分类统计表，清代名人异名、谥法检查表，较便使用。初由上海世界书局于1937年出版，1984年北京中国书店重印，分上、中、下三册。

第二节　地方性的传记总录

《钱塘先贤传赞》，南宋袁韶撰，1卷。宝庆间作者尝知临安府（今杭州，即钱塘），为表彰乡贤，遂请准朝廷，建杭州一带耆旧许由以下39人祠，而各为之传赞。材料多得自故老流传，颇为详赡，可补史传之阙；其中见于正史的10余人，亦于事实多所综核，不似后来方志之夸饰附会。有《四库全书》及《知不足斋丛书》《武林掌故丛编》（第一集）本。

《京口耆旧传》，南宋刘宰（1167—1240）撰，9卷。此书是作者于嘉定七年（1214）修镇江志时，采访京口名贤事迹撰成的，所载人物始于宋初，迄于嘉定七年（1214），生者俱不入传；其中《王遂传》《刘宰传》2篇系其幼子刘汝进续撰。传主多有宋代名人，如沈括、王存、米芾、陈东、洪兴祖、王遂等，所记均较《宋史》为详，事实多可依据。而编纂体例全仿正史，每传首尾该贯，俱载生卒之年，与诸家杂说随笔所载不备端末者不同，足以纠正野史小说附会之谬。今本系清初四库馆臣由《永乐大典》中辑出，又有《守山阁丛书》及《粤雅堂丛书三编》本。

《敬乡录》，元吴师道（1283—1344）撰，14卷。此书所记始于南朝梁代，迄于宋末。所列每人先次其行略，然后附录所著诗文，盖因人物而存文章，非因文章而存人物。传中所载宋人事迹，与《宋史》多有异同，可资考证。《四库全书》列入《史部·传记类》，后人或列入集部。有《适园丛书》《续金华丛书》等本。

《浦阳人物记》，明宋濂（1310—1381）撰，2卷。此书分忠义、孝友、政事、文学、贞节5目，记29人事迹，末附进士题名1篇。有欧阳玄序，称其“至公甚当，不以私意为予夺”；《四库提要》亦称“所作皆具有史法”。版本颇多，《丛书集成初编》收有此书。

《百越先贤志》，明区大任撰，4卷。此书乃收集今两广、闽、浙地区（古称“百越”，包括东越、闽越、瓯越、骆越、西越、南越等）先贤事迹编成，共收东汉以下120人。材料多凭史传，而不甚采录杂书，遗漏颇多。然体例谨严，胜于地志之冗蔓，且每传必注明所据某书，又以某书参修，一字一句，必有所本，后来方志多所取材。有《岭南遗书》（第一集）及《丛书集成初编》等本。

《莆阳文献》，明郑岳编，共88卷。其中13卷载莆田、仙游二县自梁、陈以至明代的著作诗文，另75卷则为名人列传，搜采颇丰，而不分门目。传世有明万历四十四年（1616）黄起龙重刊本。

《金华贤达传》，明郑柏撰，12卷。此书辑金华一带人物事迹，各为小传，系之以赞，凡360余人，分忠义、孝友、政事、儒学、卓行5目，略如宋濂《浦阳人物记》。第11卷内有《郑柏传》1篇附《郑楷传》后，当系其后人增入。有《续金华丛书》本。

《金华先民传》，明应廷育撰，10卷。此书取金华历代人物，自汉迄明，各为之传。分道学、名儒、名臣、忠义、孝友、政事、文学、武功、隐逸、杂传10类，自正史以外，并参诸家文集及家状碑记，引书凡40余种，各注明资料来源，而主要依据元吴师道《敬乡录》及《金华贤达传》《金华府志》3书。有《续金华丛书》本。

《金华征献略》，清王崇炳撰，20卷。此书亦采金华先贤事迹编成，分孝友、忠义、儒学、名臣、文学、政绩、卓行、贞烈、仙释、方技、来宦、游寓12类。元以前人物本之史传及吴师道《敬乡录》、宋濂《浦阳人物记》等，明以后则杂采诸书以作补。乡土观念严重，所录不免泛滥，多有本无事迹可叙而仅以爵禄列入名臣者。但资料较多，不妨备查检。有《率祖堂丛书》附刻本。

《嘉禾征献录》，清盛枫撰，46卷。此书记明一代嘉兴人物，首有妃主1卷，以下以职官分记，计京朝官22卷、外吏18卷、世职及死事诸将3卷，附以儒学、文苑各1卷。作者颇讲究义例：凡人物子孙无足够资料单独为传的，多附其祖、父之下；无明显事迹的人物，亦备列其官阶迁除；若"人非善类"，则仅于目录中列其名，而缺其传以示戒；有的传还附有考证之语及相关材料。有《槜李丛书》本。

《中州人物考》，清孙奇逢（1584—1675）撰，8卷。此书编载明代河南人物，分理学、经济、忠节、清直、方正、武功、隐逸7科，而不包括文士。共收200余人，每类以世次为序，各人传赞详略不等，多者数页，少者仅一行，以谓史料无征则略，不以详略定褒贬。末卷为《补遗》和《续补》，载7科无从归类的人物，后又有仅列其名而无传者34人。有《四库全书》及《孙夏峰全集》本。

按上述类型的传记，历代所作很多，尤其东南地区特多。今再简列部分如次：

《畿辅人物考》，清孙奇逢撰，8卷。有《孙夏峰全集》本。

（以上河北）

《三立阁史钞》，清李镕经撰，2卷。有《雪华馆丛编》本。

《晋哲会归》，清张桂林撰，1卷。有《张氏杂著》本。

（以上山西）

《三辅决录》，汉赵岐撰，晋挚虞注，今本或作1卷，或作2卷。有《说郛》及清人张澍、黄奭、茆泮林、王仁俊等多种辑本。见《玉函山房辑佚书续编》等。

（以上陕西）

《鲁国先贤传》，清王仁俊辑，1卷。

《鲁国先贤志》，同上。

《青州先贤传》，同上。均见《玉函山房辑佚书补编》。

（以上山东）

《吴中往哲记》，明杨循吉撰，1卷。有《顾氏明朝四十家小说》民国石印本。

《东吴名贤记》，明周复俊撰，2卷。有《娄东周氏丛刊》本。

《续吴先贤赞》，明刘凤撰，15卷。有《丛书集成初编》本。

《姑苏名贤小记》，明文震孟撰，2卷。有《心矩斋丛书》本。又《续记》1卷，明文秉撰，有《甲戌丛编》本；《后记》1卷，清褚亨奭撰，有《乙亥丛编》本；《续名贤小记》1卷，清徐晟撰，有《涵芬楼秘笈》（第七集）本。

《晋陵先贤传》，明欧阳东凤撰，4卷。有《崇雅堂丛书初编》本。

《清代毗陵名人小传》，民国张惟骧撰，10卷。有《小双寂庵丛书》稿本。

《江都乡贤录》，清金门诏撰。1卷。有《金太史全集》本。

《锡山宦贤考略》，清张夏、胡永禔撰，3卷。有《四库全书》本。

（以上江苏）

《鸳湖求旧录》，清朱福清撰，4卷；又《续录》4卷。有《最乐亭三种》本。

《前征录》，清姚世锡撰，1卷。有《丛书集成初编》本。

《四明人鉴》，清刘慈孚辑，虞琴绘图，3卷。有《四明丛书》（第六集）本。

《会稽先贤传》，三国吴谢承撰，1卷。有《会稽郡故书杂集》鲁迅辑本。

《会稽典录》，晋虞预撰，2卷，又《存疑》1卷。有《会稽郡故书杂集》鲁迅辑本、《四明丛书》（第七集）本。

《会稽后贤传记》，钟离岫撰，1卷。有《会稽郡故书杂集》鲁迅辑本。

《古永兴往哲记》，清蔡大绩撰，2卷。有《萧山丛书》本。

《尊乡录节要》，明王弼撰，4卷。有《台州丛书后集》本。

《义乌人物记》，明金江撰，2卷。有《续金华丛书》本。

（以上浙江）

《祥符耆旧传》，清刘曾騄撰，10卷。有《祥符刘氏丛书·梦园史学》本。

《陈留耆旧传》，魏苏林撰，1卷。有《说郛》本。

《汝南先贤传》，晋周斐撰，1卷。有《说郛》及《五朝小说大观》本。

（以上河南）

《楚国先贤传》，晋张方撰，1卷。清陈运溶、王仁俊辑，有《麓山精舍丛书》（第一集）及《玉函山房辑佚书补编》本。

《襄阳耆旧传》，晋习凿齿撰，1卷。有《说郛》及《五朝小说大观》本。又《心斋十种》3卷本，清任兆麟订；《玉函山房辑佚书补编》1卷本及《经籍佚文》1卷本，王仁俊辑。

《长沙耆旧传》，晋刘彧撰，清陈运溶辑，1卷。有《麓山精舍丛书》（第一集）本。同书又有《武陵先贤传》1卷、《零陵先贤传》1卷、《桂阳先贤传》1卷等，皆陈氏所辑。

《巴陵人物志》，清杜贵墀撰，15卷。有《桐华阁丛书》本。

（以上两湖）

《广州先贤传》，邹闳甫撰，1卷。有《说郛》本。

《广州人物传》，明黄佐撰，24卷。有《岭南遗书》（第一集）及《丛书集成初编》本。

《粤台征雅录》，清罗元焕撰、陈仲鸿注，1卷。有《岭南遗书》（第四集）及《丛书集成初编》本。

（以上广东）

《益都耆旧传》，晋陈寿撰，1卷。有《说郛》及《五朝小说大观》本。又《玉函山房辑佚书补编》本1卷，王仁俊辑。

《西州后贤志》，晋常璩撰，1卷。有《说郛》及《五朝小说大观》本。

（以上四川）

第三节 分类的传记总录

《列女传》《续列女传》，此为现存古代传记作品中最早的分类专书。《列女传》为西汉著名文献学家刘向所撰，《续列女传》则为后人所增附。《汉书·艺文志》于儒家类载“刘向所序六十七篇”，注云“《新序》《说苑》《世说》《列女传颂图》也”，未注明各自篇数；而据《汉书·刘向传》：“向睹俗弥奢淫，而赵、卫之属（按：指汉成帝皇后赵飞燕及昭仪卫婕妤）起微贱，逾礼制。向以为王教由内及外，自近者始，故采取《诗》《书》所载贤妃贞妇兴国可法则及孽嬖乱亡者，序次为《列女传》，凡8篇，以戒天子。”是此书原为8篇。《隋书·经籍志》于杂传类载《列女传》15卷，注云“刘向撰，曹大家注”，系后人厘定，已非古本。北宋曾巩序录称：“曹大家所注，离其七篇为十四，与颂义凡十五篇，而益以陈婴母及东汉以来凡十六事。”当即《隋志》所载之本。嘉祐年间，苏颂复按颂义编次，定为8篇，以合古本之数。计有母仪、贤明、仁智、贞顺、节义、辨通、嬖孽各1篇，又将颂、图总为1篇；其传如《太史公记》（即《史记》），颂如《诗》之四言，图为屏风。嘉祐八年（1063），王回又以传、颂对照考订，认为刘向原书前7篇实每篇15传，共列105人，其余无颂的12传及同时人的3传、后人的5传，则为后人增益。于是将传、颂、图相合者删为8篇，称《古列女传》；无颂之传则另以时次合为1篇，称《续列女传》。今本《列女传》7卷，《续列女传》1卷，即王回重编之本，惟颂词已附于各传之后，而颂的大序列于目录前，小序7篇散见于目录中；传各有图，卷前标题“晋大司马参军顾恺之图画”。此书为现在所知我国第一部专载妇女事迹的史书，在传记史籍中占有一定的地位。现存版本很多，其中《四部丛刊》所收系据明刊有图本影印，最接近宋本原貌；《四部备要》所收则为清人梁端注本，无图。

自刘向之后，历代作“列女传”者不胜枚举。如晋皇甫谧曾撰《列女传》6卷，已佚，部分文字尚存《说郛》及《绿窗女史》中。明邵正魁曾采集史传，撰成《续列女传》9卷，以续刘向之书，体例无所变化。明初官修的《古今列女传》3卷，上卷收历代后妃，中卷为诸侯大夫之妻，下卷为士庶人之妻，起于传说的有虞氏，迄于元朝，同时收入明朝若干妇女列传，材料较多。而清人刘开所辑《广列女传》20卷、附录1卷，是此类书中篇幅最大的一部。有关材料可与正史中的后妃传和列女传相参考。

《高士传》，西晋皇甫谧（215—282）撰，3卷。据南宋李石《续博物志》所记，谧此书原载历代高节之士72人，与刘向《列仙传》所载数目相同。《太平御览》卷506—509全收其书，凡71人，与李氏所说略相吻合。而今本共收96人，上起唐尧时代，下迄曹魏，其中东汉居三分之一，系后人杂取《御览》等书附益而成，已非其旧。如披衣、老聃、庚桑楚、林类、老商氏、庄周等人，均不见于《御览》，亦可补先秦史料之缺。《四部备要》《丛书集成初编》等皆收有此书。后人所作此类书亦甚多。如明陈继儒有《逸民史》22卷，前20卷收自周至元隐逸之士，后2卷为《元史·隐逸补》，但所收如张良等人，其实并非隐士。清初高兆纂有《续高士传》5卷，始于皇甫谧，终于明穆宗时，共载千余年间143人，凡名入仕籍而后挂冠及沉溺于老佛之学者，皆不收，去取颇为不苟。此书有《观自得斋丛书》本。

《高僧传》，或称《梁高僧传》，南朝梁释慧皎（497—554）撰，14卷。其作书缘起，作者在本书《序录》中有详细的叙述。其中说到：“自汉之梁，纪历弥远，世涉六代，年将五百。此土桑门，含章秀起，群英间出，迭有其人，众家记录，叙载各异。……或褒赞之下，过相揄扬；或叙事之中，空列辞费。求之实理，无的可称；或复嫌以繁广，删减其事，而抗迹之奇，多所遗削。”因此他才“搜检杂录数十余家，及晋、宋、齐、梁春秋书史，秦、赵、燕、凉荒朝伪历，地理杂篇，孤文片记，并博咨古老，广访先达，校其有无，取其同异”，撰为是书。《序录》又说：“自前代所撰，名曰名僧。然名者，本实之宾也。若实行潜光，则高而不名；寡得适时，则名而不高。名而不高，本非所记；高而不名，则备今录。故省名音，代以高字。”这是说，他对当时僧众流品的猥杂也不满意，因而所记但以“高僧”为准，而不以“名僧”为限。全书分门载录，计《译经》3卷，载35人；《义解》5卷，载101人；《神异》2卷，载20人；《习禅》《明律》1卷，载34人；《亡身》《诵经》1卷，载33

人；《兴福》《经师》《唱导》1卷，载35人；每门系以评论，另有序及目录1卷。10门总共记载自东汉明帝永平十年（67）至梁天监十八年（519）453年间的高僧200余人。因时地所限，所载详于江南诸僧而略于北方僧众；初期多属西域僧人，进入中原后则冠以国姓。书中保存了相当重要的佛教史料和中西交通史料。如卷4《朱士行传》载传主于魏甘露五年（260）“发迹雍州，西渡流沙，既至于阗，果得梵书正本凡九十章，遣弟子弗如檀，此言法饶，送经梵本还归洛阳”。这是中土沙门最早西行求法之事。卷3《释法显传》则对中印文化交流史上的一件大事——法显和尚去天竺取经求法的过程有明晰的记载。其他为常见史书所不载的佛教史实尚多。大致佛教自东汉初年传入中国后，魏晋之际盛极一时，名僧辈出，而正史、杂史中为僧人立传者极少，此书正可补史传之缺，为研究佛教史的必读之书。后世僧传之作大都本于此书，重要者有：

《续高僧传》，唐释道宣（596—667）撰，40卷。载梁初至唐贞观年间名僧，正传485人，附见219人。许多重要传记记叙特详，如玄奘法师传1人即占2卷篇幅。

《宋高僧传》，宋释赞宁（911—1001）撰，30卷。接《续高僧传》载唐至宋初僧人，凡正传532人，附传125人，大部分为唐僧。采摭甚详，于诔铭记志无不参据，叙述亦颇得史法。

以上三书自成一系列，明清以来多有传本，近年中华书局《中国佛教典籍选刊》（第一辑），已将3书点校收入。其他同类书尚有：

《景德传灯录》，30卷，宋释道原撰。有《四部丛刊三编》本。

《僧宝传》，32卷，宋释惠洪撰。有《四库全书》本。

《神僧传》，9卷，不著撰人名氏。有《四库全书》本。

《南宋元明僧宝传》，15卷，清释自融撰。有《四库全书》本。为宋《僧宝传》续书。

此外，梁释僧祐编《弘明集》14集、唐释道宣撰《广弘明集》30卷中，也多有名僧传记材料。唐释智昇撰《开元释教录》20卷，前9卷为《总括群经录》，末有译经人小传。

《神仙传》，晋葛洪撰，10卷。道家传记之书，魏晋间有托名西汉刘向撰《列仙传》2卷流传，记古来仙人自赤松子至元俗凡71人，体例全仿《列女传》。葛氏以所载过于简略，乃抄集道家仙经服食方百家之书及先师所说、耆旧所论，成《神仙传》10卷，共录84人，其中见于《列仙传》者仅2人。所记神仙事多荒诞不经，但属较早的道家传记，可与《后汉书·方术传》中的某些材料相对照。后世踵继之作，南唐沈汾有《续仙传》3卷，宋曾慥有《集仙传》15卷，陈葆光有《三洞群仙录》20卷，均见于《四库全书》。宋贾善翔又有《高道传》一书，今《说郛》摘录有1卷。著名道教著作《云笈七签》第87—132卷，多有道家传记；《道藏》的《洞神部纪传类》《洞真部纪传类》及《正乙部》等，也收有传记许多种。

《廉吏传》，宋费枢撰。旧题10卷，今本只上、下两卷，乃卷数有所合并，文字无所更易。记春秋至隋唐间廉吏114人，起鲁季孙行父，终唐卢钧，每人但录廉节，他事则从略，传后各系以论断，大旨以风厉廉隅为主。书成于北宋末宣和七年（1125），今有《四库全书珍本初集》本。明黄汝亨曾订补其书，搜采诸史，增人五代以前33人，又据《宋史》《元史》续载64人，并旧传所载各分上、中、下三等；又于上编之外增《廉蠹》一编，载郅都、张汤等10人。但全书与费枢旧本混而为一，未标费枢之名。此外，明劭潜有《廉吏传》4卷，清朱轼有《历代循吏传》8卷，刘曾騄有《循吏补传》4卷，均可与费氏书相参看。

《伊洛渊源录》，宋朱熹撰，14卷。此书主要记北宋道学家程颐及其门弟子言论行实，既是我国古代第一部学术史的专书，也是一部传记资料，有的程门弟子无言行可记亦具列其名，宋明理学区分门户即发端于此书。今有《朱子遗书》及《丛书集成初编》等本。明谢铎续其书，作《伊洛渊源续录》6卷；宋端仪、薛应旂又仿其例，作《考亭渊源录》24卷；清张伯行以谢、薛之书未备，又重为考订，撰成《伊洛渊源续录》20卷，为同一系列之书。南宋李心传又曾作《道命录》5卷（今本为10卷），专记程、朱进退始末，备载其褒赠、贬谪、荐举、弹劾之文，可借以了解程朱道学政治地位的变化。明清时此类著作甚多，如孙奇逢《理学宗传》，黄宗羲、全祖望《宋元学案》与《明儒学案》，江藩《宋学渊源记》等，均保存了不少理学家传记资料。详见本编第九章第三节《学术史料》。

《唐才子传》，元辛文房撰，10卷。据作者自序，此书作于元大德八年（1304）。序中说："余遐想高情，身服斯道，穷其梗概行藏，散见错出，使览于述作，尚昧音容，洽彼姓名，未辨机轴，尝窃病之。顷以端居多暇，害事都捐，游目简编，宅心史集，或求详累帙，因备先传，撰拟成篇。……传成，凡二百七十八篇，因而附录不泯者又一百二十家，厘为十卷，名以《唐才子传》。"由此可知，作者编纂此书，首先是为了使人们读唐诗而先知其人。取材较广，所载近400人中仅有百人见于新、旧《唐书》，其余皆从传记、说部各书采辑而来。大抵初唐、盛唐稍略，中唐、晚唐以后渐详，有些人物还下及五代。其体例因诗系人，非卓有诗名者不录；载录内容亦以论文为主，不以记事为主，故多详其遗闻轶事与著作流传情况，功业行谊则仅撮其梗概。唐代为古典诗歌鼎盛时期，但诗人传记见于新、旧《唐书》者为数不多；宋计有功《唐诗记事》虽收录1150家，亦不详其事迹，清修《全唐诗》增至2200余家，小传亦极简略。因而辛氏此书为研究唐代诗人提供了可贵资料。原书曾全部收入《永乐大典》，然清初四库馆臣辑录时《永乐大典》已稍有缺佚，故所辑计附传者44人在内仅得287人，分为8卷著录。后来《佚存丛书》及《粤雅堂丛书三编》所收10卷足本系据日本国刊本印行。1956年古典文学出版社出版的《中国文学参考资料丛书》所收即为日刊本，1959年中华书局上海编辑所又据以重印。

有关文苑人物的小传，现存者尚有晋张隐撰《文士传》1卷、元徐显撰《稗史集传》1卷、明顾璘撰《国宝新编》1卷、清钱谦益撰《列朝诗集小传》不分卷、卢见曾撰《渔洋感旧集小传》4卷并补遗1卷、郑方坤撰《本朝名家诗钞小传》4卷、梁章钜撰《乾嘉全闽诗传小传》12卷、陈寿祺撰《东越文苑后传》1卷等，均可参考。清厉鹗撰《宋诗纪事》100卷、近人陈衍辑《元诗纪事》24卷、清陈田撰《明诗纪事》、近人邓之诚编《清诗纪事初编》、今人唐圭璋编《全宋词》等，也都收有大量诗词作者的小传。

《南渡十将传》，南宋章颖（1141—1218）撰，10卷。记南宋初年著名将领刘锜、岳飞、李显忠、魏胜、韩世忠、张俊、虞允文、张子盖、张宗颜、吴玠10人事迹；其中刘、岳、李、魏4传曾于开禧间表奏朝廷，后6传未上。所载较《宋史》为简略。今有《碧琳琅馆丛书乙部》及《芋园丛书》本。同类之书，尚有宋张预辑《十七史百将传》10卷及明何乔新辑《百将传续编》，均见明人所编《武学经传三种》；明黄道周又有《广名将传》20卷，见《丛书集成初编》。

《昭忠录》，不著撰人名氏，当为宋遗民所作。《四库全书》著录旧钞本1卷，文字稍有讹脱，而大略可见。所记皆南宋末年忠节事迹，起绍定四年（1231）元兵攻克马岭堡总管田璲等战死，迄宋亡陆秀夫、文天祥、谢枋得等殉义，共130人。每条先列姓名、官爵于前，然后记其死难事实，文字有详有略，而大都确实可据，不少材料为《宋史·忠义传》所不载，即史传所有者亦往往与此书参错不合。如绍定四年元军攻破西和州，宋守将陈寅、杨锐同时战死，《宋史·陈寅传》讹杨锐为“王锐”，且仅提及其名，未载战死事，可从本书订补；张世杰、谢枋得等人事迹亦较《宋史》为详。

与《昭忠录》性质相近的是元赵景良编《忠义集》7卷。此书集刘壎《补史十忠诗》1卷、刘麟瑞（壎子）《昭忠逸咏》4卷，又自取宋末遗老诸作续为2卷而成。刘壎之书述宋末李芾、赵卯发、文天祥、陆秀夫、江万里、密佑、李庭芝、陈文龙、张世杰、张珏10人事，刘麟瑞续撰复成50传，及编者所续，皆意在借诗存史，可与史传互参。此外，明周璟亦撰有《昭忠录》5卷、附录1卷，吴应箕撰有《熹朝忠节死臣列传》1卷，黄煜辑有《碧血录》2卷，清汪有典撰有《前明忠义别传》32卷，盛禾撰有《明季殉国诸臣录》1卷，这些都是同类之书。清初乾隆曾敕撰《胜朝殉节诸臣录》12卷，大抵以官修《明史》为主，而参以《大清一统志》和各省通志，编载明末抗清死难人物，皆胪列姓名，考证事迹。"凡立身始末卓然可传，而又取义成仁、搘拄名教者，各予专谥，共三十三人；若平生无大表见，而慷慨致命、矢死靡他者，汇为通谥：其较著者曰忠烈，共一百二十四人；曰忠节，共一百二十二人；其次曰烈愍，共三百七十七人；曰节愍，共八百八十二人。至于微官末秩、诸生韦布及山樵市隐名姓无征不能一一议谥者，并祀于所在忠义祠，共二千二百四十九人。"① 清朝统治者的目的，是要通过表彰前朝忠烈，以扬励封建纲常名教，但搜罗较广，也保存了一些专门史料。

《宋遗民录》，明程敏政撰，15卷。此书前列宋末王炎午、谢翱、唐珏3人事迹及其遗文，而附录后人有关3人事迹的诗文；7卷以后则附录张宏毅、方凤、吴思斋、龚开、汪元量、梁栋、郑思肖、林德旸等8人；末卷记宋瀛国公事，荒诞不可信。有《汲古阁合订唐宋元诗五集》本，《四库全书》列入传记类存目。程书之前，又有不著撰人的《宋遗民录》1卷，明毛晋附刻于《忠义集》中。此后清人孙静庵又编有《明遗民录》一书，1985年浙江古籍出版社出版有标点本。

《元儒考略》，明冯从吾撰，4卷。此书集元代诸儒事实，各为小传，大抵以《元史·儒学传》为主，而旁采志乘之书附益之，有正传，有附传，皆据学术高下为进退，体例颇为琐碎，但可略见元代儒林之梗概。《四库全书》入传记类存目，有《知服斋丛书》（第二集）本。

《殿阁词林记》，明廖道南撰，22卷。此书记明代前期词林殿阁宫坊台省诸臣旧事，分殿学、阁学、馆学、宫学、坊学、廱学、乡学、赠学、艺学、院学10类，大致仿列传体例，悉载人物官阶恩遇，而以事迹附见。自卷9以下收入了黄佐《翰林记》的部分内容。有《湖北先正遗书》本。此类书大抵源于唐宋，如现存《宋中兴学士院题名》，即简要记有当时翰林学士拜罢年月。《南

① 《四库全书总目》卷58。

宋馆阁录》载有馆阁人物1000多人，略叙其年字爵里及任馆职年月，也是很好的传记资料。

《嘉靖以来首辅传》，明王世贞撰，8卷。记嘉靖以后内阁首辅人物，起杨廷和，迄申时行，于当时国事是非、贤奸进退之故序次详悉，可与正史相参证。有《四库全书》及《借月山房汇钞》（第六集）本。

《东林列传》，清陈鼎撰，24卷。记述历代党争人物的传记作品，当上推到宋代，现存《元祐党籍碑》及《庆元伪学逆党籍》即当时被列入党籍人物的题名。南宋初年龚颐正曾著《元祐党籍列传谱述》100卷，搜集材料极为丰富，并被当作编修国史的参考书，可惜后来散佚。今有清人陆心源所撰《元祐党人传》10卷，参稽群籍，辑补成元祐党人碑列名的309人传记，又以《党禁始末》1卷总承全书，为研究元祐党争提供了专门资料。陈氏《东林列传》，即仿龚颐正书之例，据《东林党人榜》所列180余人，遍搜有关资料纂辑而成，于诸人姓名履贯均有记录。作者撰此书时，去东林诸人讲学未远，又长期留心于乡邦文献，故尚能保存当时见闻资料，可补《明史》之阙。《四库全书》收有此书。其他如明王绍徽撰《东林点将录》1卷、不著撰人的《东林籍贯录》1卷、《东林同志录》1卷、《东林朋党录》1卷等，均可与此书一并参阅。清人徐宾有《历代党鉴》5卷，详载自汉至明历代朋党之事，其卷首亦有《东林党籍论》3篇。

《畴人传》，清阮元（1764—1849）辑，46卷。此书始撰于乾隆六十年（1795），完成于嘉庆四年（1799），是我国第一部自然科学家的传记集。当时一些精于天文律历的学者，如李锐、周治平、钱大昕、凌廷堪、谈治泰、焦循等人，都曾参加编写。全书辑录古籍中有关天文历算学家的记载，按朝代编排而成，前42卷起自太古，迄于清嘉庆年间，共列载羲和至戴震等243人，后4卷附记对中国有影响的西洋科学家37人。作者在《凡例》中说："是编著录，专取步算一家，其以妖星、晕珥、云气、虹霓占验吉凶，及太一、壬遁、卦气、风角之流，涉于内学者，一概不收。"又说："是编于仪器制度摭录特详，欲使学者知算造根本当凭实测，实测所资首重仪表，不务乎此而附合于律于易，皆无当也。"这些都表明作者注意区分科学与迷信，强调从实际出发治历算之学。书中材料大致取自历代正史的志、传及子部之书，每篇先列传主姓名、爵里、生卒年月及主要事迹，然后详载其有关科学的成就和著作；篇末注明材料出处，传后有评论。材料丰富，体例谨严，在中国科技史上占有重要地位。

阮氏之后，其弟子罗士琳于道光二十年（1840）又撰成《畴人传续》6

卷。光绪十二年（1886），钱塘诸可宝又撰成《畴人传三编》7 卷。光绪二十四年（1898），黄钟骏又撰成《畴人传四编》11 卷、附 1 卷。上述诸书，在当时编成之后均有单行刻本；后来正、续、三编曾收入《测海山房中西算学丛刻初编》，商务印书馆又合刊于《国学基本丛书》中；新中国成立后商务馆据原版重印，并排印了《四编》，为现在的通行本。

第四节　多种形式的个人专传

此类传记不拘一格，名目很多，这里略为提示几种如下。

年谱，这是按年月记载人物生平事迹的一种常用的体裁，实际是个人的编年体传记。历史学者使用史料，首先需要把史料的年代搞清楚，年谱就在这方面为查找人物史料提供了许多方便。就现在所知，年谱一体大致创始于北宋，吕大防所撰《杜工部年谱》《韩吏部文公年谱》即是其中最早的作品，稍后赵子栎也曾撰《杜工部年谱》。今《粤雅堂丛书》二编第十四集所收《韩柳年谱》中尚有吕大防《杜工部诗年谱》1 卷，《四库全书》亦收有赵子栎《杜工部年谱》和鲁訔《杜工部诗年谱》各 1 卷；《四部丛刊》所收《杜工部年谱》1 卷则并题吕大防、蔡兴宗、鲁訔撰。南宋时年谱的撰写始盛，如胡仔的《孔子编年》、吴仁杰的《陶靖节先生年谱》、留元刚的《颜鲁公年谱》、洪兴祖的《韩子年谱》、文安礼的《柳先生年谱》、楼钥的《范文正公年谱》、胡柯的《庐陵欧阳文忠公年谱》、王宗稷的《东坡年谱》；失撰人姓名的《盱江年谱》、黄㽦的《山谷先生年谱》、岳珂的《鄂王行实编年录》等，至今都有传本。明清以来，年谱多至不可胜数。清吴荣光编有《历代名人年谱》10 卷，以史表的形式，分干支纪年、年号纪年、时事、生卒 4 栏，谱列上起汉高祖元年（前 206），下至清道光二十三年（1843）两千余年间名人生卒年月和爵称谥号，兼记当年历史事件，是一部综合的人物简谱，有 1930 年上海商务印书馆出版的《国学基本丛书》本可备查检。综合著录年谱作品的书，常用的有李士涛编《中国历代名人年谱》，杭州大学图书馆资料组编《中国历代人物年谱集目》，杨殿珣编《中国历代年谱总录》及《续录》等书。

行状，又称“状”“行实”“行述”等，是记述死者世系、籍贯、生卒年月和生平概略的一种文体。常由死者门生故吏或亲友撰写，也有不少是由死者亲友请托他人撰写的，主要供封建王朝议谥的参考或备撰写墓志碑铭、史传的采择，虽多浮夸溢美之词，而材料较为翔实。其起源可追溯到东汉，至魏晋南北朝时已开始流行，如《文选》即录有南朝梁任昉所撰《齐竟陵文宣王行状》。

唐宋时，由于封建官方规定，凡重要官员去世，都由家人简录其生平行事，报送中央修史机构存档，加上民间对死者树碑立传成风，行状的撰写遂大量增多。如北宋程颐撰写的《程明道先生行状》1卷和南宋黄榦撰写的《朱子行状》1卷，清人贺瑞麟曾辑为《程朱行状》一书，刻入《西京清麓丛书》。朱熹为南宋初年名臣张浚撰写的行状，长达4万余字，是现存较大篇幅的行状作品。明清人多称“行实”，如《四库全书》收有明王鸿撰《薛文清行实录》5卷、胡桂奇撰《胡梅林行实》（无卷数）等。这类材料多见于文人别集，专门辑录的书尚不多见，大致可与墓志碑铭、年谱、列传等互相参考。

家传，此为私家传记，即子孙述其父祖事迹的传记，东汉以后撰述即多。如《后汉书·列女传序》说：“梁嫕、李姬，各附家传。”裴松之《三国志注》中引有《庐江何氏家传》《会稽邵氏家传》等。现存《韩魏公家传》2卷，按年编排北宋名臣韩琦生平行事，晁公武《郡斋读书志》以为是韩琦之子韩忠彦撰录，《四库全书》列入传记类存目。

别传，凡在史书列传之外别立一传者称“别传”。魏晋时此类作品甚多，如裴松之《三国志注》即引有《荀彧别传》《诸葛恪别传》等。其后少有此种名目之书，但敦煌遗书中尚有《张延绶别传》残卷一种，罗振玉曾刻入《鸣沙石室佚书初编》，并附有己作《张义潮传》1卷。《古今说海》亦收有唐人所撰《裴伷先别传》1卷。清人又有《郑玄别传》《钟离意别传》《桓阶别传》《陶侃别传》《罗含别传》等多种辑本。

遗事，此为记录人物遗闻轶事的杂录，往往包含有与史传相出入的传记材料。如宋代王素的《王文正公遗事》1卷、强至的《韩忠献遗事》1卷、李林的《丰清敏遗事》1卷、不著撰人的《吕忠穆公遗事》1卷、陈贻范的《鄱阳遗事录》1卷、不著撰人的《范文正遗迹》1卷、《言行拾遗事录》4卷，元苏天爵的《刘文靖公遗事》1卷等，都属此类著作。有些称为“旧话”的书，如宋韩元吉的《桐阴旧话》1卷、元尤玘的《万柳溪边旧话》1卷等，所记多为家世旧闻材料，实际也属遗事之类。

粹编，此为个人传记资料的汇编，在传记作品中也自成一类。如南宋岳珂编纂的《金陀粹编》及其《续编》，即是这方面的代表作。作者为抗金名将岳飞之孙，其编书目的在于为岳飞辨冤。其中前者28卷，成于宋宁宗嘉定十一年（1218），系搜集宋高宗御札、朝廷命令、札子及岳飞表奏、战报、诗文旧事等编次而成，计有《高宗宸翰》3卷、《鄂王行实编年》6卷、《鄂王家集》10卷、《吁天辨诬通叙》1卷、《吁天辨诬》5卷、《天定录》3卷；后者30卷，成于宋理宗绍定元年（1228），计有《高宗宸翰摭遗》1卷、《丝纶传信录》11

卷、《天定别录》4卷、《百氏昭忠录》14卷。所叙因当时资料散佚，传闻多歧，不免有难以凭信之处，但对了解岳飞功绩及被诬昭雪情形，以至南宋初年战和两派之争，仍提供了许多重要史料。今有《四库全书》所录明嘉靖间旧刻本、清代岳飞后裔岳士景重编本及中华书局1989年出版的王曾瑜校注本。明人周沈珂编有一部《周元公集》，共10卷，载宋代道学家周敦颐的画像、世系年谱、遗书、杂著、诸儒议论、事状、褒崇优恤、祠墓诸记，并附录后人有关诗文，也是一部汇编性质的传记之书。

别录，这类著作多是专记历史人物某一方面言论事迹的作品，有的还兼收人物的传世文字。如唐王方庆撰《魏郑公谏录》5卷，纂述魏征谏诤事迹及语录，记载甚详，司马光《资治通鉴》所载魏征事多以此书为依据。元翟思忠有《魏郑公谏续录》2卷。宋王岩叟撰《韩魏公别录》3卷，记作者在韩琦幕府时亲所闻见的韩氏言论行事，也有不见于史传的材料。有的书虽不称“录”而称“集”，如唐蒋偕编《李相国论事集》6卷，专录李绛奏议之文与论谏之事，实际也是《魏郑公谏录》一类作品。《四库全书》的《传记类存目》有“别录之属”，专录安禄山、张邦昌等6个“逆乱之人”的传记，以“示不与诸传比”，与一般所谓“别录”不同，实类似于别传或遗事；而《徐海本末》1卷与《汪直传》1卷，则接近于纪事本末体。

第九章　科技、宗教、学术史料

第一节　科技史料

科技史料是有关科学技术方面的史料。这类史料，在纪传体史书有关的“志”中已有记述，这里主要介绍历代科技典籍史料。

我国古代的科技史著很多，反映了历代劳动人民和知识分子在科技领域的成就，由于统治者的轻视、历代政治动乱等原因，这类书籍亡佚也甚多，损失十分惨重，但保存下来的仍有相当数量，今选其比较重要的分类加以说明。

一　农学类

《氾胜之书》，西汉氾胜之撰。原本18篇，辑本2卷。本书是对西汉黄河流域农业生产经验和操作技术的总结，作者总结出农业生产的六个基本环节，即趣时、和土、务粪泽、润泽、早锄、早获。对整地、施肥、播种、中耕、收获等田间管理均有专门论述。对禾、黍、麦、稻、稗、大豆、小豆、枲、麻、瓜、瓠、芋、桑等作物的栽培技术都作了具体叙述。还记载了溲种法、区田法、种麦法、种瓜法、种瓠法、穗选法、调节稻田水温法、桑苗截干法等生产技术。此书是我国最早的一部农业科学著作，为我们了解西汉的农业生产工具、农作物品种、农业生产技术的发达程度、各种作物的亩产量等，提供了不少具体史料。辑本见清洪颐煊《经典集林》、马国翰《玉函山房辑佚书》，另有1956年科学出版社出版石声汉《氾胜之书今译》、1957年中华书局出版万国鼎《氾胜之书辑释》。

《四民月令》，东汉崔寔（103？—约170）撰。1卷。逐月记述士、农、工、商“四民应做之事”。除农事活动外，还记述了家庭手工业及其他行业，是不可多得的有关汉代世族地主田庄资料。书约佚于北宋，辑本见清严可均《全上古秦汉三国六朝文》、任兆麟《心斋十种》、唐鸿学《怡兰堂丛书》，1965年中华书局出版石声汉《四民月令校注》。

《齐民要术》，北魏贾思勰撰。10卷，92篇。记载了自西周至公元6世纪我国黄河流域农业生产的经验和劳动人民在同自然斗争中积累的科学知识，除农作物栽培、耕作技术、农具等农业生产外，还涉及到畜牧、兽医、蔬菜种植、果树栽培、食物酿造、烹调、制革、制墨、染纸、保护书籍及修理房屋等，是我国现存最早最系统的农业科学专著，是公元前6世纪前我国农业生产技术的集大成著作，内容丰富，是研究中国农业科学史的宝贵史料。征引书籍100余种，有的已失传，可据之辑录古书。有1956年中华书局排印本、石声汉《齐民要术今译》，1982年农业出版社出版有《齐民要术校释》。

《茶经》，唐陆羽（733?—804?）撰。3卷。分为十品，内容包括两方面：一是介绍茶的植物学特性及其加工制造，二是介绍烹茶和饮茶方法。书中首次提出茶树有灌木型和乔木型，土地对茶树生长的重要性，还提出日照、温度、湿度和坡向等生态条件对茶树生长和品质的影响。还记载了茶树栽培的方法、茶叶采摘的时间、防治疾病的方法。对烹茶和饮茶方法的精细描述，是作者深入观察和亲身实践的结果。本书是我国最早的一部论茶专著，也是世界上最早的一部有关饮茶文化的著作，其影响甚大，不仅在全国盛行饮茶之风，而且传至日本、东南亚各国乃至西欧等地，后人奉陆羽为“茶神”。通行本有《百川学海》《格致丛书》《唐宋丛书》《文津讨原》本等，云南人民出版社1981年出版张芳赐等《茶经浅释》，可参阅。

《四时纂要》，唐末五代之际韩鄂撰。5卷。分四时按月列举农家应做之事，除记农业生产外，还记载了农副业加工制造、医药卫生、器物制造与保管、商业经营与高利贷、教育与文化及占侯、择吉等内容。关于种棉、植菌、栽茶、养蜂及枣树嫁接葡萄、油漆等用干性油提制、麸豉制作、酱油灭菌处理的记载，是最早的。本书是研究唐代农业生产情况的重要资料。1981年农业出版社出版有缪启愉《四时纂要校释》。

《陈旉农书》，宋陈旉（1075—1156?）撰。3卷。所述包括农业生产经营与栽培技术、水牛饲养与疾病医治、种桑与养蚕，是现存最早记载论述南方农业的著作。有1956年中华书局本、1965年农业出版社校注本。

《农桑辑要》，元司农司撰。7卷。主要辑元以前历代农书原文，亦有撰者论述。分为《典训》《耕垦》《播种》《栽桑》《养蚕》《瓜菜》《果实》《竹木》《药草》《孳畜》10门，内容涉及农作物耕植栽培，禽、畜、蜂、鱼饲养等，是我国古代现存最早的官颁农书，在北方流传甚广，保存了较多的已佚农书资料。今本辑自《永乐大典》，有武英殿本、《四部备要》本、《丛书集成》本。另有农业出版社1982年出版的石声汉《农桑辑要校注》。

《王祯农书》，元王祯撰。原37卷，今存36卷。包括《农桑通诀》《农器图谱》《谷谱》三部分，总结了农、林、牧、副、渔各项生产技术和经验，所绘农具和机械图形达三百余幅，并有说明，尤为珍贵，是古代一部继往开来的农学名著。有 1956 年中华书局本，1963 年农业出版社本。

《农桑衣食撮要》，亦称《农桑撮要》，元鲁明善撰。2 卷。书成于至顺元年（1330）。依东汉崔寔《四民月令》体例，分十二月令，按月列举应做的农事，包括：农作物、蔬菜、水果、竹木的栽培；家畜、家禽、蚕、蜂的饲养；农产品贮藏、加工和酿造等。可补元初司农司所编《农桑辑要》一书中《岁月杂事》的不足。清修《四库全书》，从《永乐大典》中辑出，后有《墨海金壶》《农学丛书》《丛书集成》等刻本。1962 年农业出版社有王毓瑚校注本。

《农政全书》，明徐光启（1562—1633）撰。60 卷。把历代农书及有关农业的文献分类抄录，详加说明，分《农本》《田制》《农事》《水利》《农器》《树艺》《蚕桑》《蚕桑广类》《种植》《牧养》《制造》《荒政》等 12 目，集中论述屯垦、水利、备荒三项重要措施，推广甘薯和棉花的移植经验，内容涉及到农业生产的各个环节，是对中国古代劳动人民农业生产经验的全面总结，也有个人的切身经验。征引资料达 225 种之多，保存了大量失传或不常见的重要史料。是一部综合介绍我国传统农学的空前巨著，在我国农业发展史上占有重要地位。有 1956 年中华书局断句本、1979 年上海古籍出版社石声汉校注本。

二　数学类

《周髀算经》，撰者不可考。2 卷。约成于公元前一二世纪。数学方面涉及分数乘除法、等差数列和圆周求长法、一次内插法的应用、对任意正数的开平方法、用分数表示奇零小数、勾股定理等；天文学方面主要阐述盖天说和四分历法。是两千年前数学、天文学的重要专著，对后世影响甚大，唐宋以降列为官学数学教科书，并传入日本，成为日本官方数学教科书之一。有 1963 年中华书局《算经十书》本、1996 年辽宁教育出版社译注本。

《九章算术》，作者不详，曾经西汉著名数学家张苍、耿寿昌增订。9 章，246 个例题。包括方田、粟米、衰分、少广、商功、均输、盈不足、方程、勾股等类数学题，其中，负数、分数计算，联立一次方程解法等，在当时都是具有世界意义的数学成就。魏晋时刘徽作《九章算术注》，有新的贡献，唐李淳风的注释也很重要。本书是中国古代最重要的数学著作，影响极为深远，被尊为“算经之首”。唐宋以后不仅被列为官方数学教科书，而且在民间广泛流传，还传到日本、朝鲜、越南以及欧洲。有 1963 年中华书局《算经十书》本、1983 年科学出版社注释本、1990 年辽宁教育出版社汇校本。

《孙子算经》，作者不可考。3 卷。约成书于汉明帝时。卷上叙述算筹记数的制度和算筹乘除法则，卷中举例说明算筹分数法和开平方法，卷下讲“物不知数”是一次同余式问题。“物不知数”问题推出的定理，是该书的世界性贡献，被称为“中国剩余定理”。有1963年中华书局《算经十书》本。

《张邱建算经》，北魏张邱建撰。3卷。内容涉及最大公约数、最小公倍数的求法、等差级数、二次方程和不定方程等问题。“百鸡问题”是数学史上一题多解的首次记录。唐以后传入日本，并对印度、阿拉伯国家产生影响。有1963年中华书局《算经十书》本。

《缉古算经》，唐王孝通撰。1卷。有20道应用题，主要贡献是三次方程应用问题解法，是讲解三次方程留存的最早算书。有《算经十书》本。

《数学九章》，宋秦九韶（1202—1261）撰。18卷。共81道应用题，分大衍、天时、田域、测望、赋役、钱谷、营建、军旅、市易9类，有问题、答案、解法、演算步骤等。主要数学成就是“大衍求一术”（一次同余式组问题解法）和“正负开方术”（数字高次方程求正根法），有世界意义。本书概括了宋元时期中国数学的主要成就，标志着中国古代数学的高峰，对后世影响甚大。有《古今算学丛书》本。

《详解九章算法》，南宋杨辉撰。12卷。记载了现已失传的多种数学中的一些问题和解法，保存了许多宝贵的宋代数学史料。所记“贾宪三角”（即二项式定理系数表）、早期的增乘开方法（高次方程数值解法）、垛积术（高阶等差级数求和公式）等资料，均为中国数学史上的杰出成就，而“贾宪三角”又是世界数学史上的重要贡献。有《宜稼堂丛书》本，《丛书集成初编》本。

《四元玉鉴》，元朱世杰撰。3卷。分24门，288问。详细讨论了高次方程组的消去法，还有高阶等差级数有限项求和问题和高次差的招差法等重要成就。多元高次联立方程组解法，是我国古代数学的最高成就，比西方同类方法早500年，在世界数学史上有重要地位。有《白芙堂算学丛书》本。

《直指算法统宗》，明程大位（1533—1606）撰。17卷。内容有应用问题解法的汇编、难题汇编。是明代数学的代表作，是一部普及珠算方法的实用算书，流传极广，影响极大，对传统数学从筹算向珠算的转变起了决定性作用，对明代实用数学的发展也起了很大的推动作用，还传入朝鲜、日本和东南亚各国。有清《古今图书集成》本，1986年安徽教育出版社校释本。

《方程论》，清梅文鼎（1633—1721）撰。6卷。主要讨论线性方程组的分类、解法及其应用。是清初关于线性方程组解法的总结性著作，对清代以后的数学家有较大影响。梅文鼎是清代著名的天文数学家，他考究古今中外历法与数学，多有创见，著述80余种，有《梅勿菴先生历算全书》《梅氏丛书辑要》等本。

三　天文学类

《甘石星经》，战国时齐人甘德撰《天文星占》，魏国石申撰《石氏星经》，后人合称《甘石星经》。是世界上最早成书的恒星和五行星的观测记录，反映了战国时期的天文学成就。《石氏星经》所载121颗恒星的位置，是世界上最早的，在我国古代天文学史上有极高价值。唐代的《开元占经》卷65至卷70主要为此书遗文。另见《汉魏丛书》中的《星经》。

《灵宪》，东汉张衡（78—139）撰。已佚，从残文可知它是一部试图阐明天地的生成、结构及日月星辰运动等问题的著作。认为宇宙是无限的，指出月光是对日光的反射，提出月食乃地球遮住日光所致，算出了日、月的角直径，记录了在洛阳观测到的恒星2500颗，是我国也是世界天文学史上的不朽理论著作。残文见清马国翰《玉函山房辑佚书》卷76。

《乙巳占》，唐李淳风（602—670）撰。10卷。将唐以前数十种星占书分类汇编，被誉为小型星占百科全书。还有天文、气象的内容，保存了不少古代典籍和天文星占资料。有《十万卷丛书初编》本、《丛书集成初编》本。

《开元占经》，唐瞿昙悉达撰。120卷。将唐以前70余部天文历法古籍分类编纂，内容有专用名词解释，宇宙理论，日月五星行度，二十八宿距度，石氏、甘氏、巫咸氏三家星官名称、度数、个数等，还收载从古六历到《麟德历》等16种著名历法积年、章率、策实等各种数据，保存了许多天文、历法资料。有清《四库全书》本、道光恒德堂巾箱本、中国书店1989年影印本。

《步天歌》，唐王希明撰（一说隋丹元子撰）。1卷。以七字歌诀介绍283官1464颗星，是简明通俗的天文课本。首创将天空分为三垣、二十八宿的区分法。见《图书集成》卷44、卷45的《乾象典》。

《新仪象法要》，北宋苏颂（1020—1101）撰。3卷。介绍所制水运仪象台，其自由拆闭星顶可视为现代天文台圆顶建筑的祖模，浑象昼夜自转是现代天文台跟踪机械——转仪钟的最早模式，由天关、天锁、天衡等部件组成的杠杆可视为世界上最早的锚状擒纵器，都是世界性科技成就，反映了11世纪中国天文学与机械制造水平。有《守山阁丛书》《中西算学丛书初编》《丛书集成初编》等本。

《历学疑问》，清梅文鼎撰。3卷。以自设问答形式介绍、讨论天文学理论知识，涉及宇宙结构模型、盖天说理论、古代天文历法理论、新传入西法理论、回历理论，深入浅出，雅俗共赏。收入《梅勿庵先生历算全书》《梅氏丛书辑要》，有清兼济堂刻本。

四　医学类

《素问》，《黄帝内经》的组成部分，原18篇，相传黄帝所作，实非一人一时之作，约成书于春秋战国时期。经唐代王冰整理补订为81篇，24卷。既有自然界事物运动变化规律，又有人体生理卫生知识，也包含人与外界环境关系。对人体病理、病因、症状及诊断、治则、药物性味功效、配伍制法、针灸、养生之道等论述尤详，反映了先秦时期的医学水平，为中医学理论的创立奠定了基础，还保存了20多种古代医籍。有1982年人民卫生出版社《黄帝内经素问校释》本，另有中医古籍出版社2003年注释本。

《神农本草经》，简称《本草经》，3卷。作者不详。约成书于秦汉时期。是我国现存最早的药物学专著。首论药物理论和配伍规律，次载药365种，具有较高的科学价值，反映了秦汉时期的医学成就，奠定了我国古代药物学的基础。原书早佚，有清孙星衍、顾观光辑本。有1963年人民卫生出版社排印本、1982年中医古籍出版社排印本。

《难经》，全名《黄帝八十一难经》，1卷（又作3卷、5卷）。托名战国秦越人（扁鹊）撰。约成书于东汉。以问答形式讨论《黄帝内经》，设为81难，先后论脉诊、论经络、论脏腑、论疾病、论腧穴、论针法。本书是一部中医基础理论著作，在基础理论和临床两方面均有创见。与《黄帝内经》《神农本草经》《伤寒杂病论》并列为古代中医学四大经典，对后代发生了重大影响。有1979年人民卫生出版社《难经校释》本。

《伤寒论》，东汉张仲景（150—219）撰。10卷。原为《伤寒杂病论》中一部分，晋王叔和分编为此书和《金匮要略》。又经北宋校正医书局校订成10卷，22篇，397法，113方。系统总结了汉以前临床经验，专门讨论伤寒诸症病理和治疗方法，是一部联系实际，理、法、方、药有机结合的医学经典，奠定了祖国医学辩证论治基础，影响深远。有1955年重庆人民出版社铅印本、1983年上海科技出版社校注本。

《金匮要略》，即《金匮要略方论》，东汉张仲景撰。3卷。经北宋校正医书局校订而成，共25篇，方剂262首。记载内科杂病和外、妇科病患等，对病因、病机、诊断、治疗、预防以及护理等问题均有论述，为后世内科杂病学和妇产科学奠定基础，是我国现存较早论述杂病的专书。有1956年人民卫生出版社影印本。

《针灸甲乙经》，全称《黄帝三部针灸甲乙经》，简称《甲乙经》《黄帝甲乙经》，西晋皇甫谧（215—282）撰。12卷，128篇。作者集览经方，钻研医理，把《灵枢》《素问》《明堂孔穴针灸治要》三书有关内容，分类编辑而成。论述脏腑经络、诊治理论、腧穴部位、针刺深度、针灸手法、禁忌、病因、病理等。总结西晋以前针灸经验，并有创见，是我国现存最早的一部针灸学著作，对后世针灸学发展影响深远。有1980年人民卫生出版社校释本。

《脉经》，西晋王叔和撰。10卷。选取《内经》《难经》以及张仲景、华佗等有关著作，结合临床实践撰成，是我国现存最早的一部脉学专著。书中概括脉象24种，详述辨别方法，分析脉理，陈述脉法，明主其病，强调自然季节与人体脉象关系，指出诊脉要注意人的体质、年龄特点。集前人脉诊学说之大成，并有临床实践的创造。有1962年人民卫生出版社本。

《诸病源候论》，隋巢元方（550—630）撰。50卷。分《风病诸候》《虚劳病诸候》等68门，1739论，涉及内、外、妇、儿、口齿、伤骨各科。本书体制宏大，搜集病证之多前所未有，并对病因、病机和证候作了比较深刻的论析和细密的分类，有不少创见。是我国第一部专论病因、病机和证候的著作，对后世影响深远，宋代将其作为学医者必读之书，元代列为“医门七经”之一，在国际上也有一定影响。有《四库全书》本、《中国医学大全》本，人民卫生出版社1980年出版校释本。

《备急千金要方》，又名《千金要方》，唐孙思邈（581—682）撰。30卷。是一部以方为主的综合性医书。记有本草、制药，妇、儿、内、外各科病症以及解毒、备急、食治、养性、平脉、针灸、孔穴主治等多方面内容，计232门，5300首，集唐以前医学之大成，并注入自己丰富的临床经验，价值很高，影响很大。作者另撰有《千金翼方》30卷，为补《千金要方》之作。有1955年人民卫生出版社影印本。

《三因极一病证方论》，原题《三因极一病源论粹》，简称《三因方》。宋陈言（1131—1189）撰。18卷。分180门，录方1500余首，总列内、外、妇、儿各科疾病，并附治疗方剂。是一部综合性医书。重点讨论三因致病说，把复杂的病因分内因、外因、不内不外因三类，强调临证施治必先详审其三因所在，认为抓住病因为疗效优劣关键，发展了张仲景病因学理论，为后世病因、病理学发展奠定基础，并有重要的临床意义，价值甚高。有1957年人民卫生出版社铅印本。

《洗冤录》，一名《洗冤集录》，宋宋慈（1186—1249）撰。5卷。博采《内恕录》以下诸家有关著作，增以己见，写成于淳祐七年（1247）。本书是我国，也是世界上最早的一部较完整的法医学专书。分《条令》《检复总说》《疑难杂说》《初检》《复检》《验尸》等53目，对犯罪、犯罪侦查和伤害保辜，亦多论述。内容丰富，价值很高，影响很大，被译成荷、英、法、德等国文字出版。有1980年群众出版社出版杨奉琨《洗冤集录校释》本、1981年上海科技出版社出版贾静涛校注本。

《本草纲目》，明李时珍（1518—1593）撰。52卷。作者承继家学，遍访名医，广搜验方，远涉深山搜集药物标本，参阅800余种古代文献，以《证类本草》为底本，结合自己亲身经验，编成此书。前2卷为序例，总论用药凡例和禁忌；3、4卷为百病主治药；5至52卷为药品分论，分62类，载药物1892种。附方1万余首，插图1千余幅。对每种药物，又分校正、释名、集解、正误、修治、气味、主治、发明诸项，均引历代名家论说，并加以补充评论。纠正旧本草错误，提出较为科学的药物分类法，纲目分明，方药结合，对药物的采制与炮制鉴定，乃至栽培方法，多有记载。本书规模宏大，资料丰富，总结了我国16世纪前的药学理论，对生物、化学、天文、地理、地质、采矿等方面的研究，均有参考价值，被国外誉为“东方医学巨典”。缺点是对大量资料缺乏精密选择和系统整理，记述比较杂乱。有1957年人民卫生出版社本。

五　综合类

《天工开物》，明宋应星（1587—?）撰。18卷。各卷分别为《乃粒》《乃服》《彰施》《粹精》《作咸》《甘嗜》《陶埏》《冶铸》《舟车》《锤锻》《燔石》《膏液》《杀青》《五金》《佳兵》《丹青》《曲蘖》《珠玉》等，先叙天产的种类，次叙人工的制造，后述物品的功用，附图200多幅。详述全国各地农业和副业生产过程及经验，所述在冷浸田使用“骨灰蘸秧根”是我国农业史上合理使用磷肥的最早记录，提出了“种性随水土而分”的物种变异说，在生物学史上最早描述了利用不同蚕蛾品种杂交而产生新的优良品种的情况，对手工业的各个部门均有记载，对原料、品种、用量、产地、工具、加工过程均有详述。它系统地总结了明代劳动人民的生产知识和工艺技术，有高度的科学性，是一部农艺学和工艺学的百科全书，在世界科技史上占有重要地位。有1959年中华书局本、1976年广东人民出版社注释本。

《物理小识》，明方以智（1611—1671）撰。12卷。物理，指世上一切事物之理。卷首为总论，正文分天、历、风雷雨旸、地、占侯、人身、医药、饮食、衣服、金石、器用、草木、鸟兽、鬼神方术、异事15类，内容涉及古代各种科学知识，并吸收西方先进科学技术，堪称为我国17世纪的一部小型百科全书。关于炼焦与用焦的记载，最早见于此书。有《四库全书》《万有文库》本。

第二节　宗教史料

中国古代的宗教有佛教、道教、基督教、摩尼教、伊斯兰教、天主教、火祆教等。佛教于东汉明帝永平十年（67）最早传入中国。道教是中国汉民族固有的宗教，东汉顺帝汉安元年（142）张道陵倡导于鹤鸣山（今四川崇庆境内）。基督教的一个派别曾于唐初（7世纪）传入中国，称为景教；又一派别曾于元代（13世纪）传入中国，称为也里可温教（一说即景教，或景教和天主教）。后皆中断。天主教于元代一度传入中国，后中断，又于明末（16世纪）传入中国。摩尼教于唐武后延载元年（694）传入中国，又称明教、末尼教、明尊教。伊斯兰教于唐高宗永徽二年（651）传入中国，旧称回教、回回教、清真教、天方教。火祆教即琐罗亚斯德教，南北朝时传入中国，又称祆教、火教、拜火教或波斯教。

在中国古代，佛教、道教影响最大，这里仅将此二教研究的有关史料略作说明。

一　佛教史料

佛教自东汉传入中国以后，魏晋南北朝时期在社会上广为流传，大量佛经被译成中文，据《魏书·释老志》记载，公元6世纪北中国有佛经415部，1919卷。隋唐五代时期，佛教传布更盛，佛经的翻译远远超过前代，如唐玄奘译的《大般若经》即有600卷。佛教内部产生了天台、华严、唯识、禅宗、净土、密宗等宗派，标志着佛教日趋中国化。《隋书·经籍志》《新唐书·艺文志》均著录了大量佛教典籍。宋以后，佛教继续传布，又形成大量典籍。

佛教经典经过历代的翻译、流通，数量日增，多次汇集为丛书，最后编纂成《汉文大藏经》。南朝梁武帝天监十四年（515）于华林园中总集释氏经典，由沙门僧绍撰《众经目录》4卷。十七年（518）命宝唱改定，共1433部，3741卷。这是佛教经典的首次编纂。稍后，北魏孝武帝于太昌元年至永熙三年（532—534）命舍人李廓编纂《魏世众经目录》，共427部，2053卷。自南北朝至唐代，编纂的经录有20余种（今存14种），较有价值的是：梁天监年间（502—519）僧佑编纂的《出三藏记集》15卷，隋开皇十七年（597）费长房编纂的《历代三宝记》15卷，唐开元十八年（730）智昇编纂的《开元释教录》20卷及“略出”4卷。从南北朝起到雕版印刷术发明之前，佛经的传布形式主要是抄本。北宋太祖开宝四年（971）命张从信在益州（今四川成都）雕印了第一部大藏经，即《开宝藏》。此后，元、明、清各代，均有《大藏经》的刻印。

有关佛教史研究的史料书，主要有《弘明集》《广弘明集》《法苑珠林》等。此外，有大量中国僧人传记，这些佛教传记，对佛教的盛衰，经典的翻译和注释，宗派的建立，学说的传播，以及典章制度、寺宇建筑、国际间佛教交往等都有记述，是研究佛教发展史的丰富史料。佛教传记见本编第八章。

《大藏经》，佛教典籍丛书。藏，由梵文“Pitaka”汉译为“筐藏”而来，谓经典能包含蕴藉无量法义。崇其神圣而卷帙丰宏称为大藏。佛经的总集始于南朝梁武帝天监年间，经过隋唐时期的撰目、成集、汇藏，到北宋开宝年间（968—975）始雕版印行，历元、明、清至民国，共出版过木刻和排印本20种，宋元时期有《开宝藏》《契丹藏》《崇宁藏》《毗卢藏》《圆觉藏》《资福藏》《赵城藏》《碛砂藏》《普宁藏》《弘法藏》，明代有《洪武南藏》《永乐南藏》《永乐北藏》《武林藏》《万历藏》《嘉兴藏》，清代有《龙藏》，民国有《频伽藏》《普慧藏》。分经、律、论三部分：经属佛说教义，律属为僧侣所定戒律，论属解释和研究教理的论著，通称“三藏”。1984年开始，由中国《中华大藏经》编辑局主编的《中华大藏经》汉文部分收录历代藏经中特有的经籍约4200余种，23000余卷。分为正续两编，分装220册，已由中华书局2004年出版。这部佛教典籍大丛书，是研究佛教史的珍贵资料。

《肇论》，后秦僧肇（374？—414）撰。1卷。本书是佛教论文集，以发展般若、三论空的中道思想为主旨，首载《宗本义》，从缘生无性谈实相，概括全书大意，下载4篇论文：《物不迁论》《不真空论》《般若无知论》《涅槃无名论》。认为世界没有真实的发展变化；世界万有皆因缘而生；“般若”无知无相，却“无所不知”和“照明万物”；“涅槃”既无生灭，亦无名相，绝非名言所能表述。当时佛学界有关般若性空解释纷纭，此书实为有见地的重要理论著作。后世注本甚多，存世的如晋惠达《肇论疏》2卷、唐元康《肇论疏》3卷、宋遵式《注肇论疏》6卷、元文才《肇论新疏》3卷、明德清《肇论略疏》6卷等。

《出三藏记集》，简称《祐录》。南朝梁释僧祐（445—518）撰。15卷。记东汉至梁中土所译经、律、论三藏目录、序记以及译经人传记，包括《撰缘记》《铨名录》《总经录》《述列传》4部分。是现存最早的簿录体佛教目录解题著作。对南朝译经记述颇详，还保存了东晋释道安经录原文。诸经序、后记是考见中土译经经过与内容及其时间、地点的重要资料。有宋、元、明南北藏诸本。

《历代三宝记》，亦称《开皇三宝录》，简称《长房录》《房录》，隋费长房撰。15 卷。佛教称佛、法、僧为“三宝”，此书记佛教著作及其译者，书因以名。本书是佛教经录，共收僧俗作者 197 人，著录佛教著述 2146 部，6235 卷。所录包罗存佚，兼有考年、分代、入藏三体，于译书年代记载尤详。对考证汉、晋、十六国等朝佛教典籍有重要价值，释亡名、灵裕等人事迹史料价值很高。有宋、元、明藏本。

《开元释教录》，简称《开元录》，唐释智昇撰。20 卷。前 10 卷为总录，称《总括群经录》，以人为纲，按年代、分国记释经者 176 人事略，兼及其他；后 10 卷为别录，称《别分乘藏记》，收佛教著述 1076 部，5048 卷。本书编次谨严，核校精审，是佛经目录成熟阶段的代表作，后世大藏目录悉准此书。是考证唐中叶以前佛教著述的重要参考资料。有宋、元、明、清诸藏本。

《弘明集》，南朝梁僧祐（445—518）编。原 10 卷，后增为 14 卷。书名取“道以人弘，教以文明”之意。是现存最早的一部佛教文集，辑录东汉末至南朝梁百人有关佛教论著，所载牟子《理惑论》、宗炳《明佛论》、宗炳《答何承天书难白黑论》、郑道子《神不灭论》、慧远《沙门不敬王者论》等，均为研究中国佛教史的重要资料。还收有范缜《神灭论》等反佛文献数篇，价值很高。作者原为总结佛教徒与范缜《神灭论》的论战，宣扬佛教，但却为我们提供了中国中世纪唯物论与唯心论斗争的史料，是研究中国佛教思想史的重要资料。有《四部丛刊》本、1993 年上海古籍出版社影印本。

《广弘明集》，唐释道宣（596—667）撰。30 卷，或析为 40 卷。辑南北朝至唐僧俗 134 人有关佛教论著而成，是一部佛教文献汇编。作者编辑此书的目的，原也是为宣扬神不灭论，抵制道家、儒家一部分人提出的神灭论，故内容涉及佛教自传入中土至唐初历代兴废、佛道斗争、佛教义理讨论等。《列代王臣滞惑论》记隆佛、灭佛者 25 人，是佛教史的重要史料。本书为梁僧祐《弘明集》的续编，但体例不同。有明吴惟明 30 卷本，明、清藏 40 卷本。另有《四部丛刊》本、1993 年上海古籍出版社影印本。

《法苑珠林》，唐释道世（？—683）撰。100 卷。别本作 120 卷。是一部大型佛教类书。分类辑纂佛教故实，分为百篇，篇下分部，部下系目，总凡 640 余类。于佛教因果故事传说征述繁多。所引多本佛教经典，对研究唐初以前佛教历史及社会风俗、掌故等，有较高价值。《四部丛刊》本较通行。

《五灯会元》，宋普济（1179—1253）编。20 卷。“五灯”系指 5 部禅宗灯录：北宋法眼宗道原的《景德传灯录》；北宋临济宗李遵勖的《天圣广灯录》；北宋云门宗惟白的《建中靖国续灯录》；南宋临济宗悟明的《联灯会要》；南宋云门宗正受的《嘉泰普灯录》。先后于北宋景德元年（1004）至南宋嘉泰二年（1202）的近200年间分别成书，共150卷，内容多重复。《五灯会元》合“五灯”为一书，除重复之弊，它以问答语录体叙述佛教传入中国至唐宋时期禅宗五家七宗各派各僧法师关于教义的阐述、修持的戒律和要领等，具有佛教禅宗史的性质。本书的续作有明净柱《五灯会元续略》8卷，通容《五灯严统》25卷，文琇《五灯会元补遗》1卷等。有1984年中华书局出版苏渊雷点校本。

《佛祖统纪》，宋释志磐撰。54卷。作者尊天台为佛门正宗。仿史书纪传体和编年体，有本纪、世家、列传、表、志。《本纪》记佛祖；《世家》记旁出诸师；《列传》记远支；《表》有天台宗传教年表和世系表；《志》收录天台宗著述成《山家教典志》，收净土宗诸僧传为《净土立教志》，记叙禅、华严、法相、密诸宗创教简史成《诸宗立教志》，编年记载历代佛教史迹成《法运通塞志》，赞颂天台志记碑文成《名文光教志》，辑历代教事兴废例曰《历代会要志》等，凡9志，史料面广，编选精审，是研究佛教史的重要资料。收入《中华大藏经》。有1995年齐鲁书社《四库全书存目丛书》本。

二　道教史料

道教是古代巫术和黄老学说的某些部分相结合而形成的，尊老子为始祖，东汉末，《道德经》已成为道教经典，当时农民起义利用该经另创《太平经》和“五斗米道”，组织动员群众。早期道教经典是张道陵的《太平洞极经》144卷和于吉的《太平青领书》170卷。道教另一派的代表作是东汉魏伯阳的《周易参同契》。《老子想尔注》是《道德经》注之一，并规定为道门传授的必读经典。魏晋南北朝时期，道教同佛教一样在社会上广为流传，编撰了大量典籍，《魏书·释老志》《隋书·经籍志》都叙述了汉魏以来道教的发展简史，葛洪《抱朴子·内篇》《神仙传》和陶宏景《真诰》等书，是此时的道教著作。

隋唐五代时期，道教传布更盛，唐玄宗天宝元年（742）诏封庄子为南华真人、列子为冲虚真人、文子为通玄真人、亢仓子为洞灵真人，尊《庄子》为《南华真经》，《列子》为《冲虚真经》，《文子》为《通玄真经》，《亢仓子》为《洞灵真经》，均成为道教主要经典。

宋以后，道教继续传布，并形成道教典籍的总集，北宋末始有《万寿道藏》镂版刊行，金、元各藏以为蓝本，现存有明代《正统道藏》《万历续道藏》。《正统道藏》，明成祖敕道教第43代天师张宇初、第44代天师张宇清先后编撰，英宗正统九年（1444）始刻，诏通妙真人邵以正督校，增所未备，次年刊印告竣，故名。凡5305卷，480函，按三洞、四辅、十二类分编，以

《千字文》为函目，自天字至英字，每函各为若干卷，每卷为1册。《万历续道藏》，《正统道藏》的续编，明万历三十五年（1607）第50代天师张国祥奉旨修。180卷，32函。亦以《千字文》为函次，自杜字至缨字。全藏总共512函，5485卷。1923—1926年，商务印书馆以涵芬楼名义，据北京白云观所藏正、续道藏影印，即今本《道藏》，凡1120册。另有清闵一得辑《道藏续编》1集，收清代道家著作50余种，有民国间上海医学书局排印本。清康熙年间彭定求辑《道藏辑要》，按28宿编为28集，收道书283种。道教重要经典，历代祖师、真人著作，科仪戒律，碑传谱记，悉有收录，为道藏之节本。有光绪三十二年重刊本。另有清嘉庆年间蒋元庭辑《道藏辑要》，493卷，收道教重要典籍，历代祖师著作，科仪戒律，碑传谱记，凡265种，按28宿编次，为道教经典著作集大成者。有嘉庆间刻本。

以下再具体介绍几部有关道教的代表著作：

《老子想尔注》，全称《老君道德经想尔训》，东汉张道陵撰。2卷。发挥老子思想，多与《太平经》相合，兼有河上公注释《道德经》的见解。自晋至唐，道徒广为传诵。是研究早期道教史和道教思想源流的重要资料。唐后已佚。今人饶宗颐依《老君道德经河上公章句》之次第，将敦煌残卷连写之经文与注，按章分别录出，著有《老子想尔注校笺》。

《太平经》，原名《太平清领书》，又名《太平真经》《太平道经》。东汉于吉撰。170卷。实非一人一时之作。按天干分10部，每部17卷。内容庞杂，上承老子思想，下采当代图谶、神仙方术，旁杂巫语，宣扬精、气、神三者混一的长生不死的神仙思想，和天、地、人三者合一的广嗣兴国统治术。虽多巫觋杂语和封建伦理道德观念，但在某些篇中又极力反对剥削和以强凌弱，主张自食其力和救穷周急，含有朴素唯物主义观点和辩证法因素。对东汉末张角传播太平道，组织农民起义有所启发和帮助，对五斗米道也有影响，为后世研究道教史的重要资料，对研究农民战争史也有参考价值。原书缺遗，残存57卷，后人据唐《太平经抄》等书辑补，大体恢复原貌。有1960年中华书局出版王明《太平经合校》本。

《参同契》，全称《周易参同契》，一名《古文周易参同契》，旧题东汉魏伯阳撰。3卷。葛洪《神仙传》载有伯阳进山修炼、服丹成仙的传说。参即杂，同即通，契即合，谓与《周易》理通而义合，故名《周易参同契》。以《周易》、黄老、炉火三家相参同，借《周易》爻象附合道家炼丹修养之说，是丹经之祖，对道教修炼术影响甚大，对宋代理学亦有影响。后世注家甚多。有《百陵学山》本和《丛书集成初编》本。最新有1988年天津古籍出版社出版吴树平整理本。

《抱朴子内篇》，晋葛洪（284—364）撰。20卷。自《畅玄》至《祛惑》言神仙方药、鬼怪变化、养生延年、禳邪却祸之事。是现存所知我国第一部全面论述道教宗旨、哲理、仪式、方法的著作。《金丹》等篇整理了汉魏以来炼丹著作，保存了当时自然科学某些成果。《对俗》《至理》等篇系统地论述了吐纳、胎息、导引、行气之大要，是研究古代气功的重要文献。今人王明有《抱朴子内篇校释》，中华书局1986年出版。

《真诰》，南朝梁陶弘景（456—536）纂辑。20卷。是道教上清经派的一部经典著作。书中用仙真人的诰谕，参以诗歌、答问形式和比喻手法反映人世间的现实生活，反对外丹，提倡修炼内丹的存思功夫。内容极为丰富，摘录了古代大量道教著作，对研究上清经派史具有重要价值。有明《正统道藏》本。

《阴符经》，全称《黄帝阴符经》，作者及成书年代，论说甚多。据考证，成书于唐代之前，但作者并非前人所称黄帝、寇谦之或李筌。今人王明认为，出于北朝一隐者。1卷，分为3篇。上篇《神仙抱一演道章》，以阴阳五行论述学道修炼；中篇《富国安民演法章》，根据阴阳五行动静变化，说明天地万物与人之间的关系；下篇《强兵战胜演术章》，阐述学道、修炼须戒目收心，无邪妄动。本书在道教史上常与《道德经》《南华真经》并列，或以其为承汉魏六朝启宋元之代表作，对宋代理学家的哲学思想也有较大影响。注本甚多，《正统道藏》所收注本20余种，影响较大的是唐李筌《阴符经疏》、张果的《阴符经注》。

《三洞珠囊》，唐王悬河撰。原30卷，今存10卷。“三洞”指道书的三大类，即洞真、洞玄、洞神，“珠囊”即珠缀之袋。书名喻拾取三洞之精华。是一部道教类书。分类辑录道书200多种。如卷一《救导品》摘录《道学传》《列仙传》和《神仙传》中的人物传记，记述道士仙人赈济布施、劝善化导、治病救人的事迹。所引道书有的已经亡佚，故有珍贵价值。通行本为明《正统道藏》本。

《悟真篇》，宋张伯端（984—1082）撰。5卷。以诗、词、歌诀形式阐述内丹理论，认为修炼内丹是修仙的唯一途径。主内丹重在炼气，排外丹侧重服食。在修炼方法上，强调寻真药、辨鼎器、明火候。是宋代道教南宗的重要著述，影响很大。作者还认为金丹修炼的重点是修命，功成后还要进而修性，书末引用佛教禅宗的理论，作为道教修性的内容，反映了“三教合一”的思想。注本颇多，有代表性的是宋翁葆光注、元戴起宗疏的《悟真篇注疏》，收入《正统道藏》。今人王沐有《悟真篇浅释》，可参阅。

《云笈七籤》，宋张君房撰。122卷。作者于大中祥符五年（1012）奉命主持校理道教藏书，至天禧三年（1019）编成《大宋天宫宝藏》4565卷（已佚），又撮精要成此书。道教称书箱为云笈，分道书为三洞（洞真、洞玄、洞神）、四辅（太玄、太平、太清、正一），总称七部，故名。内容包括经教宗旨、神仙真人位籍、斋戒、服食、炼气、内丹、外丹、方药符图、守庚申、尸解诸术及有关道家诗歌、神仙传记等，不仅包括了北宋以前道藏的主要内容，而且保存了部分佚失道书的篇章，为研究道教的重要史料。有《四部丛刊》本，收入《道藏》第677至701册。

第三节　学术史料

我国古代记载学派源流的书谓之学案，也称学术史。南宋朱熹《伊洛渊源录》14卷，记周敦颐、程颢、程颐、邵雍四人及其门人弟子的言行事迹，可谓学术史专著的雏形。此书以记二程思想为最详，身列程门而言行并不显著者，亦具录其姓氏名号备考。

明中叶到清初，陈建《学蔀通辨》、冯从至《元儒考略》、周汝登《圣学宗传》、孙奇逢《理学宗传》等书，均效法朱熹，站在正统理学的立场，表扬一家之言，所述人物范围狭窄，驳杂不纯，且多遗漏，编撰方法也不够系统、严密。虽有学术史的特点，但不能全面反映学术源流的发展和影响。只有黄宗羲《明儒学案》一书才成为第一部真正的学术史。

黄宗羲完成《明儒学案》后，又着手撰《宋儒学案》《元儒学案》，未成而卒，由全祖望续成，名《宋元学案》，其学术专史的特点更为显著，是一部自成体系的学术思想史。

几乎与黄宗羲作《明儒学案》的同时，万斯同撰《儒林宗派》16卷，上起孔孟，下讫明代，按不同时代记述儒家各派学术的授受相承的源流及发展。对于上无师承、下无传人的儒者，也按其学术特点附录于各派之后。书中对儒家各派学术思想的论述力求平允，在附录中又列老庄申韩，说明儒家与其他各家学术之间的关系及互相影响，有一定价值。

清代乾嘉以后，产生不少学术专史，如汤斌《洛学编》、唐鉴《清儒学案小识》、江藩《汉学师承记》和《宋学渊源记》等，但大多观点偏颇，党同伐异。前二书站在理学立场，主要宣扬程朱理学，《汉学师承记》则推崇乾嘉考据学，且重清代吴派汉学家，而不收录常州学派汉学家。

民国时，徐世昌主修的《清儒学案》是一部清代学术史专著。此外，梁启超《清代学术概论》是一部简明的清代学术史，《中国近三百年学术史》是介绍中国17至19世纪学术发展情况的专著。近人杨向奎撰《清儒学案新编》，也是研究清代学术史的重要参考书。

下面将几部价值较高、影响较大的学术史著作略加介绍。

《宋元学案》，清初黄宗羲（1610—1695）、全祖望（1705—1755）等撰。100卷。其中，黄宗羲成17卷，全祖望续成。列91学案（有三案称“略”），记学者达2000多人，使我们对于宋元两朝400年的学术思想能有全面的了解。所立小传，有的较《宋史》为详，有的《宋史》所无，可补正史不足；所列学案传授人物表，可据以了解各个学派之所以变化发展的相互关系及其主要原因。对研究宋元两朝的学术思想有重要史料价值。王梓材有《宋元学案补遗》，见《四明丛书》。有《四部备要》《四朝学案》《国学基本丛书》等本，1986年中华书局出版点校本。

《明儒学案》，黄宗羲撰。62卷。立19学案，记208人。首列《师说》评介从方孝孺到许孚远等25人的思想要点和行为得失；下分明初、明中、明后三个时期分述诸家学派。初期以程朱之学为主，陆象山派次之；中期则专述王学，首立姚江学案，接分立浙中、江右、南中、楚中、北方、粤闽各学案，皆冠以“王门”二字，以明传授系统；末期立东林、蕺山二学案。将摇摆于程朱和陆王的学者列入诸儒学案。先以小序、小传扼要介绍学者生平、经历、著作思想及学术传授，然后辑学者语录，间附按语。选材精审，介绍系统，观点公正，对研究明代学术思想提供了丰富的史料。有《四部备要》《四朝学案》《国学基本丛书》等本。另有1985年中华书局点校本。

《汉学师承记》，本名《国朝汉学师承记》，清江藩（1761—1830）撰。8卷。把清初至嘉庆汉学学者各立传略，分别叙其生平、师承、著作，兼及其见解。立正传者400人，附传17人。对了解乾嘉学者的事迹、学术思想及其与东汉经古文学的渊源关系，很有参考价值，但有门户之见。有世界书局本、1983年中华书局标点本。

《宋学渊源记》，原名《国朝宋学渊源记》，清江藩撰。2卷，附记1卷。记清代专治宋学者之学术思想、渊源关系。卷上记北方学者10人，卷下记南方学者21人，附8人，国史有传者不收。记述简略，亦多偏见，但也保存了一部分清代学术思想史料。有《粤雅堂丛书》《丛书集成》等本。另有上海书店1983年与《汉学师承记》合订本。

《清儒学案小识》，原名《国朝学案小识》，清唐鉴（1778—1861）撰。有《传道学案》《翼道学案》《守道学案》《经学案》《心宗学案》等，共记261人，每传后附有同学，或从游者、问答者。大旨在宣扬宋学，门户之见较深，内容较简略，然对研究清代前期的学术思想仍有一定参考价值。有《四朝学案》本。

《清儒学案》，民初徐世昌（1855—1939）主修，吴廷燮（1865—?）等撰。通记清各派学者经历、著作、学行、思想及渊源。首列正案，随以附案。附案只有家学、弟子、交游、从游、私淑五类。又另立《诸儒学案》，分别标明学案人物所属地区。共收清代学者1169人。其中，正案179人，附案922人，诸儒68人。立论不持门户之见，清代各派的重要学者，书中均为立学案。搜罗范围较广，虽不及《宋元学案》《明儒学案》内容丰富，但比较充实，在材料取舍上也下了不少功夫，足补江、唐二氏著作的偏失。始刊于1938年，1959年中国书店出版线装本。2008年中华书局出版沈芝盈、梁运华点校本。

第十章　地理、方志、谱牒史料

第一节　地理书史料

我国古代的地理学，通称舆地之学。它着重从历史发展的角度考察地理的变迁，与今天的地理学不尽相同。正因如此，它与历史学关系极为密切，故在目录书中列入史部，《隋书·经籍志》开其端，历代相沿不改。

我国古代有图经，专记山川、疆域、物产、人口，晋代裴秀曾提出"制图六体"之法，唐代绘图之法更加精密，然皆亡佚。明代以后，传入西方制图新法，清康熙时有分省分府地图，乾隆时绘有十三排地图，清末杨守敬绘成《历代舆地图》都较精密，可作为研究沿革地理的参考。

我国古代纯粹的地理书很少，先秦时期的《禹贡》《周书·职方》和《山海经》是早期的地理书。《禹贡》是一篇古代的自然地理和经济地理著作，《山海经》以山海地理为纲，涉及上古迄周之历史、民族、宗教、神话、物产、医药、巫术等。此后的地理书，有专记水道的，有专记都邑的，有专记边疆的，有专记外国的，有专讲地理沿革的，绝大部分具有历史性质。今选择史料价值较高的分类说明。

一　水道类

《水经注》，北魏郦道元（466？—527）撰。40卷。将《水经》一书所记水道137条补充记述到1252条。前5卷记河水（即黄河），第6卷始记北方诸水，第33至35卷记江水（即长江），第34卷后记南方诸水。它以水道为主线，对我国境内的每一条水道的源头、流向、河道变迁、名称改易，一一叙其源委，是考查古代水道演变的重要资料。它还"即地以存古"，扼要地叙述各地的城市建置沿革、名胜古迹、风俗物产、历史事迹等。是一部综合地理名著，内容极为丰富，征引文献达477种，金石碑碣达357种，且今多散佚，极为珍贵，史料价值很高。如采录的汉魏碑刻，可补正史之缺；关于冢墓、古迹的记载，是考古史料；关于水利工程的记载，是研究水利史的资料。本书在流传中脱误严重，清全祖望、赵一清、王先谦、杨守敬均校注此书，可参考。有

1957年科学出版社《水经注疏》。1984年上海人民出版社出版王国维《水经注校》标点铅印本，校勘甚精，学术价值颇高。另有1989年江苏古籍出版社点校本。

《水道提纲》，清齐召南（1703—1768）撰。28卷。作者曾预修《大清一统志》，并分校外藩蒙古诸部，且得见当时内府珍藏《皇舆全图》，可依各省舆图和国家地理实测成果，故能成此书。本书是一部水文地理专著，记清前期全国河道水系源流、分合、归宿，以海为纲，以河为目；分篇以巨川为纲，以支流为目，故曰“提纲”。首列海水，其次鸭绿江口至合浦沿海岸各省诸水，再次云南、西藏、漠北、东北诸水，最后塞北漠南及西域诸水。所记中国海岸线和诸河道源流分合系统准确。如书中肯定黄河源于阿拉坦河，长江源于金沙江，指明查灵海和鄂灵海的位置、大小及得名来由，详叙黑龙江两岸支流、城邑、乡镇、卡伦、江心洲，入海口两岸山脉及岛屿，明载中俄边境以大兴安岭为界，有较高的参考价值。有《小方壶斋舆地丛钞》、1941年上海文瑞楼校印本等。

《西域水道记》，清徐松撰。5卷（或作1卷）。作者嘉庆十六年（1811）谪戍新疆，依据实地考察，参照旧史、方略、案牍有关记载，写成此书。是清代地区性水文地理著作。仿《水经注》体例，记嘉峪关以西和新疆地区水系，首列纪文，次列释文，附以地图。以罗布淖尔（罗布泊）、哈喇淖尔（今敦煌西北）、巴尔库勒淖尔（巴里坤湖）等11大湖为纲，分述此地水文地理形势，兼及沿河城邑、物产、村庄、军台、卡伦、厂矿、农作、交通、古迹、民族、风俗、史事等。对于诸河源的山脉名称、方位，葱岭和塔里木河支流喀什噶尔、叶尔羌、和阗三河源及其支流，11大湖的名称、方位、大小、特点等记述均详确，对研究新疆及其附近地区历史地理有很高的史料价值。有《清朝藩属舆地丛书》《小方壶斋舆地丛钞》等本。中华书局2005年出版朱玉麒整理本。

二　都邑类

《洛阳伽蓝记》，北魏杨衒之（？—555）撰。5卷。“伽蓝”，是梵语“僧伽蓝摩”的简称，指僧徒所住的园林佛寺。本书的主要内容是记洛阳的佛寺，故名。按洛阳城内、东、南、西、北的顺序，记北魏建都洛阳40年间的佛寺兴衰，兼及当时的政治、经济、军事、人物、风俗、地理、苑囿、建筑、传闻、故事，多为实录，间以小说寄托讽喻。涉及到北魏王朝政治、军事上的许多大事，如高祖迁洛、女主临朝，宣武以来朝中变乱，诸王废立、阉宦用事、权臣专政、南北关系，胡太后佞佛、王公贪暴、官吏枉法、沙门侵渔民财、外国僧人活动和佛教对民间的影响等，有“拓跋之别史”之称，可补《魏书》《北史》之缺，或相参证。关于洛阳建置、结构、宫殿、官署、城门、里坊、名胜的准确记载，是研究北魏都城洛阳地理的资料；关于宋云、惠生西行求法的记载，是研究中国佛教史和中西交通史的资料。有1958年科学出版社版周祖谟校释本、1958年古典文学出版社版范祥雍校注本。

《两京新记》，又称《两京记》《东西京记》，唐韦述（？—757）撰。原5卷，今存1卷，即原第3卷。成书于唐玄宗开元十年（722）。原书对隋开皇、大业至唐开元间西京长安、东京洛阳并载，今存部分只记长安。对其街坊、官舍、园林及时人掌故多有记述，对寺观记述尤详，为现存有关古长安的较早著作，为北宋宋敏求《长安志》《河南志》所本，是研究古都长安的重要资料。有《粤雅堂丛书》《丛书集成》等本。三秦出版社2006年出版辛德勇辑校本。

《帝京景物略》，明刘侗（约1594—约1637）、于奕正撰。8卷，129条，记北京城内、城郊的风土景物、园林寺观、陵墓祠宇、名胜古迹、山川桥堤，旁及人物故事、风习节令、草木虫鱼等，每篇附载诗歌。书中所记香山寺及周围古迹、明代王侯园林和庙市中的宣德炉、成窑、宣青、漆器、笺纸等，对于研究明代园林、贵族官僚生活和当时手工业工艺很有价值。有1963年北京出版社标点本，1980年北京古籍出版社重印本。

《春明梦余录》，明末清初孙承泽（1592—1676）撰。70卷。本书记明代北京情况，体例似政书，又似方志，分《建置》《形胜》《城池》《畿甸》《城坊》《宫阙》《坛庙》《官署》《名迹》《寺庙》《石刻》《岩麓》《川渠》《陵园》14门，其中《官署》40卷，篇幅最多。书中引用实录、邸报、上谕、章疏及古代文献资料很多。对于研究明代典章源流沿革、中央机构职掌和北京地理人文，均有史料价值。后作者又撰《天府广记》一书，侧重于记载北京史地和宫阙情况。有清康熙、乾隆间内府刊本和同治、光绪间孙氏《古香斋袖珍十种》本、1993年上海古籍出版社《四库笔记小说丛书》本。

《日下旧闻考》，清窦光鼐、朱筠等奉敕撰。160卷。据朱彝尊《日下旧闻》增补、考证而成。王勃《滕王阁序》有“望长安于日下”句，遂将“日下”比作长安，比作京都，这里专指北京。原书分13门，新增《国朝宫室》《京城总记》《皇城》《国朝苑囿》等门，并将《官署》从《城市》门内独立出来，内容和篇幅均大大增加。书内有“〔原〕”“〔补〕”“〔增〕”字样，分别指朱彝尊原作、朱彝尊儿子昆田补作和乾隆时增补的内容。内容丰富，考证详实，保存大量史料，所录古碑残碣，许多文献可资考证。还可了解乾隆初、中期北京建筑情况和康熙中叶以来北京城市的变化，提供了城内宫殿、三海、景山、城外圆明园、清漪园、静宜园等有关史料。是古代最完备的关于北京历史、地理、城坊、宫殿、名胜等的资料汇辑，是研究北京历史的重要著作。初刊于乾隆五十三年（1788），1981年北京古籍出版社出版有标点本。

三　游记类

《穆天子传》，又名《周穆王游行记》《周王传》。作者不详。约成书于战国时期。6卷。记周穆王西征事，其中自宗周至河一段里程及道里、风俗颇近于翔实。本书丰富了古人关于西北地理的知识，并保存了一些古代中西交通史料。有《四部丛刊》《四部备要》《丛书集成》等版本。注本有清檀萃《穆天子传注疏》、刘师培《穆天子传补释》。

《岛夷志略》，亦称《岛夷志》。元汪大渊（约1311—?）撰。1卷。据随商船浮海见闻写成，涉及国名90余，地名220多个，东起澎湖和文老古，西至阿拉伯和东非海岸，对于南洋群岛和印度洋沿岸国家、地区和港口记载尤多。内容包括诸国山川、道里、国情、民俗、物产、贸易等，是研究元代海外贸易、中外关系及亚非史的珍贵资料。有《知服斋丛书》本。注本有1981年中华书局出版的苏继庼《岛夷志略校释》。

《西域行程记》，明陈诚等撰。作者于永乐十二年（1414）自陕州起程，经撒马尔罕至哈烈（今阿富汗境内），往返两历其地，据见闻写成。记西域一带山川形势、城乡交通、名胜古迹等，是研究我国古代西北地区和亚洲中部地理的重要史料。有民国间北平图书馆据明抄本影印的《独寤园稿》本。

《徐霞客游记》，明末徐霞客（1586—1641）记，季梦良、王忠纫整理。10卷（或作12卷、20卷）作者是一位旅行家和地理学家，他对西南地区石灰岩溶蚀地貌的观察细致，记录详尽。考察了山川源流，写有《江源考》，指出金沙江是长江正源；还写有《盘江考》，指出《大明一统志》的错误。他了解到流水侵蚀的规律，正确说明了喷泉的成因，对植物与环境的关系作出了科学的论断。是世界上最早最详细的关于石灰岩地貌的珍贵文献，在中国科技史上有重要地位。有1935年商务印书馆《国学基本丛书》本。1981年上海古籍出版社出版褚绍唐、吴应寿点校本。

四　边疆、外国类

《佛国记》，原名《历游天竺记传》，又名《法显传》，后秦释法显（约337—约422）撰。1卷。作者于后秦弘始元年（399）自长安西行，前往天竺

（今印度）求佛经，又至佛陀出生地迦毗罗卫城巡礼，历时 14 年，历 30 余国。本书记这些国的山川、物产、风俗、文化、礼佛等，是研究当时中国与印度、巴基斯坦、尼泊尔、斯里兰卡等国的交通史料，也是笈多王朝时代印度历史的重要史料。1986 年上海古籍出版社出版章巽《法显传校注》，可参阅。

《大唐西域记》，唐玄奘（602—664）口述，辩机整理。12 卷。玄奘于贞观元年（627）从长安出发西行求法，经今甘肃、新疆、中亚、阿富汗、巴基斯坦、尼泊尔等地，于贞观五年到达印度，于贞观十九年（645）回到长安。以亲历和闻见的 138 个城邦、地区、国家为目，记其历史、地理、交通、物产、民俗、文化、宗教、政治、经济等情况。涉及的范围广阔，从我国的新疆，西抵伊朗和地中海东岸，南达印度半岛、斯里兰卡，北至中亚南部和阿富汗东北部，东到今印度支那半岛和印度尼西亚一带。这些地区留下来的历史文献较少，故所记十分珍贵，不仅是研究佛教的重要史料，也是研究中国新疆和中亚、南亚社会历史与中西交通的珍贵文献。书中所记阿耆（焉耆）、屈支（库车）和波谜罗川（帕米尔）、呾逻斯城（江布尔）等，多为史传所未载，对研究我国西北地区的历史地理极为重要。对摩揭陀国之事记述特详，是印度史研究不可缺少的史料。现代学者对印度王舍城旧址、鹿野苑古刹、阿旃陀石窟、那烂陀遗址的探察发掘，多据此书记载。玄奘在进书表中称此书“皆存实录，匪敢雕华”，但作为僧人，不免夹杂迷信的记述。即使如此，亦无损于其史料价值。有 1977 年上海人民出版社章巽点校本。1985 年中华书局出版季羡林等《大唐西域记校注》，吸收中外学者研究成果，可参阅。

《诸蕃志》，又名《诸蕃记》，南宋赵汝适撰。2 卷。书久佚，今本辑自《永乐大典》。作者提举福建市舶司时，据询访海外商人所得及《岭外代答》等书记载，叙外国风土、道里、物产，东起日本，西抵摩洛哥凡五十多国，对中国沿海各国记叙尤详，是研究宋代海上交通和对外关系的重要文献。其中载澎湖与晋江县的隶属关系，乌里、苏吉浪的方位及室利佛逝国事和诸国货物，足可补《宋史》之缺，可与《宋史·外国列传》参读。有《学津讨原》《丛书集成初编》等本，1956 年中华书局出版有冯承钧《诸蕃志校注》。

《西使记》，元刘郁撰。1 卷。作者于元宪宗九年（1259）奉命随转运使常德自和林去西亚（波斯）觐见旭烈兀大王，中统四年（1263）回国。书记其往返沿途所见，对中亚风土人情记载颇详，是研究元代中西交通的重要资料。有《学津讨原》本。

《西游录》，元耶律楚材（1190—1244）撰。1 卷。记作者扈从太祖西征自北京至西域诸城道里、山川、物产、民俗等，是研究元代中西交通的重要史料。1981 年中华书局据向达校注本重新整理与《异域志》合刊出版。

《瀛涯胜览》，明马欢（一作观）撰。1 卷。作者曾在郑和第四、六、七次航海时任通译（翻译），记其见闻而成。记有占城、爪哇等 20 国，各载其疆域、道里、风俗、物产及沿革，对各国的社会生活，特别是中国通商贸易情况，有详备的记录，是研究郑和下西洋和 15 世纪南洋与印度洋地理、中外交通的重要史料，可与《星槎胜览》《西洋番国志》等同类书相互参阅。有《纪录汇编》本；1934 年商务印书馆出版有冯承钧《瀛涯胜览校注》，1955 年中华书局重印。最新有 2006 年重印本。

《东西洋考》，明张燮撰。12 卷。分《西洋列国》《东洋列国》《外纪》《饷税》《税珰》《舟师》《艺文》《逸事》8 考。据传抄邸报、档案、有关史传、古老传说和商人舟师见闻，记明朝后期海外贸易与交通。所记海外 36 国历史、国情、名胜、古迹、物产、贸易和西班牙、葡萄牙殖民者对东南亚人民与华侨的掠夺、奴役、屠杀等事，以及台湾地理、经济、民俗等情况，都具有较高史料价值。还记载了进入中国的商船、货物、税制、税额，神宗时税监高寀的暴行和被驱始末，以及船程、航路、气象、潮汐等航海知识，提供了有关史料。有《国学基本丛书》本，1981 年中华书局出版有谢方点校本。

《万里行程记》，清祁韵士（1751—1815）撰。1 卷。作者坐事贬新疆，自京师至伊江（伊犁），行程一万余里，记途中所见山川城堡、名胜古迹、人物、风俗、塞外烟墩、沙迹等，对大安驿、王湖镇、永康镇、徐沟县等西北诸地，记述详尽，是考察清代陕、甘、青、新等地地理环境、民族习俗的重要文献史料。有《山右丛书初编》本。

《朔方备乘》，清何秋涛（1824—1862）撰。80 卷，目录 1 卷。初名《北徼汇编》，后增图说、图表，咸丰帝赐名《朔方备乘》。主要记汉、魏、隋、唐至清道光年间有关我国东北、蒙古、新疆及中亚、东欧、俄罗斯等地区史事，对元代北边诸王疆域、界碑考证尤详，是研究汉、唐以来元代中西交通、中俄关系史的资料。有咸丰十年（1860）刻本、光绪七年（1881）铅印本。

五　历史地理类

《肇域志》《天下郡国利病书》，清初顾炎武（1613—1682）撰。

《肇域志》，100 卷，记叙全国各地的地理形势和山川要塞，是研究明代水利、交通、农业等社会经济的重要史料。本书原系未定稿，只有抄本流传，1957 年昆山发现此书同治年间写本，凡40 册。

1982 年，国务院古籍整理出版规划小组将其列为整理出版重点书之一，并成立由谭其骧任组长的《肇域志》点校整理小组；次年又将《山东肇域记》列入整理计划，附后。2004 年，将此书整理、点校完毕，由上海古籍出版社出版，共四册，318 万余字。此书征引史料数量之多超过《大明一统志》。作者以 20 余年之功，披阅志书 1000 余部，以及大量的“一代名公文集及奏章文册之类”，资料广博，且所录之书多已散佚，故此书具有极为珍贵的史料价值。

《天下郡国利病书》，原 34 册，不分卷，后人强分为 120 卷。首为舆地山川总论，次以明两直隶、十三布政使司分区，末为边疆和外国。先论述全国山脉的分布、各地的形势与特征、各地的气候、全国水系的源头，次从《北直隶》到《贵州》分地区具体论述，多涉及经济方面，尤以赋役、屯田、水利等项为详。重点在郡国利病上面，如对各省府州县徭役负担、前后改革都有所反映；对全国范围屯田设置、土地分配、管理和征取制度及其瓦解等，均有具体记载。还有一些有关农民起义和其他性质的社会动乱资料。是研究明代地理、政治、经济的重要资料。最后 6 卷记述交趾、安南、日本、琉球及佛朗机等国的地理情况及经济往来，提供了有关资料。有《四部丛刊三编》据原稿影印本，较佳。

《读史方舆纪要》，明末清初顾祖禹（1631—1692）撰。130 卷，附《舆图要览》4 卷。前 9 卷为《历代州域形势》，按历史顺序记从唐虞三代至明历代的政治区划及沿革；第二部分 114 卷以明代两京、十三布政司的行政区划为单位，分叙各地情况，均首列总序，明其历史地位，下按府、州、县排列，次第叙述所辖境内的城镇、山川、关隘、桥梁、驿站等；第三部分《川渎》6 卷，记山川、江河；第四部分《分野》1 卷，记历代星宿分野说。附《舆图要览》4 卷，表列京师、诸省、边疆、漕运及海洋等项。各卷有大纲，有分注，正文顶行写，注文低一格，纲目清晰，体例新颖。是一部历史地理名著。本书还详论“山川险易，古今用兵战守攻取之宜，兴亡成败得失之迹”[①]，具有军事地理特色。对各地区农业生产的特点及城市的盛衰、交通的变迁、漕运的增减、水利的兴修等也有记述，提供了研究自然地理和经济地理的资料。有 1955 年中华书局用《国学基本丛书》原版重印本。

《使琉球录》，明陈侃著。作者于明嘉靖年间为册封使，出使琉球国，归来后于嘉靖十三年（1534）写成此书。书中记载了出使琉球国的所见所闻，记录了钓鱼岛及其附属岛屿属于中国版图的历史事实。书中明确记载：“十日南风

---

① 魏禧：《读史方舆纪要·叙》。

甚迅，舟行如飞……过平嘉山，过钓鱼屿，过黄毛屿，过赤屿，目不暇接，一昼夜兼三日之路程……十一日夕，见古米山，乃属琉球者。夷人鼓舞于舟，喜达于家。”可见，琉球人认为过了钓鱼岛列岛，到了古米山（即今冲绳之米岛）后才算回到家，毫无疑问钓鱼岛在中国版图之内。

嘉靖四十年（1561），明朝又一任册封使郭汝霖在所著《使琉球录》中写道：“闰五月初一日过钓鱼屿，初三日至赤屿焉。赤屿者，界琉球地方山也。”意谓赤屿（今赤尾屿）乃是中国接琉球地方之界山，即赤尾屿以东是琉球海域，以西是中国海域。

同类著作，还有夏子阳《使琉球录》（1606）、汪辑《使琉球杂录》（1683）、徐葆光《中山传信录》（1719）、周煌《琉球国志略》（1765）、潘相《琉球入学闻见录》（1764）、李鼎元《使琉球记》（1802）等，都记录了钓鱼岛是中国的领土。国家图书馆有藏本。

《日本一鉴》，明郑舜功撰。成书于明嘉靖四十四年（1565）。作者曾奉使宣谕日本国，书中记录了从澎湖列屿经钓鱼岛到琉球再到日本的航路，其中特别记录钓鱼岛为中国台湾所属：“钓鱼屿，小东小屿也。”小东是当时对台湾的称谓。上述航路，不仅准确记录了钓鱼岛与台湾岛等岛屿之间的地理关系，而且明白无误地指出钓鱼屿是台湾所属小岛。此书具有官方文书性质，它反映出明朝政府早已确认钓鱼岛列屿是属于台湾的小岛群。本书除抄本外，还有1939年据旧抄本影印本。

《钓鱼台列屿之历史与法理研究》，郑海麟著。作者1987年毕业于暨南大学，历史学博士，专门研究中西交通史。20世纪90年代初，赴日本留学时，曾在东京一家书店的一个牛皮纸袋中，发现了日本明治九年（1876）陆军参谋局绘制出版的《大日本全图》，为铜版雕刻墨印，精密异常，技术精湛。他购买了此图，在广泛收集史料，潜心钻研之后，1998年，他的专著《钓鱼台列屿之历史与法理研究》由香港明报出版社出版。作者用大量无可争辩的史实证明，钓鱼岛及其附属岛屿自古以来就是中国的领土。2007年，此书增订版由中华书局出版。

《更路簿》，是明朝以来由海南渔民数代人集体创作的。此书是中国海南岛渔民在西沙和南洋群岛进行生产活动的航海指南，是在积累了许多航行实践经验的基础上写成的。它记载了渔民从海南岛文昌县的清澜或琼海县的潭门港起，航行至西沙、南沙群岛各岛礁的航海航向和航程。书中共收录南海诸岛由渔民命名的地方98处，其中西沙群岛22处，南沙群岛76处，并详细记载了南海诸岛的地貌和海况。本书向以抄本流传，共有10多个抄本，广东省博物馆藏有 4 种，以苏德柳本最好。

第二节 方志书史料

方志，即地方志，是一地方之史，它以地域为记载中心，所记包括历史与现状，如疆域分界、山川物产、风土民情、人物故事、建置沿革等。《禹贡》对后世方志有深远影响，被汉晋间人称为“方志之祖”，故方志和地理书本同一源。魏晋南北朝时期，产生了多种方志，西晋挚虞《畿服经》170 卷，初具志书规模，惜已失传。晋常璩《华阳国志》记巴蜀地区地理、人物等，是今存最古的方志体著作。此书 12 卷。前 4 卷有《巴志》《汉中志》《蜀志》《南中志》，载各州历史、郡县沿革、山川道路、物产风俗、民族、名宦大姓及其部曲等，是研究西南地区历史地理的史料。卷 5 至卷 9 有《公孙述、刘二牧志》《刘先主志》《刘后主志》《大同志》《李特、雄、期、寿、势志》，编年记事，是研究蜀汉政权史，成汉政权史的史料。后 3 卷有《先贤士女总赞》《后贤志》《序志并益、梁、宁三州先汉以来士女目录》，叙汉至东晋西南人物近 400 人，可补正史不足。记事上起传说时期，下至晋穆帝永和三年（347）蜀李王朝的灭亡。是研究蜀汉、成汉政权史、西南地方史、西南少数民族史、西南古代经济史的珍贵资料。

隋唐时期，全国性区域志趋于成熟。唐代李吉甫的《元和郡县志》是一部体制完善的总志，对后世影响很大。北宋乐史撰《太平寰宇记》在体例上又有新的发展，扩大了志的范围。至元代，官修《元一统志》，明代又撰《大明一统志》，清代又撰《大清一统志》。唐代以后，总志之外，还产生了州郡志、府志、县志等。明清时期是我国方志编纂的繁荣时期，方志数量极多，种类也很多。特别是乾嘉时期，许多著名的学者参加方志的编撰，产生了一些具有代表性的方志名著，从而促进了方志学的发展。

历代编撰的大量方志，据朱士嘉《中国地方志综录》著录，有 5834 种，93237 卷。其中，宋代 30 种，537 卷；元代 11 种，124 卷；明代 770 种，10087 卷；清代 4655 种，76860 卷；辛亥革命以后 368 种，5629 卷。方志的种类很多，有总志，即全国性的区域志；有通志，又称省志；有府志，又称郡志；还有厅志、州志、县志、镇志等。方志的内容具有地区性的特点，保存大量“正史”所没有的宝贵史料，具有独特的史料价值。方志所载本地沿革和山川、乡里，是研究历史地理的重要史料；方志所载本地人口、田地、赋税、差徭等各种统计数字，是研究社会经济的重要史料；方志中的“风俗”一项所记内容，是研究民俗学的重要史料；方志中所记载的大量地方人物，以及重大历史事件，可补正史记载的不足，亦可纠正一些错误说法。总之，方志对于研究地方史具有重要史料价值。

一　总志

总志是全国性的志书，今存有以下数种：

《元和郡县志》，原称《元和郡县图志》，后图亡佚，称今名。唐李吉甫（758—814）撰。原40卷，另目录2卷，今存34卷。是我国古代保存下来的最早的比较完整的全国地理总志。以唐代十道四十七节镇分篇，载事以府、州为单位，先列府、州之名，下记开元及元和时的户数，次叙沿革、境界、四至八到、贡赋及属县数目和名称，后分叙各县之事，包括沿革、境内山川、城邑、名胜古迹和历代大事等，凡垦田、水利设施、工矿盐业、军事设施、兵马配备、关亭寨障，均一一注明。其对沿革的叙述，每每上溯三代，下讫唐元和年间，可补南北朝史籍对政区沿革记载的不足，有些史料为新、旧《唐书·地理志》所未载，是研究唐代地理沿革的重要史料。对户口、贡赋的记载，均记开元、元和两个数字，对了解唐代前后户口的变动和社会经济状况提供了重要史料。有《岱南阁丛书》《畿辅丛书》等本。1983年中华书局出版的贺次君标点本较好。

《太平寰宇记》，北宋乐史（930—1007）撰。200卷，另目录2卷，今存197卷半。记宋太宗太平兴国年间平定闽、越和北汉后的全国地理情况，时沿用唐所分十道，故其纲领形式仍以《元和郡县志》为基础，分道、州郡、县三级，叙事以州、府为单位，均载其沿革、领县、州府境、四至八到、户口、风俗、姓氏、人物、土产及各县置废、山川、古迹、要塞等。将当时属辽的幽云十六州亦记入，以明恢复之志。资料丰富，引历代史书、地志等达200种，是研究唐和五代史的重要资料。记户口，主户、客户分列，并与唐元和户口比较，价值颇高；新增《风俗》《姓氏》《人物》《艺文》《土产》等门，使地志的内容范围更为扩大，奠定了后世总志体例的基础；对各地贡品的记录，反映了各地区的经济面貌；对少数民族聚居地区的户口的记录，可看出这些边远地区经济发展概况。清修《四库全书》时，此书已缺8卷，清末杨守敬在日本发现宋刻残本，抄回五卷半佚文，收入《古逸丛书》。有《丛书集成初编》本。清陈兰森有《太平寰宇记补阙》8卷。新有中华书局2008年1月出版王文楚点校本，共9册，为《中国古代地理总志丛刊》之一种。

《元丰九域志》，亦称《九域志》《皇朝九域志》，间称《熙宁九域志》，北宋王存（1023—1101）等奉敕撰。10卷。按神宗熙宁间府路行政区划分篇，首叙四京，次分叙二十三路，最后是省废州军、化外州、羁縻州。按路依次记府州沿革、道里、户口、土贡、辖县及去府州方向与里程，所辖乡、镇、山川等。对各地区的辖境范围，尤其是“四至八到”和远近道里之数，记载极详。户口兼载主户、客户，土贡备载数额，往往为诸史所未详，为研究宋代地理和社会经济史提供了可贵史料。有《丛书集成初编》本。1984年中华书局出版有王文楚、魏嵩山标点本。

《舆地广记》，北宋欧阳忞撰。38卷。前3卷概述历代政区疆域，卷4列宋代州、府、郡、县名称，以下按元丰年间四京、二十三路行政区划分篇，简述诸路州县建置沿革，并附化外州县。本书着眼历史沿革，尤详于元丰至政和年间的情况。有《国学基本丛书》本、《丛书集成初编》本。2003年8月四川大学出版社出版李勇光、王小红校注本。

《舆地纪胜》，南宋王象之撰。200卷。先叙府州沿革，次叙属县沿革，并及于风俗、形胜、景物、古迹、官吏、人物、碑记、诗文等，引文丰富，且所引书多散佚，有很高的史料价值。有道光年间扬州岑氏刻本行世。2005年四川大学出版社出版李勇光等校点本。

《方舆胜览》，南宋祝穆撰。70卷。按南宋十七路行政区划，分记所辖府、州（军）建置、沿革、疆域、道里、田赋、户口、关塞、险要等，保存较多地方史料。有《四库全书》本、2003年中华书局点校本。

《元一统志》，原称《大元大一统志》或《大元一统志》，元代官修，1300卷，今存残本。沿唐宋旧志成例，按当时行政区划分篇，以府或州为单位叙述，内容有建置沿革、坊郭乡镇、里至、山川、土产、风俗、形胜、古迹、官吏、人物等。明中叶后尚存残篇，其中保存有地理物产、阶级斗争、城市生活、宗教风习等史料。现《玄览堂丛书续集》有清袁氏贞节堂影钞35卷本，《辽海丛书》有金毓黻编残本15卷，辑本4卷，1966年中华书局出版赵万里校辑重编10卷标点本。

《寰宇通志》，明陈循、商辂（1414—1486）等奉敕撰。119卷。按京师、北南二直隶和十三布政使司的次序，记各地建置沿革、山川、形胜、风俗、土产、城池、苑囿、桥梁、关隘、古迹、人物等，内容广泛，是明代一部较完备的总志。有《玄览堂丛书续集》本。

《大明一统志》，明李贤（1408—1466）等奉敕撰。90卷。在《寰宇通志》基础上，仿《大元一统志》体例修成，按京师、南京及各布政司所统之府分卷，前有图，可略知山脉、河流与府州方位。末2卷还记载朝鲜、日本、安南等国情况。是研究明代疆域、地理、经济、民族关系与中外关系的资料。有明万历十六年杨氏归仁斋刻本。

《大清一统志》，清代于康熙、乾隆、嘉庆年间三次修一统志，最后修成的称《嘉庆重修一统志》，560卷。记嘉庆以前清朝疆域政区情况。首为京师，下分直隶、盛京、江苏、安徽等22统部及青海、西藏等地区。各统部先列地图、建置沿革表；接以总叙，概述一部大要，再以府、直隶厅、州分卷。下列《疆域》《分野》《建置沿革》《形势》《风俗》等25目，详载境内之事。是一部较完善的全国性地方总志，是研究我国历史地理的重要资料。《四部丛刊三编》以原写本影印行世。

二　宋元明清方志

宋代方志，今存30种。其中，北宋2种，即宋敏求《长安志》20卷、朱长文《吴郡图经续记》3卷。南宋28种，即程大昌《雍录》10卷、周淙《临安志》15卷、张津《四明图经》12卷、梁克家《淳熙三山志》42卷、赵不悔和罗愿《新安志》10卷、黄弁和刘文富《严州图经》8卷、鲍廉和钟秀实《重修琴川志》15卷、李景和谈钥《吴兴志》20卷、沈作宾和施宿《会稽志》20卷、史安之和高似孙《剡录》10卷、黄罃等《赤城志》4卷、卢宪《嘉定镇江志》22卷、佚名《寿昌乘》、张淏《会稽续志》7卷和《昌国县志》、常棠《澉水志》8卷、胡榘等《四明志》21卷、施谔《临安志》6卷、凌万顷《玉峰志》3卷、赵与泌和黄岩孙《仙溪志》4卷、吴潜等《四明续志》12卷、马光祖和周应合《景定建康志》50卷、钱可则等《景定严州续志》10卷、潜说友《临安志》100卷、史能之《咸淳毗陵志》30卷、边实《玉峰续志》1卷、范成大《吴郡志》50卷、杨潜《（绍兴）云间志》3卷。今介绍下列两种：

《长安志》，北宋宋敏求（1019—1079）撰。20卷。以唐韦述《两京新记》为基础，博采众籍而成。记唐宋时雍州、京都、京兆尹及所属之长安、万年、咸阳、兴平、武功、鄠县、临潼等24县地理、人口、物产、风俗，尤详于宫室、皇城、京城情况，是研究唐代古都长安的重要史料。有清毕沅校本。

《临安志》，有南宋乾道、淳祐、咸淳三种，以后者最为完整。《咸淳临安志》，潜说友撰，100卷。首列“行在所录”，以存王室；16卷后为府志。分《疆域》《山川》《诏令》等19门，每门又分子目。有序、图、考、表、传。为研究南宋都城临安的史料。有《四库全书》本。1990年中华书局有《宋元方志丛刊》本。

三　元代方志

元代方志，今存11种，即元世祖至元年间单庆、徐硕《至元嘉禾志》32卷，于钦《齐乘》6卷，成宗元贞间骆天骧《类编长安志》10卷，大德年间郭荐《昌国州图志》7卷，仁宗延祐间马泽等《四明志》20卷，文宗至顺间脱因、俞希鲁《至顺镇江志》21卷，惠宗至正间王元恭等《四明续志》12卷，张铉《金陵新志》15卷，杨譓《昆山郡志》6卷，李好文《长安志图》3卷。还有佚名《河南志》4卷，辑自《永乐大典》。

元代方志属罕见珍品，价值很高，今介绍以下数种：

《齐乘》，元于钦（1284—1333）撰。6卷。所叙以山东东西道宣慰司所辖益都、般阳、济南三路为主，古齐邑所属高唐、禹城、长清、聊城、东阿、临邑等县亦有所涉及。分《沿革》《分野》《山川》《都邑》《古迹》《亭馆》《风土》《人物》8类，资料翔实，是山东现存最早的一部完整的方志，是研究山东地方史的重要史料。有明杜思重刻本、乾隆间周氏刻本。另有1990年中华书局《宋元方志丛刊》本。

《至顺镇江志》，元俞希鲁纂。21卷。成书于至顺三年（1332）。首列《郡县》《官制》二表，下分《地理》《风俗》《户口》《土产》等28项，重文献记载，材料丰富，是现存镇江地方志中较早的一种。对于研究元代地方政府、城市经济、人口结构、赋役制度以及宗教活动等，都很有价值。有《四库全书》本、1990年中华书局《宋元方志丛刊》本。

《延祐四明志》，元马泽修、袁桷（1266—1327）纂。20卷。修于延祐七年（1320）。分《沿革考》《土风考》《职官考》《人物考》《山川考》等12考，尤以《赋役考》最为详赅。至正二年（1342），王元恭修、王厚孙纂《四明续志》12卷，可补袁书所未备。二志所载当地丝织业及海外贸易资料，尤为宝贵。有《四库全书》本、1990年中华书局《宋元方志丛刊》本。

《至正金陵新志》，元张铉纂修。15卷。分《地理图》《金陵通纪》《金陵世年表》《疆域志》《山川志》《官守志》《田赋志》等17门。为续《景定建康志》而作，前志所有者，不再具载，颇具特色。对研究元代地方官制、兵制、金陵（今南京）官手工业、赋税制度提供了有价值的史料。有《四库全书》本、1990年中华书局《宋元方志丛刊》本。

《至正昆山郡志》，元杨譓纂。6卷。分《风俗》《山》《坊》《园亭》《冢墓》《古迹》《名宦》等15目。内容广博，叙事详赅。元代昆山州治今太仓，所记内容对研究元代海运、市舶及刘家港的形成与发展有参考价值。有《太仓旧志五种》本、1990 年中华书局《宋元方志丛刊》本。

四　明代方志

明代方志今存达 900 种，其中，通志 38 种，府志 175 种，县志 520 种，州志 120 种，还有乡镇志、关卫志等 30 余种。数量、种类虽多，但有不少粗制滥造之作，或内容芜杂，或不合史法，或文字过简，《四库全书总目》著录有以下几种：王鏊《姑苏志》60 卷，康海《武功县志》3 卷，韩邦靖《朝邑县志》2 卷，姚虞《岑海舆图》1 卷，谢肇淛《滇略》10 卷，董斯张《吴兴备志》32 卷。今介绍三种：

《姑苏志》，明王鏊等修于正德元年（1506）。60 卷。分《沿革》《疆域》《山》等 31 门，网罗旧闻和文献较多，是研究苏州古代情况的重要史料。明、清均有刻本。

《滇略》，明谢肇淛撰。10 卷。作者曾官云南布政司右参政，搜罗有关文献，咨询耆旧，将所得资料按类分为 10 略：《版略》记疆域，《胜略》记山川，《产略》记物产，《俗略》记民俗，《绩略》记名宦，《献略》记乡贤，《事略》记故实，《文略》记艺文，《夷略》记苗族，《杂略》记琐闻。引证有据，叙述得法，详近略远，颇为雅洁，是云南史志珍贵资料。有《善本丛书》《续云南备征志》本。

《兖州府志》，明易登瀛、卢学礼修，于慎行（约 1548—1610）纂。52 卷。刊于万历二十四年（1596）。分为《府境州县图考》《州县沿革》《建置》《山水》《风土》《帝迹》《圣里》《户役》《学校》等 28 门。体例严谨，考证精详，内容条理，文无重出，尤以《人物》《艺文》《圣里》最佳，社会经济方面的资料丰富翔实，史料价值较高，为明代方志佳作。有《四库全书》本。

五　清代方志

清朝统治者为加强统治，重视方志的编撰，多次严谕各地修方志。雍正七年（1729）为修《一统志》，通令各省重修通志，并限期完成，清代各省通志主要修成于此时，有：《畿辅通志》120 卷、《江南通志》200 卷、《江西通志》162 卷、《浙江通志》280 卷、《福建通志》78 卷、《湖广通志》120 卷、《河南通志》80 卷、《山东通志》36 卷、《山西通志》230 卷、《陕西通志》100 卷、《甘肃通志》50 卷、《四川通志》47 卷、《广东通志》64 卷、《广西通志》128 卷、《云南通志》30 卷、《贵州通志》40 卷。此外，《盛京通志》120 卷，清乾隆四十四年（1779）敕撰。清政府还规定各地 60 年修志一次，大大地促进了方志的发展，故清代方志数量极多，今存者约5000种，其中通志125种，府志450种，州志600多种，县志近4000种，其余厅志、关志、卫志、村志等约300余种。这些方志，以康熙、乾隆、光绪三个时期最多。

清代乾嘉以来，许多著名史学家重视方志学的研究，各自对方志的编撰提出了不同的见解，并展开讨论，从而促进了方志学的发展。同时，不少史学家亲自参加方志的编撰，产生了一些具有代表性的方志名著，如戴震撰《汾州府志》34卷、《汾阳县志》14卷；钱大昕撰《鄞县志》30卷、《长兴县志》28卷；章学诚撰《和州志》3卷、《天门县志》24卷、《亳州志》（今存3篇）、《永清县志》及《湖北通志》（原稿散佚不全）等；李兆洛撰《江阴县志》28卷、《东流县志》30卷、《怀远县志》28卷、《凤台县志》12卷；孙星衍撰《卢州府志》54卷、《松江府志》84卷、《直隶邠州志》25卷、《偃师县志》30卷、《醴泉县志》14卷、《三水县志》11卷；洪亮吉撰有《宁国府志》36卷、《怀庆府志》32卷、《泾县志》32卷、《登封县志》32卷、《长武县志》12卷、《澄城县志》20卷、《淳化县志》30卷等，其中有不少佳作。今选通志、府志、县志各一部介绍如下。

《浙江通志》，旧志为明薛应旂等所纂，清康熙、雍正年间，两次重修，共280卷，卷首3卷。分54门，各门分府立目，分县叙述，从浙江为东南屏障、洋面辽阔和漕粮供给地的特点出发，对关梁、城池、海防、田赋、漕运、榷税、物产等内容记述详尽。记事皆有据，引文注明出处，并对不同记载加以考订，史料价值较高。《经籍》门下有《两浙志乘》2卷，记浙江历代府志的纂修源流，是有价值的文献资料。有乾隆元年（1736）刻本，嘉庆十七年（1812）修补重刻本。

《光绪顺天府志》，清万可黎、周家楣修，张之洞、缪荃孙（1844—1919）等纂。130卷。分《京师》《地理》《河渠》《食货》《经政》《故事》《官师》《人物》《艺文》《金石》等10志，下分子目69项。广搜资料，引用书目达470种，引文注明出处。是研究北京地区政治、经济、军事、文化、科技、城市建设等历史的重要资料。有光绪间刻本。

《永清县志》，清章学诚（1738—1801）应永清知县周震荣邀所修。10卷。分为纪（皇言、恩泽）、表（职官、选举、士族）、图（舆地、建置、水道）、书（吏、户、礼、兵、刑、工）、略（政略）、列传六体，分记永清县政治、地理、经济、社会、风俗习惯、民生利病等概况。图、书二体，详载永清疆域沿革、面积分野、户口赋役、土地关系、物产状况、风俗习惯等，价值最高。有清乾隆间刻本、《章氏遗书》本、1968年台湾学生书局本。

古代方志出自封建统治者之手，具有明显的阶级偏见，如《永清县志》之《恩泽纪》专录旌表册赠诏令，《职官表》但列历代长吏姓名，《士族表》着重褒明世家阀阅，《列女传》专意表彰封建节孝等。因此，我们利用方志时，必须辨其精华和糟粕。也有些方志疏略简陋，甚至错误，也需鉴别。

第三节　谱牒史料

谱牒是记述氏族或宗族世系的史书，谱牒中的史料也具有重要研究价值。

一　先秦记载王侯世系的谱牒

我国先秦时期，史官记述和保存了大量谱牒史料，今早已不存，西汉司马迁著《史记》，其《三代世表》《十二诸侯年表》的编写，当是依据了这些史料。如《史记·太史公自序》说："维三代尚矣，年纪不可考，盖取之谱牒旧闻，本于兹，于是略推，作《三代世表》第一。幽、厉之后，周室衰微，诸侯专政，《春秋》有所不纪；而谱牒经略，五霸更盛衰，欲睹周世相先后之意，作《十二诸侯年表》第二。"

今存《世本》辑本，即据先秦史官记录和保存的档案编成的，有大量王侯大夫的谱牒。它写定于战国末，又经秦汉人整理，故非一人之作。《汉书·艺文志》著录15篇，原书大约佚于宋代。司马迁《史记》、桓谭《新论》、韦昭《国语注》、杜预《春秋经传集解》、司马贞《史记索隐》、张守节《史记正义》，均曾参考此书。今有辑本多种。南宋高似孙始为辑佚，清代复有辑者十家，钱大昭、洪饴孙二家不传。1957年商务印书馆集王谟、孙冯翼、陈其荣、秦嘉谟、张澍、雷学淇、茆泮林、王梓材八家辑本成《世本八种》一书。从辑本内容来看，《帝系》记黄帝以来尧、舜、禹等古帝王的世系；谱，有《王侯谱》和《卿大夫谱》，记载夏、商、周三代和鲁、宋、齐、卫、秦、晋、郑、陈、蔡、楚、韩、赵、魏、吴、燕、杞、滕、曹、邾、郯等20国国君的世系，以及列国卿大夫的世系。还有纪、世家、传，分别记述了帝王、诸侯、卿大夫等的主要事迹；《居》篇记帝王都邑；《作》篇记重要的创造发明；《氏姓》篇记姓氏来源及世系；《谥法》篇解释谥号的含义。辑本中仍保存着许多研究上古史的宝贵资料。以茆泮林辑本最佳。2008年中华书局出版《世本八种》标点本。

二　汉唐编撰的谱牒

汉代，谱牒的编撰已经比较盛行，有《邓氏官谱》、颍川太守聊氏《万姓谱》、应劭《氏族谱》、扬雄《家谱》等。

魏、晋、南北朝时期，为维护士族权益，编了大量谱牒，“晋散骑常侍贾弼、太保王弘、齐卫将军王俭、梁北中郎将谘议参军知撰谱事王僧孺之徒，各有《百家谱》，徐勉又有《百官谱》。宋何承天撰《姓苑》，与后魏河南《官氏志》，此二书尤为姓氏家所宗”[①]。据《隋书·经籍志》著录，这一时期的谱牒著作达50余种，近1300卷。

唐代最高统治者重视谱牒的编撰，多次诏修谱牒，官修了一些大型谱书。太宗贞观五年（631）诏高士廉等人撰《氏族志》100卷；高宗显庆四年（659）重修《氏族志》，更名《姓氏录》，凡200卷；中宗神龙元年至玄宗开元二年（705—714）敕柳冲等撰《姓族系录》200卷等。此时出现了不少谱学家和著名的谱牒著作，如柳冲《大唐姓氏录》、路敬淳《著姓略记》和《衣冠谱》、韦述《开元谱》、柳芳《永泰谱》、张九龄《韵谱》、林宝《元和姓纂》等。据《新唐书·艺文志》著录，有60种以上，达1000卷左右。唐代谱牒，今只有《元和姓纂》的辑本10卷，下面略作介绍。

《元和姓纂》，唐宪宗时林宝撰。王涯为之序，故《唐会要》误题“王涯撰”。陈振孙《直斋书录解题》云：“元和中，朔方别帅天水阎某者，封邑太原，以为言。上谓宰相李吉甫曰：‘有司之误，不可再也！宜使儒生条其源系，考其郡望、子孙、职任，并总辑之。每加爵邑，辄令阅视。’吉甫以命宝，二十旬而成。”说明了编纂此书的原因。原书18卷，今本10卷，是清孙星衍、洪莹从《永乐大典》等书中辑出的。它先列皇族李氏，余依唐韵，以声类集。每韵之内，以大姓居首，得姓受氏之源多本于《世本》《风俗通》等，对唐人姓氏叙述颇详，郑樵《通志·氏族略》多引本书。本书是考校史籍碑铭和阐明古代封建等级制度兴替的重要资料，也是研究姓氏的重要参考。有嘉庆七年（1802）刊本、台湾影印文渊阁《四库全书》本。今人岑仲勉有《元和姓纂四校记》，考证精详，可参阅。

三　五代以后的朝廷玉牒

五代以后，“取士不问家世，婚姻不问阀阅”[②]，谱学失去其政治意义，谱牒之书也就没有存在的价值了，故相继散佚。宋代，朝廷只设玉牒所，编撰皇

① 郑樵：《通志·氏族略·序》。

② 郑樵：《通志·氏族略·序》。

族的谱系，即玉牒。宋代玉牒已罕见，据王瑞来《宋代玉牒考》[1]，从南宋刘克庄《后村先生大全集》卷82、卷83中发现宋宁宗嘉定十一、十二年（1218、1219）的玉牒初稿。刘克庄在端平元年（1234）九月到端平二年六月曾为玉牒所主簿，此二卷《玉牒初草》当修于此时。从其体例和内容来看，玉牒采用编年记事，记事范围包括宰辅等重要官员的任免，天象变化，重要政令的颁布，尤详于君主活动。此《玉牒初草》仍有较高史料价值，它记事比有关这一时期的其他史书详细，特别是对近臣讲读史书活动、臣僚奏议记述至详，可以补阙、证误、考异。

清代设玉牒馆，隶属于宗人府，掌修《宗室玉牒》，自顺治十八年（1661）始修，定制每十年续写一次。这些玉牒今分藏在中国第一历史档案馆和辽宁省图书馆，是考察清室历代世系的珍贵资料。

四　清代私修族谱概况

宋代以后，地方大姓仍把修谱作为维护族权和地方统治的一个有力工具。从清代来看，修谱虽属私家之事，但统治者亦加以提倡。同时，旗人袭爵、出仕需要有官方承认的家谱作证明，故旗人修谱甚多。从南北各地情况来看，以南方大族为多。地方大姓的族谱（家谱）作为家族档案，分散保存于地方大姓的祠堂或私人手中。当前，我国各大图书馆都收藏一定数量的族谱，但全国总的收藏情况还不清楚，据1980年国家档案局对其下属单位的调查，获知约有4000部族谱，实际上可能大大超过这个数字。

关于宗谱的体例，各谱也不完全一致，一般是先列谱例，次载族规、家训，还有世系、传等。以《辋川里姚氏宗谱》为例，全书12卷，卷1为谱序，卷2为远祖传志，卷3为谱例、宗规、家训，卷4为世系图，卷5至卷10为系谱，卷11为传、系，卷12为墓志、纪述、哀辞、祭文、坟图、跋。本书体例有一定的代表性，其他宗谱或有增减。

五　谱牒的史料价值

谱牒是史书的一种，南朝梁阮孝绪《七录》第一次著录了谱牒这类著作。此后，《隋书·经籍志》《旧唐书·经籍志》《新唐书·艺文志》《郡斋读书志》《直斋书录解题》等均列有此类。

谱牒的学术资料价值，也早被古代的学者所认识和利用。裴松之注《三国

① 《文献》1991年第4期。

志》、李善注《文选》，往往采用谱牒。欧阳修主修《新唐书》重视利用谱牒，其中的《宗室世系表》《宰相世系表》显然利用谱牒编成。郑樵《通志·氏族略》对谱牒之学推原序流，《艺文略》的史部有“谱系”一类，并细分为帝系、皇族、总谱、韵谱、郡谱、家谱6种，著录170部，2400多卷。清代钱大昕进而认为“谱系之学，史学也”①。章学诚主张把谱牒作为地方史志的资料来源之一。梁启超称谱书为“重要史料之一”②。

谱牒具有重要的史料价值，它不仅反映一个家族的历史，而且涉及到广泛的社会内容，能提供多学科的研究资料。

（一）谱牒提供了宗族制度的研究资料。宗族制度是利用血缘关系和祠堂统治族人的一种社会制度，是封建政权的补充和附属物。谱牒中的族规、族约、族产、祠祭等内容，是我们研究宗族制度和族权的基本资料。

（二）谱牒提供了大量人物传记资料。谱牒中的世系、传记，资料丰富，一般详于其他史书记载。历史上的名人事迹，可据谱牒详加考证，如岳飞后人献出的《岳氏宗谱》，对于研究岳飞及其后人事迹，很有参考价值。名气小或无名的人物，在宗谱中可知其详，如没有取得功名的读书人、中小地主、商人、烈妇、贞女等。这些人物的事迹，对于研究社会经济史、教育史、妇女史、古代阶级关系史，都是很有价值的资料。

（三）谱牒还可提供研究农民起义、人口学、民俗学、地名学、考古学、地方史等多方面的资料。如《新安程氏诸谱会通》记载了唐人程淘叙述的有关黄巢起义的事迹；江苏省如东县潮桥镇利用《张氏支谱》，查清了潮桥镇的得名和历史沿革。

六　谱牒的研究与利用

谱牒具有重要价值，然而并不是都能认识到的。《清史稿》的编纂者就无视谱书，在《艺文志》中不予著录。“文化大革命”中有些人把家谱看作纯粹是为地主阶级传宗接代服务的反动书籍，不少谱牒被付之一炬，损失很大。

近年来，人们开始注意宗谱的发掘和利用，宗谱也引起了一些学者的研究兴趣。《光明日报》1982年6月27日报道，江西吉安县发现文天祥家族的《富田文氏族谱》，其中有关于文天祥的祖父、父亲和他的儿子、侄子的资料。

---

① 《潜研堂文集》卷26《钜野姚氏族谱序》。

② 梁启超：《中国近三百年学术史·清代学者整理旧学之总成绩》。

1981年江苏大丰县施俊杰献出《施氏家簿谱》[①]，谱内施彦端名下，注其字“耐庵”，从而在学术界引起了关于是否即《水浒》作者施耐庵的争论。清人的宗谱发现尤多。与此同时，出现不少评介宗谱的文章，肯定谱牒的史料价值，呼吁学术界重视对谱牒的搜集和研究，这是前所未有的。港台和外国学者对中国的族谱很重视，有不少的论文发表和专著出版。

谱牒的价值应予重视，但也应看到它记载的某些不实之处。章学诚指出：“谱系不掌于官，则家自为书，人自为说，子孙或过誉其祖父，是非或颇谬于国史。”[②] 对宗谱中过誉先世的问题，我们利用谱牒时应予注意。

① 又称《施氏长门谱》。

② 《湖北通志检存稿·望族表叙》。

第十一章　文集史料

我国古代图书的四部分类法，集部列经、史、子三部之后为第四大部类。但这一部类的书，在四部中占的分量最重，清修《四库全书总目》就有大约三分之一的篇幅介绍此类图书。关于这一类书的发展源流，纪昀在《四库全书总目》的《集部总叙》中曾指出："集部之目，《楚辞》最古，别集次之，总集次之，诗文评又晚出，词曲则其闰余也。古人不以文章名，故秦以前书无称屈原、宋玉工赋者。洎乎汉代，始有词人，迹其著作，率由追录。故武帝命所忠求相如遗书，魏文帝亦诏天下上孔融文章。至于六朝，始自编次；唐末又刊版印行。"这是按时代顺序，把集部之书分为"楚辞""别集""总集""诗文评""词曲"5大类，其中前3类的分法仍《隋书·经籍志》之旧，后两类则为四库馆臣所增。现代分类法则又增加了"诗经""旧小说及笔记""通俗小说"等类。

一般地说，集部之书大多为文学作品。但其中有不少别集著作，事实上是作者全部传世文字的汇编，并不仅仅限于文学，有的甚至主要的不是文学作品，而是类似于史料杂著；有些总集所收，也大量属于历史方面的文献。即使纯为文学作品，其中所包含的史料也是不容忽视的，这点我们在本书第一编已有论述。因此重视集部书的史料，也是研究历史的应有之义。本章拟主要就总集（包括诗词集）、别集两大类择要介绍。《楚辞》本来也属总集，因传统上都单列一部，这里也自为一节。至于《诗经》，因已于"群经史料"中介绍，故在此不再涉及。

第一节　《楚辞》的史料

《楚辞》是继《诗经》之后，我国又一部较早的诗歌总集，西汉刘向辑。原书16篇，包括屈原的《离骚》《九歌》《天问》《九章》《远游》《卜居》《渔父》《招魂》8篇作品（《远游》《卜居》《渔父》3篇是否为屈原所作尚有争论），及屈原之后楚人宋玉、景差和汉代贾谊、淮南小山、东方朔、严忌、王褒与刘向本人的8篇模拟之作。东汉王逸注《楚辞》，勒为章句17卷，又补入己作《九思》1篇，故今本实有17篇。现在人们所说的"楚辞"，一般主要指屈原的作品。

屈原（约前340—约前278）的作品，在文学史上具有崇高的地位；而由于作者满怀爱国热情，追求进步理想，批判腐朽统治，并驰骋丰富的想象，大量运用了神话传说和历史故事的材料，从而也使这些作品具有珍贵的史料价值。在这方面，最值得注意的是《天问》一篇。相传此篇是屈原见到楚国神庙内图画的历史和神话故事后质疑问难之作，其中的提问曾引起许多历史学家的关注。郭沫若说："全篇以一'曰'字领头，通体用问语。一口气提出了一百七十二个问题，……从天地开辟以来一直问到他自己，把他对于宗教信仰上的、神话传说上的、历史记载上的、人生道德上的各种各样的怀疑痛痛快快地表示得一个淋漓尽致。……更单就它替我们保存下来的真实的史料而言，也是抵得过五百篇尚书。……"① 上古的历史，人们至今仍知道得很少，屈原的提问，正为后人提供了许多不见于他书的材料。仅就历史人物来说，篇中提到的就有尧、舜、禹、商汤、周文王、周武王、周公旦、姜太公、齐桓公、秦景公、楚怀王等七八十人，尚不包括西王母、羲和、女娲、彭祖等众多纯为神话形象的人物。所载历史人物事迹虽有浓郁的神话色彩，却不掩其最根本的历史事实，如篇中有关商殷先公先王的纪录，王国维在利用甲骨文资料排列商殷世次时就曾加以参考。还有一些史实，也逐渐为地下发掘资料所印证。此外，《天问》的出现，反映了战国时代科学的进步，它和1100年后唐人柳宗元为回答屈原的提问而作的《天对》一起，都是哲学史、自然科学史上的重要文献。

楚辞的代表作品《离骚》，既是屈原抒发自己的政治理想、批判黑暗现实、表达胸中愤慨的杰作，也是我们今天研究作者身世、生平和政治思想的主要资料。《九章》中的《桔颂》《涉江》《哀郢》《抽思》《怀沙》等篇，以及后人为悼念屈原而记录有关传说的《渔父》篇，也包含了同类性质的史料。尤其《九歌》中那些清丽婉转的"人神恋爱"故事，更可作为研究战国时代民情风俗的参考。而整个《楚辞》对研究楚国历史乃至先秦历史都有不可忽视的意义。

《楚辞》版本很多，可参看宋洪兴祖《楚辞补注》（中华书局1957年影印本）、朱熹《楚辞集注》（人民文学出版社1953年影印本）及今人姜亮夫《屈原赋校注》（人民文学出版社1957年排印本）等。

---

① 郭沫若：《屈原研究》，重庆，群益出版社，1946。

第二节　总集的史料

总集是记录各家作品的著作集。它既可包括一种体裁的作品，也可包括多种体裁的作品；若仅从所收作品的时代和地域着眼，则可分为通代的、断代的和地方的几种。

一　通代的总集

《文选》，南朝梁萧统（501—531）编，原30卷，是现存最早的诗文总集。统为梁武帝萧衍长子，死后谥昭明，故其书又称《昭明文选》。全书分类选录先秦至梁800年间各体诗文，计有诗歌434篇，辞赋99篇，杂文219篇，共752篇。所选作品详近略远，以晋以后为最多；入选作者除无名氏者外，共129家。其自序称编书旨意在“略其芜秽，集其清英”，以使读者重点涉猎，“兼功太半”；而选材标准则强调“事出于沉思，义归乎翰藻”，凡经、史、子及繁博记言之文皆不入选。但集中所收“篇什”，实不止文学作品，除诗、赋等外，又有“诏”“册”“令”“教”“策文”“表”“笺”“书”“奏记”“符命”“箴”“铭”“哀”“诔”“墓志”“行状”等大量应用文章。而这些都是很好的史料，可借以弥补史书的简略。今有商务印书馆1959年排印的2册本及中华书局1977年出版的3册本，已厘为60卷。

《古文苑》，编者不详。传世有宋人韩元吉整理的9卷本及章樵重编注释的21卷本。所收诗、赋、杂文上起东周，下迄南齐，共260余篇，皆为史传和《文选》所不载，保存了唐以前的一些散佚文献。章樵注中亦多引有前人别集之文。《四部丛刊》《丛书集成初编》均收有本书21卷本。清孙星衍又有《续古文苑》一书，辑金石、传记、地志、类书中遗文而成，自周迄元，共20卷，收入《平津馆丛书》及《丛书集成初编》。

《玉台新咏》，南朝陈徐陵（507—582）编，10卷，选录汉魏至梁代诗歌769篇，多为宫体艳词，但保存了相当多的古文献。著名民间诗作《古诗为焦仲卿妻作》（即《孔雀东南飞》）初见于此。有文学古籍刊行社1955年影印明刊本及1958年重印本。

《文苑英华》，北宋官修，始于宋太宗太平兴国七年（982），成于雍熙四年（987）。凡1000卷，又目录50卷，选录2200余人的作品20300余篇（首），上起南朝梁，下迄唐代，而以唐代诗文为最多，达总数的90%以上。编纂体例大体如《文选》，按文体分为赋、诗、杂文、表、檄、论等38类，每类之下又析为若干子目。此书为北宋官修的“四大部书”之一，保存了极为丰富的文献资料，与《册府元龟》等同为后世辑佚的渊薮。明清编纂诗文总集及编订唐人文集，往往以此书为据。书中所收录的大量制诰、策问、表、笺、状、启、序、论、赞、铭、传记及碑志、行状、祭文等文字，为研究唐代历史不可或缺的重要参考资料。有中华书局 1966 年影印本，共 6 册，附有作者人名索引。

《乐府诗集》，南宋郭茂倩编，100 卷。总括历代乐府诗，上起汉魏，下迄五代，兼有秦以前歌谣 10 余首。分 12 类，计有：郊庙歌词 12 卷，燕射歌词 3 卷，鼓吹曲词 5 卷，横吹曲词 5 卷，相和歌词 18 卷，清商曲词 8 卷，舞曲歌词 5 卷，琴曲歌词 4 卷，杂曲歌词 18 卷，近代曲词 4 卷，杂谣歌词 7 卷，新乐府词 11 卷。各类有总序，每曲有解题，每题以古辞居前，后人仿作列后，源流分明，资料价值较高。《四库提要》称其“解题征引浩博，援据精审，宋以来考乐府者无能出其范围”，而取材与编纂亦精当，“诚为乐府中第一善本”。全书保存了大量民间入乐歌词，对研究民间文化也有相当高的参考价值。有《中国古典文学基本丛书》本，中华书局 1979 年出版，全 4 册。

《古文集成前集》，旧题南宋王霆震编，78 卷。自甲至癸凡 10 集，录自春秋以至南宋之文 522 首，其中宋文居十之八。此书不甚有名，但所录正文及评点文字多存佚书资料，如宋人马存、程大昌、陈谦、方恬、郑景望等人文集及戴溪《笔议》《东塾燕谈》之类，皆不传于世，可从本书窥见崖略。有《四库全书》本。

《古诗纪》，明冯惟讷编，156 卷。计有前集 10 卷录先秦古逸诗，正集 130 卷录汉隋之际诗歌，外集 4 卷录古小说及笔记中存诗，收罗宏富，有一定资料价值。收入《四库全书》。

《石仓十二代诗选》，又称《历代诗选》，明曹学佺（1574—1647）编。是一部卷帙庞大的历代和地方诗选，上起古初，下迄于明，总共达 1255 卷。计有：《古诗选》（汉至隋诗及古逸歌谣）13 卷，《唐诗选》110 卷，《宋诗选》107 卷，《元诗选》（含金 1 人）50 卷，《明诗选》608 卷，《续集》34 卷，《明续集》51 卷，《再续集》34 卷，附《闺秀集》1 卷，《南直集》《浙江集》等地方诗 10 集共 247 卷。所录虽不免糅杂，然 2000 年间诗作略存梗概，去取亦有一定标准，绝非贪多务得、细大不捐之书。有明崇祯四年（1631）序刊本。《四库全书》所收《石仓历代诗选》，仅《明诗选》初集、次集以上 506 卷，其余注明未见。

《历代文纪》，明梅鼎祚（1548—1615）编。具有丛书性质，包括《皇霸文纪》《西汉文纪》《东汉文纪》《三国文纪》《西晋文纪》《东晋文纪》《宋文纪》《南齐文纪》《梁文纪》《陈文纪》《后陈文纪》《北齐文纪》《后周文纪》《隋文纪》等10数种；《四库全书》皆分别著录，而缺三国、东晋、后陈3种，其余11种总计158卷。所收皆历代文章，网罗繁富，援据文、史、杂著之书甚多，故《四库提要》云："合观所录，虽牴牾罅漏，卷卷有之，然上起古初，下穷八代，旁搜博采，荟合成编，使唐以前之文章，源委相承，粲然可考，斯实艺苑之大观，其功亦不为过掩矣。"梅氏又有《释文纪》45卷，裒辑东汉至陈、隋历代名僧之文及诸家之文为释氏而作者，每人名下各注爵里，篇题之下各注事实，有相当多的佛教史料。

《汉魏六朝百三名家集》，《四库全书》著录名为《汉魏六朝一百三家集》。明末复社领袖人物张溥（1602—1641）编，118卷。乃以张燮《七十二家集》为底本，又取冯惟讷《古诗纪》、梅鼎祚《历代文纪》中作品较多的作家诗文萃合增益而成，计收有自汉代贾谊至隋代薛道衡103人作品，唐以前作者遗篇略见梗概。各集前均有简要解题，述作家生平与创作，颇具见地，可作为传记史料征引。但取材贪多，失于断限，分类与考证亦有疏漏。清末以来刊本颇多，有1917年上海扫叶山房石印本及1918年四川官印局刊本。人民文学出版社1960年出版有殷孟伦《汉魏六朝百三家集题辞注》，可以参考。同类的书，又有清吴汝纶评选《汉魏六朝百三家集选》72卷及近人丁福保辑《汉魏六朝名家集初刻》199卷。

《全上古三代秦汉三国六朝文》，清严可均（1762—1843）编，746卷。起上古，迄隋代，收入作者3400多人，分代编次，并为每人撰有一小传。编者的目的，是要使此书与清代官修的《全唐文》相衔接，因此搜采极博，凡佚文断句，必加辑录，保存了多方面的资料，考订亦称详密。但过于贪多，采录不尽精确。中华书局1958年曾据原刻影印，共4册；1965年又据广雅书局本影印；1985年再次精印发行。中华书局同时编有全书篇名目录及作者索引，有1986年版精装本。

《乾坤正气集》，清姚莹（1785—1852）编、顾沅补，574卷。书名仿明偶桓编《乾坤清气集》，而所收作者上起战国屈原，下迄明代朱集璜，共101家，除个别反对农民起义者外，其余大都是正直坚贞而又横遭迫害的历代人物，可备研究历史人物的参考。有道光二十八年（1848）刊本。顾氏又有节抄本20卷，称"小乾坤"，见《半亩园丛书》。

二　断代的总集

《唐文粹》，北宋姚铉编，100卷。是书系从《文苑英华》中选录而成，偶有出《文苑英华》之外者，为唐一代文章总汇。所选注重古体，凡骈体之文及近体诗作皆不取，多有唐人奏疏碑志等史料。有《四部丛刊》本。清郭麟有《唐文粹补遗》26卷。

《全唐文》，清嘉庆十九年（1814）董诰、阮元等奉敕编，1000卷。以清内府所藏旧钞《唐文》为蓝本，兼采《永乐大典》《古文苑》《文苑英华》《唐文粹》等书编成。共收唐、五代作家3042人，文章18488篇，并附有作者小传，集唐代散文之大成。清陆心源又有《唐文拾遗》72卷、《目录》8卷、《续拾》16卷。上海古籍出版社1990年影印出版了《全唐文》5册，并附有陆氏《拾遗》《续拾》及《全唐文札记》1种。

《全唐诗》，清康熙四十五年（1706）彭定求、曹寅等编，900卷。以明胡震亨《唐音统签》、清初季振宜《唐诗》增订而成，收唐诗48900余首，作者2200余人，并附有作者小传，集唐诗之大成。错误颇多。中华书局1960年据扬州诗局刻本点校印行，1979年重印，全12册，改正了旧本的一些明显的错误，同时附录有日本上毛河世宁所辑《全唐诗逸》3卷。

《宋文选》，不著编者名氏，今本32卷。据《四库全书总目》考证，此乃《圣宋文选》前集，出北宋人之手。所收作者自欧阳修以下14人，选文皆有关于经术、政治，而不录诗赋碑铭，虽无三苏、二程文字，而多有曾巩等人佚文，颇可参据。

《宋文鉴》，此书系南宋著名学者吕祖谦（1137—1181）奉宋孝宗之命，据临安书坊所刻江钿编的《圣宋文海》校正改编而成。原称《皇宋文鉴》，150卷。实则祖谦尽取当时秘府及士大夫诸家所藏文集，并兼采传记之书重行编次，无异于自为一书。书成，在朝野上下引起轩然大波，以至有人上奏朝廷，称所选奏议有诋及祖宗政事者。孝宗命崔敦诗更定，而终无结果。今全书共分61门，堪称集北宋及南宋初宋人文章之大成，其中臣僚奏疏及有关朝章政事的杂著特多，具有重要史料价值，可从中推见北宋至南宋初200年间政治演变之梗概。有《四部丛刊》等本。

《南宋文范》，清庄仲方编选，凡70卷、外编4卷、作者考2卷。所选南宋诗文306家，分55类，以说理文为主，诗只选古体，不少作品反映了南宋政治情况，史料价值较高。有清道光间活字本。

《全宋词》，今人唐圭璋辑。商务印书馆1940年排印本分300卷、附录2卷；

中华书局1965年版作了改编、增补、校点，精装5巨册，1980年重版。全书收录宋词1330余家、19900余首，以时代先后编排，附有作者小传，是目前搜集宋词最广的书。孔凡礼又辑有《全宋词补辑》，中华书局1981年出版。

《全宋文》，宋文数量庞大，搜辑为难，向无成书。近年四川大学古籍研究所承担国家任务，开始编辑此书，是一项巨大工程，估计成书卷帙要超过《全唐文》。目前已陆续出版。

《辽文汇》，近人陈述编，12卷。辽代文籍，传世最少。清末缪荃孙编《辽文存》、王仁俊编《辽文萃》及民国黄任恒编《辽文补录》、罗福颐编《辽文续拾》等，总共亦不过10余卷。本集后出，所收较完备，可作为研究辽史的参考书。1953年中国科学院出版，全4册。

《西夏文缀》，清王仁俊辑，2卷。西夏文籍传世亦极少，本书尽力作了搜集工作。有光绪三十年（1904）籀鄦誃铅印本，与所编《辽文萃》合为1册。近人罗福颐又有《西夏文存》1卷、《外编》1卷，1935年石印出版，1册，收入《待时轩丛刊》。

《中州集》，金元好问（1190—1257）编选，10卷，附乐府1卷。书成于金亡后，收拾金人诗作于一编，共收作者249人，诗作1980余首，而在世者不收。编者本意在"以诗存史"，故集中多思国怀乡、忧时伤乱之作；诸人之下各附小传，兼记有关人物事迹，有时还对某些史实加以论断。金代史料传世亦少，此集当为研究金史的基本史料书之一。有《四部丛刊》等本。元房祺辑有《河汾诸老诗集》8卷，收录金末元初平阳一带8位诗人作品198首，可作本集之补充。

《全金诗》，清郭元釪编，74卷。系就《中州集》增补而成，而所增之人视旧加倍，所增之诗视旧三倍，金人诗作几已全备于此。每人之下仍存小传，又杂取有关金史史料作为附录，以备考核。但编辑目的重在"以史证诗"，与《中州集》不同。此集曾经康熙帝审阅，故《四库全书》著录称《御订全金诗》；又称《全金诗增补中州集》。

《金文最》，清张金吾编，127卷。广采金人传世专集及史传、地志、佛道经典、高丽史等书，分42类录存金代骈散之文，内容完备，而失之杂滥。有江苏书局光绪间刊本。

《元文类》，原名《国朝文类》，元苏天爵编，70卷。此书分43类录元代至元以前诗文，采择甚精，其中不少作品具有较高史料价值。如卷45所载修端《辨辽金宋正统》一文，是有关元修三史时统治者内部争论"正统"问题的重要史料。后人以此书与《唐文萃》《宋文鉴》并称。有商务印书馆1958年版，分上、下两册。

《明文衡》，原名《皇明文衡》，明程敏政编，98卷、补缺2卷。多台阁辞赋，亦录散文，文学价值不高，而部分内容有史料价值。《四部丛刊》收入此书。

《明文海》，清黄宗羲编。原书600卷，未经刊行，《四库全书》著录482卷，系删去晚明史事部分118卷。编者宗旨在保存明代史料，因而搜罗极富，仅明文集即引至两千余家，有大量不见于他书的明代文史篇章，实可作为研究明史的基本史料参考书看待。

《明文在》，清薛熙编选，100卷。仿《文选》体例，录明人诗文2000余篇。有江苏书局刊本。

《列朝诗集》，清钱谦益编，81卷。仿《中州集》体例，选录明代诗人2000余家作品，"以诗系人，以人系传"，保存了一代文献和人物资料。有清初刊本。《中国文学参考资料小丛书》第二辑收有《列朝诗集小传》。

《明诗综》，清朱彝尊（1629—1709）编，100卷。体例略仿《全唐诗》，录明代3400余人诗作，兼述作家生平及诸家论说，并有不少明末殉节诸臣及明遗民的作品。有《四库全书》本。

《皇朝经世文编》，清魏源编，而署为贺长龄辑。120卷。此编与一般注重文学的文集不同，所辑皆清初至道光间官方文书、论著及奏疏、书札等，实为一部史料书，故近世以来著录书或列入史部政书类，或列入子部儒家类。全书分学术、治体、吏政、户政、礼政、兵政、刑政、工政8部分，选文强调"经世致用"，反对空谈理性，有大量内容是对封建弊政的揭露，反映出编者要求变革图强的愿望。但编者对农民起义持反对态度，选文中有阐述镇压农民起义方略的篇章。原书道光六年（1826）编成，次年刊行。后盛康、葛士浚又各有《皇朝经世文续编》120卷，陈忠倚有《皇朝经世文三编》85卷。

《清文汇》，近人沈粹芬、黄人等辑，共5集，200卷。收录清人作品万余篇，作者1300余家，选文注重学术思想的演化与社会风尚的变迁，有一定史料价值。成书于宣统二年（1910），有国学扶轮社石印本。

三　地方的总集

《会稽掇英总集》，北宋孔延之编，20卷。是书集会稽（今绍兴）一带山水人物铭志诗文，自汉迄宋，凡805篇，分类编辑，是地方文献综合集中较早的一种。前15卷为诗，分州宅、西园、贺监、山水、寺观、送别、寄赠、感兴、唱和等目，其中山水、寺观等目又分若干子目；后5卷为文，分史辞、颂、碑铭、记、序、杂文等目。所录诗文大都出自作者实地搜访，多不见于名人文集，可借以考见前代文学人物及地方史实。如对唐、宋时代会稽太守题名壁记，皆全录原文，较方志所载为详。《四库全书》收有明代藏书家祁承㸁澹生堂旧抄本，并云“在宋人总集之中最为珍笈，其精博在《严陵》诸集上”。清陆心源有《会稽掇英总集校》1卷及《续会稽掇英总集校补》5卷，见所刻《潜园总集·群书校补》。

《严陵集》，南宋董弅编，9卷。作者尝知严州（今浙江建德），与僚属修本州图经，搜求碑刻，稽考载籍，所得散佚诗文甚多，乃参考部分私家藏书，编录而成此集。所收上起南朝谢灵运、沈约等人，下至南宋初年；前6卷为诗赋，后3卷为碑铭题记等杂文。以宋人作品为多，不少出自名人之手，且不常见，可供治文史者取资。有《丛书集成初编》本。

《成都文类》，旧题南宋袁说友编，50卷。然据卷首题名，则此集实为庆元间袁氏为四川安抚使时，嘱僚属扈仲荣、杨汝明、程迈孙等8人集体编成。材料主要取自方册、碑志，所录凡赋1卷、诗歌14卷、文35卷，上起西汉，下迄宋孝宗淳熙年间，共1000余篇。分11类，每类又各有子目，颇为繁碎，但资料较多。有《四库全书》本。

《全蜀艺文志》，明周复俊编，64卷。周氏嘉靖中官四川按察司副使，以为宋人所编《成都文类》尚有未备，于是博采汉魏以后有关蜀事的诗文汇为此编，《四库提要》称其“包括网罗，极为该洽”。所录多前人佚著，如宋罗泌《姓氏谱》，元费著《古器谱》等，惟赖此书以存。有些作品为《文苑英华》所未录。诸篇之后，编者间附按语，于文字、故实颇有辩证。而收文“善恶并载”，不以个人好恶决定是非取舍，也有助于保存更多的资料。可与前书互参。有传世旧抄本。

《宋代蜀文辑存》，近人傅增湘辑，专录两宋蜀人文章，包含了不少有关宋代政治、经济、文化等方面的重要史料。末附作者小传，便于查检。有傅氏自刊本。

《天台集》，南宋李庚、林师蒧、林表民等辑，计有《前集》3卷、《前集别编》1卷、《续集》3卷、《续集别编》6卷，共13卷。所录皆为浙江天台题咏诗赋，与《会稽掇英总集》性质相近。有《续台州丛书》《四库全书珍本初集》等本。

《赤城集》，南宋林表民编，原本28卷，今佚去诗10卷，惟存文18卷。编者尝续修《赤城志》（赤城即天台），今此集即取当时志中所不载的记志书传铭诔赞颂之文编成，共有182篇，可补方志的简略。有《台州丛书乙集》本。明谢铎又辑有《赤城后集》33卷，收入《续台州丛书》；近人杨晨辑有《赤城别集》5卷，收入《台州丛书后集》。

《吴都文粹》，南宋郑虎臣编，9卷。是书载吴郡（今苏州）遗文，卷幅虽少，而综辑颇富。所录宋人李寿朋、汪应辰、赵肃等札奏均有关兵农大计，而有关地理沿革等事亦多可随文考见。《四库提要》谓“是书虽称‘文粹’，实与地志相表里，东南文献，藉是有征，与范成大《吴郡志》相辅而行，亦如骖有靳矣”。是研究苏州地方史的重要史料书。有传世旧抄本。明钱谷辑有《吴都文粹续集》56卷、《补遗》1卷，分21门，凡说部、类书、诗编、文稿以至遗碑、断碣无不甄录，材料更为丰富。有《四库全书珍本初集》本。

《宛陵群英集》，元汪泽民、张师愚编。原本28卷，上自宋初，下迄元代，录宛陵（今安徽宣城）古今体诗1393首。后来散佚，今本系清初四库馆臣由《永乐大典》中辑出，共得诗746首，作者129人，厘为12卷，并对可考作者补注了爵里事迹。多有宋、元佚文。

《中州名贤文表》，明刘昌编，30卷。是编载元代河南人物遗文，凡许衡6卷，姚遂8卷，马祖常5卷，许有壬3卷，王恽6卷，孛术鲁翀（清初改译富珠哩翀）2卷。材料大致取自诸人文集，意在表彰前贤，故每集之下均有编者跋语数则，以为考订。今诸人文集或传或逸，可借此书校订补阙，史料价值较高。有清光绪三十年（1904）刊本。近人邵松年辑有《续中州名贤文表》68卷，录明人著作，亦于1909年由鸿文书局石印出版。

《新安文献志》，明程敏政编，100卷。全书采录新安（今属安徽）一带自南北朝以后文章事迹编成，60卷以前为甲集，皆其地先达诗文，分类辑录；后40卷为先达行实，分神迹、道原、忠孝、儒硕、勋贤、风节、才望、吏治、遗逸、世德、寓公、文苑、材武、烈女、方技15目。征引繁博，条理淹贯，凡一郡人文典故、遗文轶事，搜罗略备，为研究新安地方史的重要文献。今存明弘治十年（1497）原刊本及《四库全书》本。明金德玹曾编《新安文粹》15卷，所收不及《文献志》广博，而与《文献志》互有出入。有明天顺二年（1458）原刊本。

《金华文统》，明赵鹤编，13卷。赵氏先成《金华正学编》12卷，录宋吕祖谦、何基、王柏及元金履祥、许谦讲学之文，并附有诸人本传、行状、墓志铭。后成《金华文统》，兼录金华耆旧之文，凡宋有宗泽等12人，元有吴师道等6人，明有宋濂等8人，大旨仍以宣扬道学为宗，门户之见颇重，但也保存了一些名人资料。《四库全书》入总集存目。

《清源文献》，明何炯编，12卷。此书分11类，载唐至明泉州人物诗赋杂文，共收265人，搜采颇广。但有终身未至其地而亦收入者。《四库全书》亦入总集存目。

《岭南文献》，明张邦翼编，分类编次唐至明岭南人物之文，亦收 260 余人，而明人居十之九。杨瞿崃又编《补遗》6 卷，有文无诗，详于事理。二书亦均见《四库全书》存目。

按上述类型的地方文献集，明清以来所编者尚多。可举者如：

《荆溪外纪》，明沈敕辑，25 卷。有《常州先哲遗书》本。

《关中两朝文钞》，清李元春辑，22 卷、补 6 卷。有《桐阁全书》本。

《淮海英灵集》，清阮元辑，甲、乙、丙、丁、戊集各 4 卷，壬、癸集各 1 卷。有《丛书集成初编》本。

《吴会英才集》，清毕沅辑，24 卷。有道光中刊本。

《临川文献》，清胡亦堂辑，25 卷。有康熙十九年（1680）刊本。

《潮州耆旧集》，清冯奉初辑，37 卷。有光绪三十四年（1908）刊本。

《高凉耆旧文钞》，清许汝韶辑，22 卷。有光绪十八年（1892）《高凉耆旧遗集》本。

《扬州足征录》，清焦循辑，27 卷。有《榕园丛书》本。

《甬上耆旧诗》，清胡文学辑，30 卷。有《四库全书》本。《续甬上耆旧诗集》140 卷，清全祖望辑。有《国粹丛书》（第三集）本。

《四明文征》，清袁钧辑，16 卷。有《四明丛书》（第八集）本。

《闽诗录》，清郑杰辑，41 卷。有《石遗室丛书》本。

《襄城文献录》，清刘宗泗辑，12 卷。有《刘氏传家集》本。

《蜀雅》，清李调元辑，20 卷。有《丛书集成初编》本。

《泾献文存》，民国柏堃辑，12 卷、《外编》4 卷，《泾献诗存》4 卷、《外编》2 卷。有《泾阳文献丛书》本。

《沙州文录》，民国蒋斧辑、罗福苌补，1 卷、补 1 卷、附录 1 录。有《六经堪丛书初集》本。

《晋昌遗文汇钞》，民国牛诚修辑，2 卷。有《雪华馆丛编》本。

《浔溪文征》，民国周庆云辑，16 卷。有《晨风庐丛刊》本。

《滇文丛录》，云南丛书处辑，100 卷、首 1 卷、总目 2 卷、作者小传 3 卷。有《云南丛书初编》本。

此外，总集中又有按氏族编排的一类，如宋人所编《沈氏三先生文集》（沈遘、沈括、沈辽）、清人所编《三苏文集》（苏洵、苏轼、苏辙）、近人所编《武林丁氏家集》（丁立诚、丁中立）、《海盐张氏涉园丛刻》（张元济家族人物）等，均为汇录著名氏族作家群体的作品的集子，兼具“家集”与地方总集的性质，这里不再一一列举。

第三节　别集的史料

“别集”是相对于“总集”或大部头专著来说的，是汇录私家作品的著作集，它的作者一般仅限于一人。《隋书·经籍志》说：“别集之名，盖汉东京之所创也。自灵均（屈原）以降，属文之士众矣，然其志尚不同，风流殊别。后之君子，欲观其体势，而见其心灵，故别聚焉，名之为集。”这是说别集起源于汉代。不过唐以前的别集，总的来说数量还不算大，《隋书·经籍志》通计亡书在内总共著录886部，其中实存437部，约占总数的一半；而这一半别集，现在绝大部分也已散佚，《四库全书》所录唐以前的仅有十几部。自唐以后，别集的编纂代有增加。现存唐人别集，包括后人编订的在内，约有200余部；宋人别集，可知者少说也有千余部，现存者尚有四五百部；辽、金、元三代诗文集，据统计有470余部，现存者在250部左右；明、清文集，汗牛充栋，难以详计：《明史·艺文志》著录明人别集将近1200部，加上其他目录书的著录，留存至今的可能在1000部以上；清人别集，若包括抄本、稿本在内，数量估计要突破3000部。这些无疑是中国古代文献的一个重要组成部分。

别集的类型，按收录范围的广狭，可约略分为全集和选集两种。其中选集有相当一部分以文学作品为主，目的在保存精粹和供人们诵习；全集则尽可能囊括作者的全部著作和散存文字，以便使这些文字能够流传后世，并为学术研究提供资料。因此全集的史料价值，一般远较选集为高。不过即使全集，由于作者所处的时代和社会地位不同，写作宗旨和学术专攻的方向不同，以及编定的时间不同等等，内容也有多有少，并不一致。典型的文集，通常都是按文体类别编排的，如北宋名臣司马光的文集《司马文正公集》。显然，这样的文集还不是真正的“全集”，因为司马光的史学巨著《资治通鉴》及《涑水纪闻》《稽古录》等单行著作并没有（也没有必要）包括在内。因此毋宁说，中国古代文集只是作者日常杂著及散作文字的汇编。这也是一种通例。其内容一般可概括为下列几部分：

一是诏敕制诰、表状奏札等档案材料。这类材料，在地位较高的人物别集中往往占有很大比重，有的甚至全是这类材料。如唐陆贽的《陆宣公集》22卷，前10卷是制诰，后12卷是奏草；北宋包拯的《包拯集》10卷，全是奏议；范仲淹的《范文正公集》20卷，大部分也是奏状；上述《司马文正公集》中，这类材料也占了一半。至于明、清时代的别集，则奏折材料尤多。这些原始文件，大都涉及各朝政治、经济、军事等重大问题的决策，是研究当时历史的基本史料类型之一。

二是各体应用文字、题记序跋及名目繁多的史料杂著等。上述《司马文正公集》中卷59至卷71所载都是这类材料，体裁多达十几种，其中《疑孟》12条是研究宋代辨伪学的重要资料，《迂书》40余篇则是对现实政治问题的议论。在许多别集的这类材料中，往往包含有作者完整的论著，如欧阳修的《欧阳文忠公文集》，就收有《易童子问》（3卷）、《归田录》（2卷）、《集古录跋尾》（10卷）等书，它们分别是古代辨伪学、笔记、金石学等方面的名著。

三是书牍信札资料。这类资料在历代人物别集中也很多，在某种程度上更能反映作者对各种社会和学术问题的看法，其中有关社会政治问题的信件多可与出于作者手笔的奏议史料互相参证。如《范文正公文集》中的3封《与吕相公书》，就全面阐述了作者对文治武备关系的观点及其对防御西夏战略、策略的设想，是研究范仲淹军事思想及“庆历新政”中有关“修武备”思想的重要材料。南宋《陈亮集》中收有一批陈亮与朱熹的往来信件，是研究陈亮“王霸义利之辩”、讲究功利之学的主要依据。明人张居正的《江陵张文忠公集》47卷中，书牍占了15卷，收有800多件信札，对研究张居正改革及明代后期历史也有重要的史料价值。

四是行状碑传资料。古时达官贵人或社会地位较高、交游较广的人死后，其子孙或门生往往请托名公巨卿或文名出众之士为之撰写行状家传和碑铭墓志之类，因而这类材料在历代文集中占有相当大的比重。如唐代韩愈的《韩昌黎集》40卷，碑志占了12卷；北宋欧阳修的《居士集》50卷、《外集》25卷（均收录于《欧阳文忠公文集》中），碑状占了19卷；南宋楼钥的《攻媿集》112卷，碑文墓表有25卷；魏了翁的《鹤山大全集》109卷，同类材料也占了21卷。虽然此种资料局限性很大，其史料价值仍是值得重视的，这点我们在《传记史料》一章中已经讲到。

五是诗、词、曲等文学作品。这是人物别集的一个基本构成部分，但在相当多的名人文集中并不占主要地位。其史料价值当在具体的研究中进行具体的分析。

六是附录资料。一般个人文集都有附录，或置前，或置后，除少数为提要资料外，大都是作者的生平资料，或为传记，或为行状碑志，或为年谱，有的还是作者的自传。这在事实上也是别集的一个构成部分，对了解作者和引用集中史料很有帮助。

个人文集的内容千差万别，以上概括的几项并不全面，但主要的不出这些范围。统而言之，文集中的材料一方面是研究历史人物生平及其思想的主要依据，另一方面也是研究当时社会历史的重要史料来源。在一定意义上说，由于文集史料的博杂，它往往比官修史书更能真实、具体地反映出当时广阔的社会风貌，是一块很有必要深入开发的史料园地。

第十二章　笔记和杂史史料

第一节　笔记史料

笔记是随笔记录的短文，或记当时见闻，或记读书心得，内容广泛，不拘形式。

笔记产生于魏晋时期，今存东晋葛洪《西京杂记》2卷，可视为较早的笔记，记西汉传闻轶事、掌故、长安宫室、苑囿等。唐宋时代，笔记写作进入繁荣时期，明清两代笔记也很多。

笔记内容丰富，涉及到政治、经济、哲学、历史、地理、科学、工艺、文学、艺术、文物、风俗等，往往为正史所不载。还有一些笔记，评论史籍、考订史事，对于阅读、鉴别史料也有参考价值。

一　记述唐、五代史事的笔记

《朝野佥载》，唐张鷟撰。原20卷，今本6卷，或作3卷。记唐初至开元间事，尤多武则天朝政事，所记多是耳闻目见，较有价值。有1979年中华书局出版赵守俨校点本。

《封氏闻见记》，唐封演撰。10卷。记典制、风习、古迹、传说及士人轶事。多为唐事，于名物掌故说多详赅，可补史缺。有1958年中华书局出版赵贞信校注本。

《翰林志》，唐李肇撰。1卷。记唐初至永贞间翰林院渊源、建置与沿革诸事，为记载翰林院掌故的最古之作。有《百川学海》《历代小史》等本。

《国史补》，唐李肇撰。3卷。记事305条，每条以5字为标题。记唐开元至长庆间事，如官场制度、科举典故、名人轶闻、社会风俗、各地物产、流行游戏、工商业情况等，对研究唐代社会有较高价值。有1957年古典文学出版社点校本，1979年上海古籍出版社重印本。

《酉阳杂俎》，唐段成式（约803—863）撰。30卷。按门纂录所辑秘府典籍、杂著、传闻等，凡志怪、传奇、杂录、琐闻、名物、考证等均汇为一编，有裨掌故研究。有1981年中华书局标点本。

《刘宾客嘉话录》，唐韦珣（约 802—?）撰。1 卷。汇辑长庆间从学于刘禹锡所作笔录而成，多记唐杂事和文人轶闻，有一定价值。有《学海类编》《丛书集成》等本。另有 2000 年上海古籍出版社《唐五代笔记小说大观》本。

《因话录》，唐赵璘撰。6 卷，或作 3 卷。叙唐初至大中九年（855）帝王、百官、不仕者、典故、杂事等，所记御史台故实，高宗、武后时三省变化，玄宗至宣宗间人物，可与史传相参证。有 1957 年古典文学出版社点校本，1979 年上海古籍出版社重印本。

《松窗杂录》，亦称《松窗录》《松窗小杂》，唐李濬撰。1 卷。追记早年听自公卿传述的朝廷故事，以玄宗朝为主，间有中、德、穆、文宗时事。李泌论玄宗朝得失等人物言论，颇可参考。有 1955 年中华书局标点本。

《幽闲鼓吹》，唐张固撰。1 卷。多记唐宣宗时遗事，间及宪宗、武宗等朝，可补史缺。有 1958 年中华书局标点本。

《唐摭言》，五代初王定保（870—940）撰。15 卷。详记唐科举故实，可补史缺。有 1957 年古典文学出版社标点本，1978 年上海古籍出版社重印。

《唐语林》，北宋王谠撰。8 卷。多叙唐代政事、朝野杂事、士林言行、典章故实，足与史传相参证。有 1958 年中华书局标点本，1978 年上海古籍出版社重印。

《南部新书》，北宋钱易撰。10 卷。杂采诸书，记唐代政治制度、官场典故、人物事迹、节庆风俗等，亦收录状、敕、令、式等原始文献，史料价值颇高。有 1958 年中华书局标点本。

《北梦琐言》，五代末孙光宪（约 900—968）撰。原 30 卷，今本 20 卷。记晚唐、五代间政治遗闻、文人士大夫言行和社会习俗，对当时皇室、宰辅、酷吏、藩镇、科考、门阀、风习、僧道等皆有所述，可补史缺。有 1981 年上海古籍出版社出版林艾园标点本。

《金华子》，一名《刘氏杂编》，又称《金华子杂编》，南唐刘崇远撰。2 卷。记晚唐宣宗大中后期朝野故事，可与正史相参证，亦有南唐史实。有 1958 年中华书局标点本、1988 年上海古籍出版社点校本。

二　记述宋、元史事的笔记

《归田录》，北宋欧阳修（1007—1072）撰。原 8 卷，今本 2 卷，115 条。记朝廷故事和士大夫琐闻，有关宋初人物事迹、职官制度和官场轶闻等，出于耳闻目睹，足资补史。有 1981 年中华书局出版李伟国点校本。

《涑水记闻》，北宋司马光（1019—1086）撰。16 卷、2 卷、10 卷诸本。

杂录《三朝圣政》《训鉴录》诸书及神道碑、墓志、异闻传说等，记宋太祖至神宗间国家大政，间涉琐事，多详其本末。所记如太祖削兵权、内侍都知召太宗嗣位、太祖长子德昭自杀诸事，颇有异辞，可资参考。有《学津讨原》本、《丛书集成》本。1989年中华书局出版邓广铭、张希清点校本。

《春明退朝录》，北宋宋敏求（1019—1079）撰。3卷。主要记唐宋典章故实，多涉及官诰礼仪、仕宦进拟、差除制度掌故。如关于唐宋京官相参、官诰用纸、中书省等主要官署公文草稿名称等，有裨名物制度研究。1980年中华书局出版诚刚点校本。

《渑水燕谈录》，亦称《渑水燕谈》，北宋王闢之（1031—?）撰。10卷。分17门，360条，今存352条。叙绍圣前朝野杂事，以人物居多，兼涉政事、轶闻、掌故。记富弼、韩琦、司马光、范仲淹、欧阳修、田锡、曹彬、王德用言行，多于他书。1981年中华书局出版吕友仁点校本。

《文昌杂录》，北宋庞元英撰。6卷，补遗1卷。多叙朝中典章故实，间及琐闻轶事。所记朝廷礼仪、官吏拜罢等事，切实可征，于元丰新制记述尤详。马端临《文献通考》曾取材于本书。有1958年中华书局点校本。

《梦溪笔谈》，北宋沈括（1031—1095）撰。30卷，包括《梦谈》26卷，分《故事》《辩证》《乐律》《象数》《人事》《官政》《机智》《艺文》《书画》《技艺》《器用》《神奇》《异事》《谬误》《讥谑》《杂志》《药议》17门；《补笔谈》3卷，仅有其中11门；《续笔谈》1卷，不分门。全书共609条，是一部综合性随笔杂记，内容涉及天文、历法、气象、地质、地理、物理、化学、生物、农业、水利、建筑、医药、历史、文学、艺术等。不仅保存了许多关于生产斗争和阶级斗争的重要史料，而且保存了大量极有价值的科学史料。所载毕昇活版印刷术，指南针装制法，喻皓《木经》及其建筑成就，高超三节埽分压法治黄河决口，卫朴制奉元历，孙思恭释虹及陆龙卷，河北“团钢”“灌钢”技术，“浸铜”生产等，反映了北宋科技水平，都是非常重要的史料。该书还反映了作者的科学研究成果，如正确解释小孔成像原理、日月蚀、月光来源、声波共振现象、地磁偏角问题、太行山和雁荡山形成中流水的浸蚀作用，总结出高阶等差级数求和与求弧长近似公式“隙积术”和“会圆术”，计算出月道与黄道交角每月后退度数更为精确的数值等。还有大量条目记载当代政治、军事及传闻轶事、艺文掌故。卷9、卷11、卷12记述了宋代劳动人民所受的压迫和剥削；卷20对李顺起义的记载，为正史所无；关于种世衡、种谔抗西夏，张皓予在澶渊之役中为宋军传送情报等事，为正史所讳载；对西北与北方军事利弊及典礼礼仪和古代音乐的演进等，亦记述翔实。在考古、文字、音韵等方面，也提供了不少资料。1956 年上海出版公司出版有《梦溪笔谈校证》，1962 年中华书局上海编辑所重印。1957 年中华书局出版有《新校正梦溪笔谈》。新有 2003 年上海书店出版社标点本。

《东京梦华录》，南宋初孟元老撰。10 卷。着重记载了北宋崇宁到宣和（1102—1125）年间东京汴梁城内外规模、河道桥梁分布、宫殿位置、街巷游观以及商店、货摊、酒楼、夜饭店、食品杂卖、肉行饼店、渔行、鹰店等市易情况。所叙皇帝出行仪制、观看百戏情景及郊仪、行礼仪、皇太子纳妃、公主出嫁等宫廷仪式与民间习俗等，反映了北宋城市经济的发达和市民文化生活的活跃，对研究北宋都市生活有重要价值。本书也为研究当时仪礼典章提供了可靠资料，可补《宋史》某些部分之缺。有《丛书集成初编》本，1956 年古典文学出版社、1982 年中国商业出版社标点本，1959 年商务印书馆出版邓之诚注本，1982 年中华书局重印。

《挥麈录》，南宋王明清（1127—?）撰。20 卷。主要记两宋之际政治、军事、典制及社会情况，多出于切身闻见，有较高史料价值。关于南渡初年史事，高宗渡海避难的一些具体情节，记述详尽。有 1961 年中华书局点校本、2001 年上海书店标点本。

《铁围山丛谈》，两宋之际蔡絛撰。6 卷。作者被流放白州时作，记北宋一代和南宋初年约 200 年间遗闻旧事、艺文故实，多详而可征。对宋廷君臣贪暴、官宦之争、民间疾苦及岭南风俗等，亦有记述。但对其父蔡京误国，多有曲笔粉饰。有 1983 年中华书局点校本。

《泊宅编》，两宋之际方勺（1066—?）撰。10 卷。多载北宋末至南宋初朝野遗闻旧事，尤详于元祐、政和之间，也涉及到地理、艺文、医药、杂记等事。以记熙宁、元丰间财政和方腊起义始末等较有史料价值。1983 年中华书局出版许沛藻、杨立扬点校本。

《曲洧旧闻》，两宋之际朱弁（？—1144）撰。10 卷。作于建炎元年作者使金后被囚的 17 年间。多叙北宋朝中故事、君臣轶闻，旁及诗文考评、神怪谈谐。对于熙宁新政、蔡京绍述、朋党纷争等言之颇详，有助考史。有《知不足斋丛书》《学津讨原》《丛书集成》等本。2002 年中华书局出版孔凡礼点校本。

《邵氏闻见录》，又名《河南邵氏闻见录》，后人或称《闻见前录》，简称《闻见录》，两宋之际邵伯温（1056—1134）撰。20 卷。记北宋建隆至南宋绍兴初年旧事，对熙宁变法期间变法与反变法派主要人物王安石、章惇、吕惠卿、司马光、富弼等人的思想、观点、言论、行动及道德品质、家庭琐事等，记述详细，对元祐后反变法派人物分成的洛、川、朔三党记述亦详，也涉及北宋初朝廷典章、逸闻趣事，是研究宋史的有价值的史料。惟颇有“新法”反对派的偏见。有 1983 年中华书局出版李剑雄、刘德权点校本。

《邵氏闻见后录》，南宋初邵博（？—1158）撰。30 卷。多辑北宋国史旧闻，兼及经、史、子、集四部之书，均有可采。版本同上。

《鸡肋编》，两宋之际庄绰撰。3 卷。多记史迹旧闻及各地风土、传闻琐事。对元祐人物轶闻、宋辽交涉，绍兴间兵马钱谷之数等记载，多有可采。有 1983 年中华书局点校本。

《默记》，南宋初王铚撰。3 卷，或作 1 卷。103 条。多记北宋朝野遗闻轶事，对当时政事和政治、文化人物记述颇详，足补史缺。1981 年中华书局出版朱杰人点校本。

《容斋随笔》，南宋初洪迈（1123—1202）撰。其中《随笔》《续笔》《三笔》《四笔》各 16 卷，《五笔》10 卷，共 74 卷。内容涉及历史、文学、哲学、艺术等许多方面，考证了宋以前的一些历史事实和政治经济制度、词章典故等，对宋代典章制度记述尤详，对一些历史人物和历史事件间有所评，史料价值较高。有《四部丛刊续编》本，1978 年上海古籍出版社出版标点本。

《桯史》，又名《柳氏旧闻》，南宋岳珂（1183—1234）撰。15 卷。记两宋人物、政事、旧闻，所载宋金和战与宋廷内政诸事，详于正史。有 1981 年中华书局出版吴企明点校本。

《愧郯录》，南宋初岳珂撰。15 卷。多记宋代典章故实，或比较前代旧典异同，不少史料为史志所不载。有《知不足斋丛书》《丛书集成初编》、1995 年江苏广陵古籍刻印社据《笔记小说大观》影印本。

《老学庵笔记》，南宋陆游（1125—1209）撰。10 卷，576 条。多记时事轶闻、典章制度，兼及诗文考订与民间传说，对当时军民抗金活动记述颇多，对人民的爱国热情有所反映，对统治阶级有所揭露，保存了不少重要史料。有 1979 年中华书局出版李剑雄、刘德权点校本。

《宾退录》，南宋赵与时（1175—1231）撰。10 卷。所记两宋人物、掌故，率多翔实，考证经史、典故，大半精核。论考汉钱、历代酒价、浮梁与浔阳茶产、《元丰九域志》所载岁贡品类，是研究经济史的史料。有 1983 年上海古籍出版社出版齐治平校点本。

《四朝闻见录》，南宋叶绍翁撰。5 卷。叙录南宋高宗、孝宗、光宗、宁宗四朝轶事。前 4 卷杂叙四朝时事传闻与人物事迹，末卷只叙宁宗受禅与庆元党禁二事。所载韩侂胄得幸至被诛事甚详，为《宋史》取资。有关朝政、典制的记载亦有价值。有《知不足斋丛书》本、《丛书集成初编》本。1989年中华书局出版沈锡麟、冯惠民标点本。

《武林旧事》，南宋周密（1232—1298）撰。10卷。武林是古杭州别称。书仿《东京梦华录》体例，记南宋都城临安朝廷典礼、山川景物、民情风俗及市肆节物、教坊乐部。所叙市民阶层物质文化生活及手工业、物产情况，有较高史料价值。有1982年中国商业出版社标点本。

《齐东野语》，南宋周密撰。20卷。保存不少南宋史料，如《张魏公三战本末略》《绍熙内禅》《诛韩始末》《端平入洛》《淳熙岁币》《岳武穆逸事》等条，可补史缺。有1983年中华书局标点本。

《梦粱录》，宋末元初吴自牧撰。20卷。记南宋京都临安繁华故迹，详及市镇建置、郊庙宫殿、山川景物、物产节序、土俗人物、市肆百工、乐部杂戏等，可与《武林旧事》相参证，是研究南宋都城临安情况的重要史料。有1980年浙江人民出版社标点本。

《归潜志》，元初刘祁（1203—1250）撰。14卷。记金末人物、汴京陷落始末等，为研究金末历史的重要资料。有1983年中华书局标点本。

《玉堂嘉话》，元王恽（1227—1304）撰。8卷。为作者供职翰林院的记事，记元翰林院草创、建置时期之掌故与词馆考核、讨论诸事。有《墨海金壶》《守山阁丛书》等本。新有中华书局2009年出版《元明史料笔记丛刊》本。

《南村辍耕录》，简称《辍耕录》，元末陶宗仪撰。30卷。内容极广，诸如天文、历算、地理、气象、灾异、历史文物、典章制度、掌故、宗教迷信、人情风俗以及小说戏剧、诗歌歌谣、书法绘画等，无所不载，尤以元朝的典章、掌故和元末农民起义事最详，对研究元史有重要价值。如《大元宗室世系》《氏族》《置台宪》《官制资品》《宫阙制度》等对元政治和民族的记述，《阑驾上书》《捡田吏》《醉太平小令》《扶箕诗》《纪隆平》等对元社会矛盾和元末农民起义的记述，《黄道婆》对纺织技术传播的记述，均有重要史料价值。有1959年中华书局断句本。

《草木子》，元末明初叶子奇撰。4卷。原稿22篇，今存8篇。内容极广，自然方面涉及天文、地理、气象、生物、潮汐、地震等，社会生活方面涉及典章制度、历史文物、时政得失、文化科学、圣贤仙佛、人情风俗、俚语歌谣、趣闻轶事，尤以元朝掌故和元末农民起义事价值最高。有1959年中华书局点校本。

此外，较有价值的笔记还有范镇《东斋记事》、苏轼《东坡志林》、苏辙

《龙川别志》、魏泰《东轩笔录》、方勺《泊宅编》、叶梦得《石林燕语》、徐度《却扫编》、张邦基《墨庄漫录》、吴曾《能改斋漫录》、洪迈《夷坚志》、王明清《玉照新志》、周煇《清波杂志》、赵彦卫《云麓漫钞》、张世南《游宦纪闻》、周密《癸辛杂识》及杨瑀《山居新语》、盛如梓《庶斋老学丛谈》、孔齐《至正直记》、郑元祐《遂昌山樵杂录》、长谷真逸《农田余话》、姚桐寿《乐郊私语》等。

三 记述明代史事的笔记

《七修类稿》，明郎瑛（1487—1566）撰。51卷，续稿7卷，1257条。分7类，其中《国事》类记朱元璋和元末农民起义史实，以及郑和生平、明代科场、漕运、茶法等，可补史缺。有1959年上海中华书局标点本、2001年上海书店出版社标点本。

《水东日记》，明叶盛（1420—1474）撰。40卷。对明代典制沿革及其利弊考究颇详，间及时人轶闻逸事，多耳闻目睹，可补史缺。有1980年中华书局标点本。

《今言》，明郑晓（1499—1566）撰。4卷，344条。对明洪武至嘉靖180余年国政朝章、国家大事多有具体记载。所记蒙古瓦剌部事，西南边事，东南倭情，大同兵变，朱宸濠谋乱，刘千斤聚义，刘瑾擅政，黄河治理，河漕疏通，粮料折色和皇家仪制、制度考辨等，多可参证补史。有1984年中华书局出版李致忠点校本。

《典故纪闻》，明余继登撰。18卷。记洪武至隆庆200余年间事，对关乎时政和事件缘起的掌故皆有记载，有助补史。有1981年中华书局出版顾思点校本。

《戒庵老人漫笔》，亦称《戒庵漫笔》，明李诩（1505—1593）撰。8卷。所记以有关明代典制、人物与前代遗闻故实及部分学术辨析等较有价值。1982年中华书局出版魏连科点校本。

《万历野获编》，简称《野获编》，明沈德符（1578—1642）撰。正编30卷，补遗4卷。分《列朝》《宫闱》《宗藩》《公主》《勋戚》等48类，多记明朝章国故、政治得失、琐闻轶事、学术文化等，如《西北水田》《西北水利》等记北方水利发展；《镇抚司刑具》记锦衣卫诏狱之惨毒。均可补《明史》之缺。1958年中华书局出版谢兴光断句本，2002年上海古籍出版社出版《续修四库全书》本。

《五杂俎》，明谢肇淛撰。16卷。略类分天、地、人、物、事五部。所载各地集市，新安、闽中、山西富室巨贾，京师乞丐等情况，是经济史资料；有关宦官骄横，税使扰民，皇家奢靡，奸富勾结倭寇，林兆恩闽中秘密集会等事，可补史缺。1955年中华书局出版据明刻排印本，2001年上海书店出版社标点本。

《少室山房笔丛》，明胡应麟（1551—1602）撰。32卷，续集16卷。包括12种：《经籍会通》考论古籍的存亡聚散；《史书佔毕》专论史事；《九流绪论》论诸子百家之失；《四部正讹》考证古来伪书；《三坟补遗》论述《竹书纪年》《逸周书》《穆天子传》三书；《二酉缀遗》采摭小说家言；《华阳博议》杂述古人博闻强记之事；《庄岳委谈》正俗说之附会；《玉壶遐览》《双树幻钞》分别谈论道教、佛教；《丹铅新录》《艺林学山》驳杨慎《丹铅余录》《艺林伐山》等书之误。内容以考据为主，征引典籍丰富，对伪书的考辨尤为学者重视。有1958年中华书局出版点校本。

《玉堂丛语》，明焦竑（1540—1620）撰。8卷。分为《行谊》《文学》《言语》《政事》《铨选》等54类，多据闻见，兼采传状、碑铭、年谱、文集、笔记、杂著等，记明翰林人物掌故，对于研究明代政治、经济、文化，多有资考证。1981年中华书局出版顾思点校本。

《涌幢小品》，明朱国桢（1558—1632）撰。32卷。杂记见闻，兼用著《明史概》所参禁中秘书和档案剩余资料，多记明代朝野掌故，兼及风俗人物、轶闻琐事、诗文艺术、鸟兽虫鱼、释道故事等。有《笔记小说大观》本、1959年中华书局本、1995年齐鲁书社《四库全书存目丛书》本。

《留青日札》，明田艺蘅撰。原40卷，今存39卷。杂记明代社会风俗、艺林掌故，对天文历法、政治经济、冠服饮食，以至农村生活状况均有所载。所记查抄沈万三、刘瑾、钱宁、江彬、严嵩家财名目，农民刘六、刘七，白莲教马祖师起义等，史料价值较高。有明刻本、《中国历代逸史丛书》本。1985年上海古籍出版社出版标点本。

《玉堂荟记》，明末杨士聪撰。2卷。据在翰林院见闻记崇祯朝故事，有关宗藩仪节、经筵讲书、科举、进贡之例，“监视”之设，宫中耗费等事，皆有可采。有《借月山房汇抄》《泽古斋丛抄》等本。新有齐鲁书社1995年精装本。

《荷插丛谈》，明末清初林时对撰。4卷。凡明代朝章典故，国计民生，人物臧否，皆据实录入，有较高史料价值。稿本收入台湾文海出版社影印《清代稿本百种汇刊》。新有《中国野史集成续编》本。

《陶庵梦忆》，明末清初张岱（1597—1679）撰。8卷。对晚明官僚、士人、市民社会生活，以至山川、风物、民情土俗、文物古迹、工艺书画、琴砚书藏等皆有所载，是研究晚明社会的史料。1982 年杭州西湖书社出版校注本、上海古籍出版社出版有马兴荣点校本。

明代笔记还有很多，有的已被收入丛书，如《笔记小说大观》《丛书集成》等。中华书局出版的《元明史料笔记丛刊》，上海古籍出版社出版的《明清笔记丛刊》，予以选择整理，并进行标点，便于参阅。

四　记述清代史事的笔记

清人笔记在体裁上有进一步发展，内容也更广泛充实。其中，记载历史掌故、民情风俗、人物轶闻的笔记，内容尤为充实而多样化。

（一）历史琐闻类笔记。

有些笔记记述了明末清初的社会变化。

在清朝的统治地位比较稳固之后，急需有人粉饰太平，歌功颂德的笔记便应运而生，王士禛《池北偶谈》《香祖笔记》等首倡此作，所记为明清时代名人逸事、畸士列女事迹和“登山临水，游目骋怀之作”，描绘了清朝的承平气象，很少揭露现实的内容。在他的影响下，产生了不少充满闲情逸致的笔记之作，但有些内容仍具有史料价值。

《广阳杂记》，清刘献廷（1648—1695）撰。5 卷。作者还有《广阳日记》，记明清之际时事、掌故。本书记载明、清杂事，历代典章制度、政治兴衰，旁及天文、地理、律历、水利、财赋、音韵、医药、风俗、传说等。内容丰富，记述真实。有《笔记小说大观》本，1957 年中华书局标点本。

《北游录》，明末清初谈迁（1594—1657）撰。9 卷。是作者为订补《国榷》赴北京期间所作，对清初社会变化以及当时的农业生产、粮价、东北流人等均有叙及。有 1960 年中华书局出版汪北平点校本、1981 年重印本。

《池北偶谈》，清王士禛（1634—1711）撰。26 卷。作者还有《香祖笔记》。本书分《谈故》《谈献》《谈艺》《谈异》四大类，着重谈清朝的典章制度、科举和名臣言行，所记清巡按任命、八旗开科、台湾开科、满洲乡试、八旗殉葬等典实和史可法、傅山父子、崇祯五十相诸事，多可参证考史。有《清代笔记丛刊》《笔记小说大观》本，1980 年中华书局出版靳斯仁点校本。

《居易录》，清王士禛撰。34 卷。记朝政部分较有价值，如卷 3 记康熙教育皇太子胤礽及叙东宫诸讲官；卷 17 述元旦、冬至、千秋节朝贺太子的礼仪；康熙命皇三子胤祉往阙里祭孔庙、皇四子胤禛从行等，可正官书之失。收入《王渔洋遗书》。

《觚賸》，清钮琇撰。正编8卷，有《吴觚》《燕觚》《豫觚》《秦觚》《粤觚》5目；续编4卷，有《言觚》《人觚》《事觚》《物觚》4目。有不少关于明末清初的史料，如记有因庄氏《明史》案牵连而被捕杀的潘力田事，明末江南名妓柳如是事，吴三桂与陈圆圆事，昆山徐氏三兄弟轶事等。有《笔记小说大观》本、《清代笔记丛刊》本。1986年上海古籍出版社出版南炳文等点校本。

《檐曝杂记》，清赵翼（1727—1814）撰。6卷，续1卷。前2卷记京中及塞北见闻，其记军机处的设立、军机大臣的进见、草拟诏旨、廷寄制度以及军机直舍、军机大臣不与外臣交接，是研究军机处的重要史料。中2卷记居官广西、云南、广东、贵州时见闻，记载了两广、云贵的物产和民间风俗，特别是叙述了少数民族的生活习惯及改土归流后土司余威不倒的状态。末2卷为读书札记，所记京师面貌、西南风土民情、清廷对俄贸易、广东沿海同西方贸易、外商居住澳门等情况，较有价值。收入《瓯北全集》，1982年中华书局出版李解民点校本。

《履园丛话》，清钱泳（1759—1840）撰。24卷。分《旧闻》《阅古》《考索》等23门，尤详于清初江南情况。所记明末至道光年间田价、米价、白银价，三吴水利兴废、河道变迁，嘉庆间方荣升起事始末及文人学者事迹、书画刊板、苏州园林等，均有一定史料价值。有《清代笔记丛刊》本，1979年中华书局出版张伟校点本。

《槐厅载笔》，清法式善（1753—1813）撰。20卷。博采科场故实及名家撰著，仿朱彝尊《日下旧闻》例，记清初至嘉庆间科名故实，引书达400余种，是研究清代科举考试的重要资料。有嘉庆四年（1799）刊本。另有1990年江苏广陵古籍刻印社影印本。

《陶庐杂录》，清法式善撰。6卷。广记元、明、清典制、丁赋、水利、言论、文献目录等内容，于明修《永乐大典》及后金一代户口、财政、钱币等均有记载，对研究明清史有一定价值。有中华书局1959年涂雨公校点本和1984年重印本。

《听雨丛谈》，清福格撰。12卷。多记典章制度，尤详于满洲情况，如八旗制度、内阁官制、考选科目出身以及顶戴服饰等事均有涉及，对研究清史有一定价值。有1959年中华书局断句铅印本、1984年标点本。

《茶余客话》，清阮葵生撰。22卷。所记包括政治、史地、学术思想、科学工艺、文学艺术、花木鸟兽、饮食起居等内容，由于作者熟悉典制，又得阅内阁和军机处档案，故对清代职官、科举、典礼、婚姻、赋役、法律制度多所记载，为研究清代掌故提供了有价值的资料。有 1958 年中华书局上海编辑所印本。

《啸亭杂录》，清昭琏（1776—1829）撰。10 卷，《续录》5 卷。记述清室入关之前至嘉庆初年政治、军事、经济、文化及典章制度、掌故轶闻、风俗民情，如清代诸帝用人、行政和性格，八旗制度和满洲风习，内外大臣轶事，一些政治事件（如农民起义），中央和地方行政制度、吏治等，都是研究鸦片战争以前清史的参考资料。有 1980 年中华书局校点本。

《归田琐记》，清梁章钜（1775—1849）撰。8 卷。所记包括古今人物、典章故实、艺文琐事、名物辨证、师友论学、生活细闻等，有一定价值。有 1981 年中华书局出版于亦时校点本。

《竹叶亭杂记》，清姚元之（1776—1852）撰。8 卷。所叙当时政治、经济弊端颇为真切，对刘之协、聂杰人白莲教起义亦有述及，为考史资料。所记宫廷内幕、科场故实、东北与西北风物和名人轶事等，也可参考。有 1982 年中华书局出版李解民点校本。

此外，还有徐锡龄、钱泳《熙朝新语》、陈康祺《郎潜纪闻》、陈其元《庸闲斋笔记》、薛福成《庸龛笔记》等，对清代掌故制度、遗闻轶事也多有记述。有关丛书中收入大量清代笔记，上海古籍出版社出版的《明清笔记丛书》及中华书局出版社的《清代史料笔记丛刊》可参阅。

（二）考据辨证类笔记。

清代以考据辨证见胜见长的笔记，数量和内容都超过前代，明末清初顾炎武的《日知录》是这类笔记的最早之作。雍正、乾隆以来，清统治者大兴文字狱，学者们不敢谈论国事，便把精力用在考据上，出现了不少以考据为内容的笔记，特别是考史笔记规模宏大，考证精详，成为名著。这类笔记除有某些史料价值外，主要具有工具书的作用。

《日知录》，明末清初顾炎武（1613—1682）撰。32 卷。不分门类，但略以类从，大体按经义、政事、世风、礼治、科举、艺文、历史、兵事、天文、地理、杂考等顺序排列。以论考历史问题为主，涉及政治、经济制度，学术艺文，风俗典礼，天文历法，山川舆地，名物度数，语言文字等。每论一事，必详其始末，参以考证，集中了作者一生研究古文献的心得，既有精湛的考据成果，又包括了引古筹今、经世致用的重要思想资料。有《国学基本丛书》本、《四部备要》本。1985 年上海古籍出版社出版《日知录集释》影印本。

《陔余丛考》，清赵翼（1727—1814）撰。43 卷。不分眉目，编次以类相从，可分经义、史学、掌故、艺文、纪年、官制、科举、风俗名义、丧礼、器物、术数、神佛、称谓、杂考14类。以经证经，以史证史，内容极广，多有精到见解。对于典章制度、风俗名物的考证，能综贯异说，明辨源流，有重要参考价值。收入《瓯北全集》，1957年商务印书馆有重印本。

《癸巳类稿》，清俞正燮（1775—1840）撰。15卷。为作者考订经史、诸子、医理、舆地、道梵、方言等方面的成果。其中，卷8之《驻扎大臣原始》，卷9之《台湾府渡口考》《俄罗斯佐领考》《俄罗斯事辑》，卷25之《地丁原始》《总河近事考》等条，史料价值较高。有清道光十三年（1833）初刻本及1957年商务印书馆重印本。2001年辽宁教育出版社出版点校本。

《癸巳存稿》，清俞正燮撰。15卷。内容广杂，有经说、书后、杂说、论说、诸子、道释、诗文等，有一定史料价值。对围棋、象棋的考究，对西瓜、烟草传入中土过程的探讨，具有掌故资料价值。有《皇清经解续编》本及1957年商务印书馆重印本。1996年海南国际新闻出版中心有排印本。

《十驾斋养新录》，清钱大昕（1728—1804）撰。20卷，又《余录》3卷。仿《日知录》体例，内容主要为对人名、地名、官制、音韵、文字、典籍的考证，亦有对史书、人物的评论，对读史有参考价值。有《皇清经解》本及1955年商务印书馆印本。

《廿二史考异》，清钱大昕撰。100卷。所考包括“二十四史”中除《旧五代史》和《明史》之外的22部正史，并将司马彪《续汉书》中的八志从《后汉书》中分出，故实为23史。仿司马光《通鉴考异》体例，按篇第校勘考释，重点是考订年代、官制、地理沿革和辽金国语、蒙古世系等，尤以对宋、辽、金、元四史用力最深。作者以不同版本互校，以本纪、志、表、传互校，以他书校本书，还以经证史，以金石铭文及出土文物作证，较为确凿，从而使后人能在正确可靠的史料基础上从事历史研究。有清乾隆四十五年（1780）潜研堂钱氏刊本，光绪二十年（1894）广雅书局本，1937年商务印书馆本及1958年重印本。

《十七史商榷》，清王鸣盛（1722—1797）撰。100卷。所考包括从《史记》到《新五代史》的17部正史，也涉及《旧唐书》《旧五代史》，故实为19史。内容包括校勘文字、考证典制、评论史书和史家、评论历史事件和人物等，尤以考证地理、官制为多，又以对《汉书》和新旧《唐书》用力最深。对阅读正史有重要参考价值。有广雅书局本、《史学丛书》本、《丛书集成》本及1959年商务印书馆重印本。

《廿二史札记》，清赵翼撰。36卷。所考包括从《史记》到《明史》的全部二十四史，因当时《旧唐书》《旧五代史》尚未列入正史，故称“廿二史”。

按正史先后分卷编次，每卷以类相从，各立标题。除文字史事校勘外，对其编撰体例、沿革、方法及史料来源予以探讨，评其得失，还对古今风会之递变，历代之治乱兴衰，归纳专题，整理史料，予以综合分析，从不同角度反映一个时代的社会风尚和政治特点，对初学历史者有启示门径之作用。收入《欧北全集》，1937年商务印书馆有《丛书集成》本、1958年重印本，1982年中华书局出版王树民校正本。

第二节　杂史史料

杂史，是史书分类名目之一，指正史、别史等各类史籍之外杂记史事的史书。它体例不拘，内容广泛，故《隋书·经籍志》谓其“体例不经，又有委巷之说，迂怪妄诞，真虚莫测，然其大抵皆帝王之事”。又《四库全书总目·史部·杂史类叙》述其著录标准云：“大抵取其事系庙堂，语关军国，或但具一事之始末，非一代之全编；或但述一时之见闻，祇一家之私记。”

我国古代杂史数量繁多，保存了大量珍贵的史料，是研究中国古代史不可缺少的。当然，由于“其体制不醇，根据疏浅，甚有收摭鄙细，而通于小说者”[①]，故亦有不足之处，甚至存在不少糟粕，使用时必须慎重辨别，择善而从。

杂史本包括范围极广，但本编既已将科技史、学术史、方志、类书、丛书等单列，这里所谓杂史，仅是没有列入有关类目的一般杂史。

一　有关先秦汉魏六朝历史的杂史

《逸周书》，原名《周史记》《周书》，后名《逸周书》《汲冢周书》，10卷。《汉书·艺文志》著录为71篇，今本只存60篇。其中，有注的42篇是晋孔晁所注《周书》原篇，无注的18篇当系《汲冢周书》并入。此书和《尚书》相类，以记言为主。所叙事上起周文王、武王，下至周灵王、景王，包括西周、春秋时代约600年。其中，《世俘》《克殷》《商誓》约成于周初，最为可信；《度邑》《皇门》《祭公》《芮良夫》《作雒》等基本属于周代文献；《度训》《武称》《王会》《职方》《明堂》等30余篇是战国时期各学派撰写的；《周月》《时训》《殷祝》等篇则是汉代撰写的。属于周代文献的几篇，有的与甲骨文、金文相合，较《尚书》《史记》为详，史料价值最高。出于战国

① 焦竑：《国史经籍志·史部·杂史叙》。

秦汉间学者之手的文字，也必有一部分事实或传说的依据，如《明堂》与《礼记》记载大致相同，《王会》列举了许多古部落氏族的名称，《职方》详述九州的人口、山川、物产，《文政》记载了周人统治殷人的政策，这些都是研究西周社会史的极重要史料。有《四部丛刊》《国学基本丛书》等本。陈逢衡《逸周书补注》、孙诒让《周书斠补》、刘师培《周书补正》、朱右曾《逸周书集训校释》等，可供阅读参考。新有2001年社会科学文献出版社考释本。

《国语》，相传春秋时左丘明撰。21卷。约成书于战国初期。它以国为单位，分别辑录周、鲁、齐、晋、郑、楚、吴、越等八国卿和大夫的言论。各部分时间断限很不一致，最早为周穆王征犬戎（前976?），最晚为韩、赵、魏三家灭智伯（前453），共约500年。通过记述贵族言论，反映了当时政治、经济、军事等各方面的情况，与《左传》比较，或为《左传》所无，或同记一事而详略不同，且有出入，故二书可互相参证，同为研究春秋史的宝贵史料。有《四部备要》本、《四部丛刊》本、1978年上海古籍出版社标点本、1991年吉林文史出版社译注本。清洪亮吉《国语韦昭注疏》、汪远孙《国语校注本三种》、近人吴曾祺《国语集解》等，可供阅读参考。

《战国策》，西汉刘向据战国史官或策士辑的同类小册子整理编订，33卷。本书是战国时期策士言论的汇编，分国编排，有东周、西周、秦、齐、楚、赵、魏、韩、燕、宋、卫、中山等十二国策。通过策士言论，在一定程度上反映了战国时期各国之间的政治、军事、外交斗争和各国内部的阶级斗争以及社会变动情况，是研究战国史的重要依据。但本书不全是信史，策士言论往往夸张，甚至失实，故必须考辨；亦不能反映战国时期全貌，经济、文化的记载甚少，研究战国史还必须依据其他史料。有《四部丛刊》本、《四部备要》本、1978年上海古籍出版社标点本、1987年巴蜀书社新校注本。

《越绝书》，或称《越绝记》，作者有子贡、伍子胥等说，皆非。《四库全书总目》据书中隐语，判定是东汉会稽袁康作、同郡吴平校定的。原25篇，今本19篇，分为16卷。叙述春秋时吴、越二国的史事，特别注重伍子胥、子贡、范蠡、文种、计倪等人的外交、军事活动，保存了吴、越地区东汉以前的许多史料，可与《左传》《国语》《史记》有关内容相印证，补其不足。有《四部丛刊》《四部备要》《汉魏丛书》等本。1956年商务印书馆出版张宗祥校注本，1985年上海古籍出版社出版乐祖谋点校本。

《吴越春秋》，东汉赵晔撰。原12卷，今本10卷。前5卷称内传，记吴太伯、寿梦、王僚、阖闾、夫差等事；后5卷称外传，记越无余及勾践入臣、归国、阴谋、伐吴等事。着重吴越争霸的叙述，抄撮古史，附以传闻，近于小说家言，不可尽视为史料。有《四部备要》《四部丛刊》本。1986 年江苏古籍出版社出版点校本、1997 年上海古籍出版社《吴越春秋辑校汇考》本。

《古史考》，三国时蜀国谯周（约 201—270）撰。原 25 卷，今只有辑本。本书有历史考证性质，是研究先秦史的参考书，辑本仍有一些古史资料。辑本见黄奭《黄氏逸书考》、章宗源《训纂堂丛书》、孙星衍《平津馆丛书》。1996 年齐鲁书社收入《四库全书存目丛书》。

《帝王世纪》，或称《皇王世纪》《帝王世家》《帝王世说》，魏晋间皇甫谧（215—282）撰。10 卷。卷 1 至卷 4 为三皇至商代，卷5 为自周祖稷至周末赧王纪事，卷 6 至卷 9 为秦至曹魏，卷 10 记星野及历代垦田、户口数等。仿《古史考》，重考证。所记远古至商之事，大致出于诸子、纬书，不可据为信史，但可作为研究上古史的印证材料；对周、秦、汉、魏史事的考证，可补正史的不足；对地理、都邑的考辨以及对疆域、垦田、户口、年代的记载，还有晋以后失传的古史资料，也有一定参考价值。1964 年中华书局排印本较佳。

《路史》，南宋罗泌撰。47 卷。《前纪》叙三皇迄无怀氏事，《后纪》叙太昊迄夏桀事，《国名纪》疏证上古迄东汉诸部族、国家姓氏、支系及舆地，《发挥》《余论》是关于古史的见解。取材庞杂，除引证儒家典籍外，多取资谶纬书、道书；立说集纬书后附会古史之大成。但所引多宋以后失传的古史之文，特别是关于周代的史料，史料价值在《帝王世纪》之上。有《四部备要》《丛书集成初编》等本。新有《中国野史集成续编》本。

《楚汉春秋》，汉初陆贾（约前 240—前 170）撰。原 9 卷，今有辑本。记项羽、刘邦起事和汉初惠帝、文帝时史事，以“记录时功”“诛锄秦、项之事”为主要内容，为司马迁《史记》所取材。辑本见清茆泮林《龙溪精舍丛书》、洪颐煊《问经堂丛书》、黄奭《黄氏逸书考》等，仍有一定史料价值。有 1991 年中华书局本。

《风俗通义》，一称《风俗通》，东汉应劭撰。原 32 卷，今存 10 卷。有《皇霸》《正失》《愆礼》《过誉》等 10 目，以儒家理论，论考古代历史、风俗礼仪、时人流品、音律器乐、山河薮泽、怪异传闻等，表现了广阔的社会内容，为研究西汉社会生活状况和文化思想面貌提供了丰富资料。有《四部丛刊》《四部备要》《丛书集成》等本，1980 年天津人民出版社出版吴树平《风俗通义校释》，1981 年中华书局出版王利器《风俗通义校注》。

《世说新语》，南朝刘义庆（403—444）撰。3 卷。分《德行》《言语》《政事》《文学》《方正》等38门，分类辑录东汉至东晋间士大夫的轶闻琐语，反映了当时士族的思想、生活和清谈放诞的社会风气，为我们研究当时的社会状况提供了不可多得的史料，特别对研究魏晋思想史有很高的价值。南朝梁刘孝标为之作注，引书达400多种，对原书纰谬多所纠正，补充大量史料，所引汉、魏、吴、晋诸史、子、传、谱录、文章、地理之书，皆赖以传世，注文史料价值也很高。有1956年文学古籍刊行社影印本，1962年上海古籍出版社影印本，1984年中华书局出版徐震堮《世说新语校笺》。

二　有关隋唐五代历史的杂史

《贞观政要》，唐吴兢（670—749）撰。10卷。作者认为玄宗即位前后的政治状况，不如“太宗时政化，良足可观”①，故编此书以为统治者借鉴。全书40篇，258章，分类编辑贞观年间（627—649）唐太宗李世民与名臣魏征、房玄龄、王珪、杜如晦、虞世南、褚遂良、温彦博、刘洎、马周、戴胄、孔颖达、岑文本、姚思廉等45人的问答，大臣的诤议和所上劝谏的奏疏，以及政治上的一些措施，比较全面地反映了贞观论政的情况。涉及的问题相当广泛，对唐初立国方针、君道政体、历史鉴戒、刑罚贡赋、官员选任、君臣作风、君民关系、道德规范、学术文化、征伐安边等多有详述，凡政治、经济、军事、文化，无不包罗其中。它比较系统地总结了“贞观之治”的历史经验，对唐太宗政绩及其晚年的衰退腐化，均直书不讳。记事较新旧《唐书》《资治通鉴》为详，保留了许多贞观政事的资料，为研究李世民和初唐政治提供了重要参考资料。年代偶有错误。有1978年上海古籍出版社出版的标点本。

《安禄山事迹》，唐姚汝能（一作龙）撰。3卷。记武则天长安三年至代宗宝应元年（703—762）安禄山事迹和安史之乱经过。上卷记安禄山始生至受宠遇事，中卷记安禄山起兵经过，下卷记安禄山称帝至被杀以及安庆绪、史思明、史朝义诸事。记事分纲列目，兼作议论。作者曾任华阴县尉，且距安史之乱发生时间不远，见闻较切。如安禄山所受赏赐器物用具和官衔，安禄山兵力配备、民族构成以及潜谋作乱的一些具体情节，较正史为详，是研究唐中叶政治和东北边防较为原始的资料。《新唐书·安禄山传》多采此书史料以补旧传之缺。有1983年上海古籍出版社标点本。

《东观奏记》，唐裴庭（一作廷）裕撰。3卷。大顺二年（891）修宣宗、懿宗、僖宗三朝实录时，作者与柳玭等受诏专修宣宗一朝实录未成，于是别据

① 吴兢：《贞观政要·序》。

见闻著成此书奏上。全书记事89条，大略以时序为次，为晚唐重要史料。《资治通鉴》、新旧《唐书》及《唐会要》多从中取资。清光绪间缪荃孙刻《藕香零拾》本较佳。1994年中华书局有田廷柱点校本。

《南唐近事》，北宋初郑文宝（953—1013）撰。2卷，或作3卷、1卷。作者原为南唐旧臣，因南唐史籍多毁于兵燹，于是采集旧闻，并记耳目所及，编成此书。记五代后晋天福二年至北宋开宝八年（937—975）南唐李氏二主40年间杂事，计60则。半为实录，半为小说。陆游《南唐书》取本书资料过半。有《续百川学海》本、《唐宋丛书》本等。新有张剑光点校本，收入《全宋笔记》第一编第二册。

三　有关宋元历史的杂史

《麈史》，北宋王得臣（1026—?）撰。3卷。分类记事，共44门，284事。主要记朝廷掌故，耆旧遗闻。引经据典，辨别异同，考核精详，是研究北宋典章制度及考究古迹的参考资料。有清道光二十四年（1844）刻本、民国年间商务印书馆铅印本、1986年上海古籍出版社点校本。

《青溪寇轨》，宋方勺撰。1卷。记北宋宣和二年（1120）方腊起义军攻陷睦州及童贯率官军镇压起义的经过，与《宋史》多有不合之处。原载《泊宅编》，清曹溶辑入《学海类编》时改题此名。是研究北宋末年阶级矛盾激化和方腊起义的重要资料。有《金华丛书》《学海类编》等本。

《北狩见闻录》，南宋曹勋（?—1174）撰。1卷。作者于靖康二年（1127）二月随徽宗入金营，后北行，七月自燕山遁回南京（今河南商丘）。记途中见闻，与各书有出入。为亲身经历，当属可信。有《丛书集成初编》本。近有2008年中华书局本。

《朝野类要》，南宋赵昇撰。5卷。征引当时朝野故事，以类相从，分《班朝》《典礼》《故事》《称谓》《举业》《医卜》《入仕》《差除》《升转》《爵禄》《职任》《法令》《文书》《政事》《杂制》《帅幕》《降免》《退闲》《忧难》《余记》20门，共330事，又各标以小目，一一详释。可作为了解宋代典章制度、案牍文辞及官场习语的资料。有乾隆四十七年（1782）武英殿聚珍版本。2007年10月中华书局出版王瑞来点校本，收入《唐宋史料笔记丛刊》。

《松漠纪闻》，南宋洪皓（1088—1155）撰。1卷，续1卷。作者于宋高宗建炎三年（1129）使金，金人迫使其仕伪齐，不从，被扣留15年，先在上京附近之冷山，后在燕山。被扣留时，随笔纂录，回宋时怕被金人搜出，全部烧毁，回宋重新追记，写成此书。此书记金朝杂事，其中有些很有价值，但主要得之于传闻，有一些则不免有失实之处。《四库全书总目提要·史部·杂史类》评价说："盖以其身在金廷，故所纪虽真赝相参，究非凿空妄说比也。"对研究金朝前期的历史有参考价值。通行有清同治《洪氏晦木斋丛书》本、民国《豫章丛书》本。

《平宋录》，一名《大元混一平宋实录》，元刘敏中撰。3卷。记伯颜率兵于至元十一年九月至十三年五月平宋及宋幼主北迁之事，可补史缺。又载《大丞相贺表》《贺表》《赐宋王诏》及追赠河南路统军郑江事，为正史所未载。有民国《墨海金壶》本。

《蒙鞑备录》，南宋赵拱（原题孟拱，误）撰。1卷。拱于宋宁宗时为都统司计仪官，嘉定十四年（1221）随淮东制置使贾涉至燕京蒙古军前议事，据见闻写成。分《立国》《国号年号》《太子诸王》《诸将功臣》《任相》《马政》《粮食》《征伐》《官制》《风俗》《奉使》《祭祀》《妇女》《燕聚舞乐》14目。对蒙古的种族，成吉思汗的经历和皇族、功臣的情况，蒙古汗国的政治、军事组织、社会风习等记载颇详，是记载早期蒙古汗国史迹的最早资料。清曹元忠《蒙鞑备录校注》可参考，有1996年上海古籍出版社精装本。

《蒙古秘史》，原名《脱卜赤颜》，旧译作《元朝秘史》，元佚名撰。12卷。记成吉思汗的先世及成吉思汗一生事迹，末卷记窝阔台即位后的史事，是研究12到13世纪上半期蒙古族社会历史的最重要资料。有1980年内蒙古人民出版社合校本。

《蒙古源流》，原名《汗等宝贝史纲》，明清之际蒙古族萨囊彻辰（1604—?）撰。8卷。以佛教传播附会蒙古族起源，历述蒙古各汗世系及作者经历之事，末列明和清初帝王世系。对明代蒙古地区情况的记述详于明代其他史籍，是蒙古族重要的宗教史文献，是研究明代蒙古族史的资料。有1980年内蒙古人民出版社校注本。

《站赤》，10卷。主要录自《元经世大典》和《元典章》的有关部分。"站赤"即驿站，元代设站赤1383处，有陆站、水站，以加强对全国的控制。本书详载站赤的建置、规模、组织机构、各项制度和规定，站赤的负担和待遇以及各地站赤的兴废情形，从中可了解元代水陆交通和商业往来、经济剥削等情形，是研究元代驿站以及政治、经济的重要史料。由于《元经世大典》的失传，本书则更为珍贵。有中华书局影印本。

《长春真人西游记》，元丘处机弟子李志常记述。2卷。丘处机号长春子，于南宋宁宗嘉定十四年（1211）赴西域觐见成吉思汗，本书即这次西游的见闻录。以日记形式比较具体地记述了13世纪初期蒙古兴起时蒙古和畏兀儿族人民的生产、生活状况和人情风俗，描绘了漠南、漠北、西域、中亚一带的山川地理，对成吉思汗西征及当时蒙古的社会政治情况也有记述，是研究蒙古早期社会历史的重要史料。有王国维校注本，见《海宁王静安先生遗书》。另有《四部备要》本、2002年上海古籍出版社《续修四库全书》本。

四　有关明清历史的杂史

《国初群雄事略》，明钱谦益（1582—1664）撰。12卷。据元末所存的《元史》等史书、实录、文集、杂记、碑刻等剪辑而成。按人物分卷，分叙元末明初韩林儿、郭子兴、徐寿辉、陈友谅、明玉珍、何真、张士诚、方谷真（方国珍）、扩廓帖木儿、李思齐、纳哈出、陈友定等人武装起义或武装割据的事略。本书是一部史料汇编，保留了史料原貌，并注出处，间附考证，对研究元末阶级斗争、农民起义和农民战争有较高价值。有《适园丛书》本、1982年中华书局本。

《西园闻见录》，明张萱（1557—?）撰。107卷。分内、外、杂3篇。内篇有《孝顺》《友爱》等100目，着重伦常道德修养；外篇有《宰相》《翰林》等154目，记政事；杂篇有《方伎》《鬼神》等12目，记方伎等。每目有前言、往行，前言多摘自奏疏、著述，往行则记述掌故。采摭浩博，所引史料首尾完具，有的已佚，有的难得，故史料价值较高。有1940年哈佛燕京学社据明抄本影印本。1984年杭州古旧书店又据以影印重版。

《春明梦余录》，明末清初孙承泽（1592—1676）撰。70卷。分《建置》《形胜》《城池》等14门，主要记述明代宫廷设置、明内府六部职掌以及有关北京地区的历史和地理沿革等方面的内容，内引实录、邸报、上谕、章疏及古代文献资料极多，对研究明代典章制度的源流和变迁、中央机构的职掌及北京地区的历史，都有价值。有《古香斋袖珍十种》本。1992年北京古籍出版社出版王剑英点校本。

《北征录》，明金幼孜（1368—1431）撰。1卷。此书为作者从军日记，记永乐八年（1410）二月十日至七月十七日明成祖北征鞑靼部阿鲁台期间，与臣下议论作战情况、所历山川要害、形胜古迹等，是研究永乐年间明朝与蒙古残部斗争及经营北部边疆的重要资料。

作者另撰有《北征后录》1卷，记明成祖永乐十二年（1414）三月十一日至八月初一北征瓦剌沿途山川、道路、气候及作战情形。

二书有《纪录汇编》本、东方学会铅印本、台北文海出版社《中国方志丛书》本。新有1996年上海古籍出版社精装本。

《抚安东夷记》，明马文升（1426—1510）撰。1卷。作者成化年间镇守辽东时撰此书，详记女真族建州、海西各部头人与辽东都司的商业贸易、纳贡请赏、武装冲突等史事，是研究明代东北女真族历史及与明朝关系的重要史料。有《纪录汇编》《今献汇言》《清初史料四种》等本。

《建州私志》，原题海滨野史辑编。3卷。以明代辽东边事始末为主线，详记建州女真各部源流及其兴起，对海西女真乌喇、灰扒诸部也有记述，亦涉蒙古兀良哈部史事，主要取材于邸报、野史及传闻，是研究明代女真族历史、满族源流和东北民族关系史的资料。有《清初史料四种》本。

《驭倭录》，明王士骐撰。9卷。取诏旨、章奏及中外战守方略编成，起洪武元年（1368），至万历二十四年（1596），是研究明代倭寇问题的参考资料，但未尽实录。有万历间刻本。

《嘉靖平倭祇役纪略》，明赵文华（？—1557）撰。6卷。记嘉靖三十四年、三十五年（1555、1556）御倭、平倭所上疏奏表文及咨、谕、书信等，作者意在夸饰己功，但也提供了倭寇为患及海防腐败的情况。1959年扬州古旧书店据明嘉靖本重校刊行。

《嘉靖东南平倭通录》，明徐学聚撰。1卷。为作者所撰《明朝典汇》中“日本”一篇，通述倭寇扰乱及平倭经过，起嘉靖三十一年（1552），至四十三年（1564），可视为明代倭患史略。有《中国历史研究资料丛书》本。

《万历武功录》，明瞿九思编。14卷。记东北、西北和西南少数民族事，也记述民间秘密结社和农民、矿工、盐贩、叛兵等斗争事迹，为歌颂朝廷武装镇压，故名，有较高史料价值。有1962年中华书局据万历原刻本影印本。

《启祯两朝剥复录》，明吴应箕（1594—1645）撰。6卷。按年月分列纲目以排列史实，起天启四年（1624）六月杨涟劾魏忠贤二十四罪疏，终于崇祯二年（1629）南北两察之处分，以记天启、崇祯两朝阉祸始末最为翔实，有较高史料价值。有《荆驼逸史》本。

《流寇志》，明末清初彭孙贻撰。14卷。记明崇祯元年至清康熙二年（1628—1663）人民反明抗清斗争史实，所载塘报、诏令、奏议多原始资料，所记李自成大顺军抗清事迹足补史缺，关于张献忠大西军受萍乡士民欢迎事可与他书相参证，但对农民军多有诬蔑。有1983年浙江人民出版社谢伏琛、方福仁点校本。

《烈皇小识》，明文秉撰。8卷。详记明崇祯年间党争、镇压农民起义军、明清关系及经筵讲官等事，有较高史料价值。有《中国历史研究资料丛书》本。

《怀陵流寇始终录》，明末清初戴笠（1614—1682）、吴殳同辑。20卷。记明末农民起义军始末，起崇祯元年（1628），终康熙三年（1664）。卷18下“甲申剩事”记李自成牺牲于九宫山及大西军、大顺军余部建立夔东十三家军联合明永历政权抗清事。是研究明末农民战争的重要史料。有《玄览堂丛书》本。

《明季北略》，明末清初计六奇（1622—1687?）撰。24卷。记明神宗万历二十三年（1595）努尔哈赤初起，至崇祯十七年（1644）明末北都（北京）的时事概略。以编年为纲，杂以纪传、纪事本末诸体，对明末统治阶级内部的矛盾、斗争，统治者的横征暴敛，明末农民起义和镇压起义，明清两朝的兴废交替等，记述较详，是研究明末历史的重要史料。有《国学基本丛书》本、1984年中华书局出版点校本。

《明季南略》，计六奇撰。18卷。记明崇祯十七年（1644）至清康熙四年（1665）间南明弘光、鲁监国、隆武、绍武、永历诸朝及中国南部时事概略。内容包括南明军政大事、抗清战事、南明朝廷内部矛盾和斗争、各种人物、“节烈”、农民起义及南明朝野的趣闻佚事等，是研究南明史和当时阶级斗争、民族斗争的重要史料。版本同《明季北略》。

《东南纪事》，清邵廷寀（1648—1711）撰。12卷。记南明唐王、鲁王政权始末及黄道周、张煌言、郑成功等人事迹，对效忠明室的人士记述尤详，是研究南明史的资料。有《中国历史研究资料丛书》本。

《鹿樵纪闻》，明吴伟业（1609—1671）撰，原题娄东梅村野史撰。3卷。记南明福王、唐王、鲁王、桂王史事，杂有崇祯时事，为研究南明史资料。有《中国历史研究资料丛书》本。

《鲁之春秋》，清李聿求（？—1833）撰。24卷。有表、传两部分，记南明鲁政权诸臣和抗清人士事迹，记事详赡，可与《东南纪事》等书互补，为今存南明鲁史较佳之作。有1984年浙江古籍出版社出版凌毅标点本。

《庄氏史案》，清佚名撰。1卷。记庄廷鑨编刊《明史辑略》，清朝借此发动文字狱之始末，略述与此案有关蒋麟徵、张文通、张隽、潘柽章等10余人事迹，是研究清初文字狱的史料。有宣统三年（1911）《痛史》本。

《庄史案辑论》，清末朱邦彦撰。1卷。辑录庄廷鑨明史案有关资料30余种，参以论断，是研究清代文字狱的史料。有中山大学语言历史学研究所《史料丛刊》本。

第十三章　类书、丛书和辑佚书史料

第一节　类书史料

类书是采集群书资料加以分类编排的书。类书有专科性的，只收一类内容；有综合性的，内容无所不包。类书大致有两种编排方式：一是按类分编，即将资料分成若干类，以类相从；二是按字顺分编，或按首字笔画顺序排列，或按尾字音韵顺序排列。

我国古代的第一部类书，是三国魏文帝时诏王象、刘劭等编纂的《皇览》，已佚。两晋南北朝时期产生了不少类书，如南朝梁徐勉等撰《华林遍略》和北齐祖珽等撰《修文殿御览》等，均佚。今存最早的类书是唐初虞世南编《北堂书钞》。唐欧阳询等编《艺文类聚》合事与文为一编，在编制体例上是一大变革。宋代官修综合性类书均达千卷，种类也多。体例上也有新的突破，如《韵府群玉》是现存以韵隶事的最古类书。私修类书也达到很高水平。明、清类书在种类、规模上又比前代有较大发展，达到空前的高度，如《永乐大典》《古今图书集成》都在万卷以上，内容极为丰富。历代编纂的类书约600种，今存约200种。

类书集中而又类别地保存了历代浩瀚的文献资料，故具有较高的价值。利用类书，可查找各类资料，还可进行古书的辑佚与校勘。

一　唐代类书

《北堂书钞》，隋末唐初虞世南（558—638）撰。《隋书·经籍志》著录174卷，今传本160卷。《郡斋读书志》说分80部，801类，今本分帝王、后妃、政术、刑法、封爵、设官、礼仪、艺文、乐、武功、衣冠、仪饰、服饰、舟、车、酒食、天、岁时、地等19部，851类。类下汇辑排比资料，引书除集部外，尚多达800余种，今多亡佚，故所征引的隋和隋以前古书，材料宝贵。有清光绪十四年（1888）南海孔广陶三十有三万卷堂刊本，1998年学苑出版社影印。

《艺文类聚》，唐欧阳询（557—641）等奉敕撰。100卷。分天、岁时、地、州、郡、山、水、符命、帝王、后妃、储宫、人、礼、乐、职官、封爵、治政、刑法、杂文、武、军器、居处、产业、衣冠、仪饰、服饰、舟车、食物、杂器物、巧艺、方术、内典、灵异、火、药香草、宝玉、百谷、布帛、果、木、鸟、兽、鳞介、虫豸、祥瑞、灾异等46部，共727子目。子目下先事后文，即先辑录经史百家等书中有关故事、解释、传说等资料以记事，再摘抄有关诗文、赋颂、歌赞等多种文体句、段以为文，均注明出处。所引唐以前文献1431种，今多不存，是辑佚、校勘古籍的重要资料。所引史书如谢承《后汉书》、袁山松《后汉书》、王隐《晋书》等，与现存范晔《后汉书》、唐修《晋书》等大有出入，可相互参校，也是研究唐前历史的资料。有1959年中华书局影宋本、1965年汪绍楹校定本、1999年上海古籍出版社点校本。

《初学记》，唐徐坚（659—729）等奉敕撰。30卷。唐玄宗为皇子们学习文查事用典之便而编，故名"初学"。分天、岁时、地、州郡、帝王、中宫、储宫、帝戚、职官、礼、乐、人、政理、文、武、道释、居处、器物、服馔、宝器、果木、兽、鸟等23部，313子目。子目下分叙事、事对、诗文三部分，分别记历史故事、汇对文偶句、集古今韵诗。保存了很多唐以前史料，对校勘古籍、研究历史很有价值。有1962年中华书局点校本，1979年重印本。

《白氏六帖事类集》，唐白居易（772—846）撰。30卷。每卷首有总目，共235目，1367门，附503小目，合1870目。征引无序，不注出处，南宋晁仲德考其出处，逐一加注，价值倍增。北宋末孔传仿此书例，辑唐、五代诸籍，续作《六帖新书》30卷，分1371门。后二书合刊，名《唐宋白孔六帖》，析为100卷，1399门。所录五代以前文献，有一定参考价值。有《四库全书》本，1971年台湾新兴书局影印本。

二　宋代类书

宋初官修类书中，《文苑英华》是唐代文章的总集，《太平广记》是小说杂谈的总集，二书对研究文学史有较高价值，对研究历史价值较高的是《太平御览》和《册府元龟》。

《太平御览》，初名《太平总类》，又称《太平类编》《太平编类》，北宋李昉（925—996）等奉敕撰。1000卷，目录10卷。分天、时序、地、皇王、偏霸、皇亲、州郡等55部，子目5363，合附目63，共5426目。据近人马念祖考证，引书达2579种，其中汉人传记百余种，旧地方志200种，今多不传，资料宝贵。如崔鸿《十六国春秋》，赖此书征引480多条；所引《范子计然》《氾胜之书》，是古代农业史资料；所引张衡浑天仪和地动仪材料，是古代科技史资料。所引古代佚书，对辑佚、校勘古籍价值很高。有《四部丛刊三编》影宋本，1960 年中华书局影印本，1985 年重印本。2000 年河北教育出版社有点校本。

《册府元龟》，初名《历代君臣事迹》，北宋王钦若（962—1025）、杨亿（974—1020）等奉敕编。1000 卷，目录、音义各 10 卷。分帝王、闰位、僭伪、列国君、储宫、宗室、外戚、宰辅、将帅、台省、邦计、宪官、谏诤、词臣、国史、掌礼、学校、刑法、卿监、环卫、铨选、贡举、奉使、内臣、牧守、令长、宫臣、幕府、陪臣、总录、外臣等 31 部，1104 门。部有总序，门有小序。所采资料侧重史部，以正史为主，间及编年、实录等史书，以及经书、子书，不取杂议、琐说、家传等杂史。它囊括了宋代以前的 17 部正史和史部书，是一部史料性大型类书，多整篇整节抄录，许多诏令、奏疏、文书等原始资料得以保存，足补史缺。有 1960 年中华书局影印本。

北宋中叶以后，为适应科举考试、官场文书应酬和私人交往的需要，编撰了大量类书，如阙名《锦绣万花谷》前、后、续集各 40 卷，祝穆《事文类要》170 卷，章如愚《山堂考索》212 卷，谢维新《古今合璧事类备要》366 卷，林駉《源流至论》40 卷，皆辑录事实、掌故、诗文，以供场屋采掇之用，但也保存不少史料。这种类书，最有名的是《玉海》。

《玉海》，南宋王应麟（1223—1296）撰。200 卷。分天文、律历、地理、帝系、圣文、艺文、诏令、礼仪、车服、器用、郊祀、音乐、学校、选举、官制、兵制、朝贡、宫室、食货、兵捷、祥瑞等 21 门，250 子目。《四库全书总目》评其“所引自经史子集、百家传记，无不赅具。而宋一代掌故，率本诸实录、国史、日历，尤多为后来史志所未详”，是研究宋史的第一手资料。有 1987 年上海书店、江苏古籍出版社据浙江书局本影印本。

三　明清类书

明、清两代，都官修了大型综合性类书，这就是《永乐大典》和《古今图书集成》。

《永乐大典》，初名《文献大成》，明解缙（1369—1415）等奉敕撰。原 22877 卷，另目录、凡例 60 卷。以《洪武正韵》为纲，按韵分单字，分类汇辑与该字有关的天文、地理、人事、名物及诗词典故、杂艺等各项记载，元以前秘籍原书多整部、整篇、整段抄录，所采古书 8000 种，是辑佚古书的资料渊海。清修《四库全书》时，从中辑出古书数百种，收入 388 种，4926 卷。原书或因失火被焚，或因战乱被劫，所剩无几，经多方搜集，仅得 730 卷，

1959 年中华书局影印出版，残存部分亦保存不少珍贵资料。1986 年又重新影印出版，内容增加到 797 卷。

《古今图书集成》，原名《古今图书汇编》，清陈梦雷（1651—1741）原编，蒋廷锡（1669—1723）等奉敕校勘重编。1 万卷，总目 40 卷，附考证 24 卷。分为历象、方舆、明伦、博物、理学、经济 6 编，下分 32 典，每典若干部，共 6109 部，部下有汇考、总论、图、表、列传、艺文、造句、纪事、杂录、外编等项。多将原书整部、整篇、整段抄入，并注明出处，保存了清初以前许多著作的原文，且有检索之便。《经籍典》以 63 卷的篇幅，详细介绍了自《史记》至《明史》的 18 种正史以及《国语》《战国策》《资治通鉴》等其他史书，叙述历代史学和地志的情况，对研究历史最有参考价值。有 1986 年中华书局、巴蜀书社影印本。

清代官修类书，还有张英等奉敕撰《渊鉴类函》450 卷，张玉书等奉敕撰《佩文韵府》444 卷及《骈字类编》240 卷，康熙时敕撰、雍正时成书的《子史精华》160 卷。这些类书，属于采录典故、诗文、辞藻的专用类书。

明、清两代私修类书也很多。明代的，如邹道元《汇书详注》36 卷，俞安期《唐类函》200 卷，唐顺之《荆川稗编》120 卷，徐元太《喻林》120 卷，王志庆《古俪府》12 卷；清代的，如陈元龙《格致镜源》100 卷，魏崧《壹是纪始》22 卷。这些类书，各具特色，见闻广博，有一定参考价值。此外，清光绪年间席裕福等编《皇朝政典类纂》500 卷，汇集清代诸家著作中有关政治、经济方面的资料，是研究清史的参考书。

第二节　丛书史料

丛书是编印两种以上的单独著作并冠以总书名的书籍。丛书有专科性的，有综合性的。

专科性的丛书，或合刻某一学科的著作，如《隋书·经籍志》著录陆澄《地理书》，合编《山海经》以来 160 家地理著作，是见于著录的最早的地理丛书；或专刻某一朝代的著述，如明代胡维新辑《两京遗编》，专收汉代之文；或专刻某一地方的作品，如清代王灏辑《畿辅丛书》，广收畿辅先哲遗著；或汇集一个人的各种著作，如清顾炎武《亭林遗书》。

综合性的丛书，包含各学科的著作。清代学者钱大昕认为，南宋俞鼎孙、俞经辑《儒学警语》是最早的综合性丛书。明清两代编辑了较多的大型综合性丛书，收书数百种，而规模最大的丛书，则是清代官修的《四库全书》，收书

3503种。近代所编最大丛书是《丛书集成初编》，收书4107种。

丛书在古代文献史料中占有重要地位，它把零散的作品汇于一处，保存了大量完整的古籍，提供了大量史料。

使用丛书，也要进行选择。有的丛书收书“真伪不分，雅俗不辨。或删削而非完善，或脱误而鲜校雠”，甚至“虚张名目，所载不及本书十之二三，或本一书而析离之为四五，为六七，此皆足以贻误后人”[①]，应予注意。

一　宋元时期的丛书

《儒学警悟》，南宋俞鼎孙、俞经辑。收汪应辰《石林燕语辨》、程大昌《演繁露》和《考古编》、马永卿《嬾真子录》、陈善《扪虱新话》、俞成《萤雪丛说》等宋人著述6种，共41卷。内容多为宋代典章制度、故事传说、人物琐事。均收足本，有较高的文献史料价值。一向只有抄本，至民国十一年（1922）始有陶湘刻本。

《百川学海》，南宋左圭辑。分10集，每集收书七八种至十余种，共100种，177卷。所收多系唐宋人杂著，间有晋、南北朝著作。为我国第一部刊刻的丛书，搜集丰富，内容广泛，影响很大。有明弘治十四年（1501）无锡华氏刻本，上海博古斋影印本。新有北京图书馆出版社2004年影印本。

《说郛》，元末明初陶宗仪（？—1396）辑。100卷。采辑自汉、魏至宋、元各种笔记小说，也有经、史、诸子及诗话、文论等。其中少数作品，世无传本，也有原书久亡，从类书中钞合其文，以备一种。由于节录前人著作，每书略存其大概。后30卷虽已散佚，但由明人郁文博照旧补为100卷。原本已佚，近人据明抄本配齐，有涵芬楼排印本，商务印书馆排印本。另有清陶珽重校的清顺治三年（1646）宛委山堂刊本，120卷，已非原本之旧。从流传的两种印本看，取书虽多，多非全书，或节或删，或摘抄他书，但“古书之不传于今者，断简残篇，往往而在，佚文琐事，时有征焉，固亦考证之渊海也”[②]。

二　明代丛书

宋元时期，丛书数量较少，篇幅不大，明代丛书有较大发展。前期多为对宋、元丛书的续编，如吴永辑《续百川学海》、冯可宾辑《广百川学海》，各10集。前者汇集《百川学海》未收的汉魏、六朝、唐、宋人杂著，增以元人

① 卢文弨：《知不足斋丛书·序言》。

② 《四库全书总目》卷123《子部·杂家类七》。

笔记杂著；后者辑南朝、唐、宋、元、明人杂著，以明人为多。还有陶珽《说郛续》46卷。后期数量更多，《汉魏丛书》是第一部以“丛书”命名的综合性丛书，万历二十年（1592）程荣刻38种，后何镗补刻增至76种，名《广汉魏丛书》。其他著名的综合性丛书有：李栻《历代小史》、王文录《百陵学山》、吴琯《古今逸史》、胡维新《两京遗编》、周履靖《夷门广牍》、商濬《稗海》、胡文焕《格致丛书》、钟人杰和张遂辰《唐宋丛书》、赵标《三代遗书》、陈继儒《宝颜堂秘笈》、毛晋《津逮秘书》等。

明代后期的专科性丛书也有较大发展，有专辑一代著述的，如高鸣凤《今献汇言》辑明人著述39种，沈节甫《纪录汇编》辑明人野史杂记121种；有专辑某类著述的，如周子义等辑《子汇》，辑唐以前诸子24种；有专辑一地著述的，如樊维城《盐邑志林》，辑历代浙江海盐人著述。

明人所刻丛书问题较多，有改变作者、书名的，有删削卷数的，有妄立书名的，但这些丛书仍保存了唐宋以前的大量古籍，其史料价值仍应肯定。今选数种予以介绍。

《金声玉振集》，袁褧辑。收书51种，大体分皇览、征讨、纪乱、组绣、起变、考文、丛聚、水衡、撰述9类。这是一部明代史料丛书，前8类属记载明代政治、经济、军事、边塞、水利、海运等方面史料，如《国初事迹》《洪武圣政记》《国初礼贤录》《平吴录》《平汉录》等，均为研究明初历史的重要史料。有1959年北京中国书店影印明刻本。

《百陵学山》，王文录辑。收书100种，112卷。主要收辑明人著作，为研究明代学术思想、农业生产和风俗习惯提供了丰富的资料。有1938年上海商务印书馆影印《元明善本丛书十种》本。

《纪录汇编》，沈节甫辑。收书123种，216卷。所辑为明初至嘉靖年间野史杂记，分类编次，以同一史实集中一起。卷1至卷9，为明太祖至世宗之御制诗文，卷10至卷34，为记君臣问答、恩遇、英宗北狩、景帝监国、世宗南巡、太祖和成祖平定诸藩之录；卷35至卷66，为明中叶以来绥定四夷、巡视藩国的见闻；卷67至卷96，为明代嘉靖前诸帝政治之记载；卷97至卷123，为名臣贤士科第人物传记；卷124以下，为时贤笔记、朝野遗闻。明初、中期的重要史料，均包括在内，是研究明史的基本文献史料。有1938年上海商务印书馆影印《元明善本丛书十种》本。

《格致丛书》，胡文焕辑。因陆续付刻，数量无从查考。大体上最初辑刻为46种，后时有增删。《四库全书总目》“存目”著录为181种，《中国丛书综录》著录168种。所收均为古今考证名物专著，包括名物、训诂、文学、艺术等书，以明人著述为多。有明万历间胡氏文会堂本。

《宝颜堂秘笈》，陈继儒（1558—1639）辑。收书226种，457卷。分正集、续集、广集、普集、汇集、秘集六类，内容为六朝至明代的笔记杂著、野史逸闻、艺术谱录，以宋、元、明著述为多，且多名篇秘籍。有1922年上海文明书局石印本。

《津逮秘书》，毛晋（1599—1659）辑。15集，141种，751卷。第一集为《诗经》著述，第二集为《易经》著述，第五集为诗话著述，第六、七集为书画著述，第十二、十三集为题跋著述，余皆为笔记杂著，掌故琐记。所辑均为宋元以前人著述，且多为全帙，一改明人割裂删节之弊。有1922年上海博古斋影印汲古阁本。

三 清代丛书

清代丛书，在数量和质量上均超过明代。

清代初期的丛书，以汇刻经史著述为多，如纳兰性德《通志堂经解》，辑宋、元以前理学家著述；曹溶《学海类编》，辑宋至清四部书。还有汪士汉《秘书二十一种》、曹寅《楝亭藏书十二种》、陈瑚《荆驼逸史》、顾炎武《音学五书》、张士俊《泽存堂五种》等。此外，张潮《昭代丛书》、王晫《檀几丛书》，除辑经史之外，也辑子部杂著。

清代中期，出现了官修的大型综合性丛书——《四库全书》。同时，私家刊刻的丛书盛况空前，或以版本取胜，或以精校见长，或以辑佚为主，异彩纷呈，各具特色。仿宋、元旧刻的，如黄丕烈《士礼居黄氏丛书》、孙星衍《岱南阁丛书》和《平津馆丛书》、胡珽《琳琅秘室丛书》等；校勘精审的，如卢见曾《雅雨堂藏书》、卢文弨《抱经楼丛书》、吴骞《拜经楼丛书》、毕沅《经训堂丛书》、钱熙祚《守山阁丛书》等；网罗遗稿的，如鲍廷博《知不足斋丛书》、张海鹏《墨海金壶》、马俊良《龙威秘书》、李调元《函海》、郁松年《宜稼堂丛书》等；汇刻古今著述的，如张海鹏《学津讨原》和《借月山房汇钞》、钱熙祚《指海》等；汇刻经书的，如阮元《皇清经解》、钱仪吉《经苑》、臧琳和臧庸《拜经堂丛书》等。

清代晚期，一部分丛书仍以汇刻校勘古籍为重，如蒋光煦《别下斋丛书》、伍崇曜《粤雅堂丛书》、钱培名《小万卷楼丛书》、王懿荣《天壤阁丛书》、潘祖荫《滂喜斋丛书》、陆心源《十万卷楼丛书》等；另一部分丛书为专科性丛书，如丁谦《蓬莱轩地理学丛书》、朱记荣《行素草堂金石丛书》、王纕堂《二十二子全书》等。

清代丛书，大多底本精良，校勘精审，保存了大量经过精校的古籍，为研究古代史提供了丰富史料，今介绍数种。

《学海类编》，清曹溶（1613—1685）辑，陶樾增订。431种，810卷。分类辑唐、宋至清初人著述，有经注、稗史、理学著作、杂著及零篇散帙，选择较严。有1920年上海涵芬楼影印晁氏本。

《昭代丛书》，清张潮（1650—?）辑，杨复吉等续辑，沈懋德重辑。10集，561种。全系清人小品杂著，内容涉及四部，采辑甚广，以掌故琐记为多。如杨宾《宁古塔记略》、金德纯《旗军志》、图理琛《异域志》等，均为难得有用的史料。有清道光十三年（1833）吴江沈氏世楷堂刊本。

《四库全书》，清乾隆敕撰。3503种，79327卷。所收图书，一是宫中藏书，称“内府本”；二是清朝敕修的官书，称“敕撰本”；三是各省征集的书，称“采进本”，四是藏书家进呈的，称“进献本”；五是从《永乐大典》中辑出的，称“《永乐大典》本”。分经、史、子、集4部44类又66子目，包括先秦至清初重要文献典籍，尤详于元以前，明代为数最多。乾隆四十七年（1782）成书，抄成正本7部，副本1部，分别藏于北京故宫文渊阁、沈阳故宫文溯阁、北京圆明园文源阁、河北承德行宫文津阁、江苏镇江金山寺文宗阁、扬州大观堂文汇阁、浙江杭州圣因寺文澜阁和翰林院。还于乾隆四十三年、四十五年辑抄成《四库全书荟要》2部，收书473种，19931卷，分藏于宫内摛藻堂和京郊长春园内味腴书屋。《四库全书》的编辑，整理和保存了大量古籍，对古代文化遗产进行了一次大总结。但编辑中，根据清统治者控制思想文化的政策，也篡改、删削、禁毁大量古籍。现存4部，分藏于北京、兰州、杭州和台北，1983年台湾商务印书馆影印了文渊阁本。

《武英殿聚珍版书》，清乾隆敕辑。修《四库全书》时，命馆臣从《永乐大典》中辑出罕见的宋元古籍，并将其所辑秘籍以特制的木活字印行，因嫌“活”字不“雅驯”，易名“聚珍”。收书138种，多为宋元人著述，少数为汉唐人著述，分为经、史、子、集4部。校刊精审，皆为善本。由于《永乐大典》的散佚，此书所收古籍极为珍贵。有清光绪二十五年（1899）广雅书局刊本。

《抱经堂丛书》，卢文弨（1717—1796）辑。20种，263卷。以所校汉、唐人经、子诸书汇刻而成，校勘精审。各书序跋，亦有价值。有乾嘉时余姚卢氏刊本，民国十二年（1923）北京直隶书局影印本。

《琳琅秘室丛书》，胡珽辑。30种，94卷。取其先世遗书及所校古籍编成，偏重于掌故、说部、释道诸书，有校勘记。有咸丰三年（1853）仁和胡氏木活字排印本、光绪十三年（1887）会稽董氏云端楼木活字排印本。

《知不足斋丛书》，鲍廷博（？—1813）辑。30集，207种，781卷。所收为唐至清代各类图书，如经史考订、算书、金石、地理、书画、诗文集、书目等著作，是很有价值的大型丛书。后有高承勋《续知不足斋丛书》17种、鲍廷爵《后知不足斋丛书》47种。有乾隆、道光间长塘鲍氏刊本、民国十年（1921）上海古书流通处据鲍氏刊本影印本。

《粤雅堂丛书》，伍崇曜辑、谭莹编。30集，208种，1289卷。收有清李介《天香阁随笔》、张穆《顾亭林先生年谱》、黄宗羲《南雷文定》等著作，是清后期大型综合性丛书。有道光、光绪间南海伍氏刊本。

《学津讨原》，张海鹏辑。20集，192种，1048卷。增删明毛晋《津逮秘书》重编而成，以经史百家、朝章典故、遗闻秘事为主。有嘉庆十年（1805）虞山张氏照旷阁刊本、民国十一年（1922）商务印书馆据张氏刊本影印本。

《墨海金壶》，张海鹏辑。115种，727卷。多选宋以后著作，以说经、杂史、杂记为最有价值，校订精审，均为完帙。有嘉庆中海虞张氏刊本、民国十年（1921）上海博古斋影印本。

《借月山房汇抄》，张海鹏辑。135种，283卷。专选明清两朝学者著作，包括经学、小学、杂史、野乘、奏议、传记、地理、政书、史评等16类，范围极广。有嘉庆中虞山张氏刊本、民国九年（1920）上海博古斋影印本。

《艺海珠尘》，吴省兰辑。217种，375卷。分10集，每集略分四部，包括经学、小学、舆地、掌故、笔记、小说、天文、历算、诗文等著作，有不少罕见文献，价值较高。有嘉庆中南汇吴氏听彝堂刊本、道光三十年（1850）金山钱氏漱石轩增刊本。

《士礼居丛书》，黄丕烈（1763—1825）辑。19种，194卷。选所藏宋本书佳者刊印，用原书影印，如郑玄注《周礼》《仪礼》，天圣明道本《国语》，剡川姚氏本《战国策》等，均为罕见珍贵文献。有嘉庆、道光间吴县黄氏刊本、光绪十三年（1887）上海蜚英馆影印本。另有民国十一年（1922）上海博古斋影印本。

《岱南阁丛书》，孙星衍（1753—1813）辑。23种，173卷。除自著6种外，皆据善本校勘之作。有乾隆、嘉庆间兰陵孙氏刊本、民国十三年（1924）上海博古斋影印本。

《雅雨堂丛书》，卢见曾辑。11种，128卷。所辑汉、魏经说与唐宋笔记，多为当时精校名钞、罕秘之本，为清代前期校刻精善丛书之一。有乾隆二十一年（1756）德州卢氏刊本。

《拜经楼丛书》，吴骞辑，朱记荣重刊。10种，31卷。出自江声等人之手，校勘精审。有民国十一年（1922）上海博古斋据吴氏刊本增辑影印本。

《经训堂丛书》，毕沅（1730—1797）辑。21种，162卷。著名学者洪亮吉、孙星衍、汪中等共同校理，其中《山海经》《吕氏春秋》《释名疏证》等校本，尤为精善。《晋太康地记》《长安志》等书，为研究西北古史地重要参考书。有乾隆中镇洋毕氏刊本。

《平津馆丛书》，孙星衍辑。43种，254卷。分10集，收自著《尚书今古文注疏》与诗集及辑校诸子、医学、历史等重要古籍，其中诸子、杂史，均据善本，校勘尤精。有嘉庆中兰陵孙氏刊本、光绪十一年（1885）吴县朱氏槐庐家塾刊本。

《守山阁丛书》，钱熙祚辑。112种，665卷。著名学者张文虎、顾观光等人参加编校，多据善本，旁征博引，或注按语，或系札记，校勘甚精，超过诸家丛书。有道光二十四年（1844）金山钱氏据《墨海金壶》刊板重编增刊本、光绪十五年（1889）上海鸣文书局据钱氏本影印本、民国十一年（1922）上海博古斋据钱氏本影印本。

四　近代编辑的丛书

民国时期编辑出版的丛书也不少，其中影响最大、价值最高的是《四部丛刊》《四部备要》和《丛书集成》。

《四部丛刊》，商务印书馆张元济等编辑。民国十一年（1922）影印珍本出版“正编”，收经、史、子、集典籍323种（不包括二十四史），8573卷，多用宋、元、明刻善本。民国二十三年和二十四年（1934和1935），又编辑影印了《续编》和《三编》，分别收书81种和73种。全书合计收书477种。此书注重版本的选择，文献价值很高，常被学者们作为校勘古籍的底本。1984年和1985年上海书店又有影印本。

《四部备要》，中华书局编辑出版。民国十六年至二十年（1927—1931），共出5集，收书336种，11305卷。以聚珍仿宋版排印，分经、史、子、集4部。突出实用性，所收典籍以常见、常用和带注为主，有的用清人整理过的本子，亦多属善本。此书与《四部丛刊》各有特色，可相互补充。有1934年重印本、1935年洋装点校本、1936年缩印本。

《丛书集成初编》，商务印书馆辑刊，王云五主编。以“实用”与“罕见”为标准，原计划选自南宋《儒学警语》至清末丛书百部，收书4107种。1935—1937年印行3467种，后因抗日战争爆发而中止。它打破传统的四部分类法，采用近代的图书分类法，分总类、哲学、宗教、社会科学、语文学、自然科学、应用科学、艺术、文学、史地 10 大类，下分 541 项，便于按学科分类检索。它收入四部以外的笔记、丛钞、杂说等单本、孤本书籍，也有较高价值。1985 年起中华书局用商务印书馆本影印，未出者亦补齐，共 4000 册。后又有上海书店编《从书集成续编》影印本。

除上述三大丛书外，综合性古籍丛书，还有商务印书馆出版的中央图书馆筹备处辑《四库全书珍本初集》、孙毓修等辑《涵芬楼秘籍》。前者收书 231 种，为《四库全书》中不常见古籍；后者 10 集 51 种，以涵芬楼所藏旧抄、旧刻中零星小种而世间罕见者编成。此外，还有《续古逸丛书》，收书 47 种。中华书局出版的有《袖珍古书读本》。

私家所刻的较著名的古籍丛书有：刘承干《嘉业堂丛书》《留余草堂丛书》《求恕斋丛书》，张钧衡《适园丛书》《择是居丛书初集》，董康《涵芬室丛刊》，陶湘《托跋廛丛刻》《百川书屋丛书》《喜咏轩丛书》等，或影印宋元旧刻，或精校精刻，保留了许多珍贵古籍。

近代出版的地方性丛书也值得重视，如《山左名贤遗书》《山右丛书初编》《辽海丛书》《关中丛书》《金陵丛书》《安徽丛书》《云南丛书》等，都汇集了历代当地人著述，是研究地方史的文献史料。

第三节 辑佚书史料

把已经散佚的古书，通过其他书籍中引用的材料，重新搜集、整理出来，或大体恢复原书的面貌，或恢复一部分，这种工作叫辑佚。通过辑佚而形成的书叫辑佚书，辑佚书中保存了散佚的古籍中的部分史料。

辑佚古书的工作始于宋代，今收辑于《说郛》中的《相鹤经》被认为是较早的辑佚书。南宋王应麟辑郑玄《周易注》及《三家诗考》，也被认为是早期的辑佚书。

明代学者也有从事辑佚工作的，如孙毂从群书中辑出纬书佚文，编成《古微书》36 卷。

清代，特别是乾嘉时期，辑佚古书，蔚成风气，成就显著。清乾隆时编《四库全书》时，从《永乐大典》辑出大量古籍，录入《四库全书》及其《存目》中的，计经部 66 种，史部 41 种，子部 103 种，集部 175 种，共 385 种，4926 卷。其中有不少久已失传的名著，如李焘《续资治通鉴长编》520 卷、薛居正《旧五代史》150 卷、郝经《续后汉书》90 卷等。

在编辑《四库全书》时大量辑佚古籍的影响和推动下，清代学者在辑佚方面取得巨大成就，他们从唐宋类书、子史及汉人笺注、唐人义疏中，寻章摘句，整理出大量珍贵资料。余萧客的《古经解钩沉》30卷，是从唐以前古书中摘录诸经的注疏，按十三经顺序钩稽排比，注明来源，编辑成书；任大椿的《小学钩沉》，辑录《苍颉篇》以下古代字书40种；张澍的《二酉堂丛书》，辑自周、秦至隋、唐间有关陕西、甘肃人著作和古代地理书辑本以及孤本罕见之书，刊刻21种，27卷；王谟的《汉魏遗书钞》，辑古书500种，刊行者108种；王谟另辑《汉唐地理书钞》52卷，抄录汉唐间有关舆图、山川、地名、地域、风俗、考释等罕见、散见地理书50种，很有价值；茆泮林辑《十种古逸书》100卷，收入《世本》《楚汉春秋》《古孝子传》《伏侯古今注》《淮南万毕术》《计然万物录》《三辅决录》《庄子注》《元中记》《唐月令注》10种。都是当时辑佚的重要成果，而成就最大的则是马国翰、黄奭、严可均三家。

《玉函山房辑佚书》，清马国翰辑。617种。分经、史、子三类，经部达400余种。后附自著《目耕帖》1种，考订经义，探集前人成说甚备。后王仁俊又辑《续编》及《补编》400余种，但未刊行。

《汉学堂丛书》，又名《黄氏逸书考》，清黄奭辑。214种。收《经解逸书考》86种，《通纬逸书考》55种，《子史钩沉逸书考》73种。辑存汉至六朝大量遗书、逸书，颇多参考价值。有道光间甘泉黄氏刊光绪年间印本、民国十四年（1925）王鉴修补印《黄氏逸书考》本。

清代，对有些失传的古籍，往往有许多家进行辑佚。如《世本》一书，从事辑佚的有10家，除钱大昭、洪怡孙二家不传外，还有王谟、孙冯翼、陈其荣、秦嘉谟、张澍、雷学淇、茆泮林、王梓材八家辑本，1957年商务印书馆集为《世本八种》；又如《竹书纪年》的辑本也有10余种，以朱右曾《汲冢纪年存真》为佳。

第十四章　档案史料

有关我国古代历史档案的积存情况，我们在本书第一编第一章第四节已略述其梗概，这里仅将现存明清档案择要作些介绍。

第一节　明清内阁大库档案和“满文老档”

明清内阁大库档案的发现，和殷墟甲骨、汉晋简牍、敦煌石室遗书一起，曾被称为我国近世新史料的四大发现。所谓“内阁大库”，也就是明清的中央书籍档案库，其地址在清廷旧内阁衙门之东，临东华门内通路，所藏书籍占十之三，档案占十之七。书籍多为明代文渊阁之遗；档案则仅有几千件是明代的，其余都是清代历朝政府所奉行的朱谕，臣工缴进的敕谕、批折、黄本、题本、奏本，外藩属国的表章，历科殿试的答卷等。宣统元年（1909），大库屋坏，有关部门重加修缮，于是将所藏暂移于文华殿两庑，而有相当一部分仍露积库墙内，极为零乱。当时主管学部事的大学士张之洞奏请保留其中两库书籍，设立京师图书馆储藏之，其余四库无用旧档则焚毁之。而同时为学部参事的罗振玉认为档案中多有重要史料，不当毁弃，因而据理力争，恳请张之洞予以保留，才使这批档案得以保存于国子监南学及学部大堂后楼，但已陆续有所散失。1912 年后，两处所藏移于历史博物馆。1912 年，历史博物馆因经费积欠，无法工作，乃将档案的四分之三分装 9000 麻袋约 15 万斤，以 4000 元价格售予一个纸厂。罗振玉知道后复以 3 倍的价格购回，后来又将其中一部分辗转运到天津、旅顺，以私人之力加以整理。但因份量太多，仅整理出其中的十分之一，汇为《史料丛刊》10 册出版；其余则大部分以 16000 元价格再售予李盛铎。此后中央研究院复以 18000 元从李氏手中购藏，乃成立明清史料编刊会，由陈寅恪、朱希祖、陈垣、傅斯年、徐中舒等人负责，先后刊行了《明清史料》甲、乙、丙三编，每编 10 册，及《顺治元年内外官署奏疏》《洪承畴章奏文册汇辑》等。历史博物馆剩余的部分，后转到北京大学，经整理刊出了《清王朝京省报销册目录》等。罗振玉的儿子罗福颐还曾将其父运至旅顺的一部分编为“目录”4 卷，分甲、乙两编刊行，而原件没有印出。

1924 年“末代皇帝”溥仪出走后，清宫改为故宫博物院，当时清理时又于宫中得到大批档案史料（特别是军机处所藏档案）。随后加以整理，陆续编印了《掌故丛编》10 辑、《文献丛编》44 辑、《史料旬刊》44 辑及《清代档案史料丛编》等。此外还有《清三藩史料》6 辑、《清代文字狱档》9 辑等专题档案汇编出版。《嘉庆朝外交史料》《道光朝外交史料》《清光绪朝中日交涉史料》《清光绪朝中法交涉史料》《清宣统朝中日外交史料》等书，也都是军机处档案史料的专辑。

现存明清档案，保存最多、最完整的单位是中国第一历史档案馆，全部所藏共 70 多个卷宗，总数多达 1000 多万件。但其中明档仅有 3000 余件，主要是明代兵部的档案，少量是礼部、内阁的档案，从中亦可查到有关明末农民起义、明朝军队抗清以及其他一些方面的重要史料。其余则统属清档，其中除内阁档、军机处档以外，还有宫中档、内务府与宗人府档及六部等几个政府职能部门、军事部门的原档，并有一些地方部门或私人的存档，以及溥仪在天津张园时的档案等，已不止于原内阁大库所存。

这些档案的名目极多，大致有帝王命令、臣工奏报、官府文书及起居注、玉牒、舆图等几大类，其内容则几乎包括了有清一代政治、经济、军事、司法、民族、外交、教育、自然科学等所有方面的资料。新中国成立后，由历史档案馆和有关学术单位合作，又陆续出版了《明清史料》丁编、《清代档案史料丛编》多辑及《关于江宁织造曹家档案史料》《李煦奏折》等，近年又有《康熙朝朱批奏折汇编》等书编成。《天地会资料》《清中期五省白莲教起义资料》等资料书中也撷取了很多档案材料。台湾故宫博物院从 50 年代起，也先后编印了《明清史料》戊至癸编 60 册；1962 年后又陆续出版了《故宫文献》季刊，其中《宫中档康熙朝奏折》《宫中档雍正朝奏折》《宫中档乾隆朝奏折》《宫中档光绪朝奏折》及《年羹尧奏折》等卷帙浩繁，都是以特刊的形式印行的；影印档案原件的《明清档案存真选辑》也出了几辑。

“满文老档”是指满族入关前在东北建立后金国至清初期间，用无圈点老满文书写的官方文献，也是清代最早的官修原始资料。沈阳故宫崇谟阁原藏 180 册，编年载事，起清太祖丁未年（明万历三十五年，1607），迄太宗崇德元年（明崇祯九年，1636），内缺天命七年（1622）七月至十二月及天聪七、八、九年（1633—1635）的一部分（其中天命九年的原稿本在 1935 年整理内阁大库档时重被发现）。这些老满文档，清入关后从沈阳移至北京内阁大库，新中国成立前夕被国民党政府运往台湾。今第一历史档案馆所藏为乾隆四十年（1775）的重抄本和转抄本。重抄本面题《无圈点档册》，转抄本面题《加圈点档册》，均为 180 册，二者又各有草本一部，因而共有 4 部。辽宁省博物馆亦有重抄和转抄本各一部。转抄本除将老满文和其中掺杂的蒙文改写为新满文外，还对原档难解的旧满语于书眉加黄签标贴，以新满语详加注释，这对正确理解老档原意有重要参考价值。

“满文老档”记录了努尔哈赤和皇太极时期一系列军事、政治活动，是研究早期满族史、清史和东北民族历史的珍贵原始资料，多为《三朝实录》《开国方略》《东华录》等所不载，亦可纠正《清实录》等官书中的许多谬误。崇谟阁原本曾由前清进士金梁组织满、汉文学士10余人，费时两载，于1918年译成汉文，但因卷帙过多，校刊不易，遂择要摘录为《满洲老档秘录》，于1929年分上、下两编付印，不及全书的二十分之一。其余尚未散失的部分译稿，于1933～1935年间连载于《故宫周刊》第245至249期，名为《汉译满洲老档拾零》。原译本讹误甚多，且任意增删字句，不为世人所重。今有辽宁大学历史系重译本，易名《重译〈满文老档〉》，计81卷。过去在世界各国流传的，多是日本学者所整理的几种日译本。1968年台湾将“满文老档”原本分编为10册，题名《满洲旧档》影印发行，同时从1970年起陆续出版了汉译本。1978年以来，原故宫博物院明清档案部（即今中国第一历史档案馆）与中国社科院历史研究所一道，也成立了“满文老档”译注工作组，开始对这批珍贵的档案资料进行全面的整理译注。

除“满文老档”外，其他满文文件，如满文“西藏档”、满文“土尔扈特档”、满文“俄罗斯档”等，也保存了很多有关民族关系和防御外国侵略势力的原始记录。

第二节　其他明清档案史料

一　辽宁省档案馆明清档案

该馆所藏明清档案共有130余万卷册，其中约有千余卷保存有明代辽东都司、山东备倭署和兵部的档案材料，与中国第一历史档案馆所藏一起，对研究明代辽东地区的历史和清入关前满族及先世女真各部同明朝的政治经济联系都有重要史料价值。其余绝大部分清档，除两部“满文老档”外，都是有关皇室事务的档案，包括：顺治十八年（1661）至光绪三十四年（1908）的玉牒142册；乾隆至宣统年间的上三旗户口册3625册；康熙元年（1662）至咸丰十一年（1861）盛京内务府与北京内务府、盛京五部等往来满汉文书（即所谓“黑图档”）约1128册，内容包括铨选、恩赏、抚恤、户口、徭役、果园、地亩、赋税，宫廷修缮、皇室及宫廷食物、用品的解运经费等；乾隆十五年（1750）至民国初年有关东北地区的军务、实业、铨叙、旌表、司法、学务、财务、户籍、赈济、土地、差徭等满汉文档 45283 卷；乾隆至宣统年间的旗务档 1815 册；乾隆至民国二十年（1931）“九一八”事变前夕的辽宁、热河各官署档案 106 万余卷册等。所有这些档案都有待整理研究。

二　四川巴县档案

雅安四川省档案局所藏巴县档案，现有 103123 件，多数也属清档，包括省总督衙门、布政司、按察司等机构的札会告示、通饬咨文及州县公文，以及有关工商业行帮的条规、章程等。这批档案系统地反映巴县或四川一带从康熙九年（1670）到宣统三年（1911）间的政治、经济、文化、外交、司法及社会情况，是具体而微的地方史料，对研究清代地方行政、社会组织、民事诉讼、经济发展、民族政策等都提供了很多第一手的资料。

三　台北故宫博物院档案

该院现藏清代档案 204 箱，计有：1. 康熙至光绪朝的“宫中档”31 箱，主要为朱批奏折；2. 乾隆至宣统朝的“军机处档”47 箱，包括奏折、随手档、密纪档、明发上谕档及寄信档、引见档、早事档、外纪簿等军机处杂档；3. 自康熙初开始的满汉两种文本“起居注册”50 箱；4. 全套“清实录”2 箱；5.“清史馆档”61 箱；6.“本纪”9 箱；7.“国书、旧满册档”即“满文老档”原档 1 箱；8.“诏书”1 箱；9.“杂项档”2 箱，包括章京名册、清语摘抄、邮传部统计表、新疆大臣名单、光绪朝办案表册、收发电档等。上述清档，以“宫中档”与“军机处档”数量最多，价值亦高；而有些档案，如“满文老档”原档及大量朱批奏折等，正是现在第一历史档案馆所缺少的部分，内容尤为珍贵。

四　原西藏地方政府档案

这类档案资料，据初步统计，在西藏地区尚存有 300 多万件。其中除反映近世帝国主义对西藏的侵略、西藏三大领主的叛变分裂活动、西藏人民抵御外侮维护祖国统一的史料外，也有相当一部分反映出旧西藏地方政府（噶厦）与历代中央政府的关系；近年还发现了西藏历史上的地震资料 30 多条。另外在一些大寺院的文物管理单位，也有不少寺院文书档案。这些和布达拉宫所存的两万多部经书，都是研究西藏历史、宗教、科学和文化的重要藏文资料。1978

年以来，自治区已成立整理领导小组，抽调有关人员，开发这一块尚未被利用的史料园地。这对翻译整理古藏文也很有意义。

五 曲阜孔府档案

此为我国现存数量最多的私家档案。原件保存于山东曲阜文物管理委员会，总共有9020个卷宗，其中清代的8098卷，清代以前的922卷。每卷之中，少则一件，多则五六十件，计分袭封、宗族、属员、刑讼、租税、林庙管理、祀典、宫廷、朝廷政治、财务、文书、庶务等12大类。档案形式不仅是孔府处理各项事务的文书，也有不少是清代重要官员为尊崇孔子及优渥孔子后裔而上奏朝廷的奏折及朝廷文件。历代封建王朝都把儒家学说当作思想统治的工具，自汉唐至明清，孔子逐渐被抬高到“大成至圣文宣王”的地位，孔子的后裔也“恩渥备加”“代增隆重”，其嫡系子孙则自宋以后即被封为世袭“衍圣公”，在曲阜城内外建起了规模宏大的衍圣公府及孔庙、孔林等一大批附属建筑。从孔府档案的袭封、属员、林庙管理、祀典、宫廷、朝廷政治等类中，不但可以了解衍圣公府的形成、发展和孔府内部的组织情况，而且可以明了孔氏家族与封建王朝的相互依存关系。孔氏宗族很大，宗法制度也极严密。孔府档案中有关衍圣公的继嗣，族长、举事、户头、户举的委任及其权力，族规、族训、族谱的修订，归宗、冒宗、优免善徭、抚恤族人、处罚和奴役族人的具体规定等材料，较之其他同类材料更典型，更能反映封建宗法制的实质。档案中还有曲阜和全国十几个省份孔氏族谱及与孔氏联系紧密的颜、曾、孟氏等族的各类家谱。孔氏家族又是一个巨大的地主经济实体，从明以来封建朝廷先后拨给孔府祭田2000大顷（1大顷合3官顷），又有从宋以来先后设置的学田数千亩及大量的自置庄田，遍布曲阜附近的20几个州县及直隶、河南、江苏等省的一些地方。耕种这些土地的既有朝廷钦拨的“佃户”，又有孔府自己招徕的佃户，都由孔府直接管理，钦拨田庄的六屯七厂多征收租银，官庄及自置田产多课取实物地租。屯、厂地区又有许多集市和房产，也归孔府收取租税。这些在孔府档案中都有详细的记录，占分量最重。孔府卖官鬻爵所得，也是一项重要的收入。有关“洒扫户丁”的材料，则尤其鲜明地反映出庙户、佃户对孔氏贵族地主的人身依附关系。总之，曲阜孔府档案的内容十分丰富、具体、真切，有很高的史料价值。“文革”前，中国科学院历史研究所与曲阜文管会、曲阜师院合作，已选抄整理了一部分，主要是明档和1840年以前的清档；“文革”后，又在山东组成了曲阜孔府档案编辑委员会，对上述选抄资料进行了统一校点加工，定名《曲阜孔府档案史料选编》，已由山东齐鲁书社从1980年以来分册出版。

清代档案史料，除上面介绍的以外，还有相当一部分散存于全国各地。如安徽省档案馆藏有顺治至宣统间档案70余盒，贵州省档案馆藏有道光至宣统间的档案25卷，山东省档案馆藏有道光至光绪间的银米清册，河南省档案馆藏有雍正至宣统间的一些巡抚奏稿，福建省档案馆藏有清代邮政、海关的文电、通令数十卷，山西省档案馆藏有不少关于清代山西票号和河东池盐的档案，四川省自贡市档案馆藏有大批有关清代自贡井盐的档案和资料，新都县档案馆藏有嘉庆至宣统间的地契196件，海关总署亦藏有数量可观的清代海关档案等。安徽、山东等省的档案馆还存有部分明代档案。各地所存，大都以反映一个地方的政治、经济和社会面貌为主，对研究地方史、边疆开发史、少数民族史以及编修地方志等，都具有颇高的史料价值。其中有不少内容，也为研究中国近代史提供了宝贵的史料。

第十五章　国外史料

国外史料即外国保存的有关中国的史料。

在我国历代与国外的交往中，我国古代的一些典籍传入其他国家，由于种种原因，国内的典籍散佚，而国外反而保存了下来。如我国古代大量文献通过各种渠道传入日本，内容十分丰富，清末杨守敬曾于日本搜集中国古籍，“不一年遂有三万余卷”，“唐人之迹存于今者，不可胜计”①。在清嘉庆年间，日本天瀑山人曾经辑刊一部《佚存丛书》，收书17种，110卷。其中，许多书籍在中国早已失传、清朝阮元奏进《四库》未收书，所采者有《五行大义》《臣轨》《乐书要录》《两京新记》《文馆词林》《秦轩易传》《难经集注》《玉堂类稿》《西垣类稿》《周易新讲义》等10种。1856年森立之等人编纂的《经籍访古志》，从日本60多家藏书处收编中国古籍达654种。黎庶昌出使日本时辑成《古逸丛书》，经杨守敬校，收书27种，186卷，多属宋、元善本。1933年，日本人服部宇之将中国佚失而日本收存的中国古籍，编成《佚存书目》，计经部22种、史部31种、子部45种、集部27种，外加附录多种，对了解我国古籍在日本的留存情况很有参考价值。

与我国接壤的朝鲜、越南等国，历来同中国关系密切，常有使者往来，商业贸易也极频繁。这些国家的载籍中记载了大量中国史料。

此外，在与邻国的贸易过程中，对方或有目的地向商人、船员了解中国情况，或因海上遇难，漂流至我国，回国后述其见闻，从而编成的书籍也保存了有关中国的珍贵史料。

蒙古帝国疆域辽阔，横跨欧亚大陆，故研究元史的外国史料颇为丰富。如蒙古三次西征，将波斯和西南亚划入版图，建立伊利汗国，史家们据此写了不少著作，提供了研究元史的史料。13世纪中叶，教皇和法国国王先后派出使节访问蒙古，其使者也提供了有关史料。此后，不断有欧洲人到中国来，或经营商业，或传播基督教。他们当中也有人写下了文字史料，最有名的是《马可·波罗游记》，有很高的价值。

14世纪40年代，非洲摩洛哥著名旅行家伊本·白图泰也来过中国，到过

① 《日本访书志·序言》。

一些地方，写了一部旅行记，介绍了中国的物产、风俗等，《中西交通史料汇编》第二册有节译。

从16世纪50年代开始，西方耶稣会传教士陆续来到中国。在清代，传教士博得最高统治者的青睐，有的被授予钦天监正等官职，有的经常给皇帝讲课、治病，甚至扈从巡行外地，在与欧洲等西方国家的交往谈判中，有的担任翻译，并参与其中的某些机密。他们在华期间，写了大量笔记，向国内发回大量书信，有的回国后还写了一些著作，其中有大量中国史料，其价值很高。

沙俄政府与清政府也早有交往，曾先后订立《尼布楚条约》《恰克图条约》，早在雍正年间东正教就在北京设立了常设机构，商人也常来华贸易，所以俄国官员、教士、商人等关于中国的记述较多，如班蒂什—卡缅斯基《1619—1792年俄中外交资料汇编》、瓦·巴·巴西里耶夫《中国的发现》、维谢洛夫斯基《北京俄国传教士团史料》、冈索维奇《阿穆尔边区史》、柯尔萨克《俄中通商历史统计概览》、马克《黑龙江旅行记》、特鲁塞维奇《俄中通使与通商关系》、阿尔谢尼耶夫《乌苏里地区的中国人》等。

还有一些被盗往国外的史料，如殷墟出土的甲骨、敦煌石窟的文书卷子以及大型类书《永乐大典》中的一些典籍。这些在本编第一章已有介绍，此从略。

一些国家的档案馆还保存了外国与中国交往的文件。如荷兰国家档案馆收藏的17世纪荷兰东印度公司的档案手稿，内容不少涉及中国，关于台湾的资料尤其丰富；前苏联收藏的《国家中央古代文件档案》《俄国外交政策档案》等文件中，也有关于中国的许多资料。

国外保存的中国古代佚书，可补中国古代史料之不足。外国著述中的中国史料，也可补中国史料之缺，证中国史料之真伪。当然，利用这些史料，也要进行分辨，如传教士的著作，往往夸大其作用，夸大其对中国皇帝的影响，应予注意。

对于国外史料，我们接触得很少，了解得很不足，难以做全面介绍，今参照有关资料，分地区国别予以说明。

第一节　亚洲国家史籍中的中国史料

一　朝鲜史籍中的中国史料

《高丽史》，朝鲜李朝郑麟趾撰。139卷。包括世家46卷、志39卷、表2

卷、传50卷、目录2卷。成书于李朝文宗元年（明景泰二年，1451）。朝鲜历史上的高丽王氏王朝，大体与我国宋、辽、金、元时期相当，特别是辽朝与其境土相接，关系密切。《高丽史》中记载了不少有关辽朝的事迹，特别是两国交往的史实，可补我国文献之不足，是研究辽史的资料。书中还保存了许多金朝与高丽关系的史料，特别是女真族早期的史料。书中还为研究高丽与元朝的关系提供了丰富的史料，对于研究元史及元朝灭亡后北元政权的活动，都很有价值。有朝鲜平壤1957年刊本。

《老乞大》和《朴通事》，二书是14世纪上半期朝鲜出现的汉语教科书。《老乞大》以高丽商人来中国贸易为中心线索，以对话形式叙述商业活动和其他情况；《朴通事》分段以对话形式叙述元代大都各方面的社会生活。二书为研究元代社会，特别是大都面貌提供了有价值的史料。

《李朝实录》，朝鲜李朝用汉文写的一部实录，1893卷。起太祖李成桂元年（1392），到哲宗李讳十四年（1863）。提供了明朝、清朝的大量史料，特别是清入关前的满族、女真族的史料；入关后三藩叛乱时，台湾的郑经与朝鲜、日本的关系的史料；关于中朝两国聘使往来、商业贸易、海上救护、文化和科技交流、边事交涉等史料，对研究中朝关系史也有参考价值。1930年至1932年，日本占领下的朝鲜汉城帝国大学影印20部，1953年日本学习院东洋文化研究所又影印50册，但缺纯宗、高宗实录，1959年中朝两国科学院合作，影印了所缺部分，遂成完本。吴晗曾辑录《朝鲜李朝实录中的中国史料》一书，1980年中华书局出版。

《沈阳状启》，1636年（明崇祯九年，朝鲜崇德元年），清战胜朝鲜，朝鲜王派儿子作为人质居沈阳，在此期间，随从的侍讲院宰臣、讲官等曾向本国承政院呈送报告，后按编年体例汇集成书。用朝鲜汉文写成。1932年，日本占领下的朝鲜汉城帝国大学法文学部的古书翻刻委员会，将此书整理，于1935年刊行。此书所收状启始于丁丑年（1637）二月十九日，终于癸未年（1643）十二月十五日。内容涉及当时沈阳的社会状况，满洲八旗的组织、训练和将领的情况，清皇室的内幕和继嗣问题，清与明、蒙古、朝鲜的关系等，对研究明末清初历史提供了重要史料。

《毕依斋遗稿》，黄梓撰。作者于英祖十年（清雍正十二年，1734）和二十六年（清乾隆十五年，1750）两次出使清朝，回国后记其见闻，写成《甲寅燕行录》和《庚午燕行录》，提供了有关史料，对了解雍正和乾隆初年的政治情况、民情动向，很有价值。

类似的著作，还有洪大容《湛轩燕记》、李德懋《入燕记》、朴趾源《热河日记》、严璹《燕行录》、徐浩修《燕行记》、柳得恭《热河纪行诗注》等。

《中韩关系史料辑要》，台湾珪庭出版社汇编，1978年以来陆续出版。编辑朝鲜人有关明清两朝事情的载籍，收有朝鲜礼曹判书郑昌顺等于1787年奉国王之命编的《同文汇考》129卷。佚名的《阳九记事》、石之衍的《南汉日记》，均叙清太宗对朝鲜战争事。

二　日本载籍中的中国史料

《华夷变态》，日本德川幕府鸿文学士林恕、凤冈父子编纂，成书于1674年（清康熙十三年），1958年至1959年日本东洋文库印行。日本人以明朝为华夏，以清朝为夷虏，此书记明清易代及其后80年间事，故名。史料是向赴日的中国和南洋各国的商人、船员收集的关于中国的传闻及书面报告，有敕谕、咨文、檄文、时务论策等，共5卷。时间从日本正保元年到享保元年，相当于清顺治元年到雍正二年（1644—1724）。有些资料国内罕见，是研究清初中日及南洋交通史的重要史料。本书的续编本改题《崎港商说》。

《鞑靼漂流记》，日本人竹内写的见闻录。竹内等一行乘船往北海道，在海上遇风，漂流到鞑靼国（中国东北），时当清顺治元年（1644）夏。他们被送到国都盛京，又被转送明朝的北京，次年离京经朝鲜回国，于顺治三年（1646）八月记下此行经过。主要据见闻记满人的生活和风俗习惯，也涉及到明末清初的一些情况，所记清朝武备纪律、清初诸王与政治的关系、南明汉人剃发对清朝的臣服以及北京等地的城市概貌等，为研究明清之际的历史提供了有价值的史料。

《东鞑纪行》，间宫林藏著。作者于清嘉庆十三年（1808）两次到库页岛，据见闻写成。记叙该地区的鄂伦春、费雅喀、山旦、赫哲等族人的生产、生活和贸易，当地的官衙及其同中央政府的隶属关系，证实黑龙江下游及库页岛是清朝的领土。1974年商务印书馆出版《黑龙江日报》社及黑龙江社科所译本。

今日本冲绳县，清代为琉球，与中国关系密切，有不少史籍用汉文写成，也有关于中国的史料。

《历代宝案》，始编于尚贞二十九年（清康熙三十六年，1697年），收录了大量的咨文、执照，以及当时清朝与琉球交往的文件。

《球阳》，琉球史。正编22卷，附编4卷，记事起琉球中山国开国，迄尚泰二十九年（清光绪二年，1876）。有些内容记录了琉球与中国人民的友好关系，提供了宝贵史料。

《中日领土争端的起源》，日本村田忠禧著。作者为日本横滨国立大学名誉教授，本书细述钓鱼岛问题来龙去脉，指出日本外务省在此问题上的种种疏漏谬误。书中根据日方公布的资料，得出了钓鱼岛不属于冲绳或历史上的琉球，不是日本固有领土的结论。作者说："还历史一个真相，这是我写书的一个重要目的，也是在钓鱼岛问题上最想强调的一点。"本书 2013 年 6 月在日本正式出版，中国社会科学文献出版社印有中文版。

三　越南史籍中的中国史料

《大越史记全书》，15 世纪晚期越南吴士连编纂的编年体越南正史，后又经重修、续补，至 17 世纪晚期，由黎僖为主修订出版。对研究元代中国与交趾、占城的关系有一定参考价值，也有一些元代政治状况的史料。

《大南实录》，越南阮朝的实录，修成于维新三年（清宣统元年，1909），453 卷。前编记嘉隆以前割据广南时的历史，记嘉隆及以下七帝事。另有《大南列传》85 卷。用汉文写成，保留了很多中越关系的史料，也有直接记载中国的史料。有越南阮朝刊本、1962 年日本有邻堂影印本。

此外，阮朝国史馆编《钦定越史通鉴纲目》、阮朝内阁编《钦定大南会典事例》、潘叔直《国史遗编》等，也有不少涉及中国的史料。

四　波斯史籍中的中国史料

《世界征服者史》，波斯人志费尼撰。3 卷。成书于 13 世纪 60 年代初。第 1 卷记成吉思汗和窝阔台、贵由、术赤、拔都、察合台等的事迹，还有畏兀儿人、哈剌契丹后期的历史；第 2 卷记花剌子模王朝史；第 3 卷记拖雷、蒙哥、旭烈兀等的事迹及亦思马因派王朝兴亡史。本书史料大部分为作者亲见、亲历，是汉文史料中所没有的或较少涉及的史料。19 世纪 20、30 年代出版的多桑《蒙古史》引用了其中大量史料。1981 年内蒙古人民出版社出版何高济据英译本翻译的中文本。

《史集》，波斯人拉施德丁撰。作者奉伊利汗国合赞汗命撰蒙古史、世界史和世界地理志，合称《史集》，成书于伊斯兰历 710 年（1310—1311），流传后世的是前二部。蒙古史 3 卷，为突厥蒙古部族志、成吉思汗先祖和成吉思汗纪；伊利汗国蒙古诸汗以外的成吉思汗后裔史；伊利汗国史。广采史料，内容丰富，价值很高，可与《蒙古秘史》《元史》相参证，对研究 12、13 世纪蒙古史、中亚史及元史是不可缺少的史料。洪钧《元史译文证补》第 1 卷上、下《太祖本纪译证》，据《史集》蒙古史第 1 卷俄译本转译。1946 年苏联科学院东方研究所有第 2 卷俄译本。英国波义耳有第 2 卷英译本。

《中国纪行》，波斯人阿里·阿克巴尔撰。21章。内容涉及明初中国的各个方面，如地理、军队、宗教、宫廷、监狱、立法、外国使臣、侨民等。作者于明初曾来中国，他以翔实的资料和生动的描写，赞扬了当时中国人民的物质文明和精神文明，如奉公守法的精神、高超的手工艺、奇妙的胸外科手术等，提供了研究明初中国的重要史料。有三联书店出版张至善译本。

第二节　西方国家的中国史料

《普兰诺·卡尔平尼行记》，意大利人普兰诺·卡尔平尼（约1182—1252）撰。1245年4月，作者奉罗马教皇英诺森四世之命，出使蒙古，1247年秋回国，此书是他向教皇提交的出使报告，又名《蒙古史》。全书9章，详细记述他出使蒙古的见闻，涉及到社会经济、风俗习惯、宗教信仰、皇帝与诸王的权力、军队状况、战争特点等，是研究早期蒙古史和中西交通史的重要史料。有1983年中国社会科学出版社出版的吕浦译、周良霄注的中译本。

《卢布鲁克行记》，法国人卢布鲁克（约1215—1270）撰。1253年，奉法王路易九世之命前往蒙古传教，1255年回归，向法王呈送出使报告——《东方行记》，即《卢布鲁克行记》。全书38章，详述旅行见闻，除记载蒙古人的风俗习惯、宗教信仰外，对和林城记载尤详，对沿途不里阿耳、马札儿、钦察、阿兰、畏兀儿等的记载，也很有价值。是研究早期蒙古史、中亚史和中西交通史的重要资料。有1983年中国社会科学出版社出版的中译本。

《马可·波罗行记》，意大利威尼斯商人马可·波罗（1254—1324）口述，鲁思梯谦笔录成书。马可·波罗于1271年随其父尼柯罗·波罗、其叔马菲奥·波罗来华，取道伊利汗国，沿丝绸之路，经帕米尔高原，从天山南路进入河西走廊，于1275年到达上都（今内蒙古正蓝旗东）。在元朝17年，曾奉忽必烈命出使各地。1295年返威尼斯。1296年，因参加与热那亚的海战被俘，在狱中口述东方之行经历，由作家鲁思梯谦整理成本书。全书4卷。第1卷记其来中国途中见闻、成吉思汗的兴起和建立汗国的经过；第2卷记忽必烈的活动；第3卷记日本和东、西洋各国的情况；第4卷记诸汗国之间的战争。马可·波罗足迹遍及中国各地，观察细致，叙事准确，故此书为研究元史、亚洲史及忽必烈时期的其他历史问题提供了宝贵史料，可补中国国内史料之不足。版本甚多，国外各种文字抄本约140种，法国伯希和注释本较好。国内在解放前有四种汉译本，以商务印书馆1935年出版的冯承钧译本较通行，另有1981年福建科技出版社出版的据曼纽尔·科姆罗夫英译本翻译的汉译本。

《鄂多立克东游录》，意大利人鄂多立克（约1286—1331）口述，他人笔录成书。鄂多立克于1318年开始东游，约1322—1328年之间在中国旅行。书中赞美当时中国的物质文明，对研究元朝的宗教状况、纸币赋税、驿站制度等有一定史料价值。各国所藏抄本76种，1981年中华书局出版何高济的汉译本，收入《中外关系史名著译丛》。

《耶稣会书简集》，西方耶稣会传教士16世纪后期在华期间向国内投寄的书信集，还收录了从17世纪末到18世纪末在近东、美洲、印度等许多地方传教士的书信，以法国传教士的书信为多。1702—1776年（清康熙四十一年至乾隆四十一年）出版34卷，1780—1783年巴黎又印新版26卷，其中第16—24卷为有关中国的书信集，25—26卷为关于中国和印度的书简，内容极为丰富，且大都是耳闻目睹，亲身经历，故比较真实可靠。是研究清初政治、社会、民俗的历史资料以及中西关系史的资料。日本石田干之助和后藤末雄将有关中国部分译成日文，名《耶稣会中国书简集》，第1卷已于1970年由平凡社出版。

《圣教入川记》，法国传教士古洛东撰。其内容包括明末清初天主教在四川活动的情况；传教士利类思、安文思和大西军张献忠起义军的关系。有关起义军的政治、经济和对清军作战的情况，有些资料为他书所无。有1934年重庆圣家书局本。

《张诚日记》，法国传教士热比雍神甫，汉名张诚，受法国国王路易十四派遣于清康熙年间来华，在清廷供职。1689年（康熙二十八年）随清代表赴尼布楚参加中俄边界谈判，所作日记寄往巴黎发表。所记《尼布楚条约》签订，康熙第一次亲征噶尔丹等，为研究清初有关历史提供了参考资料。1977年商务印书馆出版陈霞飞据英文版汉译本。

《耶稣会士徐日升关于中俄尼布楚谈判的日记》，约瑟夫·塞比斯著。葡萄牙传教士徐日升与张诚同为清朝使团译员，写有尼布楚定约时的日记，本书还有对日记某些内容的分析，可与《张诚日记》参看。1973年商务印书馆出版王立人译本。

《巴函选译》，法国传教士巴多明于1698年（清康熙三十七年）来华，服务于清廷，受沙皇俄国收买，在《中俄恰克图条约》签订过程中向俄国出卖情报。他在寄往西欧的信中反映耶稣会在华传教、中国教徒及朝政情况。上海《圣心报》选译一部分，于1911年4月至1916年10月披载。

《燕京开教略》，樊国梁著。3卷。作者为北京主教，本书为所撰《北京考略》的有关北京教史的部分，后2卷叙清时的传教及清朝对教会的政策，提供了有关史料，多有失实。1905年救世堂印刷。

《康熙帝传》，法国传教士白晋撰。作者1688年（清康熙二十七年）晋见康熙，在清廷供职。1693年（清康熙三十二年）回国向路易十四写了一份秘密报告，即成此书。书中叙述了康熙的才能、性格和作为，皇子教育，《中俄尼布楚条约》的签订，平定三藩之乱，统一台湾，对西洋人的态度，是研究康熙皇帝的重要资料。有马绪祥译本，载《清史资料》第一辑。

《汤若望传》，德国人魏特撰。作者在中国阅读了大量的中国史料，又利用来华传教士的函牍、著作、手稿2000余件，于1933年成此书。14章。记德意志传教士汤若望一生的活动，所记明末清初在中国期间的活动，如到西安传教，参与《崇祯历书》修订和西洋大炮的铸造，向顺治讲道，为清朝制历法，与杨光先论争，与康熙帝的关系等，为研究明末清初史提供了史料。1949年商务印书馆出版杨丙辰译本。

《清代西人见闻录》，杜文凯编。其中，传教士卫匡国《鞑靼战记》、南怀仁《鞑靼旅行记》、张广成《对大鞑靼的历史考察概述》、德斯得利《准噶尔贵族侵扰西藏目击记》等中译本，集中提供了有关史料。如《鞑靼战记》记清军入关和对南明的战争甚详，是研究清初历史的第一手史料。1985年中国人民大学出版社出版。

第三编　中国古代史史料的搜集、整理和研究

第一章　古代史料的著录

第一节　古代文献目录

中国古代史籍浩如烟海，但要找到自己研究历史所需要的史料，并非易事。查找史料需要借助于目录。

一　目录和群书目录

目录一词，据现存文献，首见于班固《汉书·叙传》："刘向司籍，九派以别。爰著目录，略序洪烈。"这里所谓"目录"，实指"目"和"录"。目，指篇名或书名；录，是对"目"的说明和编次，又称叙录或书录。把"目"和"录"编在一起，就是目录。

图书目录，可以说是随着书籍的出现而产生的。《七略》称"《尚书》有青丝编目录"，[①] 是指《尚书》还处在简策阶段时的目录。《周易》"十翼"中的《序卦传》就是《周易》一书的目录，《诗经》的"小序"，《吕氏春秋》的"序意"，《淮南子》的"要略"，也都是各书的目录。可见目录就是把一本书的篇名和说明编次、汇集在一起，它在先秦时期就出现了。

目录学研究的主要对象是群书目录，即一些书目和叙录的汇集，它是汉代创立的。汉成帝河平三年（前 26），刘向奉命校勘朝廷藏书，每校完一书，"辄条其篇目，撮其指意，录而奏之"[②]，称为"叙录"，后汇为一集，总称《别录》。刘向卒后，其子刘歆在《别录》的基础上，分类编辑，成《七略》一

① 《文选·任彦升为范始兴求立太宰碑表》注引。

② 《汉书·艺文志序》。

书，这是我国第一部群书目录。《七略》已佚，其基本内容被班固写入《汉书·艺文志》。因此，《汉书·艺文志》是现存最早的一部群书分类目录。

二 古代文献目录的类别

根据目录书的体制和编者的不同，可将其分为官修目录、史志目录和私家目录三种。

官修目录，或称国家图书目录，是由政府主持对国家藏书进行整理后编制的目录。自西汉刘向奉命校书以后，历代几乎都进行校书工作并形成目录，约计20余种，今存者只有清纪昀撰《四库全书总目》和于敏中、彭元瑞撰《天禄琳琅书目》正、续编，北宋王尧臣、欧阳修撰《崇文总目》只有辑本。《四库全书总目》200卷，是官修目录的代表作，篇帙巨大，内容繁富，具有较高的学术价值。《天禄琳琅书目》，前编10卷，后编20卷，先后撰于清乾隆和嘉庆年间，是善本书目录，分别著录古籍429部和663部。

史志目录，主要指正史中的《艺文志》和《经籍志》，也包括有些朝代的《国史经籍志》以及政书中的《经籍志》等目录书，可分别称之为正史目录、国史目录和专史目录。《汉书·艺文志》是第一部史志目录，也是第一部正史目录。此后的正史目录，有《隋书·经籍志》《旧唐书·经籍志》《新唐书·艺文志》《宋史·艺文志》《明史·艺文志》《清史稿·艺文志》。正史目录，以《隋书·经籍志》影响为最大，它确立了经、史、子、集四部分类法，可据以考见唐以前古籍，是研究中古时期学术文化的重要著作。国史目录，如北宋编撰国史时，又根据馆阁藏书书目编写《艺文志》，并按所包括的朝代命名，有三朝、两朝、四朝的国史《艺文志》。南宋亦有包括高、孝、光、宁四朝的《中兴国史艺文志》。专史目录，影响较大的是郑樵的《通志·艺文略》和马端临的《文献通考·经籍考》。

私家目录，是由私人编纂的私人藏书目录。它始于唐代吴兢的《西斋书目》，宋代以后，随着雕版印刷术的发展，书籍数量的增加，私人藏书的日盛，这类目录很多。根据著录的图书，私家目录可分为综合目录和专门目录。综合目录是综合群书的目录，它包括藏书家编的藏书目录、著录某一地区图书的地方目录和为使用丛书编的丛书目录。综合目录，流传至今而又影响较大的，宋代有晁公武的《郡斋读书志》、陈振孙的《直斋书录解题》和尤袤的《遂初堂书目》，明代有周弘祖《古今书刻》、朱勤美《西亭中尉万卷堂书目》、叶盛《菉竹堂书目》、李廷相《李蒲汀家藏书目》、陈第《世善堂藏书目》、晁瑮《宝文堂分类书目》、高儒《百川书志》、李如一《得月楼书目》、祁承㸁《澹生堂书目》和《澹生堂明人集部目录》、徐𤊹《徐氏家藏书目》（一名《红雨楼书目》）、赵琦美《脉望馆书目》、钱谦益《绛云楼书目》、董其昌《玄赏斋书目》、黄虞稷《千顷堂书目》等，清代主要有钱曾《也是园藏书目》《述古堂书目》和《读书敏求记》、毛扆《汲古阁珍藏秘本书目》、徐乾学《传是楼书目》、孙星衍《平津馆鉴藏书籍记》及其《补遗》和《续编》、张金吾《爱日精庐藏书志》及《续志》、汪宪《振绮堂书目》等。清代藏书家还撰有题跋，具有很高的学术价值，著名的如吴寿旸《拜经楼藏书题跋记》、黄丕烈《士礼居藏书题跋记》《荛圃藏书题识》等。地方目录反映某一地区学术文化发展状况，可借以搜集、整理地方文献。丛书目录出现较晚，但使用很广，上海图书馆编的《中国丛书综录》是一部体例完备、便于利用的丛书目录。还有为初学者指示治学门径的书目，如张之洞的《书目答问》。与综合目录并行的是专门目录，是专为与某一种专门学科、某一种专书有关的图书所编的目录。其中，把与某一专门学科有关的图书编制起来的目录称专科目录，如释道典籍、经籍、史籍、文艺书籍、医籍、数学书、地理书等等，都分别撰有专科目录。对一种书或一类书所编的目录称专书目录。一种是一书的引用书目，如《三国志注引书目》；一种是为某一书编制参考书目录，如《史记书录》。

三　古代文献目录的分类和体例

群书目录大都按一定的分类著录。我国古代文献目录的分类主要有两大系统：一是刘歆《七略》开创的分类体系，一是《隋书·经籍志》确立的分类体系。

（一）刘歆《七略》开创的分类体系。刘歆《七略》有辑略、六艺略、诸子略、诗赋略、兵书略、术数略、方技略。因《辑略》是综述学术源流的绪论，故实分图书为6类，被《汉书·艺文志》采用，可称之为“六分法”。

沿着这种分类方法发展的有“七分法”，如南朝齐王俭的《七志》、梁阮孝绪的《七录》、隋许善心的《七林》、宋郑寅的《郑氏书目》等。《七志》的类目是：经典志、诸子志、文翰志、军书志、阴阳志、术艺志、图谱志，还附有道经录、佛经录。比《七略》多了《图谱志》。《七录》的类目是：经典录、纪传录、子兵录、文集录、术技录、佛法录、仙道录。与《七略》《七志》比较，“纪传”单独成为一类，“诸子”和“兵书”合为一类，将“图谱”分入有关各类，将《七志》附录立为正式类目。此外，还有“十二分法”，如郑樵《通志·艺文略》将图书分为12类：经类外，别立礼、乐、小学；诸子类外，别立天文、五行、艺术、医方；还有史类、文类、类书。以下又分100家，432种，有创造性。孙星衍《孙氏祠堂书目》也是12类：经学、小学、诸子、天文、地理、医律、史学、金石、类书、词赋、书画、小说，也打破了传统分类法。

（二）《隋书·经籍志》确立的分类体系。《隋书·经籍志》确立的分类体系是“四部分类法”，它起源于魏、晋之际。魏秘书郎郑默撰《中经》，晋秘书监荀勖据《中经》撰《中经新簿》，将典籍分为甲、乙、丙、丁四部，次序是经、子、史、集。东晋李充撰《晋元帝四部书目》，将乙、丙次序互换，确立了此后经、史、子、集的四部顺序，也适应了当时史书大量增加的新情况。唐初魏徵主修《隋书·经籍志》，以经、史、子、集为类目名称。与《七略》比较，经、史两部，相当于《六艺略》；子、集两部，为其余五略合并而成。还附有道经、佛经。所以，它还不算彻底的四部分类法，直到北宋《崇文总目》才将道经、佛经编入子部，四部分类法正式确定下来。

唐以后的历代官修目录和大部分私家目录，基本上都采用四部分类法。清乾隆年间撰《四库全书总目》，使四部分类法更加完备。其类目如下：

经部十类：易、书、诗、礼、春秋、孝经、五经总义、四书、乐、小学。

史部十五类：正史、编年、纪事本末、别史、杂史、诏令奏议、传记、史钞、载记、时令、地理、职官、政书、目录、史评。

子部十四类：儒家、兵家、法家、农家、医家、天文算法、术数、艺术、谱录、杂家、类书、小说、释家、道家。

集部五类：楚辞、别集、总集、诗文评、词曲。

总计44类，有些类又分若干子目，类目比较合理。

四部分类法行之千余年，虽有七分法、十二分法的出现，但始终处于统治地位。其原因，除大类分配较为合理外，就是“尊经”，符合封建统治者的需要。四部分类法的缺点，是分类不以学术为重，标准不一，类目太少，有的勉强归类，故有郑樵“十二分法”的出现。

由于四部分类法是我国古代图书分类的主干，所以了解古代目录，要重点熟悉四部分类的大致内容。研究中国古代史，重点是史部典籍。

了解古代目录书的体例也是必要的。目录书是著录图书的，所以任何目录书都需具备书名一项，一般应包括著者、篇卷数、版本和藏者，有的目录书有缺项。只著书名的目录书，如《新唐书·艺文志》《宋史·艺文志》《明史·艺文志》和郑樵《通志·艺文略》、张之洞《书目答问》等。

目录书著录图书时又是分类的，为了“辨章学术，考镜源流”，对某一类图书的学术流派、演变和特点加以论述，有的目录书在每一类之后撰一小序。刘歆《七略》中的《辑略》是对各家学术源流利弊的论述，汇集一编作为全书的凡例，可视为小序体例之端。《汉书·艺文志》将《辑略》各篇散入各家，成为今存在每一部类之后有小序的最早的目录书。《隋书·经籍志》也撰有小序。

还有的目录书，不仅在每一部类之后有小序，而且还在书名之下有解题。解题，也称叙录、书录或提要。它用来论述图书要旨，分辨其正误，使读者对著录的图书有所了解。刘向《别录》即汇编各书叙录而成，宋陈振孙采用解题之名撰《直斋书录解题》。既有小序，又有解题的目录书，还有宋晁公武《郡斋读书志》、元马端临《文献通考·经籍考》和清《四库全书总目》。解题具有重要作用，《四库全书总目》说："古书之不传于今者，得藉是以求其崖略；其传于今者，得藉是以辨其真伪，核其异同，亦考证之所必资。"①

四　史部目录

史部目录著录、介绍史籍，它通过叙述史籍源流和区分学术派别，为我们阅读史籍指示门径，为我们研究历史提供方便。研究中国古代史，首先应着重了解并充分利用史部目录。

（一）史部目录的形成与发展。史部目录是史籍发展到一定时期的产物，它是随着史籍数量的增加和史籍社会地位的提高而逐渐建立起来的。在史籍的产生和初步发展的先秦时期和西汉时期，还没有史部目录。东汉班固据刘歆《七略》所撰的《汉书·艺文志》，是我国第一部史志目录。它将古籍分为六类，唯独没有史籍这一类。例如将《太史公书》《楚汉春秋》等史籍列入《六艺略》的《春秋类》，将《高祖传》《孝文传》等史籍列入《诸子略》的《儒家》类。这反映了史学还未独立的实际情况。

魏晋南北朝时期，史籍的数量空前增加。《汉书·艺文志》著录的史籍有34家，1384篇，而《隋书·经籍志》著录的隋以前史籍已达874部，16558卷。史书的体裁也有了很大发展，继纪传通史体之后，产生了纪传断代体、编年断代体，还产生了起居注、实录、谱牒、传记、史注、史考、史评、方志、地理、旧事、职官、仪注、刑法等。史籍的地位亦非昔可比，纪传体断代史逐渐取得国史、正史的地位，受到最高统治者的重视。在这种条件下，目录学家不得不考虑为史籍单独设类。魏秘书郎郑默撰《中经》，首先为史籍设类。晋秘书监荀勖撰《中经新簿》分图书为甲、乙、丙、丁四部，丙部有史记、旧事、皇览簿、杂事四类，实是史部。晋李充《晋元帝四部书目》，将史籍从

① 《四库全书总目》卷85《史部·目录类》"直斋书录解题"条。

《中经新簿》中的丙部提升为乙部，从而奠定了史籍在目录中的地位。南朝梁阮孝绪《七录》设立《纪传录》，下分国史、注历、旧事、职官、仪典、法制、伪史、杂传、鬼神、土地、谱状、簿录12类目，为后来四部目录中史部的分类奠定了基础。

魏晋南北朝期间，史部目录处于形成阶段，虽已有史部之实，然未有史部之名。到唐代，魏徵主撰《隋书·经籍志》，以经、史、子、集代替甲、乙、丙、丁，史部始有了正式名称，史部目录最后确立。《隋书·经籍志》史部下设13类目，即正史、古史、杂史、霸史、起居注、旧事、职官、仪注、刑法、杂传、地理、谱系、簿录。这些类目中，正史、古史二类，相当于《七录》的国史部；杂史，是新设的类目；杂传类，相当于《七录》中的杂传部、鬼神部。其余类目名称，与《七录》或同或异。《隋书·经籍志》的史部由序、小序、书名、撰者、卷数和注释组成。序的内容是叙述史官和史学的源流、得失，在史部之后；小序分在每类之后，分别说明本类设立的原委、收书的范围、内容、得失、流变；主体部分是书名、撰者、卷数，有的书名之下还有注释。

史部目录及其类目的最后确立，还体现在唐代所修的综合性藏书目录中。唐玄宗开元年间，元行冲等人编纂《群书四部录》，设有史部，并有类目13；毋煚又撰《古今书录》，亦分四部，史部类目13。

史部目录在唐代最后确立的基础上，在此后的正史艺文志和综合性藏书目录中都得到进一步发展。

唐代以后正史中设史部目录的，有《旧唐书·经籍志》《新唐书·艺文志》《宋史·艺文志》《明史·艺文志》和《清史稿·艺文志》。

《旧唐书·经籍志》史部分13类，名称与《隋书·经籍志》基本相同，唯改“簿录”为“略录”。

《新唐书·艺文志》史部类目13，与《旧唐书·经籍志》大致相同，唯改“古史”为“编年”、“霸史”为“伪史”、“旧事”为“故事”、“谱系”为“谱牒”、“略录”为“目录”，顺序亦稍有变更。此外，还出现了三级类目，是一种进步。

《宋史·艺文志》史部类目13，新增“史钞”“别史”两个类目，并“起居注”入“编年”，改“杂传”为“传记”，“伪史”复称“霸史”。

《明史·艺文志》史部10类，“正史”类包括纪传史、编年史，其余9类为杂史、史钞、故事、职官、仪注、刑法、传记、地理、谱牒，只著录明代史籍。

《清史稿·艺文志》史部16类，较为完善，新增设纪事本末、诏令奏议、时令、金石、史评等类目，反映了史籍的发展；又改“霸史”为“载记”、“仪注”为“政书”，反映了清代统治者的意志；删去“谱牒”“刑法”“故事”。只著录清代史籍。

清代学者对正史所缺的艺文志进行了补作，有卢文弨《补宋史·艺文志》《补辽金元·艺文志》，钱大昕《补续汉书·艺文志》《补元史·艺文志》，顾櫰三《补后汉书·艺文志》《补五代史·艺文志》等。

《补宋史·艺文志》史部类目18，即国史、正史、通史、编年、杂史、霸史、史学、史钞、故事、职官、时令、食货、仪注、政刑、传记、地理、谱牒、簿录。

《补辽金元·艺文志》史部类目16，较《补宋史·艺文志》少时令、通史两类。

《补元史·艺文志》史部14类，即正史、实录、编年、杂史、古史、史钞、故事、职官、仪注、刑法、传记、谱牒、簿录、地理。

《补续汉书·艺文志》史部有国史、典章、刑法3类。《补后汉书·艺文志》史部11类，即正史、记注、杂史、霸史、古史、历象、时令、舆地、仪注、科令、别传。《补五代史·艺文志》史部10类，即正史、霸史、杂史、表状、格令、仪注、历算、舆地、小说（旧事）、总集（目录）。

郑樵《通志·艺文略》和马端临《文献通考·经籍考》也可视为史志目录。《通志·艺文略》史部类目13，有正史、编年、霸史、杂史、起居注、故事、职官、刑法、传记、地理、谱系、食货、目录。《文献通考·经籍考》史部类目5个，即正史、编年、起居注、杂史、传记。

综合性藏书目录，有官修、私修两种。官修藏书目录是在大规模校书之后编撰的，采用四部分类法，史部类目的设置接近史志目录。如宋仁宗时，王尧臣、欧阳修等人修的《崇文总目》，史部分13类，有正史、编年、实录、杂史、伪史、职官、仪注、刑法、地理、氏族、岁时、传记、簿录，新设实录、氏族、岁时三类。清代乾隆年间纂修的《四库全书总目》，史部分15类，有正史、编年、纪事本末、别史、杂史、诏令奏议、传记、史钞、载记、时令、地理、职官、政书、目录、史评。有的类下又分若干子目，如传记类又分圣贤、名人、总录、杂录、别录；地理类又分总志、都会郡县、河渠、边防、山川、古迹、杂记、游记、外记；政书类又分通制、典礼、邦计、军政、法令、考工等。

私人修的藏书目录，在史部类目的设置方面常有创新。如宋晁公武《郡斋读书志》分为四部，每部有总论，每书有提要。史部13类，有正史、编年、实录、杂史、伪史、史评、职官、仪注、刑法、地理、传记、谱牒、目录。史评类为新设。南宋尤袤《遂初堂书目》史部18类，增设国史、本朝杂史、本朝故事、本朝杂传、史学等类。陈振孙《直斋书录解题》史部有16类，即正史、别史、编年、起居注、诏令、伪史、杂史、典故、职官、礼注、时令、传记、法令、谱牒、目录、地理。明清两代私修目录更多，分类也有创新，如明祁承爜《澹生堂书目》每类有小序，并设置了三级和四级类目，史部15类66目。有些私家目录突破四部分类法，类目设置多有创新，如明陈第《世善堂书目》，明钱谦益《绛云楼书目》，清钱曾《也是园书目》《述古堂书目》，清王闳运《孝慈堂书目》，孙星衍《孙氏祠堂书目》等都是。在类目设置方面，《孝慈堂书目》史部33类，徐乾学《传是楼书目》史部达34类，特别是《也是园书目》史部细目有55个，其中的国玺、酒茗、豢养、神、校书、文献等目为他书罕见。

（二）史部类目概述。从史志目录的史部类目来看，自《隋书·经籍志》史部13类目确立之后，后世只在个别类目上稍有变动。《旧唐书·经籍志》《新唐书·艺文志》《宋史·艺文志》的史部均为13类，《明史·艺文志》10类，《清史稿·艺文志》16类，稍有增减。《通志·艺文略》在图书分类方法上有创新，然史部类目也列13项，没有超出《隋书·经籍志》确定的类目范围。官修藏书目录的代表作《四库全书总目》史部类目15，与史志目录史部类目大体相同。今将史部类目常见者略加说明。

正史　《隋书·经籍志》史部最早列为类目，把《史记》《汉书》等纪传体史书列入，为后世目录书所沿用。《明史·艺文志》又以纪传、编年二体史书为正史。《四库全书总目》确定以纪传体史书为正史，且需经钦定，如在叙中所说："凡未经宸断者，则悉不滥登。盖正史体尊，义与经配，非悬诸令典，莫敢私增，所由与稗官野记异也。"① 清乾隆皇帝钦定"二十四史"为正史。1921年，北洋军阀政府又增《新元史》为正史，故有"二十五史"之说。

别史　宋代陈振孙《直斋书录解题》始立类目，以不属于正史和杂史的史书列入，后相沿不改。别史，即正史之别支，"犹大宗之有别子云尔"②，所收史籍为私撰纪传体史书，且为记有关一朝、历朝大政之书，如《东观汉记》《东都事略》《通志》等。

编年　《隋书·经籍志》将编年史称为古史，《旧唐书·经籍志》始改为

① 《四库全书总目》卷四五《史部·正史类叙》。

② 《四库全书总目》卷五《史部·别史类叙》。

编年，所录之书，皆为《春秋》《左传》之体，其地位足以与正史并行。《明史·艺文志》并入正史，其余各类史目皆称编年。《四库全书总目》说："编年，纪传，均正史也。其不列为正史者，以班马旧裁，历朝继作，编年一体，则或有或无，不能使时代相续。"①

纪事本末　作为史书体裁，始创于南宋袁枢之《通鉴纪事本末》，但《宋史·艺文志》将其列入编年类而未另列一类。《四库全书总目》始立专类，指出："既有是体以后，微独编年相因，纪传相因，即纪事本末亦相因，因者既众，遂于二体之外，别立一家，今亦以类区分，使自为门目。"②《清史稿·艺文志》亦设此类目。

杂史　《隋书·经籍志》始列为类目，并说："体制不经，又有委巷之说，迂怪妄诞，真虚莫测。然其大抵皆帝王之事。"指出了杂史的体制和特点。此后，除《宋史·艺文志》外，均立此类。明代焦竑在《国史·经籍志·史部·杂史叙》中，还论述了杂史可作为正史补充的学术价值，并指出杂史也有糟粕，需择善而从。

霸史　《隋书·经籍志》始立类目，《七录》称伪史，《四库全书总目》改为载记。所著录的史籍记录了割据政权的历史。名称不同，是封建正统观念在史籍分类上的反映。自古以来，正统问题争论不休，难以统一，不同的政治形势和不同的民族斗争背景，对正统的看法也就不同，故史籍中对正统、霸伪的记载也充满矛盾。

起居注、实录　起居注是古代帝王的言行记录，最早见于记载的，是汉武帝《禁中起居注》，后汉明德皇后的《明帝起居注》。实录是历代所修某一皇帝的编年大事记，最早见于记载的，是南朝梁周兴嗣的《梁皇帝实录》。唐代开始，每一皇帝死后，新即位的皇帝必敕史臣修前代皇帝实录，直至清末。今存有《唐顺宗实录》《宋太宗实录》和《明实录》《清实录》。起居注和实录应为同类史书，然目录书中的归属却不一致。《隋书·经籍志》有起居注类，然实录入杂史；《旧唐书·经籍志》和《新唐书·艺文志》有起居注类，实录为子目；《宋史·艺文志》取消起居注类目，将实录入编年，后世仿之，遂无起居注类。清官修的大型综合性藏书目录《四库全书总目》亦无起居注类，实录成为编年体史籍的一种。

旧事　亦称故事，是追记政府律令章程、政令的史籍。作为类目，始设于

---

① 《四部全书总目》卷四七《史部·编年类叙》。

② 《四部全书总目》卷四九《史部·纪事本末类叙》。

《七录》，《隋书·经籍志》沿而未改。《旧唐书·经籍志》始改为故事，《新唐书》《宋史》和《明史》的《艺文志》因之。《四库全书总目》改为政书，并将仪注、刑法并入，于《史部·政书类叙》中云："志艺文者，有故事一类，其间祖宗创法，奕叶慎守，是为一朝之故事。后鉴前师，与时损益者，是为前代之故事。史家著录，大抵前代事也。《隋志》载《汉武故事》，滥及稗官，《唐志》载《魏文贞故事》，横牵家传，循名误列，义例殊乖。今总核遗文，惟以国政朝章六官所职者，入于斯类，以符周官故府之遗。至仪注条格，旧皆别出，然均为成宪，义可同归。……考钱溥《秘阁书目》有政书一类，谨据以标目，见综括古今之意焉。"

职官　《七录》始立为类目，著录官制之书，后世相沿不改。《周官》为最早记官制之书，后有《汉官解诂》《汉官仪》《唐六典》等名著。历代统治者都重视职官之书的编撰，不胜其繁，目录书亦多著录，《四库全书总目》厘为官制、官箴二子目。

仪注　记载礼乐制度的书，《七录》将其归为仪典，《隋书·经籍志》始列仪注类目，后世因之，《四库全书总目》并入政书类。有的目录书或标他名，如《玉海·艺文志》称"政要"，钱大昕《补续汉书·艺文志》称"典章"。

刑法　记载国家政刑、律令格式的书，《七录》设法制部以统之。《隋书·经籍志》始设刑法类，后世因之。《四库全书总目》将其并入政书类，列法令子目。清人补作的正史艺文志或作政刑、科令、格令。此类史籍应与法家著作区别开来，《书目答问》将其列入子部法家类，是不妥的。

诏令奏议　诏令是古代帝王、皇太后或皇后所发布的命令、文告，奏议是大臣给皇帝的奏章。《新唐书·艺文志》将诏令列为故事类子目。《文献通考·经籍考》《国史·经籍志》《千顷堂书目》将其列入集部，《四库全书总目》将诏令奏议列为史部类目，指出：诏令奏议为"政事之机枢，非仅文章类也，抑居词赋，于理为亵"。[①]

传记　记载一人、一代、一时之事的史籍。《七录》《隋书·经籍志》《旧唐书·经籍志》《新唐书·艺文志》称为"杂传"，《宋史·艺文志》以后称"传记"。《四库全书总目》传记类下设五个子目，即圣贤、名人、总录、杂录、别录。

时令　记天象气候之书，宋代以前列入子部杂家类。宋以后诸史志设为史部类目。宋陈振孙《直斋书录解题·时令类叙》指出："今案诸书，上自国家

---

① 《四库全书总目》卷五五《史部·诏令奏议类叙》。

典礼，下至里闾风俗，悉载之，不专农事也。故《中兴馆阁书目》别为一类，列之史部，是矣。”《四库全书总目·史部·时令类叙》说：“其本天道之宜，以立人事之节者，则有时令诸书。……然则先王之政，兹其大纲欤?”都认为生民衣食、国政朝纲与天象气候密切相关，故有单独立类的必要。

食货　此类目著录的是生产生活等与国计民生有关的书。《汉书·艺文志》将其列入《诸子略》之农家类，从《隋书·经籍志》到《清史稿·艺文志》皆入子部农家，列入史部的书目有《通志·艺文略》《国史·经籍志》《补宋史·艺文志》《补辽金元史·艺文志》《千顷堂书目》《读书敏求记》《传是楼书目》《好古堂书目》等。可见，将食货类图书列入史部的，多为私撰目录。

地理　此类目著录的是记载方域、山川、风俗、物产等内容的书。《七录》初设土地部，《隋书·经籍志》始立地理类，后沿而未改。《四库全书总目·史部·地理类》分10个子目，有宫殿疏、总志、郡县都会、河渠、边防、山水、古迹、杂记、游记、外记。

谱系（谱牒、谱录）　此类目著录记载世族姓氏之书，主要是族谱、家谱。《世本》是先秦时期的谱系之书，南北朝时期谱牒甚盛，故《七录》设谱状录。《隋书·经籍志》改为“谱系”，《旧唐书·经籍志》改为“谱牒”，历代相沿。五代以后，谱系之学渐衰，《四库全书总目》《清史稿·艺文志》均不设此类目。谱牒是研究历史的重要史料。

史评　作为史体，指评论史事或史书的著作，唐刘知几《史通》首创。在明代的私家目录中，高儒《百川书志》、朱睦㮮《万卷堂书目》、祁承㸁《澹生堂书目》等已立为类目。有的目录书或曰“史论”，如陈第《世善堂书目》；或曰“史学”，如黄虞稷《千顷堂书目》。皆收同类著作。清《四库全书总目》史部专立史评类，《清史稿·艺文志》也立史评类。史评范围，包括评史事、评史书、评史法、评史家、评编纂等。

史钞　这类史籍是改编、删削原有长篇史籍而形成的。有专钞一史的，如葛洪《汉书钞》、张缅《晋书钞》；有合钞众史的，如吕祖谦《十七史详节》；有将同一内容的两种史书经过删削合编为一书的，如沈炳震《新旧唐书合钞》。《隋书·经籍志》将此类史书列入杂史，《宋史·艺文志》始设为类目，此后的《明史·艺文志》《清史稿·艺文志》以及补正史的艺文志均有此类目。《四库全书总目》也设为类目。

簿录（目录）　专门著录各种目录书的类目，始创于阮孝绪《七录》，《隋书·经籍志》沿用。《旧唐书·经籍志》改为“目录”，后世正史史志目录因之，《四库全书总目》亦称“目录”。然清代补作的正史史志目录仍称“簿录”。

金石　金石著作产生于宋代，欧阳修《集古录》、赵明诚《金石录》为当时金石名著。清代产生大批金石专著，反映到目录书中，《四库全书总目》列为子目，《清史稿·艺文志》列为专目。

第二节　古代文献目录的史料学功用

目录对于读书、治学具有重要的辅助作用。对于学习、研究中国古代史的人来说，古代文献目录是掌握、检索史料的重要工具，是打开古代史料宝库之门的钥匙，它有重要的功用。

一　全面掌握古代史料基本情况

学习和研究中国古代史，必须阅读古书，这就要了解古书的概况，如古书的数量，古书的种类，哪些古书最为有用，哪些古书次之，等等，这些都离不开古代文献目录。

我国的古书究竟有多少？李诗估计总数约七八万种，杨殿珣估计有 15 万种左右。准确的数字虽难确定，但可根据目录书的著录情况做出基本估计：

《中国丛书综录》收入古籍丛书的单本书有 38891 种；

孙殿起《贩书偶记》及《续编》，收入清人著述单刻本约 16000 余种；

《中国丛书综录》未收入的清以前单刻本估计 10000 种，《贩书偶记》未收入的清人著述估计 10000 种；

朱士嘉《中国地方志总录》收入方志 8500 种。

此外，尚有古医书、通俗小说、民间唱本、地方剧本、宝卷、鼓词、家谱以及佛经、道经等各种宗教书，还有金石拓本、舆图，以及大量的兄弟民族语文图书等，数量庞大，难以计算，估计不下数万种。

根据目录书对古籍的数量进行估计，是有一定根据的，说古籍有十万种左右是可信的。

数量如此浩繁的古籍，如果无所归属编次，利用起来将是十分困难的。我国古代的目录学者，或整理群书，或搜检众籍，经过比勘考订、撰录、编目等一系列程序，编纂了一部部古代文献目录。早在汉代，刘向、刘歆父子就部次群书，分为六类，撰成第一部国家藏书目录。此后，“魏晋之世，文籍逾广，皆藏在秘书中外三阁，魏秘书郎郑默删定旧文。时之论者，谓为朱紫有别”①。

① 阮孝绪：《七录序》。

“秘书监荀勖，又因《中经》，更著《新簿》，分为四部，总括群书”[①]。李充“删除烦重，以类相从，分作四部，甚有条贯，秘阁以为永制”[②]。这种目录工作，一直延续不断，直至清乾隆年间编成《四库全书总目》。

今天，我们只需一编在手，就可对古籍一目了然。如从《汉书·艺文志》的著录，可以知道汉代的图书总数为13269卷；从《隋书·经籍志》的著录，可以知道唐初的图书总数（包括经传存亡和道佛在内）为56881卷。进一步可知，汉唐之际图书数量大增；就史书而言，已由经学的附庸而蔚为大国，存亡史籍达874部，16558卷。我们还可据以了解各类古书的情况，古书可分为多少大类，每大类又分为多少小类，每类书是何性质，有哪些著作等。“类例既分，学术自明”[③]，从而我们可粗知学术源流。章学诚在《校雠通义·互著》中说：“盖部次流别，申明大道，叙列九流百氏之学，使之绳贯珠联，无少缺逸；欲人即类求书，因书究学。……叙列一家之书，凡有涉此一家之学者，无不穷源至委，竟别其流。”正讲出了古代文献目录分类著录图书的作用：一是“即类求书”，一是“因书究学”，根据图书的类别，可以考究某一学派图书的全貌。如马端临《文献通考·经籍考》76卷，将著录图书分为4部56类：经部13类，收书703种；史部14类，收书948种；子部23类，收书989种；集部6类，收书1194种。总计收书3834种。前有总序，简述藏书源流。每类各有小序，书目之下有解题，资料丰富，便于了解学术源流，极为有用。又如《四库全书总目》是我国古代最著名的古代文献解题目录书，分为4部44类，著录古籍3461种，79309卷，另有存目6793种，93551卷，还有401部无卷数。部有总序，类有小序，各书有提要。其提要不仅“叙作者之爵里，详典籍之源流，别自是非，旁通曲证，使瑕瑜不掩，淄渑以别”，而且“剖析条流，斟酌今古，辨章学术，高挹群言”[④]，对18世纪以前的学术进行了一次总结，对于学术研究有较大价值。

利用古代文献目录还可对古书进行考辨。古书的撰者是谁，卷数多少，作于何时，还有伪作、伪托，皆需订定。欲进行考辨，则必借助于古代文献目录。余嘉锡在《目录学发微》中，总结了目录学在考辨古籍上的六种功用：一曰以目录著录之有无，断书之真伪；二曰用目录书考古书篇名之分合；三曰以目录书著录之部次，定古书之性质；四曰因目录访求阙疑；五曰以目录考亡佚

① 《隋书·经籍志》。
② 《晋书·李充传》。
③ 郑樵：《通志·校雠略》。
④ 余嘉锡：《四库提要辨证·序录》。

之书；六曰以目录所载姓名、卷数，考古书之真伪。如《汉书·艺文志》，首先是总序，叙述汉朝国家藏书源流及其部类划分概况；其次分类列出书目、撰者与篇章卷数。书目下有简要小注，或介绍撰者，或说明书中内容及其来历，或记篇目多少，或断定书之存佚，或考辨其真伪。这些资料对了解汉以前古籍情况，对考辨古书真伪极有价值。

二 具体了解古代史料本身的情况

古代文献目录，一般都在书名之下注明撰者、卷数，有的还注明存佚情况、版本，还有的撰有提要，从中可以了解古代每一种图书的撰者生平、存佚情况、版本源流和学术价值等。

《隋书·经籍志》是继《汉书·艺文志》之后又一部著名的史志目录，是了解当时典籍收藏情况及每一部图书具体情况的重要资料。它在书目之下小注撰者，标志存佚情况，我们可据以了解某种图书当时的情况和散失的时代，从而从存书中选择精者研读，对亡书致力于搜求逸文。后来的目录书还增加“阙”和“未见”二目，对图书本身状况可提供更完备的情况。

宋代尤袤的《遂初堂书目》，一书兼载几种版本，开后世目录书载版本之先河。清代官修的《天禄琳琅书目》正、续编是记载版本资料完备的一部目录书。我们可以从中了解某一图书各个时代的不同刊本和流传情况，选择善本书阅读，获取可靠史料，还可博采众本，雠校异同，校勘订误。

对图书本身状况有了具体了解，还可以为审查图书和史料提供旁证，如《汉书·艺文志》著录西汉以前的图书，如果有一部书《汉书·艺文志》没有著录，而又据说是先秦作品，那就十分可疑，必须进行考辨以订真伪。

宋代有名的私人藏书目录《郡斋读书志》和《直斋书录解题》，一向受到学者推重，是了解古代史料的必读书。《郡斋读书志》分经、史、子、集四部，各有总论，又分45小类，撰有提要述该类学术源流。对作者、内容主旨、学术渊源、篇章次序各有说明。《直斋书录解题》不标四部，实按四部排列，分为53类，各有序文。每一提要，记述作者、评介内容和价值，间或说明书之取材、成书时间、善本得之经过、古书款式和版刻优劣。二书为考察宋代古籍的重要参考书。

全面阅读古代文献目录可以获知，在经、史、子、集四部文献中，史部文献是研究中国古代史的基本史料，史部之外的群书中也有大量研究中国古代史的史料，而且其可靠性有时还高于史部书。

史部书中，处于主干地位的是正史。正史基本上是一套史料书，保存了很多宝贵的史料，研究中国古代史首先应读正史。然而，由于最高统治者的种种政治限制，由于正统主义的立场，由于古代史官阶级的偏见等，使正史对最高统治者有诸多隐讳，对农民起义、少数民族多有诬蔑不实之词。所以，正史记载也不完全可靠。

正史之外的诸史，种类繁多，然大半皆由正史网罗隐括而来，如编年史、纪事本末体史、政书等。其内容可补充订正正史者，是杂史。我国古代杂史极为丰富，体例甚杂，内容无所不包，因所记多系耳闻目见之事，故较正史有时更为真切，更为可靠，足以补正史之缺遗，订正史之讹误。如《宋史》载宋江起义不详，合《徽宗纪》《侯蒙传》《张叔夜传》三处所载才百余字，但读《宣和遗事》、周密《癸辛杂识》及龚圣与《三十六人赞》，则梁山泊宋江等三十六人既有名姓又有来历了。又如《明史》载倭寇之乱不确，读采九德《倭变事略》等书，则知当时商人勾引倭寇，明代官兵望敌而逃的实情。此外，正史中所收诏令奏议多有讳饰之词，杂史可暴露其事实；正史载四裔及外国简略，记少数民族和外国的杂史可知其详；正史对都市生活记载不详，都邑簿之类的杂史可补其不足。

史部以外的群书，即群经、诸子和集部诸书，虽不为专记史实，但也有意无意地保存了史料，而且往往是史部诸书所没有的史料。

群经作为儒家的经典，被神圣化了。如果我们抛开儒家学者对它的神化、抛开经师们解经中的繁辞缛说，抛开儒家学派的今古文之争，把它看作古书，就能发现不少研究古代史的史料。

诸子之书，多为先秦古书，但派别分枝，真伪杂出，问题不少，但只要辨其讹误，别其真伪，则是研究先秦学术思想的最主要史料，其中也有记述前代史实及反映或暗示当时社会内容的记录，所以也是研究先秦社会史的最好史料。即使是伪托之书，只要搞清其作伪时代，仍然可作为研究那个时代的史料。

集部之书，大抵是文学作品，或具有文学性的著作，是研究文学史的主要资料。然而，这些文学作品，正是各时代的社会缩写，反映了当时人民的呼声，也未尝不可视为研究历史的史料。

三　为阅读古书指示门径，为搜集古代史料提供方便

我们要研究中国古代史，就必须详细地占有资料。而当我们通过古代文献目录掌握了古籍的类别，乃至每一部古籍的具体情况后，就可知研究中国古代史应看哪些书，就能在琳琅满目的书库中尽快找到所应看的书，在卷帙浩繁的古籍中找到对自己所研究的课题最有用的资料，故人们把目录书比做“金钥

匙”“导航图”等，这是很有道理的。古代文献目录就是打开古籍之门的“金钥匙”，是在古代史料海洋中到达彼岸的“导航图”。

我国古代的学者早就认识到目录这种指示读书门径的作用。汉代王充希望人们博通古今，成为“通人”，他谈到治学门径时说：“六略之录，万三千篇，虽不尽见，指趣可知。”①

唐代目录学家毋煚认为：有了目录书，“将使书千帙于掌眸，披万函于年祀，览录而知旨，观目而悉洞，经坟之精术尽探，贤哲之睿思咸识，不见古人之面，而见古人之心”②。讲的也是这个道理。

清代学者对目录的这种作用认识得更清楚，江藩说：“目录者，本以定其书之优劣，开后学之先路，使人人知其书可读，则为易学而功且速矣。吾故尝语人曰：目录之学，读书入门之学也。”③ 王鸣盛说：“目录之学，学中第一紧要事，必从此问途，方能得其门而入。”④ 又说：“凡读书最切要者，目录之学。目录明，方可读书；不明，终是乱读。”⑤

读书宜有门径，古代文献目录为阅读古籍指示门径。古人已言之，近代学者更有真知灼见。张之洞为指导青年读书，开列初学要目，撰《书目答问》。他在《輶轩语·语学》中说：“泛滥无归，终身无得。得门而入，事半功倍，或经，或史，或词章，或经济，或天算地舆。经治何经？史治何史？经济是何条？因类以求，各有专注。至于经注，孰为史授之古学，孰为无本之俗学？史传孰为有法，孰为失体？孰为详密，孰为疏舛？词章孰为正宗，孰为旁门？尤宜抉择分析，方不致误用聪明。此事宜有师承，然师岂易得？书即师也。今为诸君指一良师，将《四库全书总目》读一过，即略知学术门径矣。”深刻地说明了读书宜有门径、目录即是门径的道理。

治学宜有方向，目录正是在书海中起着导航作用。近代著名学者余嘉锡说：“目录书者，所以告学者以读书之方，省其探讨之劳也。”“治学之士，无不先窥目录之学，以为津逮，较其他学术，尤为重要。”⑥ 这是他治学的切身体会。他钻研《四库提要》50余年，撰成《四库提要辨证》一书，在《序录》中称：“余之略知学问门径，实受《提要》之赐。”

---

① 《论衡·案书》。

② 《古今书录·序》。

③ 《师郑堂集》。

④ 《十七史商榷》卷1。

⑤ 《十七史商榷》卷7。

⑥ 转引自申畅：《中国目录学家传略·前言》。

古今学者对目录作用的认识，正是他们在治学实践中的经验之谈，使我们从中获得启发。为研究中国古代史搜集史料，不可不了解古代文献目录，不可不利用古代文献目录。

第三节　近代以来编纂的史籍目录

把与某一专门学科有关的图书编制起来的专门目录即专科目录，史籍目录是专科目录的一种。

古代的史籍目录，最早的当是南朝刘宋裴松之的《史目》，而比较完备的史籍专目则以宋代高似孙的《史略》为最早，至于体制宏大、分立门类、系统条理的史籍专目，莫过于清乾隆末年章学诚撰的《史籍考》325卷，这是一部具有解题性质的综合性史目，正文已佚。

近代以来，随着学术的发展，根据科学研究的需要，编撰了大量专科目录，兹将史籍专目的编撰情况介绍如下。

一　通史书目

1936年，北平研究院史学研究会编印了《史部书目稿》，收该会所藏史部书籍千余种。后来，很多大图书馆都编撰有反映馆藏的通史书目，如1980年北京大学编印的《北京大学图书馆藏中国史中文书目》。也有不限于馆藏的，如1973年复旦大学图书馆与历史系合编的《中国古代史参考书目》、1978年南开大学历史系中国古代史教研室编印的《中国古代史简要书目》(初稿)，所收除通史、通论之外，还收断代史、工具书、类书、丛书、方志及有关史学的主要刊物。

1981年4月中国社会科学出版社出版了中国社会科学院历史研究所编的《七十六年史学书目（1900—1975)》，1984年再版时经扩充改为《八十年来史学书目》，收至1980年，共著录史学著作12400余种。本书目分为上下两编：上编包括史学理论和历史研究法、中国史、世界史、考古学和物质文化史、综合参考；下编包括经济史、政治史、军事史、农民战争史、民族史、宗教史、社会生活与社会问题、学术思想史、文化史、艺术史、教育史、文学史、语言文字史、科学技术史、地方史和历史地理、中外关系史、史学史和史料学。各种不同观点的著作兼收并蓄。所收各书，按顺序编号，除著录书名外，并开列著译者的姓名、出版者、出版时间等。书目之后附著者索引，按姓氏笔画排列，颇便检阅。

二　断代史书目

通史书目外，还有断代史书目。

汉史书目，有马先醒编《汉史文献类目》（台北市简牍社1976年出版），收入汉代人著述及后代研究汉史的著述，分为甲、乙、丙三部，分别为近代期刊论文；历代文集、随笔、杂著；书籍。下分总论、政法、军事、财经、社会、教育、文化与生活、交通、民族、中外关系、历史地理、历史人物、学术思想、宗教信仰、史学、金石考古、语言文字、文学、艺术、音乐、自然科学、目录版本、杂辑等。张传玺主编的《战国秦汉论著索引》是目前国内最大规模的一部战国秦汉史论著索引，北京大学出版社1991年出版。

魏晋南北朝史的书目，主要有武汉大学图书馆1982年编的《魏晋南北朝史书目论文索引》，分为研究著作目录及篇目索引和论文索引两部分。第一部分收1919年至1981年间出版的论著资料（含外国人著述的中译本），第二部分收录1900年至1981年间报刊上发表的魏晋南北朝史论文篇目（兼收部分国外报刊中的有关文章）。本索引按内容分为史学、学术思想史、经济、政治与社会生活、军事、文化教育、文学、艺术、科学技术、文物考古、人物传记。

隋唐五代史的书目，有东北师范大学历史系和吉林师范学院历史系1985年合编的《隋唐五代史论著检索》，分著述简目和论文简目两部分，第一部分收书661种，第二部分收论文6375篇，附录168篇。还有夏廷棫编《五代史书目》，载《中山大学语言历史研究所周刊》第10集第102期。

宋元史的书目，有李思纯编《宋辽金元参考书目举要》，1926年中华书局出版。

明史书目，有中国社会科学院历史研究所明史研究室编的《中国近八十年明史论著目录》，1981年江苏人民出版社出版，收录从1900年到1978年国内发表的有关明史的论文和著作目录，论文约9400篇，著作约600种。分为12类，有总论、元末农民起义和明朝的建立、社会经济、政治、军事、法律、阶级关系和阶级斗争、民族、中外关系、思想文化、历史地理、科学技术、人物及其他等目。此外，谢国桢编著的《增订晚明史籍考》也是史籍专目，主要收明万历、崇祯至清康熙平定三藩事件期间所有野史稗乘，撰为提要。提要首录原书序跋、凡例、按时代排列，后加编者按语。末附索引，便于检索。中华书局1964年据北平图书馆1933年版增订重印。

清史书目，主要有广东省中山图书馆1959年编印的《广东省图书馆藏清代历史参考资料目录》，收录清代历史资料1754种，分为专史、杂史、近代史、传记、地志。每书前有该馆索书号。

三　年谱书目

专收年谱的书目，有1962年杭州大学图书馆资料组编的《中国历代人物年谱集目》，收录自秦至现代各种年谱。杨殿珣编的《中国历代年谱总录》，1980年书目文献出版社出版，收历代年谱2535部，下限止于1978年，以谱主生卒年先后编排，注明卷数、编者、版本、出处，末附谱主和撰者人名索引。来新夏编的《近三百年人物年谱知见录》，1983年4月上海人民出版社出版，收录年谱800余种，谱主主要是三种人：生于明而卒于清顺治元年（1644）以后的人；生于清卒于清的人；生于清而卒于辛亥革命以后的人。分为6卷，按谱主生卒年为序。著录内容有谱主、撰者、刊本、著录情况、谱主事略、史料、编撰情况、藏者等。

四　地理书目

反映地理书收藏情况的书目，有朱启钤编、茅乃文补辑的《存素堂入藏图书河渠之部目录》，载《图书馆学季刊》第10卷第3期。还有1933年印行的王庸、茅乃文编《北平图书馆中文舆图目录》，1956年山东省图书馆编印的《馆藏史地图书目录》等。

关于边疆地理和民族历史地理的书目，有1958年商务印书馆出版的邓衍林编《中国边疆图籍录》，收录古今有关的书籍及舆图，先以地区分类，再以时代先后排列。还有1973年中央民族学院研究室编印《东北地区民族历史地理文献目录》。

五　方志书目

反映国内方志收藏情况的书目，有1958年商务印书馆出版的朱士嘉编《中国地方志综录》，据全国41个图书馆收藏方志目录编成，收录现存馆藏方志7413种，109143卷。详列书名、卷数、编者、编纂时间、版本、藏者等。还有1978年中国天文史料普查整编组编印的《中国地方志联合目录》，据全国180多个方志收藏单位编成，著录方志更多。

反映某一地区方志收藏情况的目录很多，各省图书馆或某些大学图书馆都编有这类书目，如1946年广东省立图书馆编《广东方志目录》，1956年四川省图书馆编《四川省图书馆馆藏方志目录》，1956年山东省图书馆编《山东省图书馆馆藏山东方志目录》，1957年北京图书馆编《北京图书馆方志目录》，

1957年河南省图书馆编《河南省图书馆现藏地方志书目》，1963年吉林省图书馆编《吉林省图书馆馆藏方志目录》，1959年华东师范大学图书馆编《华东师范大学方志目录》，1959年北京师范大学图书馆编《北京师范大学图书馆地方志目录》，1976年中国科学院图书馆编《中国科学院图书馆馆藏地方志目录》等。

考证性的方志目录，有张国淦编《中国古方志考》，1962年中华书局出版，收录秦汉至元代方志并进行考证。骆兆平编《天一阁藏明代地方志考录》，1982年书目文献出版社出版，对天一阁历来收藏明代方志的情况进行考查和著录。还有关于某一地区的考证性方志目录，如1958年科学出版社出版洪焕椿编《浙江地方志考录》，将历代浙江方志进行了全面整理和考察。

六　地方史、少数民族史书目

研究地方史，主要靠地方文献提供的史料，这方面的书目多以省为单位编成，也有的是以市、地区为单位编的。北京图书馆、首都图书馆编《北京地方文献联合目录》，1959年全国图书联合目录编辑组印行，收1958年8月以前有关北京地方文献的中文专著目录；1962年福建师范学院图书馆编《福建地方文献及闽人著述书目》，收馆藏1961年以前的有关福建的地方文献；1958年广东省中山图书馆编《广东文献参考书目录》，著录解放前的广东史料和解放前的粤人著述；1960年山西省图书馆编印《山西省地方文献书目》，收山西省图书馆藏山西地方文献。

有关少数民族问题和少数民族史的书目，如1958年中央民族学院图书馆编印的《中央民族学院图书馆馆藏有关中国民族问题研究文献书籍草目》、收录书目3500种。该馆1960年又编印《少数民族问题研究资料索引》，分为全国综合资料、各地区资料、各民族资料。少数民族集中的地区也编有这类书目，如1961年中国科学院内蒙古分院历史研究所、内蒙古大学历史系编印《蒙古史研究图书目录》，分为三册。上册分总论、历史；中册分经济、社会政治、文化、宗教，附自然科学；下册为前两册的书名索引。又如1957年云南大学印的方国瑜编《云南民族史史料目录解题》，1958年广西第一图书馆编印《有关广西少数民族研究资料目录》，1958年贵州省编印《贵州少数民族资料索引》。

第二章　古代史料文献的版本

第一节　古籍版本的意义、结构、类别

一　古籍版本的意义

古籍版本的意义，有广义和狭义两种。狭义，专指雕版印本；广义，指包括写本、印本在内的，用各种方法制作成的古籍的各种本子。“版本”一词始见于宋代文献中，其本义是专指雕版印刷的图书。如沈括《梦溪笔谈》说：“版印书籍，唐人尚未盛为之，自冯瀛王始印《五经》，已后典籍皆为版本。”朱熹《上蔡语录跋》说：“熹初到括苍，得吴任臣写本一篇，后得吴中版本一篇。”可见，宋人所谓“版本”是对写本而言的雕版印本的专称。用“版本”泛指图书的各种本子，是后来对其本义的引申。叶德辉《书林清话》说：“自镂版兴，于是兼言版本。”“辨别版本，宋末士大夫已开其风。”指的显然是广义的版本。

我国在雕版印刷术产生之前，图书是用手抄写在简牍、缣帛和纸上，人们用“本”“本子”“书本”等词表示。如刘向《别录》云：“一人持本，一人读书，若冤家相对，为雠。”这里的“本”是指简书或帛书。

至于“版本”一词的构成，一般认为是“版”和“本”的合成。版，原指古人写书用的木片。引申其义，竹片也称版。雕版印刷术发明后，印刷用的底版叫做版。本，原义是根。书籍称本，源于帛书。帛书和早期的纸本书是卷轴形式，卷轴的头就叫“本”，露在外面，以便计数，故可说多少根，也可说多少本，一卷书即一本书。叶德辉《书林清话》说：“今人称书之下边曰书根，乃知‘本’者，因根而计数之词。”刘向校书时所谓“一人持本”的“本”即书本。雕版印书出现以后，人们便将“版”和“本”合起来称呼印本书。随着雕版印书的迅速发展，印本书逐渐取代写本书，原来专指印本书的“版本”一词，也就逐渐成为一切形式的图书的总称了，它既可指雕版印刷以前的简策、帛和纸的写本，也可指雕版印刷以后的拓本、石印本、影印本、活字本等。

二　版本的结构

版本包括形式和内容，各有一定要素构成，这就是版本的结构，认识版本要从了解其结构入手。

（一）版本形式的结构。版本的形式是书籍的物质形式，它由文字、材料、形态和制作方法等四个要素构成。版本的字体及其书法特征，是版本的重要时代特征之一。从材料看，先是竹木，后是缣帛，三国以后，纸逐渐成为主要材料，版本用纸反映着不同时代和地区造纸技术水平和特点，也构成版本形式的时代特征。版本的形态包括版面式样和整书式样、装帧式样。由于印本是古籍版本的主要类型，故一般就把印本的版式结构看成是版本的形态结构，它包括版式结构和整书结构。

版式是指册页书籍每一单页的格式，它由下列部分构成：1. 版框，即印页版面用直线构成的四周方框，又叫边栏、栏线。版框上方的直线叫上栏，下方的直线叫下栏，两边的直线叫左右栏。一条直线叫单栏，两条直线叫双栏。版框有四周单栏、四周双栏、左右双栏三种形式。2. 界行，即版框内用直线分开的直行，也叫界格。分隔界行的直线叫行线或行栏。印本界行是从古写本的格式演变来的。帛书中有红线划成的朱丝栏和墨线划成的乌丝栏，纸写本上的行线，唐代叫边准，宋代叫解行。版面的行数和每行的字数称行格，或叫行款。3. 版心，即印页版框中心的一条窄行，又叫中缝，其作用一为对折书页，二为纪录书名、卷数、页码、字数、刻工姓名、出版单位，是鉴别版本的重要依据。4. 鱼尾，即版心中间像鱼尾的图案，它是对折书页的标准。位于版心上端的叫上鱼尾，下端的叫下鱼尾，只有一只的叫单鱼尾，上下都有的叫双鱼尾或对鱼尾、顺鱼尾，有三只的叫三鱼尾。5. 象鼻，即从鱼尾到边栏这一段版心中间的直线，中空的叫白口，细黑线称小黑口或细黑口，粗黑线称大黑口或阔黑口。6. 天头，即版框上栏以上的空白部分。7. 地脚，即版框下栏以下的空白部分。8. 书耳，即印页左右边栏外侧上端、与边线相连的小框，或叫耳子，用以记篇名、书名简称等，是宋版特征。

整书结构指印页装订成册后的书籍形态，它取决于装帧形式。我国古籍的装帧形式经历了卷轴装、旋风装、经折装、蝴蝶装、包背装和线装等阶段。流传下来的古籍多为线装本，故整书结构一般指线装本，它包括以下部分：1. 书皮，即书页装订成册后加在外面的空白纸，又称书衣、封皮；2. 书签，即贴在书皮上的书名题签；3. 封面，即书皮内的首页，又称书名页、封页、封面页等；4. 扇页，即附于书皮内的空白纸页；5. 书脑，即书册靠装订线右侧的空白部分；6. 书脊，即书册靠装订线的侧面部分，又叫书背；7. 书口，书册靠折页版心中缝一边的侧面部分掀开书页的地方；8. 书首，即书册上方的侧面部分，或叫书头；9. 书根，即书册下方的侧面部分。

（二）版本内容的结构。版本内容的结构指版本的文字内容的构成，包括以下几部分：1. 正文。正文是版本内容的主体，它决定版本内容的优劣。正文一般按篇幅的多少长短划分卷次，各卷页数自为起讫，卷与卷之间用顺序号码表示。正文的分卷与存卷一定程度上反映图书版本内容的合理性与完整性。正文各卷首页的首行称作卷端，为刻印题写书名、篇名、卷数、作者、校刻者、注释者等所用。2. 书序。在正文之前，为概述图书内容、评论得失、介绍作者生平、叙述著述原委及刊印源流而作。作者自撰的序叫自序，由校刻者、注释者及作者的亲朋师友等人撰写的序文叫他序。序言或作于稿成之时，或写于付梓之际，或撰于再版之时。图书再版，往往加上原序一起刊印。再版次数越多，书序越多。书序是鉴定版本、考订版本源流的重要依据，其完整与否也影响到版本内容的优劣。3. 书跋。是写在全书之末的短文，也称书后、后序。跋文多为校刻人所撰，主要叙述版刻源流，是对序言的补充。4. 附录。附于正文之后的与本书有关的文字材料，内容或是正文未收入的佚文遗编，或是有关作者生平的材料，或是有关本书的历代书目著录，题跋札记、引用参考书目，或是有关图表、大事记等材料。其内容也影响到版本内容的完整性。5. 目录。是正文前面的篇章名目，反映一书的章节体例，应与正文内容相符。6. 凡例。是图书的编撰体例，多置于序言之后、目录之前。7. 牌记。是出版者的专用标志，注明该书刻印时间、地点、出版者姓名、堂号及刊刻经过、版本特点等。

三　版本的类别和名称

我国的古籍以写本和印本流传于后世，由于写刻时代不同、地域不同、写刻者不同、写刻方式不同等，形成了古籍多种多样的版本，从不同的角度可区分出不同的名称。

（一）按时代区分的版本名称。按朝代区分，如唐写本、五代写本、宋刻本、元刻本、明刻本、清刻本等；按建元区分，如南宋绍兴刻本、元大德刻本、明嘉靖刻本、清乾隆刻本；按模糊时间区分，如古写本、旧抄本、旧刻本、宋元间刻本、明初刻本、清初刻本、近抄本等。

（二）按地域区分的版本名称。按大地域区分，如江南本、浙江刻本（浙刻本）、四川刻本（蜀刻本）、福建刻本（闽刻本）等；按小区域分，如浙江刻本中的临安刻本、吴兴刻本、衢州刻本，四川刻本中的成都刻本、眉山刻本，福建刻本中的建阳刻本、麻沙刻本；北方的汴梁刻本、燕京刻本、平水刻本等；按国别分，如高丽刻本、日本刻本、越南刻本等。

（三）按出版者（刊印、写刻）区分的版本名称。由政府各级机构出版的是官刻本、官抄本，由私人出版的非商业性的是私家刻本、私家抄本，由私人经营商业性的书坊出版的是坊刻本。各类又有不同名称。

官刻本中，以其出版的机关不同而有监本、经厂本、内府本、殿本、藩府本、公使库本、茶盐司刻本、地方官学刻本、书院刻本、地方书局刻本等。每类又有多种名称，如监本中有五代蜀监本、北宋监本、南宋监本、明南监本、明北监本等。

家刻本的命名，或以堂，或以室，或以姓名，或仅以姓，名称很多。如宋廖氏世综堂刻本、明毛氏汲古阁抄本、清鲍氏知不足斋抄本、《旧唐书》的闻人铨刻本、《十三经注疏》的阮刻本等。

坊刻本多以书坊、书棚、书铺、书堂、书肆、书林、书店等命名，如宋黄三八郎书铺刻本、元建安余氏勤有书堂刻本、明安正书堂刻本等。也有以斋、室、堂、居相称的坊刻本，需与私刻本区分开来，如宋建安余氏万卷堂刻本、元刘氏翠岩精舍刻本、明金陵唐氏富春堂刻本、清席氏扫叶山房刻本，皆坊刻本。

（四）按形式特征区分的版本名称。按版式特征分，如大字本、小字本，十行本、十一行本，黑口本、白口本，两节本、三节本等；按制版方法分，如刻印本、排印本。活字排印本中有泥活字印本、木活字印本、锡活字印本、铜活字印本、铅活字印本等；按抄印、抄写特点分，有初刻本、原刻本、重刻本、翻刻本、修补刻本、仿刻本、影刻本、写刻本、蓝印本、红印本、套色印本、邋遢本、三朝本以及影抄本、传抄本等；按装帧特点分，如卷子本、简册本、蝴蝶装本、包背装本、经折装本、梵夹装本、旋风装本、线装本以及书帕本、巾箱本、袖珍本等。

（五）按内容特点区分的版本名称。按版本文字内容特点分，如校刊本、批校本、题跋本、增补本、增订本、删节本、白文本、注疏本、评点本、批评本、圈点本、校点本、绣像本、插图本、足本、残本、丛书本、单刻本、名家抄本、稿本等；按版本作用、价值分，如善本、珍本、秘本、孤本、俗本、劣本、普通本、通行本、真本、伪本、祖本等。

第二节　版本的源流和历代刊本特点

一　印本书的源流

我国古籍以印本和写本两种形式流传于世，而印本是古籍版本中最主要、最有代表性的部分。

雕版印书大约始于公元7世纪初我国的唐代，当时只流行于民间，并只限于刻印历书、佛经、字书及阴阳杂记等市民急需通俗读物。唐代刻本未涉及经典，五代时后唐宰相冯道建议政府刻印九经，即《诗》《书》《易》《春秋左氏传》《春秋公羊传》《春秋穀梁传》《周礼》《仪礼》《礼记》，始刻于长兴三年(932)，由国子监主持，故称“长兴监本九经”。此后，雕版印刷术开始了突飞猛进的发展。

后唐国子监校刻《九经》，标志着官刻本的诞生。与此同时，私刻本也出现了，后蜀宰相毋昭裔是我国最早的著名的私刻家，刻印了《文选》《初学记》《白氏六帖》等。前蜀、后周都有私刻本出现。经过五代的发展，刻本书逐渐形成了官刻本、私刻本和坊刻本三大类别。传世的印本书都是宋代以后的，故重点叙述宋以后的版本概况。

（一）宋刻本。宋代已形成官刻、私刻、坊刻三种类型的刻本。

官刻本是政府各机关刻印的书，有中央刻本和地方刻本两类。宋代的中央刻本，主要是由国子监主持刻印的监本。北宋的监本称北监本，南宋的监本称南监本。宋太宗淳化五年（994）在国子监置书库监官，以京朝官充，掌印经史群书。所刻书以儒家经典和正史居多，正史有《十七史》，还刻有子书、医书、算书和类书等。浙江杭州是宋代刻印中心。北宋国子监设在汴梁，但北宋监本多在杭州雕印，故宋监本多为浙本。靖康之难，国子监中图书版籍悉被金人掠去，南宋国子监设立后，用书所阙则下州郡索取，或令临安府及其他州郡刻印，正史多取诸州郡刻版。宋监本流传至今的很少。

宋地方机关刻本名目繁多，依其官署名称，有茶盐司本、转运司本、安抚司本、提刑司本等。两浙东路的茶盐司刻书较多，较著名。凡用地方政府公库钱刻印的书，总称为公使库本。还有各州学、军学、郡学、县学以及书院等刻本。

私刻本或称家刻本、家塾刻本，据《天禄琳琅书目》记载，比较有名的是巨州守长沙赵淇、临邛韩醇、陈解元起、岳珂、廖莹中、建安勤有堂余氏、新安汪纲等，刻书以文集较多。

坊刻本即一般书商刻印的书，宋代主要是闽本、浙本和蜀本。闽本泛指福建刻本，其中有建本，指福建的建安、建阳刻本。建安余仁仲的万卷堂很有名，世代相传。建阳以麻沙、崇化两镇印书最多。浙本主要是临安刻的书，当时临安书铺林立，可考者近20家，尤以陈氏经籍铺刻书最负盛名。浙本刻印俱佳，是宋刻中的上品。蜀刻即四川刻本，北宋初四川刻印中心在成都，南宋后转移到眉山地区，校勘较精。

辽刻本传世极少。北宋监本书被金人运走，成为金监本的底本。金坊刻本主要是平水本（今山西临汾县）。

（二）元刻本。元代雕版印书，承宋代遗风，具有宋代刻书的一些基本特点。中央刻书的机关是兴文署和艺文监。兴文署设立于至元二十七年（1290），所刻《胡三省音注资治通鉴》最为有名。地方官府刻书是元代官刻的主要组成部分，各路、府、州、郡、县都有儒学，均刻书，称路学刻本，或儒学刻本。所刻之书，重视校勘，多有精品，如大德九路本《十七史》（一说《九史》）就极为有名。元代书院刻书也很精致，如泰定元年（1324）浙江杭州西湖书院刻马端临《文献通考》，刻印俱精，字体优美，为元刻善本。元代私刻本可与宋代私刻本媲美，坊刻比宋代更盛。宋的坊刻中心建阳、杭州，金的坊刻中心平水，此时更为兴盛，并出现一些新的书坊。

（三）明刻本。明代官刻本有国子监本、经厂本、藩府本以及地方刻本。

明代南京、北京各有一个国子监，故监本有南监本、北监本之别。元代曾把南宋官版集中于西湖书院，元亡后为明所得并运往金陵，保存在国子监，故南监多就其所藏宋元旧版补刻印行。如南监本《二十一史》中，有七史是南宋旧版，十史是元代大德本，只有辽、金二史是翻元版，宋、元二史是明版。南监本《十三经注疏》对当时与后世的影响也较大。北监本多据南监本翻刻。

明代内府司礼监所属有经厂，专司为宫廷刻书，称经厂本，或称司礼监刻本、内府本。经厂本纸精墨佳，装潢讲究，但校勘不精，不为藏书家所重。

明代藩王多喜刻书，所刻称藩府刻本，或称藩刻本。藩王富有藏书，资金充足，故刻本质量较高。较著名的如秦藩本《史记集解索隐正义》，德藩本《汉书》、蜀藩翻刻本《史通》等。

其他地方官刻，多各省布政司、按察司刊本，还有各府、县和儒学、书院刻本。

明代初期，私刻本种类不多，印数也少，传世史籍以游明家刻本《资治通鉴》最好。明代中叶，出现了不少著名的刻书家，他们讲求善本，重视校勘，刻印不少精本。如震泽王延喆以影刻宋建阳黄善夫本《史记集解索隐正义》而著称。传世的嘉靖苏州刻本精美，如闻人铨刻《唐书》、袁褧嘉趣堂刻《世说新语》、黄省曾刻《水经注》、黄鲁曾刻《洛阳伽蓝记》等，都是明刻中的精品。明代万历以后，有名的刻书家有吴勉学、陈仁锡、胡文焕和毛晋。吴勉学是徽州刻书的代表人物，刊经、史、子、集百余种，如《五经》《四史》《资治通鉴》《二十子》等。陈仁锡刻书多属经史古文，校勘精当；胡文焕刻书很多，有《格致丛书》，收书158种。明代晚期，藏书家常熟毛晋以刻书著名于世，经40多年，刻书600多种，室名汲古阁，故称汲古阁本，也称毛刻本。所刻如《十三经注疏》《十七史》《文选李善注》《汉魏六朝百三名家集》《津逮秘书》等大型古书，校刻精良，世称善本，传世甚多，影响很大。汲古阁本版式规则划一，版心镌识“汲古阁”或“绿君亭”字样，字体笔画和印书用纸基本统一。

明代坊刻甚多，地区分布广泛，如建安、南京、苏州、湖州、徽州、杭州、北京等地书坊很多，是坊刻的中心。前期刻印经史之类的书籍较多，后期所刻最多的还是民间所喜爱的戏曲、小说、医书和百科大全的类书。明代坊刻本考订不精，错误较多。

（四）清刻本。清代刻书，从康熙到嘉庆是鼎盛时期，后衰落，同治、光绪年间又进入高潮。

官刻本有内府本、武英殿本和官书局刻本，以及地方官刻本。清初内府刻书源于明代经厂本，顺治一朝，刻书不多。康熙十九年（1680）内务府设立武英殿修书处统管清廷刻书事务，内府本遂改称武英殿本，简称殿本。内府书籍如实录、圣训、御制诗文、御纂经典、会典、方略等，统由武英殿刊印。殿本卷帙最多、流通最广的是《十三经注疏》《二十四史》《九通》《大清一统志》等。书名多冠有“钦定”“御纂”等，如康熙朝刻的《御批通鉴纲目》《御纂朱子大全》，乾隆朝刻的《御批通鉴辑览》等。殿本书数量庞大，刻印质量好，影响很大。

清末主要官刻本是“局本”。同治初年，在江宁创立金陵官书局，后更名江南官书局，后各省纷纷效法，开设了浙江书局、四川书局、安徽敷文书局、淮南书局、山西书局、山东书局、湖北崇文书局、广东广雅书局、直隶书局、云南书局、贵州书局等，刊印了大量书籍，世称官书局刻本或局刻本。官书局较多地复刻翻印了清内府、武英殿刻本，如同治间广东、江西书局重刊阮元《宋本十三经注疏附校勘记》。官书局还汇编选辑了一批古籍，如光绪中广雅书局辑刻的《纪事本末汇刻》，浙江书局汇刻的《九通》《二十二子》等；刊印了一批当代人的学术著作，如光绪十六年（1890）山东书局刻孔广森《孔丛伯说经五稿》。清代局刻本为今存常见的一种古籍版本，质量虽优劣不一，但一般说来，可比殿本。

清代地方官主要刻印地方志，且多精刻。

清代私刻本大体可分两类：一类是著名文人所刻自己的著作和前贤诗文，多是手写上版，称写刻本，纸墨考究，校勘亦精，又称精刻本。它肇于康熙，盛于乾、嘉。如李福写刻明道本《国语》，黄晟写刻《水经注》等，皆为精品。另一类是藏书家和校勘学家的刻本，主要辑刻丛书、逸书或影摹校勘付印的旧版书，校勘很精。其著名的，如金山钱熙祚守山阁、歙县鲍廷博知不足斋、曲阜孔继涵微波榭、海宁吴骞拜经楼、德州卢见曾雅雨堂、仪征阮元文选楼、大兴黄叔琳养素堂、吴县黄丕烈士礼居、昭文（常熟）张海鹏从善堂、余姚卢文弨抱经堂、海南伍崇曜粤雅堂等，都新刻和翻刻了不少古书，且多为丛书，又是后世公认的精校本。

清代坊刻也很多，书坊经营最久的是扫叶山房，主人席氏，刻有经、史、子、集四部书及笔记小说、村塾经史读本数百种，同治、光绪间行销大江南北。清代中叶，苏州是刻书中心地区之一，著名的有书业堂。道光以后，仍以北京、南京、苏州、扬州为中心，如南京的李光明庄，北京的老二酉堂、聚珍堂，苏州的聚文堂、文学山房，扬州的文富堂等，刻书既多，质量也较好，但总起来说，清代坊刻本精本较少。

在印本书中，应特别述及活字印本。北宋毕昇创制泥活字制作和印刷工艺技术，为我国古代伟大发明。传世的古籍版本中，活字本少于雕版印本。活字印本中，主要是木活字，其次还有铜、锡等金属活字。木活字印刷法创制于元代王桢，此后奉化知州马称德做过尝试，所印之书久佚。明代万历以后，木活字印本遍及各地，但流传下来的也已不多。清代木活字印本最多，最出名的是清宫的武英殿聚珍本《武英殿聚珍版丛书》，选印《四库全书总目》中古籍138种。嘉庆时，又排印过一些书籍，世称“聚珍版单行本”。清代私家和书坊的木活字印本也很多，如嘉庆时常塾大藏书家张金吾依照文澜阁传抄本排印宋李焘《续资治通鉴长编》120部，称爱日精庐木活字印本，为清代木活字印本的代表。明代中期有金属活字印本，如无锡华燧会通馆的锡活字印本，传世不少，如弘治八年（1495）印洪迈《容斋随笔》74卷。嘉靖时，无锡安国桂坡馆继华氏而起，以排印活字本而著称于世。据学者们研究，这些印本是锡活字铜版印本，校勘欠精。清代铜活字本以雍正年间内府铜活字印本《古今图书集成》为代表，共印64部，每部连目录有5020册，分装525函。后又印过一些书。乾隆初年，熔而铸币。清代私家铜活字印本很少，道光时期有福建林氏铜活字印本。林氏春祺，福建福清龙田人，以 20 年时间铸成一套 40 万字的铜活字，并印了一些书。道光年间，苏州人李瑶在杭州用泥活字印《金石例四种》，安徽泾县翟金生仿制泥活字成功，印了一些诗集。

二　写本书的源流

在雕版印刷术发明之前的相当长的历史时期内，写本书曾是图书的唯一形式。在雕版印刷术发明之后，印本书成为图书版本的主要形式，而写本书降为辅助形式，但写本书仍然有相当大的数量，仍然是古籍版本的形式类别之一。

写本的最初形式是简书和帛书，三国以后逐渐用纸代替简、帛，能保存至今的隋唐写本已十分罕见，在敦煌石室秘籍发现之前，仅有唐写本《说文》残卷和唐吴彩鸾抄写的《切韵》残本等传世。敦煌写本约 25000 余卷，国内存一万多卷。

宋代雕版印书已盛行，但写本仍是国家和私人藏书的重要部分。宋代统治者常利用手抄方式来扩充藏书，如仁宗、神宗、徽宗和高宗四朝，都设置补写所，大规模抄补图书，今仍有宋内府本传世。明代政府抄书规模更大，《永乐大典》这部大型类书，就是明初永乐年间最大的手抄本，辑古籍七八千种。清代最著名的写本是乾隆年间修成的《四库全书》，这部古代的最大丛书共抄七部，分藏北京、杭州、沈阳等地。清代还有一种内府写本，是内廷所修之书，如《列朝本纪》《列朝实录》等，向不付印。还有所谓“御制”“敕编”“钦定”之类的书，刻本之外，另备抄本，称为“进呈本”。

除政府抄书外，还有私家抄书。古人把抄书当作读书的一种方法，藏书家又把抄写当作补充藏书的重要手段，故历代私家抄书不绝。宋元抄本难能见到，明清抄本流传较多。清丁丙《善本书室藏书志序》说：“前明姑苏丛书堂吴氏、四明天一阁范氏，二家之书，半系抄本。至国朝小山堂赵氏、知不足斋鲍氏、振绮堂汪氏，多影抄宋元精本，笔墨精妙，远过明抄。”由此可见一斑。毛春翔《古书版本常谈》举出明代名抄 50 多家，陈国庆《古籍版本浅说》将明清两代著名抄书家列成一表，共 37 人。谈迁《国榷》一书，在清代一直以抄本形式流传。

此外，还有批校本、稿本，自然也是写本。批校本是指有收藏者、鉴赏者、校勘者、阅读者批语校勘手迹的版本，简称校本。名家批校本，价值尤高。清代校勘名家辈出，名家校本数量极多，如传世的陆贻典校本、叶树廉校本、惠栋校本、何焯校本、鲍廷博校本、吴骞校本、陈鳣校本、钱泰吉校本、孙诒让校本，皆名家校本，在一些大图书馆都可见到。稿本是图书版本的最初形态。按写稿时间先后，有初稿本、修改稿本和定稿本之分；按著述形式，有笺注稿本、编纂稿本之分；按笔迹，有手稿本、抄稿本之分；按刊行情况，有已刻稿、未刻稿之分。谢国桢《晚明史籍考》、武新立《明清稀见史籍叙录》著录不少有价值的稿本书。清末民初，有的目录书收录了相当数量的稿本，并立为一类。

三　历代刊本的特点

唐和五代的刻本，流传到现代的非常少，仅存的几种，是在敦煌发现的，且均为残本，难以全面了解，今将宋以来刻本特点略作说明。

（一）宋刻本的特点。宋刻本流传至今的不多，难以做出全面评价。根据专家对现存传世宋本书的研究，认为宋刻本在书写艺术和刻印技巧上都已臻于成熟，书写、刻版、刷印都十分认真，墨质精良，多用洁白厚纸。装订方式多蝴蝶装和包背装。从版式来看，早期多为四周单栏，后逐渐变为左右双栏、上下单栏；行宽字疏，白口单鱼尾，南宋后渐流行黑口；大部分书有刻工姓名和牌记。除共同特点外，各地区的刻本又有各自不同的特点。

浙江刻本的特点是：书写多用欧体；字体结构长方形，上下较长，左右较短，字画挺拔秀丽；版心多是白口，有上鱼尾，上下双鱼尾者较少；版框多为左右双边、上下单边、四周双边的较少；多在版心中缝下端镌刻工姓名；书品宽大，多是麻纸。

福建刻本的特点是：书写多用柳体；字体结构方正，字画严紧不苟；早期刻本多是左右双边线，黑口，后期渐变为四周双边，粗黑口；纸多黄麻纸，质地较薄，颜色发暗；建本多是双鱼尾，在边线外左上角有的刻有耳子，内刻篇名或小题。

四川刻本的特点是：书写多用颜体；字画肥劲朴厚，结构架势雄伟壮丽；版式疏朗悦目；版心多为白口，左右双边，没有耳子；版心中缝下端多有刻工姓名；纸张洁白，校勘精当。

（二）元刻本的特点。元初承宋代遗风，刻书所用字体与宋近似，故常将元版误认为宋版。自赵孟頫仕元后，其书法影响颇大，刻书也多摹赵体。元刻本多用简体字或俗体字，坊刻本尤多。元初版式接近宋本，字大行疏，写刻认真；中期以后，行格渐密，由左右双边渐趋四周双边。版心多作黑口，双鱼尾，且多花鱼尾；版心所刻字数、卷数和页数，多用草书。纸多为黑褐色、粗糙的福建纸，很少用白麻纸。装订形式盛行包背装。

（三）明刻本的特点。明代初期，即正德以前一段时期，承袭元代遗风，书写多用赵体；版心多为黑口；多用绵纸；装订形式主要是包背装。

明代中叶，即正德、嘉靖和万历前期，极力摹仿宋本，版心由黑口变为白口；字体转用欧体和颜体，字形方正，笔画挺硬，略显板滞；版心记有字数和刻工姓名，有牌记；用纸以白绵纸为多，间用竹纸。

明代晚期，即万历以后，字体变为长宋体，字画横轻竖重，更显死板；版心白口为多，黑口较少；用纸以竹纸为多，绵纸较少；装订形式由包背装转为线装。

明代活字印本，弘治、正德、嘉靖时期，多用铜活字；隆庆、万历以后，则多用木活字。

明刻本还有一些复杂的情况，不能一概而论。其明显的缺点是：校勘不精，多有错误脱漏，官刻、坊刻尤甚；妄改书名，删节内容；伪造古版图书；多有无用序跋。

（四）清刻本的特点。今存古籍，清刻本最多，难以一概而论。时代较近，何朝所刻，一般不难辨认。

清代初期，官刻本在字体版式上和明经厂本差不多，大字宽栏，行格疏朗。康熙及以后，凡经皇帝批注审阅的书，刻印时书名上都冠以“御批”“钦定”字样，并由武英殿承刻，称殿本。殿本书缮写刊刻工致、纸张讲究，印刷、装订精美。

各省官书局所刻优劣不一。金陵书局所刻书，字体稍扁，横轻竖重，比较拙笨；行字之间排列过密；刻字笔画和印刷手法过重，印刷用煤烟，浊而浓。

浙江官书局刻书注重选择底本；校勘精当，错讹较少；缩小版式，增多行字，定价低廉；字体秀丽，胜过金陵书局。

广雅书局所刻书，字形稍扁，黑口宽栏。论校勘之精审，刻工之秀雅，不及浙江书局。

湖北官书局，又名崇文书局，所刻书侧重实用，字体过于宽扁，排列过于紧密，校勘不精，错讹较多。

湖南官书局，刻书字体早期近似广雅书局，后渐趋秀雅。光绪中季改名思贤书局，刻书字体雅丽，校勘认真。

四川书局，又称成都书局，所刻前四史，版式宽大，字形方，笔画细，行格疏朗，清晰悦目。

其他官书局所刻书校勘精劣、纸墨好坏不一，不一一论述。

私刻本中，一类是著名文人所刻的书，多手写上版，纸墨考究，世称精刻本。一般说来，这些刻本字体秀美，刊印精工，版式悦目。乾嘉时期，精刻本甚多。另一类是藏书家、校勘学家所刻的书，多为丛书、逸书和影摹校勘付印的旧版书，一般说来，选用底本考究，注重校勘，摹刻工致，纸墨俱佳。

清代坊刻本注重为民间服务，力求降低成本，所采纸墨工料不及官刻、私刻，校勘一般不精，但也不乏善本。共同特点是书前冠以封面，封面多用黄、绿、粉色纸印。版片易主，只改封面。

第三节　版本学知识在史料学上的应用

一　版本学及其研究对象、范围

古籍的多次写刻，就会产生许多不同的版本，这些版本在形式和内容上会出现差别、优劣，还会有各种版本的源流、相互关系等复杂情况。研究版本的特征和差异，鉴别版本的真伪和优劣，说明版本的源流，从版本的形式和内容等许多复杂的现象中总结共同规律的学科，就是版本学。

我国古代对版本的研究有悠久的历史，它从刘向、刘歆父子对简册图书和帛书的搜集整理开始，而后兴起于雕版印刷盛行的宋代，大盛于图书日增、研究者日众的清代。

汉成帝时，刘向、刘歆父子奉命校理图书，把“广搜异本”放在全部校书工作程序的首位，在异本的基础上，再删除重复、条别篇章、定著目次、校雠脱漏、写定正本和著录编目，这可以视为版本研究的开端。

魏晋南北朝隋唐时期，历代都进行过图书的搜集、抄写、整理、编目工作，涉及到版本问题。

宋代，由于雕版印刷的盛行和活字印刷术的发明，图书版本大量增加，对版本的研究正式开始，产生了专门的版本目录——《遂初堂书目》，学者治学注重利用版本，刻书时也选用好的底本，提要目录也把版本资料作为著录内容。

清代，对版本的研究出现盛况。其表现是：编撰了公私版本目录，有国家版本目录《天禄琳琅书目》正、续篇，还有私人版本目录如钱曾《也是园藏书记》和邵懿辰《四库简明目录标注》；产生了版本学著作，如钱曾《读书敏求记》、张金吾《爱日精庐藏书志》和黄丕烈《士礼居藏书题跋记》等；许多学者具备版本学专门知识，并运用于治学；出现不少研究版本的流派，有考订家、校雠家、收藏家、赏鉴家等。可以说，版本学在清代已成为专门之学。

版本学研究的对象是版本，包括一切形式在内的各种图书版本，如写本、刊本、印本、稿本、抄本、拓本、批校本等。

版本学既以版本为研究对象，就必须同时研究版本形式和内容两方面的差异优劣及源流规律。目前，版本学研究的范围，学术界还不一致，有的主张研究版本的源流，有的主张研究版本的鉴赏，有的主张二者同时研究。来新夏在《古典目录学浅说》中指出：版本学的研究范围："（1）研究各种图书版本发生和发展的历史，如雕版源流和演变、传抄源流等等。（2）研究各种图书版本的异同优劣，加以鉴别以判定时代，品评优劣，指明特点。并从直接和间接经验中总结和概括出规律性的东西。（3）研究版刻、印刷、装帧各方面的技术和它的演变发展与成就，如印刷墨色、字体刀法、藏书印记、版式行款、装帧式样等等，为版本的鉴定提供技术条件。"这种观点目前已被较多的人接受。

二　版本学知识在史料学上的应用

版本具有文物价值和文献价值，其文献价值更重要，更显著。不同的古籍有不同的文献价值，而每一种古籍又都有各种不同的版本，这些不同的版本因其在内容文字上的差异，直接影响到古籍的文献价值。因此，古籍的版本不同，文献价值也不同。

版本研究在最初是为了古籍整理的需要开始的，钱基博《版本通义》说："版本之学，所从来旧矣，盖远起自西汉，大用在雠校。"正是整理文献、校勘古籍的过程中，版本的文献价值体现了出来。因此，版本学首先与校勘学有密切的关系，它是由文献学的发展而派生出来的一门专学。然而，对于版本研究的主要任务和终极目的，是为了通过鉴别、考订、比较，确定版本内容的优劣，从而为历史研究提供最真实可靠的古籍版本，从这种意义上说，它在史料学上也有重要作用。

版本学知识是顺利地阅读古籍和获取可靠的古代史料的重要条件之一。

研究古代史不可不读古籍，阅读古籍不可不讲究版本。传至今日的古籍版本很多，有的一种古籍有几种，有的一种古籍有十几种，甚至几十种。如《史记》的版本多达60种以上。又如全套"正史"的刻本有"百衲本""汲古阁本""监本""殿本""局本"以及"聚珍本"等，有石印的"同文""竹简斋""五洲同文"等版本，有铜版"开明二十五史"本，还有现代铅印本等。某种古籍的版本多，说明它流布面比较广，一般说来比较重要或受人重视。

同一种古籍的不同版本，内容不一定完全相同，最常见的现象是文字差异，其次还有改书名、卷数、作者、版刻图记以至作伪的复杂情况。如殿本二十四史与百衲本二十四史比勘，脱页、缺行、衍文、行款杂乱、注文校语遗失，甚至文字窜改伪作等情况都有，讹误十分严重，可知百衲本二十四史是全史中标准的本子。又如元刻本张养浩《张文忠公集》，《四库全书》著录本改为《归田类稿》；明郑若曾《筹海图编》，各刻本均题“昆山郑若曾撰”，而天启刻本题为胡宗宪，是胡宗宪隆庆时翻刻时窜改；毛氏汲古阁本《十七史》版片曾转让洞庭席氏，席氏即将原版图记挖去，补刻“洞庭席氏”图记。这些版本的复杂情况，都需仔细分辨。至于版本作伪的情况，更需进行考订。

一书多种版本及产生的复杂情况告诉我们，阅读古籍必须了解版本，重视版本，选择版本，这就必须具备版本学知识。清代版本学家顾广圻在《石研斋书目序》中谈到版本的重要性说：“同是一书，用较异本，无弗夐若径庭者。每见藏书家目录，经某书，史某书云云，而某书之为何本，漫尔不可别识，然则某书果为某书与否，且或有所未确，又乌从论其精粗美恶邪?”不了解版本，就不知道书的好坏优劣。了解版本，就可知道何本优、何本劣，应依据那种版本书，不应依据那种版本书。否则，选择劣本，运用错误资料，以讹传讹，造成不良后果。古代文献记载的这类笑话屡见不鲜。

颜之推《颜氏家训·勉学篇》记载了两则故事：

江南有一权贵，读误本《蜀都赋注》，解“蹲鸱，芋也”，乃为“羊”字。人馈羊肉，答书云：“损惠蹲鸱。”举朝惊骇，不解事义。久后寻迹，方知如此。

元氏之世，在洛京时，有一才学重臣，新得《史记音》而颇纰缪。误反“颛顼”字：顼，当为许绿反，误作许缘反。遂为朝士言：从来谬音“专旭”，当音“专翾”尔。此人先有高名，翕然信行。期年之后，更有硕儒，苦相究讨，方知误焉。

这两段记载，反映了南北朝时期写本书中的错误是很严重的，那两个人只因读了误本，便闹出了把“蹲鸱”当羊肉，读“颛顼”为“专翾”的笑话，它告诉人们，读书必求善本。

在雕版印书之后，仍有这类笑话。叶梦得《石林燕语》载：宋代一考官姚祐以“乾为金，坤亦为金，何也?”为题考试生徒，生徒看到题目大为不解，无法下笔。有人怀疑可能抄自麻沙本《周易》。果然，麻沙本《周易》将“坤为釜”的“釜”字脱去上面两点，变成了“金”。此外，明代陆深《俨山外集》载：明初名医戴元礼，尝到南京，见许多病人向一医家求诊，前往观望。偶然发现一求药者已出门外，医师追告，让煎药时放一块锡。元礼从未见过用锡作药引的，遂问医师，医师说见于古方，元礼求得其书，才知是“饧”字。那位医师读了误本，食旁误作金旁。

这两则故事，一是考官读了误本出错了考题，一是医师读了误本用错了药引。它告诉我们，印本书中错误也是严重的，阅读古籍必须慎重选择版本。

在学术研究中，也有不讲究版本而铸成错误的。《资治通鉴》卷87晋怀帝永嘉五年（311）有下面的记事："周顗中坐叹曰：'风景不殊，举目有江河之异。'"胡三省注也以"江河"为是。清代史学家赵绍祖在他所撰《通鉴注商》中，据《晋书·王导传》有"江山之异"一语，批评司马光为"偶易"，胡三省为"傅会"。实际上宋本《晋书》就是"江河之异"，而明监本、汲古阁本、清殿本方作"江山之异"。司马光和胡三省所据的宋本《晋书》无误，赵绍祖所据是明以来的误本，以误本改正本，铸成自己的错误。陈垣先生在《通鉴胡注表微·校勘篇》中指出赵绍祖的错误，在于"读误本《晋书》"，"为不讲求异本之过也"。

清代著名朴学家惠栋撰《后汉书补注》时发现李贤注中有一处不妥，但由于没有利用版本，结果在改前人错误时又造成自己武断的错误，后人利用版本纠正了这一错误。清末学者沈涛在《铜熨斗斋随笔》卷4《乌桓大人》中记其事说："《后汉书·光武帝纪》：建武二十五年乌桓大人来朝。注：乌桓谓渠帅也。惠徵君《补注》曰：谓字衍。涛案：汲古阁本注作'大人谓渠帅也'，则谓字非衍，注中乌桓字误耳。"

从这两个例子看，读书治学必须讲求版本，否则，名家也难免致误。我们要获取可靠的史料，阅读古籍时一定要讲求版本。

三　阅读古籍要力争多求善本

善本，汉代人称为善书。关于善本书的标准，因使用的目的不同而不同。一般说来，古人以校雠好坏为标准。到了清代，流传下来的刻本书籍，以宋本为最早、最珍贵、最罕见，其次是元刻本，亦不多见。讲求版本的人将这些视为稀世珍宝，以为版本愈古愈好。顾广圻在《跋蔡中郎文集》中说："书以弥古为弥善，可不待智者而后知矣。"卢文弨《抱经堂文集》卷12《书吴葵里所藏宋本白虎通后》指出："书所以贵旧本者，非谓其概无一伪也。近世本有经校雠者，颇贤于旧本；然专辄妄改者，亦复不少。即如《九经》小字本，吾见南宋本已不如北宋本；明之锡山秦氏本，又不如南宋本；今之翻秦本者，更不及焉。以斯知旧本之为可贵也。"这就是说，印刷较早的书，错误要比较少些；即使其中不免有某些错误，也比较容易发现。宋本由于刻印时间早，比较接近旧本，错讹相对较少，传本数量又少，应加以珍惜。但一味地迷信、盲从，甚至到了“佞宋”的地步，也不可取。因为宋本也有错讹之处，如果认为旧本书一无错谬，那就必然会犯严重的错误。

明代刻书好妄改古书，为纠此弊，清代学者特别讲求精心校对，刻书尽力找宋元旧刻，精校精刊，为我们阅读古籍创造了条件。特别是乾嘉学者做的工夫最为专精，校书、刻书的知名学者如顾千里、孙星衍、张敦仁、黄丕烈、胡克家、秦恩复、吴鼒等所校刻之书，皆为精校本、精刊本，这些版本有时还胜过宋椠元刊，应充分利用。

凡书籍必精加校雠，方为善本。清张之洞说：“善本非纸白版新之谓，谓其为前辈通人用古刻数本，精校细勘付刊，不讹不缺之本也。”又说：“善本之义有三：一、足本（无阙卷，未删削）；二、精本（一精校、一精注）；三、旧本（一旧刻、一旧钞）。”[①] 值得注意的是，不能一概以旧本为善本。宋元旧刻，当然是善本，明清刻本，就不尽然。清代藏书家所出书目，多以明嘉靖为断限，凡嘉靖以前的旧刻旧抄本都是善本，以宋本为最善，其次为元本，又其次为明本。明万历以后的书，选取甚严。今天各地编写善本书目，一般断在清乾隆以前。其实，晚出的不少精校刻本，亦应列入善本。近世自采用影印技术出版古籍以来，不少古本佳刻，由珍本秘本变为通行版本，如张元济主持编辑、影印的《百衲本二十四史》《四部丛刊》等。新中国成立后，特别近几年来，影印了大量古籍，多取善本，大有益于我们的阅读和研究。

一般地说，整理出版古籍，应以旧刻、旧抄为善。阅读古籍，应以精校、精注、精刻为善。今天，我们阅读古籍，研究古代史，大可不必一味地去寻求宋元旧刻。欲读一种古籍，不妨先找近代、现代和当代的校注本，这些校注本，一般都是学者们选择善本作底本，又利用各种版本进行仔细校勘，并经过一番研究而注释的，这种版本讹误较少。如我们要读二十四史，不必再找殿本、监本、百衲本等版本，可直接找中华书局点校本即可。中华书局点校本，不仅断句标点，而且在校勘记中反映了各本的异同，为阅读提供了方便，是当前最好的读本。可利用版本目录查找所需古籍，如邵懿辰《四库简明目录标注》，一般古籍都可查到。还要注意利用清人的读书札记，如王念孙《读书杂志》、王引之《经义述闻》、卢文弨《群书拾补》、陆心源《群书校补》、俞樾《诸子平议》、王鸣盛《十七史商榷》、钱大昕《廿二史考异》、赵翼《廿二史札记》等，可使我们在阅读研究中少走弯路。

---

① 张之洞：《輶轩语·语学篇》。

第三章　古代史料的校勘

第一节　史料校勘的必要性

一　校勘、校对、校雠

校勘的本义是比较审定。校勘学上所说的校勘，专指古籍的校勘。古籍在传抄、刻印的过程中，由于各种原因，会产生多种错误。把一种古籍的不同版本搜集起来，比较它们的文字语句的异同，审定其中的正误，给阅读古籍提供一个好本子，这就是校勘。

校勘与校对不同。校对是书刊出版中的一项专门工作，它是根据原稿核对排好的版样，达到一致无误。校勘是集各种版本，比较其异同，判断其正误，是古籍整理中的一项专门工作。校对有明确可靠的原稿为依据，而校勘是在没有可靠的版本依据的条件下进行的。

汉成帝时，刘向奉命校书，被称为校雠，或称雠校。刘向在《别录》中说："雠校，一人读书，校其上下，得谬误，为校；一人持本，一人读书，若怨家相对，为雠。"当时，刘向从事校雠，就每一种古籍来说，是进行整理古籍的校勘。刘向在《管子书录》中说："所校雠中《管子》三百八十九篇，大中大夫卜圭书二十七篇，臣富参书四十一篇，射声校尉立书十一篇，太史书九十六篇，凡中外五百六十四篇，以校，除重复四百八十四篇，定著八十六篇，杀青，而书可缮也。"可知，刘向校书的内容包括：搜集异本，比较异同，订正错误，删除重复，审定篇次，缮写定本。故"校雠"一词的含义等于"校勘"，南北朝时出现"校勘"一词，但在相当长的时间内，二词是通用的。南宋郑樵撰《通志》一书，有《校雠略》一篇，内容是论述收藏整理、经营管理书籍的理论和方法，包括分类编目，几乎不涉及校勘。清章学诚又撰《校雠通义》，明确指出"校雠"是一种根据学术源流派别，并用以区别学术流派的古籍分类著录的整理工作。近代，出现了"校雠学"专门学科，它包括校勘、目录、版本，校勘是校雠学的重要组成部分。

二　古代史料讹误种种

古代典籍是古代史料的重要组成部分，在流传过程中，由于多次传抄、刊印，难免发生错误，大体有以下几种情况：

（一）误字。在校勘学中，或称误文、讹文。《吕氏春秋·慎行论·察传》："子夏之晋，过卫，有读史记者曰：'晋师三豕涉河。'子夏曰：'非也，是己亥也。'夫己与三相近，豕与亥相似。至于晋而问之，则曰：'晋师己亥涉河'也。"这是先秦时期史书文字形近而误的例子。又如《淮南子·人间》："夫墙之坏也于隙，剑之折必有啮。"从整段文字看，"也"当作"必"，亦形近而误，故古人云："书三写，鱼成鲁，虚成虎。"[①] 说的正是这种情况。

文字形近而误，原因种种，有因古字而误、因隶书而误、因草书而误、因俗字而误、因假借而误、因难识而误等。

有因读音相同或相近而误者。如刘向《列子叙录》中提到的"以尽为进""以贤为形"；又如《吕氏春秋·慎势》："汤武之贤，而犹藉知乎势。"知，当为资。

某些字脱去一半，亦属误字。如刘向《战国策叙录》说："所校中《战国策》……本字多脱误为半字，以赵为肖，以齐为立，如此者众。"

还有两字合为一字的情况。如《战国策·赵策四》："左师触詟愿见太后"中的"詟"字，据《史记·赵世家》及1973年长沙马王堆汉墓出土帛书《战国纵横家书》，当为"龙言"。

也有一字误分成两字的情况。如《史记·蔡泽传》："吾持梁刺齿肥"，《索隐》曰："'刺齿肥'当为'啮肥'。"又如《孟子·公孙丑》："必有事焉而勿正心"，《日知录》载倪文节之语，谓"正心"当作"忘"。

甚至有连续数字皆误的严重情况。如洪迈《容斋随笔四笔》载："曾纮所书陶渊明《读山海经诗》：'形夭无千岁，猛志固常在'，取《山海经》参校，则云：'刑天，兽名也，口中好衔干戚而舞'，乃知'刑天舞干戚'，故与下文相应，五字皆讹。"

（二）脱文。简称"脱"或"夺"，指古籍在传抄传刻中脱漏文字的情况。如《春秋·桓公十四年》："夏五，郑伯使其弟语来盟。""五"字后显然脱一"月"字。又《春秋·庄公二十四年》："冬，戎侵曹，曹羁出奔陈，赤归于曹。郭公。""郭公"后亦显然脱了字。也有脱去整句的，如《战国策·楚策》："楚

---

① 《抱朴子·遐览》。

国之食贵于玉，薪贵于桂，谒者难得见如鬼，王难得见如天帝。今令臣食玉炊桂，因鬼见帝。”下文语气未完，显然脱了一句。据《艺文类聚》《太平御览》等类书所引，末句后脱“其可得乎”一句。

书籍在简册时代，由于连简的绳子中断，造成简的脱失，从而造成脱字，称“脱简”。如《汉书·艺文志》说：“刘向以中古文校欧阳、大小夏侯三家经文，《酒诰》脱简一，《召诰》脱简二。率简二十五字者，脱亦二十五字，简二十二字者，脱亦二十二字，文字异者七百有余，脱字数十。”

（三）衍文。指古籍在传抄传刻中多出了文字的情况。如《三国志·虞翻传》载，孙权欲以剑击杀虞翻，“侍坐者莫不惶遽，惟大司农刘基起抱权谏曰：‘大王以三爵之后手杀善士，虽翻有罪，天下孰知之？’”据新疆鄯善出土的《三国志》古写本，“大司农”的“司”字、“手杀善士”的“手”字皆为衍文。

也有成句衍的。如《韩非子·难三》：“且夫物众而智寡，寡不胜众，智不足以遍知物，故因物以治物；下众而上寡，寡不胜众者，言居不足以遍知臣也，故因人以知人。”其中，“智不足以遍知物”和“言君不足以遍知臣也”，皆注文误入正文，上句又脱去“言”“也”字，“寡不胜众”后亦衍一“者”字。

还有成段衍的。如《史记·司马相如传赞》中“扬雄以为：靡丽之赋，劝百风一，犹驰骋郑卫之声，曲终而奏雅，不已亏乎？”诸句，乃《汉书·司马相如传赞》的话，有人抄在《史记》上，以便和司马迁之赞语作比较，后人将其误入正文。扬雄晚于司马迁，司马迁不可能引扬说。上下文内容亦矛盾。

（四）倒文。简称倒，指古籍在传抄传刻中文字的位置被弄颠倒了。有上下两字位置颠倒，如《汉书·项籍传》：“籍长八尺二寸，力扛鼎，才气过人，吴中子弟皆惮籍。”“子弟”曾被颠倒为“弟子”。有上下两句位置颠倒，如《老子》第十四章：“迎之不见其首，随之不见其后。”长沙马王堆汉墓出土帛书《老子》乙种本作“随而不见其后，迎而不见其首”。唐广明元年（880）焦山《道德经幢》作“随之不见其后，迎之不见其首”。与帛书合，可证今本误倒。

（五）重文。指古籍在传抄传刻中重复出现的文字。如《孟子·告子》：“施于四体，四体不言而喻。”后“四体”当为重文。

（六）错乱。指字、句、段、篇的错乱，有的错乱是由错简造成的。如《论语·季氏》：“不患寡而患不均，不患贫而患不安。”“寡”和“贫”两字错乱，应互换。《史记·秦始皇本纪》：“异日韩王纳地效玺，请为藩臣，已而倍约，与赵、魏合从畔秦，故兴兵诛之，虏其王。寡人以为善，庶几息兵革。”

“寡人以为善，庶几息兵革”10字位置错乱，应置“请为藩臣”之后。《老子》第二十四章：“企者不立，跨者不行，自见者不明，自视者不彰。”据马王堆汉墓出土的帛书《老子》两种写本均在第二十章和二十三章之前，今本盖传写失次。

以上是古代史料中常见的错误现象。

三 古代史料校勘的重要性

（一）校勘为读史先务。古籍在传抄传刻中，出现上述误字、脱文、衍文、倒文、重文、错乱等情况是难免的，这些讹误直接影响到内容的真实性，甚至牵涉对古代制度的认识、说明和处理，影响到对人物的评价。如果对古代史料不加校勘，研究历史时就可能使用错误的史料，得出错误的结论。只有经过校勘，才能找出古代史料的错误并进行更正，从而为研究历史提供正确的史料。

古今学者都非常重视对史料的校勘。东汉末年，大经学家郑玄遍注群经，即从校勘入手，比较今古文的异同，对经文中的异文、误字、衍文、脱文、错简等错误进行了校勘。当时另一位学者高诱对《吕氏春秋》《淮南子》等子书进行注释，也做了不少校勘工作。

魏晋南北朝时期，学者们在注释典籍时也注意进行校勘。如杜预注《左传》，校勘考证出不少误字脱字。裴松之注《三国志》、刘孝标注《世说新语》，皆以诸书参校，注存若干异文、错字、脱文及讳字。颜之推《颜氏家训·书证》汇集有关典籍文献及诗歌俗文的训诂校勘，开创了一种脱离专书而广泛论述各种书籍所见错讹的笔记形式，他谈到校勘时说：“校定书籍亦何容易，自扬雄、刘向方称此职尔。观天下书未遍，不得妄下雌黄。或彼以为非，此以为是；或本同末异；或两文皆见，不可偏信一隅也。”

清代学者治学非常重视校勘，顾炎武运用古音规律考订校正经书古籍，倡导务实的经学，开一代之风。卢文弨、顾广圻等人终生从事校勘，留下了许多精校本和考订古书的札记。校勘名家辈出，佳作迭现，朱彝尊、鲍廷博、黄丕烈、戴震、全祖望、毕沅、汪中、王鸣盛、赵翼、孙星衍、俞樾、孙诒让等皆为有突出校勘成就的学者，钱大昕《廿二史考异》、段玉裁《说文解字注》、王念孙《读书杂志》、王引之《经义述闻》、阮元《十三经注疏校勘记》均是校勘不朽著作。清代学者取得了丰富的校勘经验，提出了许多卓越的校勘理论观点。王鸣盛在《十七史商榷》的自序中谈到校勘对治学的意义时说：“尝谓好著书不如多读书，欲读书必先精校书，校之未精而遽读，恐读亦多误矣。”又说："既校始读，亦随读随校。"

近现代学者亦重视校勘，陈垣《元典章校补释例》是一部独立的校勘学著作，它以沈刻《元典章》为典型资料，全面而具体地通过归纳和解释各类通例，阐述校勘学的理论和方法，初步建立了校勘学的理论体系。他说："校勘为读史先务，日读误书而不知，未为善学也。"①

（二）校勘可去疑解惑。古代史料在传抄传刻过程中，有意无意地掉了一个字或添了一个字，都会影响到内容，甚至引起争论。如古书中关于古文《尚书》初出孔壁的记载即如此。《汉书·艺文志》："古文《尚书》者，出孔子壁中。武帝末，鲁共王坏孔子宅，欲以广其宫，而得古文《尚书》及《礼记》《论语》《孝经》，凡数十篇，皆古字也。……孔安国者，孔子后也，悉得其书，以考二十九篇，得多十六篇。安国献之。遭巫蛊事，未列于学官。"《汉书·刘歆传》略同。仔细推敲上述记载，就会产生疑问，即《史记》中记载孔安国"蚤卒"，又怎能见巫蛊之难呢？荀悦《汉纪·成帝纪》云："鲁共王坏孔子宅，得古文《尚书》，多十六篇。武帝时，安国家献之，会巫蛊事，未列于学官。"清代学者朱彝尊、阎若璩、沈钦韩、王鸣盛等都据此订正《汉书》脱一"家"字之误。古代史料因脱一字而可造成疑案，通过校勘可以澄清。

（三）校勘可使史料内容正确。史料因传抄传刻造成的讹误，或造成所记载的事实谬误，或造成所记事实不清，使用这样的史料，就可能轻诬古人，得出不符合事实的结论，通过校勘则可使史料内容正确或基本正确。如关于东汉末大经学家郑玄生平行事的记载就曾造成讹误。《后汉书·郑玄传》载其《诫子书》云："吾家旧贫，不为父母昆弟所容。去厮役之吏，游学周秦之都，往来幽、并、兖、豫之域。获觐乎在位通人，处逸大儒，得意者咸从奉手，有所授焉。"这段史料字面上看不出谬误，但据其他文献记载，郑玄"敦品力学""非礼勿动"，是个很讲究封建礼节的人，何以"不为父母昆弟所容"？这段史料的正确性关系到对郑玄为人的评价。直到乾隆六十年（1795）阮元任山东学政时，亲赴郑玄故乡高密，拜谒祠墓，在积沙中发现金代重刻的唐史承节所撰碑文，以之校《后汉书·郑玄传》，文字有异，所引《诫子书》"不为父母昆弟所容"一句无"不"字，问题才得到解决。阮元在《小沧浪笔谈》卷四中说："承节之文，乃兼取谢承诸史，非蔚宗一家之学。其补正范书，昭雪古贤之迹，非浅也。……《传》：'不为父母昆弟所容'，碑无'不'字。……为父母群弟所容者，言徒学不能为吏以益生产，为父母群弟所含容，始得去厮役之吏，游

① 陈垣：《通鉴胡注表微·校勘篇》，北京，中华书局，1962。

学周秦。”后陈鳣从黄丕烈处得元刊本《后汉书》，发现也没有“不”字，始知乃传世刻本之误。钱泰吉《曝书杂记》卷上云：“郑公心事，为浅人所诬久矣，得此乃大白。有元刻可证，则亦非范史妄加也。校书之有功于先儒如此!”

以上可知，校勘十分重要，它是整理古籍考证史料的基本环节。作为一种手段，它不是目的，但却是研究历史的第一步和基础。

第二节　史料校勘的原则和方法

一　史料校勘的原则

（一）存真复原。存真复原，是校勘的目的和任务，也是校勘的根本原则。既然古代史料在传抄和传刻中难免造成讹误，就需通过校勘显其真相，复其原貌。但原稿不存，作者长逝，达到完全存真复原是困难的。清代学者段玉裁在《与诸同志论校书之难》一文中说：“校书之难，非照本改字不伪不漏之难也，定其是非之难。是非有二：曰底本之是非，曰立说之是非。必先定其底本之是非，而后可断其立说之是非。二者不分，轇轕如治丝而棼，如算之淆其法实而瞀乱，乃至不可理。何谓底本？著书者之稿本是也。何谓立说？著书者所言之义理是也。……故校经之法，必以贾还贾，以孔还孔，以陆还陆，以杜还杜，以郑还郑，各得其底本，而后判其义理之是非，而后经之底本可定，而后经之义理可以徐定。不先正注疏释文之底本，则多诬古人；不断其立说之是非，则多误今人。”段玉裁这里讲的是校经书，“著书者”指为经文作注作疏者，“以贾还贾”等语指贾公彦、孔安国、陆德明、杜预、郑玄等，“底本”指注疏者所根据的经典原文，“立说”指注疏者解释经典原文的义理。段玉裁认为，校经首要的是“以贾还贾”等，即恢复贾公彦等注疏的原貌，然后才能判断是非，这实际上提出了校勘的原则。段玉裁所谓确定底本和义理之是非的校勘原则，就是要把经文原稿和后人注疏的稿本分开，逐层辨析注疏本的异文和歧解，以取得文字形式和知识内容一致符合经典义理的正字。推而广之，对其他古籍的校勘，也必须分层次查考其异文和歧解，以作者、原著时代的历史知识和文字形式为依据，以原著的思想和作者的本意为准绳，对异文正误和歧解是非做出判断。

要实现上述校勘原则，校勘者必须熟悉通行而常见的古籍，并要具备文字、音韵、训诂方面的基本知识，掌握避讳方面的知识。此外，对古代职官、地理、年代、目录等方面的知识，也应有较多的了解。了解古籍致误的一般规律，也是校勘者应具备的条件。

（二）实事是正，多闻阙疑。彭叔夏《文苑英华辨证》提出下列原则：1. 确证讹误者，当是正；2. 确证他本错误者，以此本为正；3. 与他本有异，而此本不误者，不可轻改；4. 两本有异，于义可通者，或不能确定是非者，或有疑问者，当并存，加注说明；5. 原作者有因疑承讹的错误者，是正与否，当具体处理。

这是总结的校勘古籍的一般原则，我们校勘古代史料时，也应遵循，做到既不见错不改，也不可臆断、轻改。

校勘史料时，如果有确切证据，就可以改。如《史记·秦始皇本纪》载始皇二十八年所立刻石文字中，有“丞相隗林”，其中的“林”字据发现的秦始皇二十六年诏书均作“状”，证据确切，可据以改正。

校勘切忌乱改。相传孔子整理《春秋》时，就不轻易改字，也不随便补上阙文，形成了我国古代校勘上的“阙疑”传统。古书中的问题是错综复杂的，不可凭主观臆断。宋人彭叔夏在《文苑英华辨证》自序中说：“叔夏尝闻太师益公先生之言曰：‘校书之法，实事是正，多闻阙疑。’叔夏年十二三时，手抄《太祖皇帝实录》，其间云：‘兴衰治囗之源。’阙一字，意谓必是‘治乱’。后得善本，乃作‘治忽’。三折肱为良医，信知书不可以意轻改。”清代戴震主张，定论要有“十分之见”。他说：“所谓十分之见，必徵之古而靡不条贯，合诸道而不留余议，钜细必究，本末兼察。若夫依于传闻以拟其是，择于众说以裁其优，出于空言以定其论，据于孤证以信其通……皆未至十分之见也。以此治经，失不知为不知之意，而徒增一惑，以滋识者之辨之也。”[①] 就是说校勘必须证据确实，不能穿凿附会，不能凭主观臆断，不能依傍先儒，不能先入为主。

校勘必须避免增加新错误。妄逞己见，轻易改字，则会使古籍陡增讹误。古人在这方面也是有教训的，如唐人韩昶，不知“金根”是车名，凡史传中有“金根”之处，皆以为“必金银车也”，“悉改根字为银字”[②]，这种凭主观臆断造成的讹误，给后世学者带来很多麻烦。清王念孙校出《淮南子》错误900多条，“推其致误之由，则传写讹脱者半，凭意妄改者亦半也。”不禁感叹道：“学者读古人书，而不能正其传写之误；又取不误之文而妄改之，岂非古书之

① 戴震：《戴东原集》卷九《与姚姬传书》。

② 黄朝英：《靖康缃素杂记》。

大不幸乎!”[1] 如何在校勘中避免新的错误？陈垣在《元典章校补释例》中指出：“钞刻书籍，字有未详，则宜空一字以待校补”；“非不得已不以后起字易前代字”；不能以后代语易前代语；不能“以校者习用之语言”改字；当时二字通用，不必为全书统一而校改。

二 史料校勘的方法

（一）校勘的准备。首先，要广收异本，确定底本。如要校勘一本书，必先把这本书的流传情况弄清楚，在弄清各种版本的源流之后，确定校勘时的底本。了解一书的流传情况，要通过历代的目录书进行调查，尽量收集其版本，并分析这些版本的渊源关系。通常以最早的版本做底本，用其他版本参校。有时也可以后世精校精刻本为底本。这种底本的要求一般是篇章可靠，文字错误最少，内容完备。

其次，要通读全书，务求全面了解。要在校勘之前，对全书概况有基本的了解，如书的内容、书的结构与体例、书的文体和语言特点等。书的主要内容是什么？作者的思想如何？了解这些，对校书大有益处。了解全书体例对校勘亦至关重要，朱一新说：“不通其书之体例，不能读其书，此即大义之所存，昔人所谓义例也。校勘字句，虽亦要义，尚在其后。此其大纲，校勘其细目，不通此则愈校愈误。”[2] 文体和语言特点，也是校勘前必须了解的，一则可据以改正讹误，二则可不至于妄改而增加新的错误。

吸收他人校勘成果，搜集他书中有关资料，也是校勘前应做的准备工作。

（二）校勘的方法。从理论上说，校勘的一般方法是，搜集各种版本和有关资料，择其善者为底本，通过比较，列出异文，分别类型，予以分析，做出正误是非的判断。

在长期的校勘实践中，学者们积累了一些行之有效的方法，特别是清代的校勘名家在总结校勘经验时，对校勘方法均有所论述。顾广圻说：“凡校书之法，必将本书透底明白，然后可以下笔；必将本书所引用之书透底明白，然后可以下笔。”[3] 钱大昕在总结卢文弨校勘方法时说：“凡所校定，必参稽善本，证以它书，即友朋后进之片言，亦择善而从之。”[4] 吴承志曾提出过校书五例：“有可据善本校改者，有可据古本校刊者，有可据注文校改者，有可据本书校

---

① 王念孙：《读淮南子杂志序》。

② 朱一新：《无邪堂答问》卷5。

③ 汪喜孙：《汪氏学行记》卷4。

④ 钱大昕：《潜研堂文集》卷25《卢氏群书拾补序》。

改者，有可据文义校改者。”[①] 叶德辉把前人的校勘方法概括为“死校”和“活校”两种。他说：“死校者，据此本以校彼本，一行几字，钩乙如其书；一点一画，照录而不改。虽有误字，必存原文。顾千里广圻、黄荛圃丕烈所刻之书是也。活校者，以群书所引，改其误字，补其阙文。又或错举他刻，择善而从；别为丛书，版归一式。卢抱经文弨、孙渊如星衍所刻之书是也。”[②]

近人蒋元卿概括清代校勘方法为四点：1. 用两本对照，或据前人征引，记其异同，择善而从；2. 根据本书或他书之旁证、反证，校正文句原始之讹误；3. 根据发现著书人之原体例刊正全部通有之讹误；4. 根据别的材料校正原著之错漏。

著名学者陈垣曾下了很大功夫校《元典章》和《旧五代史》两部书，著有《元典章校补释例》（后改名《校勘学释例》）和《旧五代史辑本发复》。他在总结历代校勘学成果的基础上，并根据自己的校勘经验，在《校勘学释例》中，把校勘方法归纳为对校、本校、他校、理校四种，成为公认的校勘的正规方法，今说明如下：

1. 对校法。用同书的祖本或别本对校，有不同之处，则在其旁注明。刘向校书，即用此法。这是一种最简便、最稳当的机械方法。其主旨在校异同而不定是非，其短处在不负责任，而其长处在不参己见。凡校一书，需先用此法。

2. 本校法。用本书前后互证而抉摘其异同，从而了解其中的谬误。吴缜《新唐书纠谬》、汪辉祖《元史本证》，即用此法。此法在未得祖本或别本以前最宜用。陈垣校《元典章》时，就以纲目校目录，以目录校书，以书校表，以正集校新集，得其节目讹误者若干条。至于字句之间，应循览上下文义，近而数页，远而数卷，属词比事，牴牾自见，不必完全依据异本。此法往往只能提出问题而不能决定正误。

使用本校法应注意两点：第一，古籍不出于一手，不能使用；第二，史源不同，不能使用。

3. 他校法。用他书校本书的方法。凡此书有采自前人者，可以前人之书校之；有为后人所引用者，可以后人之书校之。此法涉及范围广，用力多，但有时非此不能证明它的讹误。丁国钧之《晋书校文》、岑刻之《旧唐书校刻记》，皆用此法。

欲用此法，必须熟悉古籍。因为只有对古籍熟悉，才能知道所校之书引用

---

① 吴承志：《逊斋文集》卷6《校管子书后》。

② 叶德辉：《藏书十约》。

“前人之书”的内容大概，也才能知道引此古籍的“后人之书”以及和此古籍使用同样史料的“同时之书”大概有几种。

另外，古人引书不谨严，常改动原文，有时凭记忆引书，节录亦不加引号，故用他校法时，一般只能在专门名词、专门术语以及关键性的字句有歧异时择善而从，引文有出入，或有省略，不必出校。同时之书他校，亦应以校名词术语为主。

4. 理校法。段玉裁说：“校书之难，非照本改字不讹不漏之难，定其是非之难。”此即所谓理校法。凡遇无古本可据，或数本互异而无所适从时，即用此法。以通识判断，否则鲁莽灭裂，以不误为误，而纠纷愈甚。故此法最高妙，也最危险。非有确证，不敢借口理校而凭臆见。

使用理校的人必须要通文理，要有较高的古文修养，精通“小学”，熟悉经、传、诸子及史学名著，有目录学等知识。

这四种校勘方法实是校勘的一般方法在不同条件下的具体运用。对校法实则是比较异同，属于搜集异文时必经步骤和必用方法。本校法、他校法、理校法均是分析考证，属于校定正误时根据不同条件所采取的几种分析考证方法。实际上，在校勘一种古籍时，两个步骤都是必需的，四种方法是同时运用的。对校法比较容易掌握，其余三法难在判断正误时的考证。掌握科学的考证，是掌握一般校勘方法的关键。

（三）校勘成果的利用。我们在阅读古书时，凡已经前人校勘者，应注意充分利用已有的校勘成果，通过“校勘记”去稽核原文异同，以改正讹误，不必再自己动手，从头校起。为此，我们需对校勘记有所了解。

校勘记是古籍校勘的记录。校勘记中罗列出一部古籍的主要版本异同，等于一部书在手，而这部古籍的不同版本同时在握，省却不少翻检之劳。校勘者时有对文字异同的处理意见，可以使读者从中抉择，不致在使用此书史料时沿袭过去的错误。

校勘记的形式有下列几种：一是定本附校勘记。即经过校勘，确定认为是正确的文字著为定本，后附校勘记，说明异同与校勘理由。如中华书局影印的阮元《十三经注疏》、中华书局点校本《汉书》等。二是与注释混合一起的校勘本，即是把文字的校勘与音义的注释混合编次，附在章节或段落之后。如中华书局出版的王利器校注本《风俗通义》，科学出版社出版的郭沫若、闻一多、许维遹《管子集校》等。三是载于笔记或札记中的校勘记。如王念孙《读书杂志》、王引之《经义述闻》、钱大昕《廿二史考异》等。三种形式，均便使用。

我们在利用史料进行史学研究时，熟悉和掌握已有的校勘成果，以稽核文字的异同，改正其讹误，就可保证所引史料的确实可靠，收到事半功倍的研究效果。如果所用史料未经前人校勘，则需按校勘的原则和方法进行校勘，然后始能利用。

第三节　史料的句读与标点

一　句读与标点

句读（dòu），亦写作句豆、句逗、句投、句度，是我国古代用来断句的方法。古人读书时，在一句话语气完了的地方，在字的旁边加一个圆圈（○），叫作句；在语气未完、需停顿的地方，在字的下边加一个点（、），叫作读。合称句读，又叫圈点。

据近几十年来考古发掘的材料证实，在先秦和秦汉时期留下的金文、简策和帛书中，已使用不少句读符号，这说明使用最广、时间最长的符号是句和读。“句”之义源于“𠄌”，音 jué，《说文解字》：“𠄌，钩识也，从反亅。”即古人读书有所钩勒时做标志的符号。“读”字源于“丶”，音 zhǔ，《说文解字》：“丶，有所绝止，丶而识之也。”“句读”一词，最早见于东汉何休《春秋公羊传解诂·序》，“讲诵师言至于百万，犹有不解，时加酿嘲辞，援引他经，失其句读，以无为有，甚可闵笑者，不可胜记也”。

早期，句和读的作用没有什么差别。唐以后，句和读的功用逐渐有了区别。宋代毛晃《增韵》说：“凡经书成文语绝处谓之句，语未绝而点分之以便诵咏谓之读。”说明宋代对经文加句读符号。他又说：“今秘省校书式：凡句绝则点于字之旁，读分则微点于字之中间。”说明句读符号的位置，即圈在字旁，点在字下。明清两代的读书人读书时还用过红、黄、青、墨等色圈点作标志。

标点指新式的标点符号，是五四运动以后，在传统句读的基础上，吸收西方语言学的经验而逐步改进成的。标点符号包括标号和点号。表示语气长短和不同停顿的叫点号，包括逗号、句号、顿号、分号、冒号、问号和感叹号；表示引用、注释、省略、着重以及专名的叫标号，包括引号、括号、破折号、省略号、着重号、专名号和书名号。其具体用法见于 1951 年出版总署公布的《标点符号使用法》，整理古籍时则应参阅中华书局编辑部编《古籍点校通例》（见《古籍整理出版情况简报》第 112 期）。

新式标点符号优于传统的句读，用标点符号标点的古书，比用句读符号圈点的古书要细致得多、精确得多、清楚得多，并且能表达出语气和感情色彩。

如古代用“句”的地方，现在可用句号、叹号、问号、分号；古代用“读”的地方，现在可用逗号、冒号、顿号、分号。至于引号、括号、专名号、书名号、省略号、破折号，更是古代所没有的。

二　对古代史料正确句读、标点的意义

我国的古书大都是没有句读的，对于古代史料的整理，须从辨明句读开始。因此，句读是读懂古书的起点。正确的句读、正确的标点，对于正确理解古书的内容，至关重要。不懂句读，就无法了解古书的内容。标点正确与否，直接影响到对古代史料内容的理解。

早在先秦时期，就曾发生过鲁哀公误解“夔一足”的故事。《韩非子·右储说下》载：鲁哀公问于孔子曰：“吾闻夔一足，信乎？”曰：“夔，人也；何故一足？彼其无他异而独通于声，尧曰：‘夔一而足矣。’使为乐正。故君子曰：‘夔有一，足。’非一足也。”本来是“夔一，足”，鲁哀公弄错了句读，把夔当作只有一只脚了，让孔子费了不少唇舌。

又如《汉书·高祖本纪》有一段话，中华书局标点本作：“与父老约，法三章耳：杀人者死，伤人及盗抵罪。余悉除去秦法。”而过去旧的标点作：“与父老约法三章耳。杀人者死，伤人及盗抵罪。余悉除去秦法。”两种标点，意思不同。前者只取秦法中三条与父老相约遵守，其余秦法全部取消。后者则是刘邦新制定三章约法，与下文“余悉除去秦法”不相应。故应以新标点为是。可见错误的标点会使人错误理解历史事实。

句读是整理古代史料的初步工作。句读错误，会给史料增加新的错误。杨树达《古书句读释例》指出句读错误对研究、整理古籍的四害：

（一）原文不误因误读而误改。例：

> 会汉将栾布、平阳侯等兵至齐，击破三国兵，解围。已后闻齐初与三国有谋，将欲移兵伐齐。齐孝王惧，饮药自杀。
>
> ——中华书局点校本《汉书·高五王传》

王念孙以为“已后闻”三字文义不顺，后当为复。杨树达认为王氏误读，故欲改字，应以“解围已”为句。

（二）原文不衍因误读而误删。例：

> 冯驩乃西说秦王曰：“天下之游士凭轼结靷西入秦者，无不欲强秦而弱齐；凭轼结靷东入齐者，无不欲强齐而弱秦。此雄雌之国也，势不两立为雄，雄者得天下矣”。
>
> ——中华书局标点本《史记·孟尝君列传》

王念孙《读史记杂志》卷四引顾子明云："'为雄'下衍一'雄'字。'为雄'二字属下读。"杨树达按语说："吴汝纶以'为雄'属上读，是也。不必衍'雄'字。"并联系下文，认为顾说非是。

（三）原文不脱因误读而误补。例：

> 秦攻赵于长平，大破之，引兵而归。因使人索六城于赵而讲。赵计未定。楼缓新从秦来，赵王与楼缓计之曰："与秦城何如？不与何如？"
>
> ——上海古籍出版社点校本《战国策·赵策》

王念孙认为，应以"与秦城"为句，"何如不与"为句，"不与"下本无"何如"二字。后人误读"与秦城何如"为句，于"不与"下误加"何如"二字。杨树达认为，王念孙的说法是对的，但应以"与秦城何如不与"七字作一句读。

（四）原文不倒因误读而误乙。例：

> 钦字子夏，少好经书，家富而目偏盲，故不好为吏。茂陵杜邺与钦同姓字，俱以材能称京师，故衣冠谓钦为"盲杜子夏"以相别。
>
> ——中华书局点校本《汉书·杜周传》

王念孙以"俱以材能称"断句，并认为"故"字应当在"京师"二字之前，即"故京师衣冠"五字连读。这是弄错了句读，想颠倒原来的词序以讲通文意的例子。

句读错误，历代都有，即使名家，也难避免，上面所举王念孙误读之例可以说明，近现代亦不例外。如30年代林语堂校阅、刘大杰标点的《袁中郎全集》，该书《广庄·齐物论》有这样一段："色：借日月，借烛，借青黄，借眼；色无常。声：借钟鼓，借枯竹窍，借……"竟标点为："色借，日月借，烛借，青黄借，眼色无常。声借，钟鼓借，枯竹窍借……"鲁迅先生说："借得他一塌糊涂，正如在中郎脸上，画上花脸。"① 成为文化界流传的一大笑话。解放后，组织专家标点的《资治通鉴》、"二十四史"等古籍也还是不断发现断句错误。这说明，正确地句读和标点古籍诚非易事。

弄清句读是阅读古书的基本条件之一，是做学问必经的阶段。因此，培养句读古书的能力，是古代学校对学生的基本训练。《礼记·学记》曰："比年入学，中年考校，一年视离经辨志。"郑玄注："离经，断句绝也；辨志，谓别其心意所趋乡也。"孔颖达疏云："学者初入学一年，乡遂大夫于年终之时考视其业。离经，谓离析经理，使章句断绝也。""离经"是分析句读，"辨志"是分析篇章、概括段意或中心思想。可见句读是古人考核学业成绩的一个重要科

① 鲁迅：《花边文学·骂杀与捧杀》。

目。如果不弄明句读，就影响对内容的理解。句读弄明白了，也就对古书有了初步的了解，并打下了做学问的基础。

三　误读的原因和标点应注意的问题

造成古书误读的原因是多方面的，可归纳为以下几个方面：

（一）不明字义。一个字往往有几个意义，对词义的理解不同，往往会造成句读错误。如《左传·宣公二年》："使尽之，而为之箪食与肉，寘诸橐以与之。"文中第一个"与"字是连词，意思是"和"；第二个"与"字是动词，意思是"给"。而有的标点者把第一个"与"也理解为"给与"的"与"，于是标点为："使尽之，而为之箪食，与肉，寘诸橐以与之。"①

（二）不通文义。有些文字，句读无误，但把上下文联系起来，就会发现与作者意图相左。如《左传·成公二年》："綦毋张丧车，从韩厥曰：'请寓乘。'从左右，皆肘之，使立于后。"这段话有人标点为："綦毋张丧车，从韩厥曰：'请寓乘，从左右。'皆肘之；使立于后。"② 本来的意思是，綦毋张站在左边和右边，韩厥都用肘制止他，让他站在后边。把"从左右"看成綦毋张说的话，"皆肘之"就无所系属，上下文也讲不通了。

（三）不知史实。不熟悉历史事实，不知出典，往往会造成句读错误。如中华书局本《续资治通鉴》："普即就榻前为誓，书于纸尾，署曰：'臣普记。'藏之金匮，命谨密宫人掌之。"历史事实是，皇太后杜氏临终嘱咐宋太祖赵匡胤当传位于其弟赵光义，命赵普于榻前作了记录，赵普在纸尾署上了自己的名字。王偁《东都事略》卷13："命普于榻前为约誓书，普于纸尾自书名云：'臣普记。'藏之金匮，命谨密宫人掌之。"又，《续资治通鉴》卷10有"发金匮得誓书，遂大感悟"之记载，可证"誓"和"书"不能分开，应作"誓书"，"于纸尾"后面的逗号应去掉。

（四）不谙典制。古书中经常遇到典章制度方面的问题，对此不熟悉，又没有认真核查，往往造成句读错误。如《丛书集成》本《历代职官表》："凡他官入院未除学士。谓之直院学士。俱阙他官。暂行文书。谓之权直。"宋代翰林学士院有翰林学士等掌管起草制诰诏令，他官到翰林学士院没有被任命为翰林学士时，叫做直院；翰林学士院一时阙员暂由他官掌管文书，叫做权直。上面一段句读错误，就是因为不熟悉宋代翰林学士院官制。宋代翰林学士院没有

---

① 王伯祥：《春秋左传读本》，201页，北京，中华书局，1957。
② 王伯祥：《春秋左传读本》，201页，北京，中华书局，1957。

“直院学士”衔，“俱阙他官”也讲不通。正确的标点是：“凡他官入院，未除学士，谓之直院。学士俱阙，他官暂行文书，谓之权直。”同样，不明其他典制，缺乏古代文化知识，也会把句子点错。

（五）不懂语法。语法是组词造句的规则。古汉语语法有自身特点，不懂语法，也会弄错句读。如《左传·襄公三年》：“建一官而三物成，能举善也夫。唯善，故能举其类。”陆德明《经典释文》记载了另一种读法，即“夫”字属下读，是正确的。“建一官”指设置军尉的职务。“三物”指三件事：解狐得到推举，祁午得到职位，羊舌伯华继承了父亲的职务。从语法角度分析，第一句是判断句，用“也”表示判断，不是感叹句，所以不必“也夫”连用。第二句“夫唯……故……”形成因果复句，强调祁奚是善人，故能举善人，表达一种赞美的感情。从内容、语气分析，“夫”属下句为是。

造成误读的原因还有很多，如不了解文体的特点、不懂音韵等，也会弄错句读。

正确地标点古书，就是根据古书的实际，用标点符号把原文结构、停顿、语气清晰而准确地再现出来。为此，必须注意以下几点：

（一）必须有严肃的态度。正确标点古书，不是一件容易的事，决不能掉以轻心，必须慎之又慎。如果标点的史料是供自己研究用的，正确与否，关系到对内容的理解是否符合原意，关系到所作结论是否可靠；如果标点的古籍是供别人阅读的，标点有误，就会贻误他人，造成不好的影响。因此，标点古文要有严谨的学风，要认真查阅资料，虚心向别人请教，防止武断，不能不懂装懂。

（二）要遵循标点古文、古书的基本原则。标点的任务只是准确地把原文的意思、语气、结构表现出来，以便阅读，所以必须持客观的态度，不能加入自己的好恶，不允许根据自己的理解程度去改动原文。

为了准确地表达出古文的原意，必须力求标点准确。为此，必须认真辨析字义，防止望文生义；要学习和掌握古汉语语法；要熟悉和了解古文献的基本知识。

（三）要正确使用标点符号。只有正确的句读还是不够的，还要正确使用标点符号，这才能使标点后的史料文句清晰，前后连贯，符合原意、情理及文体特点。如果误用标点符号，就会引起句子结构的变化，有时甚至产生相反的意思。这里仅就几种标点符号的使用举例说明。

1. 逗号的使用，既要注意文气，又要注意文意，该用逗号不用或不该用逗号而用，都会影响对原文的理解。如中华书局标点本《汉书·张骞传》：“大宛以西皆自恃远，尚骄恣，未可诎以礼羁縻而使也。”这句话的标点，如只注意文气，无语法问题；如顾及文意，参考班固《西域传赞》“西域思汉威德，咸乐内属”之文，则应在“未可诎”后加一逗号，“以礼”属下方符合作者原意。又如《张骞传》：“于是天子遣从票侯破奴，将属国骑及郡兵数万以击胡，胡皆去。”① 这句中，“从票侯破奴”是“遣”这个动词的宾语，又是后边“将”这个动词的主语，是一个兼语式语句，中间不应加逗号，否则会误解为两个并列谓语，和原文的意思大不相同了。

2. 顿号限用于并列名词而易引起误解者，使用时也要顾及上下文意，不该用顿号的地方误用了顿号，也会使句子的意思发生变化。如《秦楚之际月表》：“秦起襄公，章于文、缪、献、孝之后，稍以蚕食六国，百有余载，至始皇乃能并冠带之伦。”② 这段话中，“缪”字后不应用顿号，应该用逗号。因为原文的意思是，秦国在文公、缪公时显名于诸侯，在献公、孝公以后逐渐蚕食六国。用了顿号，就变成文、缪、献、孝之后才显名诸侯，后面的“百有余载”也无所适从了。

3. 文意已完，便加句号。使用句号应注意上下文气，避免将紧相呼应的分号从中圈断。该用句号而用了逗号或顿号，不该用句号而用了句号，或使句子层次不清，或造成本来连贯的句子意思中断。如《资治通鉴》：“吕布有别屯在濮西，曹操夜袭破之，未及还；会布至，身至搏战，自旦至日昳，数十合，相持甚急。”从内容上看，前两个句子连起来表达一个完整的意思，“未及还”和“会布至”连在一起是个完整的意思，以下四读写交战情况，是一个完整意思，因此“曹操夜袭破之”和“会布至”后都应用句号，“未及还”后应该用逗号。

4. 分号主要是表示复句中并列分句之间的停顿。恰当地使用分号，容易使多层次的语言变得清晰易懂；该用分号而误用逗号，也可使语言层次不清。如《战国策·赵策》：“左师公曰：‘老臣贱息舒祺，最少，不肖，而臣衰，窃爱怜之，愿令得补黑衣之数，以卫王宫。昧死以闻！”对左师公的话连用六个逗号，其间关系不清。从内容看，是两层意思：“不肖”之前是讲儿子的，“而臣衰”之后是讲自己的心情、态度的，故应在“不肖”之后用分号。

其他标点符号的使用，就不一一详述了。

第四节　标点与校勘的综合运用

句读和标点古代史料，只要我们态度严肃，遵循通用的基本原则，又掌握

---

① 周予同：《中国历史文选》上册，190 页。

② 高振铎：《中国历史要籍介绍及选读》上册，195 页。

了标点符号在整理古籍时的基本用法，经过实践，一般是可以达到目的的，但有时也会遇到句读、标点无从下手、难断是非的困难，在这种情况下，就要考虑采用其他辅助手段。

古籍在长期的流传过程中，有些已失去原貌，因传抄、传刻造成的讹误、缺脱、衍羡、错乱等，是影响正确句读、标点的重要原因。如果在标点过程中，结合原文进行校勘，则会解决句读中不少疑难问题，也会使标点更准确。清代学者将校勘、考据、注疏三者兼取并用，解决了古籍中大量问题，纠正古人误读是其中成就之一，在王念孙、俞樾、钱大昕等校勘名家的专著和札记中，有大量例证。

因古籍中的讹误而造成误读的情况，有以下几个方面：

一、因字误而误读。古书版本不同，文字常有出入，因文字讹误常会造成误读。

例1：

或为周最谓金投曰："秦以周最之齐疑天下，而又知赵之难子齐人战，恐齐、韩之合，必先合于秦。"

——上海古籍出版社《战国策·东周策》

宋鲍彪以"而又知赵之难子"为句，注曰："不敢违投。"又以"齐人战恐"为句，注曰："秦既疑齐，投又不善齐，故齐惧伐。"姚宏曰："'子'曾本作'予'。""曾本"即宋代曾巩整理的本子。王念孙《读书杂志》说："作'予'者是也。'而又知赵之难予齐人战'为句，'恐齐、韩之合'为句。'予'读为'与'。下文曰：'秦知赵之难与齐战也，将恐齐赵之合也。'是其明证矣。鲍说皆谬。"

在这段话里，鲍彪本因错了一字，弄错了句读。清王念孙通过校勘，找出了讹误，纠正了错误的句读。

例2：

恪是何人，而敢久违先敕，令遂叔父高蹈之意？

——中华书局标点本《资治通鉴》

从标点看，这是一个问句，但"令"字不可解。校以涵芬楼本，"令"作"今"。再用有关的书进行校勘，《魏书》卷21《献文六王传》亦作"今"。可证今本"令"是"今"字之误。这样，就应在"敕"字后用问号，句末用句号。这也是因字误造成标点错误的。

二、因字衍而误读。古书在流传过程中，因传抄、传刻而出现衍文，也可造成句读的错误。例：

古之王者知命之不长，是以并建圣哲，树之风声，分之采物，著之话言，为之律度，陈之艺极，引之表艺，予之法制，告之训典，教之防利，委之常秩，道之以礼，则使毋失其土宜，众隶赖之，而后即命。

——中华书局影印本《十三经注疏·春秋左传正义·文公六年》

阮元《校勘记》曰："'道之以礼则使毋失其土宜'，宋本、淳熙本、岳本、纂图本、闽本、监本、毛本并衍'以'字。《石经》'以'字乃后人据别本旁增。'则'字属下句非是。"阮元校出"以"为衍字，指出"则"属下句是误读，而这种误读正是因衍文造成的。

惠栋《左传补注》中也指出："'道之以礼则'，《唐石经》无'以'字，俗儒所加，后人遂以'则'字属下读。"杨树达在《古书句读释例》中肯定了惠栋之说。今人杨伯峻《春秋左传注》也做了校正，指出："各本皆作'道之以礼则'，衍'以'字。《唐石经》本无'以'字，但为俗儒旁增，不可从，今删正。或以'道之以礼'绝句，'则'字属下，亦不可通。"

三、因字脱而误读。古书在流传过程中因脱字也可造成误读。例：

盖老而复壮者，三为王后，七为夫人。

——《列女传·孽嬖传》

卢文弨《钟山札记》卷四云："《史通》引《列女传》云：夏姬再为夫人，三为王后。夫为夫人则难以验也。三为王后，则于周楚皆无所处，以是为讥。今考《列女传》云：'盖老而复壮者三'当句绝。（郭璞《山海经图赞》云：夏姬是艳，厥媚三还。谚亦云：夏姬得道，鸡皮三少。）其下云：'为王后，七为夫人。'余谓'为王后'上当有'一'字，左氏虽未言曾入楚宫，而《列女传》则言庄王纳巫臣之谏，使坏后垣而出之，则固曾入楚宫矣，是非一为王后乎？至言'七为夫人'，若以国君言，诚无可考，或刘向因后世卿大夫妻通称夫人，而以之例前代，并淫乱者数之，固有七矣。若《史通》云'再为夫人'，则前御叔，后巫臣，更为灼然，似作'再'字为是。"杨树达《古书句读释例》以卢说为是。

这段话如不校勘，难以句读。如以"盖老而复壮者三"为句，则"为王后"难以解释；如以"三为王后"为句，又不合史实。卢文弨经过校勘，认为"为王后"前脱"再"字，从而解决了句读问题。

古籍中的讹误既然可造成误读，那么就必须通过校勘以解决误读问题。校勘的方法前边已讲到，主要是广罗众本，校出异同，通过考证，辨明是非。但要特别注意，切不可随意改动原来的文字，硬说原文有衍脱，以符合自己的句读。这不仅会造成句读错误，也会造成原书新的讹误。

王念孙在《读书杂志·读淮南子杂志书后》说："有妄加字而失其句读者，《泰族》篇'赵政不增其德而累其高，故灭；知伯不行仁义而务广地，故亡。《国语》曰'云云。后人误以'故亡国'绝句，遂于'国'上加'其'字矣。《要略》曰：'进退左右，无所击危。'危与诡同。诡，戾也。《主术》篇曰：'举动废置，无所击戾。'意与此同。刘绩不解'无所击危'之义，而于'无所'下加'失'字，读'无所失'绝句，而以'击危'下属为句，其失甚矣。"这是王念孙列举的62条古书致误原因之一，即妄加字而致句读错误，我们在对古代史料标点时，决不能重犯这种错误。

今人整理古籍，一般并不单取标点，而是点校结合，这样整理出来的本子称点校本，如中华书局出版的《二十四史》就是目前最好的点校本。新出版的点校本，一般都吸取已有的研究成果，我们要注意利用。

第四章　古代史料的鉴别与考证

第一节　史料鉴别与文献辨伪

一　史料鉴别是历史研究必要的基础工作

对于古代史料，前面已经讲到必须进行校勘，校勘的目的和任务是求真复原，努力恢复古籍的原貌，提供接近原稿的善本。在校勘过程中，对异文正误和歧解是非做出判断，需进行一些分析考辨工作。但史料本身还有一个真伪和年代问题，史料的真伪、年代如不搞清楚，这样的史料在历史研究中是不能使用的。所以对史料还必须进行鉴别，这种鉴别主要指辨伪和考证。

辨伪包括两方面的内容：一是辨别古籍本身的真伪，一是辨别古代典籍中所记载的某一事情的真伪，而主要是前者。在我国的古籍中，有大量的伪书。明代胡应麟《四部正讹》说："余读秦汉诸古书，核其伪几十七焉。"清张之洞《輶轩语》中说："一分真伪，而古书去其半。"说明古书作伪的问题相当严重。如果不把这些伪书和真书区分开来，使伪书上的史料和真实的史料混在一起，就会使我们对史实的判断陷于时代的错误，这样做出的结论也就必然是错误的。所以，我们必须通过考辨，识别古书中的伪书。

除了伪书之外，真书上的史料，有些也是需要辨证的。如同一史实，各书记载歧异；同一原文，彼此引述不同；或为达到某种目的，不惜伪造事实。致使事实讹误，真伪混淆。如不进行辨证就加以引用，必然做出违背史实的结论。因此，史料的考证同样重要。凡时间、地点、人物、事件、制度等方面的错讹或误引，均属考证的范围。

我们必须通过史料本身所记载或反映的历史事实、思想源流和文体风格等方面的考察，发现矛盾，辨别真伪，确定史料的真实性。史料的鉴别，是历史研究的一项基础性的工作。顾颉刚说："研究历史，第一步工作是审查史料。有了正确的史料做基础，方可希望有正确的历史著作出现。"① 郭沫若说："无

① 顾颉刚：《战国秦汉间人的造伪与辨伪》，见《古史辨》第七册。

论作任何研究，材料的鉴别是必要的基础阶段。材料不够固然大成问题，而材料的真伪或时代性如未规定清楚，那比缺乏材料还更加危险。因为材料缺乏，顶多得不出结论而已，而材料不正确便会得出错误的结论。这样的结论比没有更要有害。”[①] 这些论述，充分说明了史料鉴别工作的必要性和重要性。

二　历代辨伪的成就

早在先秦时代，就有对古史或古书的造伪，同时，疑古或辨伪也便开始了。孔子的弟子子贡看到周王室歪曲商的历史、便感慨地说：“纣之不善，不如是之甚也。是以君子恶居下流，天下之恶皆归焉。”[②] 孔子整理早期文献，作了一番真伪的辨别。战国时期，孟子说：“尽信《书》，则不如无《书》。吾于《武成》，取二三策而已矣。”[③] 表明他对《尚书》记载的怀疑。这都是疑古的开端，还算不上辨伪。

辨伪工作始于西汉。司马迁在编写《史记》时，对有关史料作了大量的考辨工作，其中既涉伪书，又涉伪说。他以六经为根据，认为诸子杂记中关于尧让天下给许由，许由不受，难以征信。他在《五帝本纪》中说：“学者多称五帝，尚矣。然《尚书》独载尧以来；而百家言黄帝，其文不雅驯，荐绅先生难言之。”他指斥百家语中有很多伪材料，并通过自己在民间的调查和考察，与文献记载相印证，得出古文资料近是的结论。

西汉末刘向整理群书，撰写《别录》，也有辨伪的内容。刘歆据之以成《七略》，而班固又据《七略》而成《汉书·艺文志》。今《七略》虽不传，但从《汉书·艺文志》可以看到他们辨伪的成果。如“《文子》九篇”下注：“老子弟子，与孔子并时，而称周平王问，似依托者也。”“《力牧》二十二篇”下注：“六国时所作，托之力牧。力牧，黄帝相。”“《大禹》三十七篇”下注：“传言禹所作，其文似后世语。”“《神农》二十篇”下注：“六国时，诸子疾时怠于农业，道耕农事，托之神农。”这一类文字有20余条，语言虽少，但取证内容已包括作者、年代、思想内容、语言等。

东汉思想家王充著《论衡》以辨伪为目的之一。他在《对作》篇中说：“今《论衡》就世俗之书，订其真伪，辨其实虚，非造始更为，无本于前也。”书中以辨伪事、伪说为主，亦涉及伪书，如《书虚》《道虚》《语增》《艺增》

① 郭沫若：《十批判书·古代研究的自我批判》。

② 《论语·子张》。

③ 《孟子·尽心下》。

《问孔》《刺孟》《实知》《知实》等，均为辨伪篇章，或据实情以辨虚妄，或据事理以驳其不实，或据可靠之说辨虚妄之说，或举作伪之旨以辨伪说、伪书。

东汉经学家马融辨《泰誓》之伪，论证细密，从文势和佚文两方面进行辨析，以定其伪，在当时是很突出的。

魏晋南北朝时期作伪尤甚，而辨伪不多。直至唐代中叶，刘知几才首倡辨伪，他的《史通》一书，有《疑古》《惑经》两篇辨伪之作，对《尚书》《春秋》提出疑问，指出古人由于史料缺略或出自偏见而对史实的歪曲。稍后，啖助、赵匡等人对《春秋》三传提出怀疑。柳宗元继承这一学风，在辨别诸子伪书方面取得突出成绩，认为《鬼谷子》《列子》等为伪书，提出《论语》成书距孔子年代甚远。他在辨伪内容和方法上均有开创，影响很大。

宋代辨伪风气盛行，有的学者由不信汉唐旧注进而大胆怀疑经典，使辨伪古籍开始成为较为系统而有条理的工作，并且辨伪方法渐密，内容渐广。欧阳修撰《易童子问》，辨《周易》中《系辞》《文言》以下非孔子作。他认为《系辞》等杂取众说，择之不精，显然非出于一人，不是圣人所作，进而从思想统一、内容统一的角度提出了辨伪的原则。还有吴棫辨古文《尚书》，司马光辨《孟子》，王安石考《春秋》，苏轼疑《周礼》，郑樵攻《诗序》，洪迈、汪应辰非《周礼》《孝经》，叶适、黄震不信《管子》《晏子》等，都极有名，尤以朱熹的辨伪成就显著。朱熹大胆怀疑经书，他认为古文《尚书》是伪书，并断定孔安国的序及注为伪作。还作《诗序辨说》。在子书辨伪方面，对《管子》《孔丛子》《子华子》等书都进行了考辨。此外，还涉及史书和宗教书。他的辨伪，证据丰富、精当，以理服人，有理论，有实践；能将书本考证与实地采访相结合，为后代辨伪提供了借鉴。

明代辨伪学者有宋濂、梅鷟、胡应麟等人。宋濂作《诸子辨》，辨周秦至宋代诸子之书 44 部，按子书的成书年代和托伪时代的顺序进行排列，提出了自己的看法，对后世很有影响。梅鷟著《尚书考异》《尚书谱》等书，力斥古文《尚书》之讹，认为东晋梅赜所献 25 篇为皇甫谧伪作，为清初阎若璩、惠栋进一步为伪古文《尚书》定案打下了基础。晚明胡应麟辨伪成就突出，著《四部正讹》，被认为是我国第一部文献辨伪专著。他在书中首先提出辨伪的重要性，然后将古籍中的伪书条分缕析，予以辨证，所辨之书达 104 种，范围扩及经、史、子、集四部。他把伪书分为 20 类，并总结前人经验及本人实践，提出审核伪书的八条方法，从文献著录情况、作者处境、文体形式、语言称呼及典籍由来等方面进行考辨、审订，促进了辨伪工作的进展。

清代的辨伪，随着考据学的深入发展，取得了显著的成就。清初姚际恒作

《九经通论》，对经书进行辨伪。又作《古今伪书考》，是继《四部正讹》之后的辨伪专著，分经、史、子三类，共辨伪书或真伪杂糅之书 91 种。还有万斯同在《群书辨疑》中对《易传》《周礼》《仪礼》《左传》等书都提出了疑问。阎若璩著《古文尚书疏证》，专考《尚书》的真伪，广征博引，引经据典，揭穿古文《尚书》作伪的来源，解决了历史上一个长期不能解决的疑案。胡渭的《易图明辨》，以确凿的考证，判明宋明道学家所宣扬的《太极图》《河图》《洛书》均出自佛教、道教中人的拼凑，与周公、孔子无关。万斯同作《周官辨非》，指出《周礼》为晚出。乾嘉时期考辨之风盛行，孙志祖作《家语疏证》，范家相作《家语证伪》，判定《孔子家语》为三国时王肃伪造。清代今文经学家辨伪气魄更大。刘逢禄的《左氏春秋考证》，认为《左传》解经之文总属刘歆比附或改窜，《左传》与《春秋》是不相干的两部书；邵懿辰的《礼经通论》，论辨《仪礼》17 篇为足本，所谓《古文逸礼》39 篇则出自刘歆伪造；魏源的《诗古微》，不信《毛诗》，而宗齐、鲁、韩三家；清末康有为的《新学伪经考》，认为古文经皆刘歆伪造，刘歆伪造古文经的目的是为王莽篡权服务。从学术上讲，今文经学家的观点多有武断之处，康有为则别有为维新变法制造舆论的政治目的，但他们的工作客观上推动了辨伪学的开展。最有名的辨伪家当推崔述，他的《考信录》，对于先秦古书，除《诗》《书》《易》及《论语》之一部分外，几乎都怀疑是伪书，推翻了许多伪史。崔述在辨伪理论上也很有建树，他对伪书致伪的原因进行了详细论述，对辨伪的方法进行了总结。

清末民初，除康有为《新学伪经考》外，王国维的《今本竹书纪年疏证》也是有名的辨伪之作。在梁启超所著《中国近三百年学术史》中，对辨伪之学曾有所论列，并拟出一个伪书及疑伪书的目录。梁启超还在总结清代辨伪工作的基础上，提炼出一套辨伪方法。学者们还汇集前人辨伪成果，编成资料性工具书。姚名达综合《诸子辨》《四部正讹》《古今伪书考》三书所录典籍，列成《宋、胡、姚所论列古书对照表》，附于顾颉刚校点的《古今伪书考》后行世。黄云眉在姚际恒《古今伪书考》和顾实《重考古今伪书考》二书基础上详征博引以补正之，著《古今伪书考补正》。后张心徵将宋、胡、姚三书拼合补缀，汇为一编，以书名为纲，以诸儒辨伪之说列其下，集结为《伪书通考》一书，全书收录论辨之书 1059 部，后又增入 45 部，总数达 1104 部，是目前最完整的一部综合性辨伪工具书。

20 世纪 20 年代以来，以顾颉刚为代表的“古史辨”派为廓清有关古史的荒谬传说，继承乾嘉学派的传统，做了大量相当透彻的考辨工作。顾颉刚以历史的客观态度来对待历史传说、事件和人物，并用层累说和分化说的方法来解释其流变和演化的过程，打破了封建史学的束缚，具有卓见和开创精神。顾颉刚和“古史辨”派的考辨成果大部分收入《古史辨》一书，影响很大。郭沫若以历史唯物主义为武器，对先秦文献史料作了全面、系统的考察和批判，把辨伪工作提高到新的高度。

历代学者对文献辨伪做了大量工作，取得了不少成绩。我们研究古代史，对于前人在辨伪方面取得的成果和正确的结论，应有一定认识和了解。当然，前人在这方面的工作尚未做尽，而且所做结论亦未必完全正确，我们不能完全相信，只能在他们结论的基础上，再做一番认真的考辨。

三　辨伪的方法

历代学者做了大量的辨伪工作，但直到明代胡应麟才较系统地总结辩伪方法，他在《四部正讹》中提出审核伪书的八条方法，即：1. 核之《七略》，以观其源；2. 核之群志，以观其绪；3. 核之并世之言，以观其称；4. 核之异世之言，以观其述；5. 核之文，以观其体；6. 核之事，以观其时；7. 核之撰者，以观其托；8. 核之传者，以观其人。这八条是从前人辨伪成果和有效经验中总结出来的，概括得颇为精要，在辨伪学史上具有划时代的意义，近人谈辨伪方法虽各有补充、发展，但均脱胎于此。

近代梁启超在《中国历史研究法》第五章谈到“鉴别史料之法”时，又提出辨识伪书的十二条公例，并附简要的例证。这十二条是：

（一）其书前代从未著录，或绝无人征引而忽然出现者，十有九皆伪。如明人所刻《古逸史》中有《三坟记》《晋三乘》《楚史梼杌》等。

（二）其书虽前代有著录，然久经散佚，乃忽有一异本突出，篇数及内容与旧本完全不同者，十有九皆伪。如抄本《慎子》与四库本、岱山阁本全异，《四部丛刊》竟采用之。

（三）其书不问有无旧本，但今本来历不明者，即不可轻信。如河内女子所得《泰誓》、梅赜所上古文《尚书》及孔安国《传》。

（四）其书流传之绪，从他方面可以考见，而因以证明今本题某人旧撰为不确者。如《神农本草》，《汉志》无其目，盖蔡邕、吴普、陶宏景等经千年间直到宋代，然后规模始具，实为集体作成。

（五）其书原本，经前人称引确有左证，而今本与之歧异者，则今本必伪。如今本《竹书纪年》。

（六）其书题某人撰，而书中所载事迹在本人后者，则其书或全伪或一部分伪。如《越绝书》题子贡撰，书中叙及汉以后建制沿革。《管子》书中记西施事。

（七）其书虽真，然一部分经后人窜乱之迹，既确凿有据，则对于其书之全体，须慎加鉴别。如《史记》今本有太初、天汉以后事，且有宣、元以后事。

（八）书中所言，确与事实相反者，则其书必伪。如刘向《列仙传》自序云："七十四人已见佛经。"佛教输入后于刘歿二百年，即此一语，足证其伪。

（九）两书同载一事绝对矛盾者，则必有一伪或两俱伪。

（十）各时代之文体，盖有天然界画，多读书者自能知之。故后人伪作之书，有不必从字句求枝叶之反证，但一望文体，即能断其伪者。如古文《尚书》多文从句顺，《关尹子》有翻译文体。

（十一）各时代之社会状态，吾侪据各方面之资料，总可推见其崖略。若某书中所言其时代之状态，与情理相去悬绝者，即可断为伪。如《神农》二十篇，晁错引文"石城十仞，汤池百步，带甲百万"之语。

（十二）各时代之思想，其进化阶段，自有一定。若某书中所表现之思想，与其时代不相衔接者，即可断为伪。如今本《管子》有批评寝兵、兼爱之说，显系墨翟、宋钘以后人著作羼入。

梁氏尚有《古书真伪及其年代》一书，也论及辨伪方法，可与上述十二条公例相表里。这十二条较之胡应麟提出的八条，更加具体而周密了。

概括前人总结的辨伪方法，加上当代学者的论述，有以下几点值得注意：

（一）从历代目录书的著录情况考查其源流。各时代的书基本上都著录在各时代的目录书中，故可据目录书辨书的真伪。如果一部书被认为是先秦古籍，但不见于《汉书·艺文志》，此书可能是伪书。同样，隋前之书不见于《隋书·经籍志》，隋唐之书不见于《崇文总目》，元明之书不见于《四库全书》，都可能伪。当然，这不是绝对的。如前代目录书上的伪书，被后代目录书抄录，仍是伪书。

（二）从作者和时代找证据。如果说书的作者是神农、黄帝、夏禹等传说中的人物，则必是后人伪托，如神农《本草》、黄帝《素问》、夏禹《山海经》等。如书的作者并无其人，自然也是伪书，如列御寇只是《庄子》寓言中的人物，故说列御寇作《列子》不可能。从时代上说，神农、黄帝、尧、舜时代还没有文字，不可能留下文字记录，所以如《尚书》中的《尧典》《舜典》等绝非尧、舜时代留下的文字记录。此外，不同时代的著作，其文体、文风、用词等都有各自的特点，如果说某一书是某时代的作品，而在体裁、风格、词汇等方面与那个时代不合，此书大体是伪书。如梅赜所献古文《尚书》中有些篇，时代近的，文字反而“诘屈聱牙”，年代远的，文字反而浅显易懂，便露出了作伪的马脚。又如《管子》显示出战国时的文体和用词，若说是春秋时管仲所作，是不可能的。

（三）从书的内容本身进行考辨。一本书中所载的史实、制度和事物，一定是作者生活的时代或以前的，如书中出现作者不可能见到的后代的史实、制度和事物，此书必伪。即使非全伪，也经后人窜乱。如《商君书》记长平之役，非商鞅所能见，可知非商鞅所作；《尚书·禹贡》的贡物中出现了璆铁，故知非石器时代的作品；《山海经》中有汉郡县名，知非伯益所作；《月令》有秦代太尉官名，故知非周公所作。至于《史记》中出现昭、宣、元、成间事，显系后人窜乱。

（四）从书中所反映的思想辨别。思想作为上层建筑，是经济基础的反映。当经济基础发生变化时，思想最终要跟着变化。作伪者的技巧再高明，也很难隐瞒他所处时代的思想。掌握这一点，可发现作伪的痕迹。如《老子》反映的是战国时期的思想，作者不可能是春秋时期的老聃；《管子》有驳斥“兼爱”和“寝兵”的说教，知为墨家学说出现以后的著作；《列子》中有佛学思想，不可能是佛学思想传入中国以前的作品，故知是汉代以后的作品。

（五）从真书和可靠史料推断伪书。同时代的书，所记载社会史实、思想大体一致，有些虽佚，但其书原本的记事或议论片断往往为他书征引而保存下来，通过相互参证，可发现矛盾，定其真伪。如《周礼》一书内容，秦以前的大书没有一本引用过它；书中的一些制度，如封国、官制、土地、赋税等都跟先秦其他靠得住的古书记载不合，故知《周礼》一书是后人伪作，绝非西周的真实情况。

甲骨文、金文以及考古发现的新史料，在辨伪中具有非常重要的作用，对长期争论的问题往往能定其是非。如《孙子兵法》一书，旧题孙武作，后有人怀疑，或谓作者为孙膑。1973年银雀山汉墓中同时出土的竹书有《孙子兵法》和《孙膑兵法》，可以结束这一长期争论。

四　如何正确对待辨伪

回顾历代学者的辨伪工作及其成就，总结前人在辨伪上的经验，我们应正确对待辨伪。

（一）必须实事求是。辨伪是一项复杂的考证工作，必须坚持实事求是的态度。对古书既不能盲目迷信，也不可乱加怀疑，更不可囿于门户之见。要做到无征不信，无征不疑，证据不足，宁可阙疑。

清代学者在辨伪工作中重证据，比较慎重。如阎若璩辨古文《尚书》，从古文《尚书》与古籍不合，与史例不合，与古史不合，与古代典礼不合，与古代历法不合；与古代地理不合，与训诂不合，与义理不合等八个方面提出证据118条，条分缕析，铁证如山，故能把东晋出现的古文《尚书》判为伪书。梁启超指出："清儒辨伪工作之可贵者，不在其所辨出之成绩，而在其能发明辨伪方法而善于运用。对于古书发生问题，清儒不如宋儒之多而勇；然而解决问题，宋儒不如清儒之慎而密。宋儒多轻蔑古书。其辨伪动机往往由于主观的一时冲动；清儒多尊重古书，其辨伪程序常用客观的细密检查。"①

（二）辨伪是一门学问，只有博闻多见，广泛稽考，才能发现作伪之迹。作伪有其规律，一般必有依傍，或袭其文，或本其目，或析其篇，凭空造作者很少。辨别伪书需在文字依傍上考清源流，不可轻率妄断，本末倒置。仍以阎若璩辨古文《尚书》为例，倘若不是他博闻多识，多方稽查，如何能发现作伪之迹？如伪古文《尚书》有《大禹谟》一篇，文中有"人心惟危，道心惟微；惟精惟一，允执厥中"四句，阎氏指出前两句出于《荀子·解蔽篇》，只是将原文"之"字改成"惟"；"允执厥中"一句出于《论语》，"惟精惟一"这句是作伪者加的。作伪者作伪之源被阎氏寻着了，这不是偶然的。

（三）对伪书不能全盘否定，要细加鉴别，要区别不同情况，做出不同的处理。有的书是伪托作者，或误认年代，一经辨清，仍可当"真书"看待；对大量真伪杂糅的书，应下一番切实的别择去取的功夫；对全部伪的书，也不可弃之不用，也可能有一定的参考价值，如对于《孔子家语》《孔丛子》这类公认的伪书，学者们仍给予一定的注意。前人认为全伪的书，还应细加鉴别，特别要注意运用考古发现的新材料加以审查。如《文子》一书，《汉书·艺文志》说它"称周平王问，似依托者也"，是对的，因为文子不会是周平王时人。但此书究竟是先秦古籍，还是汉人伪造，一直有争论。从宋代黄震到近代梁启超、章炳麟、黄云眉等人，都认为此书全伪，但也有认为它非伪或真伪参半的。1973年在河北定县汉墓中出土了一批西汉竹简，其中有《文子》，所载内容与《汉书·艺文志》所说相合。有的学者经过对照研究，认为其书虽经后人窜改，却不是伪书，而是一部确实无疑的先秦古籍。

第四，辨伪要有正确的理论指导。封建学者、资产阶级学者，由于思想局限，在辨伪中难以得出正确的科学结论，甚至走上邪路。如清代崔述在辨伪上

① 梁启超：《中国近三百年学术史》，《梁启超论清学史二种》，385页，上海，复旦大学出版社，1985。

取得重大成就，但由于过分迷信圣人及儒家经典，直至陷入荒谬而不能自拔，把本来不伪的说成伪的。又如古史辨派学者在考证古史上取得很大成就，但终因缺乏正确的思想指导而钻入牛角尖，得出了一些错误的结论。今天，我们只有以辩证唯物主义与历史唯物主义为武器，以马克思主义为指导，才能在辨伪上做出科学结论，这已为当今一些学者的辨伪工作实践所证实。

第二节　史料记事的考证

一　史料考证的重要性

考证即考据，是在广集史料的基础上，证明史料真伪、辨明是非，以求为历史研究提供真实可靠史料的研究方法。

我们研究历史离不开史料，而史料必求其真实可靠，这是治史的前提条件。为使史料真实可靠，必须进行认真的考证。陈垣说："考证为史学方法之一，欲实事求是，非考证不可。彼毕生从事考证，以为尽史学之能事者固非，薄视考证以为不足道者，亦未必是也。"① 郭沫若说："欲尚论古人或研究古史，而不从事考据，……是舍路而不由。就稽古而言，为考据。就一般而言，为调查研究。未有不调查研究而能言之有物者。"② 这些精辟的论述，说明考证是必要的，但也并非唯一的史学方法。

我们必须正确认识和对待考证。首先，考证作为一个史学方法，具有明显的综合性特点。它不是单一性孤立的方法，而是目录、版本、校勘、辨伪等整理、研究史料诸方法的综合运用。白寿彝主编的《史学概论》中指出："考证之学跟目录、版本、校勘、辨伪、辑佚、注释之学有密切的关联。它们离不开考证的方法，但不通过这些学问，也难以做到取材博、用材精、训释正、类例明，从而有正确的考证。可以说，考证之学在一定程度上就是目录、版本等文献之学的综合运用，而考证的方法又是文献研究进行到一定程度时所不可少的。"对于一件史实的考证，常是综合运用有关考证的各种方法，分步骤地进行。顾颉刚根据自己考证古史的经验指出："校勘、训诂是第一级，我们的考证事实是第二级。"③ 这是符合考证过程的。考证史料，除综合运用各种传统

---

① 陈垣：《通鉴胡注表微·考证篇序录》。

② 郭沫若：《读随园诗话札记》。

③ 顾颉刚：《古史辨》第四册《序》。

史学方法外，还要综合运用有关学科的知识，如考古学、地理学、金石学、文字学等，故考证工作需要的知识面极广，否则，是不能卓有成效地进行考证的。其次，考证需有正确的指导思想，即必须在马列主义毛泽东思想指导下进行。有没有这一正确的指导思想，所收到的效果，也是不同的。考证方法与唯物史观是辨证统一的。唯物史观只把考证作为整理史料的一种方法，强调历史研究不能停止于考证，而是必须通过考证所确定的史料，进行深入的研究，以揭示历史的本质和规律。

前面已讲到版本的鉴别、文献的辨伪，都涉及考证，本节所述是史事的考证。

二　考证的历史发展

对史料的考证工作，萌芽于先秦时期，在汉唐之际得到初步发展，到宋代已初具规模，清代考据成就最大。

司马迁写《史记》，“网罗天下放失旧闻，王迹所兴，原始察终，见盛观衰，论考之行事”[①]，对古文献和古史料做了大量考求辨订的工作，其后，班固著《汉书》、范晔著《后汉书》、陈寿著《三国志》，都做了许多同类的考证工作。魏晋南北朝时期还出现了考史专著，如谯周《古史考》。学者们对经传注释的过程中，也有很多考证内容，如郑玄对群经的笺注，裴松之的《三国志注》，孔颖达、贾公彦等人的《五经正义》，颜师古的《汉书注》等。

汉代已有人注意利用地下出土的简牍帛书等文物资料印证古书传。西晋初年，学者们曾用《汲冢竹书》来考证现存典籍。金石的考证也受到普遍重视，或以金文证经，或据金文释字，或据实物形制纠正古代传说之谬，或据金文校订古书记载之误。

宋代学者考证范围广泛，出现一系列考证专著。北宋在对文献记载及其内容所作具体的考证方面，司马光的《资治通鉴考异》是代表作。司马光在《资治通鉴》定稿过程中，既选择可以征信的史实写入书中，又参考同异，辨证谬误，说明去取的缘由，写成此书，对史料考证甚为精密。南宋李焘的《续资治通鉴长编》、李心传的《建炎以来系年要录》，也有这方面的考证。

宋代学者就一部书的内容进行考证而形成的专著很多，如吴缜的《新唐书纠谬》和《五代史记纂误》，专纠欧阳修《新唐书》和《五代史记》的失误。还有刘羲仲《五代史纠谬》、范季方《五代史记正误》等。南宋王应麟考证的

① 《史记·太史公自序》。

著作更多，如《汉书艺文志考证》《诗考》《诗地理考》《通鉴地理通释》等。《通鉴地理通释》名为条理《通鉴》地名，实际泛考古今地理，征引浩博，考证精核。

类似读书笔记的考证杂著，南宋时期出现不少名著。这类杂著不拘于一书一事，有所得辄条记，积久而编辑成书。如李心传《旧闻证误》，以所见宋初以来官私史籍及说部诸书为考证对象，自典章制度以至岁月、姓名之讹异，均考其失。这类笔记体著作甚多，著名的如沈括《梦溪笔谈》、洪迈《容斋随笔》、王应麟《困学纪闻》等。《容斋随笔》考订不少史书误载，他以诗文证史，以碑石文字证史，以手本订正流行本，考证审慎精当。《困学纪闻》对史书进行了广泛的考证，纠其错谬，多所辨证，考证切实。

金代在考证方面有成就的学者是王若虚。他的主要著述收在《滹南遗老集》中，其中《五经辨惑》《论语辨惑》《孟子辨惑》《史记辨惑》《诸史辨惑》《新唐书辨》《君事实辨》《臣事实辨》《议论辨惑》《著述辨惑》《杂辨》《谬误杂辨》《文辨》等，对经学、史学、文学及诸历史事实都广泛加以考辨。

明代杨慎、焦竑在考证方面也取得一定成就。杨慎的代表作有《丹铅总录》《谭苑醍醐》，对古书和前人著述多有考辨。焦竑的《焦氏笔乘》多考证旧闻，对史料考证做出了一定的贡献。

清初顾炎武是清代考据学的开山人物，卓然以考据自任，其著名的读书笔记《日知录》所考范围极广，影响很大。至乾嘉时期，考据学臻于极盛。当时的主要考据学者可分为吴、皖两派。吴派以惠栋为首，后继有江声、钱大昕、王鸣盛、余萧客、汪中等人。皖派以戴震为首，后继有段玉裁、王念孙、王引之等人。他们校勘、考据和注疏三者并用，在对许多古籍的注释中，有很多考证的成果。

在对史书内容考证方面，取得突出成就的是王鸣盛、钱大昕和赵翼。

王鸣盛著《十七史商榷》，所考"正史"，包括《史记》以下共计 19 种。他在自序中说："余为改讹文，补脱文，去衍文，又举其中典制事迹，诠解蒙滞，审核踳驳，以成是书，故曰商榷也。"此书的内容有文字校勘，也有典制考证，还有评论。他谈到自己在校勘的同时，"又搜罗偏霸杂史、稗官野乘、山经地志、谱牒簿录，以暨诸子百家、小说笔记、诗文别集、释老异教，旁及于钟鼎尊彝之款识，山林冢墓祠庙伽蓝碑碣之文，书取以供佐证，参伍错综，比物连类，以互相检照，所谓考其典制事迹之实也。"可见他在考史中下的巨大功夫。

钱大昕的考史著作，有《廿二史考异》《十驾斋养新录》《三史拾遗》《诸史拾遗》《通鉴注辨正》《宋辽金元四史朔闰考》等。《廿二史考异》是他在多年的读史札记基础上写成的，对除《旧五代史》和《明史》之外的全部正史进行了校勘、考证和训诂，对官制、地理和氏族的考证尤详，对史书的注误也加以考证。

赵翼的考史代表作是《廿二史札记》。赵翼所用的考证方法是以正史自身的内容证正史。他用这种方法订正正史中大量史实，如《南史·宋后废帝纪》载：孝武帝子二十八人，明帝杀其十六，余皆被后废帝所杀。赵翼根据《宋书》指出：孝武诸子为前废帝杀者二，明帝所杀者十六，余十人皆夭死。此类订正史实的例子不胜枚举。赵翼还注重考证正史的材料来源，对研读二十四史极有帮助。赵翼还能突破传统考据学就事论事的局限，对于古今社会变化各以专题详加评述，从不同角度反映出一个时代的政治特点和社会风尚，影响很大。赵翼的《陔余丛考》也是考史之作。

清代学者对文献史料做了大量考证工作，除上述贯通全史的考证之作外，还有专考一史的，有考志、传单篇的，著述很多。

三　近代史料考证的新方法

近代学者在新的历史条件下，继承乾嘉考据学风，又受资产阶级史学方法的影响，在考证史料的方法上有新的发展。

（一）王国维“二重证据法”。19世纪末至20世纪初，中国考古学和史料学有多起重大发现，主要是甲骨文、敦煌遗书、汉晋简牍、清宫内阁大库档案等史料的发现。王国维在考释文献、研究古史的过程中，以新发现的“地下史料”去印证固有的“纸上材料”，发明了“二重证据法”。他在《古史新证》中说：“吾辈生于今日，幸于纸上之材料外更得地下之新材料。由此种新材料，我辈固得据以补正纸上之材料，亦得证明古书之某部分全为实录，即百家不雅驯之言亦不无表一面之事实。此二重证据法惟在今日始得为之。虽古书之未得证明者不能加以否定，而其已得证明者不能不加以肯定，可断言也。”“二重证据法”突破了乾嘉考证方法，发展了重视实物证据的科学历史观念。他充分利用甲骨文、金文中的新史料，印证了《史记·殷本纪》中关于殷王世系的记载基本可靠，建立了殷周史研究的基础。

（二）胡适“大胆地假设，小心地求证”法。胡适曾提出“大胆地假设，小心地求证”的研究方法，在学术界有广泛的影响。他说：“现在我想起二三十年来关于方法的文章里面，有两句话也可以算是讲治学方法的一种很简单扼要的话。那两句话就是：‘大胆地假设，小心地求证。’要大胆的提出假设，但这种假设还得想法子证明。所以小心的求证，要想法子证实假设，或者否认假设，比大胆的假设还更重要。”① 为什么要“大胆假设”呢？因为“假设不大胆，不能有新发明”。为什么要“小心求证”呢？因为“证据不充足，不能使人信仰”。②

新中国成立初期，我们在批判胡适的实用主义时，也批判了他的这一治学方法。今天看来，胡适的这一考证方法没有错。“大胆地假设”，是提倡读书要有怀疑精神。对旧说有怀疑，就想立新说，这就要有一个假设。从治学的角度说，对于解放思想、鼓励思考，有积极意义。“小心地求证”，是解决问题的方法，主要是乾嘉考据方法，从思想逻辑上看，是归纳和综合方法的运用。这一方法，是中国传统考据方法和近代西方科学实验方法、逻辑方法的结合，比清代的朴学，是一个历史的进步。不过应该指出，胡适的方法受到他唯心史观的制约，还不是科学的方法论。

（三）顾颉刚“层累式”考证方法。顾颉刚是20世纪20至40年代疑古派史学的代表，他们考证古史的基本理论是“层累式地造成中国古史”的观点。顾颉刚在《与钱玄同先生论古史书》一文中，将这个方法的基本思想与主要内容归纳成为三层意思：第一，可以说明“时代愈后，传说的古史期愈长”。例如，周代人心目中最古的圣贤是禹，到了孔子时代又出现了尧舜，及至战国时代又出现了黄帝、神农，到了秦代出现了三皇，至于汉代以后则又出现盘古。第二，可以说明“时代愈后，传说中的中心人物，愈放愈大”。例如，舜在孔子时代只是一个“无为而治”的圣君，到了《尧典》就成了一个“家齐而后国治”的圣人。第三，我们对于古史，虽不能知道某一种事的真实状况，但可以知道某一件事在传说中的最早的状况。例如，我们虽不能知道东周时代的东周史，也至少能知道战国时代的东周史。我们虽不能知夏商时代的夏商史，也至少能知道东周时代的夏商史。③ 他用“层累说”说明了神话古史形成的过程和原因，又用这个方法揭穿了传统的神话传说的历史秘密。

“层累说”作为考证古代史料、揭穿伪史的重要方法，极重视史料的“层累式”的堆积和进化，只是它不能揭示历史运动的社会本质和规律，不能从社会关系的发展上去把握历史的运动，因而没有具备现代科学方法论的历史形态。

---

① 胡适：《治学方法》，见《胡适哲学思想资料选》。

② 胡适：《清代治学方法》，见《胡适哲学思想资料选》。

③ 顾颉刚：《古史辨》第一册中编。

四 近现代学者的考证成就

近现代，考据学仍在文献研究中占有重要地位，只是由于历史条件的变化，学者们一方面继承乾嘉学者的治学传统，一方面又接受了一些西方资产阶级的治学方法，从而取得了远远超过乾嘉考据学的成就，这就是所谓“新考据学”。“新考据学”的代表学者是王国维、陈寅恪、陈垣等人，他们在不同领域取得了为学术界所公认的巨大成就。

王国维运用所谓“二重证据法”，以地下的和纸上的新旧两种材料相互参证，对古代史料进行了大量考证工作。他在商周史的考证方面，把甲骨文、铜器铭文与先秦古籍互相参证，撰有《殷卜辞中所见先公先王考》和续考，对殷商世系进行了系统的考证与研究。他的《殷周制度论》，考证了殷周社会制度之异同。他还注意对古代名物制度的通释和疏证，如《生霸死霸考》，对三代彝器铭识的干支作了精审的考证。王国维还对西北历史地理，古代西北民族史和蒙古史以及汉晋木简、敦煌写卷进行了大量考证工作，成就卓著。

陈寅恪的考证工作主要表现在对文艺作品的考证方面，著有《桃花源记旁证》《秦妇吟校笺》《元白诗笺证稿》《柳如是别传》等。他擅长于以诗文证史，故他的考证工作，既是对文学文献的考证，也是对历史文献的考证。他还在考证中使用比较研究的方法，是前人没有或很少用过的。

陈垣早年治宗教史卓有成效，所写的《元也里可温考》，解决了前人没有解决的元史中的基督教史问题；《开封一赐乐业教考》《火祆教入中国考》《摩尼教入中国考》等，填补了中国古代宗教史的空白；《回回教入中国史略》《明季滇黔佛教考》《清初僧诤记》《南宋初河北新道教考》等，对中国伊斯兰教、佛教和道教的历史进行了考证。他的《元西域人华化考》，揭开了元代民族关系史和中外关系史的新一页。陈垣在历史文献学上下过很大的考证功夫，在目录学、年代学、史讳学、校勘学、史源学等方面均有专著。他的《通鉴胡注表微》，则是通过历史考证，表现出他的爱国热忱。

此外，曾受到陈垣影响的岑仲勉、余嘉锡等人，也是近世考据学名家。岑氏注重以碑证史，对隋唐史源学多有贡献；余氏擅长目录之学，其《四库提要辨证》是文献考据名著。一般说来，这些考据学者在当时还没有接触或理解马克思主义，有的人思想感情甚至还是封建的，因此，他们没有能力完全打破旧的考据传统，这也影响了他们的成就。

郭沫若在马克思主义理论指导下从事古代史料的考证与研究，做出了巨大的贡献。他通过对先秦史料的全面考证，搞清了古书中许多问题，独具创见，为一般考据学者所不能及，所著《中国古代社会研究》《青铜时代》《十批判书》等，标志着这方面的成就。《青铜时代》尤偏于考证。郭沫若在对甲骨文、金文的考释和研究方面，贡献更大。他创造性地把古文字学、古器物学与古史研究结合起来，在罗振玉、王国维等人研究成果的基础上，运用唯物辩证法研究甲骨文、金文，成就卓著。所著《甲骨文字研究》《卜辞通纂》《殷周青铜器铭文研究》《两周金文辞大系图录考释》《金文丛考》《中国古代铭刻汇考》等，标志着他在这方面的贡献。

郭沫若对古代史料考证所取得的成就表明，只有在马克思主义理论指导下，历史考证才能走向科学的道路。除郭沫若之外，范文澜、翦伯赞、吕振羽、侯外庐等人，在这方面都做出了贡献，也证明了这一点。

五 怎样进行考证

（一）要敢疑、善疑。史料考证如何着手？首先要能发现问题、提出问题，为此，对史料不能盲从，要有怀疑精神。历代从事考证的学者都具有这种精神。早在先秦时期，孟子就说出了“尽信《书》则不如无《书》”的名言，从而提出《尚书·武成》记武王伐纣“血流漂杵”的疑问。南宋郑樵在《诗辨妄》中说：“《诗》《书》可信，然不必字字可信。”他一生对古籍做了大量考证工作，成就显著。清代崔述不迷信前人注疏，在考证古史方面的成就可谓前无古人，他说：“余年三十，始知究心六经，觉传记所载与注疏所释，往往与经互异，然犹未敢决其是非，乃取经传之文，类而辑之，比而察之，久之而后晓然知传记注疏之失。”[①] 古代的学者敢于怀疑古书，故能提出问题，并下功夫钻研，弄清问题，从而提出创见。陈垣说：“考证贵能疑，疑而后能致其思，思而后能得其理。”[②] 概括了考证的全过程，而以贵疑为前提。

敢疑，绝不是毫无根据的乱“疑”，而是科学的发问，所以还要善“疑”。这就需要认真读书，善于思考。

对于古人的考证，亦不可盲目相信，因为古人的考证也难免有误。如齐人伐燕事，据《孟子》记载为齐宣王时事，《史记·六国年表》记载为齐湣王十年事，互相歧异。崔述据《史记》索隐引《竹书纪年》推算，认为《孟子》记载不误。而钱大昕不相信《竹书纪年》对古史研究的价值，武断地认为“燕人

① 崔述：《考信录·提要》卷上。

② 陈垣：《通鉴胡注表微·考证篇》。

之畔，终在湣王时”[1]，还认为《孟子》的记载是经人窜改的，其实并无根据。实际上是《史记》有误，司马迁对“田氏代齐”后的12世只记载了10世，又把桓公在位的年代错为六年，于是威王、宣王的年代上移22年，从而致误。所以，我们不要迷信古人，也不要迷信名人，任何时候都要独立思考。

（二）尽力搜集完备的资料以互相参证。考证，要根据资料反复研究，才能做出结论，故必须重视材料的占有。考证某一问题，必须把有关这一问题的资料全部搜集到手，做到不漏一条。陈垣在撰《元也里可温教考》前，把《元史》中有关“也里可温”的资料全部录出，经过研究后，又参考其他有关书籍，才动手撰写。

材料搜集不齐全，得出的结论可能靠不住。如梁启超在《中国历史研究法》中，考证玄奘西行不在唐贞观三年，而应在贞观元年。其主要理由是玄奘出行的第二年路经西突厥，见到国王叶护可汗，而《新唐书·薛延陀传》载：“贞观二年突厥可汗见弑。”陈垣据《通典》《册府元龟》所载，指出贞观元年被杀的是统叶护，而玄奘所见的是其子肆叶护，故玄奘在贞观三年出行不误。梁启超考证的结论所以有误，正是因为他依据的材料不全，知其一而不知其二。

古人把考证的途径概括为“参伍错综”，意思就是用众多的资料参互稽考，也就是说，考证过程分为“参伍”“错”“综”三个互相连贯的步骤。“参伍”是资料的排比，目的在会通这些资料，其方法简易而疏略；“错综”是比较鉴别与综合条理，其目的在于穷考证之“理”，其方法较为复杂而严密。白寿彝在他主编的《史学概论》中指出：“考证，又称考据。它的具体途径一般是广集资料，鉴别真伪，究明正诂，分类归纳，以求得对正确解释历史问题的史料依据。”这是对“参伍错综”的进一步具体化。

搜求材料还要尽可能地找到第一手材料，甲骨文、金文等考古史料尤为重要。王国维写《殷卜辞中所见先公先王考》，就是首先在甲骨文中发现了王亥的名字，并从《山海经》《竹书纪年》《世本》《楚辞·天问》《吕氏春秋》《汉书·古今人表》等史料中找到有关材料，考证出殷的先公先王，纠正了《史记》的错误。可见，第一手材料的利用，能使考证的结论更加科学。清代学者不知道利用考古资料或没有考古学的发现作资料，所以只局限在文献上，以文献考证文献，这对有史以后的史料考证可以解决一些问题，但对史前史料的考证，则只能留下疑问。

---

① 钱大昕：《十驾斋养新录》卷3。

（三）实事求是，力戒片面。考证的实质，是主张言必有据，实事求是。在这点上，它和唯物史观的基本原则是一致的。因此，考证工作应在唯物史观的指导下进行。

马克思主义考订历史记事，不是从个人的兴趣出发，而是从无产阶级的革命利益出发。它要求考察清楚历史的真相，从而实事求是地总结历史规律，实事求是地总结历史教训。因此，必须把剥削阶级污蔑和歪曲人民革命的记事考订清楚，必须把剥削阶级吹嘘或掩饰罪恶的记事考订清楚，必须把对研究历史发展规律有关的记事考订清楚。不隐恶，不溢美，实事求是，去伪存真，寻找出合乎实际的记事，这应是考证的出发点。

新中国成立以来，我国学术界在对待考据方法的问题上，有过两种偏向：50年代，由于批判胡适实用主义的史学方法，有的人对传统考据学产生了片面认识，夸大了考据方法的缺陷，甚至斥之为形而上学唯心史观，以至完全否定；“文化大革命”以后，又有一些人片面、消极地总结过去的经验教训，对唯物史观产生了动摇，认为考据最可靠，最有永恒的学术价值，甚至提出“回到乾嘉去”的口号。这两种倾向都是错误的。我们在今后的考证中，必须体现实事求是的学术宗旨，对考证本身也要持实事求是的态度。

有人为了政治上的某种需要，只凭自己主观想象，提出新的观点，哗众取宠，这样的观点最终也是站不住脚的。近代，以康有为为代表的今文经学派，就是只凭想象，不要证据。如康有为《新学伪经考》认为，凡古文经都是刘歆伪造的。这没有什么根据，虽在政治上发挥了一点作用，但在学术上相信这一观点的人已经很少了。

马克思主义对待考证的态度是，要老老实实从材料中引出结论，反对歪曲材料以迁就自己的结论。因此，在考证工作中，我们必须尊重事实，而不凭个人好恶；要追求真理，而不追求奇闻异说；要实事求是，不能凭主观想象；要谨慎小心，不能草率从事。

第五章　古代史料的注释和今译

第一节　古代史料的注释

一　注释对于理解史料的意义

史料经辨伪、考证，其价值和可靠性得到确定以后，还有个如何解释的问题。一段史料，在解释上可能存在很大的分歧，这样使用时，也会得出不同的结论。因此，史料的解释也很重要。对史料解释不当，得出的结论也必然错误。

古代典籍流传到现在，或因语言文字的变化，或因记载简略、含义隐晦，我们阅读时，常会感到费解，这就需要注释。特别是有些古书，如《尚书》，文字古奥，如不注释，根本无法读懂，更不用说理解其含义了。清代学者陈澧说："盖时有古今，犹地有东西，有南北。相隔远，则言语不通矣。地远则有翻译，时远则有训诂。有翻译则能使别国如乡邻，有训诂则能使古今如旦莫。"① 这个比喻很恰当，今天我们阅读古书，就必须依赖古人的注释，才能将古代的语言文字，读成今日的语言文字。我们研究古代史，明训诂也是前提之一。

二　训诂与传注

注释，古人称之为"训诂"或"诂训"。最初单称"诂"，字亦作"故"，或单称"训"。汉代以后，才合称"训诂"，亦曰"诂训"。历代学者对"训诂"二字做过许多解释：

许慎《说文解字·言部》："训，说教也。""诂，训故言也。"段玉裁注："训故言者，说释故言以教人，是之谓诂。分之则如《尔雅》析'诂'、'训'、'言'为三，三而实一也。汉人传注多称'故'者，'故'即诂也。《毛诗》云'故训传'者，故训犹故言也，谓取故言为传也。取故言为传，是亦诂也。贾

① 陈澧：《东塾读书记》卷11。

谊为《左氏传训故》，训故者，顺释其故言也。”

张楫《杂字》：“诂者，古今之异言；训者，谓字有意义也。”①

郭璞《尔雅注》“释诂”条：“此所以释古今之异言，通方俗之殊语。”

孔颖达《毛诗·周南·关雎诂训传疏》：“诂者，古也，古今异言，通之使人知也。训者，道也，道物之貌以告人也。……故《尔雅·序篇》云：‘《释诂》《释言》通古今之字，古与今异言也。《释训》言形貌也。’然则诂训者，通古今之异辞，辨物之形貌，则解释之义尽归于此。”

马瑞辰《毛诗传笺通释》：“盖诂训本为故言，由今通古皆曰故训，亦曰训诂。而单词则为诂，重语则为训。诂，第就其字之义旨而证明之；训，则兼其言之比兴而训导之。此诂与训之别也。”

陈奂《诗毛氏传疏》：“毛公《训诂传》，传者，述经之大义；诂训者，所以通名物、象数、假借、转注之用。”

黄侃说：“诂者，故也，即本来之谓；训者，顺也，即引申之谓。训诂者，用语言解释语言之谓。若以此地之语释彼地之语，或以今时之语释昔时之语。”

以上几家的说法大同小异。他们都认为训诂就是解释的别名，也就是“以语言解释语言”。

训诂书有两类：一是字典、词典式的“字汇”，如《尔雅》《广雅》《说文》《玉篇》《广韵》等；另一类是传注式的，即专为某一书作注，如《毛诗诂训传》等。

传注与训诂书的共同点是两者皆搜集和保存故训；其不同点是，训诂书训释对象不限于某一书，而传注则以一书为主，随文释义，还“离章断句”，就文义略加串讲。实际上，把传注书中的一些解释集合起来就成了字典式的训诂书。

三　古书注释的源流

我国古书之有注释，当起源于战国时代。

春秋末，孔子以《诗》《书》等为教材，教时必有训释。开始是“口耳相传”，后渐有人“著之竹帛”。东汉徐防说：“《诗》《书》《礼》《乐》，定自仲尼；发明章句，始于子夏。”②《易传》《丧服传》，虽未必即出于子夏之手，但认为孔门后学已有训诂，是有道理的。此外，《国语·周语》载单襄公言“吾

① 陆德明：《尔雅音义·释诂》。

② 《后汉书·徐防传》。

闻之《大誓故》"，《荀子·大略》言及《国风》之《传》，《史记·伯夷列传》"佚诗传"，《孔子世家》称"孔子序书传"，则是春秋前后已有传注之证。

西汉中后期，传注发展起来。对"经"的解释称"传"，如解释《春秋》的《公羊传》，相传是战国时人公羊高口述，至汉景帝时由其玄孙公羊寿和其弟子胡毋子都写定成书。《公羊传》对《春秋》的解释，与在战国时期形成的《左传》不同，它不是以补充史料为目的，而是解释词句，阐发所谓的"微言大义"，注重对《春秋》书法的说明，这应该说是最早的注释，尽管其体例在很大程度上并不同于后世的注释。

汉代中期以后，儒家著作被尊为经，成为儒家学者必读的经典，汉武帝立五经博士，招收弟子员，解释经典成为时代的需要，于是有人专门为经作注，出现了一批传注之书。解释《诗经》的，如毛亨《故训传》。

西汉时，今文经学居统治地位，今文经学者们注重义理的发挥。东汉时，古文经地位有了提高，古文经学者们注重文字考证与训诂。著名学者马融注《孝经》《论语》《诗》《易》《三礼》《尚书》等，又注《列女传》《老子》《淮南子》《离骚》，还著有《三传异同说》。此外，卫宏治《毛诗》、古文《尚书》，贾逵治古文《尚书》《左传》，许慎著《说文解字》《五经异议》。古文经学家们的注释、研究成果，促进了注解的发展。东汉经学家郑玄遍注群经，对《周易》《尚书》《毛诗》《周礼》《仪礼》《礼记》《论语》《孝经》等都做了注释。郑玄注经，以古文经为主，兼采今文经；既校勘，又释义，以今古文互校，释义亦博采众说，择善而从，成为汉代经学的集大成者。

东汉学者还对经之外的古籍做了注释，如《国语》有郑众、贾逵注本，《战国策》《淮南子》《吕氏春秋》等有高诱注本。

汉代，除传、注以外，还有故、训、说、记、笺、解诂、章句等体例。故，亦作诂，即以今言释古言，《汉书·艺文志》著录三家诗说，有《鲁故》《齐后氏故》《齐孙氏诂》《韩故》，均佚。训，是用通俗的词语去解释难懂的词语，如东汉高诱注《淮南子》，每篇题之下加一"训"字。说，是解释的意思，《汉书·艺文志》著录，《诗》有《鲁说》《韩说》等。记，意为疏记，其功用近似传、说，《礼记》是七十子后学者解说《礼》的文字。笺，是对传的补充和订正，如郑玄在《毛诗故训传》的基础上作笺，"宗毛为主"，又加以补充发挥。解诂，解有解释、分析之义，始于先秦，如《管子》有《牧民解》。后人沿用，或曰"解谊"，如东汉服虔《春秋左传解谊》；或曰"解诂"，如东汉何休《春秋公羊传解诂》。章句，解释词义兼串讲文句大意，如王逸《楚辞章句》、赵岐《孟子章句》等。

魏晋时期，突破了传注的一家之言，出现了荟萃众说的“集解”体例，如魏何晏《论语集解》，西晋杜预《春秋经传集解》，东晋范宁《春秋穀梁传集解》等。集解总汇各家注释进行解说，开后世集注、集释、集说之先河。

南北朝时期，又出现一种新的注解体例，这就是“义疏”。当时，人们不仅觉得原有古书难以理解，即使对汉人的传注也感到需要加以解说方才明白，于是对原先的注再作解释，同时还直接对经、传的正文作解释，而且讲得很详细，被称为“疏”，或称“讲疏”“义疏”“述义”等。《周易》《尚书》《诗经》《左传》《礼记》等都有义疏，保存下来的只有皇侃的《论语义疏》。到清代，有陈立的《公羊义疏》，郝懿行的《尔雅义疏》等。到唐代，又出现了“正义”，这就是贞观年间唐太宗令孔颖达、颜师古等人撰写的《五经正义》。“正义”，是正前人之疏义，奉诏改裁，定名曰正，是官修，它只许采一家的注释，有“疏不破注”之说，如《周易》用王弼注，《尚书》用孔安国传，《诗经》用毛亨传、郑玄笺，《左传》用杜预注，《礼记》用郑玄注。后来加上唐、宋人对其他经、传所作的新疏，合成今天所看到的《十三经注疏》。

魏晋至隋唐时期，受经传注疏之学的影响，对子部、史部中比较著名的书也先后有人作了注释。如三国吴韦昭注《国语》，梁刘孝标注《世说新语》，北魏郦道元注《水经》，刘宋裴骃和唐司马贞、张守节注《史记》，唐颜师古注《汉书》，唐李贤注《后汉书》，刘宋裴松之注《三国志》等，均为重要的有影响的名注。其中，裴松之《三国志注》、刘孝标《世说新语注》、郦道元《水经注》别具特色，都是汇集有关史料给正文作补注，而对正文本身很少作一般的解释，开注释的新例。北魏杨衒之的《洛阳伽蓝记》实际上也采用这种办法，不过是自撰正文又自作注而已。这种汇集史料作注叫“合本子注”，受这种注的影响，给诗文作注也往往广搜所用故实的出处，引用大量有关古籍，而不仅对名物训诂作一般的解释，这就是唐李善给《文选》作的注。

汉唐人注书，一般着重于训释字句、加注读音方面，而宋代学者常是利用注释来阐发自己的政治、哲学观点，敢于怀疑，不信守旧注，为其特色。其中以朱熹为代表，对后世影响最大。朱熹所撰的《周易本义》《诗集传》《论语集注》《孟子集注》及《楚辞集注》等注本，颇能吸收汉唐人诠释字句之长，简明通俗。这期间有名的史注是宋末元初胡三省的《资治通鉴音注》，除对难字随文逐一注明音义外，还对《通鉴》进行了校勘、考证、补文、辨误和评论，价值很高，反映了史注的发展。此外，南宋还有姚宏、鲍彪分别对《战国策》的续注和新注，元代吴师道对《战国策》的校注。

清代学者对几乎所有的儒家经典都作了新注，由于他们对文字、音韵、训诂有比较深入的研究，故其注释风格有较大变化，他们注意用这方面的新成果去注释群经，材料丰富，详尽可靠，解决了经书中不少长期悬而未决的疑难问题。

清代学者对史书及其他古籍也广加注释，且往往与校勘、考证同时进行，成就远远超过前人。他们对一书的注本往往达十几家或几十家，为历代所罕见。在对各种不同体裁史著的注释中，以正史的注释为最多，在正史中又以前四史为最多。清代学者还对先秦古史，如《国语》《左传》《战国策》《竹书纪年》《逸周书》《世本》《山海经》等作了大量的注释。

清代乾嘉时期，学者以复兴“汉学”相标榜，对包括训诂在内的传统学术文化进行大规模的清理和总结。当时有吴派、皖派之分：吴派以惠栋为代表，其训诂言必有据，凡汉必真，过分拘泥于古训；皖派以戴震为代表，“综形名，任裁断”，与其后学王念孙、段玉裁、俞樾等人，在综合字形、字音、字义的基础上，得其条贯，往往能纠正旧注，发明新义。他们一方面研究汉代学者的注释，广集古训，归纳出训诂法则和条例，另一方面又研究《尔雅》《说文》《广雅》等训诂专书，提炼训诂学理论，为近代训诂学成为独立的专门学科奠定了基础。

近代学者在清代训诂研究的基础上，又丰富和发展了训诂学的理论和方法，使之更加科学化，从而使之由附属经典的随文释义发展成为有系统理论、有明确研究范围和方向的独立学科。于是，传统的小学分成了既有分工又有联系的文字学、音韵学和训诂学。

第二节　古传注的利用

我们阅读古代史料，往往因时代距离远而读不通，必须借助古传注。

古传注的内容，主要有注音、释义、讲述语法修辞和分析句读篇章等。其作用不外两个方面，一是可帮助我们读懂古书，二是可以研究语言的变化。从史料学的角度来看，古传注的功用主要是：借助传注阅读古代史料，某些传注本身可提供有价值的史料。

一　利用古传注阅读古代史料

在阅读古代史料时，我们可利用古传注解决以下问题：

（一）解决古代史料中的生僻字、难字、特殊读音的字、多音字的读音问题，以及字的通假问题。如《史记·五帝本纪》：“轩辕乃修德振兵，治五气，艺五种，抚万民，度四方，教熊罴貔貅貙虎，以与炎帝战于阪泉之野。”《史记正义》对其中的生僻字或难字都注了音：“熊音雄。罴音碑。貔音毗。貅音休。貙音丑于反。”又如《汉书·高帝纪》有“郦食其”这一人名，读音特殊，颜师古注《汉书》引服虔注曰：“郦食其，音历异基。”借助这些古传注中的注音，我们就可知道一些不认识的字或容易读错的字的读音。多音字也是多义字，往往注明读音，字义自明。如《史记·秦始皇本纪》：“麃公将卒攻卷。”《史记正义》注：“将，子匠反。”可知，此处“将”的读音，其义，是率领的意思。古书中通假字甚多，不明通假，也难读懂古书。古传注常以注音释通假，指出某字应按借字来读，并按借字的意思去理解。如《汉书·司马迁传》：“或有抵梧。”如淳注：“梧，读曰迕，相触迕也。”

古人注音的方法，有读若法、直音法和反切法。读若法是用相近的字注音，直音法是用同音字注音，反切法是用二字给一字注音，即取反切上字的声母和反切下字的韵母及声调，拼合成一个新字的音。反切法比较先进，但由于古今语音的变化，古人用反切法所注的字音，我们按今音来反切，往往读不准，还需研究古音的变化，使用不方便，但我们只要翻一下新修订的《辞源》就解决了。

（二）解决古代史料中的词义以及内容方面的一些问题。

古传注不仅注音，更重要的还在于释义。释义包括解释字义、词义，诠解成语典故，串讲文意，说明章旨，叙事考史，讲述天文地理，讲解典章制度以及发凡起例，评论是非得失等，利用古传注可解决一些古史料阅读中容易误解或难以理解的问题。

解释词义，或以今语释古语，如《国语·周语上》：“吾能弭谤矣。”韦昭注：“弭，止也。”或以通语释方言，如《史记·陈涉世家》：“夥颐，涉之为王沉沉者。”《索隐》引服虔注曰：“楚人谓多为夥。”对于较长难解的句子，有时也将上下句联系起来解释，如《史记·孔子世家》：“昭王将以书社地七百里封孔子。”《集解》引服虔注曰：“书，籍也。”《索隐》又解释说：“古者二十五家为里，里则各立社，则书社者，书其社之人名于籍。盖以七百里书社之人封孔子也，故下冉求云：‘虽累千社而夫子不利’是也。”还有几句的串解，如《诗经·魏风·硕鼠》：“三岁贯女，莫我肯顾。”郑玄笺：“我事女三岁矣，曾无教令恩德来顾眷我。”还有通释全章大意，如《孟子章句》每章之后都有“章旨”，“章旨”是通释全章正文的大意。《孟子·梁惠王上》“寡人之于国也”章后的章旨言：“王化之本，在于使民养生送死之用备足，然后导之以礼义；责已矜穷，则斯民集矣。”这种注释可使我们了解全章的大意。唐代以后为经作的疏，对经文和注文都作了极为详细的串解，为阅读古籍提供了方便。

此外，古传注还将有关的典章制度、天文地理以及典故等加以注释，便于我们了解古书的内容。如《史记·秦始皇本纪》有“御史大夫”这一官名，裴骃《集解》引《汉书·百官公卿表》曰：“御史大夫，秦官。”又引应劭注曰：“侍御史之率，故称大夫也。”这是对官制的解释。同一篇中又有“地东至海暨朝鲜，西至临洮、羌中”句，张守节《正义》曰：“海谓渤海南至扬、苏、台等州之东海也。暨，及也。东北朝鲜国。《括地志》云：‘高丽治平壤城，本汉乐浪郡王险城，即古朝鲜也。’”又引《括地志》注临洮、羌中云：“临洮郡即今洮州，亦古西羌之地，在京西千五百五十一里。羌中，从临洮西南芳州扶松府以西，并古诸羌地也。”这是对地理的解释。又同篇中有秦始皇销毁天下兵器铸“金人十二”，旧注对此详加解释。司马贞《索隐》曰：“按：二十六年，有长人见于临洮，故销兵器，铸而象之。谢承《后汉书》：‘铜人，翁仲，翁仲其名也。’《三辅旧事》：‘铜人十二，各重二十四万斤。汉代在长乐宫门前。’董卓坏其十为钱，余二犹在。石季龙徙之邺，苻坚又徙长安而销之也。”张守节《正义》曰：“《汉书·五行志》云：‘二十六年，有大人长五丈，足履六尺，皆夷狄服，凡十二人，见于临洮，故销兵器，铸而象之。’谢承《后汉书》云：‘铜人，翁仲其名也。’《三辅旧事》云：‘聚天下兵器，铸铜人十二，各重二十四万斤。汉世在长乐宫门。’《魏志·董卓传》云：‘椎破铜人十及钟鐻，以铸小钱。’《关中记》云：‘董卓坏铜人，余二枚，徙清门里。魏明帝欲将诣洛，载到霸城，重不可致。后石季龙徙之邺，苻坚又徙入长安而销之。’《英雄记》云：‘昔大人见临洮而铜人铸，至董卓而铜人毁也。’”把秦始皇铸金人的原因及金人的下落解释得极为详细。

（三）解决古代史料阅读中遇到的语法和某些句读问题。

古传注除注音、释义之外，还讲述语法修辞和分析句读，利用这些内容也可解决阅读中的一些问题。汉代学者在注释中已有阐述语法和说明修辞手段的内容，此后更为常见，并纠正前人之误。阐述语法的，如《诗经·大雅·文王》：“思皇多士。”《传》：“思，辞也。”《笺》：“思，愿也。”《正义》：“思，语辞，不为义。……（笺）以思之为辞，止于句末，今句首言之，不宜为辞，故易传。”这是阐述虚词用法的。还有阐述句法的，如《诗经·周南·汝坟》：“既见君子，不我遐弃。”《正义》：“不我遐弃者，犹云不遐弃我也。古人之语多倒，诗之此类众矣。”说明修辞手段的，如《诗·小雅·鹤鸣》：“鹤鸣于九皋，声闻于野。”“它山之石，可以为错。”《毛传》：“兴也。皋，泽也。言身隐而名显也。”“错，石也，可以琢玉。举贤用滞，则可以治国。”“兴”是诗的

“六义”之一，即先言他物以引起所咏之物的修辞手段，《毛诗故训传》中凡言“兴也”的地方，都是说明修辞手段的。这首诗中，诗人用“鹤鸣于九皋，声闻于野”来比喻贤人隐居荒野，他的名气仍然传闻到很远的地方去。又用“它山之石，可以为错”来比喻任用贤者和那些沉沦下层的才士可以治好国家。毛亨解释诗人运用的修辞手段，可加深对诗意的理解。

句读对不对，具体地体现了对词义、语法、表达方法和语言情态理解得确切与否。因此，古代注释中把分析句读作为一个内容，而且各家注释往往展开辩论。如《周礼·天官·宫正》：“春秋以木铎脩火禁，凡邦之事蹕宫中庙中则执烛。”郑众注《周礼》，从“脩火”后、“事蹕”后断句，认为宫正的职责是三项。郑玄注《周礼》，驳斥了郑众句读的谬误，云：“郑司农读火绝之，云‘禁凡邦之事蹕’。”认为应从“火禁”后断句，宫正的职责是两项。考之《周礼》，王外出，由宿卫掌蹕事，王在宫庙，则由阍人蹕宫门庙门，故郑众句读是错误的。又如《左传·僖公二十五年》：“昔赵衰以壶飧从径，馁而弗食。”杜预注：“言其廉且仁，不忘君也。径，犹行也。”陆德明《经典释文》：“一读‘以壶飧从’绝句，读‘径’为‘经’，连下句。”孔颖达作疏指出，改“径”为“经”是“辄改其字以规杜氏，非也”。这些分析句读的内容，对我们今天阅读古籍时辨明句读，把标点搞正确，很有参考价值。

二　从古传注中发掘古代史料

古传注有用记事的方法作注的，如《尚书大传》《韩诗外传》等。至于《左传》，更是以详细而具体的叙事，说明了《春秋》记载的内容，桓谭叹曰：“左氏传之与经，犹衣之表里相持而成，经而无传，使圣人闭目思之，十年不能知也。”[①]《公羊传》《穀梁传》是较早产生的释经的传，二书虽主要是阐明《春秋》的“微言大义”，但也有一些记事。如《公羊传·宣公十五年》记宋楚战争中的故事，有些内容为《左传》所无。《穀梁传·僖公十年》记晋国骊姬之乱也较具体。这些古传注的史料价值是不言而喻的。

在那些以释词义为主的故训中，也有偶然夹叙一些故事的，请看下面二例：

《诗经·邶风·二子乘舟》：“二子乘舟，泛泛其景。”毛传：“二子，伋、寿也。宣公为伋取于齐女而美，公夺之，生寿及朔。朔与其母愬伋于公，公令伋之齐，使贼先待于隘而杀之。寿知之，以告伋，使去之。伋曰：‘君命也，

① 桓谭：《新论·正经》。

不可以逃。’寿窃其节而先往，贼杀之。伋至，曰：‘君命杀我，寿有何罪?’贼又杀之。国人伤其涉危遂往，如乘舟而无所薄，泛泛然迅疾而不碍也。”

《诗经·小雅·巷伯》：“哆兮侈兮，成是南箕。”《毛传》：“南箕，星也。侈之言是必有因也。斯人自谓辟嫌之不审也。昔者，颜叔子独处于室，邻之嫠妇又独处于室。夜，暴风雨至而室坏，妇人趋而至，颜叔子纳之，而使执烛，放乎旦而蒸尽，摍屋而继之，自以为辟嫌之不审矣。若其审者，宜若鲁人然。鲁人有男子独处于室，邻之嫠妇又独处于室。夜，暴风雨至而室坏，妇人趋而托之，男子闭户而不纳。妇人自牖与之言曰：‘子何为不纳我乎?’男子曰：‘吾闻之也，男子不六十不闲居。今子幼，吾亦幼，不可以纳子。’妇人曰：‘子何不若柳下惠然，妪不逮门之女，国人不称其乱。’男子曰：‘柳下惠固可，吾固不可。吾将以吾不可，学柳下惠之可。’孔子曰，‘欲学柳下惠者，未有似于是也。’”

这两段注解中，记述了两个故事，不仅可帮助我们了解原文内容，也为我们提供了古代的史料。这种记事在古传注中虽然不多，但只要仔细梳理，也可以发掘出不少古代史料。

有些史书记事不够详细，作注者补充大量史实，这样的注，史料价值极高，最著名的则是裴松之的《三国志注》。裴松之在《上三国志注表》中说：“臣奉旨寻详，务在周悉。上搜旧闻，旁摭遗逸。按三国虽历年不远，而事关汉晋。首尾所涉，出入百载。注记纷错，每多舛互。其寿所不载，事宜存录者，则罔不毕取以补其阙。或同说一事而辞有乖杂，或出事本异，疑不能判，并皆抄内以备异闻。若乃纰缪显然，言不附理，则随违矫正以惩其妄。其时事当否及寿之小失，颇以愚意有所论辩。”可知裴注的主要内容是补阙、备异、矫妄、论辩。以“补阙”来说，就是《三国志》简略不详之处，裴注则补其阙遗，详其疏略。如曹操在许昌屯田事，在《三国志·魏书·武帝纪》和《任峻传》中分别仅用十几字和几十字加以记载，裴注则分别补入 147 字和 182 字，说明了屯田的原因、目的、措施和效果。又如在《武帝纪》中补入曹操的《让县自明本志令》，对了解曹操 50 岁以前的生平、思想很有价值。据统计，裴注引书达 210 种，这些著作在唐、宋以后已十不存一了，保存了大量三国时期的史料，史料价值很高。

采用《三国志注》体例的史注，还有南朝梁刘孝标的《世说新语注》、北魏郦道元的《水经注》。刘注征引浩博，史料繁富，据统计，引书达 400 余种，这些书今天又多不存，故刘注价值极高。郦注为十分简略的《水经》补充了大量内容，将原书记述的 137 条水道补充为 1252 条，注文 20 倍于原书，详细记述了各条水道所经过的山陵、郡县、城市、关津、名胜、祠庙、冢墓的地理情况、建置沿革及有关历史事件、人物、故事、歌谣以至神话传说。引书达437种，还博采汉、魏时期的碑刻，有较高的史料价值。

三 尊重故训，不迷信旧解

对待古书注解的态度，首先是要尊重。因为给古书作注并非易事，古代学者对此下了很大的功夫，甚至为注一部书穷毕生之精力，对前人的学术成果是应该尊重的。由于古代学者所处的时代，距古书作者的时代较近，所以其见闻比较真实，对词义的了解比较清楚，其注释也往往比较正确和可信。如汉朝人距先秦时间较近，先秦人所用的字音、字义，在汉时有的还未变，有的即使有变化，汉朝人还可以从他们的老师或先辈那里获知。魏晋南北朝对汉朝来说，唐宋对魏晋南北朝来说，也是如此。如《左传·僖公三年》："楚人伐郑，郑伯欲成。孔叔不可，曰：'齐方勤我，弃德不祥。'"这里的"祥"字不能按今天之义解释为"吉祥"，杜预据《尔雅》释为"善"，通顺明白。这里的"勤"义为"劳"，"劳"有施受两方面的含义，亦未易明，据韦昭《国语·晋语》注："勤，助我也。"其含义就明白了。

对古人注解，还必须认真钻研，才能读懂。因为古人注书，以词释词，又难免过简而表述不明，非下功夫不能明白。一般说来，应先看汉人的注，弄不明白再看唐人的疏，还不明白再寻究清人新疏。如《诗经·周南·关雎》："参差荇菜，左右流之。"《毛传》："流，求也。"义不甚明。清马瑞辰《毛诗传笺通释》曰："按'流'通作'摎'，《广雅》：'摎，捋也。''捋'谓捋取之也。"这样钻研古注，就弄明白了。

尊重故训，但亦不可迷信。古人注解有时因语简而义不明，前面已经提到。此外，也有古人因种种原因而注错了的，清代学者在这方面做了大量考订工作。如《诗经·郑风·将仲子》："将仲子兮，无逾我里。"《毛传》："里，居也。二十五家为里。"孔颖达《正义》："谓勿逾越我里居之垣墙。"俞樾《群经评议》卷8："二十五家之里不可逾越，故《正义》加'垣墙'以成其义，然非经旨也。《文选·幽通赋》：'里上仁之所庐。'曹大家注曰：'里、庐皆居处名也。'是里为居处之名，与庐同义。《汉书·食货志》云：'在野曰庐，在邑曰里'，是其义也。无逾我里，犹云无逾我庐，其义已足。又申之曰：'二十五家为里'，则转失之。"又如《左传·僖公五年》："辅车相依，唇亡齿寒。"服虔注："辅，上颔车也，与牙相依。"杜预注："辅，颊辅；车，牙车。"照此解释，"车"与"齿"为一物，不得分为两句。王念孙认为："'唇亡齿寒'，取诸身以为喻；‘辅车相依’，则取诸车以为喻。”根据是：《诗·小雅·正月》：“其车既载，乃弃尔辅。”《正义》：“谓如今人缚杖于辐，以防辅车也。”是“辅”即缚于“辐”旁之“杖”。《吕氏春秋·权勋》：“虞之于虢，若车之有辅也。”尤为明证。

上述例子说明，古传注中难免有误，清代学者经过研究，把它订正过来了，这种订正是根据其他古书中的故训，有根有据，令人信服。但清人的注释亦不可迷信，还要善于在前人成果的基础上发现问题，提出新解。新解也必须以故训为依据，决不可望文生训，随心所欲，故意标新立异，那是站不住脚的。

近、现代学者所作的一些新注、新疏和读书札记，吸收前人成果并有精到之见，应注意利用。

第三节　古代史料的今译

古代的文献史料，是用文言写成的，由于时代离我们远，语言文字的变化，很难读懂。即使加了标点，作了注释，也还不一定读懂，这就需要翻译，即把古代用文言写成的书面语言译成现代汉语。

一　前人对古代文献的翻译

古代学者在使用前代文献的材料时，往往译成当代人明白的语言。西汉司马迁写《史记》时，采用《尚书》很多资料：《五帝本纪》全载《尧典》；《夏本纪》全载《禹贡》《皋陶谟》《甘誓》等；《殷本纪》《宋世家》全载《汤誓》《洪范》《高宗肜日》《西伯戡黎》等，还有《微子》《盘庚》的内容；《周本纪》《鲁世家》全载《牧誓》《金縢》，还有《无逸》《吕刑》《费誓》《多士》《顾命》等篇的内容；《燕世家》《卫世家》《秦本纪》也都采用了《尚书》的内容。《尚书》是先秦古文，佶屈聱牙，司马迁采用其中的史料时，不是原文照抄，而是运用了“以训诂代经文”的原则，进行了翻译。如《尧典》有“钦若昊天”，《史记·五帝本纪》采用时改作“敬顺昊天”，把“钦”译作“敬”，把“若”译作“顺”，这是用同义的字代替。又如《尧典》有“瞽子”，《五帝本纪》译作“盲者子”，这是用通行常见的文字代替书面语言。就这样，他把先秦极为难懂的古书译成了汉代通行的语言文字，为我们提供了对历史文献进行翻译的较早范例。

此后，随着佛教传入中国，学者们对印度佛经做了大量的翻译工作，尤以唐代玄奘贡献最大。明清以来，学者还对西方输入的科学书籍进行了大规模的翻译，尤以近代严复译书最多、影响最大。因这些不是古文翻译，就不详述了。

把古文译成白话文的工作，始于清末民初，某些书商曾出版过《四书》《古文观止》的白话译本，但质量不高。近代以来，一些专家也做过古籍的今译，如顾颉刚译过《尚书·盘庚》等篇，有很高的学术水平。新中国成立以后，出版了不少古籍的选译本、节译本，特别是改革开放以来，古籍的注译本出版得更多，较有影响的如杨伯峻《论语译注》《孟子译注》，沈玉成《左传译文》等。根据国务院古籍整理出版规划小组的规划，将有成批的古籍注译本问世。

二　古文今译的要求

近代著名翻译家严复曾提出翻译必须做到“信”“达”“雅”。这一要求虽然是针对外语翻译讲的，但也同样适用于古文的翻译。

“信”，就是要求译文真实准确，忠于原作，不能随意发挥。例如：“是故为川者决之使导，为民者宣之使言。”① 可译为：“因此治水的人要疏浚河道使水畅通，治理人民的人要开导人民让他们说话。”这就比较准确，忠实于原文。又如：“夸父与日逐走。”② 有人译为：“在远古时代，我国有一个英雄好汉，名叫夸父，他敢于跟那炎热如火的太阳赛跑。”这样翻译，就是随意发挥，脱离了原文，实际是改写了。

“达”，就是要求译文明白通畅，文从字顺，符合语法。例如：“每自比于管仲、乐毅，时人莫之许也。”③ 应译为：“往往拿自己和管仲、乐毅相比，当时的人没有谁赞成这种看法。”“时人莫之许也”，是古汉语的否定句。在古汉语的否定句中，如果否定词是“不”“毋”“未”“莫”，那么，代词宾语总是放在动词之前。这和现代汉语语法不同。因此，在把这个句子译成现代汉语时，要符合现代汉语语法。又如：“今亡亦死，举大计亦死，等死，死国可乎？”④ 有人译为：“现在逃跑也是死，发动起义也是死，等待死，死国家可以吗？”这样翻译，就不够明白通畅，如将“举大计亦死”译成“发动起义若失败了也是死”，不是就明白了吗？如将“死国可乎”译成“为国而死不是更值得吗”，不

---

① 《国语·周语》。

② 《山海经·海外北经》。

③ 《三国志·蜀书·诸葛亮传》。

④ 《史记·陈涉世家》。

是就通畅了吗？再说，译文还把“等死”译错了。“等死”的“等”是“等同”“同样”的意思，不能理解为“等待”。

“雅”，就是要求译文生动典雅，能表现出原作的思想感情和艺术风格。例如：“苟全性命于乱世，不求闻达于诸侯。”① 有人译作：“只求在乱世里苟全性命，不想在诸侯中显身扬名。”这样翻译，既准确明白，又工整精炼，有一定的文采。

三者之中，“信”是基础，即首先要准确；而要做到翻译准确，就必须做到对原文理解正确。为此，就要熟读原文，全面领会原文的意思。只有彻底弄清原文的字、词、句和文章的内容，以及作者的思想感情、写作层次和步骤，才能做到准确的翻译。没有标点的要先标点，没有注释的要先注释，在此基础上再进行翻译。如果原文没有读懂，或者理解错了，那翻译也不可能准确。如《荀子·修身》：“则千里虽远，亦或迟或速，或先或后，胡为乎其不可以相及也?”有人把这句话中的“或迟或速，或先或后”译成“或者慢，或者快，或者先，或者后”，这显然没有做到“信”，因为“或”在这里是代词，相当于现代汉语的“有的”，并不是“或者”的意思。译文不准确，即使句子再明白、通顺，再富有文采，也是不足取的。应在“信”的基础上求“达”“雅”。

三　古文今译的方法

正确地理解古文原意，用规范的现代汉语译出来，是进行古文今译应具备的首要条件，此外，还要注意一些翻译的方法。今译的方法有直译和意译两种。

（一）直译法。直译，就是按照原文的词序，逐字逐句地对译。现代汉语是从古代汉语发展而来的，虽然有差异，但是遣词造句的方法有很多相同之处，所以在翻译时，常可一句对一句，甚至一字对一字地翻译。例如：“吾不能早用子，今急而求子，是寡人之过也。”② 译作：“我不能早用您，现在国家危急才来求助于您，这是我的过错。”译文和原文的句法结构基本相当，词序基本相同，用词也大致是一对一的关系，可以视为直译。这种译法，可以保持原文用词造句的特点，比较容易反映出原文的语言风格，故直译是一种最常用的方法。一般说来，能够直译的地方就应尽可能做到直译，明明可以直译的地方，翻译时却在用词造句上做不必要的更动，往往造成译文不准确。如：“愬

---

① 《三国志·蜀书·诸葛亮传》。

② 《左传》僖公三十年。

亲行视士卒，伤病者存恤之，不事威严。”① 有人译作：“李愬在军队中，经常到下面去了解战士们的情况，看见病号和受伤的人，总是对他们亲切慰问，端汤送药，一点架子也没有。”这样译，毫无必要地增加了一些词语，而且还凭想象硬加了“端汤送药”的文字，这就是不忠实于原文。

一般说，古文比较简练，而且常省略一些句子成分，遇到这种情况，可仍旧采取直译法，但要补上原文省略的词语或句子，把原文的意思准确地表达出来，如：“尔何知？中寿，尔墓之木拱矣！”② 译为：“你知道什么？如果你只活到六七十岁，你墓上的树木现在也该长到两手合抱了。”译文增加了一些词语，但能比较准确地表达原意。对于省略的句子成分，有时需加入后译出，有时也可不加，如：

“齐人有冯谖者，贫乏不能自存，〔 〕使人属孟尝君，〔 〕愿寄食门下。孟尝君曰：‘客何好？’〔 〕曰：‘客无好也。’〔 〕曰：‘客何能？’〔 〕曰：‘客无能也。’”③

译文是“齐国有个叫冯谖的人，穷困到无法养活自己，〔他〕使人去要求孟尝君，〔冯谖〕愿意到他的门下做食客。孟尝君说：‘客人爱好什么？’〔这人回答〕说：‘客人没有什么爱好。’〔孟尝君〕又问道：‘客人有什么才能？’〔这人回答〕说：‘客人没有什么才能。’”

上述第一个复句中，承前一分句的主语而省去后两分句的主语，后四句是在叙述对话时，省去了说话的对象。这些省略的部分，翻译时，可根据情况，或译出，或不必译出。

（二）意译法。意译，就是只按照原文的意思而不按原文的语法结构翻译，可以增加原文的词语，也可以调整原文的词序。意译法是在运用直译法不能准确表达原意、译文不符合现代汉语规范的情况下才使用的。如：“夫战，勇气也。”④ 直译为：“作战是勇气。”原文是古汉语的判断句，但主谓语间不能直接构成判断，所以采用直译，无法表达原意。如果采用意译，译成“作战靠的是勇气”，就能把原意表达得准确明白了。

有些古文，句与句之间的逻辑关系常不能明确地表达出来，要靠上下文仔细体会，采用直译，不能把原意表达清楚，这就要用意译，如：

---

① 《资治通鉴·唐纪》。

② 《左传》僖公三十年。

③ 《战国策·齐策》。

④ 《左传》庄公十年。

“及庄公即位，为之请制。公曰：‘制，岩邑也，虢叔死焉，佗邑唯命。’”①

译文一：“到庄公做了国君，替他请求制。庄公说：‘制是险要的地方，虢叔死在那里，其他地方一定听吩咐。’”

译文二：“到庄公做了国君，姜氏替共叔段请求制这个地方。庄公说：‘制是险要的地方，从前虢叔就死在那里，因此不宜给他，其他地方一定听从您的吩咐。’”

译文一采用直译，不符合现代汉语的表达方式，原意没表达清楚，句与句之间的逻辑关系也不明确。译文二用意译，增加了一些词语和句子，解决了问题。

古文今译，要以直译为主，意译为辅。意译不宜多用，只有在直译不能达到目的时才使用。当然，这两种方法不是截然分开的，往往需穿插进行。还要注意以下几个问题：

（一）原文中的专有名词，包括人名、地名、官名、书名、器物名、国号、帝号、年号、日期、度量衡单位等，以及古今意义完全相同的词，只须照抄，不必翻译。如：“陈胜者，阳城人也，字涉。吴广者，阳夏人也，字叔。”② 可译为：“陈胜是阳城人，字涉。吴广是阳夏人，字叔。”又如：“夏四月戊辰，晋侯、宋公、齐国归父、崔夭、秦小子慭次于城濮。”③ 可译作：“夏四月戊辰，晋文公、宋成公、齐国的国归父和崔夭、秦穆公的小儿子慭进驻城濮。”

（二）不能把古代的事物或古人的思想现代化，也不能把古代有关思想意识方面的概念名称译成现代名词。如：“令佩刀巡警，出入帐中。”④ 有人译为：“让他挂着刀巡逻警卫，自由进出司令部。”把“帐中”译成“司令部”过于现代化，也不够准确，不如译成“营帐”。又如：“事智者众则法败，用力者寡则国贫。”⑤ 有人译为：“从事智力活动的人多，法制就要败坏；从事体力劳动的人少，国家就要贫弱。”把“事智者”译成“从事智力活动的人”，把“用力者”译成“从事体力劳动的人”，不妥，现代的“智力活动”和“体力劳动”有特定含义，古代是没有的。如译成“从事智谋活动的人”和“从事耕战的人”，就能准确表达原文的意思。

① 《左传》隐公元年。
② 《史记·陈涉世家》。
③ 《左传》僖公二十八年。
④ 《资治通鉴·唐纪》。
⑤ 《韩非子·五蠹》。

（三）原文中的反动观点，宜照原文译，不必更改。如："仍岁凶荒，人饥为盗，河南尤甚。"① 有人译作："连年灾荒，人民饥饿举行起义，河南道尤其严重。""为盗"是封建统治者对农民起义的诬蔑，在"正史"中是常见的，照原文译为"成为盗贼"正可把作者的反动观点译出，译为"举行起义"，反而与原意不符，还在无意中掩盖了作者的反动立场。

古文句读诚难，古文今译亦非易。译文能否真正体现原作，是检验译者是否真正读懂古书的试金石。有时，我们觉得读懂了一篇古文，但一翻译就发现有的地方并没有真正懂。这也说明，在对古文句读、注释的基础上，有必要再进行今译，以加深对古文的理解。

① 《旧唐书·黄巢传》。

第六章　古代史料的编纂、辑佚和史料文献的补订

第一节　古代史料的编纂

古代学者编撰类书、汇刻丛书，都可以看作是对史料的编纂。近代以来，随着科学的发展，为适应研究的需要，学者们对古代文献史料进行了大量的整理工作，其中包括对史料的分类汇编。在对考古发掘的地下文物资料和新发现的古代文献史料的整理编纂方面，取得了更为显著的成就。

一　对古代文献史料的编纂

为适应高等学校中国古代史教学的需要而选编的参考资料，有翦伯赞、郑天挺主编的《中国通史参考资料（古代部分）》，共八册，1962—1966 年中华书局陆续出版。编者注意系统地选择比较完整的原始资料，注意史料的阶级性、真实性和典型性。对原文不作改动，注明出处。选用资料经标点分段，并有简要说明和注释。同类通史参考资料，还有河南大学历史系教研室编《中国通史资料选辑》二册，河南人民出版社 1953 年版；束世澂编《中国通史参考资料选辑》，新知识出版社 1955 年版，上海人民出版社 1957 年再版。

关于断代史的史料汇编，以明清史为最多。郑天挺主编《明清史资料》，天津人民出版社 1980—1982 年出版；中国社会科学院历史研究所清史研究室编《清史资料》，中华书局自 1980 年起出版；沈龙云编《明清史料汇编》初、二、三、四、五、六集，台北文海出版社 1967—1969 年出版。

古代史料汇编，更多的是按专门史或专题编辑的，而尤以农民战争史方面的史料汇编最多。有纪岩《中国农民革命斗争史资料选编》，河北人民出版社 1975 年版；安作璋《秦汉农民战争史料汇编》，中华书局 1982 年版；张泽咸、朱大渭《魏晋南北朝农民战争史料汇编》，中华书局 1980 年版；王永兴《隋末农民战争史料汇编》，中华书局 1980 年版；张泽咸《唐五代农民战争史料汇编》，中华书局 1979 年版；何竹淇《两宋农民战争史料汇编》，中华书局 1976 年版；杨讷、陈高华《元代农民战争史料汇编》，中华书局 1985 年版；谢国桢

《明代农民起义史料选编》，福建人民出版社 1982 年版；中国人民大学历史系、中国第一历史档案馆合编《清代农民战争史资料选编》，中国人民大学出版社 1984 年版。

上述史料汇编的取材范围，一般是以正史为主，兼及别史、杂史、文集等，唯谢国桢《明代农民起义史料选编》不从正史中取材，而只从笔记野史中搜集资料。

这类农民起义史料汇编还有按专题编辑的，如管劲丞《南通金山农民起义史料》，江苏人民出版社 1956 年版；乔志强《曹顺起义史料汇编》，山西人民出版社 1957 年版；郑天挺《宋景诗起义史料》，中华书局 1954 年版；中国社会科学院历史研究所清史资料室《清中期五省白莲教起义资料》，江苏人民出版社 1981 年版；蒋维明《川湖陕白莲教起义资料辑录》，四川人民出版社 1982 年版。

其他专史或专题史料汇编，如谢国桢《明代社会经济资料选编》，福建人民出版社 1981 年版；中国社会科学院历史研究所编《中国古代社会经济史资料》第一辑，福建人民出版社 1986 年版；林干《匈奴史料汇编》，中华书局 1988 年版；中国人民大学清史研究所、档案系中国政治制度史教研室编《康雍乾时期城乡人民反抗斗争资料》，中华书局 1979 年版；胡昭曦、唐唯目《宋末四川战争史料选编》，四川人民出版社 1984 年版；厦门大学郑成功历史调查研究组《郑成功收复台湾史料选编》（增订本），福建人民出版社 1982 年版；郑鹤声、郑一钧编《郑和下西洋资料汇编》，齐鲁书社 1981—1989 年版。

上述史料汇编都是把古代文献中的同一内容的史料摘录出来，按一定体例编排的，为研究历史，特别是研究专门史或历史专题提供了系统而集中的史料，可节省大量搜集资料的时间和精力。

二　史料编纂的方法和步骤

史料编纂是将同类内容的史料集中起来，按一定体例进行编辑，以供检索和利用，它是历史研究的辅助性工作。

进行史料编纂，首先要确定主题。主题确定之后，就要围绕这一主题搜集史料。搜集史料时，要限定取材范围，是正史之外，兼取别史、杂史、文集等愈广愈好，还是只取笔记野史，不取正史？如张泽咸、朱大渭编《魏晋南北朝农民战争史料汇编》，取材以正史为主，旁及金石、类书、别史、地理、佛道经典、小说、笔记、文集等，而谢国桢《明代社会经济资料选编》，则不收官修史书，只着眼于明清的野史笔记及地方志乘、诗文集、档案等资料。选材还要根据确定的主题，明确时间断限及地域，如胡昭曦、唐唯目《宋末四川战争史料选编》，时间应为宋元之际，地域是在四川境内；又如《郑成功收复台湾史料选编》，其年代上限断自17世纪初年荷兰殖民者侵略东南沿海，下限断至郑成功收复台湾，前后约60年，它以郑成功收复台湾的事迹为中心，附带搜集东南沿海人民反抗荷兰人侵略及郑成功开发台湾的史料。取材还应注意史料的真实性和典型性，不应收录过滥，伪造的史料不应收录。

材料收集齐备，要进行分类整理，按一定体例编辑。要制订凡例，按凡例整编史料。史料应按时间顺序排列，分为专题编辑。如张泽咸编《唐五代农民战争史料汇编》，分唐代、五代时期、十国时期，唐代部分按皇帝在位顺序分若干时代。又如《魏晋南北朝农民战争史料汇编》分为三类：第一类包括汉族农民起义以及汉族和少数民族人民联合起义；第二类是少数民族人民反抗封建统治的战争；第三类包括盗杀太守、奴杀主、亡命抢劫、兵变以及少数带有阶级斗争性质的某些事例。对于史料，还应分段标点，并注明出处、版本。所收史料，应保存原貌，不能随便改变。同一专题的史料，应拟标题。对于难懂的史料，应酌加注释。

史料汇编是为历史研究服务的，除注意内容的完备性、史料的真实性和典型性外，在编排上要注意便于检索和利用，所以标题要简明扼要，编排要系统，必要时可编索引。

第二节　古代史料的辑佚

一　辑佚是搜集、整理史料的重要方法

辑佚，就是将亡佚图书的存于他书的内容抄录出来，重新编辑成书以恢复或部分恢复亡佚图书面貌的方法。在我国古代，由于战乱、自然灾害和人为毁坏等原因，使古籍大量亡佚，但以前有些书征引过一些章节语句，而这些书还留存下来，后人便可将书中征引过的史料搜集整理，这便是辑佚工作。

辑佚古书的工作，一般认为始于宋代。清章学诚说：“昔王应麟以《易》学独传王弼，《尚书》止存《伪孔传》，乃采郑玄《易》注、《书》注之见于群书者，为《郑氏周易注》《郑氏尚书注》。又以四家之《诗》，独《毛传》不亡，乃采三家诗说之见于群书者，为《三家诗考》。嗣后好古之士，踵其成法往往

缀辑逸文，搜罗略遍。"[①] 清末叶德辉认为，宋人从马总《意林》、李善《文选注》、鲍照《舞鹤赋》等书中辑出的《相鹤经》，为辑佚之书的鼻祖。[②]

明代也有学者从事辑佚，但大规模地辑佚古书并取得重大成就的是在清代。清乾隆年间编修《四库全书》，从《永乐大典》中辑出大批佚书，仅著录于《四库全书总目》中的即达385种，4926卷，整理和保存了极其丰富的有重要价值的史料。如李焘《续资治通鉴长编》520卷，李心传《建炎以来系年要录》200卷，薛居正《旧五代史》150卷，郝经《续后汉书》90卷等，均为已经失传的史学名著，它们的辑出，对古代史研究有重要参考价值。此外，还有不少学者以主要精力从事辑佚工作，取得了很大成绩。如汤球辑郑玄逸书9种、刘熙《孟子注》、刘珍等《东观汉纪》、皇甫谧《帝王世纪》、谯周《古史考》，还广搜载籍，辑王隐、虞预、朱凤、何法盛、谢灵运、臧荣绪、萧子云、萧子显、沈约9家《晋书》和陆机、干宝、曹嘉之等9家编年《晋纪》及习凿齿《晋春秋》、孙盛《晋阳秋》、檀道鸾《续晋阳秋》、杜建业《晋春秋》、萧方等《三十国春秋》，又辑崔鸿《十六国春秋》和常璩、王度等所撰偏霸各史。又如马国翰《玉函山房辑佚书》、黄奭《汉学堂丛书》（一名《黄氏逸书考》）、王谟《汉魏遗书钞》，均达数百种，规模宏大，搜集和整理了许多古代佚书中的珍贵史料。一种古书失传，清代往往有多家从事辑佚，并有多种辑佚本问世，如《世本》一书，清代从事辑佚的达10家，出版的有8种。

二　辑佚书的鉴定标准和方法

关于辑佚书的鉴定标准，梁启超在《中国近三百年学术史》中曾提出四条：1. 佚文出自何书必须注明，数书同引，则举其最先者，能确遵此例者优，否者劣。2. 既辑一书，则必求备，所辑佚文多者优，少者劣。3. 既须求备，又须求真，若贪多而误认他书为本书佚文者则劣。4. 原书篇第有可整理者极力整理，求还其书本来面目，杂乱排列者劣。此外，更当视原书价值何如，若寻常一俚书或一伪书，搜辑虽备亦无益。

这里讲的是辑佚书的鉴定标准，也是辑佚工作应遵循的一般原则，是对清代学者辑佚工作的总结，值得我们借鉴。

关于辑佚书的途径和方法，梁启超总结为以下四条：1. 以唐宋间类书为总资料。如虞世南的《北堂书钞》、欧阳询的《艺文类聚》、徐坚的《初学记》、

① 章学诚：《校雠通义·补郑篇》。

② 叶德辉：《书林清话》卷8。

白居易与孔传的《白孔六帖》，以及《太平御览》《册府元龟》《山堂考索》《玉海》等。2. 以汉人子史书及汉人经注为辑周秦古书之资料。如《史记》《汉书》《春秋繁露》等所引诸家说等。3. 以唐人义疏等书为辑汉人经说之资料。如裴松之《三国志注》，唐司马贞、张守节《史记注》等。4. 以各史传注及各古选本各金石刻为辑遗文之资料。古选本如《文选》《文苑英华》等。

当代学者张舜徽在所著《中国文献学》中也提出五个方面：1. 取之唐宋类书，以辑群书；2. 取之子史及汉人笺注，以辑周秦古书；3. 取之唐人义疏，以辑汉魏经师遗说；4. 取之诸史及总集（如《文苑英华》之类），以辑历代遗文；5. 取之《经典释文》及《一切经音义》（以慧琳《音义》为大宗），以辑小学训诂书。

这些讲的虽是辑佚的途径和方法，实际也是辑佚的资料来源。总起来说，辑佚资料来源甚广，大体可概括为以下几种：

（一）类书。类书保存前代史料较多，皆可利用辑佚古书。特别是大型类书，保存佚书资料更多。

（二）史书。从《史记》到《明史》的所有正史，往往收入皇帝的诏令、大臣的奏疏以及其他文、论，其“志”中往往征引古书，可作为辑佚的资料来源。但史书征引古语，往往有所改变，不一定全系原文，辑录时应注意。

（三）总集。如《文选》《玉台新咏》《文苑英华》等，是辑录汉魏六朝、唐人诗文的一个重要来源。

（四）地志。古地志常引用古书中的某些语句、章节；特别是自宋代《太平寰宇记》之后，增设《艺文》一门，可从中辑佚史料。

（五）古书注解。如《三国志注》《世说新语注》《水经注》《文选注》及《史记》三家旧注、《汉书》颜师古注等，都保存了许多佚书资料；《玉篇》《广韵》《一切经音义》保存了较多的古训诂书资料。

（六）杂纂、杂钞。此系摘录古书而成的，如《群书治要》《意林》，保存不少佚书资料；专集某一类材料的书，如《太平广记》《元和姓纂》《类说》，亦多古书资料；随笔、读书杂记等亦常征引古书，可供辑佚之用。

（七）金石、考古。甲骨、金石是辑佚的重要源泉，敦煌以至银雀山、马王堆出土的文物亦多佚书，价值颇大，是辑佚的重要途径。

总之，一切征引过佚书章节语句的资料，都可作为辑佚的资料来源。

三　辑佚书的利用与自己动手辑佚

前人在辑佚方面已做了大量工作，取得了不小的成绩，编成了很多辑佚书。清代辑佚书有数十家，编成的大型辑佚书往往收书数百种，这些辑佚书是我们研究古代史的史料宝库，应给予重视，并充分利用。但有些辑佚书存在一些缺点，主要有以下几个方面：

漏：有遗漏而未收的。

滥：不应收而误收了的。其误收之故，一是臆断，二是非本书文而误当作本书文收入。

误：一是不审时代，二是所据是误本，故所收的材料亦有讹误。

陋：一是不审体例，二是不考源流，三是臆定次序。这是指书的编排而言的。[①]

使用辑佚书中的材料应谨慎，要经过审订再用，防止误引误用。

近代以来，学者们承清人余风，继续进行辑佚工作，也取得一定的辑佚成果。如赵士炜辑《宋国史艺文志》《中兴馆阁书目》《中兴馆阁续书目》等几种宋代目录；傅增湘《宋代蜀文辑存》为地方文献的辑佚之书；朱祖延《北魏佚书考》，收北魏佚书 62 部，其中约有一半为增补或新辑；清朱右曾汇辑佚文为《竹书纪年存真》，近代王国维在其基础上重辑为《古本竹书纪年辑校》，当代范祥雍又校订增补，编为《古本竹书纪年辑校订补》。

目前，辑佚古书仍有工作可做，如《水经注》中仍有大量佚书可辑。又如宋人文集不存者达上千种，辑佚大有可为。我们在阅读古书、查阅资料时，随时会遇到佚文、佚书，不妨随时抄录，如此日积月累，待具有一定数量时，再加以排比整理，就会成为新成果。

辑佚是从事科研的资料准备工作，它需要目录、辨伪、考证、编纂等多方面的知识，还要有认真负责的态度和孜孜不倦、锲而不舍的精神，并非“一钞书匠之能事耳”。[②]

第三节　古代史料文献的补订

辑佚是把一本散佚的书或一书的散佚部分予以辑录，是力图恢复和部分恢复古书原貌的重要手段。与辑佚相关联，补订则是对一本书不完整或不完善的部分进行补作或订正，是力求古书符合原貌的重要手段。

---

① 参见吴孟复：《古书读校法》。

② 梁启超：《中国近三百年学术史》，《梁启超论清学史二种》，407 页，上海，复旦大学出版社，1985。

古代史料文献的补订，主要是史书中正史的补订，而又以清代学者的成就为最大。下面主要介绍对正史的补订。

一　对正史的补阙

西汉司马迁《史记》写成之后，在流传过程中曾发生残缺。班固在《汉书·司马迁传》中说：《史记》“而十篇缺，有录无书。”三国时魏人张晏注解说：司马迁死后，《史记》散失了《景帝纪》《武帝纪》《礼书》《乐书》《兵书》《汉兴以来将相年表》《日者列传》《三王世家》《龟策列传》《傅靳列传》。元帝、成帝间博士褚少孙补撰《武帝纪》《三王世家》《龟策列传》《日者列传》等。可知，早在西汉末，就已有人开始对史书补阙。今本《史记》中，凡褚少孙所补部分，都冠有“褚先生曰”字样，极易区别。但在《史记》中，还有其他人增补的文字，至于是什么人所补，就无从考察了。

东汉班固的《汉书》整齐了纪传体，纪、表、志、传成为正史体例，某一正史如体例不完整，或例目不全，便有人补作。

范晔《后汉书》缺志，南朝梁刘昭为《后汉书》作注时，便取司马彪《续汉书》中的八志加以注释，补其缺。这是南北朝时期进行的补阙。

到了宋代，补阙者多了起来。熊方以范晔《后汉书》无表，作《补后汉书年表》10卷。他说：“至范晔为《后汉史》，又先书而殒，使表志未立。至刘昭补注诸家之志，表又阙之”。[①] 于是，“据晔、昭旧文，不敢复取他说以汩其传。至纲目条章，稍仿前书”。[②] “仿前书”即仿《汉书》年表而作，其卷一、二为同姓王侯表，卷三至卷八为异姓诸侯表，卷九、十为百官表。宋代，还有钱文子作《补汉兵志》1卷，为《汉书》补兵志。欧阳士秀作《孔子世家补》12卷等。

清代学者对史书的补阙做了大量工作，近代学者也有人从事这项工作的。他们的工作，主要是补表、志，补纪、传的很少。

东汉、三国、晋、南北朝各史或缺志，或缺表，或表、志全缺，补作者甚多。

为《后汉书》补艺文志的有六家：钱大昭《补续汉书艺文志》2卷；侯康《补后汉书艺文志》4卷；陶宪曾《补侯康后汉书艺文志补》；顾櫰三《补后汉书艺文志》10卷；姚振宗《后汉书艺文志》4卷；曾朴《补后汉书艺文志》1卷。

---

① 熊方：《补后汉书表进状》。

② 熊方：《补后汉书年表序》。

为《三国志》作的补志、补表有：洪亮吉《补三国疆域志》2卷；陶元珍《补三国食货志》；侯康《补三国志艺文志》4卷；陶宪曾《补侯康三国志艺文志补》；姚振宗《三国艺文志》4卷；万斯同《三国大事年表》1卷；洪饴孙《三国职官表》3卷。

为《晋书》作的补志、补表有：洪亮吉《东晋疆域志》4卷；钱仪吉《补晋兵志》1卷；秦荣光《补晋书艺文志》4卷；丁国钧《补晋书艺文志》4卷；文廷式《补晋书艺文志》6卷；吴士鉴《补晋书经籍志》4卷；黄逢元《补晋书艺文志》4卷；万斯同《补晋书十六表》16卷。

为南北朝各史作的补志、补表有：王仁俊《补宋书艺文志》1卷；聂崇岐《补宋书艺文志》1卷；万斯同《补宋书表三种》3卷；郝懿行《补宋书刑法志》《补宋书艺文志》各1卷；陈述《补南齐书艺文志》4卷；万斯同《补南齐书表三种》3卷；万斯同《梁诸王世表》《梁将相大臣年表》各1卷；王仁俊《补梁书艺文志》1卷；万斯同《陈诸王世表》《陈将相大臣年表》《陈方镇年表》各1卷；万斯同《魏诸王世表》《魏异姓诸王世表》等6种；谷霁光《补魏书兵志》1卷；李正奋《补后魏书艺文志》；万斯同《北齐诸王世表》《北齐异姓诸王世表》《北齐将相大臣年表》等3种；万斯同《周诸王世表》《周公卿年表》各1卷；吴廷燮《周方镇年表》1卷；陈恕《北周公卿表》1卷；万斯同《隋诸王世表》《隋将相大臣年表》各1卷；张鹏一《隋书经籍志补》2卷；徐崇《补南北史艺文志》3卷；周嘉猷《南北史表》7卷；徐文范《东晋南北朝舆地表》28卷；汪士铎《南北史补志》14卷。

唐代以后各史，特别是《新唐书》恢复“表”的体例之后，一般的正史体例完整，但有的例目不全，有的内容有缺，补作者亦不在少数。

《旧唐书》无表，补作者有：万斯同《唐将相大臣年表》《唐功臣世表》5卷、《唐镇十道节度使表》《唐边镇年表》5卷；黄大华《唐藩镇年表》1卷。

《旧五代史》《新五代史》均无艺文志，补作者有：宋祖骏《补五代史艺文志》1卷；顾櫰三《补五代史艺文志》1卷。

为元修三史补表、补志的较多，有：吴廷燮《北宋经抚年表》《南宋制抚年表》7卷；万斯同《宋大臣年表》2卷；倪灿《宋史艺文志补》1卷；万斯同《辽诸帝统系图》《辽大臣年表》各1卷；汪远孙《辽史纪年表》《西辽纪年表》各1卷；缪荃孙《辽史艺文志》1卷；王仁俊《辽史艺文志补证》1卷；黄仁恒《补辽史艺文志》。

为《元史》作的补表、补志有：黄大华《元分藩诸王世系》《元西域三藩年表》各1卷；吴廷燮《元行省丞相平章政事年表》1卷；钱大昕《元史氏族表》3卷；钱大昕《补元史艺文志》4卷。

为《明史》作的补表、补志有：刘廷銮《建文逊国之际月表》2卷；吴廷燮《明督抚年表》3卷；傅以礼《残明宰辅年表》1卷；金门诏《明史经籍志》1卷。

除了对正史的补表、补志之外，也有对包括纪、传在内的全书内容拾遗补阙的。如《辽史》内容比较简略，后人为之辑补的很多。清康熙时，厉鹗仿裴松之注《三国志》之例，撰《辽史拾遗》24卷，引用材料358种，对《辽史》颇有增补，其中补有《选举志》和《经籍志》，还补18人之传。乾隆时，杨复吉撰《辽史拾遗补》5卷，对该史又加以辑补。此外，《宋史》《元史》成书太速，缺点较多，随着新史料的发现，续作、补作、重作者也很多。如明柯维骐撰《宋史新编》200卷，钱士升撰《南宋书》68卷，王惟俭撰《宋史记》250卷，陈黄中撰《宋史稿》219卷。又如明胡粹中撰《元史续编》77卷。清初，邵远平撰《元史类编》42卷；清中叶，魏源撰《元史新编》95卷，增补不少史实。清末，洪钧出使俄、德、奥等国，利用西方各国的蒙古史书，撰成《元史译文证补》30卷，引用了许多西方有关蒙古史料，价值很高。

清代和近代对“二十四史”的补阙有两个方面：一是原书体例完整，纪、表、志、传俱全，但内容不完备，后人加以补充，如《宋史》有《艺文志》，但有缺漏，便有黄虞稷、卢文弨、倪灿等人的补志。二是原书体例不完整，有的缺表，有的缺志，有的虽有表、志，但种类不全，后人为之补作。如《三国志》无表、志，遂有多种补志、补表。又如《宋书》虽有志，但缺《刑法志》《食货志》，清郝懿行为之补作，他说：“窃谓《符瑞》可删，《刑法》《食货》可补也。沈序《律志》而云：‘《刑法》《食货》，前说已该，随流派别，附之纪传。’其说亦非也。若随检一条，动抽百卷，读史既不胜其烦，作史亦无此例。因就沈书，辄依律序，刺探纪传，分条共贯；譬之割土为山，挹流纳涧，辑成二篇，用资稽览。”[①] 郝氏从纪传中辑出相关内容成《刑法》《食货》二志，计《刑法志》出自本纪24条，出自列传38条；《食货志》出自本纪69条，出自列传28条，共补153条。

二　对正史的考订

对正史的考订，以清代学者的成就最大，并且是与校勘、注释结合进行的，很难分开。近现代学者在清人成就的基础上，继续进行了这种工作。

① 郝懿行：《补宋书刑法志序》，《郝氏遗书》。

有对全部正史进行考订的，清代成就最大的学者是王鸣盛、钱大昕和赵翼。王鸣盛的《十七史商榷》，所考正史从《史记》到《五代史》，实有19种，因沿用宋人习惯称呼，故名“十七史”。内容除校勘文句和评议史书、人物外，还有较多对史实的考订的内容，尤详于地理、职官。钱大昕《廿二史考异》，所考为“二十四史”中除《旧五代史》和《明史》之外的二十二部正史，并将司马彪“八志”从《后汉书》中分出，别立《续汉书》，故实为二十三史。他按篇第校勘考释，重点为年代、官制、地理沿革和辽、金国语、蒙古世系等，还以金石铭文及考古出土文物作证明，较为确凿。赵翼《廿二史札记》，所论实为二十四部正史，因《旧唐书》《旧五代史》当时尚未被列入正史，故名“二十二史”。多据正史纪传表志参互勘校，对内容、史料来源等一系列的问题详加考订评论。

有对数部正史进行考订的，成就最大的是清代的王念孙，他的《读书杂志》中，有《史记杂志》6卷、《汉书杂志》16卷。王氏从校勘入手，通过考证，订正《史记》《汉书》大量伪误。此外，李慈铭《越缦堂读史札记》，所批校正史有《史记》《汉书》《后汉书》《三国志》《晋书》《宋书》《梁书》《魏书》《隋书》《南史》《北史》等11种，通过校勘，订正文字之衍讹脱误。

专门考订一史者则更多，又主要集中在对前四史的考订。

对《史记》的考订，如清梁玉绳的《史记志疑》36卷。作者费时20年，将《史记》所引之书与史文对勘，又据先秦诸子及《白虎通》《风俗通》《说苑》《论衡》等书订正史事，于《史记》三家旧注的讹误阙疑亦多所纠正和补充。今人陈直《史记新证》，利用考古材料考证《史记》，对有关内容加以诠释考订。日本人泷川资言的《史记会注考证》，会集历代各家注释，并联比考证，揭示史实演变窜易、文字歧异正误、疑难文句意义及记载失误等。日本人水泽利忠又撰《史记会注考证校补》，对《史记会注考证》的错误又加以订正。

对《汉书》进行考订的著作，如清沈钦韩《汉书疏证》36卷、周寿昌《汉书注校补》56卷、钱大昭《汉书辨疑》等。近人杨树达《汉书窥管》，有订讹纠谬的内容。今人陈直《汉书新证》，利用各种文物材料考证和印证《汉书》，令人信服。今人吴恂《汉书注商》，对原文的错简、衍文、讹夺，提出了自己的见解。

对《后汉书》进行考订的著作，如清沈钦韩《后汉书疏证》30卷、周寿昌《后汉书补正》8卷、何若瑶《后汉书注考证》1卷等。其中，沈书广采群书，考订名物，正谬补缺，历史地理部分尤为精审；何书博采经史纪传、墓铭碑碣，考订精审，于官制、地理多所厘正。

对《三国志》进行考订的著作，如清钱仪吉《三国志证闻》3卷，广集清人有关三国史之论述和考订，并据类书及不同版本，依《三国志》次序，注述、考订原书及裴注之失。赵一清《三国志注补》65卷，多引《水经注》以证地名河流。梁章钜《三国志旁证》30卷，搜采群籍，对原书及裴注讹误一一疏通证明。陈景云《三国志辨误》，对原书文字讹异、文词倒置、正文与注混淆、原本缺佚等皆有订正。钱大昭《三国志辨疑》3卷对原书及裴注多所辨证。

对其他各史考订的专著，如清吴士鉴《晋书斠注》；集各家之说，并取大量有关记载，补充遗漏，订正错误；宋代吴缜《新唐书纠谬》，指出谬误400余条；清沈炳震《唐书宰相世系表订讹》，专取经史所载补正《新唐书·宰相世系表》之舛谬；吴缜的《新五代史纂误》，列举谬误200余条，在史实方面多所纠正，清杨陆荣《五代史志疑》、吴兰庭《五代史记纂误补》，均对《新五代史》的疏谬有所揭示订正；明柯维骐《宋史新编》，对《宋史》阙谬多所补正；清施国祁《金史详校》，订正了《金史》不少史实的错误；清汪辉祖《元史本证》，以本史之文参证，证《元史》之谬误疏漏。

1935年，开明书店编辑刊印了《二十五史补编》，收入了历代对正史的校正、考订、补阙和单行本的注释等方面的成果，计《史记》8种，《汉书》28种，《后汉书》27种，《三国志》20种，《晋书》45种，《宋书》9种，《南齐书》4种，《梁书》3种，《陈书》3种，《魏书》12种，《北齐书》3种，《周书》3种，《隋书》7种，《南史》《北史》7种，《旧唐书》《新唐书》14种，《旧五代史》《新五代史》16种，《宋史》7种，《辽史》9种，《金史》6种，《元史》5种，宋辽金元四史3种，《明史》6种，共计245种。把这些对正史的订补之作集中编辑起来，极便参阅。

第七章　古代史料的搜集和利用

第一节　史料搜集的途径和方法

史料搜集就是通过查索、寻求，把散见各处的史料汇集起来，是历史研究的基础工作。

我国古代文献典籍浩如烟海，卷帙浩繁，单是一套“二十四史”即达3249卷，4500余万字。人类活动的遗存纷繁复杂。研究古代史的史料虽然丰富，但分散零碎，没有系统，甚至漫无头绪，要把用于历史研究的史料搜集到手，必须找到搜集的途径和方法。

一　史料搜集的途径

（一）充分利用工具书。从古书中搜集史料，需要查阅图书目录。历代正史中的《艺文志》《经籍志》可查阅，官修的综合性图书目录、私修的藏书目录以及解题目录都可利用。我们阅读古籍最经常使用的是《四库全书总目》和《中国丛书综录》两书。前者是我国古代最著名的古典文献解题目录书，较为重要的古籍基本都收了进去，可按部索书。后者是新中国成立后编的最完备的丛书目录，古代书籍的绝大部分被收录。二书可配合使用，如欲了解某一部书的作者、内容、刊刻及流传情况，可检索《四库全书总目》的解题；如欲了解某一部书收于某种丛书之中以及收藏情况，可查阅《中国丛书综录》。

通过索引，可以在较短的时间内找到所需要的资料，如《十三经索引》《二十四史传记人名索引》等是研究古代史常用的索引。

我国古代的政书和类书也可做工具书使用。政书将典章制度的史料分门别类地加以叙述。《通典》《文献通考》等典章制度通史，系统地记叙了历代的典章制度，《唐会要》《五代会要》等记叙一个朝代或一个时期的典章制度，利用这些材料可以查阅历代政治、经济、军事、文化等制度方面的有关史料。类书将各种知识分类汇编在一起，我国古代的大型类书《艺文类聚》《太平御览》《册府元龟》《古今图书集成》保存了极为丰富的各种史料，可按类查找专科资料。

（二）注意考古的新发现。除了搜集已有的文献上的史料之外，考古的新发现是搜集史料的重要途径。考古新发现往往可以提供许多宝贵的新史料，并提出历史研究的新课题。如1972年山东临沂银雀山汉墓出土的《孙膑兵法》，1973年长沙马王堆汉墓出土的《黄帝内经》及甲乙两种抄本《道德经》《战国纵横家书》等，都是早已失传的古佚书，是研究先秦史新的重要资料。又如，70年代在新疆吐鲁番的墓葬区发掘出一批隋唐时期的“文书”，隋唐史研究者就应及时搜集这些史料。

（三）调查搜集历史文物。调查搜集历史文物，也是搜集史料的一个途径。西汉司马迁写《史记》时，通过调查，搜集到大量历史文物资料，如《秦始皇本纪》中就利用了大量碑刻资料。有些碑刻之类的资料不见于文献记载，未经搜集起来，必须亲自调查，亲手抄录，方可得到。历史文物的价值不可忽视，有时对考证历史事实起决定作用，如清代阮元任山东学政时，亲往郑玄故里拜谒祠墓，在积沙中发现了金代的碑文，用以校《后汉书·郑玄传》，解决了《诫子书》中的衍文问题。历史文物对历史事件发生的地址和历史人物活动的地址的研究也可起决定作用。如近年在河南登封县告成镇出土大批刻有“阳城”字样的陶器，提供了证明此地为夏都阳城的实物证据。又如据资料记载，曹雪芹晚年住在北京西山，但故居究在何处不详。近年在西山卧佛寺前一公里处居民区修缮旧民房时，发现在夹墙层中有用墨笔书写的诗词泥皮，经考证此地为曹雪芹故居。

二　搜集、积累史料的方法

搜集、积累史料的方法很多，并且每人采用的方法也不完全一样，这里介绍几种常用的方法。

（一）带着研究课题认真读书。我们平时读书，总觉得在搜集史料方面收获不大，这是因为没有带着问题去读书。脑子里没有研究课题，读书时就不知道哪些材料有用，有用的材料往往从眼前溜走。所以，要带着问题读书，才能随时发现自己所需要的资料。近代梁启超谈到这个问题时，主张“训练注意”，他说：“初学读书的人，看见许多书，要想都记得，都能作材料，实在很不容易。某先辈云：‘不会读书，书面是平的，会读书，字句都浮起来了。’如何才能使书中字浮凸起来，唯一的方法，就是训练注意。昔人常说：好打灯谜的人，无论看甚么书，看见的都是灯谜材料；会作诗词的人，无论打开甚么书，看见的都是文学句子。可见注意那一项，那一项便自然会浮凸出来。……最初的方法，顶好是指定几个范围，或者作一篇文章，然后看书时，有关系的就注意，没有关系的就放过，过些日子，另换范围，另换题目，把注意力换到新的方面，照这样做得几日，就做熟了，熟了以后，不必十分用心，随手翻开，应该注意之点立刻就浮凸出来。读一书，专取一个注意点，读第二遍，另换一个注意点。这是最粗的方法，其实亦是最好的方法。”① 这就是说，要带着一个确定的目的去读书，以训练自己的注意点。翦伯赞谈到搜集史料时说：“搜查一本书”，“我以为搜查的方法，最好是依史料的性质分作若干次进行。例如第一次，搜查经济史料；第二次，再搜查政治史料；第三次，再搜查文化思想史料。这样依次搜查的方法有两种好处：第一，它可以使我们的注意力，完全集中到一点。比如我们搜查经济史料时，要把全力注意经济史料，对于政治和文化思想的史料，暂时不管；反之亦然。这样，就会养成我们的专注力，使我们所注意的史料，在我们面前浮凸出来。第二，可以使我们在搜集某种史料的当中，同时得到与这一史料有关之各方面的知识。比如我们搜集经济史料时，把政治和文化思想史料搁在一边，我们就可以分出注意力来注意与经济史料有关的事项。此外，这种分次搜集下来的史料，不必经过整理，自然就有它的系统。”② 讲的也是这种搜集史料的方法。

（二）摘抄卡片。在读书时，把需要的材料随手抄录到卡片上，是最常用、最便利的积累资料的方法。抄卡片时，要注明所抄材料来自何书，什么版本，作者是谁，在多少页等；以便将来查找。如果材料很长，书又常见，可抄个提纲，不必全抄。卡片抄得多了的时候，要进行分类。如研究中国古代史，可分为各种断代史和不同的专史。再进一步，又可分为若干个题目或人物等。分类之后，卡片又可以专题、数据、索引、动态等不同的内容与形式分别编制与存放。专题资料卡片，如果再细分，还可分为文章摘录、原著论点、读史心得、名言名句等。卡片使用灵活，研究甲专题可以按要求提出使用，再研究乙专题时又可按要求提出使用，用毕收存。史料是分散的，必须一点一滴地积累起来，摘抄卡片是一种积累资料的好方法。

（三）剪报。在阅读报纸、刊物时，发现对自己研究的课题有用的资料，可以剪下存放。剪的资料多了，也要进行分类整理，将同类的资料放在一起，以便查找利用。但所剪报刊仅限个人订阅，切忌在公用报纸上挖天窗，至于图书馆或资料室刊物，可借去复印。

---

① 梁启超：《中国历史研究法补编》。

② 翦伯赞：《略论搜集史料的方法》，见《史料与史学》，74—75页，北京，北京大学出版社，1985。

（四）自编专题资料索引。自己研究的课题，需经常查阅一些资料，可自己动手编专题资料索引。如你喜欢研究司马迁，可动手编一个研究司马迁的资料索引；你喜欢研究《资治通鉴》，可动手编一个研究《资治通鉴》的资料索引。

（五）写读书札记。平时读书有所得，可随时写成札记。这类札记多了，可为撰写论文奠定基础，再进一步积累也可以写成专著。

还有其他搜集、积累史料的方法，可根据自己的具体情况，决定取舍。

三　搜集、贮存史料的现代化手段

以前，我国搜集、贮存史料的手段比较落后，处于传统的分散的手工业方式，重复劳动，手抄笔录，效率极低。随着科学技术的发展和进步，搜集、贮存史料的手段已开始向现代化迈进。如录音、录像、复印、拍照、复制等手段已被用于搜集史料，电脑、电子计算机已可利用于贮存史料。利用录音、录像、拍照等手段搜集口碑、历史文物资料，迅速方便；利用复印手段搜集珍本、孤本文献资料，可保持原貌；利用复制手段将某些珍贵的历史文物或历史遗存复制或制造成模型，形象具体，便于观察；利用拍照手段将资料录制于显微胶卷，便于保存；利用电脑、电子计算机贮存史料，检索极为方便。

目前，资料搜集、贮存和检索的现代化程度在国外已很高。例如日本已建成电子图书馆，即把通过报刊杂志流通的庞杂的情报信息储入电子计算机，再通过电话线路把所需部分直接传递到用户手中。有了电子图书馆，人们只需坐在家里，就可通过个人计算机选择所需图书来读。我国的历史文献数据库现在也开始启动，并部分建成。例如由北京大学承担的全国高校古籍整理出版工作委员会重点项目“中国基本古籍库”已于最近建成，这是一项运用现代信息技术手段对中国古代文献进行数字化处理的宏伟工程。《中国基本古籍库》从传世的十余万种古籍中，精选上自先秦下至民国的一万余种历代典籍，总计全文约20亿字，图像约2000万页，其内容总量约等于三部《四库全书》。这不但是世界上最大的中文电子出版物、也是中国有史以来最大的历代典籍总汇。利用电脑、电子计算机贮存检索历史资料，是迅速改变我国史学研究者资料检索手段落后，实现研究手段现代化的根本途径。

当前，电子计算机应用技术突飞猛进，将古籍制成数据库，贮存于光盘，就可以用微机检索。目前，正史中，单行本如《史记》，整套的如“二十四史”，皆已制成数据库。其他，如编年体的《资治通鉴》，丛书如《四部丛刊》《四库全书》《续修四库全书》皆有电子版，可全文检索。另外，《宋会要辑稿》

《明实录》《清实录》《明经世文编》《清经世文编》等，皆可从网络获得，极为方便。

把论文资料制成光盘，通过微机随时检索，简便快捷。当前，有中国人民大学报刊资料索引及上海图书馆编的论文索引，我们只需到电子阅览室检索即可。

现在，个人大多有微机，在网上只需输入关键词，有关资料即可查到，可将所需资料下载、打印。但微机检索资料有一定的局限性，一是事先对所查文献要有所了解。二是检索到的资料缺乏必要的联系，甚至检索不到，或不全，甚至有误，因为“关键词”并不能包括这一专题的所有资料，所以还得扎实读书，才能了解相关资料。

第二节　史料的分析与运用

一　史料的分析

史料是进行历史研究的依据、前提和出发点，研究历史必须详细占有史料。但是，历史研究的任务主要不是搞史料的汇集，而是要揭示历史发展的规律。为此，必须对经过校勘、考订的史料进行分析，发掘史料本身的价值，发现史料之间的关系。一切正确的结论，只能产生于对史料的科学分析。

要对史料进行科学的分析，首先必须掌握历史唯物主义原理，马克思主义的唯物史观和方法论是统一的。历史唯物主义既是唯物的，又是辩证的；既是历史研究的理论基础，也是历史研究的方法。恩格斯指出：“马克思的整个世界观不是教义，而是方法。它提供的不是现成的教条，而是进一步研究的出发点和供这种研究使用的方法。”[①] 实践证明，历史唯物主义是研究历史的带有普遍意义的指导方法，是其他任何一种哲学体系所不能取代的。

在历史唯物主义指导下，我们在分析史料时，一般采取以下方法。

（一）历史的分析方法。所谓历史的分析方法，就是在唯物史观的指导下，把有关史料置于特定的时间和空间条件下进行分析的方法。列宁指出：“为了解决社会科学问题，为了真正获得正确处理这个问题的本领而不致纠缠在许多细节和各种争执意见上面，为了用科学眼光观察这个问题，最可靠、最必需、最重要的就是不要忘记基本的历史联系，要看某种现象在历史上怎样产生，在

---

① 《马克思恩格斯全集》第39卷，406页，北京，人民出版社，1974。

发展中经过了哪些主要阶段，并根据它的这种发展去观察它现在是怎样的。”[①]列宁这段话阐明了历史的分析方法的意义和要求。

对史料进行历史的分析，就是在对史料进行校勘、考订、辨伪、训诂的基础上所进行的下一步的工作，即根据历史的时间顺序，排比史料，做“由此及彼，由表及里”的深入研究，发现历史事件发生的原因、经过和结果，做出历史的判断，论定问题的是非，全面地揭示历史运动的客观过程和内在本质。如我们分析岳飞抗金的史料，就必须把岳飞置于他生活的特定的时间和空间进行分析，得出的结论应该是这样的：岳飞的抗金是爱国行动，岳飞是民族英雄。而离开了历史的分析方法，就会混淆古今，用今天的评价人物的标准去要求古人，结果就会像“四人帮”之流那样，得出金人不是外族，岳飞反对的不是外族的入侵，岳飞不是民族英雄这样的离奇的看法。

（二）逻辑的分析方法。所谓逻辑的分析方法，就是运用逻辑学方法，从史料中抽象出历史概念，并形成史学理论体系的有关分析方法。上面讲到的历史的分析方法，主要是通过整理史料、排比史料，辨明历史事件的因果关系，论定历史问题的是非。而逻辑的分析方法，则是在排比史料、辨明因果关系的基础上，把纷繁复杂的材料，上升为概念的认识，形成历史的理论体系或逻辑体系，并深刻揭示历史的本质和规律。它是比历史的分析方法更高一个层次的分析方法。如我们研究北魏均田制，通过对有关史料进行历史的分析，只是考察清楚北魏均田制的时代背景、原因、内容以及结果，而运用逻辑的方法分析，则可以通过抽象和概括，将感性材料上升为概念的认识，再进行逻辑的判断和推理，就会发现北魏均田制的实质和作用，它是一种封建的国有土地所有制的特殊形式，是一种封建土地私有制与封建的土地国有制相结合的制度，它促进了鲜卑贵族由奴隶制向封建制转化，推动社会生产力的发展。从而形成了概念的认识。可知，逻辑的分析方法，能抽象出最本质的东西，能揭示历史发展的规律。

在运用逻辑的分析方法时，又有许多具体的思维方法。如通过抽象和概括形成概念的方法、分析与综合的方法、历史归纳法、具体和抽象的方法等。

历史概念的形成，首先要充分占有史料，其次是对史料进行整理加工、进行抽象和概括，然后使认识从具体上升为概念。在这一过程中，是通过大脑思维，把史料的本质抽象出来的。从抽象到形成概念，是通过对对象的属性进行概括的逻辑方法来实现的。再下一步，还要运用概念进行历史的判断和推理，

---

① 《论国家》，《列宁选集》第4卷，44页，北京，人民出版社，1960。

形成历史论断。

分析与综合是形成概念、判断、推理的主要逻辑方法。分析是在人们头脑中把史料的各个方面及其联系加以考察的逻辑方法，综合是在人们头脑中把经过分析而得到的各方面认识，结合成一个整体而进行考察的逻辑方法。比如，我们运用分析方法分析汉代的大量史料，可以得到对汉代政治、经济、军事、思想、文化各方面的认识，在此基础上加以综合，比较各方面的关系和联系，找出它们之间的影响与作用，就能形成对汉代社会的总体概念，判断出汉代在整个中国封建社会发展过程中的地位，还可做出种种历史的推理，构成理论体系。

在通过分析和综合形成理论认识的过程中，也常通过归纳法来完成。归纳法，是一种由具体到抽象、由个别到一般的逻辑方法。运用归纳法首先要求充分地占有史料；第二步是对这些史料进行分析，弄清它们所反映的各个事实的性质；第三步是概括出这些史实性质的共同点，引出共同结论。

在对史料进行逻辑分析，揭示历史的发展规律的过程中，还需要运用从具体到抽象、从抽象到具体的逻辑方法。从具体到抽象，是指从具体史料出发，形成历史概念、历史理论、历史规律的思维方法；从抽象到具体，是指从一般性的历史理论、历史规律出发，到认识历史具体问题的方法。在具体运用这两种逻辑方法时，又是复杂交错的，而且需借助于其他一些逻辑方法。

（三）阶级分析的方法。所谓阶级分析的方法，就是应用马克思主义关于阶级和阶级斗争的理论对史料进行分析的方法。阶级观点和阶级斗争的学说是马克思主义唯物史观的核心，阶级分析是马克思主义学说所特有的科学方法论。

阶级和阶级斗争是历史的客观存在，运用阶级分析方法，才能还史料以本来面目。研究历史必须凭借史料，但史料的记录者由于受到阶级地位和时代环境的制约，对史实难免有许多歪曲、篡改和颠倒。如“正史”就存在着污蔑劳动人民、美化统治阶级、限于民族偏见以及当朝忌讳等通病。因此，我们必须运用阶级分析的方法，对史料进行具体的阶级分析。

运用阶级分析方法，应该遵循这样的原则：第一，必须从经济分析入手。阶级关系的根源是经济关系。各个阶级在政治、思想上的斗争归根到底是由于各个阶级不同的经济利益所决定的。因此，只有分析阶级和阶级斗争赖以存在的经济关系，把它们联系起来研究，才能揭示阶级斗争的规律。第二，必须坚持具体情况具体分析的原则。客观历史是十分复杂的，我们必须注意在不同历史条件下，不同国家和地区阶级关系的特点和变化，把阶级分析方法和历史观点统一起来。在分析每个历史时期的阶级结构和阶级关系时，必须具体区分阶级、阶层和集团，不能忘记各个阶级、阶层之间的差别和矛盾。分析每个历史人物和历史事件，也要具体分析，不能用同一个模式到处去套，拿同一个标签到处去贴。我们必须吸取“文化大革命”的教训，必须防止阶级分析的简单化。

（四）辩证的分析方法。所谓辩证的分析方法，就是运用唯物辩证法分析史料的方法。它要求在分析史料时，要全面的分析，既要看到它的正面，又要看到它的另一面。如《汉书・张骞传》记张骞“在大夏时，见邛竹杖、蜀布”。这条史料，从正面看，只不过是记张骞所见；但从另一面看，则暗示出张骞通西域之前，四川和中亚已有直接的交换关系，而其商路则经由今日之缅甸、印度。

（五）历史比较的分析方法。所谓历史比较的分析方法，就是从各种角度、各种关系上进行对比分析，从而揭示史料所产生的本质的方法。比较，通过逻辑思维可以把感性材料上升为理性认识，它既是对史料的分析过程，又是综合过程。比较法的运用，还可以克服片面性、狭隘性，看到历史现象之间的联系，使得出的结论具有较强的说服力。如《通典》载三国时人口总数为1473423户，7672881人，拿这条史料与东汉桓帝时的人口数字（10677960户，56486856人）比较，则可知三国时人口较之东汉末叶减少了十分之九，而减少的绝对数字达5000万人（其中有隐漏人口），说明东汉末年军阀混战、饥馑、疾疫给社会造成的极大破坏。比较法，虽古已有之，但作为一种科学方法，则是近代从欧洲产生的。马克思主义经典作家充分肯定这种方法，并为正确运用它树立了典范。近几年来，历史比较法，在我国史学界颇为盛行。但比较研究要遇到标准问题、划分类型问题以及深入剖析历史现象等问题。这些问题只有靠马克思主义理论才能正确解决。

（六）近年来从西方引进的新的分析方法。这些方法，除上边提到的“历史比较分析方法”外，还有“历史数量分析方法”，以及“系统论、控制论、信息论”等方法。这些方法是随着电子计算机的广泛应用，现代自然科学对史学的渗透而产生的，而且正处于尝试阶段。

历史数量分析方法，一般是指运用数学方法，通过数量关系的分析，认识历史的本质和规律的方法。现代历史数量方法，主要是指运用电子计算机和技术对史料进行数据处理，并进行一定限度的史料分析，从而寻求历史结论的一种科学方法。运用这种方法，可以适当利用传统史学无法处理的大量史料，使其发挥作用，以扩大历史研究的领域，如开展经济史、社会史的研究，并可改变传统的思维方式，促进史学研究的现代化。我们在肯定这种方法在分析史料时发挥的积极作用的同时，必须摒弃这种方法的弊端。正确运用这种方法，必须在唯物史观指导下，与定性分析相结合，与传统的逻辑分析方法相结合。

近几年来，我国史学界一些史学工作者开始利用系统论、控制论方法研究中国古代史的一些问题，进行了新的探索和尝试，提出了新的见解。但目前史学界对运用这些方法还存在分歧，还需要在实践中具体运用，并从理论上加以总结。此外，这些方法的运用，必须是在马克思主义唯物史观指导下，而不能以此取代马克思主义的历史的分析方法和阶级分析的方法。它必须和马克思主义的科学方法结合起来，和传统史学的方法结合起来。

二　史料的运用

历史研究必须从具体的历史事实出发，在具体形式上是从史料出发。整个历史研究活动，就是运用史料去说明、阐发真实历史过程的观念的运动。运用史料应做到如下几点。

（一）运用经过校勘、考订的史料。

史料只有经过校勘，才能弄清并改正它在流传过程中出现的讹误；史料只有经过考订，才能知道史料本身的真实情况。运用有讹误、史实不清的史料，必然得出不符合实际的结论。研究历史，必须使用准确的史料。

史料误衍一字、误脱一字，关系重大。前边提到《后汉书·郑玄传》所引《诫子书》，只因误衍一个“不”字，关系到郑玄的人品问题。不经过校勘的史料，决不能用。

史料在使用之前，必须进行考订。史料的年代就需首先考证清楚，误用年代不清的史料，会造成严重错误。如今文《尚书》中的各篇，均需考证清其写作年代，否则不能使用。经考证，《尧典》《禹贡》等所谓“虞夏书”，并非尧、舜、禹时代的作品，而是战国时人的作品，故把它看作虞夏时代的史料就大成问题。有些史料年代考订清楚了，就可以成为非常有价值的材料。如《管子》一书，经考证，是战国时期法家思想的文集，成为很有价值的史料。战国、汉代产生的不少文献史料都是如此。

（二）运用经过辨伪的史料。

史料在运用之前；必须搞清它的真伪。前人经过考证、辨伪，确定是伪书的史料，决不能使用。如伪古文《尚书》已被清代阎若璩等人定为伪书，我们不能作为研究商周史的资料。

有些书中有后代伪作的东西，使用这些史料应特别注意。如《尚书·金縢》第一段从“既克商二年”至“王翼日乃瘳”，从思想上看，当是西周文字，是《金縢》本文。第二段记周公东征事，第三段记成王开金縢之书事；乃后人所追记传说，因与周公及金縢有关，附于此篇之后，文字简略不清，引起后人争论。此两段文字不应作真实史料使用。①

有些伪书中也夹杂着真实的史料，应区别对待。如今本《逸周书》从文字看，是战国人的，而据学者们考证，《世俘》《克殷》《作雒》等几篇较为可信。这几篇中的史料，有的是真实的史料，有的也并不可信，必须根据具体情况具体对待。

（三）运用反映本质的史料。

史料是丰富的，多样的，但并非都能反映事物的本质。在使用史料时，必须经过分析，分清哪些史料所反映的事实是大量的、普遍的、主要的，哪些是少量的、个别的、次要的。要力求选择反映事物本质的史料，而这些史料多是从平凡的、常见的史料中发掘出来的。

（四）运用第一手史料。

一般说来，第一手史料错误较少，比较可靠，故历史研究要尽可能运用第一手史料。即使无第一手史料，非使用第二、三手史料不可时，也应运用时代较早的史料。如编于五代后晋时的《旧唐书》，依据了唐代的实录，所记唐史比较可信。《新唐书》成于北宋中叶，时代较晚，又未能见到唐代实录，欧阳修又力求文笔简洁，所记唐史反不如《旧唐书》。同样，《旧五代史》编撰时依据了五代实录，史料较为可靠。欧阳修的《新五代史》喜用《春秋》褒贬笔法，史料价值不如《旧五代史》。使用这些史书中的史料时，应注意使用时代较早的。

（五）重视运用考古史料。

研究古代史应以文献史料与出土遗物、遗文加以比较印证，考古史料常可考证解决某些单靠文献史料难以解决的问题。近代王国维以甲骨文、金文与古书相印证，在古史研究上取得重大突破，他的《殷卜辞中所见先公先王考》，考出殷人先公先王，证据确凿，纠正了《史记》的错误。这说明甲骨文、金文等考古史料的运用，对解决古史问题的重要性。当然，二者必须结合起来，不可偏废。

---

① 详见赵光贤：《说〈尚书金縢篇〉》。

三　史料征引的方法

史料是撰述的凭据，写书、写论文都要征引史料，否则，是言之无征。这是史料具体运用的问题。

如何征引史料？不外两种方式：一叫“暗引”，即在不失原意的前提下对原文增删润色，不注明原文出处；一叫“明引”，即逐字逐句地引用原文，所引文字加引号，标明出处。

征引史料，要做到以下几点：

（一）要少而精。

征引史料，是为了作为论据证明自己的论点；必须在对史料分析的基础上，选择那些反映本质的、价值最高的史料。一般地说，有时代早的史料，不引时代晚的；有第一手的史料，不引第二手、第三手的史料。

（二）对古文史料的译述。

古代文献史料，文字艰深难懂，引用时有时也可做必要的译述。译述与纯粹的翻译不同，只需述其大意，但要力求内容准确，语言流畅。

（三）要注明出处。

明引均需注明出处，暗引除常识性的叙事或阐述外，征引他人观点过长，或将他人成果融入自己论证之中，虽有增删，也需注明。

出处的项目应包括作者、书名、出版单位、出版时间、版次、篇名、卷数、页数等。

注明出处的形式：一是尾注，即注于引文之后，加上括号；二是脚注，即注于引文所在页的正文之下，如注文有数条，则应按序号标出，并应在正文、注文之间加页下线；三是注于一章之后或一篇之末尾，要将所有引文编上序号。

有些史料不宜直接引入正文，可用注说明。

（四）要核对原文。

引用史料，要与原文核对，确保准确无误。一般情况下，只要能找到原文，就不要转引。因为史料经传抄、转引，往往出错，为防以讹传讹，一定要认真核对原文。

第三节　史料工具书及使用方法

研究古代史时，会遇到许多具体问题。如研究某一课题，需要读哪些书，需要搜集哪些资料，怎样找到这些书和资料，还需要了解学术界对这一问题的研究现状；又如搜集到资料以后需要整理，整理时会遇到一些生僻的字词不明其义，会遇到一些成语典故不明出处，会遇到古代的人物不详其生平，会遇到古代的地名不详今址，会遇到古代的纪年需以公元换算，如此等等。要迅速地解决史料搜集、整理中遇到的这些问题，就要使用工具书。为此，有必要了解史料工作中常用工具书的概况。

一　史料工具书及其发展过程

工具书是供人们当作工具来翻检的图书，凡是用一定的观点收集某种资料并按一定的方法编排供人查检的图书，都可称为工具书。工具书一般有下列用途：提供研究问题的线索；指示读书的门径；解决某些疑难问题；汇集某些需查阅的专题资料。

史料工具书是指史料工作者或历史研究者在搜集、整理史料时常用的工具书。研究古代史的史料庞大，头绪纷繁，如善于利用有关的工具书，则可在检索、整理史料时收到事半功倍的效果。

我国工具书源远流长，研究历史的工具书很早就产生了。周代已有记载帝王年代的牒记，这就是年表的编制。西汉司马迁《史记》中有《三代世表》等“十表”，创造出比较完整的历史年表体制。刘歆在其父《别录》的基础上撰《七略》，班固因之编成《汉书·艺文志》这部最早的图书目录。东汉许慎编《说文解字》是我国古代第一部有系统的字书，《尔雅》则是第一部词典。三国魏文帝命王象、刘劭等人编的《皇览》是我国古代第一部类书。班固的《汉书·古今人表》、梁元帝的《古今同姓名录》则标志着人名索引或人名辞典的初步产生。唐杜佑撰的《通典》是第一部政书。

随着历史的发展，科学技术的进步，工具书的种类不断增多，编纂技术也不断提高，清代和近代产生了很多大型工具书，如古籍解题书目《四库全书总目》，字书《康熙字典》《中华大字典》，词典《辞源》《辞海》，专科词典《中国人名大辞典》《中国古今地名大辞典》，类书《古今图书集成》，以及大量的索引、年表等。陈垣的《二十史朔闰表》《中西回史日历》等是比较科学的年表。

中华人民共和国成立以后，特别是改革开放以来，工具书的编纂取得重大成就。如编纂了查阅丛书的大型工具书《中国丛书综录》，完成了《辞源》《辞海》的修订工作，《汉语大字典》《汉语大词典》已经问世，《中国历史大辞典》已经出版，其他工具书举不胜举。近几年来，工具书的编写大有方兴未艾之势，各类工具书如雨后春笋般地涌现出来，其中虽有一些粗制滥造之作，然亦不乏精品。

二　史料工具书的类别

从编制体例上来说，史料工具书可分为书目、索引、字典、辞典、年表、图谱、政书、类书等。

书目，即图书目录的简称，是记录图书情况供人查阅的工具书。一般书目只记载书名、作者、卷数、版本，解题书目除记载上述诸项外，还简要地介绍书的内容、作者生平，更详细的还考证版本源流、存佚情况，评论书的内容得失等。书目是指示读书门径、提供研究资料线索的重要工具。搜集古代史史料必须查阅古籍书目。通过古籍书目，可了解古代有哪些图书，某种图书中有哪些资料等。

索引，又称引得，我国旧时称通检。作为检索资料的工具，与目录相似。索引常把书中的内容编为条目，按一定的方法排列起来，注明册数、页数，以供检索。有的索引是可以单独存在的工具书，有的索引附于书的后面。古籍索引的类别包括字词索引、句子索引、专名索引、篇目索引、综合性关键词语索引、图谱索引等。

字典、辞典，是两种最通用的工具书，有区别，也有联系。字典只收单字，解释字的音和义；辞典兼收单字和复词，主要注释词语。字典来源于古代字书，辞典是从字典发展来的。辞典有综合性的普通辞典，还有专科性辞典。整理古代史料需查阅古汉语方面的字典、辞典及有关专科性辞典。

年表、历表，是整理古代史料常用的辅助工具书。年表，按年代顺序用表格形式编排历史大事，以供检阅。历表，分新、旧两种：旧历表是把中国历史上的朝代、帝王年号、干支年月日等顺序编列，以供查对；新历表把上述各项和西历（公历）纪元的年月日列表对照，以供换算。因其按年代顺序、用表格形式纪年、纪事，故也总称年表。

图录，是用图像表现事物的工具书。有查阅古代地理情况的地图，还有古代各种文物的图录。

类书，是我国古代的一种工具书，它将群书中的原文分类编排，以供寻检和征引，可称之为古代百科全书式的资料汇编，从中可查考典故和古代事物，可用以校勘、辑佚史料。

政书，是我国古代的文化史专著，它记述历代典章制度的沿革变化及经济、文化发展情况，具有资料汇编性质，是查找古代各种典章制度史料的工具书。编撰体例一般是分门别类，按时代先后排列，比较便于查阅。政书有通史和断代之分，断代的即所谓“会要”和“会典”。

三　史料工具书的使用方法

使用史料工具书，需要具备下列基本知识和技能：

（一）要了解有哪些基本的史料工具书可供我们使用。

工具书种类繁多，数量惊人，史料工具书只是其中的一部分。这些工具书有古代编的，有近代编的，有当代编的，水平不一。要对这些工具书有个基本的了解，可以先看一些介绍工具书的书籍，如王明根等人著的《文史工具书的源流和使用》，南京大学图书馆、中文系、历史系编写组编的《文史哲工具书简介》，吴小如、吴同宾编著的《中国文史工具资料书举要》等，还要关心工具书的出版情况，及时了解最新出版的有关的工具书。利用社会科学方面的工具书也可查阅历史工具书，如北京图书馆出版社出版的刘荣主编《中国社会科学工具书检索大典》，有历史类，可查相关工具书。

（二）要学会具体使用工具书的方法。

工具书都有一定的排检方法，熟悉和掌握这些方法，是使用工具书的前提。一般来看，我们常使用的工具书的排检方法，主要有部首法、笔画法、音序法、四角号码法、分类法等。要熟悉这些排检方法，学会使用查阅的方法，才能尽快找到自己需要的资料和问题答案。如果碰到自己没有接触过的比较复杂的大型工具书，就要先看凡例，了解其内容和检索方法，然后再使用。

（三）要学会针对问题准确地选择工具书。

工具书很多，常用的达数百种，即使同一类的工具书，也有数种，或十几种，学会根据自己的问题选择工具书，会省去许多时间。以查历史人物为例，如知某人列入正史，可查《二十四史纪传人名索引》以及有关正史人名索引。也可查《中国历代人名大辞典》。如何用好、用活工具书，这就要在使用工具书的过程中，注意总结经验。